U0000764

OPEN 是一種人本的寬厚。

OPEN 是一種自由的開闊。

OPEN 是一種平等的容納。

OPEN 2/57

天主之城：拉丁文中文全譯本

De Civitate Dei

作者◆聖奧古斯丁（St. Aurelius Augustinus）
譯者◆吳宗文
審校◆高思謙、高凌霞
發行人◆王春申
編輯指導◆林明昌
副總編輯兼營業部經理◆高珊
封面設計◆吳郁婷
印務◆陳基榮
行銷企劃◆黃基銓

出版發行：臺灣商務印書館股份有限公司
23150 新北市新店區復興路四十三號八樓
電話：(02)8667-3712　傳真：(02)8667-3709
讀者服務專線：0800056196
郵撥：0000165-1
E-mail：ecptw@cptw.com.tw
網路書店網址：www.cptw.com.tw
網路書店臉書：facebook.com.tw/ecptwdoing
臉書：facebook.com.tw/ecptw

局版北市業字第993號
修訂二版一刷：2014 年 7 月
修訂二版二刷：2017 年 3 月
定價：新台幣 1000 元

ISBN 978-957-05-2814-5

OPEN 2 / 57

De Civitate Dei

天主之城

拉丁文中文全譯本

原著／聖奧古斯丁（St. Aurelius Augustinus）

翻譯／吳宗文

審校／高思謙、高凌霞

臺灣商務印書館　發行

本書於 1971 年 11 月初版時，天主教于斌樞機主教特為此書提字之舊版本封面。

譯者序

吳宗文

一九五八年及一九五九年，學友方豪教授代表臺灣地區，出席西德及義國的國際漢學會議時，我曾兩度在臺北，代理他管理天主教大專同學會及古亭天主堂，因此有機會認識臺北天主教的學者。與前臺灣國立中央圖書館現任故宮博物院蔣復璁館長交往尤多，因為蔣館長是浙江嘉興硤石人，我在嘉興住了十餘年，所以幾乎可說是小同鄉。

我在傳教之餘，從事編譯公教書籍，蔣館長知道後，竭力勸我將聖奧古斯丁的《天主之城》一書譯成中文，我起初不敢貿然答應他，因為一方面正從事編譯為傳教更需要的書籍，而另一方面，我也知道這是一部世界名著，在國外求學及任教時曾讀過它，怕自己才力不夠，不能勝任。

七、八年後，我所編譯的公教書籍出版者已十餘種，對翻譯方面稍有經驗，乃從事翻譯《天主之城》，經過一年多的努力，竟能完成這部六十萬字左右的巨作，這是可自告慰的。

《天主之城》，是聖奧古斯丁的最重要著作之一，他曾費了十三年的工夫。全書共二十二卷，每卷二十餘章至五十餘章不等，每章亦長短不一，自半頁、一頁至五六頁、十餘頁。

這是一部辯護書：當時，羅馬為北方野蠻民族攻破，到處殺人放火，羅馬帝國搖搖欲墜，於是外教人說這是天主教的緣故，因為從前羅馬人恭敬多神時，國家強盛，威震四方，自皈依天主教後，乃弄得國破人亡。

聖奧古斯丁為辯駁他們，乃寫了這部巨著。他先證明許多羅馬人因為天主教的緣故，得以保全性命，因為野蠻軍隊中，許多人已皈依了天主教，所以凡逃入聖堂中，或說自己奉天主教的人，都能保全性命；然後他說羅馬人敬拜邪神時，亦屢次戰爭敗北，外患內戰，連年不絕。羅馬帝國強盛的原因，不是因邪神的庇佑，乃由古代羅馬人愛國心及德行所致。

之後他又將世間社會、國家、人類，分為「天主之城」與「人之城」或「地上之城」。外教人的社會國家，亞述，巴比倫，希臘，羅馬等形成「人之城」，敬拜邪神，風俗敗壞；而「天主之城」，先由猶太人組成，後為基督所創立的天主教所代替，歷代聖祖、先知、聖賢輩出，勸人修德立功。最後「人之城」的人將受永罰，而「天主之城」的居民，將受永賞。

這書的價值，是作者能將世界人類的全部歷史，用一切由天主定奪的一貫眼光，將它聯合起來，可以說是歷史的哲學及神學書，正如他的《懺悔錄》（Confessionum）是一部人心靈的神學書一樣。

現在說說我編譯此書的情形：本書是依拉丁原文譯成的，根據一八二五年德國萊比錫（Lipsiae）版；它可稱善本，因為此城素以出版書籍著名。它雖不能稱為嚴格批評的學術版，但亦採取各版的異同，放在括弧中。固然是一百四十餘年前的版子，然而一本一千五百餘年前的作品，其版本早一二百年，只要忠於原文，是無關緊要的。本書由台南劉俊余神父借用，特申謝意。

我亦參考過義文譯本，為聖保祿會步哥堯（Borgogno）神父所譯，一九四八年版。亦可稱為善本，因為不但忠於原文，連原文句法，亦盡可能將它保存譯出，當然亦有譯錯或與原文有出入處。分章有時亦與萊比錫本不同，可能是譯者根據別版拉丁文所致。因為分章，大約非聖奧古斯丁所作，是後人所為，因此能有不同，因為古人寫文，往往一瀉千里，一氣呵成，只分卷，而不分章，本書亦不例外，由每卷開始及結束處，可以看出。

拉丁原文引《聖經》或其他書籍時，都不指出章數節數，因為《聖經》分章分節是十一、二世紀時代人的工作，生活在五、六百年前的聖奧古斯丁，自然不能指出章數節數，而義文版則有之，我亦隨之。每章後的註解，大都亦採自義文本，也有從別處或我自己加上的。（編按一）義文本每卷前有一二行，指出全卷大意，為讀者非常有益，我在譯文中亦採用它。

引用《聖經》時，我採用思高聖經學會所編譯的《新舊約全書》，《聖經》中的人名地名亦隨之。唯因思高聖經學會的譯文，係由希伯來或希臘原文譯成，因此往往與聖奧古斯丁所引的拉丁文稍有出入。且聖奧古斯丁所引的拉丁文，是依舊拉丁文譯本，與現在的通俗本不同。其他人名地名的譯法，既然原文為拉丁文，大都又是拉丁名稱，所以就照拉丁文音譯出，與普通譯名能稍有不同。

本書既然是一位天主教主教的作品，所以宗教專門名字，都照天主教慣用的名字譯出。聖奧古斯丁晚年將自己全部的著作，加以校對修正，並說出著書的動機及經過，與書中的內容及當修改處，對讀者非常有益。本書亦不例外，所以照拉丁文版，將它譯出，放在書前，以便讀者索閱。

現在中文書籍後面，往往有中西文人名對照表，但因未指出章數頁數，所以沒有大用處，而西文書籍中則常指出頁數章數。本書為讀者便利起見，亦指出卷數章數及頁數。有些名字，只見一次，且不重要者亦從略，引用多次及較為著名者，則皆列入。

本書往往引維吉爾等人的詩，我亦用我國詩體釋出，有韻時自然更好，韻不來時，亦不加勉強，以免損害原文的意義，有削足適履之虞。

蒙輔仁大學文學院高思謙院長，在百忙中為之校對、修改、潤色，使譯文減少許多錯誤，特申謝忱。又蒙于斌樞機為之題字，使譯文身價十倍，特表十二分的謝意。譯文付梓時，正逢于樞機古稀壽長，因此就將本書獻給他，作他古稀壽長的紀念。

一九六六年八月十五日，聖母升天日書於台西

一九七〇年五月五日修正於文生中學

（編按一）為方便讀者查詢，本書所有聖經章節編號數已經統一採用天主教思高版聖經之章節數，另外編者也參考英譯本 Nicene and Post-Nicene Fathers: First Series, Volume II St. Augustine: City of God, Christian Doctrine，由 Marcus Dods 所譯，Philip Schaff 所編，一八八七年初版，二〇〇七年版本。本書大部分聖經章節皆為譯者原譯，第十五卷後，因原譯較為難懂，部分採用思高版聖經版本。

作者序

我最親愛的神子馬旦林（註），我開始寫這本書，依我應許你的，用以衛護天主最榮耀的城，反對將他們的邪神，放在它的創立人基督之上。

我將要看這城在現世以信仰而生活，在眾人中行動，或在永久的住所，現在以忍耐等候著，直至「公義必歸正義的人士」（聖詠・九四：15），在最後勝利及完全太平中達到這目的。這是一件巨大而困難的工作，但天主是我的助佑。

我知道需要何種能力，使驕傲者看出謙德的美妙，世間的一切榮華，如朝露之無常，不以世人的傲慢勝過它，而以上主的聖寵。我們要說的天主之城的建立人及君主，在《聖經》上曾說：「天主拒絕驕傲人，卻賞賜恩寵於謙遜人。」（雅・四：6）驕傲人願意將屬於天主的：「寬恕失敗的，攻擊驕傲人」來讚美自己。

為此本書中，依照其需要及可能，亦當提及世間的城，它願意控制，使人稱臣服從，而它自己卻為權勢所控制。

（註）馬旦林（Marcellinus）為羅馬將軍，何納利皇帝遣他至非洲，主持西元四一一年天主教與陶納派舉行的會議，於四一三年為天主教信仰而殉難。

聖奧古斯丁校對序

哥德人由亞拉利克王領導猛烈攻破了羅馬城，當時敬拜邪神的人——一般我們稱他們為外教人——就歸罪於天主教人，乃比平日更惡毒地咒罵天主。我為天主之殿宇的熱忱所催迫，乃決定寫《天主之城》這本書，以反抗他們的咒罵或錯誤。

為寫這書，我曾用了多年的光陰，因為有許多不能延遲當先解決的事，使我無法分身。這部《天主之城》的巨作，寫了二十二卷，才算完成。

最初五卷，辯駁以為要使人間的事順利，當敬拜許多外教人所恭敬的邪神，因為忽略了這種敬禮，就災禍連天。以後五卷，是為辯駁主張「人間各時各地，常有災禍，只有大小不同而已，而敬拜祭祀邪神，為身後生命是有益的。」所以前十卷，是為辯駁反對天主教的以上兩種意見。但為使人不要說我只指責他人，而不說出我自己的意見，乃在以後本書的十二卷中做這件事，雖然需要時，在前十卷中，已說出我的意見，在以後十二卷中，亦辯駁反對的意見。

後十二卷中，前四卷論天主城及世間城的起源，以後四卷論二城的發展，最後四卷（註一）論二城的歸宿。因此論二城共二十二卷，然而書名，是採取更尊貴的，乃名之曰《天主之城》。

在第十卷中，不當以亞巴郎在祭獻時，由天降火，在祭品中移動，視為靈蹟，因為是神視，而非實事（註二）。在第十七卷中，論撒慕爾時，說他不是亞巴郎的子孫；更該說他不是司祭的後裔。因為依例，司祭死後，司祭的子孫便繼位。

撒慕爾的父親，是亞巴郎的後裔，然而不是司祭，如其他亞巴郎所生的子孫一樣，如一切人民皆稱為以色列人。

這書的開始是：天主最榮耀的城。

（註一）原文為最後三卷，但依上下文，當為四卷，可能是抄寫者的錯誤，乃改作四卷。

（註二）此事為本書的第十六卷第二十四章，而非第十卷，亞巴郎的祭獻，見創・十五：9—18。

目錄

第一卷

聖奧古斯丁指責外教人，將羅馬為哥德人攻破，歸罪天主教，謂災禍為善人與惡人所共有；最後辯駁譏笑天主教婦女為敵人所侮辱。

第一章 野蠻人為尊敬基督，在毀滅羅馬城時，饒赦了外教人。

在這世間城中，有敵人生活著，我們當反抗他們，以衛護天主之城。其中許多人，擯棄了他們的錯誤，成為天主之城善良的國民；別人對救世主基督不知恩，反而仇恨他；若他們不在羅馬聖堂中，保存性命，不死於敵人刀劍之下，就不能信口雌黃了。這些羅馬人，野蠻人為尊敬基督饒赦了他們，豈不是基督的敵人？在羅馬城被毀時，殉教者的墳墓，宗徒的聖殿，曾收容過他們，都可以作證。

至此，敵人傾流鮮血；至此，殺人的狂怒才平息了。慈心的敵人，將在聖堂以外沒有被殺的，引至此處，使他們不為別的硬心人所殺害。他們在別處，兇殘無比，在聖堂中，不能做在他處因戰爭權利所應許的事，且減輕了他們的殘忍，不擄大批的奴隸。

這樣，許多人保存了性命，現在他們卻咒罵教友的聖堂，說羅馬城所遭的災難，都由基督而來。而一切福樂，如因基督而保存了生命，竟不歸功於基督，卻屬於他們自己的命運。若他們能正直判斷的話，他們當將由敵人方面所受的痛苦壓迫，歸於天主上智的措置，祂往往以戰爭糾正世人的傷風敗俗；祂用痛苦來試探人的善行，使它更為齊全，並為達到其他目的，使他們仍生存於世間。

此外，他們當歸功於天主教的，是野蠻人因著基督，擯棄了他們戰爭時的習慣；在各處，特別在廣大的聖堂中，容納許多人，不放火殺人。為此他們當感謝天主，呼祂的聖名，使自水火中得到拯救：他們為避免現世的死亡，曾稱自己信奉天主。而他們中許多人，卻明目張膽地辱罵基督的弟子。之前他們若不假裝自己是教友，就不能保存生命；現在卻傲慢地，惡意地攻擊基督，將來他們要受黑暗地獄的罰，因為他們假裝是教友，以享受光天化日。

第二章　在任何戰爭中，沒有勝利者會因戰敗者的神的緣故，來饒赦戰敗者。

外教人且去讀讀歷史，然後向我們說，曾經有城為敵人所佔，敵人曾饒赦在廟宇中避難的人否？或某將軍曾出命令，城攻破後，在某廟宇中的人，不可加害否？愛乃亞豈不見白利安（Priamus）（註一）在他自己所建立的祭壇中，烈火正燃燒著鮮血。地烏梅代（Diomedes）及尤里西斯（Ulysses），殺戮了高處堡壘的守兵後，豈不掠奪了神像，用鮮血淋淋的手，去動貞女神的帳幔嗎？（註二）

下面所載卻非事實：「從此時起，希臘人的希望就逐漸消失。」因為他們毀滅了特洛伊城，殺死了避至祭壇的白利安。然而特洛伊城並非因為失了米內瓦神而遭毀滅，反而是米內瓦先失去了她的看守人！是的，他們被殺後，神像就輕易地被搶去了。事實上，不是神像保護人，而是人保護神。

那麼為何還去拜神，以保佑祖國及人民，若祂連看護的人也不能庇佑？

（註一）引拉丁大詩人維吉爾（Publius Vergilius Maro, October 15, 70 B.C.–September 21, 19 B.C.）名著《愛乃亞詩集》（Aeneid），記載特洛伊城被希臘人毀滅後，愛乃亞逃至義大利，成為羅馬人的祖先。白利安為特洛伊城的最後君主。

（註二）尤里西斯為希臘攻特洛伊城名將之一，與阿奇里斯（Achilles）並駕齊驅，荷馬名著《奧德賽詩集》（Odyssey），即記載他滅特洛伊城後，回希臘時所遇到的種種危險艱難。此處所說的貞女神，即米內瓦神（Minerva）。

第三章　羅馬人妄想依賴家神，祂們不能庇護特洛伊城。

且看羅馬人依賴何種神，以庇佑羅馬城。這是何等可惜的錯誤！我們說他們神的這類事時，他們就惱恨我們，他們卻不惱恨他們的詩人，反而花許多的錢去讀他們，以為他們應享受大眾的供養及榮耀。

維吉爾是詩人中最偉大，最著名，最好的，兒童們幼年時就讀他，為了不忘記他。如賀雷修斯（Horatius）所說：「瓶中盛香水，香味久不散。」

這位維吉爾描寫游奴女神（Juno）反對特洛伊城，鼓吹風神歐羅（Aeolo）反對他們說：

「仇恨我民族，亞德里亞海航行（註一）
將伊利安城（註二），及戰敗家神
帶至義大利。」（Aeneid, i. 71.）

將羅馬城托給戰敗神去庇佑，使它不戰敗，豈是賢人當做的事？游奴女神固以發怒的女人而發言，或不知所言為何，但稱為虔誠的愛乃亞豈不說同樣的話？

「裴比堡壘司祭子，邦都親手捧敗神；
手牽幼年小侄兒，如瘋如狂向門行。」（Aeneid, i. 319.）

他豈不說戰敗的神請他保護，而不是庇佑他嗎？

「特洛伊物及子民，一切託於爾手中。」（Aeneid, i. 293.）

若維吉爾所稱戰敗之神，託於一人，才能得救，竟將羅馬城託給這神庇佑；若不失去這神，羅馬城就不會毀滅，豈非白日說瘋話？若拜戰敗之神為保護神，豈不將善神亦列入不利之中？更明智的，不是相信若這神不失去，羅馬城不會毀滅，而是羅馬城若不依它所能，竭力保護這神，祂早就遺失了。細想一下：誰若看不出以為依賴這神的庇佑，就不會毀滅，而羅馬城被毀滅，是因失去這神，是如何的輕浮！羅馬城毀壞的獨一理由，就是願意有這類失敗的神。

詩人寫戰敗神的事實時，他們並不捏造，是真理要求他們坦白承認。

在別處當對這事，更留心詳細討論，現在我只說不知恩的人，將一切禍患歸於基督，而實際上只由他們的惡行而來；不想因著基督而饒赦了他們，反而咒罵基督的名字；以前他們曾在聖堂中假用這名字，不為敵人殺害，以得生存，現在卻又咒罵祂。

（註一）亞德里亞海（Adariatic Sea）在義大利與希臘中間。

（註二）伊利安，為特洛伊城之別名，如南京又稱金陵。

第四章　特洛伊城的游奴神廟，不能得希臘人的保護，而宗徒的聖殿，卻能保護逃入者，不受野蠻人的殺害。

我曾說過，羅馬人的原籍特洛伊城，不能抵抗信奉同一宗教、希臘人的刀劍以保護自己的人民，反而：

「游奴廟宇中，菲尼・尤里西斯

派為看守人，當保管贓物；

特洛伊城中，一切寶貴物，

焚燒房屋內，廟宇神壇前；

純金之器皿，綢羅之衣衫，

群兒四周立，婦女在戰慄。」（註一）

這樣，選了女神的廟，不為庇護之所，反為戰敗者的監獄。這座廟並不是任何神或許多小神的廟，而是游比特（註二）姐妹及妻子眾神之后的廟。若將之與宗徒的聖殿作一比較：將焚燒廟中神的物件帶至游奴廟中，並非還給戰敗者，而是分給戰勝者。而在宗徒聖殿中，恭而敬之地，將別處尋獲的物件，亦帶回送還。在彼處失去自由，在此處（註三）獲得自由；彼處是監獄，此處禁止有奴隸；彼處關著勝利者的人，此處引來將釋放的人。游奴的廟，是因著輕浮希臘人的貪心及傲慢而選的，基督的聖殿卻為兇暴野蠻人的慈心及謙遜而選。

希臘人得勝後，至少當保留神廟，不當擄掠投奔廟內的戰敗特洛伊人，維吉爾依照詩人形式寫這類事時，是說謊話？不，他忠實地描寫毀滅一座城時所做的事。

（註一）Virgil, Aeneid. ii. 761。

（註二）游比特（Jupiter）又稱宙斯（Jovis Zeus），是希臘及羅馬人最大的神。

（註三）在彼處，即在廟中，在此處，即在聖殿中，下同。聖奧古斯丁的著作中，這類筆法很多。

第五章　賈多對毀滅戰敗城池普通習慣的意見。

著名歷史家沙路底（Salustius）記載賈多（編按）在上議院演講時，曾提及這種習慣說：「貞女、兒童被擄，由父母懷中搶出子女，侮辱母親，廟宇房屋被燒被搶，到處是兵器、死屍、血、哭泣。」若他不提廟宇，可令人想到得勝者通常不侵犯廟宇；而這些侵犯羅馬人廟宇的，不是外人，而是賈底利納及他的同伴，都是羅馬的貴族、議員，但他們是惡人、賣國賊。

（編按）賈多（Marcus Porcius Cato, 95-46 B.C.），是羅馬共和國時期著名政治家與議員，政治世家之後，以對羅馬之腐敗的諫言聞名於世。和凱撒（Julius Caesar）意見相左且交惡。凱撒執政後，賈多建立了一個王國自立於羅馬之外，而被凱撒派人刺殺。

第六章　羅馬人攻破一城後，便不饒赦在廟中的戰敗者。

我們為何要提及許多民族，互相交戰，不饒赦廟中的失敗人呢？我說：我們只要觀察一下羅馬人自己；大家都讚美他們：「寬恕敗者，攻擊傲慢者」；受淩辱時，情願寬恕，而不報復。羅馬人攻打了、毀滅了許多城，以擴充自己的疆域；請問羅馬人饒赦了何種廟宇？投奔何廟中者可保存性命？或者他們以人道待人，而歷史家忘了寫他們的人道？尋找堪受稱讚事實的人，豈能撇下這事？依照他們看來，這是人道高尚的表現。

馬且祿（Marcellus）真是一位羅馬人，他攻破了蘇拉古塞城。據說，他將毀滅此城傾流人血時，曾痛哭流淚，並設法保留敵人的榮譽。他得勝後，圍攻城池以前，曾出示不准姦淫任何自由婦女；然而此城終究依照戰時法律而毀滅了。

但在何處，我們曾讀到這位慈善的將軍，出了命令，誰逃入某某廟宇中，就可保全性命？既然沒有忘了他的痛哭，他的命令，禁止姦淫婦女；他若做過這事，一定不會被忘掉的。

范平（Fabius）將軍曾毀了大蘭多城（Tarentum），因為他不願毀壞神像，而受人讚頌。他的秘書問他，對許多搶掠來的神像，將如何處置？他以笑語，使人更接受他的節制。他就問說：「這些神像是如何的？」秘書答說：「這些神像不但巨大，且帶著兵器。」他說：「那麼就讓大蘭多城人保存他們發怒的神吧！」

羅馬歷史家，沒有忘了馬且祿的痛哭及他的慈善，與范平的笑及他的節制。若有人因敬神的緣故，得以保存性命，在某廟中，禁止殺戮或監禁人，歷史家豈會不告訴後人嗎？

第七章 野蠻人毀羅馬城時，如此的殘酷，是因戰爭的權利；如此的慈善，是因基督名字的能力。

最近羅馬城被攻破時，殺戮、搶掠、痛苦、放火，是戰爭的自然結果。然而出現了一個新原則：野蠻人放棄了殘忍，變為慈善的；他們指定幾座聖殿，凡避入者，就可保存性命，不被傷害或被擄；仁慈的勝利者，尚且領了許多人至聖殿，以解放他們，使敵人不能由此擄人。誰若以為不當將這事歸諸於基督及天主教，就是盲人；誰若見了而不稱讚，就是辜恩負義的人；誰若阻止稱讚的人，就是糊塗人。

沒有一個明智人，會將這事歸功於殘忍的野蠻人，只有以前用先知的口說過：「我就用棍杖責罰他們的惡行，用鞭笞處置他們的過犯；只是不使我的仁慈離棄他，不教我的正義，歸於烏有。」（詠・八十八：33—34）控制了這殘忍的心。

第八章　福樂與痛苦，為善人及惡人所共有。

有人說：為何天主的仁慈，施與惡人與不知恩的人？我們以為是由天主仁慈而來，祂「使太陽上升，光照惡人，也光照善人；降雨給義人，也給不義的人。」（瑪・五：45）

有的人反省後，痛悔改過，別人則如聖保祿宗徒所說：「你還是輕視祂豐厚的慈愛，寬容與忍耐，也不知道天主的這種慈愛願引你悔改嗎？然而你竟隨你的頑固而不悔改的心，在天主憤怒和顯示祂正義審判的那一天，為你自己積蓄憤怒。到那一天，祂要照每人的作為報應人。」（羅・二：4—6）

照天主的忍耐要惡人做補贖，祂的罰催善人忍耐。這樣，天主的仁慈堅固善人，祂的嚴厲懲罰惡人。天主上智為善人準備將來的福樂，惡人不能享受；為惡人準備的痛苦，善人不會遭遇。然而祂願意現世的福樂與痛苦，善人與惡人共有，為使惡人亦有福樂，不會受人過分的貪求；而善人亦遭遇到痛苦，不要過於逃避。

然而在福樂與災禍的利用上，便有極大的區別；善人不以現世福樂而自傲，亦不為災禍而自卑；惡人在禍患時被罰，因為在福樂中他們就變壞了。但天主分派福樂及災禍時，往往明顯地指出自己的工作；因為若天主在現世就罰每一個罪過，人就要以為最後審判時就不再罰了。而另一方面，若在世上，所有罪過都沒有罰，就可疑惑天主上智的存在。

對於現世福樂亦如此，若天主不大方地賞賜求祂的人，我們可以說祂沒有這種能力；若祂常常賞賜，我們可以想侍奉祂只求酬報；那麼侍奉天主便已不是恭敬天主，而是為自己的利益了。

既然如此，善人與惡人同遭災殃，但不可相信在他們中沒有分別，雖然所遭遇的並無區別。在遭遇同樣災殃者，其中區別巨大；同樣的痛苦，並不將德行與毛病混而為一。如在同樣的火中，金子發光，而草屑被焚；在同一風車中，稻草飛揚，而五穀清潔；在同一搾油器中，油與雜物相混。同樣，一樣的試探，使善人清潔，使惡人失敗。

因此，受同樣的苦，惡人就咒罵天主，而善人反而祈求祂，讚美祂。重要的不是受苦，而是誰受苦及如何受苦。同樣搖動後，泥漿發出臭氣薰天，而香水則香氣撲人。

第九章　惡人及善人同樣受罰的原因。

在這次大災患中，信友受了何種痛苦，以信德眼光視之，豈不為他們的利益嗎？先是謙卑地想起天主發怒，使世界上災禍橫行，雖然他們自己不犯重罪，但非毫無過失，而不受世苦。每人雖熱心度生，但有時亦隨從私欲偏情；雖然不犯大罪，但不斷犯小罪。除此以外，有人能善生，但與他人同生，因他們的重大驕傲、邪淫、慳吝、殘忍、罪惡，天主懲罰世人，如祂以前曾警告的。

屢次我們沒有勸告罪人或指責他們，改正他們，或是因著懶惰，或者不敢明顯地冒犯他們，避免與他們結仇，為使他們不擾亂我們所期望的世間財物，或我們怕失了它。

所以惡人的生活，使善人厭惡，善人不會受罪人死後的永罰，因為他們不斷犯罪，而善人怕犯小罪，但在現世亦受罰，以免永遠受罰。因此他們亦當受天主的罰，覺出現世的痛苦，因為他們享受安逸，不願得罪惡人。若有時天主不指責罪人，是因為等候更適當的機會，或怕他們更壞，或使別的軟弱者度聖善的生活，若用強迫，反而使他們遠離信仰，這並非自私的偏情，而是愛德明智的措置。

但別人若有罪，他們與惡人生活不同，我們恨他們的行為，本當加以指責、阻止，卻讓人犯罪，因為怕得罪他們，或怕不能享受善人可享受的世福，就超乎正當願欲之上了，因為世間只是暫時的，我們當想望天鄉。

不但生活在婚姻中，已有子女或希望生子育女，有家室的；聖保祿宗徒曾教訓過夫婦間當如何對待，子女與父母、父母與子女、僕人與主人、主人與僕人當如何生活；他們得到世間財物就喜歡，失去就憂愁，為此怕得罪不喜歡的惡人。還有度更齊全生活的，他們沒有婚姻的牽連，飲食衣著簡單，但怕惡人的攻擊及詭計，或為自己的名聲及安全，不敢指責他們。

他們雖然並不怕惡人，不至於犯同樣的罪惡，但不指責惡人；雖然若加以指責，可能其中有人改過，因為怕若不成功，名聲與生命會受到影響。他們這樣做，並非他們的名譽及生命為訓誨別人是需要的，而是尋找世人的讚美及重視，怕人們的判斷，或肉身的痛苦及損失，即為私益而行，並非為愛德而行。

依我看來，幾時天主用現世的罰，懲罰不良的風俗，善人與惡人一同受罰，這不是一件小事。他們同時受罰，不是同時作惡，是因為一同愛慕現世生命，雖然形式不同，因為善人本當輕視現世生命，使惡人受了責斥而改正後，能得常生。若他們不願得常生，當如仇人容忍他們，愛他們，因為他們生活在世時，總有歸正的希望。

厄則克耳先知曾說：「假使警衛看見刀劍來到了而不吹號筒，因此民眾沒有受到警告，而刀劍來了，擄去了其中一個，他雖然是因了自己的罪惡被擄去，但是我卻要從警衛的手中追討那人的血債。」（厄．三十三：6）警衛不但有同樣的責任，反有更大的責任。

在聖教會中，亦有警衛，他們當指責、懲罰罪惡。但沒有職責的人，若因一同生活，知道有當指責處，而不加指責，因著戀愛世物，雖然並未妄用，不願得罪人，亦不免有過失。善人當受現世的苦，還有一個理由，便是如約伯所說的，為使人知道自己能夠不求私利而愛天主，至何等程度。註

（註）舊約〈約伯書〉中，曾對現世痛苦的原因，加以解說。

第十章　聖人失去現世財物，而一無所缺。

仔細考察了上面所說的，教友雖然有時遭難，這常是為他們有益的，除非他們不接受聖保祿的話：「而且我們也知道天主使一切為愛天主的人，就是按照他的旨意蒙召見的人，助其為善。」（羅．八：28）

他們失掉所有的一切。但他們的信德呢？熱心呢？在上主眼中珍貴的內心的財物，也都失去了嗎？他在天主前是富有的。教友的財富，是聖保祿宗徒所說的：「的確！虔敬與知足之心，是一個獲利的富源！本來我們沒有帶什麼到世界上，同樣也不能帶走什麼。只要我們有吃有穿，就當知足，至於那些想望致富的人，卻陷於誘惑，墮入羅網和許多背理有害的慾望中；叫人沉溺於敗壞與滅亡中；因為貪愛錢財而離棄了信德，也以許多痛苦，刺傷自己。」（弟前．六：6—10）

在這次災患中，失了財富的，當如聖保祿宗徒所說，外貌貧窮，而精神上富有，即：「享用這

世界的，要像不享用的。」（格前．七：31）可以同遭受試探而不失敗的約伯說：「我赤身出離母胎，也要赤身歸去，上主賜予的，上主收回，願上主的名享受讚美。」（約．一：21）

為此忠誠僕人如約伯的財富，是天主的旨意，愈隨從它，就愈富有，不憂愁平生將失去財物，因為死時總當放下。軟弱的人，更戀愛世物，雖然不將它放在基督之上；但失去時，若覺得戀愛它，就犯罪了。依聖保祿上面的話，他們越受苦，就越痛心。還可添上說：事實證明他們輕視上面的話，因為聖保祿說：「至於那些想望致富的人，卻陷於誘惑。」

他固然不責備有財富，是指責妄想財富，因為在別處他亦說：「至於今世的富人，你要勸告他們，莫要心高氣傲，也不要寄望無常的財富，唯獨寄望於天主，他將萬物豐富地供給我們享用；又要勸他們行善，在善工上致富，甘心施捨，樂意通財，為自己積蓄美好的基礎，以備將來能享受那真正的生命。」（弟前．六：17—19）

這樣用財富的人，雖少有損失，但所得實多；他們更喜歡大方所施捨的財富，因為保存得更妥當，勝於擔心保存而失之更易的。在世上所能失去的，只是他們不願意放入天堂的。

教友隨從主耶穌的教訓：「你們不要在地上為自己積蓄財寶，因為在地上有蟲蛀，有銹蝕，在地上也有賊挖洞偷竊。但該在天上為自己積蓄財寶，因為在那裡沒有蟲蛀，沒有銹蝕，那裡也沒有賊挖洞偷竊。因為你的財寶在那裡，你的心也必在那裡。」（瑪．六：19—21）在艱難時刻，教友會發覺，聽從耶穌導師的話，將他作為他們財寶的看守者，是如何的明智。

若許多人因為將財物放在敵人不能及的地方而喜樂，信友聽從天主的命，將財寶放在敵人絕對不能及的地方，自然更當喜歡。為此諾拉城的主教保林（Paulinus）（編按）原是富翁，卻甘心變成窮人；野蠻人毀了諾拉城後也擄了他，他在心中祈禱說：「主，求你不要讓我因金銀而受苦，你知道我的財寶在何處。」他已將他的財寶放在耶穌所指的地方，耶穌也曾預言了世界將有這種災患。

凡是教友聽從吾主耶穌的勸告，知道將財寶放在何處，能使野蠻人不能侵佔他們的財物；不聽從的人，要後悔沒有聽從，若不用事先的明智，至少因自己的經驗，知道當如何利用這類事物。

若有好教友受了苦刑，便將財寶交於敵人，但他們不會失去身為好教友的財寶。若他們情願受苦刑，而不願交出財寶，受這樣大的苦，當為基督承受更大的苦，學習愛慕祂，因為愛祂而受苦的，祂將賞以永福。為金銀而受苦是不值的，無論是說實話而失去了它，或說謊話而保存它。

沒有人在苦刑中承認基督，會失去祂；只有用謊言，才能保存財寶。所以可能教人愛慕不朽財寶的苦刑，比使主人受苦而無他益的財寶，更為有利。然而也有人本來沒有財寶可認，也受苦刑，因為人們不相信他的話。可能他們期望賺錢，不願貧窮；當教訓他們，不是財寶，而是貪心，招致苦刑。

若有人度更聖善的生活，沒有隱藏金銀，我不知道曾有人受了苦刑，以為他有財寶；若是有這類事的話，他在苦刑中承認貧窮，就是承認基督；若敵人不信他，這位貧窮人會得天主的賞報。

傳說也有許多教友饑餓而死；但好教友亦知道安心忍耐，將這痛苦變為自己的利益。饑餓如其他肉身的疾病一樣，使死亡者脫離現世的痛苦，同時教訓活著的人生活樸素，更多次守齋。

（編按）保林（Paulinus）是波爾多當地人，因遺產和婚姻得到大筆財富，在他三十六歲皈依之後，將財產全數捐給窮人。西元四〇九年成為諾拉（Nola）城的主教，直到五十六歲。諾拉城後被羅馬佔領。

第十一章　現世的生命，無論長短，終當了結。

但有許多的教友被殺害，受了各種的酷刑，這事固然不易忍受，但這是世人的共同遭遇，沒有一人死去，除非他有一日當死亡。人的生命，無論長短，而其結局完全一樣，好歹，長短，同歸於盡。只要死人不會再死一次，則以任何形式而死，了結一生，有何關係呢？既然日常生活有無數死亡的危險，就不一定知道能否活到明日。在此不定之中，豈不更好死一次，而生活著卻要恐懼一切？我知道常人情願在多種死亡危險中，多活幾年，也不願死亡而再不驚懼。但軟弱肉身所畏懼的是一件事，而理智明顯深刻證明的，又是一事。

善生而後死，就不能說惡死。所以為惡的，是死後的將來情形。當死的人，就不必掛念如何死亡，只當掛念死後如何。教友都知道，《聖經》上的窮人拉匝祿，狗吮他的傷，比身穿綢羅的富翁更好。若他們善生，即受酷刑而死，又有何害處呢？

第十二章　死無葬所，為教友也無害處。

但有人說：在這災禍中，不能埋葬一切的死屍！信德堅固的，並不怕這事，因為他一定知道吃人的凶獸，亦不能阻止被吃者肉身的復活，他們的頭髮，連一根也不會掉的。耶穌豈不說過：「你們不要害怕那殺害肉身而不能殺害靈魂的。」（瑪・十：28）好像殺害肉身的，尚能害及身後生命；除非有人以為在死前不當畏懼劊子手，而當畏懼他們在死後不予埋葬。

若他們在死後，尚能對死屍有所作為，則基督的話：「你們不要害怕那些殺害肉身，而以後不能更有所為的人。」（路．十二：4）就不對了，但我們不能說基督的話不對。有人說：劊子手能殺害肉身，因為肉身可被殺害，然後就一無所能，因為死屍毫無知覺。

固然許多教友的死屍不能埋在地下，但沒有人能將他們與天地分離，天主在天地各處，祂知道復活祂所造的人。〈聖詠〉上說：「將你僕人的屍骸，交於天空的飛禽，將那敬畏你者的肉，交於地上的走獸。在耶路撒冷的四周，他們的血如水般的傾流，而無人掩埋。」（詠．七十八：2—3）這話是描寫殺人的罪惡，而非被殺害者的不幸，因為這刑罰，在人眼中似乎兇殘，但：「上主的聖者們的去世，在上主的眼中十分珍貴。」（詠．一一六：15）

別的事物，如喪事、揀選墳墓、出殯熱鬧，是活人的安慰，為死人毫無用處。若華麗的墳墓能為惡人有益，為義人只有貧窮墳墓，或根本沒有，可能是一災殃。

《聖經》上那位穿綢羅的富翁出殯時，可能僕人成群，送葬者如雲；但天使接待那個滿身長瘡的窮人，在天主台前，更為光榮；天使沒有為他造一座大理石的墳墓，但卻將他招至亞巴郎的懷中。我們保護天主的城，而反對的人，卻譏笑這事；他們的哲學家亦輕視殯葬的榮耀，屢次他們亦不關心將來葬在何處，所有為祖國捐軀的軍隊，身軀為獸所食，詩人反而踴躍歌唱說：

「無墳墓者兮，以天地為墓陵。」

所以他們更不當譏笑教友不埋葬亡者，因為要知道，教友曾得天主的應許，他們的肉身四肢，不但將從地中，即從深淵中，亦將復活起來，仍如以前一樣完整。

第十三章　為何當埋葬聖人的身軀？

為此不應當輕視或拋棄亡者的身體，特別是善人及教友的身軀，因為聖神曾利用它作為工具，以行各種善工。若父親的戒指及服裝等，孝子的孝心越大，就越寶貴它；自然不當輕視肉軀，它與靈魂的結合，比任何事物更為密切。

它們不是裝飾，或外面的保護物，而是屬於人性的。為此古時善人的喪禮十分隆重，他們並注意自己的墳墓。他們尚活在世時，就命子孫將自己葬在何處，或遷至何處（創・二十五：9；三十五：29；五：2—3）。一位天神，說多俾亞（Tobit）得了天主的寵愛，因為他埋葬死人（多・十二：9；十二：12）。

耶穌自己死後第三日復活，卻讚美聖婦瑪大肋納的善工，因為她將香料倒在自己身上，舉行葬禮（瑪・二十六：10—13）。《福音》亦記載並讚美將耶穌的聖屍由十字架卸下，裹以白布，並好好地埋葬了它的人（若・十九：38—42）。

上面種種證據，並不證明死屍有任何知覺，而只指出死屍亦在天主照顧之下；天主喜歡人盡這種孝敬的職務，並為讓人更堅信復活。從此亦可知道，若天主願酬報對死人所作的善舉，則對活人行哀矜，天主更當如何的報答！古聖祖們對埋葬或遷移他們的死屍，尚教訓我們許多別的事情，現在我們不論這事，上面所說的，已經夠了。

若缺少生活上所需要的物件，如飲食、衣冠，並不能阻止善人的忍耐，反而加增他們的功勞，何況缺少喪禮及殯葬普通的物件，不會使已享受善人平安的人受罪。為此，若羅馬或他城被毀壞時，沒有舉行教友的喪禮，不是活人的過失，因為他們一無所能；死人也不受罪，因為他們已毫無知覺。

第十四章　聖人坐監，亦不缺少安慰。

但外教人又說：許多教友被人擄去。若他們被人擄至沒有天主的地方，這固然是一大不幸；但《聖經》在同樣事中，給我們大安慰。

達尼爾（Daniel）及兩位兒童被人擄去，先知也是，但常有天主安慰他們。天主沒有忘記了在大魚腹中的先知（註），祂亦不會拋棄在野蠻又不失人道者手中的教友。

我們的敵人可能不信這類事，反而加以譏笑，但他們相信書籍，其中記載著名詩人亞里安（Arion of Methymna）由船上被丟入海中，卻有海豚救了他，將他送上陸地。

固然我們約納（Jona）的故事，比這更不容易取信於人，但不易取信於人，是因為更奇妙；而更奇妙，因為是大能天主的工作。

（註）《聖經》〈約納〉篇，第二章。

第十五章　雷古祿因宗教的原因，甘為奴隸，但為他無益，因為他敬邪神。

外教人在他們的名人中，有一個好榜樣，他為宗教的原因，甘為奴隸。羅馬的將軍雷古祿

（Regulus）為迦太基人所擄，他們情願贖回自己被擄的人，而不願拘留羅馬人，乃遣雷古祿與欽使同行，以談判交換囚犯。但先教他發誓，若不得所求，當回至迦太基城。

雷古祿去了，但勸元老不要交換囚犯，因為他以為交換囚犯，對羅馬共和國有害。他得到這事後，當然不是他的親友，勸他回至敵人處，但是因為他發了誓，就情願守誓，敵人乃處以極刑。他們將他關在一個木箱內，四面都是鐵釘，他無論觸至何處，都疼痛非常，這樣難為他直至最後一刻，乃殺了他。

外教人都讚美他在困難中的德行，這是應當的，他曾以神名宣誓，他們乃說，因為禁止恭敬邪神，人類乃受災殃。若拜邪神，是為得幸福，祂們卻應許宣真誓的人受這般的痛苦；若祂們一旦發怒，對宣假誓的，當如何降罰呢？那麼為何從我的理論中，不抽出這兩種結論呢？

無疑的，雷古祿恭敬神，為守誓言，不願留在祖國或至別處，情願回至殘暴的敵人處。若他以為這種行為對現世是有利的，能避免巨大的痛苦，一定是自欺。他用自己的表樣，證明邪神不能給恭敬祂的人現世的福樂。因為崇拜祂的人戰敗被擄，願意遵守對神所宣的誓，卻受殘酷的苦刑而亡。

若恭敬神能為後世造福，那麼為何妄證教友，以為羅馬滅亡的原因，是因為他們不拜邪神？若人即使崇拜邪神，而仍能招致不幸，如雷古祿一樣。不當有人這樣盲目，相反明顯的真理，以為恭敬邪神的城，不會遭難，個人則能不幸。因為神力更能庇佑群眾，而群眾卻是由個人組織成的。

外教人說：雷古祿在苦刑及監獄中，能對德行滿意，那麼就要尋找能使一城幸福的那種德行。

一城的幸福，不能與個人的幸福有別，因為城就是和睦生活在一起的民眾。

我暫時不討論何為雷古祿的德行。外教人當由這高尚的表樣，結論到不當恭敬神，為求現世的福樂，或人外表的事物，因為雷古祿，為不得罪他宣過誓的神，情願失去一切。

有人誇張自己有這樣一位的同胞，而怕與他在同一城中，我們要說什麼呢？若他們害怕，就說明雷古祿的遭遇，何況敬神還不如他，更不當妄告教友。但問題是因教友被擄而起，他們當想起雷古祿的表樣，不當由此而譏笑天主教。因為一個恭敬神的人，為守自己所宣的誓，失了自己的祖國，而未得到另一國籍，他為敵人所擄，受淩遲苦刑而死，豈非丟他們神的臉嗎？更不該因為教友被擄而侮辱天主教，因為教友期望天鄉，看自己的家鄉，只是旅舍而已。

第十六章 天主教的貞女，在被擄中亦被人褻瀆，沒有她們的同意，能有罪否？

敵人以為在被擄時，不但婦女，連貞女亦被褻瀆，是教友的重罪。這裡我們所討論的，不是信德，熱心，也不是潔德，而是在羞恥及理智的範圍中，不單該給他們一個答覆，亦為安慰自己的人。

先當承認，德行是在靈魂上，它指揮身體的百肢，肉身隨從意志而成聖。只要意志堅強不移，別人對他們肉身無論做何事，只要不能避免，就不能有罪。但在別人身上，不但能引起痛苦，亦能引起快樂，若如此，雖然不失去貞潔，因為意志堅定，但可能有羞恥，因為若有肉身的快樂，可能就有同意。

第十七章　論因怕受苦，或為免被褻瀆而自尋短見。

誰會這樣殘忍，會不寬赦婦女，因為她們為免被褻瀆，自尋短見。誰會因她不自盡，因為不願以自己的罪惡，避免別人的罪惡，就說她有罪，不然，就是她自己的糊塗。沒有任何法律，准許私人殺人，雖然他是犯人，自殺者，無疑的亦犯殺人之罪，越沒有自殺的原因，罪就越重。

若我們厭惡如猶達斯那樣自盡，耶穌自己亦以為他上吊自殺，不但不減輕他的罪，反而加增了他負賣的罪，因為他不盼望天主的仁慈。這樣結束了生命，就總不能再後悔了；何況沒有尋短見的原因，更不當自盡。

如猶達斯自盡，殺了一個罪人。他不但以負賣耶穌的罪，結束了自己的性命，且犯了自殺的罪，為罰自己的無恥而自盡，又犯了另一大罪。為何未犯罪的人，要害自己而自盡；為不讓別人害他，而殺了一個無辜；為使別人在他身上不犯罪，而自己去犯罪呢？

第十八章　肉身受了強迫褻瀆，沒有意志同意，是靈瑰被逼而忍受。

有人設難說：怕受別人慾情的沾污。若是別人的慾情，就不會被沾污；若受沾污，就不是別人的了。因為廉恥既然是靈魂的德行，乃與勇毅為伍，寧願忍受一切痛苦，不願犯罪。任何大方廉潔的人，不能阻止人在自己身上行事，只能不加同意。誰會這樣不合理，以為自己的身體被逼，受人污辱，就失去了貞潔；若這樣就會失去貞潔，就不是靈魂的德行了，也不是教友的真德行了，而只是肉身的優點，如力量、美麗、健康等，就是減少了它，也不會害及善生的。若貞潔如此，為何要這樣辛苦冒險，以不失掉它呢？若它是靈魂的優點，肉身受逼，亦不會失去。反而貞潔，若抵抗肉身的卑賤慾情，亦能聖潔肉身。為此若意志堅強，決不讓步，不會失去肉身的聖潔，因為本來有意照己所能而善用它。

肉身非因保存完整，不為人侵犯，而為聖潔，因為它有時能受損傷，如醫生為醫病，有時當行手術，使人一見就害怕。產婦為知道一個女孩的處女膜尚完整否，因著惡意，或無知，或其他原因去碰觸它，就可使它破裂。我想沒有人這樣糊塗，以為她的身體就失去潔德，雖然她已失去了完整。幾時靈魂的意志堅強，成聖肉身，別人在他身上所做的肉慾行為，不能奪去她的貞潔。一個婦女，品行不端，不守向天主所發的誓，去尋柳問花而犯罪，我們豈以為她的身靈尚有潔德嗎？我們不當有這種錯誤觀念。

從此我們知道，只要靈魂清潔，肉身雖遭強逼，仍不失其潔德；反而靈魂若失去潔德，即使肉身完整，也已無潔德可言，所以婦女被壓逼，沒有同意，沒有尋短見的理由，事前更不可自盡，不要因一件還不一定的罪惡，先犯一個一定的罪惡。

第十九章　露克茜亞因受褻瀆而自盡。

我以明顯的理由，說肉身被壓逼，但沒有同意犯罪，就常願意守貞潔，只有強逼與女人野合的人有罪，受逼的人無罪，因為她不同意犯邪淫的罪。因此我說被擄教友婦女被逼，不但靈魂清潔，連肉身亦聖潔，我們的敵人豈能反對嗎？

他們都讚美古代羅馬烈婦露克茜亞（Lucretia）。大居義王（Targuinius）的兒子強姦了她，她告訴丈夫哥拉丁（T. Collatinus）及姻親白路多（Brutus），羅馬的貴族勇士，要他們報仇；但她不能容忍在自己身上所犯的罪，乃自盡身亡。我們將認她為淫婦或烈婦呢？誰說要長期研究，才能解決這個問題。

有人對這事說得很對：「這真難言，明是二人，而犯姦淫者只有一人。」這話說得很對。因為二人肉身相合，一人意志清潔，另一人意志邪僻。不因肉身的結合，而因意志不同，明是二人，卻只有一人犯邪淫的罪。那麼為何沒有犯姦淫的受罰更重呢？而真犯人只與父親由祖國被放逐，因為她貞潔，反而被罰，這是不公道的。

羅馬的律師及法官，我請問你們，你們總不願意犯罪後，被判決前，犯人立即被殺害。若有人將這件案子，送至你們的法庭，證明有一女人被殺，不但沒有被判刑，還是貞潔的，無罪的，你們豈不要嚴辦做了這樣事的人嗎？這就是大家讚揚的露克茜亞所做的，她殺了無罪、貞潔、被污辱的露克茜亞。你們判決吧！若你們不能下判決，因為犯人缺席，為何這樣讚揚一個殺害無罪貞潔的女子呢？你們亦不能在地獄判官前保護她，雖然你們的詩人說她一定在下面的人之中：

「無罪的百合，自己尋短見，

靈魂拋九天，生命卻虛擲。」

她願意升天，但：

「命運來干涉，死湖不能行。」（註）

恐怕她在地獄中不是因為自盡，因為她無罪，而是因為他犯了罪。

誰能說——只有她自己知道——她曾同意了青年人的強姦，以後後悔，乃以一死來賠償。在這種情形中，亦不當尋短見，可在神前做補贖。若這樣，已不可說：「二人相合，而犯姦淫者只有一人了」；是二人同犯，一人明明強姦，另一人暗中同意；那麼已不是無罪者自盡；保護她的文人，亦不能說她在無罪自盡的人中。

但這案件這樣複雜，若願減輕自殺，就證明姦淫；若證明姦淫，自殺就加重。所以不能找到一個滿意的解決。若她是淫婦，為何讚美她？若她貞潔，為何自盡？為這位烈婦，我們只說前面的讚詞：「二人結合，但犯姦淫者只有一人。」以辯駁毫無道德觀念，而侮辱被擄時，受辱的天主教婦女的人。

他們相當重視露克茜亞，因為她絕對不同意犯姦淫。以後她雖無罪而自盡，不是因為愛慕貞潔，而是怕丟臉，羞恥別人在她身上所犯的罪惡；她雖無罪，但以羅馬婦女而言，她愛慕榮譽，怕人想她曾經同意，她在生之日，這是免不了的。

為此她以為在人前既不能將自己的良心表示出來，乃以死亡為自己作證。若讓人在自己身上行姦淫，怕人想她是同意的。天主教的婦女就不然，她們雖受了同樣的的污辱，但尚活著。不在自己身上罰別人所犯的罪，不以害羞人的強姦而自盡，在別人的罪上，加入自己的罪。她們有貞潔的光榮，良心的見證，只求在天主前無罪，不違背天主的誡命，避免他人的猜疑。

（註）維吉爾，EN. I. VI，434-439。

第二十章 無論在何境遇中，任何權力，不能讓教友自殺。

在《聖經》上，我們總不能找到，天主准許或命令人自殺，以得長生，或為避免災殃；反而在「不可殺人」（Thou shalt not kill）的誡命中，可以看出正相反，特別不添上「別人」二字，如在妄證上一樣：「你不可妄證別人。」（出・二十：13—16）

然而誰若說謊話，反對自己，不免有罪，因為愛人是由自己取出愛的規則：「你當愛別人如愛你自己。」（瑪・二二：39）若說謊話，反對自己，如反對別人一樣犯罪，因為禁止反對別人，若理解為不禁止反對自己，就理解錯了。更當理解為不可自殺，因為：「不可自殺」，任何人都不例外，接受這命令的人亦不例外。

有人以為連動物都不可殺，這又太廣了，那麼為何不將草木亦包括在內？它們雖然沒有知覺，但都有生命，亦能死亡，若加以暴力，亦能被害。為何聖保祿宗徒論種子時說：「你所播的種子若不先死了，決不能生出來」（格前・十五：36）？〈聖詠〉上亦說：「他降下冰雹，打壞了他們的葡萄園。」（詠・七十八：47）

為何說「不可殺人」，我們就不能拔一根草，如馬尼蓋人（Manichæans）說的？撇下這類糊塗話，我們說「不可殺人」，並不包含草木，因為它們沒有知覺。亦不包括無理智的動物，如鳥、蟲、魚，因為沒有人類的理智。

為此依照天主的安置，它們的生死，決定於我們的利益。為此這命令只為人類，不殺別人，亦不殺自己，因為殺自己的，亦是殺人。

第二十一章 殺人而無殺人的罪。

雖然不可殺人，但天主設了幾條例外的例子。這例外有兩種，除了天主的律法，或給某人在規定的時間命令殺人外，就不可殺人。在後者的情況，誰若聽命，並不算殺人，如劍在用者的手中，是死亡的工具。因此若因天主的命令作戰，或依法律，以合理的判決，判犯人死刑，並不犯殺人的罪。這樣，亞巴郎（Abraham），不因殘忍，而因聽命，想殺自己的愛子，並不犯殘忍的罪過，反而因他的聽命而受讚頌（創・二十二）。

耶弗塔（Jephte）曾發誓，若得勝利而凱旋，將犧牲第一個來迎接自己的人。我們可問，是否天主命他來殺歡迎他的女兒？山松（Samson）自己與敵人同埋在頹牆斷壁中，而不犯殺人的罪，因是聖神暗中命令他，利用他發聖蹟。

除了這些例子，及公義的根源天主自己，或公正的律法出命殺人外，誰殺自己或別人，就犯殺人的罪。

第二十二章 自殺絕對不是勇毅。

對自殺的人，或可驚訝他的勇氣，但不當稱讚他的明智。雖然仔細想來，不忍受生活的艱難，或別人的罪惡而自殺，亦不能稱為有勇氣。

不能忍受自己肉身的牽連，或世人的判斷，更當說是沒有勇氣的人。不逃避不幸的生活而能忍受，以自己良心無愧，輕忽人間錯誤的判斷，更當稱為有勇氣的人。

若以為自殺，就算有勇氣，那麼就當說克白都（Cleabrontus）真是勇士，因為他讀了柏拉圖論靈魂不朽的書後，就由牆上衝下而死，以為這樣就由現世達到更美好的生命。他並不是因為艱難、或罪惡、或不能容忍真假，來推動他求死。只是勇氣，促使他將生命一刀兩斷，而去尋找死亡。更好說，這是勇士的行徑，而非賢人的作風，如他所讀的柏拉圖就可能告訴他，若不看透靈魂不朽，不可自殺，當加禁止，他自己第一個要去實行了。

但有人反抗說：許多人自殺，為不墮入敵人手中。我們不提有人這樣做了，而當問是否應該這樣做。正理當在表樣之上，況且有許多人的表樣與正理吻合，他們熱心事主，更當我們效法。聖祖，先知與宗徒，都沒有這樣做過；耶穌命門徒在教難時，由此城逃至他城，為不墮入敵人手中；似當勸他們自盡。若祂沒有出命令或勸人自殺，以脫離塵世，反而應許將為他們準備永遠的住所，則外教人無論提出任何表樣，顯明地，為恭敬獨一真天主的人，這是不許可的。

第二十三章　賈多的榜樣，他不能忍受凱撒的勝利乃自殺。

除了上面我們說過的露克茜亞外，我們的敵人在賈多（Cato）身上亦找到一個可以效法的榜樣，他在烏底加（Utica）自盡。不是只有他曾尋短見，是因為他博學而賢，他所做的，似乎都可稱讚。

對這件事我要說什麼呢？我說他的朋友及賢人，都不贊成此事，以為不是有勇氣人所當做的，而是沒有志氣的表示，不能指出他受辱後走上正道，而是柔弱，不能忍受困難。

賈多自己對兒子亦表示這類判斷，若他自己在凱撒（Caesar）勝利後，羞於繼續生活下去，卻命兒子求凱撒的寬容，豈不可羞？為何不教他與自己同歸於盡呢？

若我們讚美都瓜多（Torquatus）殺了勝利的兒子，只因不服從命令，去攻擊敵人；為何賈多寬容兒子，而不寬容自己？難道不服從而得勝，比自己含羞接受勝利者，更不光彩嗎？賈多並不以為生活在得勝的凱撒之下是羞辱的事，不然，為除此羞辱，就當以劍，親手殺死兒子了。

這是說，他深愛兒子，希望凱撒寬赦他，而嫉妒凱撒的榮耀，不願被他所救，如據傳說，賈多自己亦這樣說過，或退一步說，他羞於失去榮耀。

第二十四章 在這德行上，雷古祿勝於賈多，而教友則超過他們。

我們的敵人，不願意我們將約伯聖人放在賈多之上。約伯在自己身上忍受許多醜惡的病痛，不願自殺以自救。尚有《聖經》的許多其他聖人，他們忍受為人奴隸，為人俘擄，而不自盡。我們跟著寫他們傳記的人，將他們放在雷古祿及賈多之上。

賈多沒有戰勝凱撒，自己戰敗後，不願服從他，乃自尋短見。雷古祿曾戰勝迦太基人，以羅馬將軍而論，他使羅馬得勝，本國人不能抱怨他，連敵人都稱讚他。以後戰敗，情願被擄，不願自盡。

他在迦太基人處修忍耐，繼續愛慕羅馬，對敵人雖敗不屈，對祖國人總不失望。他不自盡，非因畏懼死亡，由他毫不猶疑而回到敵人處，可以證明。

他在議會中以言語，比在戰場中以軍器，更得罪了敵人；所以回來，只為守自己的誓言。他輕視現生，情願在殘暴的敵人中，受許多苦楚而結束它，而不自盡。無疑的，他是以為自殺，是人最大的罪。在羅馬大德名人中，沒有人超過他；他是富貴不能淫，威武不能屈，勝而不傲的人，失敗後仍勇敢地回去。

若勇敢護衛祖國的戰士，邪神的誠懇恭敬人，當守自己的誓言，他們因戰爭的權利，本能殺戮敵人；後為敵人戰敗，不願自盡，不怕死，而投降敵人。何況教友，恭敬真天主，期望天國；若天主為試探他們，或為改正他們，一時讓他們為敵人所辱，但不遺棄他們，自然更不當糊塗地去尋短見。

耶穌本是天主，為我們降生成人，我們沒有兵役的義務，便不當殺害戰敗的敵人。那麼為何人要殺得罪他的敵人，或為阻止他犯罪而沒有勇氣，殺害已犯罪的敵人，或將要犯罪的敵人呢？

第二十五章　不可犯罪，以避免另一罪過。

當躲避肉身為敵人的肉慾所逼，意志軟弱而同意犯罪。所以他們說，人當自盡，非為別人的罪而預防它。但靈魂屬於天主，比肉身之屬於肉慾更切，總不可同意在自己的身上，屈服別人所引起的欲情。若真理明說：自殺犯大罪，誰能糊塗說：我們現在犯罪，以便之後不犯罪；現在我們自殺，以免將來犯姦淫。

若罪惡能有這樣大的力量，將罪惡放在無罪之上，更好選擇將來不一定犯的姦淫，而不揀選目前一定的自盡。犯一個罪，可以補贖賠償，比一個不能做補贖的罪更好。

我說這話，是為男女，不為躲避別人的罪，而是為避免別人的罪，而情願自盡。希望天主，由依賴他，希望他幫助教友從心中，除去這種錯誤！我說天主不應許人，為任何肉身的罪惡，同意犯姦淫。若睡覺的人，感覺私欲偏情亂動，並無過失，何況不同意的人，更無罪了。

第二十六章　如何評判聖人所做的不許可的行為？

但他們說：有些聖婦，在教難期中，為避免失節，投身河中，在水中淹死，而教會承認她們為殉教者，而恭敬她們。對這事我不敢貿然加以判斷，因為我不知道天主是否以可信的證據，告訴教會恭敬她們，這是可能的，可以承認正是如此。若她們如此而行，非因受人欺騙，而是為天主所默示，不由錯誤，而由聽命行事。對山松（註）我們不能不信是如此。天主若出命令，自當服從，誰說聽天主命是犯罪；誰說聽天主命之不當呢？

不因亞巴郎曾欲犧牲自己的兒子，受天主稱讚，就說任何人可祭獻自己的兒子。若一士兵，為聽長官的命令，而殺一人，任何國家的法律，都不以為他犯了殺人的罪，反而他若不從命，就算一個不從命的士兵。若他用自己的權力，自動殺人，就要犯殺人的罪了。因同樣的理由，若他沒有命令殺人，就當受罰。同樣，若他有命而不做，亦當受罰。

若一軍官出命尚如此，何況這命令是來自造物主？若天主命人自盡，自然可以自盡，因為不可違背天主的命令。但當注意：天主的命令，當是一定的。我怕人只能審判外表，而不能判斷內心的隱秘原因；如聖保祿說的：「除了人內裡的心神外，誰能知道那人的事呢？」（格前‧二：11）

我們說這事，並用各種理由證明，誰若自殺，以逃免現世的痛苦，要受永遠的罰；不能因別人的罪而自己犯罪；對別人的罪，我們不負責任。

人不可因從前的罪惡而自盡，因為當用現世的補贖，來賠補以前的罪過。也不可因為企望來世更好的生命而自殺，因為自盡的人，死後不能得幸福的生命。

（註）山松為猶太人民長，其事蹟見《民長記》第十三章至十六章。

第二十七章　為避免犯罪，可否期望死亡？

還有一個問題，我們前已提及，即因肉慾衝動或因激烈的痛苦，怕要犯罪，是否可尋短見？我們若接受這個理由，就會使我們勸人領洗赦罪後，立刻自盡了。

這是躲避將來犯罪的最好時間，以前的罪過都已得赦了；若可以自盡的話，為何不在此時自盡？為何每一個領洗人不這樣做？既然能自盡，為何重新去冒犯罪的機會，特別是當《聖經》上說：「愛危險的，必陷中亡。」（德・三：27）為何能脫離此世，還要留戀危險？

若有人昧於良知或偏離正道，但為主仍須活著；即使人應當畏懼生活在充滿無數誘惑和不幸的世間，為主仍應生活；而實際上，只當畏懼一個主人。那麼為何浪費光陰，去勸領洗的人愛修貞潔，孀婦修潔德，及夫婦中修節德，既然還沒有危險犯罪，更好的方法，即勸剛領過洗的人自盡，這樣豈不能更潔淨，更聖善的至天主前？

若有人請求或叫人做此事，我不但以為他是糊塗人，還是一個瘋狂人。這如同向人說：「你自盡，不要在你的小罪上，加增更大的罪，因你生活在一個淫亂野蠻的主人之下。」」

誰能沒有邪念地說：「你得了罪赦後就該自盡，為再不犯罪，不生活在這混濁的世界中，被它的殘忍與錯誤戰勝。」這樣說是邪惡的，自殺也是邪惡的。若有自殺合理的理由，似乎這是最合理的，然而連這個理由亦不合理，所以沒有任何合理的理由了。

第二十八章　為何天主准許在潔淨的身上，犯不潔的罪？

基督的淨配，若你們的潔德為敵人譏笑，不要厭惡你們的生命；若你們的良心證明總沒有同意在你們身上所犯的罪，你們就當有大安慰。若你們問為何犯這種罪，我答覆說：天主造了世界，掌管萬物，他的明智是無窮的。「他的判斷是多麼不可測量！他的道路是多麼不可探察！」（羅‧十一：33）

你們且反省一下，是否曾以你們的淑貞潔德而自傲，貪求世人的讚美；或對這點，嫉妒別人？我不以我所不知道的，指責你們，我也不知道你們心中的回答為何。若你們的回答的確如此，你們不要難過失了悅人的事物，只保存著不可炫耀於人前的東西。

若你們對並沒有臣服於罪，這是天主的寵佑讓你們不失落，是因為你們沒有失了聖寵，因為你們不愛人間的虛榮，不然繼之而來的往往就是受人的羞辱。無論如何，膽怯的人，你們都要得安慰！在第一情形中，你們受了試探；在第二情形中，你們受了罰；在第一光景中，你們昭雪了；在第二光景中，你們改過了。

若有人心中的回答是，我從未因貞潔、孀婦潔德或夫婦間的節德而自傲，而常以恐懼謙遜的心，保存天主的恩賜，也總沒有嫉妒別人有同樣的聖德與潔德，反而常躲避別人的讚美。可讚美的善舉越少，越可受讚頌；希望貞潔的人數增加，而不減少。

若她們亦為蠻人所污辱，不要對天主所應許的事情抱怨，亦不要想天主輕忽了自己的優點，雖然他准許了一件事，但不能無責任的犯罪。因為有些罰，是私欲偏情的良藥；在天主的隱秘措置中，不是在現世，而將在公審判時揭露出來。

這些人若真沒有以貞潔而自傲，然而仍為敵人所污辱，可能有隱藏的軟弱，若她們在公共的禍患中，能避免這種羞辱的話，能使她們自大。有人早亡，「免得惡習改變他的性情」；（智．四：11）她們被奪去一樣東西，不使世福毀壞她們的謙虛心。

而對那些肉身仍是童貞，也未遭敵人強逼者，可能自傲者得救藥，謙虛者得保存。我們亦不當不提及曾受污辱者，可能以為貞潔是肉身方面的優點，只在肉身未被侵犯時能保存它，這樣才身神清潔。而不是只有故意贊同，才可失去的優點；這種錯誤，可能已從她們的心中除去了。

因為她們想及以如何的良心及忠信侍奉天主，似乎這樣侍奉祂，呼求祂，不會被棄捨的，特別想及天主是如何喜悅貞潔；為此以為天主總不會准許聖人有這類事情，因能減少聖德，這是天主給她們的，也是天主所愛的。

第二十九章　他們譏笑說：為何基督沒有將他們的教會，從敵人手中救出？教友當如何答覆外教人。

至高天主的家庭中有安慰，不是幻想的、建立在期望現世一瞬即過的財物上的。我們沒有任何抱怨現世的理由，因為是為準備永生的。我們可利用現世的財物，但不為它所欺騙；而痛苦是為試探改正他們。淩辱我們的人，一遇災禍就叫說：你的天主何在？你們且答覆說：你們恭敬以避難的神，在災禍時又何在？

天主的教會則答說：我們的天主無所不在，到處都在，沒有界限，人雖不見亦能在，雖不動亦能至遠處；他降災殃時，是為試探我們的德行，或為罰我們的罪過，我們若忍耐地忍受這些災殃，可得永福。

你們是何人？只可談你們的邪神，而不可談我們的天主，「因為上主是偉大的，是極當受讚美的，他在諸神以上，當受敬畏」（詠．九十六：4—5）。

第三十章　抱怨時代的，期望何等可羞的福樂。

若你們的大司祭施比安那西加（Scipio Nasica）尚在人間的話，在布義（Punica）戰爭時（註一），上議院尋求一位賢人，領受弗利齊亞（註二）的聖物，就會選了他，你們可能不敢正視他的臉容，因為他要指責你們的無知。

你們為何抱怨教友時代的災殃呢？除非願意放縱肉情及犯各種毛病，而不受指責。你們期望和平富有，並非節儉地利用它，而是為浪費金錢，尋找淫樂；由富裕中，生出傷風敗俗來，比敵人還要厲害。為此你們的大司祭施比安，上議院以為他是最好的人，不願毀滅與羅馬競爭的迦太基城。

他預料到這種災禍，為此反對賈多，因為他主張毀滅它。施比安怕四境太平，為凡人是有害的；他以為恐懼為人民有益，就如監護人對兒童及孤兒有利一樣。他並沒有錯誤，事實證明他所預料的十分正確。

因為迦太基毀滅後，除去了羅馬民國的恐懼，由這太平中生出種種弊病，先以叛亂，後以種種問題，且以內戰使人民失去和睦，互動干戈，血流成渠，放逐功臣，搶掠錢財，以致羅馬人以前依道德生活時，只怕敵人，現在因傷風敗俗，且受同胞的殘忍損害。羅馬民族，常欲控制他人，甚於其他民族。戰勝了他們後，他們已無力抵抗，乃以奴隸對待他們。

（註一）布義戰爭（Bella Punica），即羅馬與迦太基帝國（Carthage）的戰爭，共分三期，自公元前二六四—前一四六年，終至迦大基城完全毀滅。

（註二）弗利齊亞（Phrygian）為女神。

第三十一章　傷風敗俗，加增了羅馬人的霸欲。

貪求權位的心，及虛榮心何時可止，豈非干青雲而直上，直至南面稱孤？所以求虛榮不絕，是因貪心，而貪心是由人民的慳吝及淫欲而來。羅馬民族為慳吝及淫欲所侵入，是因國富兵強。那西亞施比安明智地以為，不當毀滅富有堅固的對敵迦太基大城；因戒慎恐懼之心可控制傷風敗俗，若無傷風敗俗，就不會犯姦淫；不犯姦淫，就沒有慳吝了。

取消了傷風敗俗後，就可恢復昔日的道德，為國家有利，人民有相當的自由。因著先見的愛國心，你們的大司祭——上議院屢次同聲合意地稱他為善人——為阻止議員建立戲臺，曾有一篇動人的演講；他勸議員不要讓希臘的放浪習俗傳至羅馬，不可讓外人的弊病，來敗壞羅馬人的良好風氣。議員為他的演說詞所動，乃禁止羅馬此後建築戲臺看戲。

若他不為邪神所阻，恐怕他要將戲放逐羅馬之外。但他以為不可輕視邪神，當平息祂們的憤怒，因為當時福音尚未傳至羅馬，它的信仰洗淨了人心，以得天福，使人虔敬上主，不受邪魔支配。

第三十二章　在戲臺上看戲。

你們不知道的，現在知道吧！你們假裝不知道的，現在請注意。你們抱怨自邪神手中救你們的人，淫亂的戲，在羅馬非因人而立，而是由邪神的命令而創的。你們更好尊敬施比安，而不尊敬邪神，因為邪神並不比他們的大司祭施比安更好。

自古錯誤的人，若能懂得一點的話，現在請反省一下，為停止肉身的瘟疫，邪神命你們做戲，恭敬祂們；而你們的大司祭，為避免心靈敗壞，乃禁止建築戲臺。

若你們將心靈放在肉身之上，就可選擇恭敬誰了。肉身的瘟疫不但繼續下去，好戰的民族，先只比賽角逐，現在卻開始演戲了。但邪神預料瘟疫將平息，就趁機宣傳精神的瘟疫，使人迷惑到這個地步，似乎不能為後人所信。羅馬被毀後，這批糊塗蟲逃到迦太基城，竟整日與戲子為伍。

第三十三章　羅馬城被毀，亦不能使羅馬人改正。

糊塗人，你們真是瘋狂了！東方的民族，都在痛哭你們的災禍，在天角一方的大城內，都在震驚中，而你的意志比以前更糊塗，竟逃至戲臺上去。施比安已怕戲將毀壞你們的風俗，將道德掃地，於是禁止建築戲臺。他也預料你們在安逸中，將日趨於惡，乃不願你們沒有敵人的畏懼。

因為他想，若風氣敗壞，即城牆無恙，仍不能保存國家。然而邪神引誘了你們，為此你們不願將災殃歸於你們自己，而將禍患歸於教友。在安逸時，你們不尋求國家的太平，而尋求你們的私欲不被擾亂。安逸敗壞了你們，而災禍沒有救了你們。

你們的偉大施比安，希望你們恐懼敵人，使不陷於淫亂中。而你們被敵人壓迫時，亦不知控制你們的毛病，失去了能從災禍中所得的效果。而成為更不幸的，卻仍為最壞的人。

第三十四章　天主的仁慈，減輕了羅馬城的災殃。

若你們還在世間活著，這是天主的恩賜，祂寬恕你們，使你們做補贖，改正你們。你們雖辜恩負義，但祂准許你們因教友的名義，及在殉教者的聖殿中，脫離敵人的殺戮。

據說羅瑪祿（Romulus）及雷姆斯（Remus）（註）為使羅馬城居民增加，曾造了一座廟，誰逃入就可免受刑。這是在基督以前的可奇榜樣！毀壞羅馬的人，竟做同樣的事，如創造羅馬城的人一樣。奇怪的，是羅瑪祿及雷姆斯所做，是為增加居民的數字，而毀壞羅馬人所做的，是為保存他的敵人。

（註）羅瑪祿與雷姆斯為兄弟二人，建造了羅馬城，羅馬城名，即由羅瑪祿而來，他之後殺了弟弟雷姆斯，乃成為羅馬第一位君王。

第三十五章 論天主教的教民，隱藏在惡人中，及教會內的假教友。

這是耶穌救贖的家庭及基督君王的世間城，可以雄辯答覆敵人的。

然而當記得，在敵人中，亦有我們來日的同伴，所以不要以為容忍他們，毫無裨益，因為將來他們可能承認基督。這樣，天主的城中，在現世有些與我們同領聖事的，但不與聖人同享永福。他們中，有的暗中、有的明顯地抱怨天主，他們曾經向他宣誓忠信，他們今天與我們一齊擁擠在經堂內，明天就與外教人同赴戲臺。

然而不可失望，他們中能有人改正，在明顯的敵人中，在他們不知中，亦有將來的朋友。因為兩座城在現世常混合在一起，直至公審判時才分開。因著天主的助佑，我要說二城的來源，發展及終結，以光榮天主之城，它與世間城一比，更是燦爛萬丈。

第三十六章 在下卷要討論的問題。

然而還有幾件事我當說的，為反對控訴我們對羅馬城被毀，是當負責的人，因為我們禁止祭獻他們的神。但他們當記得，在禁止祭祀邪神前，羅馬城及各省曾有過多少的災殃。若當時已有天主教，若禁止祭祀的話，他們一定要將一切都歸罪於我們。

此外，尚當指出一切國家歸屬天主，他因著何種原因及習慣，使羅馬帝國發展；而他們所敬的邪神，絲毫不庇佑他們，反而哄騙他們，害他們。最後，當反對已被明顯的文件所證明的人，他們是在錯誤中，而尚以為當恭敬邪神，不為現世利益，而為來世的利益。

這個問題，若我不錯的話，是頗費心機，值得勞苦辯論的問題，因為不是普通的哲學家，而是最受人敬仰，與我們亦有許多相同信仰的人。如靈魂不朽，天主造天地萬物，天主掌管萬物，管理所造的一切事物。

我們之所以要辯論他們對我們所想的，是因為我們不可放棄我們的職責；將用天主賜我們的全部力量，駁倒他們的矛盾，使在天主的城中，天主受人恭敬，以得所許的永福。本卷至此為止，以後便能依所規定的開始討論。

第二卷

在基督誕生前，羅馬人尚崇拜邪神時，已經有許多弊病，邪神不但未幫助羅馬人改正這些心神的弊病，反而助長它們。

第一章　辯論時當遵從的規則。

人的智識是淺的，不會抵抗明顯的真理。當將自已的軟弱放在真理之下，如一劑藥一般，呼求天主助佑的，乃得以痊癒。故不用長篇大論，就能改正任何錯誤，只要存心正直，且以適當的詞句達出。

愚人最大的壞處，是要衛護他們的私欲、偏情，以為是合乎真理的，即便給他們詳細地解說後，仍或因盲目不見清楚的事；或因固執，不願接受明顯的事。因此經常需要長篇大論地討論已經明白的事情，不但使不見者看見，更使他們如能用手摸到一樣。若我們要答覆每一個問題及設難，幾時辯論才可完畢？若他們不能懂得所說的，或存心不良，即使清楚了，但不願服從及贊成，且滿口惡言，總不疲倦。若我們每次當辯論他們信口亂言，不知所云，只想反對我們的言論，自然將是一樁不能完畢的疲勞工作。

為此，親愛的神子馬且林，我因基督的愛火為你們服務，但我不願你或別人在我的著作中，對任何矛盾的問題，都可找到答覆，如聖保祿宗徒所說的：「這些婦女雖時常學習，但總達不到明白真理的地步。」（弟後・三：7）

第二章　第一卷中所討論過的問題。

我在前卷書中，有意論天主的城，因著天主的助佑，已開始這件巨大的工作。但先當答覆人將世間的戰爭，特別羅馬城被野蠻人所毀壞，歸罪於天主教，因為它禁止祭獻邪神。反而他們當歸功於基督，因著祂的名義，野蠻人反對一切戰爭的習慣，不侵犯偉大的聖殿，讓他們投奔進去。在許多光景中，他們不但尊重天主教的真教友，亦尊重假裝奉天主教的人，而不利用戰爭准許的權利。

於是發生一個問題：為何這些天主的恩賜，為善人及惡人所共有？為何敵人的惡行，使善人與惡人同時受苦呢？為解決這個複雜的問題，天主的恩惠，人類的災殃，為善人與惡人所共有，使許多人忐忑不安，因而對開始的工作，我願稍作停留，以安慰遭敵人污辱的婦女，使她們不後悔生活在世，因為她們沒有做過當懺悔的事。

我也說了幾件事，回答那些譏笑受災殃的教友；特別是譏笑被人污辱的貞潔婦女的人。他們真是羅馬人的不肖子孫，因為他們曾在歷史及詩中，稱讚勇敢的行為。他們亦將榮譽掃地，使因前人工作而發展的羅馬城，竟為人所毀。不但土木與磚瓦倒頹，連道德亦一敗塗地。他們的心中，欲火燃燒，甚於城中的房屋。

在此處我結束了第一卷。然後我提及羅馬自開始時，在城中或省內所受的災禍，若福音早已傳開，反對邪神的話，他們一定歸罪於天主教了。

第三章　歷史指出，在天主教傳入前，羅馬人拜邪神時，已受過許多的災禍。

當記得這些事，當反對這些人，因為由他們生出這種說法：「天不下雨，是因教友的緣故。」然而也有博學之士曾讀過歷史，知道這些事，但裝作不知，鼓勵一班無知者反對我們。他們設法使人民相信，這類災殃，不時襲擊人類，是因天主教的緣故，因為它在各處發展，反對邪神。請他們與我們一齊回到基督降生前的時代，羅馬人知道基督的名字之前，曾受過多少災禍。那麼，他們就去衛護他們的邪神，朝拜祂們，本來是想遠避所受的災殃，現在反而將災或歸於我們。那麼，為何應許朝拜祂們的人受這種災禍，此事是發生在基督禁止祭祀祂們之前。

第四章 敬邪神的人，總沒有從神方面，受到倫理的誡命，反而在他們做敬禮行許多的醜行。

先是邪神為何不預防傷風敗俗。真神不管不朝拜自己的人，但為何現在不再叩拜邪神的人，不依道德而生活？人既然敬神，神自然當照顧人的行為。但有人要說：人因自己的意願而變壞。誰否認這點？然而神不當對恭敬自己的人，將德行隱藏起來，反而當高聲提醒，使司祭警告罪人，應許善人得賞。

你們在廟宇中，教訓這類事嗎？我年輕時，有時也參與過這類戲劇，參加跳舞，聽過音樂，喜好恭敬男女神祇，眾神之母的戲劇。在神轎前，在祂沐浴日，唱污淫的歌；有些歌曲，不但在眾神之母前不當唱，即在正直人的母親前，即在戲子的母親前，亦不能唱。

人對自己的母親，覺出是一種羞恥，連罪惡亦不能取消它。在眾神之母前所唱的歌，在大庭廣眾前，在演習時，亦不敢在自己的母親前唱它。若她們因著好奇心，參加看戲，當帶著羞恥離去，因為她們看見聽見的是不端正的事。

若這些禮儀是聖的，那麼什麼是褻聖？若這是沐浴，則何為污辱？又呼為筵席，邪神利用它，如為自己的供養品。這些神對這類淫亂事，大感興趣；也有邪魔在神的名字下欺騙人；或這樣生活，期望這些神庇佑自己，怕祂們憤怒，遠勝於真天主。

第五章　恭敬眾神之母的人，用淫亂敬祂。

在這事上，我不願意由恣情縱欲的人來判斷，而由上議院認為最好的人——由他手中將眾神之母的像帶至羅馬——即由施比安來判斷。

我願意他們說明自己的母親，若對國家有大貢獻，是否願得神的榮譽？因為希臘及羅馬人及其他民族，往往將神的榮譽加給幾個人，因為由他們手中曾得過大恩，以為不朽，遂稱他們為神。若可能的話，他一定願意自己的母親享有這種幸福。然後若我們問他在此榮譽中，亦當犯姦淫？他一定答說：情願自己的母親死去，而不願她為神，卻去做這類事。

我不懷疑，一位羅馬的議員，因禁止在城中建築戲臺，而為人稱讚的，願意用得罪任何淑婦的言語，去尊敬他的母親為神。我絕對不相信一位淑婦的貞操，因為成了神，便有變更；使恭敬她的人，得用這類淫詞。對一個活在世間的婦人說這話，若她不掩耳、疾走，她的丈夫及子女都要害羞無地。為此這位眾神之母，任何惡人都將羞以為母。

為得羅馬人的歡心，去尋找善人，不是用勸言使他成為善人，而是為欺騙他，如〈箴言〉所說：「淫婦剝奪人珍貴的生命」（箴・六：26），使這位善人，由神為他作證而自傲，以為自己的確比別人好，已不尋找真宗教及孝道了；沒有它，任何善人，因著驕傲都將喪亡。為何神尋找善人，教他們這類敬禮？這類淫亂的事，是任何君子都不願與人做的。

第六章 外教人的神，總沒有給過善生的規則。

這些神總不關心恭敬他們的人，與城中的道德與生活；甚至做出這類惡行來，不但在田野中，葡萄園內，並在肉身及靈魂上，及在控制肉身的精神上。因無任何禁條，人民乃成為惡人；若有禁條的話，請拿出來，並拿出證據來。

不是拿出由秘密宗教向人的細語，教人廉恥的原則，是指出勸人為善的集合場所，而不是做淫戲的地方，亦非君王逃避的地方，這是傷廉敗恥的地方；而是神教訓人節制慳吝，攻擊貪高位，管轄淫欲的場所，如柏西烏（Persius）（註）所說人所當學習的：

「人學萬物之原因，吾係為誰因何生，
有何秩序及目標，錢財有何利與弊，
祖國父母給何物，如神命在人世間。」

請指出在何處誦讀這神的命令？民眾集在何處，以聽神的命令？天主教傳到的地方，我們的聖堂正是為此而建築的。

（註）柏西烏（公元前六二—三四年）為拉丁詩人，其詩高尚，但不易讀。

第七章　哲學學說，沒有神的權力是無用的，因為神的榜樣，比人的言論，更易吸引傾向罪惡的人。

恐怕他們要提及哲學院及辯論所，然而哲學院不是羅馬的，而是希臘的，若現在是羅馬的，是因為希臘已成為羅馬帝國的一省。且不是神的命令，而是人的學說。他們聰明過人，他們設法研究萬物的究竟，在行為中何事當做，何事當避；在推理時，可作出何種結論，及何種不合邏輯與矛盾的結論。其中有人發現了重要的真理，因為有天主的助佑；天主願意壓服他們的驕傲時，他們就因人性的軟弱，錯誤百出。而有信仰及熟心生活的人，因著謙虛心，直達天鄉。因著天主的助佑，以後我們還要討論這事。

若哲學家發現了善生的秘密，以得幸福，更當將神的榮譽歸於他們。當在廟宇中誦讀柏拉圖的書籍，而不當至邪魔的廟中，參與高盧僧的投身，荒唐可恥的奉獻，這是在神生日所常做的。為訓誨青年人守公義，更好攻讀神的律法，而不去白白稱讚先人的法律及訓誨。

恭敬神的人，一感覺心靈中私欲妄動，如柏西烏（註一）所說的，他們就更注意游比特的行為，而不顧柏拉圖的教訓及賈多的命令了。如戴倫治（註二）所載，一個無賴的青年人，觀察牆壁上所繪的圖畫，游比特神（Jupiter）為引誘蒂亞納神（Danaë），在她懷中，降下金雨，乃為衛護自己的慾情，他說是仿效神，乃大聲呼說：「大神大聲震動上天，而我微小的人，不能做神所做的？我甘心情願地去做。」

（註一）Persius, Satira. iii. 37。

（註二）Ter. Eun. iii. 5. 36。戴倫治（Terentius），羅馬詩人（公元前一九四—前一五九年），他仿效希臘作者作詩，編戲劇，注重道德，但其詩不易懂。

第八章 戲中揭出神的污點，不得罪神，反而平息祂的忿怒。

有人要說：這事不屬於神的敬禮，而是詩人的幻想。我並不說宗教的奧蹟比戲上更為淫亂，我只說羅馬人在他們敬神的禮儀中，摻入了詩人的神話；然神自己還命人做這類戲劇。

若有人否認這點，歷史就會駁他。因為在羅馬第一次演戲，是在瘟疫時，因著司祭的命令而行的。誰不照著神立的戲中規則生活，而去守人定的律法呢？若詩人妄說游比特神犯姦淫，別的神當大發其怒而作報復，因為是人在演戲時，侮辱了祂們，而不是不演戲淩辱祂們。

在悲劇、喜劇，或在戲臺上演的詩人的神話之中，固然有污穢處，然而尚不及兒童由老年人處當讀的正經書籍多呢！

第九章 為何古代羅馬人願意限制詩人的放肆，而希臘人因著神的旨意，卻讓他們自由？

羅馬人限制詩人的放肆，有何意義，西塞羅（Cicero）在《民國書》中已說出。施比安在辯論時說：「若日常生活中，沒有容忍淫欲，戲劇中也不會容忍它。古代的希臘人，在他們的荒唐意見中，尚有尺寸，因為法律准許他們在戲劇中指名道姓的說法。」

在同一書中，綽號非洲人的施比安（註一）說：

「誰不被戲劇所攻擊？誰不被磨難？誰能得免？它固然侮辱民國的罪人，如克里昂（Cleon）、克里風（Cleophon）、希波博路斯（Hyperbolus）等人（編按）。這種人更好由御史懲罰，而不由詩人謾罵。然而貝理克來（註二）曾在和平及戰爭時，為希臘領袖多年，竟用詩去侮辱他，這是不對的，就如我們的伯拉多（Plautus）及內維烏（Naevius）毀謗布勃歐（Publius）或施比安，或旦治利侮辱賈多（Cato）一般。」

稍後，他又說：「我們的十二銅版法，只對很少的行為定了死刑。但作詩或編歌曲損毀別人名聲的，亦能定死刑，這是很合理的。因為在辯論時，我們不當照詩人的神話，判斷人的行為，當依政府長官的判決。不當聽毀謗人的話，除非被謗的人審判時，可為自己辯護。」

我們可從西塞羅的《民國書》中引證上面的話，只取消幾句，或稍加更改，以便理解清楚，是很對的，因為適合我們的情形，如我竭力解說的。西塞羅還說了別的事，如古代羅馬人，不易容忍人在世時為人稱讚，而在戲臺上為人嘲笑。

如我上面所說的，希臘人的膽子更大，但更有適宜性，因為神亦加以容忍。在戲劇中不但侮辱人，還侮辱神，或由詩人的幻想，或真有這類惡行，願神作為信徒嘲笑的對象，而不是效法的對象。若神竟不願保留自己的名聲，君主及國民自然更沒有保留自己名聲的餘地了。

（註一）施比安（Scipio）為羅馬望族之名，其中名人甚多，故當加號以分之。非洲人施比安（公元前二三四——一八三年），他以戰勝非洲迦大基名將漢尼拔而得名，後為人妄證，充軍國外而亡。

（編按）這三位都是雅典政治家。克里昂（Cleon）是一位政治煽動家，希波博路斯（Hyperbolus）繼克里昂之後在第一次伯羅奔尼撒戰爭中獲得很高的聲望。這三位在當時的戲劇中都被描繪為某種政治人物的角色，被指為讓雅典政治衰敗的人物。克里風（Cleophon）也是同時期的煽動家，在亞里斯多德的《修辭學》中曾提到他。因這些政治人物拒絕了斯巴達的和平協議，展開為期三十年的伯羅奔尼撒戰爭，最後斯巴達獲勝，也讓希臘雅典的民主制度告終，因此被視為羅馬罪人。

（註二）貝理克來（Pericles），為希臘最偉大的領袖之一，（公元前四九九—四二九年），當他執政時，為希臘政治最開明，武功遠震，藝術最發達的黃金時代。

第十章　用何種騙人的手術，魔鬼願意述說他們真的或假的罪惡？

對他們所辯護的，即對神所說的，不是真事，而是假的，幻想的。若以宗教情緒而言，更為不當。然而若想起魔鬼的兇惡，祂們騙人的技術，真是高明。若譭謗一位慈善愛民的君王，所說的事與他的行為愈不合，愈不可忍。若侮辱天主至此地步，更當受何種的刑罰呢？

魔鬼被人崇拜，當做真神，願意人將祂們沒有犯過的罪歸於他們；為欺騙人，將人拉入地獄中。這些罪惡若真為人所犯，魔鬼卻稱他們為神，他們喜歡人的錯誤，而用千方百計使人崇拜祂們為神。或可能這種罪惡只是幻想的，並無人犯過，而魔鬼將它屬於神，使人相信在世上可犯一切的罪惡。希臘人侍奉這類神，自以為詩人在戲劇中，不當放逐這種污行，以期望與神相似。人若找清譽，將使神忿怒。

第十一章　在希臘戲子能有公職，因為人們輕看使神息怒的人，是不公正的。

因此希臘人以為，演戲員在政府內也當享崇高的榮譽。在《民國書》中記載，雅典人哀基乃（註一）口若懸河，他自青年時代就編了悲劇，而得公職。悲劇作家亞立代姆（Aristodemus）屢次出差至斐利伯王處，討論戰爭及和平要事。希臘人以為神尚接受戲劇，將編戲劇的人視為不名譽的人，是不合理的。

為此希臘人這樣做了，這可能是他們的羞恥，但他們照神的意願，讓詩人與戲子譏笑人民的生活，因為他們看到依神的旨意，詩人與戲子尚且譏笑神，那麼為何要輕視演戲員，他們在戲臺上光榮悅樂神祇。有何理由當尊敬做祭獻的司祭，而輕看演戲員，他們做神所要求的事情，不然，神就要發怒了。

拉培歐（註二）對這事甚為精通，他依照祭品，將神分為善惡兩種；惡神喜好悲傷的祭祀、痛哭、祈禱；善神喜好樂觀的祭祀，如他自己所說的：戲、建席、小床。若天主願意，以後我們再討論這事。

現在只論一切是為光榮神祇，不加分別，以為所有的神都是善的（不能說神有善惡之別，因為魔鬼都是惡的）；但依照拉培歐，希臘人對善神惡神祭祀不同，但都恭敬他們，無論做祭祀的司祭及演戲員，莫不如此。這樣，他們對神一律公平，以為演戲，悅樂所有的神，或只悅樂善神，因為他們相信只有善神喜歡演戲。

（註一）哀基乃（Aeschines），希臘大戲劇家，被稱為戲劇的鼻祖，（525-456 B.C.）他的哲學思想及宗教思想亦頗深刻。

（註二）拉培歐（Labeo），羅馬的著名法律學家。

第十二章 羅馬人尊重人超過神，他們讓詩人譏笑神，而不讓他們譏笑人。

羅馬人，如施比安在民國書中辯論時作證的，不願讓詩人信口雌黃，損害人的名譽，並定了重刑，處罰作這類詩的人。這固然是他們的光榮，但對神卻是不敬。因為他們知道神不但准許，並且喜歡受詩人的譏笑，因而定了法律，在慶日對神可做的，都不能施之於人。

施比安，這樣，你贊成詩人不能譏笑羅馬人民，但可譏笑任何神！你以為法院的名譽超於加比多利（註）的神廟，羅馬一城的名譽，超乎全世界？你以為詩人不能毀謗人民，而對神卻可信口雌黃，而不必畏懼議員、御史、君主、司祭？柏烏多及內維烏毀謗布勃歐或施比安，且治利不可毀謗賈多，而戴倫治卻可毀謗至大至善的游比特神，而刺激青年人的慾情嗎？

（註）加比多利（Capitol）是羅馬山丘的名字，上建神廟及羅馬政府公署，在古市場上面，現已變成博物館及教堂了。

第十三章 羅馬人該當懂得，神若要求用淫亂的戲來恭敬祂，已不堪接受神的榮譽。

若施比安尚在人間，可能回答說：「神自己所願意的事，我們如與何能禁止呢？是他們令羅馬人演戲劇，以光榮他們。」那麼為何不因此承認祂們為邪神，不能享受神的供奉？你們恭敬這些神，祂們要求演戲，就當以祂們為邪神；祂們為欺騙人，要在神的榮譽中，亦讚揚祂們的惡行。

羅馬人雖因著迷信，恭敬這些願意舉行淫亂戲劇的神，但因廉恥關係，總不願意稱讚編這類荒唐戲劇的人，如希臘人一樣。施比安自己在西塞羅書中說：「既然以為一切戲劇當受譴責，不但願意這批人不能享受人民的榮譽，且當將他們逐出家族之外。」

這是出色的明智，可列入羅馬人德行之中，但我願意大家仿效它，執行它。任何羅馬人，作為演員，不但前途無望，且御史一檢舉，就被逐於自己家族之外，這真是羅馬人可受人讚美之處。

但請答覆我，既然戲劇是為恭敬神的，為何將演員的前途打斷呢？羅馬人長久不知道戲劇，若只為滿足情欲，就可敗壞良好的風俗；而神卻要以戲劇恭敬他們，那麼既然神因他而受到恭敬，為何將演員放逐。你們恭敬願意戲劇的神，用何種勇氣譭謗演員呢？

我們讓希臘人與羅馬人在這點上互相辯論。希臘人以為當尊重演員，因為他們恭敬願有戲劇的神，而羅馬人卻不願他們侮辱人民及議院。在這問題上，可用下面的理由來解決。

希臘人說：若當恭敬這類神，亦當尊敬這類人。羅馬人反駁說：無論如何，不可尊敬這樣的人。教友結論說：所以絕不可朝拜這類的神。

第十四章　柏拉圖不願詩人住在良好的城中，比願意用戲劇恭敬自己的神更好。

我請問因何理由，演戲員，詩人，寓言的作家，十二銅版法，禁止損害人民的名聲，他們卻可對神信口雌黃，而不被人看為不正當的人？為何輕看侮辱神的演劇員，而看重編戲人？豈不當歸功於希臘人柏拉圖，他指出城市當如何，他以為當將詩人自城中逐出，因為他們是真理的仇敵。他不能容忍侮辱神，或以詩賦使人心變壞的人。

請與柏拉圖作一比較，他雖然是一個普通人，但願將詩人逐出城外，為使神不將人心變壞，他們卻要求演戲，恭敬自己。他雖然沒有使人相信不當寫這類文字，但設法改正希臘人的輕浮。而神們卻命令做這類事，侵犯了羅馬人的尊重及謙虛，神不但願意這類事，並願為自己而舉行。城中當將光榮歸誰？歸柏拉圖？因他禁止這類可恥的戲劇；或當歸邪魔？他們喜歡人類被騙，不能懂得真理。

拉培歐以為當將柏拉圖歸入神仙之類，如赫克力斯（Hercules）及羅瑪祿。他將神仙放在英雄之上，但將他們都放在神內。我以為他所稱的神仙，不但當放在英雄之前，並當放在神之上。

羅馬人的律法，頗似柏拉圖，因為他禁止詩人的神話，而他們卻禁止譭謗別人，他將詩人逐出城外，他們將演戲員提於社會之外。可能願將他們到處放逐，除非他們畏懼要求演戲的神祇。羅馬人以律法而取勝，不能希望神定律法，以形成良好風氣，而改正淫廉的風氣。

神願演戲，恭敬祂們，羅馬人卻不稱讚演戲員。祂們命人演淫亂戲來恭敬祂們，羅馬人卻不准詩人淩辱別人。柏拉圖抵抗邪神的惡劇，並指出羅馬人當如何去做，因為他不願在良好的城中，住著詩人。他們或喜歡說謊話，或將神的惡行揭出，使人仿效。

我們不以柏拉圖為神、為仙，我們亦不將他與天主的天使相比，或與先知，宗徒或殉教者及教友相比。若天主願意的話，我將說出理由。他們既然以柏氏為仙人，我願將他放在羅瑪祿及赫克力斯之上，雖然任何歷史家或詩人，沒有說過或想像過，羅瑪祿曾殺死弟弟，或犯了別種罪惡，一定在白亞布（Priapo），青奴發勞（Cynocephalo）及費白來之上，這些神的一部份，係由外人傳人，別的神是羅馬人自己造出來的。

這類神如何能取消傷風敗俗？由法律所禁止的已有的，或將來有的惡習呢？何況還用真實及捏造的事實宣傳它，使人民知道，以引起私欲偏情，而去犯它，因為是由神所鼓勵的。西塞羅論詩人時，明白地說了下面的話：「他們似乎是大聖大賢，掌聲如雷；他們用黑暗，使人視而不見；他們能使人驚懼，使人想望。」

第十五章　羅馬人選了幾位自己的神，非因理由，而由諂媚。

羅馬人有何理由，除非因著諂媚，揀選了自己的神，因為他們並不以為柏拉圖當受恭敬，雖然以他為仙，因他曾努力以言論阻止羅馬人的風氣變壞，心神墮落，這是我們所當盡力躲避的，卻將羅瑪祿放在許多神之上，雖不以他為神，而以他為神仙，如他們的秘密經典所命的。

他們亦為他設了司祭，可戴高冠。只有三位神有司祭：游比特有地亞來（Diales），戰神有馬且林（Martialis），羅瑪祿有居理納（Quirinales）。人民為尊敬他，呼他為居理納，以為他已升天。將他放在游比特的兄弟內東（Neptunus）及獄神普路托（Pluto）與祂們的父親之上，因而為祂亦設立了司祭，以前只有游比特及戰神有之。

第十六章　若神尊重公義，羅馬人可由神處接受律法，而不必求之他方。

若羅馬人由神方面而得律法，不會在羅馬城建立後數年，就遣人至雅典抄寫沙隆（Solon）的法律了（編按）。但他們不完全接受雅典的法律，卻致力於修正它，改良它。

雖然李古哥（Lycurgus）假裝是由阿波羅神，傳給拉且多人法律，但羅馬人不信這事。

據說：羅瑪祿的繼位人邦必利（Numa Pompilius）曾訂了幾條法律，但不能控制羅馬城。他也立了許多慶日，但沒有人說，他曾由神手中接受過法律。當時人民心神不振，生活及道德墮落，竟使學者說：雖然羅馬城仍屹立無恙，但國家卻因他們的過失而滅亡了。如上面所說：他們做了一切，使這類弊病與日俱增。

（編按）羅馬人曾派遣三位大使到希臘雅典城去抄寫沙隆法，並由得到希臘的資訊和制度，特色是所有雅典人都可以提出訴訟，並向法院提出上訴。而後這十二個法條就被接受為羅馬法的基礎，被刻在銅版之上，高懸示眾。見羅馬史學家李維（Titus Livius, 西元前五十九－西元十七年）的史書《羅馬史》，iii. 31-34。

第十七章 羅馬人尚有道德時，卻搶了沙賓的婦人，更犯了別種毛病。

可能羅馬的法律，不為神所訂立，因為如沙路底（Sallustius）所說：「在羅馬，權利與道德，係由本性，而不自法律而來。」

我相信沙賓（Sabine）婦女被強搶，也是由這權利及善行而來的。因為沒有比不由父母手中，而以武力，將來看戲的婦女搶來，更公道，更好的！向沙皮納人娶親，他們不允，固然不對；而以武力去搶，更不合理。更合理的，是與不願將女兒嫁給鄰近民族的人交戰，而不當與女兒被搶的民族作戰。

本來該當如此，那麼戰神馬爾斯（Mars）可幫助自己的子孫羅馬人，以報答不允結親的侮辱。這樣，能達到娶妻的目標。這樣，戰勝者可以戰爭的權利，娶得以前不願出嫁的女子。但平安時，不能以武力搶別人的女兒，更不能與她們義怒填膺的父兄作戰。

但這事居然馬到成功。雖然為紀念這事，馬戲常保存著，然而在羅馬城中及國內，沒有人贊成這醜行的。以後羅馬人將羅瑪祿封為神，這是大錯特錯，因為任何法律及風俗，都不准人效法他去搶人婦女的。後來因著這條法律及道德，布魯特斯（Brutus）總統驅逐了大居義（Tarquinius）王及其太子，因為他的兒子褻瀆了露克茜亞，亦強逼露克茜亞的丈夫、自己的同事哥拉丁（T. Collatinus）辭職，雖然他是好人，並且無罪。但因他與大居義有親戚關係，且名字相同，所以不准他住在城內。

羅馬人卻贊成這種不良作風，布魯特斯及哥拉丁都是由人民選為總統的。

亦因這條律法及道德，當時的名人加彌路（Camillus），戰勝了威賢人（Veientes）。他們與羅馬人已交戰十年，羅馬軍隊屢次敗北，到處風聲鶴唳，且攻破了他們堅固的城，但因樹大招風，為人所妒，又因人民長官的傲慢，他乃成為罪人。他看見自己曾救了的羅馬城，今不知恩，將要定自已的罪，乃自行放逐；他不在場時，還被罰一萬元。不久，他還要將這辜恩負義的祖國，由高盧人手中救出。

將羅馬城所有的不公不義的事情都提出來，真令人悲痛。有權力者設法控制平民，而平民不願受控制；雙方都由好勝心所驅使，而不為公正所驅使。

第十八章　沙路底的史書，詳載羅馬人在恐懼時或和平時的作風。

我不多說，只引沙路底為證人，他滿口讚揚羅馬人，因此說：「權利與道德，係由本性，而不由法律而來。」他記載當時君王被逐，總統代之，在這短促時期，羅馬飛黃騰達。但他在第一卷中亦記載自君主制而變為民主制，過了短時期後，因上等社會人的壓迫，平民脫離貴族，在羅馬城也發生了其他糾紛。

他說在第二次及最後一次與迦太基戰爭期中，羅馬人民互相和睦，風俗純良。所以如此，並非因為愛慕公義，而是怕迦太基城一日存在，和平仍不可靠。為此那西加施比安，為阻止邪惡，保存純良風俗，以恐懼阻止毛病，不願毀滅迦太基城。沙路底立刻又繼續說：「不和，貪婪，貪高位，其他在太平日子常發生的弊病，在迦太基城毀滅後，即大為增加。」使我們了解這些事以前已有，且日漸增加。

下面他說出為何自己這樣說：「因著貴族的壓迫，於是平民離開了貴族。其他糾紛自開始時代就有，驅逐了君主後，恐怕與大居義王，及愛杜如人（Etrusci）交戰，乃以公正溫和依權利而行事。」

你可看出，在短時間，即驅逐君主後，尚以公正溫和，依權利行事，是因為恐懼的原因，當時大居義王自羅馬被逐後，與愛杜如人聯合，攻擊羅馬人。

請你注意下文，他說：「然後貴族對待平民如奴隸，如君主一般處置他們的生命，奪他們的田地，排斥他人，他們獨自擅出命令。平民受了這些虐待後，又為高利貸所逼，因為不斷的戰爭，他們既納糧又服兵役，乃帶著武器，退至聖山及亞凡丁山，爭得了人民法官（註一）及其他權利。這種糾紛及競爭，直至布義第二次戰爭時才完結。」

由此可見從這時起，即自君主被逐後，羅馬人是何如人，他們的權利與道德，係由本性，而不自法律而來。若此時已如此，當時羅馬民國是美好的，對以後時代，當如何思想呢？用同一歷史家的話，即自迦太基城滅亡後，如他們記載的，由最美好的，乃變成醜惡的。

此時，如沙路底簡單記載的，可在他的歷史書中讀到，由國泰民安，發生了多少的弊病，一直到內戰。如他說的：「從此時起，先人的遺風，不是逐漸的，而是如狂浪既倒：青年人由奢侈與貪婪而變壞，可謂沒有父親所生的子女，能夠保存祖產，或不插手別人的財產。」以後，沙路底還說了蘇拉（註二）的毛病及民國的污點。別的作家在這點上，與他同意，雖然不如他說得好。

我想你已可看出，任何留心的人亦可看出，在我們君王基督降生前，羅馬城的風俗已敗壞到何種地步。這不但是在基督開始講道前，且在他由童貞聖母出世前就已如此。

既然對這時的弊病，以前還可忍受，在迦太基城毀後，根本不能容忍，他們卻不敢歸諸邪神。是因邪魔的詭計，使在人的思想中，發生許多的弊病。那麼為何將現代的弊病歸於基督呢？他們最有益的道理，禁止恭敬邪神，以神的權力，禁止人的私欲，將自己的教會由世風日下的世界罪惡中救出，不為國人讚頌，而為真理起見，以建立最榮耀的城。

（註一）人民法官，係平民於公元前四九三年爭得，以保護平民的權利，常有兩位。

（註二）蘇拉（Sylla），羅馬的獨裁者，公元前一三七—前七八年，他戰勝了小亞西亞的米特利達（Mitridas）王及羅馬將軍馬利烏斯（Marius），乃成為獨裁者，大殺仇人，修改羅馬憲法，正當大權在手時，忽然辭職，次年去世。

第十九章　基督取消邪神的敬禮前，羅馬共和國的傷風敗俗。

羅馬共和國「逐漸變更，由最美好的，變為最醜惡的。」不是我第一個說，是我們繳了學費的作者，在基督降生前就已記載了。在基督降生前，迦太基城毀滅後，先人的遺風，不是漸漸的，而如狂浪之既倒，青年人都因奢侈及貪婪變壞。

請給我們一讀神給羅馬人，反對奢侈及貪婪的命令。希望他們不再提及貞潔端正的事，不要求他去做可恥的事，使因邪神而得權力。然後再來讀讀我們的先知書，福音，宗徒大事錄，書信，都指責貪婪邪淫，到處教友聚集靜聽，是如何的高尚，神聖；不如哲學之高談闊論，而如自天下降之綸音。然而他們不將基督降生前，共和國因奢侈及慳吝變成最醜惡的，歸咎於自己的邪神，而卻將當時因驕傲、淫樂所招致的禍患，都歸於天主教。

若世間的君王及人民，首領及法官，青年人及貞女，老人與幼年人，不分年齡男女，與聖若翰講道的對象：稅吏及士兵，都聽聖教會論純良道德的勸言，現世國家可享太平，並可獲得永遠的福樂。然而有人聽從，別人便輕視，許多人更願隨從慫恿他們的毛病，不願守嚴肅的德行；而教友無論是君主、法官、士兵、鄉村人、富人、貧民、自由人，或男奴女婢，若需要的話，亦當容忍醜惡的國家。以此容忍，而得天神們的至聖至高的天庭，及上天國民的榮耀座位。在那裡，天主的旨意便是法律。

第二十章　咒罵天主教時代的人，願意享受何種的福樂，依何種道德而生活。

恭敬邪神的人，也仿效祂們的罪惡，不設法使國家不成為醜惡的。他們說：只要它立得住，當強興盛；更要緊的，是國泰民安。這與我們何關？關於我們的，是財貨日增，可供日常揮霍，窮者服從。貧窮者服侍富翁，以得飽暖，而無所從事。富者利用依附的家人，以顯耀自己的排場。人民不稱讚求自己利益的人，而稱讚供給哀樂的人。希望不要命自己做困難的事，不要禁止淫樂。

君王只管屬下多，不管好壞與否。省區服從君主，不以他們為道德的管理人，而為財務的經理及自己娛樂的供應者，並不誠實尊敬他們，而只是怕他們，如奴隸之畏主人。法律只顧不要損害他人的葡萄園，而不問對自己的生命如何。損害了別人的財物、房屋、健康，才會送至法官處，對自己的人物，或甘心情願的人，則可為所欲為。

公共慶日繁多，以供給願意享受，或私人不能享受的人。高樓大廈，到處皆是，大張筵席，可以日夜遊戲、狂飲、嘔吐。到處是跳舞，戲臺上，瘋狂歡聲，有各種各式醜惡殘暴的淫樂。不喜悅這類娛樂的人，便是大眾的仇敵。若願加以變換或取消，沒有人會聽他，反將他由座中逐出，且危害他的性命。供給人民淫樂的或保存它的，便以為是真神。可恭敬任何人，可任意遊逛，可受自己的人崇拜，只要由敵人，瘟疫，災禍方面，不阻礙他們的幸福就行。

一個健全的人，能以為這是羅馬民國嗎？更好說是沙大納波利（註）的王宮。這位一生淫亂的君王，還使人在自己的墳墓上刻著：「自己所有的，只是生活在世時的淫樂。」他們對這位君王非常佩服，不加以嚴厲批評，願為他造廟置僧，超乎古時羅馬人之對羅瑪祿。

（註）據傳說沙大納波利（Sardanapalis）王，生於公元前八三六—前八一七年，是亞述的國王，一生淫亂。

第二十一章 西塞羅對羅馬共和國的意見。

對「最醜惡的羅馬共和國」這批評毫不在乎的人，他們也不管這共和國的風俗一落千丈，而只求它存在，那麼請聽，不是沙路底所說變成最醜惡的，而是西塞羅所說的，羅馬共和國早已消逝，蕩然無存了。

他引毀滅迦太基城的施比安對民國的意見，已發覺沙路底所描寫的敗壞，共和國早已喪失了，因為在他談論時，克拉基（註一）之一已被害，沙路底以為嚴重叛亂是由此而起的。在同一書中，他提及這人的死亡。因為施比安在第二卷末說，如在琴蕭或歌曲中，由不同的聲音而成，若聲音彼此不和、走音，音樂家就不能加以容忍。

音樂由不同的聲音而來，但音調相配，由上中下聲音配成，國家也因不同的民族而組成。若在歌唱中有諧和，這是在共和國中找到合作的基礎，沒有公義是不會成功的。

他長篇大論地討論了公義對國家有何利益，沒有公義，為害無窮後，其中一個名比羅（Pilus）的人發言，他要求更詳細討論公義問題，因為普通俗話說：「國家不能沒有失公義處。」

施比安同意討論這問題說，上面對國家所說的，即國家一定有不公道的地方，才能治理，這是錯誤的。反而沒有公義就不能治理國家，倒是千真萬確。這問題第二日才能解決，在第三卷書中論及。比羅為自己昭雪，不要人以為他隨從這種意見，以為國家有不公義才能治理。他竭力為不公義辯論，反對公義，設法證明不義為國家有益，公義為國家無益。

於是雷利烏（Laelius）由大家的請求，起來竭力為公義辯護，證明沒有比不義更有害的，沒有大公無私，國家是絕對不能治理的。

討論了這問題後，施比安又回到原先的問題，為共和國下了一個定義，即人民的事物。所謂人民，不是任何多數的民眾，而是因為法律上的同意及共同的利益而結合的。然後他說出定義的利益。由定義來看，共和國為人民之事物，為人民的利益，才能由君王、貴族及民眾治理。君主無公義，便為虐君；貴族不公正，便為朋黨；民眾不公義，不易找出一個適當的名字，乃稱它為不美好的。這並非惡性循環，如前日所論的，然而是從定義中，證明沒有共和國了。因為暴君佔位，若群眾不義，已不是人民了，因為已經不是因法律上的同意及共同利益而聯合的，如人民的定義所說。

那麼羅馬民國，已不是如沙路底所寫，極其醜惡的，且根本已不存在了，這是依照大作家討論時所說的理由，如西塞羅不引施比安或任何人的話，而是他自己在第五卷開始處所說的，先引愛尼（Ennius）的詩：「羅馬共和國，古人道德立。」

他繼續說：「這詩言簡意深，為我是一種啟示。」因為若風俗不良，這些人，就不能創立及長期治理一個這麼廣大的民國。為此，照我們所記憶的，國家的良好風俗，生出治理的人，他們隨從先人的風俗及法律。

我們的時代，共和國如一幅古畫，但因年代久遠已非廬山真面目了，不但不願添上原先的顏色，根本不願保存它原先的形式及輪廓。我們還保存何種古代風俗，因為它，如施比安所說，羅馬屹立不動。我們已將它拋在九霄雲外，不但不守它，根本不知道它的存在。

至於人，又當何言？因為沒有人，所以風俗不古，我們不但該找出它的理由，且當歸罪於我們自己，實在罪惡深重。不因其他災禍，而因我們的毛病，只以言語保存民國，實際上它早已完蛋了。

西塞羅在施比安久已死後，在自己《民國書》中，引他來辯論。在基督降生前，他已承認這事。

若這事已在天主教盛行之後發生，誰不將一切災殃歸罪於教友呢？

此外，為何邪神不阻止羅馬共和國在基督降生以前毀滅，如西塞羅所痛哭的。因為古人及風俗，讚美它的人，亦當看看是否真有公義，或只有其外表，如西塞羅所說，而實際上，它已如古畫一般，已沒有廬山真面目了。若天主願意的話，我們下次再討論。

我設法依照西塞羅的定義，他由施比安的口中說出民國及人民的定義，他引自己及參加辯論人的許多意見，證明共和國沒有存在過，因為總沒有過真公義。然而依照更可靠的定義，古羅馬人比後代人治理共和國更好。真公義只在基督所創立所管轄的民國中，若我們願意稱它為共和國的話，因為我們不能否認，它是為人民的利益。

若這名字，在別處有別的意義，與我們的言語不同。沒有疑惑的，在這天主城中一定有公義，因為《聖經》上說：「天主的城呵！有些榮譽的事，是指著你說的。」（詠・八十六：22）

（註）克拉基（Gracchi）兄弟為羅馬民政官及著名演說家，為人民爭取田地，反對貴族，為人所害，時在公元前一三三—前一二一年。

第二十二章　羅馬的神不管共和國因傷風敗俗，將歸滅亡。

對於現在的問題，是說羅馬共和國雖是可稱讚的，但依學者的意見，在基督降生很久以前，已成為最醜惡的，並且已不存在了，是由傷風敗俗而亡。護守的神該當給以生活道德的規誡，使羅馬不要喪亡，因為他們造了多少的廟，立了多少的司祭，用各種祭獻及許多禮儀、慶日、遊戲以敬神。而這些神只求自己的利益，不管羅馬人如何生活，反使他們放縱私欲而生活，使因畏懼而敬拜自己。

若神給了法律，請指出來，讀給我們聽聽，克拉基兄弟犯了神給羅馬城的何種法律，使人民擾亂，瑪利烏（Gaius Marius）、齊那（Cinna）（編按）、賈步（Gnaeus Papirius Carbo）又犯了何種法律，而引起內戰？是由不正當的理由而起，殘暴而行，更殘暴而結束。最後蘇拉（Lucius Cornelius Sulla）又犯了何種法律？他的平生，作風，行事，依沙路底及其他歷史家所寫的，誰不厭惡？誰不說當時民國已滅亡了呢？因人民的傷風敗俗，他們往往引維吉爾的詩，為神推辭道：

「守護帝國眾神祇，離開偶像祭壇去。」

若是如此，他們就不當抱怨天主教得罪了邪神，祂們已離開而去，因為羅馬人的祖先因為傷風敗俗，已將許多小神，如蒼蠅一般地驅散了。在他們祖先風俗敗壞前，羅馬為高盧人所攻破，焚燒，這些神在何處？祂們若在，可能正在睡覺；因為當時整個羅馬城皆為敵人所佔，只剩下加比多利嶺，若在神睡覺時，所飼養的鵝未曾醒著的話，連它亦將被敵人佔據了。因此羅馬人亦仿效了埃及人的迷信，也恭敬鵝了。

我暫時不討論肉身所遇的災殃，這不是心靈的災殃。現在只說以前道德逐漸喪失，以後便如狂浪既倒，雖然城牆、房屋無損，但共和國已經喪失了，作者卻不怕說它已亡了。它既喪亡，神自然當離開偶像，離祭壇而去，因為羅馬城沒有守善生公義的命令。若這些神不願同敬拜祂的人在一起，人民生活放蕩，又不教他們好好生活，這又是何種神呢？

（編按）齊那（Lucius Cornelius Cinna）是羅馬共和國西元前八十七到八十四年的執政官。當時瑪利烏和羅馬政要蘇拉之間的政治關係緊張，齊那在瑪利烏死後取代其位，繼續與蘇拉抗衡。齊那專制暴虐，凱撒（Gaius Julius Caesar）娶了他的妹妹，但他與凱撒亦不和。蘇拉原是將領，是一位獨裁者，曾兩度率軍隊進入羅馬，賈步即其政敵。但之後蘇拉便宣布放棄獨裁，恢復共和政體，震驚全羅馬，並在第二次執政官任內即辭職退位。

第二十三章　世事滄海桑田，不由邪神的保佑或攻擊，只由真天主的措置。

若邪神助佑人隨從私欲，但不能證明邪神亦助人節制私欲。若他們助佑兇惡殘暴的馬利烏（Marius），興起內戰，他曾做過七次執政官（註），為何不幫助他在第七任總統，年老而逝，不墮入勝利者蘇拉的手中，又不幫他去改正毛病呢？若在這事上神不加以助佑，該當承認，即神不悅，亦不阻止人得到所期望的現世幸福；神雖發怒，人仍可能如馬利烏一樣身體健康，享盡福祿壽考。神即加助佑，人亦可能如雷古祿，受盡被擄、為奴、窮苦、不眠及痛苦而死。

若他們亦承認事實的確如此，間接就承認拜邪神毫無益處。因為神若設法訓人正經度生，誠心修德，死後可得賞報。若正相反，對現世的事物，神的恨與愛都無關係。那麼，為何還要拜邪神呢？為何在困難時期，說神離開了，因為人得罪了他，為此對天主教大加侮辱。若在這種境遇中，神能賜福降災，為何他保護惡人馬利烏，而拋棄了君子雷古祿呢？豈不因此，神不公正且醜惡嗎？

若以為正為此更當受人畏懼，尊敬，我們亦不可輕信。因為雷古祿不比馬利烏敬神更少。也不因此當作惡度生，因為神更助佑馬利烏，勝於雷古祿。

梅德祿（Metellus）有五個兒子做過總統，他在羅馬人中，最受人讚美，在世物上他亦一帆順利，而加底利納雖罪惡滿身，卻享盡世福。然而只有恭敬真天主的人，才能得到真實確定的幸福，亦只有天主才能賜予。

羅馬民國因道德掃地而喪亡，神亦毫不阻止這類作風，使不喪亡，反而加上惡化它，而使它喪亡。不要假裝善神，以為被人民罪惡所傷，乃決意離開。祂們仍在那裡，這可加以證明，然而祂出命不能拯救，或祂不言而隱藏。

我不說馬利烏曾在森林中，明多人（Minturnenses）求馬利加（Marica）神庇佑他，使能平安凱旋；他在失望之餘，卻引兵攻城。這可在歷史上讀到。他的勝利，比敵人的勝利還更野蠻，流血更多。我已說過，暫不論它，不將馬利烏的幸運歸於瑪利加神，而歸於天主的掌管，使人啞口無言後，並使不加研究的人可除去錯誤，由明智所引導而懂得這事。

若魔鬼能在這事上有所作為，是由全能天主的准許。不當重視世福，因為惡人如馬利烏亦能獲得，也不要有許多財物，就以為不好，許多朝拜唯一真天主的善人，不管邪神，不相信當悅樂畏懼這些不潔之神，以求世福，以免世禍。因為魔鬼及世間惡人，若不由天主准許，就不能有所作為，沒有人能完全懂得天主的判決，所以亦不能指責它。

（註）羅馬人將君王驅逐後，乃選舉執政官，任期一年，同時有兩位執政官，互相合作，統治國家政府。

第二十四章　魔鬼自誇蘇拉的成功，是由他們而來的。

蘇拉的時代與以前不同，他要報復。當他向羅馬進兵攻擊馬利烏時，李維（Titus Livius）記載，司祭在手中有吉利的預兆，卜者波都彌竟敢以被監禁或死亡來預言：蘇拉因為神的助佑，將實現他的志願。神還沒有離開偶像及祭壇，就預言將來的事故，但不管蘇拉的改正。

神預許大幸福，卻不恐嚇他，使他放棄不正當的慾情。另一次，當他在亞洲與米特大（Mitridas）交戰時，游比特神教狄治烏告訴他將戰勝米特大，實際上正如此。當他在考慮回羅馬，以殺戮流血，報復自己及朋友的侮辱時，游比特神又使第六軍的一個戰士——他曾預言他對米特大的勝利——預告他將自敵人手中奪回共和國政權，但先當殺戮許多的人。於是蘇拉問這個戰士游比特神用何形象出現，戰士說出後，他記起在預言戰勝米特大時，亦有同樣的形象。

我們可問：為何神勤於預言吉事，而不勸告蘇拉不可興兵作亂，因為這不但使國家蒙羞，簡直要毀滅它。如我以前已屢次說過的，由《聖經》及事實中可以知道，邪神願意人恭敬祂們，使將來與祂們能受同樣的罰。

蘇拉至大浪都（Tarentum）後，做了一次祭獻，在牛肝上看見一個金冠的形象，於是卜者波都彌（Postumius）說他將要大捷，命他一人吃下牛肝。稍後，邦治的一個僕人大聲預言說：「我是佩羅那神（Bellona）的使者，蘇拉，能得大勝。」然後他又添上說：「加比多利將被焚燒！」他說了這話後，立刻走出軍營。次日回來時，更為激動，大呼說：「加比多利已被焚燒了！」的確是被燒了，為邪神預言將來的事，沒有任何困難。但請留心，因與我所論的事有關，咒罵救世主耶穌，將教友由邪魔手中救出的，願屬於何神。

預言人大聲說：「蘇拉，你將得勝。」為使人相信他是由神而預言的，乃說出一件即將實現的事實，它離預言人甚遠，但不說，「蘇拉，你不要做無廉恥的事」，即在牛肝上顯現金冠，作為勝利的象徵，而得勝後，不要殘忍。若是這個象徵來自善神，而不由惡神而來，則將指示在牛肝顯出將來禍患的預象，對蘇拉自己亦將有害。因為這次勝利，對他並沒有任何利益，反而增加他的貪心，貪求無度，因順利而自傲，品行一落千丈，遠勝過他戰敗的人。這類事，邪神就沒有用牛肝或預言報告他，不是怕蘇拉打敗仗，是怕他改過。反而設法使勝利者，為私欲偏情所戰敗，而常屬邪魔。

第二十五章　邪神勸人作惡，犯罪時竟引用神的權力。

除了願意效法這類的神，而不願因為天主的寵佑，不與他們為伍的人外，大家都可看出，這些邪魔對他們的惡行設法加上神的權力。居然在岡巴尼省（Campania）的平原中大興干戈，不久以後，它將成為內戰的戰場。先是喧嘩震天，然後數日間，有人看見兩軍互相鬥爭，戰後，找到人馬的遺蹟，如真戰爭一樣。

若神彼此間尚有戰爭，人間內戰自然不算什麼了。但可設想一下邪神的兇惡及可憐相，若他們假裝交戰，是使羅馬人看見神的榜樣，以為內戰並不犯罪。現在內戰已經開始了，月殺人盈城滿野。一位士兵在剝奪陣亡將士時，竟看出是自己的兄弟，乃厭惡內戰，便在陣亡的兄弟身上自盡，這事曾感動了許多人。為使人不厭惡，喜動干戈，受人敬禮的邪魔，竟彼此交戰，使人們仿效祂們作戰，以神的榜樣，昭雪人類的罪惡。邪魔以同樣的詭計，命人演戲，如我以前屢次說過的，以歌曲與神話，表演神的惡行，使人堅信神的確這樣做了。不信天主的人，既看見邪神命人演戲，自可放心去仿效他們。

既然沒有人相信詩人描寫神的惡行，乃侮辱神，是為欺騙人，使他們記得彼此間曾經作戲，不但願以演戲，證實詩人的歌曲，並使人類看見神彼此間亦作戰。

我不得已提及這事，因為外教者，不怕說羅馬因風氣日下，在基督降生前，已不存在了。但他們不將羅馬的毀滅歸於邪神，反而將它推在耶穌基督身上，雖然他下過命令，以德行戰勝罪惡，而邪神總沒有命人行善避惡，為使羅馬不遭滅亡，反而以他們的表率，使羅馬亡得更快。

我想沒有任何人敢說羅馬城之毀滅，是因為神祇離開了神像及祭壇，或以為是祂們愛慕德行，厭惡人間的惡行。有過多少的肝象、卜語、預言；誇獎自己，能預卜未來，戰時得勝；祂們卻在人間，若祂們真的離開了，羅馬人便不會被私欲所催逼，而作內戰。

第二十六章　邪神對良好道德，暗中給過訓誨，在祂們的廟宇內卻訓誨一切罪惡。

邪神明顯地願意，在慶日讓大家效法祂們的罪惡殘忍，不然就要發怒。我請問：為何魔鬼自稱為邪神，以祂們真的或假的罪惡，以演戲幫人度醉生夢死的生活，而遠離善人？為何說祂們在暗中，給恭敬祂們的人，道德的教訓呢？若是真的如此，就當指出邪神的詭計，以揭開它。

貞潔及公義是這麼有力，幾乎全體人類，都異口同聲地加以讚譽。最下賤的則是失去羞恥。為此如《聖經》上說（格後．十一：14），邪魔會扮成天使，此後就不能再欺騙人了。

罪惡大名連天，隱藏的貞潔在心內，只發出微聲，對可羞恥的事，大開門窗，為好事只有暗室。道德隱藏，醜惡喧天。惡行，大家環視；善行，聽者藐藐。好像當對善行羞恥，對惡事卻可自誇。在什麼地方，可找到這事？豈非在邪神廟中？在騙人的場所嗎？做這事以欺騙少數的善人，並使許多的惡人不改過。

我們不知道人們在何處何時聽貞潔的訓言，但在同一廟中，各處摩肩接踵，在可停止處即站下，看演戲。一方面看見妖婦淫女；另一方面為貞潔女神，有人叩拜她，同時在她像前行姦淫。沒有看見貞淑的演員，也沒有見到純潔的戲劇。

人們知道何事悅樂女神，做出一切貴婦可以學到的事。幾位更貞淑的婦女，閉眼不看演戲員的不端正的舉動；看見時，滿臉發癢，但亦學會了。若男人害羞，不敢直視不端正的行為，亦不敢輕視神廟。這類事在廟中公開舉行，使人學習，但為實行它，在家中至少還當找個偏僻地方。可奇的，是人還有一點廉恥，在廟中所學的，不敢在公開場所實行，雖然是由神處學來的。但不演戲，就要得罪神。誰推人去犯姦淫，或喜悅以前所犯的，腦海中，胡思亂想，便是喜歡參加這類禮儀，喜歡學惡習；又在私下細言道德與公正，至少為哄騙少數的善人。多次在公開場合引人作惡，以獲得無數壞人。

第二十七章　羅馬人為平息神的忿怒，乃開始演戲，卻損害了公眾的道德。

西塞羅是一位君子、哲學家，將來的工部部長。他告訴人民，在自己的官職責任之一，是以演戲悅樂弗祿拉（Flora）女神，戲越荒唐，越算誠懇。

他被選為職政官後，在別處曾說：羅馬城在嚴重危險時，曾演戲十日，不擯棄任何事，以悅樂神。他似乎以為更好以荒唐取悅神，而不以節制激怒祂；更好以邪道諂媚神，而不以正道刺激祂。

然而沒有比邪道諂媚人，更為人有害的。

有時我們願意遠離仇人對我們身體的危害，卻以同樣危害心神德行的方法，求與神和睦。以為這種神，若道德不先墮落，就不會護佑城子，攻打敵人。然而我以為以最醜陋不堪的方式取樂這種神的人，已失去了羅馬人的德行、榮耀，由此民族及地位墮落了。取悅這種神，對犯罪的神話，捏造或真有神的醜行，已為全城人所知，離真宗教不知幾千萬里！

既然這些事悅樂神，不但可以公演，且可仿效。我不知道少數人私耳細語所傳說的，是更好不要去做，比不知曉的好。

第二十八章　天主教是如何有益。

惡人卻在抱怨教友因著基督，脫離了邪神的負擔及罪惡的社會；由罪惡的黑暗中，升至愛德的光明。為邪神所負的人，不贊成許多教友進堂，參加慶典，雖然堂中男女分離，學習在現世清潔生活，以便去世後，能得長生。

在堂中高處，在眾人前，恭讀《聖經》與教理，使能明瞭真訓言，好好遵守，以得賞報；而不遵守的人，將受永罰。有時不遵守訓言的人，忽然因為恐懼或羞愧，放下傲慢，全心改過，來至堂中。在聖堂內，只講天主的誡命，講天主所顯的聖蹟，讚揚天主的恩賜，求天主的恩寵，自然不會教人去學習惡事的。

第二十九章　奉勸羅馬人，擯棄邪神的敬禮。

羅馬人，雷古祿、施弗拉（Scevola）、施比安、法比治（Fabrici）（註一）的後裔，你當願望這事，當離開邪魔的虛榮與罪惡。若你尚保存德行的話，只能以真熱心煉淨它，造就它；邪惡只能毀壞它。選擇你當隨從的，使你獲得真的讚美，不在你自己，而在天主內。至今你只追求人世的光榮，但依照天主上智的安排，你還不認識當信奉的真宗教。

現在已到醒悟的時候了，如少數羅馬人已修德立功，為其信仰而受苦，這是我們的光榮。這些勇敢的人，捨生致命，戰勝了敵人，以他們的鮮血，為我們得了天鄉。我亦勸你尋求天國，使能與聖人為伍，他們已得了罪赦。

不要聽從侮辱基督及教友的人，以為帶來了亂世，他們不求平安度日，卻在尋找平安犯罪。你為得現世，亦不歡迎這類事。現在你卻想望天國，因為容易得到它，它可使你永遠重生。那裡沒有弗斯大（Vesta）女司祭的聖火，及加比多的石頭，而有的是真天主：

「祂不阻止時與物，將賜天國於無窮。」（註二）

再不要去尋求邪神，當輕看祂們，驅逐祂們，因為你已得了真實的自由了。祂們不是真神，而是邪魔，怕你得長生。游奴神不因羅馬的堡壘，羨慕你們的特洛伊先人，反而這些邪魔，你卻認祂們為神，祂們反嫉妒人得了永遠的天國。你自已亦曾經亦以祂們為神，當以演戲，平息他們的忿怒；但你願意演戲的人喪失名譽。讓你完全自由吧！反對邪魔，祂們曾將可恥的輒加在你的頸上，使你演戲，光榮祂們。你再不要光榮揑造神罪惡的人，當求真天主使這些邪魔遠離你，因為他們喜歡罪惡，若是真的，真可恥至極；若是假的，則醜惡至極。

你不要將演戲員列入國民之中，做得合理，現在更當小心；天主不喜悅摧殘人格的方法。你為何能想喜悅這類諂媚的邪神，能得天國，既然你以為奉行這種諂媚的人，不能與羅馬人民同居。天國更是榮耀無比，那裡的勝利是真理，爵位是聖德，和平為幸福，生命為長生。你既然羞有這類人在你的國家中，在天國中自然更不能有邪神。你若願至天國，不要與邪魔為伍。受不正經人叩拜的邪神，不當受正經人的朝拜。當以教友立場，將他們逐出城外，以合法的判決，剝奪他們的職權。

至於惡人願有的現世財物，及不願忍受肉身的痛苦，邪魔亦沒有權力；即使有的話，我們亦當輕看這些事物，而不可去敬禮邪魔。不然，就不能達到邪魔嫉妒我們的永福。然而實際上，在現世祂們亦沒有這種權力，給人現世的利益，如恭敬邪神的人所主張的，如我們以後要說的，本卷就在此結束。

（註一）為羅馬四大族之一，名人屢出。

（註二）維吉爾的詩 EN. 1. I. 276 — 279。

第三卷

自羅馬城建立後，羅馬人不斷受苦；在基督前，他們自由敬奉邪神，邪神卻沒有助佑他們。

第一章　只有惡人怕受苦，而世人敬拜邪神，卻常受苦。

我想已經說了，當格外留心避免心靈上的罪惡，同時也指出了邪神不但不幫助敬拜自己的人，提拔他們，反而更壓迫他們。現在我想當論外教人想避免的禍患，如饑餓、瘟疫、戰爭、搶掠、奴隸、殺戮等，如在第一卷中所說的。

因為眾人以為這是獨一的禍患，雖然它並不使人犯罪，他們雖亦稱讚善人，但他們自己卻為惡人。若房屋簡陋，就怒氣衝天，好像人的幸福是有一切好物件，除了自己之外。但他們所恭敬的神，亦不能阻止這類禍患。

因為在各時代，各地方，在基督降生以前，世人曾遇到過無數的災禍，當時除了希伯來人及少數民族，崇拜天主外，世人都拜邪神。為縮短起見，我不提其他民族所受的大災禍，而只論羅馬城及羅馬帝國在基督降生前，所受的嚴重災殃。

第二章　羅馬人及希臘人所叩拜的神，是否是特洛伊城毀滅的原因？

先是羅馬人的祖宗特洛伊城，雖敬拜同樣的神，為何被希臘人佔領、毀滅呢？他們說是父親拉梅東（Laomendon）宣了假誓，而兒子白利安（Priamus）卻受其累。那麼阿波羅（Appollo）及內東（Neptunus）真為拉梅東效勞過。因為據傳說，拉梅東曾應許他們酬報，都宣了假誓。

我驚奇阿波羅本是卜神，竟不知拉梅東將不給他所許的，雖然內東是阿波羅的叔父，游比特的兄弟，及海洋之神。因為荷馬是愛乃亞的後裔，愛乃亞的子孫建立了羅馬城。他生活在羅馬建立前，說乃多納能卡要事，並且以雲彩將愛乃亞救出，不為亞基類所殺。他如維吉爾所載，願意將自己二手所造的而失信的特洛伊整個推倒。

乃多納及阿波羅神都不知道拉梅東將食言，不給所許的酬報。他們相信這樣多位的神，卻以食言欺騙他們。連荷馬也不相信此事，反使乃多納反對特洛伊人，阿波羅卻保護他們，雖然如神話傳說的，二人皆不贊成食言。若相信這類神話，當羞愧叩拜這類神，若不相信，就不該引特洛伊人來衛護自己。更當驚奇神既罰了他們，反而幫助食言的羅馬人。

加底利那（Catilina）（編按）反叛時，在何處找到大多數的同志？豈非在墮落的國民中？他們食言如飲食，期望傾流同胞的鮮血。

議員判決不當，人民投票時或開會時，做什麼事？豈非不斷地食言嗎？在傷風敗俗中，尚保存著古代宣誓的習慣，並非因著宗教的原因不去作惡，是為在其他罪惡中，還加上食言的罪。

（編按）加底利那（Lucius Sergius Catilina, 108 BC－62 BC），古羅馬政治家，出身於羅馬最古老的政治世家。史傳他曾密謀顛覆羅馬共和國，企圖推翻執政官西塞羅的政權，尤其是寡頭菁英的羅馬上議院（Roman Senate），而後由逃過謀殺的西塞羅在上議院中親自揭發其陰謀。古羅馬上議院或稱元老院，議員們無軍權，政治力薄弱，但是擁有強大的行政權。

第三章　巴里斯犯姦淫不會得罪神，因為據說，在神之中甚為通行。

我們幾時提及特洛伊城人為希臘人打敗，不當拿特洛伊人食言，激怒神祇為原因。也不是如有些人所說的，是因巴里斯（Paris）犯了姦淫，所以神擯棄了特洛伊城（編按一）。因為他們自己犯罪，並教人犯罪，卻不罰罪。

史家沙路底寫說：「初時，愛乃亞（Aeneas）領著特洛伊人，各處流浪無定，終於居於羅馬城。」若神以為當罰巴黎斯的姦淫，更該當或至少當同樣罰羅馬人：因為愛乃亞的母親（維納斯）亦犯了姦淫。若不厭惡維納斯（Venus）女神通姦而生愛乃亞，如何能厭惡巴里斯姦淫的罪呢？是因後罪曾經丈夫梅納老（Menelaus）的反抗，而前罪得了武剛神（Vulcanus）的同意嗎？我想神對他們的妻子真大方，竟許人與她們犯姦淫。恐怕人要說，我拿神話作嘲笑，而不以慎重的態度，來討論這重要的問題。

若你願意的話，那麼我們就不信愛乃亞是維納斯女神的兒子，但亦不當說羅瑪祿是戰神馬爾斯（Mars）的兒子（編按二）。若相信前者，為何不相信後者？難道可准許神與女人通姦，而不許男子與女神交嬉嗎？不容易相信馬爾斯因著維納斯女神的權力，能有外遇，而維納斯因著自己的權利，卻不能與人通姦。以上二事皆為羅馬人所承認。賈多相信維納斯女神是自己的曾祖母，如古時羅瑪祿堅信馬爾斯神是自己的父親一樣。

（編按一）在荷馬的史詩《伊里亞德》中，特洛伊的王子巴里斯因為將斯巴達王后、第一美女海倫（Helen）搶回特洛伊，而引發第一次特洛伊戰爭，造成特洛伊城的毀滅。

（編按二）羅瑪祿（Romulus）和雷姆斯斯（Remus）是雙生兄弟，他們的母親為西維亞（Rhea Silvia），亞巴隆嘉（Alba Longa）國之公主。西維亞的叔父篡奪了王位，殺了繼承人，並迫使西維亞成為維斯大女神廟的女司祭，誓言守貞。然而西維亞宣稱由戰神馬爾斯得此雙生子，當雙生子一出生，其叔父便命人將其丟棄於台伯河。幸而由牧人救援撫養，並展現出過人的領袖才能。當他們獲悉自己的身世後，並殺了其叔父，取而代之。他們在尋求新的王城時意見相左，羅瑪祿又殺了雷姆斯斯，定城於羅馬，並迅速壯大。這是著名的羅馬起源的故事。

第四章　范羅以為人相信由神而生，是有益的。

有人說：你相信這類事嗎？我不相信。羅馬最博學的范羅（Varro）亦以為它是假的，雖然他不敢明明說出。但他說英雄相信自己由神而生，雖與事實不符，但為國家是有利的。因為人既以為自己是神的後裔，就敢興辦重大的事業，並竭力以赴，終於成功。

我用我的言語，說出范羅的意見，顯而易見的，它容易導入虛偽。因為由此我們可以為許多事物是神聖的，對神的許多謊言，亦能為人有益。

第五章　神既沒有罰羅瑪祿的母親，亦不能證明曾罰巴里代姦淫的罪。

我們不討論維納斯女神與安基斯配合後，能生愛乃亞，馬爾斯與奴米都的女兒交配後，而生羅瑪祿。

同樣的問題，亦發生在我們的《聖經》中：即背叛的天使與人間女子結合後，生出巨大的人，繁衍人世（註）。我們同時討論這兩件事，若愛乃亞的母親與羅瑪祿父親的事實是真的，神彼此間尚行這類事，如何能厭惡人間的姦淫呢？若是假的，亦不當對人間的姦淫發忿怒，既然喜歡他們間的假姦淫。所以我們若不信馬爾斯犯姦淫，亦不當相信維納斯女神與人交嬉；羅瑪祿的母親不能有所推辭。即謂與神交配，亦不能推辭。

羅瑪祿的母親西維亞（Sylvia）是維斯大神的女司祭，因此當罰羅馬人的姦淫，超於特洛伊人巴里代的淫亂。因為古代羅馬人，若捉到女司祭與人通姦，就將她活埋地下；普通婦女犯姦淫亦受刑罰，但總不致受死刑。他們以為褻讀聖物，比夫婦不忠，更當受罰。

（註）創．一：6，聖奧古斯丁將此處天主的兒子，理解為天使，其實當理解為恭敬天主的人與外教人，見思高聖經學會編譯之〈創世紀〉第五十頁。

第六章　神沒有罰羅瑪祿殺弟弟的罪。

我再添加一事：若神厭惡世人的罪，因巴里代的淫亂，准特洛伊城為刀劍所滅，更該因羅瑪祿殺死了弟弟而罰羅馬人，超過一個希臘的丈夫受了淩辱，激怒神替自己報仇。在一座剛才造好的城中殺弟弟的罪，比在一座已繁華的城中的姦淫，更當激神降罰。

羅瑪祿自己殺死弟弟，或使人殺了他，都沒有關係，如有人因冒失而矢口否認，別人因害羞而猶豫，也有人因痛恨而假裝。對這事也不必深加討論，我們只說羅瑪祿的弟弟公開為人所害，不是被敵人或外人所殺。

羅瑪祿是羅馬人的領袖，而殺了他，或使人殺了他；而巴里代卻不是特洛伊的首領，為何搶人的妻子會激起神的忿怒，反對特洛伊城；而殺弟弟的人，反而受神的庇護呢？

若羅瑪祿自己沒有殺了弟弟，也沒有唆使人殺他，就當懲罰這個重大的罪。那麼，羅馬全城都負責任，因為沒有懲罰這罪。並非殺了弟弟，而是殺了羅馬城的創立人，這更是罪大至極，因為他們二人都是羅馬城的建造人，其中一人，為人所害，不能執政。

我們姑且不問特洛伊城犯了何罪，竟致為神所棄，竟致毀滅；羅馬又做了何種善舉，竟使神居於其中，日益興盛繁榮起來。邪神失敗後，逃出特洛伊城，來到羅馬，以欺騙他們，如以前騙了特洛伊城一般。且他們仍居特洛伊城，以欺騙重新居住在那一帶的人。在羅馬卻巧言令色，以得更大的榮譽。

第七章 特洛伊城，為馬利烏黨派的領袖菲皮利亞所毀滅。

特洛伊城犯了什麼罪，興起內戰，為馬利烏黨派中的菲皮利亞（Fimbria）所毀？他是一個壞蛋，比以前的希臘人更為殘忍凶惡；當時許多人可以逃跑，許多為人所擄，至少可當奴才，繼續生活。菲皮利亞卻先出示不可饒赦任何人，然後將全城付之一炬。這樣，特洛伊城不為希臘人所毀，雖然曾得罪了他們；而為羅馬人所滅，他們卻是特洛伊人的子孫。

兩個民族的公共神祇，亦沒有阻止這個災殃，更好說祂們沒有成功。或是特洛伊城，先為希臘人所焚燒，現又重建，它的守護神又離開了廟宇與祭壇嗎？那麼就要問其原因，我找到的原因，為居民很有利，為神祇卻不利。居民願將城歸服蘇拉，乃在菲皮利亞前關閉城門，他乃怒髮衝冠，將它焚燒，或更好說，將它完全毀滅。而蘇拉當時仍為強大黨派的領袖，想以武力奪回政權，起初一切順利。

那麼特洛伊城的居民，除將城歸屬羅馬的正統者，而抵抗反叛者，還能做更正經，更忠信的事嗎？當請神的護衛者，聽聽這城的遭遇。若神將犯姦淫的特洛伊城，為希臘人所焚燒，使由它的灰燼中生出更純潔的羅馬城，為何後來又擯棄羅馬的友邦？它沒有背叛羅馬，卻對正派人忠心耿耿，然而神竟讓它不為希臘人所毀，卻為羅馬的壞蛋所滅。

若特洛伊城的居民，為對蘇拉表示忠心，關閉城門為不當，神為何預言蘇拉的勝利？由此可見神諂媚勝利者，不庇佑失敗者。所以不能說特洛伊城，因為神遺棄了它，為此被毀。

邪魔常願用各樣方法欺騙人。城中所有的神像被毀後，如史家李維（Livius）（編按）所記載，只有米內瓦女神的像，在燃燒殆盡的廟中屹然無恙。這事並不為神有光彩；「特洛伊城尚在護守神衛護之下」，而是使祂們不能推辭，說是所有神拋棄了廟宇祭壇後，都已離開了。這並不認明神的能力，只證明祂們在場而已。

（編按）提多李維（Titus Livius）為羅馬史家（公元前五十九年—公元後十九年）。他寫了一部《羅馬史》（Ab Urbe Condita Libri, "Books From The Foundation of The City"），描述羅馬的偉大功業。

第八章　當時羅馬托給特洛伊城的神庇佑否？

經過特洛伊城事件後，當何等謹慎地，將羅馬託付給特洛伊神管理。或者有人答說：特洛伊城為菲白利亞攻擊之前，神已在羅馬了。然而米納代的像為何獨自保存著呢？若菲白利亞毀滅特洛伊時，神在羅馬，當羅馬為高盧人攻破焚燒時，神大約是在特洛伊吧！他們單獨速行，一聽見鴉叫聲，立刻至羅馬，以衛護加比多利丘，是當時羅馬人尚保存的。為衛護羅馬城的其他部份，他們得到消息太晚了。

第九章　在邦比利為王時，羅馬平安，當歸功於神嗎？

人們都相信神幫助了羅瑪祿的繼位人奴馬・邦比利（Numa Pompilius），他為羅馬人立了許多宗教慶日。他在位時，四境安寧，關閉了游奴神廟的門，它在戰時是開著的。

我們當恭賀他，能享昇平，至少若他能在這平安時期中，知道做有益的事情，放下尋找奇異事件，只尋求真天主。不是邪神賞他享受太平，然而若他不空閒著，邪神就更少欺騙他。因為他愈空閒，邪神就愈誘惑他。范羅記載他如何努力成功，使神與自己及羅馬城結合。若天主願意的話，以後我們再討論這事。

現在既然當論恩賜，我們說平安是一種大恩惠，然而是真天主的恩惠，如太陽、雨露之光照，浸潤善人及惡人一樣。若神將和平賞賜給羅馬人或邦比利，為何以後修德立功時，不賜羅馬帝國太平。羅馬的慶日，是建立時比舉行時更為有益？當時還不存在，建立就是使它存在；已經存在了，就當保守它，使能有益。

為何邦比利在位四十三年，或有人說三十九年間，享受和平？宗教慶日設立後，封神為羅馬城的守護者，請祂們參加慶祝。自羅馬建立至奧古斯多皇帝時，只在布尼第一次戰事後第一年，羅馬人能將戰爭之門關閉，以為是出奇事呢！

第十章　羅馬帝國因不斷戰爭而疆域日廣，還是如奴馬在位時，四境太平，更為理想？

有人要答說：羅馬帝國，若不繼續戰爭，就不能發展，名聞天下，這理由真充足呀！然而一個國家為成大國，為何當不斷騷亂？侏儒之身，但很健康，豈不比終身抱病的大漢更強？他的身軀越大，受的苦亦越多。若沙路底所說的時代仍舊存在，有何不利，或更好說，豈非大利？「初時君王——這是最初世間最高權力的名稱——管轄的方式不同，有人注意教育，別人注重手工，然而一生無憂無懼，各人對自己滿意。」

為發展這個大帝國，當如維吉爾所說：

「待時代逐漸退化，戰爭貪心乃隨之。」（註一）

羅馬人在許多戰爭中，固然有自衛的理由，敵人猛烈進攻，自然當加以抵抗，並非為求人讚揚，而為保護自已的性命及自由，希望正是如此。然而正如沙路底所寫的：

「自民國有了法律、道德、田地後，就相當興盛，但在人間，往往因財物而生妒心。鄰近的君主及人民，開始攻擊他們，朋友稀少，別人畏懼，由危險中逃脫。然而羅馬人在戰時及平安時，都能迅速地準備一切必需品，彼此相勸，出去抗禦敵人，以干戈衛護自由，國家及家庭。這樣它勇毅地勝過危險後，再去幫助同盟及朋友，不以取惠，而以賜恩結交友誼。」（註二）

以這種正當方法，羅馬日益發展。但當知道，奴馬在位多年時，敵人亦嘗設法引起戰爭，或從未設法引起戰爭，所以能維持太平。若當時敵人與羅馬挑戰，羅馬不與他作戰，似乎可引用這類方法，使與未戰敗的或未與作戰的敵人平安相處，將游奴廟內的門雖設而常關。

但這不在它的權力之下，羅馬非因邪神之意，而以鄰近人民之意，享受和平，因為他們沒有發起戰爭，除非神願意將它歸功於己，如人之歸功於己，或歸功別人一樣。

邪神慣於刺激恐嚇惡人，至少若沒有上主准許的話，他們不能使人間有戰事或和平，這往往是由人的意願而來的，如許多神話中及羅馬歷史上所說，然而極少真理。

（註一）E.N.I. VIII, 326—327。聖奧古斯丁在拉丁原文中，依古時作者的習慣，引證時不寫出處，義文本各出處皆指出，今依之。

（註二）Contra Catil. Cap. 2。

第十一章　古瑪地方阿波羅神像痛哭流淚，似乎預言希臘人的災禍，而不能幫助。

傳說與亞蓋依人及國王亞立多尼交戰時，古瑪地方的著名阿波羅（Apollo）神像痛哭四日，卜者都驚訝這個奇蹟，以為當將神像投入海中。但古瑪地方的老人，說與安底各及柏色烏作戰時，嘗有同樣的奇蹟，但羅馬人得勝了。由於上議員的決定，曾給阿波羅贈送禮物。

於是較為狡猾的卜者說：阿波羅像的痛哭，為羅馬人是吉利的預兆，因為古瑪是希臘的殖民地，是說像所出來的地方，即希臘當滅亡；稍後得到報告，說亞立多尼王戰敗被擄，因為他相反阿波羅神像的旨意而作戰，於是神像的眼淚，是表示自己的痛苦。

由此可見邪魔的習慣，在詩人的作品中，亦常這樣，有時且有其真實性。維吉爾說：

「地亞納為加彌祿痛傷，愛各來哭將死的巴朗德。」

為此奴馬邦比利期望和平，然而他不知道，亦不願知道恩惠由誰而來。於是他空閒思想，將羅馬及王位托於何神護佑。他不相信全能全美的天主掌管人事。記得特洛伊人由愛乃亞所領，不能長久保存特洛伊及拉維尼國，乃出令與羅瑪祿來至羅馬的人及亞爾巴州毀滅後的人，又加入別人，為逃亡者的看守人，及殘廢人的助佑人。

第十一章　羅馬人在奴馬規定的神外，願加入別的神，數目雖多，但毫無用處。

羅馬人對邦比利所立的許多宗教慶日，尚不知足，因為還沒有游維的大殿。大居義王立了加比多廟，愛斯古老伯（Aesculapius）由哀比達來羅馬，於是最著名的醫生在著名的城中行其醫道。眾人之母亦來自見西農地方，因為若她的兒子已在加比多丘上，她仍在家鄉中，是不適宜的。她既然是眾神之母，不但隨著子女來至羅馬，並帶著第一批子女：齊納且法，既出她而生，卻由埃及遲遲而來；菲佩（Febris）女神是由她所生與否，她的孫子哀斯古老伯且去判決。但無論生在何處，既為羅馬之神，別的神，就不能稱她為無名小卒了。

在這麼多的神助佑之下，他們的名字不可勝數：本地的，外方的，天上的，地下的，地上的，海中的，泉水的，江河的，如范羅所說，一定的，及不一定的，各種各類的，男的、女的，如動物一般。羅馬似乎不當受重大的災禍了，但我們將提及幾種。

以祭祀的馨香將許多的神，聚在一起，求祂們庇佑，給祂們立廟，建祭壇，做祭獻，派司祭，卻得罪了真天主，只有祂才可享有這種榮譽。

無疑的，神少的時候，羅馬更為幸福，然而城發展後，以為就當有更多的神，如更大的船，便需要更多的水手一樣。它以為以前少數的神，對於以後放蕩的生活，就不夠支援它興盛的狀態。因為以前，在君主時代，除了已提及的奴馬，邦比利外，曾有過多少的糾紛，甚至殺死羅瑪祿的弟弟。

第十三章　以何種權力及合約，羅馬人舉行了最初的婚姻。

為何游奴及游維神，已庇佑了世界之主及已長大的民族，與維納斯女神都不能助佑愛乃亞的後裔，結正當的婚姻，以致不得已去搶親。不久後又被逼與岳父交戰。這樣，這批可憐的婦女，因著以前所受的侮辱，尚未與丈夫言歸於好，現在更以父親的血作為嫁妝了。

在這次戰爭中，羅馬人得了勝利，然而這次勝利，為雙方是多少親族鄰人慘傷痛哭的原因！因著凱撒為岳父，龐貝為女婿；在開戰前，凱撒的女兒，龐貝的妻子就已經死了。悲痛讓魯加納（註一）曾說：

「馬且達進行內戰，罪惡竟成為合法。」

羅馬人戰勝了，且以沾滿岳父鮮血的手，強迫他們的女兒溫存，她們不敢哭被殺害的父親，怕得罪勝利的丈夫；在交戰時，她們更不知當為誰祈禱。

羅馬人有了這種婚姻，不是因為維納斯女神的功績，而是戰神佩羅那的工作，或是因為陰間亞來多神（Alecto）的忿怒，雖然游奴女神保護羅馬人，祂卻仍可為所欲為，比游奴祈禱反對愛乃亞還要厲害。

安達馬（Androma）為畢羅（Pyrrhus）所擄，比為羅馬人所搶的沙皮女人更為幸福，因為畢羅與她結婚後，就不再殺戮特洛伊人了。羅馬人在戰場上殺戮岳父，與他的女兒卻已結為夫婦。

安達馬服從勝利者，只可傷痛自己人民的死亡，但不必害怕了。羅馬婦女，與戰士結婚，丈夫出去作戰時，她們恐懼父親的死亡。凱旋時，她們痛傷父兄的喪亡，還不能自由表示自己的恐懼及痛苦。因為痛傷同族人，親戚、兄弟、父親的死亡，為她們固然是一樁痛心事，然而為丈夫的勝利而欣悅，卻更為殘酷。在戰場上，有的女子因著父親失去丈夫，也有的同時喪失了丈夫與父親。

然而在這次戰爭中，羅馬人亦曾冒過極大的危險，因為他們被圍在自己的城中，乃關起城門來防禦。城門因著詭計開了後，敵人衝入城內，攻入市場，在女婿與岳父中大戰。搶親者戰敗，在家中東躲西藏，使以前的勝利蒙上一層灰塵。羅瑪祿對自己的戰士已大失所望，乃求游維神停止他們逃跑，這神就被稱為「停止者」（Stator）（註二）。

若被搶的女子，不披頭散髮，跪在自己的父親面前；不用兵器，而以求饒，這場禍患還不會停止。於是羅瑪祿，以前不能容忍弟弟同時為王，現在卻被逼歡迎沙皮人的君王底多大治（Titus Tatius）；然而若他不能容忍自己的弟弟，如何能長久容忍沙皮王呢？於是殺了他，獨自南面稱王了。

這是何種婚姻的權利，何種的挑戰？和約，親約，同伴約，神約。在諸神庇佑之下，羅馬城的生活如何？若沒有別的問題當加討論，若我們不急於談別的事情，有多少可說的事。

（註一）魯加納（Lucanus），為拉丁詩人，西元三九—六五年，為哲學家塞內加（Seneca）之侄，因謀害尼祿皇帝，乃賜死。

（註二）拉丁文「Stator」由動詞「Stare」而來，即停止之意。

第十四章　羅馬人與亞爾伯人交戰的不合理，因期望統治人而得勝利。

奴馬以後，在其餘君主時如何呢？向亞爾巴尼人（Albani）挑戰，不但害及亞爾巴尼人，羅馬人亦受其害，這是因為邦比利時太平過久，使人厭煩了。但在亞爾巴尼及羅馬軍隊中，傷亡了多少人，二城受了多少的災殃！

亞爾巴尼城，係由愛乃亞的兒子亞加尼所建，比特洛伊城更為羅馬城的母親，由都路·何底利（Hostilis）王的挑戰而引起戰爭。交戰時，勝敗無常，兩方都覺厭煩。於是兩方同意，勝負由兩方三個孿生兄弟決定。羅馬方面，是荷拉治（Horatii）三兄弟，亞爾巴尼方面是古利亞治（Curiatii）三兄弟。兩個荷拉治兄弟為古利亞治所敗所殺；三個吉利亞治為獨一荷拉治所敗所殺。最後，羅馬得勝了，六個戰士中，只有一個衣錦榮歸故鄉。

兩方面誰受其害？誰有喪事？豈不是愛乃亞的後裔，亞加尼的後代，維納斯女神的子孫，游維神的後人嗎？這不但是內戰，還是女城攻擊母城。

在三兄弟的戰爭中，又加上一個兇惡的罪行。以前兩個民族是朋友，因為是鄰居，又帶親戚，荷拉治的妹妹曾與古拉治訂婚。她一看見哥哥背著未婚夫的遺物，就放聲大哭，於是被哥哥殺死了。

我以為這個女子的感情，超過所有羅馬人。我以為她為自己的未婚夫痛哭，亦許為殺死未婚夫的哥哥痛哭，可能是他將自己許人，她並沒有任何過失。

為何（照維吉爾所說）愛乃亞痛哭自己所殺的敵人呢？為何馬且祿同情蘇拉古塞（Syracuse）城，想起它毀滅以前的權力及榮耀，不禁涕淚滂沱呢？若英雄痛哭自己戰敗的敵人而受人稱讚，以我們的人情，要求准許一個女子，為被哥哥所殺的未婚夫痛哭，並不犯罪。這個女子痛哭哥哥殺死自己的未婚夫時，羅馬正在欣悅戰勝了母城，雙方血流成渠後，終於得到勝利。

為何我要提出讚美，榮耀呢？當先消除糊塗的意見，赤裸裸地判斷其思想罪惡。讓我們指出與亞爾巴尼交戰的原因，就如姦淫是與特洛伊宣戰的原因，然而同樣或相似的原因在亞爾巴尼戰事中找不出來。唯一的原因，是都拉王想要操練空閒人，及不慣戰爭的人，使他們成為勇兵。

因著虛榮心，乃引起了一場社會及家庭的戰爭，沙路底曾提及這個重大的過失。因為他簡單地讚揚了古代人無欲望而生活，每人都對自己所有的感到滿足，他說：「但西路在亞洲，雷切戴蒙人（Lacedemonians）及雅典人在希臘，開始征服了國家與城池後，就以統治別人的奢望，作為戰爭的理由。以為最大的榮耀，是有一個廣大的帝國。」他又說了一切他以為當說的話，我只提及上面的話就夠了。

這種統治別人的奢望，傾覆了人類，使之受了大害。當時羅馬亦為這種欲望所控制，自以為統治了亞爾伯，將自己的罪惡視為榮耀，讚美，如《聖經》上所說的：「惡人以自己的心願自誇，貪婪的人詛咒並且輕慢上主。」（詠・十：3）

我們且除去欺人的外表，而用真理的眼光來審視它。任何人不要向我說：某某人是偉大的，因為與某某交戰而勝利了。劍客亦因決鬥勝利而得榮耀；我以為更好是不勞而受罰，比由這類鬥爭中尋找榮耀更好。然而誰去參加劍客的鬥爭，若發現出場的人竟為父子，會不立刻離開而去呢？二城中一個是母城，一個是女城，彼此交戰，還有任何榮耀可言？其中的分別，一則不是競技場，其場面更廣大；二則不是兩個劍客，而是許多人民的死亡。恐怕這種鬥爭，不是以鬪場，而是以世界為戰場，使生者及後人看出聲譽所及，能生出多少的醜事！

然而羅馬的守護神，容忍這類的殘忍，這是他們的欲望，如在戲臺上三觀鬥爭一樣。一方面容忍荷拉治的妹妹被哥哥所殺。這樣，在古利亞治所殺的兩位荷拉治中，更加上第三位，使戰勝的羅馬，死亡的人不會更少。於是這勝利的結果，是羅馬人毀滅了亞爾巴尼。

特洛伊的神，自希臘人滅了特洛伊城，離開愛乃亞曾在此為王的拉維尼（Lavinium）後，曾將此處作為第三住所。而神依他們的習慣，恐怕亦離開此地，為此亞爾伯毀滅了，如維吉爾說：

「管轄帝國的神祇，離開了廟宇、祭壇而去。」

離開了第三住所，使能住在羅馬，作為第四住所。

神不喜悅亞爾巴尼，因為它的王亞木禮（Amulius），驅逐了兄弟奴米都，獨自南面稱孤，來取悅羅馬。羅瑪祿殺死了弟弟後，獨自為王。但他們說：亞爾巴尼被毀前，人民先被遷至羅馬，使二城成為一個城。我們姑且承認這事，但亦不能否認亞爾伯城，會為亞加尼王的國都，特洛伊神的第三住所，及羅馬的母城，現在卻為羅馬女城所滅。為何先要血流成渠，然後才將剩下的人民合成一個民族呢？

對其他君主任內所作的戰爭，我們要說什麼？固然是羅馬勝利了，而且屢次在岳父與女婿及其後裔中諦結和平條約，但仍不免戰禍連年，民不聊生。他們中沒有一個能關閉戰爭之門的，就可證明這類災殃了。他們中沒有一個能平安而治的，雖然有許多神的庇佑。

第十五章 羅馬君王的生活及結局。

這些君王的結局如何？依照諂媚性的神話，羅瑪祿是被擢升天。但我們若讀歷史，史家說因他的暴虐，被上議院分身裂屍而死；然後強迫白古祿說羅瑪祿曾顯現給他，並命他轉告羅馬人民，當以神禮敬拜他。這樣，人民對上議院本已怒氣填膺，乃平息下來。當時正逢日食，愚民無知，不知道它在一定時間出現，卻歸功於羅瑪祿。

不該想這是太陽的哀傷，更當相信羅瑪祿已被害，這罪惡由太陽顯示出來，如吾主耶穌為猶太惡人釘死時，的確如此。這次日食，不因太陽常例而成，有下列事實可以證明。當時猶太人正在慶祝逾越節，這是常在滿月時慶祝的，而一般日食則常在新月之時。

西塞羅亦以為羅瑪祿為神是幻想的，而不是實在的。在《民國書》中讚美他時，引施比安的話說：「他得了這樣大的光榮及名譽，在日食時忽然不見了，大家就相信他已列為神；任何沒有這樣德行的人，是得不到這種榮譽的。」他說：忽然不見了，是說因著暴風雨或暗殺。因為別的作家除日食外，還加上暴風雨，它是暗殺的時機，或它殺害了羅瑪祿。

羅瑪祿以後的第三位君王都祿．何底利也因雷擊而亡。但西塞羅在同一書中說，沒有人相信他死後成神，因為羅馬人不願羅瑪祿的遭遇，為他人所共有，以免影響其價值。在另一書中（註）他亦說：「我們將建立這城的羅瑪祿列入神中，並非事實真是如此，而是因他的功德，使他的令名，傳於後世。」在《阿登西（Hortensius）問答書》中，論日食時他又說：「使能變為黑暗，如羅瑪祿在日食時被害時一樣。」此處他不怕明說羅瑪祿被害，因為是在熱烈辯論中，並非專為讚頌他。

除了奴馬・邦比利及安國・馬治（A. Martius）因病而毀外，其餘君王都悲慘而亡。如我前面所說：都祿・阿底利，曾戰勝了、毀滅了亞爾伯，卻與全家人為雷擊斃。大居義・白哥（T. Priscus）為前任君王的兒子所殺。色維・都利（S. Tullius）為他的女婿傲慢的大居義殘酷地殺害，又繼了他的王位。

以前特洛伊城，因巴里代的姦淫，為希臘人所焚毀，如今在這些大逆不道的罪惡前，神卻不離開寺廟、祭壇而去；反而讓大居義殺了丈人後，繼了他的王位，而神祇不遠離這個大逆不道的人。他之所以為王，就是因為殺了丈人，後又以多次作戰勝利而自誇，並以勝利的贓品，造了加比多丘上的廟，而眾神卻袖手旁觀、容忍，眾神之王游比特，更在大逆不道的人所建立的廟中，統治群神。

他並非在犯罪前造了加比多丘上的廟，然後因品行不端，為人所逐。他是先犯了重罪，然後登王位，最後造廟。後來羅馬人將他由王位上拖下，由城中逐出，並非因他的罪惡，而是因他的兒子強姦了露克茜。當時他的父親不在羅馬，所以亦不知情，他正在圍困亞克雷城（Arclea），即為羅馬人作戰。

我們不知道他聽見了兒子強姦的消息後，所做何事，然而人民不等他的判決，在他不知情時，就不認他為王，命軍隊不服從他的命令，關閉城門，不讓他進來。

他乃煽動鄰近人民，與羅馬人交戰，使羅馬人恐懼不已。後因原來幫助他的人棄捨了他，自知不能恢復王位，乃退至羅馬附近都古老（Tusculum）堡城，隱居十四年，與妻子平安度日。比他的岳父死得更好，因為他為女婿所殺，大約還有女兒的同意。

但羅馬人不稱大居義為虐王，而稱他為傲慢者，可能他們自己亦驕傲成性，不能容忍他的王權。他們不以他殺害岳父及自己的君王為意，反立他為王。我自問認為這個逆天的大罪竟這樣崇高，豈非罪大至極？而神祇們卻沒有離開寺廟祭壇而去。除非有人說：祂們仍在羅馬，是以勝利的虛榮欺騙了祂們，而實際上是戰禍連年，民不聊生，不以恩佑幫助羅馬人，而是為罰他們。

這是羅馬君主最興盛時代的生活，直至傲慢的大居義被逐，約二百四十三年。用鮮血換來的勝利效果，只將疆域擴至羅馬外二十里，不及非洲且都利城的面積。

（註）Catil. I. III. Cap. I.

第十六章　羅馬最初的執政官，一位執政官將另一位放逐國外，稍後他自己犯了一個大逆不道的罪惡後，為敵人擊傷而亡。

我們亦將沙路底所說，即因畏懼大居義王回來，直至與愛德利亞（Etrulia）停戰，以公義與中庸之道管轄羅馬這段期間，亦放在這時。因為直至愛德利亞人協助大居義王設法返國，戰事不停。為此沙路底說，羅馬由公義及律法統治，是因恐懼，而非因公義。君王被逐後，最初執政官（註）上任，在這短促期間，真是不幸，因為執政官竟不能安度一年任期。

游尼・布魯特斯（J. Brutus）逼同為執政官的克拉提努斯（L. T. Collatinus）辭職，然後將他由城內逐出；之後他自己因與敵人作戰受傷而亡；先殺了自己的兒子及妻子的兄弟，因為他發覺了他們要恢復大居義王位的陰謀。詩人維吉爾先以讚詞，後以責備的口吻記載這事說：

「嚴父戮親子，為自由起見，恐懼新戰事。」

然後歎息說：

「後人作何評？不幸哉父親。」

似乎是說，無論後人如何讚頌，父親弒子，總是不幸。為安慰這位不幸的父親，他繼續說：

「愛國心思重，追求令名中。」

在這件事上，布魯特斯殺了自己的兒子，傷了大居義的兒子，自己亦為他所傷，乃不能活下去。但大居義卻尚活了多年，證明克拉提努斯無罪，他是良好的國民，驅逐了大居義後，他自己亦如虐王大居義一樣。因為據說，布魯特斯為大居義王的親戚。

克拉提努斯亦名「大居義」（Lucius Targuinius Collatinus），這名字害了他，他當改正名字，不必改變祖國。若將他這個名字取消，就可簡稱路西克拉提努斯。但他沒有失去名字，即使失了，也毫無害處，雖然他是善良的國民，又是第一任總統，竟失了他的高位，而被放逐。這可能亦是布魯特斯的惡行，對國家毫無益處，也許是愛國心及貪求虛榮心，逼他做這樁惡事。

虐王大居義被逐後，露克茜的丈夫克拉提努斯與布魯特斯共同執政，人民多麼公正，看重品格甚於姓名！布魯特斯又多麼不義，使他的同僚失去了祖國及總統的榮譽，若他不喜其名的話，原可使克拉提努斯變更名字。這是宣稱以「公正中庸之道」統治國家時所作的惡行，所作的災禍。代替布魯特斯的路克西（Lucrctius）滿任前，就患病而亡。

因此，範來利（P. Valerius）代替克拉提努斯，柯拉治則繼任亡者路克西，這毫無光彩的一年，竟有過五位總統才算完結。這一年，羅馬共和國正在預言總統制的權位得以鞏固。

（註）Consules（譯作執政官）是羅馬民主時代最高領袖的名稱。

第十七章 行總統制後，羅馬民國所遭的災患。

這樣，恐懼心減輕了，並不是戰爭已停止，而是不緊急了，以公義及中庸之道統治的時代走向結束；而沙路底所說的另一時代開始了：

「於是貴族開始嚴待平民，任意殺戮剝削，如君王一般，侵佔他們的財產，將他們放在一邊，獨自統治全國。平民為虐政所逼，特別為重利貸所逼，他們當納稅，服兵役，以繼續作戰；乃帶了武器，退至聖山及亞望丁山（Mount Aventine）。這樣，才得了民政官及其他權利，但只有布義第二次戰爭時（編按），彼此間的不和及戰爭才算平息。」

我為何對讀者寫了這許多話呢？沙路底簡單地寫了多年困苦的情形，直至布義第二次戰爭，外則戰爭連年，內則不和而內戰。這些勝利，並非真歡樂，而只是窮苦人的空安慰，使不安的人受到刺激，去做無益有害的事情。希望他們不要因我說了這事，就恨我。明智的羅馬人亦不會惱怒我，雖然在這事上，不必去徵求他們的意見。

我沒有加重他們的作者所說的，他們的光陰更多，我的文字亦不及他們的豔麗。他們曾辛苦攻讀，並強迫他們的子女亦這樣做。他們有何理由恨我，我只引沙路底的話：

「平民屢次反叛，最後只剩少數有權力的人，許多人都附和他們。他們的托詞是為求貴族或人民的利益，於是引起內戰。國民道德一落千丈，不以對國家的功勳，而依循當時的壞習慣，以財富及權力來評斷是否為好市民。」

若歷史家可以自由說出自己國家的壞處，而在別的許多地方，只得讚美；既沒有人民永遠的安息所，那麼我們當做何事呢？

我們越想望天主，自由就越大，他們卻將一切的不吉利事情歸於我們，使愚者弱者離開能享永福的城子。我不說比他們誦讀的作者更醜惡的事，因為我所說的，都是由他們處學來的，但我不能同樣說出一切。他們為得現世短促的欣喜，去敬拜的神，羅馬人亦當去敬拜他們，而竟受這麼多的災禍。

當范雷利（Varelius）總督，在救護加庇多廟免於為強盜及奴隸焚燒而被害時，神在何處？他能救護游比特的廟，游比特自己及眾神，與祂們最大最善的神反而不能。

當羅馬城變亂不已，人民生厭，遣使雅典，借用律法，以少享平安，以後又為瘟疫及饑荒所困時，神又在何處？當人民又饑又餓，第一次創立了糧食專員時，神在哪裡？

當饑荒增加，司布利・米利烏（Spurius Melius），將麥分與群眾，人控告他貪求王位，因糧食專員的請求，由老年獨裁者昆提斯（Quintius）的命令，為將軍施維理（G. Severius）所殺，全城沸騰時，神又在何處？在瘟疫盛行時，藥品缺少，人民體弱時，想給神獻小床，這是以前沒有做過的，即設床席（註一）以敬神，因而得名，神在什麼地方？

羅馬軍隊，十年間與魏岳人（Veios）交戰，屢次敗北，卒為傅利・加米理（F. Camillus）所救；

但他後來反被辜恩負義的羅馬城判刑時，神在何處？高盧人佔居羅馬城，搶掠，焚燒，殺戮時，神在哪裡？

當瘟疫盛行時，加米理又將辜恩負義的羅馬城從魏岳人手中救出，後又從高盧人手中救出，他亦得罪而亡時，神在何處？在這次瘟疫時，淫戲進入了羅馬城，這固然不是肉身的瘟疫，而是羅馬人道德更危險的時間，神在哪里？

當瘟疫又興，據說由貴婦施毒藥所致，在富貴夫人之間，品行上比任何瘟疫更壞時，神在哪裡？當羅馬人在高地納（Caudina）為沙尼地所困，二位總統及軍隊，必須在羞辱的合約上簽字，以六百名騎兵為人質，繳了軍械，幾乎赤身爬過敵人的軛下時，神又在何處？

當人民罹患瘟疫，連軍人因雷擊也死了許多時，神在何處？另一瘟疫時，必須由哀比陶（Epidaurum）請名醫哀斯古老伯至羅馬城做為醫學之神，因為管理都城，在加比多丘廟中的游比特神，在青年時品行不端，未加學習醫學？

當敵人、路加尼人、布路人、沙尼底、哀杜基、高盧人，共謀羅馬，先殺戮羅馬人的欽使，然後打敗了七位將軍，與十三萬士兵，衛隊總監亦在內時，神在哪裡？當羅馬變亂後，人民因敵人在即，乃上楊尼古山，這是患難的來源，如在其他危險時一樣，授命何登西（Hortensius）為獨裁者。這是前任獨裁者從未做過的；因為哀斯古老伯正在羅馬，這是神的重罪。

因戰爭頻繁，士兵缺乏，乃將平民送入軍隊，「勞動階級」這名字的來源，是他們專門從事生育（註二），因家中貧窮不能參戰。

大浪都人，請了希臘孔武有力的著名君王畢路（Pyrrhus）成為羅馬的敵人，他問阿波羅神來日的事情，祂給了一個模棱兩可的答覆，因為祂說：「畢路，我告訴你，羅馬能勝。」如此，無論畢路為羅馬人所敗，或羅馬人為畢路打敗，答覆總是對的。

為何雙方軍隊失敗？在一戰場中，畢路得勝，以為阿波羅猜對了，但下次戰爭中，卻由羅馬人戰勝。

在戰爭時期，婦女受孕而亡。我記得是在這機會中，哀斯古老伯曾推辭說：他是醫生，而不是助產婆。動物亦死亡，因而怕缺少家畜。對特奇的冬天，又將何言？天氣奇寒，市場中壓雪歷四十日，泰伯河亦凍冰。若這類災禍，發生在我們的日子，外教人要如何指責教友呢？

同樣，因長久橫行的瘟疫，多數人死亡，又當做何言？明年恐怕還要更大，哀斯古老伯亦無能為力，乃發密書。如西塞羅在書中所說，這是一種預言，容易相信注解的人，超於啟示本身。於是傳說，瘟疫係由人佔居寺廟而來，哀斯古老伯乃昭雪了他們無能或疏忽之過。為何神廟為人久佔，而無人反抗，豈非因許多神，長久祈禱後，毫無益處，於是逐漸為信奉者所棄，乃能由私人佔居。

寺廟加以修理後，似乎是為平息瘟疫，若以後不為他人所用，就不會稱讚范羅的學問了。他寫寺廟時，說有許多不令人知道的。固然沒有找到驅瘟疫的方法，但神可找到藉口了。

（編按）二次布義戰爭（The Second Punic War）即迦太基戰爭（The Carthaginian War），或稱漢尼拔戰爭（The Hannibalic War），西元前二一八到二〇一年之間發生於西地中海地區，為羅馬人和迦太基聯盟的西北非努米底亞柏柏爾蠻族（Numidian-Berber）之間的戰爭，羅馬人稱迦太基人為布義人，因此得名。

（註一）古代羅馬人赴筵時，側身床上，邊臥邊吃，他們為神設床席，即為供獻之意。

（註二）勞動階級（Proletarii）由拉丁文 Proles 而來，即子女之意。古代羅馬人的勞動工作，都由奴隸為之，奴隸沒有任何權利，只能勞動、產生子女而已。奴隸來自戰俘、被占領地區人民、罪犯。

第十八章　布義戰爭時，羅馬人屢次敗北。

當布義戰爭進行時，勝負未決，兩個勇敢的民族交戰，多少小國滅亡！多少大城毀滅！多少國家遭殃！多少地區遭受了蹂躪！多少次勝負平分秋色！多少士兵及平民被害！多少船隻在海戰時沉沒，或為風浪所吞噬！我們若要述說一切，就要如其他歷史家一樣了。

當時羅馬人忐忑不安，乃採取了無益可笑的方法。因著密書的權威，乃恢復了古代的戲，這是一百年前創立的，但在太平時忘記了，司祭亦向陰間之鬼神重演宗教戲劇，這也是在太平時取消了的。恢復了以後，陰間之鬼，看見地獄中增加了這麼多的人，真是大喜過望。

這樣，世人血戰，勝負未分，神見了笑眼大開，陰間的鬼也大嚼特嚼。

第一次布義戰爭時，羅馬人敗北，雷古祿被擄，如在第一、第二卷中所說的。他是一位偉大的人物，本已戰勝了非洲人，若不因羅馬人貪求榮譽無厭，加給迦太基人不能接受的條件，他一定可以結束這次戰爭。但他不意被擄，度囚犯的生活，然而他忠於所宣的誓，被淩遲處死，若不使神羞愧，當說他們有鐵石心腸。

當時在羅馬城內，災患連天，泰伯河泛濫，低處被淹，有些地方為急流沖去，在別處則積水成湖。大水之後，又遭祝融之災，延至市場高牆，亦燒及最關心的維斯大（Vesta）神廟；因為在此廟中，大家所仰望重視的貞女，常以木柴燃火不熄。當時火已燒至，貞女受驚，卻不能將神的偶像救出，它已使三座敬拜它的城子特洛伊、拉維尼、亞爾伯滅亡。

這時梅德祿司祭（Metellus）忘了自己的安全，投身火中，將偶像搶出。當時是火不認識他，或祝融不在場，或在場的話，亦無力逃跑。所以一個人比神更能保護維斯大的聖物。若偶像不能由火中自救，如何能自水火中將羅馬城救出呢？事實已證明了，它毫無所能。

若他們說，這些禮儀並非為現世事物，而是為表示永世之物，現世事物即使喪失，永世之物並不受其影響而可重複利用，我們就不責難他們了。然而他們盲目相信看了這些禮儀，遇到疾病與不幸，亦不變換不能支持的意見。

第十九章　第二次布義戰爭帶來的災殃。

要描寫第二次布義戰爭時，在兩個民族中的災患，真是太長了。依照非記載羅馬戰史，而讚揚羅馬帝國人的判斷，勝利者與失敗者受了同樣的害處。

漢尼拔（Hannibal）（註）來自西班牙，越過庇里牛山，經過法國，穿過亞爾卑斯山，兵力越來越強。他所到之處，毀滅一切，如洪水一般沖至義大利。經過多少次的血戰！羅馬人多少次戰敗！多少城子投降，其他城子則被攻破，毀滅！經過多少次的戰爭，為漢尼拔是榮耀的，因為羅馬人屢戰屢敗。

對甘納（Canna）的激戰又當何言？據說漢尼拔雖然殘忍，但殺了無數的敵人後，曾出命令不再殺戮。勝利後，他曾將三斗金戒指送至迦太基城，使本國人明白有多少羅馬貴族騎士陣亡，因為不易計算，只可測量而已。由此可以設想陣亡的士兵數字是多麼大，因為階級愈低，死亡者自然愈眾，這是可想而知的，不必細述。

因士兵缺乏，羅馬人乃大放犯人，解放奴隸，組成新軍，以代替陣亡者。若亡者有知，當在九泉之下，羞愧無比。但解放了的奴隸，即將作戰，卻無軍器，乃將寺廟中偶像所執的武器全數取來，羅馬人似乎是說：「你們拿著這武器，久而無功，至少為我們的奴隸有點利益，你們是我們的護神，卻毫無用處。」

當時國庫沒有錢供應軍隊的開支，各人乃依自己的地位，將一切戒指，裝飾品儘量獻出。議員及其他階級人士，都不保留任何金屬品。我們今日誰能容忍窮苦到這種地步，情願將餘物分與演劇員，卻不願給拯救祖國危險的軍隊呢？

（註）漢尼拔（Hannibal, son of Hamilcar Barca, 247-183 BC）為迦太基人的著名將軍，為世界大軍事家之一。他在歐洲屢次打敗羅馬軍隊；羅馬人圍困迦太基城，不已乃離義大利，復歸非洲，在查瑪（Zama）一戰大敗，乃逃至皮底尼，聞人有意將他交於羅馬人，乃服毒而亡。

第二十章　司貢城被毀，羅馬人對司貢人，毫無幫助。

在第二次布義戰爭中，最慘最可痛惜的，是司貢城（Saguntines）的毀滅。這座西班牙的城子毀滅的原因，是因為它對羅馬忠心耿耿。漢尼拔與羅馬絕交後，就尋找挑戰的機會，他於是圍攻司貢城。羅馬得了消息後，就遣使要求漢尼拔解圍，但他不答理他們，乃至迦太基城，抱怨和約受侵犯，但一無所得，乃回至羅馬。

此時，這座殷富的城子，為班國人及羅馬人所重視，被困八、九月後，終為非洲人所毀。它的毀滅，讀起來都令人戰慄，何況描寫它呢？但我輕寫淡描地提及它，因為與我們的問題，有密切的關係。先是饑餓，據說有人曾吃死人的死屍。後為這不幸的遭遇所逼，為不墜入漢尼拔的手中，大家燃起一堆大火，殺了自己的親人，投入烈火之中。

在這機會中，常張著血盆大嘴以享受祭獻的脂油的神祇，卻常以模棱兩可的預言欺騙世人，似當有所作為，當助佑羅馬的友邦，不當讓它毀滅，因它所以要被毀滅，就是因為不願失信，可說祂們是司貢城與羅馬結約的中人。

因為司貢城願忠於對羅馬人所許下、又在神鑒視下宣過的誓，卻為不守信實的漢尼拔所圍困、所毀滅。若漢尼拔走近羅馬城時，神曾以雷閃風暴驅逐他，似乎此時亦當參與了。我且敢說：若漢尼拔正在消滅羅馬的朋友，他們是在危險中，因不願失信，卻無人幫助，神更當助佑他們，而不需要幫助羅馬人，因這些神能抵抗敵人作戰。

若這些神的確是羅馬幸福榮耀的庇佑者，當使司貢城不致滅亡。所以相信神助佑羅馬城不為漢尼拔攻破，而不能助佑司貢城，為無稽之談。

若司貢人奉天主教，為信仰而遭教難，不以刀火自殺，為信天主教而受難，至少在痛苦中，可如信仰基督的人，不為求暫時的世福，而為找永久的幸福。而願為神昭雪者，說敬神是為得世福；對司貢城的被毀，當做何言，豈非如為雷古祿昭雪時一般？

然而其中有一分別：一方面是一個人，此處是整個城子，但他們死亡的原因則同，即不食言。因為忠於所許，雷古祿回至敵人處，而司貢人卻不願與敵人講和。

因不食言，竟要引神的忿怒，即使神願助佑，不但個人，連整個城子都能毀滅？我們的敵人，可隨意答覆。若神因不會食言而忿怒，就當去找惡人敬拜他們。若神並不發怒，卻讓忠於他們的人及城受盡苦痛而滅亡，就當說敬邪神，毫無益處。那麼相信因為停止敬禮他們的神，而得不幸的人，就不當對我們發怒了。因為即使他們的神助佑他們，不但要抱怨遭遇不幸，並可如雷古祿及司貢城人，受盡苦難而亡。

第二十一章 羅馬對施比安辜恩負義。

在第二次及第三次布義戰爭期間，沙路底說當時羅馬人的風氣純良，和平度日。（因本書範圍甚廣，只好撇下許多事）羅馬及義大利的大恩人施比安，結束了這次殘酷的戰事，打敗了漢尼拔，控制了迦太基城。（編按）他自幼年時即獻身於神，在寺廟中長大。後為仇人控告，被逐出祖國之外，他曾以勇力救了它，乃在林德村中度其餘年。勝利以後，他不願意再見羅馬城，據說立下遺囑，自己死後，在辜恩負義的祖國，不用舉行喪禮。

後來曼利烏（Manlius）總督戰勝了加拉德人，因著他，亞洲的迷淫風氣，侵入羅馬，它比所有敵人更壞。據說在羅馬是第一次看見以銅裝飾的床及錦繡的被褥，舞女亦隨而引入，在宴會中，彌漫著淫亂風氣。

我願談論世人因天然所受的災殃，而不是人為的災殃。對這問題，我特提及施比安，因為他受仇人的譭謗，死於他曾拯救的祖國之外。為何羅馬的神，原來是為現世福樂而敬拜祂們的，卻不酬報他保護了神廟，不受漢尼拔的侵害呢？

但沙路底說當時風氣純良，所以我提及亞洲的迷淫風氣，以便指出沙路底所說，是與別的時代作一比較，當時風氣一定更壞，互相仇恨不和。亦在此時間，即第二次及第三次布義戰爭之間，訂了《伏各尼法》（Voconia），不能以女子為繼承人，連獨一女兒亦在內。我以為沒有比這法律更不合理的。

但兩次戰爭之間，災難較輕，軍隊因不斷戰爭，尚能勝利，在國內亦沒有其他時代的糾紛。在最後一次的布義戰爭中，另一位施比安亦名非洲人，一鼓作氣，即將羅馬的敵城完全毀滅。此後，羅馬民國平安豐富，但因風氣之壞，禍患重重，可以證明迦太基城之忽而被毀，比與它長期戰爭更為有害。這種禍患，直至凱撒．奧古斯都（C. Augustus）（編按二），他取消了自由，因為已不是光榮的，而是議論紛紛的，並將一切掌握在皇帝手中，方恢復了古老的帝國。

我不提此時的許多事實，如與奴蠻人的戰爭及和約在內，它曾受極大的恥辱；雞由籠中飛出，這對孟治總統是不利的，似乎在城內空閒無事，為軍隊不利，並使羅馬民國操心別的敵人要來攻擊它。

（編按）參見第十七章編按。

（編按二）奧古斯都（Gaius Julius Caesar Octavianus）又譯屋大維，為凱撒的養子。凱撒被刺殺後，他平息了羅馬內亂，而被元老院授予尊稱奧古斯都（Augustus），意思是神聖、權威。奧古斯都改組羅馬政府，將自己的職權提升在元老院之上並為最高權威的統治者。雖說是獨攬大權，卻因他勤政，疆域擴大，自此開啟了羅馬帝國兩百年的和平盛世。

第二十二章　米特大的諭旨。

我對這些事，一字不提，然而不能不提及亞洲的君王米特大（註）曾出命令，在同一日殺光所有羅馬人，無論他們是在何處。他們的人數相當多，各從其業，就這樣執行了，看見所有的羅馬人就殺，無論在何處；在田野中、道路上，在城內、村中，在市場內、寺廟中，在床上、在筵食時皆然。臨死人的哀歎，見者無不流淚，連劊子手亦然；主人被逼，不但在家中要看到殺人，自己還要做刑役。忽然間，當拉長臉面，由朋友成為敵人，冷靜地去受命殺人；一方面肉身受其損害，而另一方面，則心靈遭殃。

是大家疏忽了預卜？他們離家時豈沒有家神公神可求，以作此一去不返的旅行？若如此，我們的敵人，就不當輕視現代；很久以前，羅馬人已輕視這類荒唐不經的事了。若他們曾經卜問過神，他們當回答這種卜問有何益處，這類迷信，只是人為律法所准許的。

（註）米特大（Mithridate VI, King of Pontus, 134-63 BC）為小亞細亞邦國的君王，為羅馬的敵人，不斷與它戰爭；因兒子的反叛，未能進攻義大利，乃服毒而亡。

第二十三章　內亂擾亂羅馬民國，馴良的家畜亦變為瘋狂的。

我們簡單地提及災禍，因為是國內的，更令人哀惜，就是內戰。我們不但當提及人民反叛，且有內戰，血流成渠，黨派不和，不但意見不合，言語爭執，甚至使用武器，互相殘殺。社會戰爭，奴隸戰爭，內戰曾使羅馬人流了多少的鮮血！使義大利受了多大的損失！

羅馬的友邦拉治（Latium）反叛羅馬前，羅馬一切的家畜，犬、馬、驢、牛等，本馴服於人，忽然變成兇狠的，失去了以前的溫良，逸出馬廄，自由奔走，不但外人，連主人走近牠們時，亦張爪舞牙，咬傷他們。若這是象徵的話，是何種災殃的象徵；若不是象徵的話，已是何等的災禍！若在我們的時代發生這類現象，我們的敵人對我們，比當時家畜對他們還要凶哩！

第二十四章 因克拉基變亂所引起的內亂。

內戰是克拉基（Gracchi）土地法所引起的，因為它強迫貴族與平民平分強佔的土地。但要消除這種惡習，是非常危險的，且經驗證明，非常有害。當克拉基長兄被殺時，多少人被害！不久，克拉基弟弟被害時，又有多少人被殺戮！已不顧法律及官長的命令，貴族與平民，以武器交戰，互相殘殺。

據說何必密（L. Opimius）總督在羅馬城中，煽動人反對他，將他與同黨人及許多平民，約三千人，一同殺死，而當時訴訟正在進行中。由此可知，這次內亂，殺害了多少人，依照審判程序，當判多少人死刑。當時殺害克拉基者，將他的頭顱，依重量以黃金計算，賣與總統，這是預先約定的。在這次內亂時，傅爾維（M. Fulvius）高官及其子女亦同時被害。

第二十五章 因議院的決定，在變亂及殘殺處，建立寺廟。

因著議院的慎重決定，在變亂地方，雙方多人被殺處，建立和睦神的廟，我想那是為使克拉基的結局，能對演講者發生影響。

然而這豈非嘲笑神祇？給和睦神造廟，祂若在城內的話，不會讓人如此不睦。若和睦神因遺棄了人民，而犯重罪，關在廟中，如在監獄中一般，倒是很適宜的。若依邏輯的話，根據事實，豈不當為糾紛神立廟？豈有和睦為神，糾紛非神的理由？

或照拉培歐（Labeo）的分析，和睦神是善神，而糾紛神為惡神？但他沒有別的標準，只因在羅馬看見有虐疾神的廟及健康神的廟。同樣，當建立一座和睦神的廟及糾紛神的廟。

然而羅馬人若准許這神住在他們中，是非常危險的；當記得特洛伊城所以毀滅，就是受了慢待。因為她沒有被邀請，所以設法在三位女神中，引起糾紛（註）在她們中，投下金蘋果。女神你爭我奪。維納斯女神勝利，於是哀來納被擄，特洛伊被毀。

若糾紛神因為在羅馬城中，沒有寺廟，使城內鼎沸，若在自己的殺人處，看見為自己的敵人和睦神立廟，豈非要大吃其醋嗎？我們固然可以嘲笑這些無謂的迷信，博學之士卻要搔首尋思。

然而敬拜善惡神祇的人，不能避免和睦與糾紛神的爭辯。或不管祂們，用虐疾神、戰神代替祂們，因為古時已為祂們立廟。或同時敬拜祂們，則和睦神離去後，糾紛神就引他們內戰。

（註）三位女神為：游奴（Juno）、巴拉代（Pallade）、維納斯（Venus）。

第二十六章　建立和睦神廟後的戰爭。

羅馬人以為將和睦神廟，放在演講人面前，可以克拉基之被殺害阻止叛亂，然而後來的禍患，竟甚於前，可以證明毫無益處。此後的演講者，不但不設法避免克拉基的榜樣，反而超過他。

沙都尼（L. Saturnius）民政官，施維理（C. Servilius）警衛官，後來杜素（M. Drusus）都引起了許多次的叛亂，殺人如麻。繼而起者為社會戰爭，使義大利遭殃。十室九虛。繼之以奴隸戰爭與內戰，經過多次酣戰，血流成渠。當克服羅馬帝國的人民，如兇暴的野人一般。

歷史家不易解釋，為何七十個舞劍者能引起奴隸之戰。反叛者這麼多，居然打敗羅馬的勇將，蹂躪整個城市及區域。這不單是奴隸戰爭，因為奴隸先蹂躪馬其頓省，然後西亞利及海邊一帶。雖是烏合之眾，但誰能準確記錄他們的搶掠及酣戰呢？

第二十七章　馬利烏及蘇拉的內戰。

馬利烏（Marius）已殺了許多反對他的人，手染鮮血，被逼逃出城外，用西塞羅的話說，人民剛開始自由呼吸：「齊那（Cinna）與馬利烏乃開始結仇，殺了最著名的人，羅馬城中的光明熄滅了。」後來蘇拉加以報復，比所報復的罪惡，還更有害，拉丁詩人魯家納（Lucanus）說：

「藥比疾更凶，手比病更病，

惡人云何亡，因已無善人，

仇恨得放任，法亡忿怒興。」

當馬利烏與蘇拉交戰時，不提戰爭以外被害的，連在羅馬城內，被殺的人，路上、廣場、戲場、廟中，比比皆是。不知道是交戰者為得勝殺人較多，還是勝利後殺人更眾。

馬利烏被逐，勝利後凱旋時，除了到處殺人以外，屋大維總統的頭顱陳列在臺上，凱撒與費勃利在家中被害；克拉西父子對面被殺；佩皮與奴米都用鉤吊著，五臟流出而死；加都路服毒自盡，以不墜入仇人手中；地亞神的司祭梅路拉切斷靜脈，將自己的鮮血，獻給游比特神。凡問候馬利烏而他不伸手的人，在他眼前，立即處死。

第二十八章　蘇拉的勝利，報復馬利烏的殘忍。

隨後所謂復仇者蘇拉的勝利，乃報復馬利烏的殘忍，這勝利是用人民的鮮血買來的。戰爭平息後，在和平時，羅馬城遭難更重。老馬利烏殺人如麻之後，少馬利烏及加朋（Carbo），馬利烏的黨人，在蘇拉將要來臨時，不但對勝利無望，連對自己的性命亦擔憂，乃在城內大開殺戒。除在多處大加殺戮外，竟圍困元老院，將議員拉出，如由監獄中拉出一般，送往刑場。大司祭施弗拉（Musius Scevola）被害時，手抱維斯大神的祭壇，這是羅馬人最神聖的地方，他的鮮血，幾乎將維斯大貞女經常保持的火熄滅。

於是蘇拉凱旋入城，在一別墅中，不在戰時，而在太平時，命將投降的七千人盡數殺死。在全城中，蘇拉及同黨人任意殺戮，被殺的人，根本無法勝數，乃有人向蘇拉建議寬恕數人，使有出命令的對象。

在羅馬城中任意殺戮停止後，在大眾狂歡中，揭出二千人的名單，由騎士及議員中選出，他們當受死刑。名列死人中的，固然痛苦，然而亦使人快樂；被定死刑人的憂苦，不及別人的喜樂，因為已可無所憂愁了。然而被定死刑者所受的刑罰，使生者亦提心吊膽。一人，不用武器，由刑役以手分裂而殺死一人，比猛獸之分裂死屍，還更野蠻。另一個人，則被雙眼挖出，四肢逐一砍下，讓他長久生活下去，或更好說；逐漸死去。有幾個大城被賣，如別墅一般，另一城中的居民，同時被殺，如引一個犯人去受死刑一般。

這些殘酷，都是在戰時後太平時實行的，不是以迅速求勝利，是使所得勝利，不為人輕視。和平與戰爭競賽殘忍，而勝過它；戰爭時殺戮軍人，和平時卻殺害平民。戰爭時，受傷者，在可能範圍內，將以休息醫治，而太平時卻不要脫險者繼續生活，反要他不加抵抗而亡。

第二十九章　哥德人的入犯，與羅馬人由高盧人及內戰時所受災殃的比較。

外人的何種狂怒，野蠻人的何種殘忍，可與羅馬人對同胞的勝利比擬呢？在羅馬城中，哪一種更兇惡，更不人道？是以前高盧人的殘殺，是最近哥德人（Gothic）的入侵，或是馬利烏及蘇拉與他們的黨羽之對付同胞？

高盧人，確實，殺了羅馬城中的所有議員，除了避至加比都者之外，因為只有它可以自衛。聚集在加比都的議員，性命寶貴，猶如黃金，敵人固然不能以刀劍殺害他們，但可以長久圍困，置他們於死地。哥德人饒赦了許多議員的性命，只錯殺了幾位，使人更為驚奇。

當馬利烏尚在人間時，蘇拉以勝利者的態度，坐鎮加比都，決定殺戮。馬利烏暫時逃跑，回來時更為殘忍，而蘇拉在加比都，由議員議決，奪了許多人的性命與財產。當蘇拉不在羅馬時，馬利烏他的黨羽，也不饒赦議員及司祭慕治和（Musius）的性命，他被害時，手抱著羅馬人最尊重的祭壇。蘇拉最後一次屠殺時，不提他別的罪惡，光是所殺的議員，就比哥德人所搶掠的還要多。

第三十章 基督誕生前的戰爭

外教人不將戰爭歸於他們的神，而將現在災殃歸於基督，是何等的無恥、無知，更好說是瘋狂。內戰比起對敵人的戰爭，為害更大，如他們的歷史家亦承認的，因著它，羅馬民國徬徨不安，幾乎完全毀滅，是發生在基督以前。

因著前因與後果的關係，由馬利烏及蘇拉的戰爭而至施多利（Sertor）與加底利納（Catilina）；施氏為蘇拉所逐，加氏為蘇拉所養；然後是雷比杜（Lepidus）與加多路（Catulus）的戰爭，一個願意毀壞蘇拉的工作，而另一個卻要保護它。

最後是龐貝（Pompeius）及凱撒，他不能容忍龐貝的權力，因為自己沒有同等的權力，然而龐貝失敗被殺後，他的權力反而更大。此後是另一位凱撒，又名奧古斯都的戰事（註）。他在位時，基督誕生。這位奧古斯多作過多次內戰，許多名人喪了性命，其中有大演說家及大政治家西塞羅。

凱撒戰勝龐貝後，胸襟開朗，讓敵人保存他們的性命及爵位。有人猜疑他貪求王位，在議院中為幾位議員所殺，以護衛民國的自由。此後安東尼（Antonius），一個品行不端，沒有廉恥的人，貪求高位，西塞羅以國家自由的名義來反對他。於是一個性情溫和的青年，凱撒的義子，別名奧古斯都出現。

西塞羅傾向這位青年凱撒，希望安東尼失了權力後，這位青年能使國家自由。但西塞羅竟大錯特錯，他不善於預料事變，他所保護的青年，竟以和好的合約，准許安東尼殺害西塞羅，又將這位大演說家所衛護的自由，放在自己的足下。

（註）奧古斯都（Augustus）拉丁語有「至尊」之意，後成為羅馬皇帝的尊稱。

第三十一章　外教人無恥地將現在的災禍歸於基督，而他們敬拜邪神時，並不能阻止這類災殃。

得了許多恩惠，而對基督不知恩的人，若受災殃，就去控告他們的邪神。當災難頻行，同胞的鮮血傾流，並不在任何地方，而是在馨香鮮花的祭壇上，司祭受人敬重，廟宇堂皇，奉獻祭祀，演戲，宗教信仰深固。西塞羅不逃入廟中，因為慕治在祭壇前亦被殺。侮辱天主教的外教人，卻避入基督的聖堂內，野蠻人且強逼他們避入，以保全性命。

我知道，凡公正判決的人，亦容易承認這點。我不再提及以前所說的災殃，還有許多別的，更好放下。若在布義戰時前，人類已信奉了天主教，而非洲與歐洲遭遇到這麼多的災難，我們現在容忍的外教人，一定將這些災禍歸於天主教了。

至於羅馬人，若高盧人入侵，泰伯河泛濫，閃雷、搶掠，及內戰前的一切災患，都在天主教廣揚之後，則他們的抱怨更不能使人忍受。至今所遇無數的災殃，可稱奇蹟，若在天主教時代發生，將歸罪於誰，豈非歸於天主教人嗎？

我且不論奇異，然而無害的事件，如牛開口發言，嬰孩出世前講話，蛇飛，女子變為男人，及他們歷史書中所提的類似事情，無論是真是假，只使人驚奇，並無害處。但雨土，落石（不是下雹，而真是石頭），這一定有害。

在他們的書中，我們讀到哀特納火山，它的火流，由山頂至海邊，使水起沸，岩石融化，船上的柏油亦融化。這事雖亦奇異，但為害匪淺。並記載另一次火山爆發時，西西利全島為燒灰所淹，加大尼城的屋瓦因重量太大而損毀，羅馬人為巨大災禍所感動，免稅一年。

又記載非洲已成為羅馬省時，忽而蝗蟲成群，吃完樹上的葉子及果子後，形如一片雲，投入海中。死後吹至海邊，臭氣衝天，引起瘟疫，單在梅西納城就死了八萬人，在沿海附近地區還更多。他們並說，在烏底加城，三萬青年軍人中，只剩一萬名。

這些輕浮的人，妄證我們，我們當加以容忍，並非答覆。這類災禍，若發生在天主教時代，豈不歸於天主教嗎？但他們卻不願意將這一切歸於他們所拜的神，為使不受苦，或受更小的苦，而以前敬拜他們的人，卻受災殃更多。

第四卷

不當將羅馬帝國的廣大及長久時代，歸於游比特或外教人其他的神，他們將每事，甚至最下賤的東西亦歸祂們；當歸於獨一的真主，祂是幸福的創造者，及世間權力的主人及判官。

第一章 在第一卷所討論的事。

我從事論天主之城時，以為先當答應敵人，他們只顧如浮雲似的世間事物，而將一切所受的災禍，都歸於獨一真的、並有益的天主教。這是由天主的慈善而來，而不由天主的嚴厲而來。自充博學者，引領愚民仇恨我們，使他們相信現在的一切災禍，從前總沒有過。知道這種意見錯誤的人，隱瞞著他們所知道的，反而說這是真的，證明他們有反對我們的理由。所以我當用他們作者的書籍，證明事實與他們所思想的，大相徑庭。

此外，我尚需指出他們所公開敬拜的神，是騙人不潔的邪魔，喜好真的或想像的罪惡，並願在他們的慶日舉行這類事，使人看到神願我們學習的，自然去做這類當加指責的行為。

我不用我的理由來證明，而用新近的回憶，因為我自己親眼看見舉行這類禮儀，一部份是用傳授人的著作，不是為得罪神，而為光榮神。

比如他們中最博學多能的范羅（Varro），寫了幾卷書，論人事及神事，依問題的重要加以盟別。他不但將戲劇放在人事中，亦放在神事內。若在城中，只有善人君子，戲劇就不會在人事中了。他做此事，非由自己的意志，而是因為生在羅馬，亦在羅馬受過教育，已在神事中，找到了戲劇。

在第一卷的最後處，我曾簡單地寫了當討論的問題，在第二卷中亦曾提及。我知道做外教人所盼望的事，以滿足他們的願望。

第二章 在第二及第三卷中討論過的問題。

我曾應許過，將對以羅馬帝國的災禍歸於我們的，予以辯駁，並提出可以證明羅馬城及各省在禁止向神祭祀以前，所受的災殃。若在此時，天主教已廣傳，並禁止祭獻神，他們一定要將一切災禍歸於我們。

在第二及第三卷中，我已詳細解說了。在第二卷中，我討論過傷風敗俗，是獨一的真災禍；在第三卷中討論糊塗人所怕忍受的，即肉身的疾病及外物，這是善人與惡人所共同忍受的；善人安心忍受，而惡人反因此成為惡人。但我只說了羅馬城及羅馬帝國很少的災禍，因此我並沒有追溯至凱撒·奧古斯都的時期，把一切都說出來。

我要說的，不是人造的災禍，如戰爭時的蹂躪毀壞，而是由於自然界的工作。亞布來（Apuleius）在世界書中，簡單地說：世間的萬物變幻無常，且能變化，毀滅，更該說出了多少事故？我就用亞氏的話：地震時，地口張開，吞下城市與居民；大水沖了整個地區，陸地為水所沖，成為孤島，在別處則滄海桑田，城市為暴風雨所毀，閃電燒了東方的幾處，在西方大水引起同樣的災禍。

哀特那（Aetna）火山爆發時，如一條火河，由上而下，火光融融。若我願意收集歷史中的這類事情，在基督消除這類有害人類的災禍前，更不知要說至何時。

我也應許了討論因何原因，亭毒世界萬國的天主，庇佑羅馬帝國，擴張其疆域。而羅馬人所敬的神，卻不幫助他們，反而欺騙他們。

現在我要特別討論羅馬帝國的發展。在第二卷中我已說過，外教人敬拜的邪神所引起的禍患，及所做的傷風敗俗的事。適當時，在前三卷中，我亦提及：「祂使太陽上升，光照惡人也光照善人，降雨給義人，也給不義的人」（瑪．五：45）的天主，如何庇佑了善人及惡人，連野蠻人亦尊敬他，超乎戰爭風氣之上。

第三章　以戰爭擴張的帝國，依智者及幸福人看來，可算幸福否？

現在我們看看可將羅馬帝國的廣大及恒久，歸於以淫亂戲劇及司祭敬拜的邪神否。我格外願意先研究有何理由，可誇張羅馬帝國的廣大，因為不能證明常在戰爭中的人，因著畏懼或欲望，傾流人的鮮血，以得悅樂，如玻璃式的快樂，卻容易打碎幸福的人。

為使人在這點上，易於判決，不要以巧言高談，大論民族、國家、省份，茅塞我們的理智，而只看兩個人（因為每人就如演講時的一句話，或城中及無論多大國家的一份）。我們設想二人，其中之一是窮人或中庸之家，而另一個卻為富翁。富翁不斷的恐懼，生活枯乾無味，欲火燃燒，與人結仇，總不平安；而在此可憐的情形中，其財產卻不斷地增加，然而操心亦隨之而來。

而另一個中庸之家的人，對自己的財產心滿意足，與親友鄰人互相親善，心中平安，虔敬真神，心胸開朗，身體健康，克己、貞潔、良心正直。我想沒有這樣糊塗的人，不知揀選其中之哪一人。

若在二人中，規則如此，在兩個家庭中，兩個民族，兩個國家中，亦當守這合理的規則，若善用這規則，就容易看出真假幸福的所在。所以若敬拜真天主，並以神聖的榮耀，及品行與溫良來光榮他，善人就當長久為君王，這並不是為他們自己的利益，更是為人民的利益。因著他們的熱心及公正，這是天主的大恩，能使他們在現世享福，並得長生。

所以在現世若善人做君王，不是為他們自己的利益，而是為世人的利益。若惡人做君王，為他們自己更有害，因為有作惡的更大自由，使他們的心靈變壞，而他們的人民，只因自己的罪惡，才能受害。因為惡王對善人所做的，不是罰他們的罪惡，是試探他們的德行。善人在人權下，還是自由的，惡人就是南面稱孤，不但是一個人的奴隸，而是所有毛病的奴隸，這自然更為重要。

《聖經》上論毛病時曾說：「人被誰制勝，就是誰的奴隸。」（伯後・二：19）

第四章　沒有公義，國家就如一群強盜。

若沒有公義，國家豈非如一群強盜？一群強盜豈非如一小國？因為它是一個團體，有一個領袖，有合約，並依規定而分贓物。若他們獲得同伴，佔一塊地方，確定地點，奪下城池，控制人民，乃稱為「國家」。這個名稱並不減輕他們的貪心，只是不受人的懲罰罷了。

因此，有一個被捕的海盜，巧妙地回應了亞歷山大王。這位君王問他以何權利橫霸海上，他大膽地答說：「以你橫霸天下同樣的權利。因為我只有一隻小船，乃被稱為海盜，你有一大批船，乃尊為帝王。」

第五章　劍客的權力，幾乎相似帝王的權力。

我不研究羅瑪祿聚集了何種人，使他們離開了綠林的生活，不受應得的罪，而成為公民。現在他們已一無所懼，能平安度日了，不然，能做出彌天大惡來。

我只說羅馬帝國，疆域已廣，因為征服了許多民族，大家都怕它，卻幾乎不能避免一場大災禍。幾個甘巴尼省的劍客，由學校中逃出，組織了一個強大的軍隊，在三個領袖率領之下，蹂躪了整個義大利。

外教人當指出哪個神幫助了這幾個強盜，成立了一個強國，打敗了羅馬的軍隊。他們的勢力雖然曇花一現，但豈可否認神曾助佑了他們，難道每個人當長命百歲？若這樣推理的話，就當結論到神不會幫助任何人做君主，因為所有人都死得太早了。不但一個人，連所有人都如朝露，一瞬即逝，這未必不是一種恩惠。

在羅瑪祿時代，敬拜神的人，早已作古，他們正在陰間受審。他們死後，羅馬帝國疆域擴大，對他們有何關係？至於他們平生行善作惡，我不去討論它。同樣，在羅馬帝國時代，許多人活了幾年，就一命嗚呼，負帶著自己善惡的責任。雖羅馬帝國日子方長，但人民卻如後浪推前浪地一瞬即逝。

若當以浮虛日子，亦歸功於神的助佑，劍客一定也得了神的助佑。因為他們斷了奴隸的鐵鏈，逃之夭夭，組織了大軍隊，服從領袖的指揮，竟使羅馬人見而生畏。他們打敗了好幾位羅馬將軍，搶奪了許多物件，打了許多次勝仗，乃放縱私欲，儘量享樂，出命施令，直至經過許多困難，才被戰敗。現在我們來寫更重要的事情吧！

第六章　尼奴王因著貪心，第一個因擴張自己的國土，而與鄰國交戰。

遊斯定（Justinus）跟隨陶各龐培（Trogus Pompeius）的榜樣，不但以拉丁文，並寫了簡單的希臘文史，在他書中前面說：

「起初時，統治人民與國家的責任，託付給榮登王位的人，並非因為他們拉攏人心，而是因為他們為人良善，行為忠節。人民不受任何法律的拘束，君主的意願便是法律。君王的責任是護衛自己的國土，而不是擴張疆域，因為國家界限，就在地方之內。亞述王尼奴（Ninus）（編按）雄心勃勃，第一個變換了這民間傳統的成例。他第一個與鄰國人民交戰，打敗了不善戰爭，不能抵抗的民族，佔了他們的國土，直至利皮亞。」

稍後，他又繼續說：「尼奴王能長久保持他的廣大國土。打敗了許多民族後，他愈強大，又去侵犯別的民族，每次勝利後，又鼓勵他去同別的民族作戰。這樣，他竟征服了東方的所有民族。」

無論遊斯定及陶公龐貝的著作可信與否——其他的可靠歷史曾證明他們曾經捏造——但由其他作家，我們一定知道亞述國的國土，由尼奴王大為擴張，且年代久遠，非羅馬帝國所能望其項背。因為據史家所載，亞述國由尼奴王第一年起至為梅地所滅，共一千二百四十年。

與鄰國交戰，以擴張疆域，打敗他們，又去征服不侵犯自己的民族，只因要南面稱孤，豈不是強盜的行為？

（編按）尼奴王（Ninus）是古希臘亞述國（Assyria）的首都尼尼微城（Nineveh）的創建人。尼奴王朝延續了五十二年，在西元前二一八九年衰亡。尼奴王的事蹟見於野史，近似傳說。在歷史上的首次記載出於古代史學家 Ctesias of Cnidus（c. 400 BC）的波斯史中，輾轉流傳至今。據傳在十七年之間尼奴王便征服了除了印度和巴特亞納（Bactriana）之外的整個西亞地區。

第七章　國家的勝敗，是否由神的助佑？

若亞述國，疆域如此廣大，年代又這樣久遠，並沒有神的助佑，那麼為何將羅馬帝國的廣大及久遠，歸功於羅馬神的助佑呢？因為彼此的原因，當是一樣的。

若以為國土之擴大，係國神的助佑，我請問是何種神的助佑？因為為尼奴所敗的民族，並不敬拜他神。若亞述人有了自己的神，善於建立及維持帝國，他們亡國時，難道是神死亡了嗎？或是因為沒有得到所許的酬報，情願臣服梅地人，然後因齊路（Cyrus）允許了更大的酬報，又臣服於波斯人？

這個民族，經過馬其頓王亞歷山大（Alexander）的廣大帝國，但如曇花一現後，直至現在，仍舊在東方自己國家的疆域內存在著。若是這樣，那麼或是神不忠信，因為遺棄了朋友而投降了敵人，這是一個人，如加米祿所不屑為的。他打敗了敵人的城子後，發覺羅馬對自己辜恩負義，但他忘了自己所受的侮辱，只記得羅馬是自己的祖國，又從高盧人手中，將它救出。

或是神的能力不大，而為人力或巧計所敗。或者神非為人所敗，是神互相交戰，為另一城的神所敗。那麼神祇之間亦有仇敵，各自擁護自己的黨派。那麼一城的人，除了敬拜自己的神外，還當敬拜幫助自己神的神了。

但無論如何，神在戰爭時逃跑、遷移或出賣，在任何地方及時代，這些國家因著戰爭失敗而滅亡，總在基督出世以前。一千二百年後，亞述國已滅亡，若天主教宣講了另一永遠的王國，禁止叩拜邪神，那麼失望之餘的人，將作何言？豈不要說：這樣久遠的國家，若不拋棄原來的宗教，而信奉天主教，是不會滅亡的。

對這可恥的妄言，我們的敵人，當明鏡高懸，來照自己本來的面目，當羞愧自己還保存一點羞恥。羅馬帝國並未滅亡，只受損失而已，如它在基督講道前所經過的，自可復興，就不可失望，它現在亦能恢復原狀。在這點上，誰能知道天主對此的聖意呢？

第八章　何種神幫助羅馬人，保護、擴張帝國？

現在我們在羅馬人敬拜的許多神中，找出那幾位對維持及擴張帝國最有貢獻的。在這高尚的工作上，我不相信羅馬人敢歸功於淫樂之神，或管理嬰孩啼哭的神，或看守嬰兒搖籃的神（註）。

在這書中的一章內，如何能將男女神的名字一一寫出？在厚厚的冊中，才能寫出他們的姓名及職務。羅馬人以為不當將田野托給一位神，乃將田野托給田野神、山歸山神，丘陵歸丘陵神，山谷歸山谷神。他們亦不將收穫歸於一神，種子在土中時，歸種子神，開始發芽，歸芽神，收割後，歸於收割神。

誰不信由種子發芽，直至結果，歸於一神就夠了呢？但他們不以為足，卻要許多神；不願親近真天主，反與群魔為伍。他們將發芽的五穀歸穀神，將莖、幹歸莖神，將小葉歸小葉神，出莖的大葉歸大葉神，將成熟的五穀歸穀神，五穀開花時歸花神，出乳時歸乳神，成熟時歸成熟神，收割時歸收割神。我記不清所有神的名字，因為非常討厭，而他們卻毫不知恥。

我願提出其中的少數，為使人懂得這些外教人絕不敢說是上面諸神保存了、擴大了羅馬帝國，因為每個神只司一職，不易相信其中之一，居然有統治萬物的職務。種子神，不能同時管理種子與樹木，如何能管理羅馬帝國呢？搖籃神不能離開搖籃，如何能參加戰事呢？莖神不能兼管小果，如何能參與戰事呢？每人在門房中，置一守門的神，但因他不是真神，他們卻派出三位，將門戶歸於戶神，門神管門，門樞歸樞神，門神竟不能同時看守門戶及門框。

（註）羅馬人將各事歸各神去管理，如山嶺歸山嶺神，田野歸田野神，大都用拉丁文事物名字，所以直譯某物神，

不譯拉丁本名。

第九章　羅馬帝國的擴張與恒久，是否當歸功於游比特神？敬拜祂的人，以為祂是最大的神。

我不能說出所有小神的名字，當尋求何種使羅馬日益擴大，且為時久遠，這個大功，當歸功於游比特神。羅馬人願意祂為眾神的首領，由祂手中的權杖及高比德的廟，可以作證。為此，羅馬人高舉這神，引維吉爾的話說：「一切充滿游比特。」

史家范羅以為恭敬游比特，亦為敬拜一神，擯棄偶像者所崇拜的，雖然名字不同。若事實如此，為何祂在羅馬，如在別的民族一樣，為之立神像呢？這事使范羅不悅，他雖為羅馬大城的惡習所驅使，但不疑惑說：引偶像入城市中時，就不敬畏神，而出現另一錯誤。

第十章　將世間各事歸各神者，有何意見？

為何以游奴配合游比特，為其姐妹及妻子呢？外教人說：理由是游比特在乙太中，游奴則在空氣間，這二元素上下相合。若游奴亦佔一部份，那麼游比特已非一切都充滿他的神了。或是夫妻二人都充滿這兩個元素，而同時在二者之中，也在每一元素內？那麼為何將天歸於游比特，而將地歸於游奴呢？若二神已足，為何又將海洋歸內東（Neptunus），將地歸普路托（Pluto）？為何他們又不獨身，將撒拉西亞（Salacia）配內東，普色比納（Proserpina）配普路托呢？

他們說：游奴既居在天的下層，即空氣中，同樣撒辣治居海洋下層，普色比居地的下層。他們設法美化這些神話，然而沒有達到目的。

若是這樣，他們的祖先就該說世界的元素是三種，而不是四種，以便將每一元素，歸於神的配偶。但上下的水常是水，若有分別，也不致下面的水已經不是水了。而下層計程車，雖性質有別，但總是土。

所以物質世界由三四元素組成，那麼米內瓦（Minerva）（註一）何在？佔何地方？充滿何物？因為她與上面的神同在加比都廟中，雖然不是祂們的女兒。若祂們說：她居乙太的上層，為此詩人說她由游比特的頭部而生，她既然尊於游比特，為何不被選為眾神之後呢？可能是不當將女兒放在父親之前。

那麼游比特對沙都納（Saturnus）為何不照公義而行？是因為他被打敗了？那麼神亦互相戰爭？外教人說：不是，這是神話。我們姑且不信神話，對神往更好裏去想，為何不給游比特的父親一個榮耀的位置，若不更高，至少平等的？外教人說，這是因為沙都納代表時間。那麼敬拜沙都納的，就是敢拜時間。這樣，就當相信眾神之王游比特由時間而生了。那麼說游比特及游奴由時間而生，有何不可？既然一個是天，一個是地，而天地都是在時間中造成的。

他們的博學之士及詩人亦這樣寫著。維吉爾不照詩人的神話，而依哲學書寫說：

「全能父以含雨的乙太，降至欣悅的妻子懷中。」

即是祂降至地上。此處他們說亦有分別，以為在地下尚有別的神：戴路（Tellur），戴路滿（Tellumon）承認祂們皆為神，各有其名，以各神的任務而別，各有祭壇及慶日。

他們又稱祂為眾神之母，若容忍詩人的神話，依他們的書籍，不是詩賦，而是宗教性的，游奴不但是游比特的姐妹及妻子，還是祂的母親。同時又以地神為且來（Ceres）及維斯大（Vesta），雖然他們說維斯大是屬家庭的火，沒有火，城子就不能存在，為此托於貞女照管。如由火不能生物，同樣由貞女亦不能產生；直至基督由童貞女而生，才將前例打破。

誰能容忍先將火看得如此神聖，竟以維納斯（註二）稱維斯大，那麼她們的童貞，將被說為廢物。因為若維斯大為維納斯，那麼禁止肉慾的貞女，能以何種禮儀去尊敬她呢？是有兩個維納斯？一個是貞女，一個不是？

最好說有三個，一個是貞女的神，即維斯大；第二個是結婚女子的神；第三個是妓女的神，如菲尼基婦人（Phenices）將出嫁的女兒與丈夫同房前，需強奪其貞潔，獻與這神。其中哪一個是武剛的妻子呢？不是貞女，因為她有丈夫；也不是妓女，為不使游奴的兒子及米內瓦的同事受辱。只剩下結婚的婦女——但願婦女們不要仿效她與馬爾斯所做的醜事（編按）。

外教人說：你又回到神話中去了，我說這些事情，他們為何向我發怒呢？當向他們自己發怒，因為在戲臺上，他們樂於參加他們神的罪行。若不用明顯的證據，證明這事，似乎不易使人相信，這種戲還是為敬神而創立的。

（註一）米內瓦（Minerva）為希臘文藝之神，游比特之女。

（註二）維納斯（Venus）為掌管愛與美麗的神。

（編按）希臘神話中，馬爾斯（Mars）為希臘的戰神，為游比特及游奴之子。維納斯嫁與工藝鍛造神武剛（Vulcan），是因天神宙斯求愛不成，惱羞成怒，才將她許配給自己最醜且跛腳的兒子武剛。但維納斯卻與馬爾斯偷情，而被武剛以一張極細的青銅羅網捉姦在床，傳為眾神間的笑談。

第十一章　依外教的賢人，許多神只是一個游比特的化身。

外教人用許多的證據及理由，來證明他們的意見。有時他們以游比特為物質神的靈魂，充滿、推動三四元素，形成大地；有時將一部份權力讓與兄弟姐妹；有時懷抱游奴，即下面的空氣；有時與游奴，如妻子及母親——在神中這是不違反道德的——形成天地，以種子及雨水而生育。

亦有以為游比特是獨一的神——不必提及所有的假說——如著名的詩人維吉爾所說：

「神充滿天地大海。」

或說：游比特在天上最高處，游奴在空氣中，內東在海內，沙拉西亞（Salacia）在海底，普路托在地上，普色比納在地中，維斯大在家庭火內，武剛在鐵匠爐中，日月星辰在天空中，阿波羅在卜筮者中，梅古利在商人內；一切開始在亞奴（Jano），結束在戴米納；在時間為沙都納（Saturnus），在戰爭為馬爾斯及佩羅納；在葡萄為李伯（Liber）；且來（Ceres）在五穀；地亞納（Diana）在森林；米內瓦在學術及文藝中。

最後尚有平民的神，利佩羅主持男人的生殖力，利佩拉主持女人的生殖力；地比德（Diespiter）主管產生；梅娜（Mena）神掌管女人的月經；產婦呼求露西娜；何比（Opis）神幫助出生的嬰兒，接他至地上；梵蒂岡（Vaticanus）開啟嬰孩的口；來凡娜神（Levana）將嬰兒由地上舉起；古尼娜神（Cunina）保護搖籃；伽門德神（Carmentes）預言出世嬰孩的前途；管理來日偶然的事，稱為福都娜（Fortuna）；路米娜神將奶給嬰兒，古人稱奶為路瑪（Ruma）。

皮底娜（Potina）神給嬰兒飲；給他們食的稱愛度伽（Educa）；驚恐嬰孩的稱巴文西亞（Paventia）；弗尼利（Venilia）神許人前途的希望；由娛樂而稱弗路庇（Volupia）；由行動而呼亞格奴（Agenoria）；刺激人做過分的行為稱斯黛尼（Stimula）；教人數字的為奴美利（Numeria）；教人歌唱的稱伽梅娜（Camoena）；甘所露神替人出主意；色西亞神（Sentia）給人思想；游文大神（Juventas）接受青年；巴爾巴神（Barbata）使男人蓄鬍鬚；但外教人不敬拜他，因為祂是蓄鬍鬚的男人，正如另一神善於結扣，名拿大都（Nodotum），我希望至少稱祂為福都娜男神，因祂有鬍鬚；祂以遊加多尼（Jugatino）的名義，使夫婦結合；稱為維治娜（Virginiensis），當祂給新娘除去腰帶；亦為母都神（Mutunus）及都多神（Tutunus），即希臘人的白利亞波（Priapus）。

以上我所說的一切，或撇下其餘一切，因為我以為最好不要提及祂。這所有的男神女神，是獨一的游比特神。上面所有的神，正附和每一部份，或正合每人的能力或職務。因為外教人願以這神為地球的靈魂，這是外教人中上等社會人的，及最有學問人的意見。

既然如此，且不問好壞，若只敬拜一位神，有何損失呢？若只敬拜祂，曾輕視何物？若怕祂的一部份為人忘卻而發怒，就不能如他們所承認的，世間的一切生命，是一個生活物體的，包含所有神，為他的能力或肢體或部份。每部份有其生命，與其他部份有分別，能發怒，息怒，或不安，與其他部份無關。若各部份一起，或最好說游比特自身，若每部份不分別受敬拜，就會發怒，因為他自己包含一切，受人敬拜時，不願人疏忽任何部份，豈非糊塗至極？

我且撇下其他無數的事，外教人說星辰是游比特的一部份，它能生活，有理智的靈魂，因此也是神。那麼他們當理會多少神不受他們的敬禮；為多少神，他們沒有建立廟宇！因為他們只給少數星辰建立祭壇，奉獻祭祀。若這些星辰只少數不發怒，而未受敬禮的星辰發怒的話，他們豈不怕在怒天之下生活嗎？

若他們在游維（註）敬拜所有的星辰，因為祂包含一切；祈求祂，就是祈求一切星辰。這樣，任何星辰不能發怒，因為在祂中的任何部份，未遭忘卻。若只敬拜數種，被忘卻的，其數字相當可觀，就有理由發怒了，特別祂們在天上光芒萬丈，卻將無名小卒白亞波（花園及葡萄的神）放在祂們前面。

（註）游維（Jovis）為游比特的另一名字。

第十二章　有人以為神為宇宙的靈魂，而宇宙為神的身體。

對這意見當說什麼？不只是博學的人，連普通人對這問題，亦當發生興趣；因為不必要理智超等才可懂它。只要擯棄成見，鄭重思想，若天主為宇宙的靈魂，宇宙為這靈魂的身軀，就使天主成為有靈之物，由靈魂與肉身所組成。祂在宇宙間，就如包含一切的場所，由他的靈魂，一切有靈之物而生，依照各人出生的形式，那麼一切都是天主的部份了。

若是這樣，誰都看出要發生如何對神的不敬。若踐踏一物，就是踐踏天主的一部份；若殺一動物，就是殺天主的一部份。我不願說出能想起這種結論的事情，因為許多事一提起，就使人羞愧不已。

第十三章 有人說：只有有理智的人，才是獨一天主的部份。

若他們以為只有有理智的人，才是天主的部份，我不懂得，若一切都為天主，為何要將動物與祂分離；又何必要喋喋辯論不已？論有靈之人時，若打一兒童，就是打天主的一部份，這是如何的不合理！除非發瘋，誰能承認天主的一部份變成醜惡、殘忍，可指責的呢？最後，為何反對不敬拜天主的人，因為他也是天主的部份，亦當敬拜他。

所以該當說：所有神都有自己的生命，為自己而生活，無任何神為他神之一部份，當敬拜所有所認識的神，因為祂們這麼多，不能都認識祂們，敬拜祂們。

但我堅信，他們以為游維為羅馬帝國的創造人及保護者，祂為君王，管理一切。若祂不做此事，誰能完成這麼大的工程呢？其他的神，都在做自己範圍以內的事；一位神不參入另一位神的職務之內。所以人的國土，即羅馬帝國，只能由萬神之王創立擴大。

第十四章 將勝利歸於游維是錯誤的，因為若如外教人所信，勝利亦為神，只有祂一個，就足夠了。

對此，我先要問：為何國家不是神？若勝利為神，為何它不是神？若勝利常幫助得勝方面，游維有何用處？若得勝利神的庇佑，即游維不在，或做別事，何種民族不投降？有何國家不投誠？可能善人不喜好戰爭，或只為擴張疆域，向鄰國挑戰？若他們這樣想，我完全贊成並加以讚揚。

第十五章　善人可否願意擴張國土？

我請他們考慮，善人不當喜歡擴張疆域。因鄰國無道，正增長了羅馬的勢力，若鄰國公正和平，不引起戰爭，羅馬一定是小國。這樣，若人事措置得當，鄰居小國皆和睦相居，世界上就有許多小國，如在一城中，有許多人民的房屋一樣。

所以大興干戈，壓迫其他民族，以擴張自己的國土，是惡人的快樂，為善人是不得已的事。若惡人控制善人，自然更不合理，所以善人勝利，亦可稱為是一種幸福。

然而毫無疑問的，與善良鄰居和平相居要比打敗與我們交戰的人幸福更大。想要有可恨可畏的人，以打敗他，是不合理的。若羅馬人以正當的戰爭，能得到這樣廣大的帝國，豈不當以別人的兇惡神，當做神拜。但我們知道羅馬造出敵人，以得作戰的理由，為擴張帝國的疆域。或恐懼、瘧疾為羅馬之神，兇惡為何不能是外族人之神呢？所以羅馬帝國，是由他人的兇惡及勝利二神形成的。兇惡神引出戰爭的原因，而勝利神，即使游維神不加過問，亦使事情完成。

若神的每樣恩佑，皆可視為神而被敬拜，並依其職務而呼求他，則游維在這事上有何功勞呢？若以國家稱之，游維尚能有份，如勝利一樣。若國家為游維的恩惠，為何勝利就不是呢？若在加比多廟中，不敬拜一塊石頭，而敬拜萬王之王，則勝利一定被視為神的恩惠了。

第十六章 為何羅馬人將每物每事都獻給神，卻要將安息神之廟造在城子以外？

我很驚奇羅馬人，對每件事物及動作，都有特別的神；刺激行動的有神，鼓勵激烈運動的有神，使人懶惰，或如邦貝尼所說，使人遊手空閒有神，勇毅有神；對這所有的神都有典禮，卻不願接受安息神（Quies），因祂讓人安靜，祂的廟是在城門之外。

這可能是心神不寧的標記，或者表示敬拜這些邪魔，而不是真神的人，總不能得到真平安，如耶穌基督勸我們所說的：「你們學吧！因為我是良善心謙的，這樣你們必要找到你們靈魂的安息。」（瑪．十一：29）

第十七章 若游維操握大權，勝利亦當稱為神。

外教人能說：游維遣使勝利神，祂聽從眾神之王的命，助佑當幫助的人。這事不當對他們所謂萬神之王而言，乃對永遠的天主而言，祂不遣使勝利神，因為不存在，而遣天使，幫助該得勝的人。祂的旨意，可能隱而不顯，但總是公正的。

若勝利為一女神，凱旋為何不是男神，以丈夫，或兄弟或兒子的身份，與她聯合呢？他們對神如此想法，若係由詩人所揑造，我們加以研究，他們可說：這是詩人的神話，不當歸於真神。但他們在詩中讀到這些荒唐的話時，並不發笑，卻在廟中敬拜祂們。

所以只當信賴游維，在需要時，只祈求祂，因為勝利若為游維手下的神，無論被遣至何處，都不敢孤獨行事，反抗祂的命令。

第十八章　若以幸福及命運皆為神，如何加以區別？

對幸福亦為神，又當何言？祂有一廟，佔一祭壇，得到相稱的榮譽，似乎祂獨一當受敬拜，因為若有了幸福，還會缺少什麼呢？那麼為何亦以命運為神，而加以敬拜？命運與幸福有何區別？命運可能是惡的，幸福則不然。因為若為惡的，便非幸福了。但我們當以所有男女的神都是善的，若神亦有性別的話。這是柏拉圖、別的哲學家及國家人民領導人的意見。

為何命運神一時善一時惡呢？可能惡時，已不是神，而變成魔鬼了？命運神有多少？一定有多少富翁，便有多少財神。但亦有失了財富的，命運神豈一樣？或有時善，有時惡？或有人有善神，別人有惡神？或常是善神，那就是幸福神了，那麼為何要兩個名字呢？這尚可容忍，因為一物能有二名。但為何要有不同的店，不同的祭壇，不同的禮儀呢？

有人答說：有一理由：幸福是善人因以前的功勞而得的，而命運之謂善，是不分功德，善人與惡人偶爾有之，為此名之曰命運。若毫無區別，善人與惡人皆可得之，尚可謂善神否？若祂盲目，東西亂竄，輕忽敬拜祂的人，反而助佑輕視祂的人，為何還要敬拜祂呢？若敬拜祂能得益處，可證明為祂所說所愛，那就表示祂依功行賞，而不是盲從的了。

那麼命運的定義為何？是由偶然而得名？若真為命運，則敬拜祂就毫無裨益，若祂認識敬拜自己的人，並願助佑他，那就不是命運了。是游維遣使祂到所願意去的地方嗎？那麼敬拜游維神就夠了，因為命運不能違反祂的命令。或只有惡人敬拜祂，他們不願修德立功，以邀請幸福神。

第十九章 命運女神。

外教人極其重視命運神，說祂的像由羅馬貴婦所獻，而稱為命運女神，並曾二次發言，說貴婦敬拜祂為理所當然。若這事是真的，不當驚異，因為邪魔在世界上容易欺騙人。但外教人由命運神偶爾發言，不依功績就當發覺邪魔的詭計了。

為何命運發言，而幸福緘口呢？豈非人因與命運為友，就不注意善生，因為沒有善行，命運亦可使他享福嗎？若命運發言，不當是女神，而是男神，使人不會相信羅馬貴婦獻了這像，而是因著女子長舌，而捏造了這個奇蹟。

第二十章 外教人用廟宇及慶日，來崇拜德行與信仰，但疏忽其他善事；若給以神性，就當加以敬拜。

德行亦被稱為神，若祂為神的話，一定當在他神之上。然而它不是神，是上天的恩寵，我們當向祂祈求，只要祂能賞識，其他諸神就都斂蹟了。

為何亦以信仰為女神，她亦得一座廟及一個祭壇呢？凡認識祂的，都為之立廟。他們如何能認識信仰，若它的第一及最大的本分是信仰天主。為何德行不足。豈不亦包含信仰嗎？

他們堅信當將德行分為四種：明智、公義、勇毅與節德；每樣德行，各有其職務，信仰乃在公義中，為此極其看重祂，我們知道下面這句話的意義：「義人由信仰而生活。」（哈・二：4）但我驚奇，期望眾神的人，若信仰為一女神，且是疏忽的神，就淩辱祂們，因為對他們亦建立了廟寺及祭壇。

為何節德（Temperance）不稱為神？幾位著名的羅馬人，因它而得到不少的光榮。為何勇毅不是神？它曾助慕治柯將右手放在火焰中；顧治（Curtius）因愛祖國，自己投身於前面開著的坑穴內；代治父子為救軍隊，而自投死亡中。我們不知道這所有的英雄有勇毅否，現在我們暫且不論它。為何明智與德行不為神？是所有神在德行總稱下，受到敬拜？這樣，可敬拜一神，其他所有的神，可為祂的部份。但在這德行中，尚包括信仰、廉恥，祂們亦有自己的祭壇及廟宇。

第二十一章　外教人不認識真天主的恩惠，當對德行及幸福滿足。

這二神是由虛榮而來，不真理而生，是天主的恩惠，而不是神。若有德行及幸福，還要尋找什麼呢？若德行及幸福不能滿足，還有何物可令人心滿意足呢？因為德行包括一切所當做的，而幸福包含一切所願望的。

敬拜游維，求他賞賜這些事，既然國家的廣大及久遠屬於幸福，為何不說是天主的恩賜，而它們自身不是神呢？若以為是神，豈不當承認其他許多的神嗎？考慮了男女神的職務後，如他們所想的，若可能的話，請他們指出神，對已有德行及幸福的人，還能施與什麼恩惠。若德行已包含一切的學問，還要求梅古理（Mercurius）及米內瓦什麼學問？

所以古人為德行下的定義為：「善良正當生活的藝術。」為此他們相信拉丁人的「藝術」一詞，係由希臘文（άρετη: Arete）而來，它的意義為德行。

若只有聰明絕頂的人才能修德行，何必求老加治神（Catius），以造就詭巧者，既然由幸福神就能做到？（註）生下時就智慧超人，固然是幸福的工作，若沒有出世的人，不能敬拜幸福神，求賜智慧，至少幸福神可賞賜恭敬自己的父母，生個智慧超人一等的子女。

為何婦女生產時，要呼求露西娜女神，既然幸福神若助佑的話，不但產生順利，並且能生好的子女？生子時何必求何比（Opis）神？啼哭時求啼哭神？在搖籃時求搖籃神，吃奶時求奶神，離開時求離開神；更何必求神，使有良好的理智；求意志神，以願善事；求婚姻神以有中意的婚姻；求農神，使五穀豐登；求戰神和貝隆納（Bellona）以得勝戰，求勝利女神以得勝利；求榮譽之神，以獲榮譽；求財神，以有錢財；求愛古蘭（Aesculanus）和其子銀神（Argentinus），以得銅錢、銀元？羅馬人以愛古蘭為銀神之父，因為先用銅錢，後用銀元，我奇怪銀神沒有生下金神。若有金神的話，如他們將游維神放在他父親沙都納神之上，亦要將金神放在銀神父親及銅神祖父之上了。

何必敬拜這麼多的神呢？我並沒有將他們一一舉出，連外教人亦不能設想，將每一件人事，分與每一小神去管理，既然一個幸福神就可分賜神形恩賜，不但為得恩惠，並且為避免災殃亦然，更不必去求別的神了。為何疲倦時要呼求疲倦神，求仇神以逐仇人；病急時求阿波羅及哀斯古老伯（Aesculapius）（藥神）？也不必求荊神，使田野不生荊茨，求稗神使不發生稗子，一個幸福神加以庇佑，就可不發生一切災禍，或至少易於避免了。

最後，我們既然討論德行與幸福二神，若幸福為德行的酬報，已不是神，而為天主的恩惠，若是神的話，為何不說它賜予德行，若修德已經是一大幸福。

（註）許多神的名字，都由拉丁文物名而來，所以就直譯物名。

第二十二章　范羅誇獎自己教羅馬人敬拜神的學問。

為何范羅自誇，對同胞有過偉大的貢獻？因為他不但告訴羅馬人當敬何神，並教了他們敬拜每個神當用的禮儀。他說：若人知道醫生的名字及其本身，而不知道何為醫生，毫無用處。同樣只知道哀斯古老伯是神，而不知道祂能醫何種疾病，也不知道為何去求祂，也無益處。

他亦用了另一個比方，指出同樣的真理，沒有人能好好地生活，亦可說根本不能生活，若他不知道何為木匠、麵包師傅、泥水匠；亦不知道向誰要器具，求誰幫助、引導、教訓。同樣，在認識神方面，若知道每個神在某事上有能力，才有益處。他又說：

「由此我們知道在任何困難時，當求何神，不如演戲劇者慣常求李伯（Liber）賜水，水神賜酒（註），這一定是有利益的學問；若范羅所教是真的，他該教訓人只當敬拜一個真天主，因為一切恩賜皆由祂而來。」

（註）李伯是酒神，不當向他求水，當向水神去求。同樣，當向李伯求酒。

第二十三章　羅馬人敬拜許多神，但不以幸福為神；而實際上，一個幸福神，就可代替全體的神了。

現在我們討論一下：若外教人的書籍及禮儀是真實的，幸福（Felicity）真是女神的話，為何不單敬拜祂？既然祂能賞賜所有的恩惠，且能令所有的人都幸福。除幸福外，誰還期望別的嗎？為何在許多羅馬名人後，只有羅古祿（Lucullus）為這位大神造了一座廟，為何羅馬情願造一座幸福的城，不為幸福神造一座廟呢？為何羅瑪祿他自己祈求別的神？人若有幸福的話，就一無所缺了。因為他自己，若沒有幸福神助佑的話，就不能南面稱孤，更不能做神了。

為何羅瑪祿給了羅馬人游奴、游維戰神，比古（Picus）、範奴（Faunus）、帝白利（Tiborinus）及愛古來等神？為何底督大治又添上沙都納、何比、日月、武剛、光明等神；其中竟有陰溝神，而沒有幸福神？為何努馬邦比利加了許多男神女神，而疏忽了祂是在這麼多的神中，而看不見祂？

何斯底王若認識敬拜幸福為神，就不會向許多新神求恕，其中竟有恐懼與萎黃病的神。在幸福神前，不但一切恐懼與萎黃病，不加禱告，就會消失，並且要被逐，逃之夭夭了。

為何羅馬帝國已擴張後，也沒有人敬拜幸福神？是帝國擴大，但不幸福嗎？若沒有虔敬，如何能有真幸福呢？因為真虔敬，是恭敬真天主，不是恭敬許多邪神，祂們是魔鬼。

幸福列入諸神中後，仍發生內戰的大不幸。恐怕是幸福神合理的發怒，因為這樣晚祂才被邀請，這並不為光榮祂，而是為侮辱祂，因為竟敬拜白利波，陰溝神、恐懼神、萎黃病及在疾神及其他的神；這不是敬拜的對象，而是敬拜他們人的罪惡。

最後，若以為當敬拜這麼尊高的神，不與小神為伍，為何不以更隆重的典禮恭敬祂？誰能容忍幸福神不列入游維的三謀神中，或者被選的神中，或為祂建立一座廟，其高度及地位超過所有的神呢？為何祂不比游維更好？誰給了游維國土，豈非幸福神嗎？若南面稱孤是幸福的話，當將幸福放在君王之上。因為容易找到一個人不願做君王，但沒有不願幸福的人。

他們用卜的方法或用別的方法，來詢問神，現在請問眾神，若願給幸福讓位，在他們的廟宇及祭壇上已佔了位置，以建造高出雲霄的廟宇。游維神亦會准許祂佔居加比多林小山的最高處。沒有人能抵抗幸福神，除非是不幸福，這是不能設想的事。

若游維考慮時，亦不會如戰神，界限神（Terminus）及青年神（Juventas）一般，祂們絕對不肯讓出田園，雖然祂是祂們的君王，並且年齡較老。

我們由他們的書中，知道大居義王曾想要造一座游維的廟，看到別的神所佔的地方，更為合適，不願反對祂們的決定，乃以占卜的方法，請問祂們是否願意將地讓給游維？祂們都表示甘心情願，只有三個神，即戰神、界限神、青年神不肯，其餘的神都加以贊同。因此加比多丘上造廟時，三位亦在內，但他們的神像面向黑暗，只有博學天才的人，才能加以區別。

所以游維不輕視幸福神，雖然祂自己為三位戰神、界限神及青年諸神所輕視。不願給自己讓步，卻要給幸福讓步，大居尼王特請游維讓給祂們。若祂們不肯讓出，並非是為輕慢祂，卻願隱藏在幸福的廟中，不願沒有幸福神，而在自己的廟中，居高臨下。

這樣，若將幸福神放在高大的地方，國民就知道向何神求助，向何神禱告了。如此，因著本性的推理，就擯棄了許多的神，只敬拜一個幸福神，只祈求祂；願得幸福的人民，只赴祂的廟中，因為沒有人不願幸福的。於是以前向許多神求幸福的，現在只向幸福神求了。人若願意由一神得到某物，豈不是幸福，或幸福的附屬品嗎？所以能由幸福神得到的，卻向另一神去求，只有幸福能給人，這是多麼的糊塗？所以當敬拜幸福神，在其他所有神之上。

在古書中可以讀到，古代羅馬人曾敬拜沙馬奴（Summanum）神，祂掌管夜間的電閃，祂超過游維神，因祂只管日間電閃。但造成一座美輪美央的游維廟後，大家趨之若鶩，已經記不起沙馬奴的名字了，因為已聽不見呼求祂的了。

若幸福非神，因為實際上是天主的恩惠，就當去尋找能賞賜幸福的天主，擯棄糊塗人所叩拜的許多邪神；他們竟拿天主的恩惠人格化，驕傲固執，得罪賞賜恩惠的主人。敬拜幸福為神，而不管賞賜幸福的天主，是不會幸福的，就如一個好吃麵包的人，而不向有麵包的人去求，是不會吃飽的。

第二十四章　為何外教人主張，當敬拜天主的恩賜如神？

我們可以研究他們的理由。他們說：豈可相信我們的祖先如此糊塗，竟不知道是天主的恩賜，而不是神。他們也知道這是由於神的惠賜，但找不到神的名字，就用事物的名字名神，比如由Bellum而名「戰神」（Bellona）由Cuna而名搖籃神（Cunina），由Segetes而名穀神（Segetia），由Pomum而名蘋果神（Pomona），由Bos而名牛神（Bubona）。

有時就用事物的名字稱神，如財神名為「Pecunia」，德行神名為「Virtus」，榮譽神名為「Honor」，和睦神名「Concordia」，勝利神名「Victoria」（註）。

所以他們說：當我們說幸福為神，並不是指幸福自身，而是指賞賜幸福的神。

（註）前後的分別，是前者有小小的變更，如由Bellum成為Bellona戰神；而後者卻原封一字不動，如勝利神（Vactoria）與勝利（Victoria）毫無分別。

第二十五章　當敬拜一神，雖不知道祂的名字，但覺出祂是幸福的賜予者。

外教人說出原因後，只要他們不太頑固，就容易規勸他們。因為人雖軟弱，但亦知道只有神才能賜予幸福。敬拜許多神的，游維神亦包括在內，因不知賞賜幸福神的名字，就稱他為幸福神。這可證明，幸福不能由他們敬拜的游維神所賜，而出他們當敬拜的名為幸福神所賜。因此他們承認，幸福是由他們不認識的神所賜的，那麼就當尋找，敬拜這位神。

當擯棄大群的邪魔，凡神的恩賜不能令人滿足者，神自身亦不能令人滿足，即不以敬拜賜予幸福為滿足。而這位神，不是他所稱的游維神，因為若承認他為幸福的賜予者，就不會在幸福名義之下，去尋找賞賜幸福的神了。

更不當敬拜游維神（編按），因為祂罪惡滿身，祂曾姦淫別人的妻子，戀愛、搶掠俊美的兒童。

（編按）游維神（Jovis）即古希臘宗教中的宙斯（Zeus），羅馬沿襲希臘神話文化並稱為游比特（Jupiter），為眾神之領袖，掌管天與雷。在希臘神話中，宙斯經常化身為動物，遊戲人間，與女神或美女交媾，亦包含俊美的少年加尼彌地（Ganymede），特洛伊國王特洛伊（Troy）之子。

第二十六章　神要求恭敬祂的人演戲。

西塞羅說：「這些是荷馬的神話，他將人的弱點歸於神，更好將神的優點歸於人。」所以這位正人君子，不喜愛捏造神罪惡的詩人。那麼為何學富五車的人，以演戲為神聖的事呢？其實他正在讀、唱、演神的惡行。

西塞羅當反對這類戲劇，指責先人的習俗，而不必去反對詩人的神話。然而先人亦可答應說：「我們做了何事？神自己要求，並恐嚇我們，要我們演戲，來光榮祂們；若不聽祂們的命，就有災殃。而實際上，因為在一部份上沒有聽從祂們，就受到嚴厲的罰，加以改正後，祂們的忿怒才算平息了。」

下面要說的怪事，可證明祂們的德行。神在夢中告訴一位羅馬的農夫家長名拉丁尼（Latinius）的，請他轉告議會，恢復羅馬人的戲劇，因為在演戲的第一天，議會曾出命令，將一個犯人，在眾人前正法，這使神惱怒，因為祂們正由戲劇中尋找娛樂。次日，拉丁尼不敢做夢中所命的事。第二夜神更嚴肅地命他做同樣的事，因為他不從命，就喪失了他的兒子。第三夜，神恐嚇他若再不做，還要受更嚴重的罰。受了恐嚇後，他還是不從命，就患了重病。於是在朋友勸導之下，他將此事告訴官長，用轎抬至議院。說了夢後，即霍然而癒，步行回家。議院驚奇這樁怪事，乃決定恢復戲劇，並將演戲的經費增加四倍。

凡是正常的人，誰看不出來這些人臣服邪魔！只有由天主的聖寵，因著吾主耶穌的功勞，才能脫離祂們的勢力，不被強迫為邪神演戲。這些戲劇中，屢次演出詩人所說的神的醜行，有些不正經的演員，樂於歌唱，表演游維神的惡行。若這是假的，神當大發忿怒，若神喜悅這類想像的惡行，如何能敬拜祂，而不敬拜邪魔呢？

如何能承認一個比任何羅馬人更壞的神，能建立、擴張、保存羅馬帝國呢？因為普通的羅馬人對這類事亦大搖其頭。受這類不幸方式敬拜的神，能否賜予幸福，若不這樣敬拜，祂更要大發其怒。

第二十七章 施弗拉司祭論神分三種。

有些書中記載，博學多才的施弗拉（Scevola）司祭說神分為三種：一為詩人的神，二為哲學家的神，三為政治家的神。他說第一種荒誕不經，因為給神不相稱的行為；第二種不適合於國家，因為是多餘的事，它的知識對人民能有害。

對於多餘的事，不必畏懼，因為法學家常說：「多餘的事，未必有害。」那麼對人民說了能有害的事為何呢？「是赫克利斯、愛古力、哀斯古老伯、貫斯都（Castor）、波路克（Pollux）不是神。博學的人說：『他們是人，並皆有死。』」還有別的嗎？「國家沒有真神的像，因為真神既沒有性別、年齡，也沒有五體百骸。」

這位司祭不願人民知道這些事，但他並不認為宗教是假的；他認為那是權宜之計。如此一來政府因宗教之名更好受欺騙。范羅在《神聖事物》一書中，亦作此說。偉哉宗教！病弱者請求醫治，卻遠離醫治，當他尋求真理以得救，卻受到欺騙！

至於詩人的神，施弗拉亦毫無隱瞞地加以擯棄：「因為他們變造的神尚且不能與君子媲美，竟說一個是盜賊，一個犯姦淫，有的信口亂言，有的行為不端。並說三位女神選美，為維納斯女神所勝，二神吃醋，乃引起特洛伊城的毀滅。連游維神自己竟變成公牛或仙鶴，以便與婦女通姦。一位女神與凡人聯婚，沙都奴神吞吃自己的子女。總而言之，沒有一件糊塗事，或一個醜行，為神所未做過的，這與他們的本性，真不知去之千萬里。」

呀，大司祭施弗拉，你若能夠的話，取消戲劇吧！叫人們不要以演戲光榮神，因為人能驚訝他們的罪行，以後就會仿效他們。然而人民會答應你說：「是你們司祭引進這類事呀！你們求神不要再命人做這類事，因為是神的命令，你們才引人的。因為戲劇若為壞事，不合神的神聖身份，則對他們的種種神話，更不合體統了。」

然而祂們不會聽你的話，因為是魔鬼，祂們教人作惡，自己從中取樂。若捏造祂們的醜行，祂們並不介意；若在慶日不演戲，祂們反以為是大恥辱。你們若至游維神前，控告祂們，特別因為在演戲時，演出許多祂的醜行；你們稱祂為宇宙的掌管者，當與別的神同受敬禮，祂是眾神之王，那麼對祂豈不是一大侮辱嗎？

第二十八章 敬神對羅馬人擴張國土有利否？

這類神喜歡將想像的醜行歸於自己，實在是罪大惡極，不能保存及擴張羅馬帝國。若能夠的話，祂們將幫助希臘人，因為祂們在演戲時更為鄭重，更光榮神。祂們固然准許詩人譭謗神，但亦許可譭謗自己及任何國民；祂們不以戲劇員為下賤人，反以祂們是當受人尊敬的人。

羅馬人不拜金神而有金子，不拜銀神及銅神而有銀元銅子，並能有其他一切事物，不必一一列舉，但沒有天主的恩賜，就不能有帝國。若他們輕視邪神，誠心信仰獨一真天主，修德立功，在現世他們能有一個更美好的國家，後世享有永遠的天國。

第二十九章　表示羅馬帝國的能力及鞏固的聯兆，是虛偽的。

他們所說的最好朕兆是什麼？即戰神、界限神及青春神，不願將自己的位置，讓於眾神之王游維。祂們說：這是表示戰神後裔的羅馬民族，總不會將他們所佔的土地讓給別人。因著界限神的助佑，任何人不能移動羅馬人的邊界，因著青春神的助佑，羅馬人在任何人前，不會退讓。

他們對眾神之王，賞賜他們國土的神，作何思想？他們由這朕兆中，以祂為敵人，在祂前不可讓步。即使這一切是真的話，我們也毫無所懼。他們不會承認，在游維前不肯低頭的神，會在基督前讓步。他們可保留帝國的疆域，而將地方，特別教友的心靈，讓與基督。

在天主聖子降生以前，在他們書中記錄這事之前，但在大居義王時這朕兆成立之後，羅馬軍隊曾屢次敗北，可以證明青春神在游維前不讓步朕兆的虛假。高盧人曾侵犯羅馬，直攻入城中，許多城子向漢尼拔投誠，羅馬的疆域大為縮小。於是朕兆不靈，只剩下不是神叛游維，而是魔鬼造反。

因為總不讓步，與退步後又回原地，是有區別的。

無論如何，以後羅馬帝國在東方，因著哈德良（Hadrianus）皇帝的旨意，將亞美尼、美索不達米亞及亞細利三省讓給波斯國（編按）。這樣，似乎管理羅馬邊疆的神，為使朕兆靈驗，不願在游維前低頭。更怕人君哈德良，而不怕神王游維。

失了三省後，更近我們的時代，在敬邪神的背教者游利安（Julianus）皇帝時，羅馬邊疆又縮小了。他冒失地沉舟破釜，要與敵人決一雌雄，但軍隊沒有糧食，皇帝又為敵人所傷而陣亡，敵人四面圍攻，士兵因主帥陣亡，若不與敵人訂條約，難免被一網打盡；但一旦訂條約，羅馬帝國的邊疆又移動了，失地雖不如哈德良時之大，但總是不利的條約。所以界限神在游維前不低頭的聯兆，毫無意義，因為在哈德良的旨意前，游利安的冒失前，及游維尼皇帝的逼迫前，都讓步了。

有幾位博學明智的羅馬人看透這事，但沒有勇氣反抗這傳統的風氣，只好做這類敬拜邪神的禮儀。羅馬人亦知道這種禮儀是虛偽的，但以為當敬拜大自然，雖然大自然屬於天主亭毒，如聖保祿宗徒所說：「去崇拜侍奉受造之物，代替造物之主，他是永遠可讚美的。」（羅‧一：25）為此需要真天主的助佑，祂派遣聖人，甘願為真宗教而捐身，使迷信在人間消失。

（編按）哈德良（Publius Aelius Traianus Hadrianus Augustus, 76–138 AD）為羅馬皇帝（117–138 AD），是羅馬史上五賢帝之一。哈德良繼任時，羅馬帝國因前幾任皇帝的擴張政策，使得疆域太大而無力控管，因此當他上任後，就立刻自和東方波斯帝國的爭戰中撤軍，並放棄帝國東方的美索不達米亞和亞美尼亞省。在位時整軍經武，遍巡各省，其政策就是以鞏固現有疆界為優先，並以修築哈德良長城（於今英格蘭北部）聞名。他對外雖採和平策略，對境內猶太人行省（今日以色列、巴勒斯坦地區）的抗暴活動卻施以殘酷鎮壓。哈德良皇帝之後數百年間，羅馬與波斯之間的疆界戰爭始終未曾停止，游利安皇帝（Flavius Claudius Julianus, 331–363 AD）即位後，就宣布恢復信仰自由，扶持羅馬多神信仰，並親率大軍遠征波斯，收復美索不達米亞省，卻因太深入敵境，糧斷援絕而不得不撤軍。在撤軍的路上，遭波斯軍伏擊，受創而死。

第三十章　敬拜邪神的人，對邪神的感想為何？

西塞羅雖為卜者，但譏笑卜者，嘲笑依照烏鴉聲音行事的人。但這位儒者，說一切事皆不一定；在這事上，不當受人信從。在《論神性》書中第二卷，他引巴步（Balbus），他雖然相信自然界物理及哲學的學說，但反對偶像及神話說：

「你們不見由為利益所發現的自然事實，進而捏造幻想的邪神？這就發生假的意見，擾亂心神的和平，及老年人的迷信。他們竟知道神的面容、年齡、服裝；亦知道他們的親族、婚姻，一切依照世人情形而行。他們描寫神為情感所擾。並述說他們的欲望，失望與忿怒；神話中還說他們互相戰爭。不但如荷馬所說，二軍交戰時，神庇佑一方或對方，並且他們自己與泰坦（Titanus）及巨人作戰士（註）。這類齊東野人的話，到處傳說，受人糊塗地相信，雖然輕浮無為。」

這是擁護外教人的邪神所說的話，他並說這一切都是迷信，而不是宗教，他是照斯多噶派（Stoici）學說而言的，因為他說：「不但哲學家，連我們的祖先，亦將迷信與宗教分開，因為祈禱，並每日的獻祭，求兒子生活的，名為迷信者。」

誰不懂得，他怕得罪本國人，所以勉勵讚揚祖先的宗教感情，願將宗教與迷信分開，但沒有達到目的。若祖先稱每日祈禱作祭的人為迷信，那麼造神的偶像的，這正是他所指責的，以年齡、服裝、婚姻，親族區別的，豈不更迷信嗎？

他指責這些書為迷信，亦責備先人，因為他們敬拜偶像，同時並責備自己，因為雖然設法使自己自由，但亦不得不敬拜這些神；在私人談話中所指責的，他不敢在大眾公共前宣佈出來。

我們教友，感謝我們的天主，而不感謝天地，我們感謝造天地萬物的真主，因著基督的極其謙虛，因著宗徒們的宣傳及殉教者的信德，他們為護守信仰而死，在真理中生活，掃除一切迷信。巴步輕微地攻擊它，不但在信仰宗教人的心內，並且在外教人的廟宇中，因使兄弟們自由服從。

（註）游維與泰坦及巨人戰鬥的經過，可參閱《希臘羅馬神話故事》。

第三十一章　范羅雖未承認真天主，但他拒絕人民普通的信仰，以為只當朝拜一神。

范羅自己，可惜將戲劇列入神聖事中，雖然是出於不得已，他曾以宗教家立場，在多處勸人敬神，承認自己隨從羅馬所定的禮儀，並非甘心情願，並且承認他若創立一個新國家，就照自然規則敬拜神祇。

但因他願意在古老民族中生活，當注意祖先傳下神的名字，以這目的寫一切事，使人民敬神，而不加以蔑視。這位聰明絕頂的人，因這些話，明顯指出不願暴露一些事物，若不隱藏起來，為他自己及人民都是有害的。

我們為何猜到這種結論呢？他在別處論宗教，不但說有許多真的事實，普通人更好不知道，並且有假的事件，更好人民信以為實，為此希臘人將一些奧蹟藏於牆壁之後。在這點上，他表示出管轄人民及國家的明智。只有邪魔喜歡騙人的及受騙者的虛偽。只有天主的聖寵，因吾主耶穌的功勞，能將他們從此救出。

博學多能的范羅並說：照他看來，只有信神是精神體，以運動及理由管轄世界，才認識神的真性質（註）。雖然他尚不認識真理，因為真天主不是靈魂，而是靈魂的創造者，他若能按棄傳統的成見，他就要承認並勸人敬拜一位真天主，他以運動及理由管轄宇宙。那麼在這點上，我們與他只有這個區別，他說：神是靈魂，而不是靈魂的創造者。

他並說古羅馬人敬神，但不拜偶像，凡一百七十年；且說若保存這古風的話，敬神更為純粹。為證明他的三個意見，他引了希伯來民族的榜樣。結束時他說：最先給人民造神偶像的，減輕了敬畏之心，並添上了一個錯誤。他明智地，以為若神以不適當的像代替，容易被人輕視。他說「加增」而不說「傳授」錯誤，是指沒有偶像時已有錯誤了。

誰不看出他說只相信神為宇宙的亭毒者，而沒有偶像，宗教更為純潔，頗近真理。若他能反對古時傳下的重大錯誤，一定要主張只有一個天主，宇宙由他亭毒，只有他當受人敬拜，不當有任何偶像。他既然這樣接近真理，可能是研究靈魂的變換性，承認真天主是不變換的，他造了有變換的靈魂。

事實既然如此，就該承認名人在他們的著作中所寫，承認有許多神，是由天主的隱秘旨意而寫，並非為使人民信仰的。若我們引他們的幾個證據，是為指責不肯相信，為我們所流純潔的血祭，及聖神賜我們的恩寵，將我們由魔鬼權力中救出。

（註）《論神的性質》第一卷第二章。

第三十二章　外教國家的元首，願人民保存假宗教的原因。

范羅論神的家譜時尚說，人民相信詩人，更勝於哲學家，為此他們的祖先，即古代羅馬人相信神有性別，可以生產，為此亦有婚姻。這似乎是有些政治家，認為在宗教問題上當欺騙人民，乃敬拜效法邪魔，祂們願意欺騙人。

邪魔只能保有受欺騙的人，為此相似邪魔的惡人，為政府酋長，對宗教問題，即欺騙人民；這樣，以政治的約束使他們與自己更為親密，並使他們服從。無智無能的人民，如何能逃過國家領袖及邪魔的詭計呢？

第三十三章　只有天主是世間國家的判官及管理者。

這位天主也是幸福的施捨者，因為祂是獨一的真天主，祂將世間的國家，賜予善人與惡人；祂不偶然而賜，因為祂是天主，不是幸運；是照事物的秩序及時間賜予，我們可能不知道這秩序，但祂知道，祂不受秩序管轄，秩序卻由祂指揮。

但天主只賜善人幸福，因為無論人民或官吏都能有它或沒有它；但完全佔有它，只在無主奴區別的世界中。所以天主將國家賜予善人及惡人，使侍奉他的人，剛開始修德，不要求他所貪望的恩賜。這是舊約的奧蹟，新約隱藏在其中，天主應許明智精修的人，享受世福，雖然不明指出現世事物表示永遠，其幸福是在天主的何種恩惠中。

第三十四章　猶太國由獨一真天主所創立，所保存，使保持真宗教。

為使只顧現世財物，不能期望更好的事，為證明一切在自己的權內，而不關羅馬人所敬的邪神，天主願意自己的人民，進埃及時只是少數，而繁殖迅速，然後用聖蹟，將他們由做奴隸之地救出。希伯來人的婦女並不呼求產神，天主卻願希伯來人迅速繁殖，將他們由願意殺害他們的埃及人手中救出。他們的嬰兒吃奶，沒有奶神，在搖籃中，沒有搖籃神；沒有飲食神，他們飲食；他們生長並受教育，而沒有兒童的許多神。他們沒有婚姻神而結婚，沒有生產神而生產，沒有海神，而紅海為他們分開，讓他們過去，卻淹死了追逐他們的敵人。

他們不敬瑪納神，而由天賜瑪納（註）；他們不敬水泉之神，饑渴時，石中湧出清泉。他們沒有戰神而作戰，沒有勝利神而得勝，他們不以勝利為一女神，而為天主的恩賜。他們沒有穀神而有五穀，沒有牛神而有牛，沒有蜜神而有蜂蜜，沒有蘋果神而有蘋果。總而言之，他們由獨一真天主處接受了一切事物，羅馬人卻敬拜一大群神以得它。

若猶太人不因好奇心而犯罪，若魔術不誘惑他們敬拜外族人的神。最後，若他們不殺害基督，他們的國家應仍存在；他們的國土雖小，卻應比羅馬更為幸福。

若今日他們流浪全世界各國，是因著獨一真天主上智的照顧，是以他們的書籍證明我們今日所見的，他們的先知很久以前已經預言了，即到處邪神、祭壇、店宇及邪神的聖林都已毀滅，祭獻亦禁止了。這一切是為使讀我們《聖經》書籍的，不要相信是由我們捏造的。

現在該當結束這卷相當長的書了，其他該說的，寫在下卷中。

（註）聖經上記載，瑪納（Manna）是一種奇特的食物，如白霜般小而圓，磨碎後可以做成麵餅烤來吃。梅瑟帶領猶太人出埃及時，在曠野中，無水也無食物，以民開始埋怨梅瑟，甚至表示寧可在埃及為奴而得溫飽，也勝過在曠野中餓死。於是，天主降下瑪納餵育以民。見《出谷紀》十六：4—36。

第五卷

聖奧古斯丁繼續討論羅馬權力的發展，反對將它歸於偶然或幸運的意見。後論天主的預知，指出它並不摧殘人意志的自由。然後論古代羅馬人的習尚，研究因著何種德行，他們能得他們不認識天主的助佑。最後，討論天主教皇帝的幸福。

小引

既然幸福是得到一切可期望的事物，它不是神，而是天主的恩惠，那麼人只當恭敬能使他幸福的天主。若幸福是神的話，只有祂當受敬拜。於是我們研究天主是主宰，能賜恩惠，惡人及不幸的人亦能享受，為何祂願意羅馬帝國如此廣大，年代又如此長久。我已經用許多證據證明了，需要時我還要再加證明，這不是羅馬人所恭敬的大批神所作的。

第一章　羅馬帝國及其他一切國家興盛的原因，並非命運或星宿的位置。

羅馬帝國興盛的原因，不是偶然的，也不是必然的。如有人說是偶然的，即沒有原因，即有也非依照合理的次序而來的；或必然的，即在天主或人的意志之外，必然而來的。是天主的上智，規定世間的國家。

若有人說是由必然而來，即指天主的旨意及能力而言，可保留他的意見，但當改正他的說法。為何不立刻說出他所說的「必然」二字有何意義呢？因為普通言語上，必然是指受孕時或誕生時，因星宿位置及所受的影響，有人以為它關乎天主的旨意，別人則否。

然而主張星宿規定我們當做，當享受或當忍受的，而與天主的旨意無關，不但當受信奉真宗教人的指責，即奉任何假宗教的，亦將指責他。因為何為這意見的結論，豈非不必相信或祈求任何神嗎？我暫時不反對他們，而反對信神，卻反對天主教的人。

別人說星宿的位置，也關乎天主的旨意，但星宿規定當有何事，發生何種善惡；若他們相信星宿由天主的至高權力，接受了這能力，能自由發生這影響，就重重地得罪了天主，以為在天庭中，在這大名鼎鼎的議會中，竟發出犯罪的命令；若世間某城出這種命令，全人類都會同意當取消它。

若我們承認星宿對人的必然工作，天主既然是星宿及人的主宰，天主對人的行為，當如何判決呢？若他們說星宿因天主給它們的權力，並不能自由處置一切，而實在是天主的命令，那麼，我們對星宿不當判決的，卻要對天主判決嗎？若說星宿不是原因，而只是指這些事實，星宿的位置只預言將來的事，而非這事的成因，這是許多博學之士的意見。但星相學家普遍不這樣說——他們不說：「火星在這位置，是指殺人」，卻說「殺人」。

我們姑且承認，他們發言不當，當由哲學家學習他們在星宿位中找到的說法，但他們何以不能解說在孿生兄弟中，在行為、事故、職業、技能、榮譽及其他人生的事上，有這麼大的差別，竟使外人比他們相似處還更多，而他們在誕生時，只有須臾之別，而又同時受孕。

第二章　孿生人健康的不同。

西塞羅說著名的醫師伊波克拉提斯（Hippocrates）記載兩個兄弟同時生病，同時加重，同時減輕，他就以為他們是孿生的（註）。

斯多噶派哲學家波西都（Possidonius）對星相學頗有心得，慣常說孿生者是在同一星宿位置受孕及誕生的。所以醫生以為是由性質而來的；這位哲學家及星相家，則將它歸於在相同的星宿位置而生。在這事上，醫生的意見更易為人接受，因為父母在懷孕時，依他們的健康情形，對孿生兄弟的體質及性質能有大影響，先是在母胎中，形成極相似的組織及傾向，後在同一家中，吃一樣的飲食長大。醫學告訴我們，空氣、地方、水土能使身體強健或柔弱。孿生者又做同樣的工作，他們的健康情形如此相似，亦能同時，因著同樣的原因，得同樣的疾病。

既然在同一青天之下，在同一地區，能發生許多不同的事情，大有分別的情感。要將孿生的同樣疾病，歸於他生時的星宿位置，這似乎是冒失的說法。我認識孿生者的環境不同，並且患不同的疾病。依我看來，依波克德說生不同的病，是因為飲食不同，操練有異，不由性質或身體的狀態，卻由意志的分別，已可指出這事的充分理由。而波西地及其他主張星宿的位置對人的行為大有影響，若非在他們自己亦不清楚的事上，願意欺騙別人，我不知道他們能有什麼說法。

因為他們要以天的一小部份，孿生者誕生時的小小區別來解說，或者不足以解釋孿生者意志上，行為中及習慣上的不同。或者若看孿生者貴賤有別，竟將這類不同放在誕生時間的分別，那又太過餘了。若孿生者迅速生下，在同一星宿位置出世，我願意知道為何在孿生者中，一切不都相同；若後者生出時，星宿位置已不同，我要尋找孿生者不能有的不同父母。

（註）在現在我們所有的西塞羅著作中，找不到這些話，可能是在《宿命論》中，而我們只有這書的殘篇。

第三章　在孿生問題上，星相家倪治地，由陶人的輪子中引出證據。

人問倪治地（Nigidius）（編按）這問題時，他就引陶人輪子來作證，因而被人稱為「陶人」（Figulus），但這證據不能成立。他用力旋轉陶人的輪子，輪子旋轉時，在同一處，他用墨塗它，輪子停止後，看見所塗的墨印是在輪子的兩端。

他說天體轉運迅速，若孿生者出世迅速，如我二次觸及輪子，天體所經的空間已非常的大。然後他說：這是孿生者性情及命運不同的原因。然而這種推理，實比陶人以旋轉做成的器皿還要脆弱。因為若天這麼廣大，不能由星辰的距離來計算，為何一人得遺產，而另一人得不到呢？為何他們不怕告訴非孿生者，研究了每個星辰的位置後，這是無人能懂的秘密，而將它歸於誕生的時刻。

若他們由星辰的位置預言他人的出生，因為屬於更長的時間，而孿生者出世時刻的分別，歸於星相學家所不注意的小事。因為誰要去詢問他們，何時當坐，何時當散步，或何時當赴筵。我們指出孿生者中行為及性情有大區別，豈是信口雌黃嗎？

（編按）倪治地（Publius Nigidius Figulusca. 98–45 BC），為羅馬共和國時期的學者和議員，為頗富聲望的畢達哥拉斯派學者，對數學、天文與占星頗有研究。

第四章 兩個孿生兄弟厄撒烏及雅各伯，在習慣及行為上的分別。

在古聖祖時代，生了兩個孿生兄弟，我只提及最著名的，他們出世時最為接近，因為弟弟的手就拉著哥哥的腳跟。雖然如此，但他們的生活，習慣卻大有分別，行為正相反，對於父母的孝愛亦不同，出生時須臾的距離，竟使他們成為仇人（註）。

我們這樣說，是因為一個行路，另一個睡覺，一個緘默，另一個發言嗎？這些事豈亦關乎出生時小小的距離，連注意星辰位置的人，對它也不加留心，以便日後糾正星相家。

其中一個多年為人服役，另一個則否；一個受母親的寵愛，另一個則否；一個失了長子的地位，這是一件重要事，而另一個得了它。致論他們的妻子，子女及財物，又是多大的分別！

若這類事，與他們出生的須臾距離沒有關係，為何為別人要去觀察星宿，以卜他們的前途？若他們作預言，並非與須臾的距離有關，而是與相當長久，並可記錄的時刻距離有關，那麼為何要引用陶人輪子的比方，豈非與無知識的人開玩笑，使他們不能辯駁星宿家的無謂之言嗎？

（註）參見創・二十五：21—34。

第五章 如何可證明星相家學識的荒唐？

為何依波克拉提斯照醫學判斷兩個兄弟，病勢同時加重及減輕，猜他們是孿生的？這事豈不駁倒將由生理方面而來的，卻歸諸於星宿的人嗎？

為何他們同時生病，而不一個在先，一個在後，如他們出世時一樣，因為一定不是同時出世的。若他們出世時間不同，不致使他們在不同時間生病，為何要強說他們出世的不同，來解說其他事件的不同呢？

若因他們在不同時間出世，就可在不同時間旅行，結婚生子，做別的許多事，為何不因同樣理由，在不同時間生病呢？若誕生時間的分別，與星宿有關，使他們在一切事上不同，為何只同時受孕，而同時生病呢？

或者有人說，健康的前途，與受孕時有關，而其他各事，則關乎誕生時刻，則星相家觀察了誕生時的星宿位置後，對健康問題，就不當過問，因為他們不知受孕的時刻。若沒有觀察受孕的時刻，卻預言將來的疾病，因為可猜想出生的時刻，如何能說孿生中之一，由出生的時間，將來要患病，而另一個雖不同時而生，卻必同時生病呢？

我且問：若孿生兄弟出世的時間是這麼大，星宿的四方位置亦必不同，其效力竟可變更前途，受孕時刻就不能有別嗎？若兩個同時受孕的前途，生後能有分別，兩個同時誕生的，其生死前途為何不能有別呢？若同時受孕，並不阻止前後出生，為何同時誕生的，能阻止死亡的時刻有別呢？

若一時受孕，使孿生者出世前，已有區別，為何同時出世，不能使二人生時前途有別？這樣，豈不取消了星相學的解說嗎？為何同時受孕，同一星宿位置出世的孿生者的前途不一，出生有別呢？

由二位母親在同一時刻，星宿位置又同而出世的，不能有不同的命運，領導他們生死不同的前途嗎？是受孕時，不能有命運，出生後才能有嗎？那麼為何他們說：若能知道受孕的正確時間，星相家就可預言驚人的事呢？故此有人說：有一位賢人選擇良辰，與妻子行房事，以得麟兒。

為此，大星相家及哲學家波西都，對同時生病，同時病勢加重或減輕的孿生者，答覆人說：他們是在同時受孕出世的。他加上「受孕」二字，是說若不能在同一時刻誕生，至少是同時受孕的。他這樣說：不要將性情相同，同時生病，歸於命運，是將健康相同的情形，亦歸於星辰的位置。

若受孕能使命運相同，在出生時，亦不當變更；若孿生者的命運，因出世時刻有別而變換，我們不以為先前已變更，而使他們出世時刻不同嗎？或者可以承認若出生的次序變更受孕時的命運，人的意志就不能變更生時的命運嗎？

第六章　孿生的男女。

為何同時受孕的孿生者，既然在同一的星宿位置下受孕，一個是男的，一個是女的呢？我認識孿生的男女，現在還活著，且上了年紀。他們身體的形狀，在男女可能的範圍內，頗為相似。但他們生活的情形及傾向，則大相逕庭。除了男女自然不同的行為外，男的以伯爵的地位在軍中服役，幾乎常在家外，而女的總不離開自己的國家及家庭。

此外，若我們相信星宿論，這事幾乎是不可能的，若想到人的自由及天主的恩寵，則就不會驚訝這點。男的結了婚，女的為天主而守貞；男的是多數子女的父親，而女的卻不願結婚。那麼，星相學竟有多大的能力！我已證明了它毫無價值。

無論如何，星相家以為星宿論對出生有效，為何對受孕就無效呢？依自然不能變換的規則，婦人受孕後，直至生子，不得再受孕，因此孿生者必定同時受孕。恐怕他們在星宿不同的位置出生，生時一個變成男子，另一個成為女人嗎？

若可說星辰對物體的差別能有影響，如因太陽的遠近，而有四季；因月亮時盈缺，有些物體增長或減少，如蚌蛤之類，關乎海潮的漲退。但不能說人的意志，亦與星辰的位置有關。

星相家設法將人的行為與星辰的位置聯在一起，倒使我們研究，為何星辰連對我們的身體亦無影響。因為何物比性別與身體更有關係呢？但男女不同的孿生者，是在星辰同一位置而受孕的。所以還有比此說法：在二人受孕時，星宿的位置相同，而出世時星辰的位置，使這位大德的貞女與她孿生的兄弟有如此的分別；更為荒唐不經的嗎？

第七章　擇日結婚，及在田中種植。

誰能相信，事業的成功與否，與選定日子有關呢？他們說：某人本來未必會生麟兒，可能得犬子，為此他選擇適當時刻，與妻子同房，因此他造成了他本來沒有的命運。因而生時未必的，現在卻成為必要的了，這真是糊塗至極！

若他選定日子結婚，正因為若不如此，他可能會遇到凶日成家。若如此，那麼生下時，星辰所定何在？恐怕私人能自由變更為他所規定的嗎？或者人選擇日子時所規定的，別人就不能變換它嗎？

此外，若只有人，而不是地上的一切事物，受星宿的影響，那麼為何要選擇日子去種樹，植葡萄，撒種子，訓練動物，交配，以使家畜繁殖呢？若擇日對這類事物有影響，因為星宿的位置控制世界一切的物體，無論是生物或非生物；就該當想到同時有多少事物出世，開始存在，它們的結局與目的不同，可以證明這類觀察，真可見笑兒童。因為誰會這樣糊塗，竟不懂得一切植物，動物各有其時，各別而生嗎？

人為測驗星相家，普通以動物的出生令他們去推測，因為動物的出生，在家中是有準確記錄的；他們選一個星相家，他觀察了星宿的位置後，說所生的不是人，而是動物。他竟大膽猜這動物是會生羊毛的，或拉車、或耕田、或看守房屋的。且問他們狗的前途，他們的答覆，使人驚異不已。人竟這樣糊塗，竟相信人出生時，其他一切就不能出生，致在同一天角之下，連一個蒼蠅亦不能與他同生。我們若接受這個前提，自然而然地，一步一步地推理，要由蒼蠅而至駱駝及象了。

他們亦不注意到，選擇了播種的日子後，地上同時撒下這麼多的種子，它們萌芽、生葉、長大、開花，結實累累；然而同時結的果實，且由同一粒種子所結的果實，有的為莠子所害，有的為飛鳥所食，有的為人拔去。星相家能說出這果實的歸宿如此不同，是受何種不同星宿位置的影響嗎？恐怕他們要承認選錯了播種的日子，否認星辰對種子的影響，並說只有自由的人，與星宿有關係。

考察了這些事後，可以相信，幾時星相家所說的事絲毫不錯，其實是由邪魔暗中助佑而來，祂們設法使人相信這類星宿論錯誤及有害的思想，而不是由星宿學所看到或觀察到的，因為它並不存在。

第八章 有人不以宿命與星宿的位置，而與天主旨意有關的原因聯繫。

有人以為命運，不是受孕，出生或開始時的星宿位置，而是一切的互相關係，及原因的系統，因而形成一切，我不必費神與他們爭辯字句。因為他們將這程式及原因的系統，歸於至尊天主的能力及意志，祂在一切形成以前，早就知道了，使一切皆有秩序，一切權力亦由祂而來，然而祂並不強逼眾人的意志。

他們稱天主的意志為命運，祂的權力在一切事物之上，可證明如下。若我記憶不錯的話，下面是塞納加的詩：

「宇宙主宰及大父，隨意引我去所之。情願與否當奉行，命運引人逼惡人。」

塞納加在最後一句所稱命運，即前面所說大父之旨意，願悉心順命，不願被強逼：

「命運引人逼惡人。」

荷馬的詩亦可證明這個意見，西塞羅將它譯成拉丁文詩如下：

「游維大父照智慧，如祂光照之大地。」

在這種問題上，一個詩人的話並沒有多大力量，但西塞羅說：斯多噶派哲學家論命運時，常引這首詩，所以不是詩人的意見，而是哲學家的公意。他們論命運時引這句詩，可以明顯看出他們對這點的思想，他們以游維為最大的神，一切命運都關乎祂。

第九章 論天主的先見及人意志的自由，反對西塞羅的定義。

西塞羅願意反對這樣思想的人，但不取消卜術，就不能達到目的，於是他就否認一切預知將來的事件，用盡一切方法，證明神及人都不能預知，因此亦不能作任何預言。為此他否認天主能預知，想、以無效的推理，推翻一切預言，雖然它甚為明顯。他提出了幾種容易駁倒的預言，雖然他亦不能證明這些預言的虛偽。

然而他的理論可以推翻星相家的推測，因為它的確可被人駁倒。但我們更容易承認命運的人，卻不容易容忍否認預知未來的事，是重大的糊塗。他自己也看出這點，因為《聖經》上說「愚人心裡說：『沒有天主。』」（詠•十三：1）但不願直接去做，因為他知道不會受讀者歡迎的。

為此在論神的性體書中，他對這問題，用哥大（Cotta）反對斯多噶派的哲學家，但他自己卻擁護巴爾波（L. Balbo），他當衛護斯多噶派，哥大竟否認任何神的存在。在預卡書中，西塞羅明顯地直接地反對預知將來的事。他這樣做，似乎是不願承認命運，因而它否認意志自由，因為他以為不可承認預知將來，除非亦接受不可避免的命運。

無論如何解決哲學家的這些深奧問題及辯論，我們承認至尊真天主的存在，亦承認祂有意志，且全能，又預知將來。我們不怕不能自由做我們的事，因為天主雖預知將來，絲毫不誤，祂也預知我們要做的。這是西塞羅所怕的，使他反對天主預知將來；這也是斯多噶派所怕的。但他們說，一切雖由命運而來，但非必然。

西塞羅對預知將來，所懼何事，設法以各種證據來辯駁它。是他以為若一切的事，已先預知，並依預知的秩序而來，亦一定照天主所預見的秩序而行；若秩序是一定的，則原因也將是一定的，因為沒有成因，不會有任何效果；若一切原因的秩序也是一定的，則一切必由命運而來。這樣，我們就毫無所能，也沒有自由了。

他說：「我們若承認這點，人生就要反覆無常；法律無效，賞罰不明，無所謂勸勉與指責；善人受賞，惡人受罰，也不合正義了。」為避免選擇不合理及社會有害的結論，西塞羅乃擯棄了預知將來，並且使一個有宗教心的人，強選下面兩個問題之一：或承認我們的自由，或接受預知將來。依他，這兩個意見不能同在，接受一個就否認另一個，若承認能先知將來，就否認自由；若接受自由，即當否認預知將來。

他是一位博學多能的偉人，一生為人類社會求幸福，在兩種意見中，他選了自由，而否認能預知將來，他為使人自由，卻使人侮辱了神。

但一個真有宗教心的人，要選擇二者，當以信仰及虔敬的心承認二者。他說：如何呢？因為若承認能預知將來，一切預知的事就要實現，其結論是我們的意志，與任何事物無關。反之，若承認自由，用同樣的理由，其要結論是不能預知將來。

因為在一切情形中，當推理如下：若有自由，就不能承認一切由宿命而來；若不由宿命而來，一切原因的系統就不一定；若一切原因的系統不一定，連天主也不能一定預知它；然而它沒有成因，是不會成功的。若事物的原因，為預知的天主亦不一定，一切就不照祂所知而來。這樣，就不能承認天主能預知將來了。

我們反對這種侮辱天主的推論，承認天主在一切事成功前就已經知道，而我們卻自由做我們所做的。但我們不說一切由宿命而來，反主張宿命毫無所為，因為我們證明普通所謂的宿命，是指人受孕或出世時，星宿的位置，這是毫無證據的事，也毫無價值。

但我們並不否認原因的系統，及天主的意志有大能，且不以宿命呼之，除非是由拉丁文「Fatum」，即「言語」而來。我們不能否認《聖經》上所說的，「天主說了一次，兩次我都聽見，即是能力屬於天主。吾主啊！仁慈也屬於你，因為你照聖人所行的報應他」（詠・六十二：12—13）。

既然說：「天主說了一次」，是說祂所說的不能改變，也不能改變祂知道一切將實行，是祂在實行它。為此，命運可由拉丁文（Fantum）而來；若不將這字作這樣理解，我們不願強人所欲。然而不因著一切為天主是一定的，我們的意志就失了自由，反而我們的意志，在原因的系統上是不清楚的，而天主一定預先知道這系統。因為人的意志，是人行為的原因，知道一切原因的天主，在一切原因中，亦當知道我們意志的行為，祂預知是我們行為的原因。

西塞羅自己所承認的前提，即無成因，一無所成，有何意義？豈非一切原因關乎宿命，是因有偶然的，自然的及情願的意志嗎？只要說一切由以前的原因而成。我們不說所謂偶然的原因並不存在，而說是隱藏的，歸屬天主的旨意，或其他神的旨意，並且我們亦不將自然的原因與天主分開，因為他是自然的創造者。

意願的原因，是天主的，或是天神的，或是人的，或是動物的，若能稱動物依照他的本性的行為，如尋找某物，躲避某物，為自由的話。天神的旨意，是指天主的天使，及惡神（即魔鬼）。人的旨意是善人與惡人的。由此而可結論說事物的成因都是自由的，即由「精神體」而來的。拉丁語

「空氣」及「風」亦稱為精神體，但有物質，所以不是有生命的精神體。

生命的神，使一切有生命，祂造了一切受造的肉身及精神體，而天主自己，卻不受造。祂的意志大能無比，輔助受造精神體的意志，審判惡者，控制一切，使有些能工作，有些不能。祂既然是一切自然界的造物主，同時亦給以權力，只讓人的意志自由。惡的意志不出祂而來，因為相反於祂所造的自然界。

物質體更屬意志管轄，有些屬於動物，特別屬於人的意志管轄；別的屬於天使，而一切皆屬天主的意志，一切的意志亦屬祂，只由天主的恩賜，它們才有能力。所以第一原因是天主，祂不被動；其他的一切受造原因則有作為，同時亦被動，特別是有理智的人。

最後，物體的原因是受造的，而不動作，不當算在成因之中，因為只能承行精神願它所做的。那麼原因的系統是一定的，為天主所預知的，與我們的意志無關，但它對於原因的系統上，就有這麼大的關係嗎？

我們讓西塞羅與主張原因的系統是必然的，為此稱為宿命的人去辯論；我厭惡這個意見，因為不依宿命的真意而用之。若他否認天主預知原因的系統，則我們厭惡他，且甚於斯多噶派，因為他或否認天主的存在，如他在神的性質書中，借別人的名義所做的；或承認天主存在，但否認天主能預知將來，那麼就如〈聖詠〉上說的：「愚人心裡說：『沒有天主。』」（詠・十三：1）因為不能預知將來的，便不是天主。

所以我們的意志之所能，乃依天主之預知；我們所能的，一定能夠，我們願意做的，一定可以做到，因為天主的預見不會錯，早已預知所能做而實際上要做成的。

我若願用命運這句話時，我情願說命運更弱，而意志更強，因為更強者含有更弱者，而不仿效斯多噶派，他們相反這話普通的意義，稱命運為我們意志的取消。

第十章　若人的意志是自由的。

因此我們不必要恐懼。斯多噶派人因為怕它，因而竭力分別事物的原因，有些屬於必然，有些不屬於它。在不屬它的之中，他們亦列入我們的意志，因為他們怕若屬必要的原因，就非自由的了。

我們若當稱不在我們權內，能相反我們的意志而達其效果的，如必定死亡，為必要的話；自然我們行善作惡的意志，不屬於必然，因為許多事，若我們不願意，就可不做。特別是「意願」歸於此種，因為我們若願意，乃有意願，若我們不願意，就無意願了。

若是指當以這形式或別種形式做某事，我就不懂，為何他們會怕失去我們意志的自由；因為我們說：天主必定長生，預先已知一切，並不阻止天主生活及預知，如我們說祂不會死亡或不能犯錯，亦不損害祂的權力。祂不能做此，因為若做此，祂的權力就更小了。

祂稱為全能的，雖然不能死亡，不能被欺騙。天主是全能的，因為祂為所欲為，不忍受所不願受的；若祂要忍受祂所不願的，就不是全能的了；祂對有些事不能做，正因為祂是全能的。這樣，我們說是必要的，我們若願意某物，是自由意願；我們一定要說真理，但我們不當將自由權放在必然之下，不然就會失去自由。

所以我們的意志存在，它做我們所願做的；若我們不願做，它就不會實現。一個人自己不願意，但因別人的意願，他當忍受，仍是自願的行為，可能不是忍受人的，但一定是人的，然而其能力卻由天主而來。

若只有意願，但不能為所欲為，是他的意願為更高的意願所阻；這樣的意願只是空意願而已，不是別人的意願，而是願意人的意願。雖然他不能為所欲為，為此人相反自己的意願所忍受的，不當將它歸於人或天使或受造神的意願，當歸於給願意人能力的天主。

因此不當說：對我們的意志毫無關係，因為天主預見所願的；因為預見的，一定當預見某事。所以預見我們將要願意的，不預見空虛，是預見某事；若他有所預見，就可結論到我們的意志能意願某物。

簡單地說來，我們不必否認意志的自由，以承認天主的預見，亦不可否認天主的預見，以保存意志的自由；我們誠心樂意地承認這兩端真理，即天主的預見以堅信，及自由而善生。因為若沒有天主的信仰，就不能善生了。我們絕不否認天主的預知，以得自由，我們是因祂的恩賜而得自由。因此法律，指責，勸勉，讚美與責斥，一切皆為天主所預見，並有祂所見的能力。祈禱是求天主賞賜祂預見要賜予祈求的人。對善行的賞報及罪惡的罰，都是合理的。

不當相信人犯罪，是天主預見他的罪過；犯罪時，是他自己一人犯罪，因為一毫不爽的預見，不是命運或偶然，或其他事物，只有他犯罪。人若不願意，一定不會犯罪；若他不願犯罪，天主因祂的預見，已預先見了這點。

第十一章　天主亭毒萬物，一切由祂的律法所支配。

這位至高至真的天主，同祂的聖言及聖神，三位一體，是唯一全能的天主；一切靈魂及肉身的創造者，是所有以真理，而不以虛偽，為幸福人的來源；祂造了由靈魂與肉身結合的人。祂准許人犯罪，但不願他不受罰，或沒有仁慈。祂給善人惡人生存，如祂給石頭一樣；給植物的生命，如給植物一般；有知覺的生命，如動物一樣；有理智，如天神一般。

祂是一切良好例規，一切美好，一切秩序的根源；是自然界一切量、數、斤的來源。形式的種子及種子的形式與行動而得生命，是由祂而來。祂造了俊美，有力，並能傳後的肉身；祂亦給了肢體的勻分，健康，及五官的和諧；祂使無智的動物有記憶力，五宮，貪望；祂給人類有理智的悟性及意志。

祂亭毒上天下地，管轄天神及人，不放過任何物，連最小最卑賤的動物，鳥的任何毫毛，田野中的小花，草木的葉子，都使它們肢體配合與和諧。那麼如何可以相信，祂竟將人的國家，它的主權與役務，放在他亭毒的律法之外呢？

第十二章　古時的羅馬人，因著何種德行，使他們所不恭敬的天主，擴張了他們的疆域。

現在我們研究一下，何為羅馬人的習尚，為何亭毒世間國家的天主，助佑他們擴張他們帝國的疆域。為能自由討論這個問題，我寫了前一卷，以指出羅馬人敬拜的神，對擴張帝國疆域，毫無權力。在本卷的最初幾章，證明不可信宿命，不可相信因著邪神的敬禮，羅馬帝國得以保存及擴大；

亦不當將它歸於命運，而當歸於至高天主的大能意志。

最初的羅馬人，如他們的歷史所證明的，敬拜邪神，舉行祭獻，不敬天主，而拜邪魔，如當時的其他民族一樣，只有希伯來民族除外。他們貪求讚美，任意揮霍，對少有的財物已覺滿意，而貪求榮耀無厭。

他們如此喜愛光榮，願為它而生，願為它拋出生命；他們貪求光榮，勝過其他一切。若祖國臣服他國，是大恥辱；若它出號施令，是自己的光榮；希望它能自由，並控制他人。

因此羅馬人不能容許惡國王的控制，設置了一年一度的高級長官，選了兩位領袖，名為執政官（Consules）由拉丁文（Consulendo）（註）而來，不是國王（Reges）由被治理者（Regendo）而名。國王的名字由 Regendo 來，王國則由國王（Reges）而來。但國王的威儀，與執政官不相稱，而是暴君的特色。

所以驅逐了國王大居義，設立了執政官後，沙路底讚美羅馬人說：「羅馬既得了自由，發展甚速，開始貪求光榮。」他們貪求讚美，希望光榮，乃進行偉大的事業，依照人的意見，這是當受稱讚，光榮的。

沙路底誇張自己同時的偉大人物，如賈多及凱撒，說民國已久無立大功的人，在自己時代卻有兩位立大功的人，雖然他們的品行不同。他說凱撒的功德為期望統治大國，有軍隊，發生新戰爭，以表現自己的才能。為就合名人的志願，戰神使人民交戰，血流成渠，使能有發揮名人才能的機會；這一定是他們貪求讚美及期望光榮的結果。

所以羅馬人做了許多大事業，先是為愛慕自由，以後為期望控制他人，貪讚美及光榮；他們的大詩人維吉爾亦證明這二事說：

「哀吐國王貝色那，願召大居義歸來。

圍困攻打羅馬城，哀納子孫自由衛。」

羅馬人當時最大的願望為勇敢作戰而亡，或自由生活。得了自由後，乃貪求榮耀，以為自由沒有榮耀，不值一顧，乃重說詩人放在游維神口中的話：

「游奴上天下地亂，為我改變其旨意。

決定將來有一日，羅馬人將治人民。

亞沙，飛底，米色那，希臘臣服羅馬人。」

維吉爾使游維預言將來，他自己則記載往事，歌詠現時；我願提及它，以證明羅馬人在自由之後，以能控制他人為莫大的光榮；為此詩人將羅馬人能南面稱王，能出命令，臣服他人，控制別人，放在其他國家的藝術之上說：

「他人能鑄造銅像，由雲石雕刻成人；

辯論時口若懸河，測量天象觀星辰。

羅馬人該常記憶，當統治天下萬民。

使萬邦一片和平，撫慰臣服改頑民。」

羅馬人不安於淫樂，不貪求錢財，而使風俗敗壞，壓迫貧民，使戲子變成富翁時，的確善於治人。沙路底描寫，而維吉爾歌詠這些事時，許多人已在傷風敗俗中打滾，他們不用正當方法，而以欺騙手段，求榮華富貴，為此沙路底寫說：「貪求權位的心，比追求錢財，更刺激人心，雖然貪高位與德行更近。因為無論善人惡人，都貪求光榮、權位，但善人以正當途徑達到它，而惡人因一無所能，乃以欺騙手段奪取它。」

求得榮耀、權位的正當途徑，是以才能、德行，而不以虛榮心去爭奪它。雖然善人惡人都貪求榮耀權位，只有善人以正道獲得它；這正道的德行，使人獲得榮耀，權位。

羅馬人亦循此道，由他們建築的廟寺，互相比鄰，以尊敬德行及榮耀，以它們為神，其實卻是天主的恩惠。由此可知善人以道德的目標為何，及他們追求何物，即榮譽；而惡人沒有道德，雖然他們亦貪求榮耀，乃以不正當的方法，即欺騙手段去獲得它。

有人對賈多寫說：「他愈不貪求光榮，光榮愈跟隨他」，這是對他的極大讚頌；因為榮譽就是人對某人的重視。所以其德行，不在人的判斷，而是自己良心的見證。為此聖保祿宗徒寫說：「因為我們的誇耀就是，有我們的良心作證。」（格後・一：12）他又寫說：「各人只該考驗自己的行為，那麼對自己也許有可誇耀之處，但不應對別人誇耀。」（迦・六：4）

所以德行，不當隨從善人的期望，該以正當的方法追求榮耀及權位，是榮耀與權位當跟隨德行。除了以人的真善為目的之外，就沒有真德行了。為此連賈多亦不當追求爵位，如他所做的；羅馬城當因他的功績。沒有他的請求，即付以重任。因為照沙路底的話，當時羅馬以道德著名的，只有二人：凱撒與賈多，而賈多的道德，比凱撒似乎更近乎真道德。

所以我們且看看照賈多自己的意見，當時及以前的羅馬城如何。他說：「不要相信我們的祖先，只以武力使民國發展，因為若如此，我們會有更多的盟友，更多的國民，武器與馬匹亦會更多。是其他我們沒有的優點，使民國發展，即在本國勤勞，公正統治他國；審決時剛正不阿，不為淫欲與錢財所左右。為代替它，我們現在卻有淫樂與慳吝，公家貧窮，私人暴富；重視阿堵物，而空閒無事，善惡不分；貪高位者，奪取大德人的酬報。為此不必驚奇各人都求私益；在家中為淫欲的奴隸，為貪財與鑽營所控制，齊向空虛的民國進攻。」

誰讀了賈多上面的話，可能相信古時的羅馬人，或至少大多數人，是如上面所稱讚的。其實不然，若如此的話，他自己所寫的，及我在本書第二卷所寫的就不對了，即當權者不公正；起初時就意見紛紛，直至驅逐了君王，不恐懼大居義王，及因為他與哀杜利的戰爭結束前，沒有過公正的政府。

因為貴族欺侮平民，待他們如奴隸一般，任意毆打他們，如君王一樣，將他們由自己的田園及職業中逐出，獨自統治全國。貴族願意施號出令，而平民卻不願聽從。只有布義第二次戰爭，才使不和暫時平息；因為大家都恐懼不安，乃放下內亂，重歸於好。

少數善人創立了豐功偉業，因著他們的措置，及消患於未然，民國又興起來，如同一歷史家沙路底所說，讀到或聽見羅馬人當時完成的事業，無論是和平時或戰爭時；在海洋中，或在陸地上；他想要研究何事能使他們建立如此的豐功偉業。他知道羅馬人屢次以少數士兵，戰敗了敵人眾多的軍隊；小小的軍隊，克服了勢力強大的君王。為此他想起這些事時，說少數國民的才能，成就了偉大的事業；貧窮戰勝了財富，少數人戰勝了多數人。

然後他繼續說：「羅馬城為奢侈及空閒侵入後，民國的富強，又增加了將軍及官吏的弊病。」

所以賈多亦稱讚少數人的德行，他們想用正當的方法，即以自己的才能達到榮耀，權力的頂點；因而賈多勸人致力家務，使國家富有，而限制私人的財產。但道德墮落後，就弊病百出，公家貧窮，而私人卻腰纏萬貫。

第十三章 追求光榮，本是缺點，但因能壓制其他缺點，遂被視為德行。

為此天主，在東方著名帝國長久的年代以後，乃建立了西方帝國，以時間而論，固然更晚，若以強盛而論，卻是後來居上。為減輕許多民族的災禍，天主將西方帝國托給為國效勞的人，他們將國家的安危，放在自己的安危之上；貪求光榮，勝過貪財及其他缺點。

因為看出貪求他人讚美亦是缺點的，看得更對，這是詩人賀雷修斯（Horatius）所見到的，他說：

「貪求高位有效藥，靜讀哲書可治療。」

在抒情詩中，他又歌詠說：

「控制貪求無厭心，勝戰加代利比亞（Gades Lybia）；

縱使整個迦太基，獨向爾俯首稱臣。」

然而不知以信仰及誠心與仰慕理智方面的美好，呼求天主聖神後，來節制卑惡的肉慾，只以貪求人世的榮耀而克制它，雖然不能稱為聖人，至少不為大罪人了。

西塞羅在《民國書》（編按）中，亦不否認這點。他論政府首長的教育時，說他們當追求榮譽，說羅馬古人因貪求榮譽，曾做了大事業。他們不但不克制這個缺點，反而為祖國的利益，而維持它。

西塞羅在哲學書中，也不否認這點，反而明顯地加以承認。他論讀書以求真善，而不為貪求人世虛假的光榮，他乃結論說：「榮譽刺激藝術，眾人都為求榮譽而工作，大眾所輕視的事，常為人所擯棄。」

（編按）此處指西塞羅（Cicero）的大作《民國書》（De Republica, On the Commonwealth），全書六卷寫於54到51 B.C.間，以對話方式談論羅馬政治，以前羅馬執政者施比安（Scipio Africanus Minor）為智慧的主角。

第十四章　當避免世人的讚美，因為義人的讚美，是在天主之內。

無疑地，更好抵抗虛榮心，而不為它所控制，因為人愈沒有虛榮心，就愈像似天主。然而在現世，不易將它完全由心中逐出，因為它不斷誘惑努力修德的人，但至少當以愛慕公義而勝過它。若在某處，善者為人所忽視，貪求人間讚美，亦當含羞無地，而在真理前讓步。

這個缺點，是虔誠及信仰的仇敵；若在心中，貪求榮譽，勝於敬畏愛慕天主，則將如主耶穌所說：「既然你們相互尋求光榮，而不尋求出於唯一天主的光榮，你們怎麼能相信我呢？」（若・五：44）對相信耶穌，然而不敢公開承認他的人，聖若望聖史亦寫說：「因為他們愛世人的光榮，勝過天主的光榮。」（若・十二：43）

宗徒們就不然，他們不但在不認識基督的地方宣傳他，因為如所說的；在不認識、不重視，並且甚至仇恨基督的人之處，亦竭力宣傳，因為他們記住老師基督所說的：「誰在人前否認我，我在我天上的父前也要否認他。」（瑪・十：33）或如路加所說：「將來在天主的使者前也要被否認。」

（路・十二：9）

他們在侮辱及教難中，也不放棄宣講福音；因為他們的言論高尚，生活聖潔，歸化了心硬如鐵的人，使他們享受和平，這是公義的成果，於是基督的教會得了大光榮。他們不將光榮作為他們修德的目標，但做一切為光榮天主，因祂的恩寵，他們成為宗徒；在信徒的心中，他們亦燃起愛火，使他們亦愛慕天主，像似自己。

吾主耶穌曾教訓他們不要貪求人世的光榮說：「你們應當留心，不要在人前行你們的仁義，為叫他們看見；若是這樣，你們在天父之前，就沒有賞報了。」（瑪・六：1）但為不使人理解錯誤，怕受人尊敬，就不敢修德行善，耶穌乃繼續說：「照樣，你們的光也當在人前照耀，好使他們看見你們的善行，光榮你們在天之父。」（瑪・五：16）

不為使人看見，即不吸引人歸你們，因為你們自己毫無所能，而是為光榮你們在天之父，歸向祂，成為如你的一樣。無數的殉教者，亦勇敢地這樣做了，勝過羅馬的英雄施弗拉，古利亞治（Curiatii），台治（Decii）；他們不是自己找苦楚，而是安心忍受別人所加的苦難。

羅馬英雄，是現世的國民，只求善盡己職，使國家平安強盛，形成一個大國；不在天上，而在地下；不在永遠，而在川流不息，生死相繼的人間。他們能愛什麼，除非死後仍在人口中的讚美？

第十五章　天主以現世的酬報，報答羅馬人的善行。

天主不能讓羅馬人升天堂，與天使同享永福，因為只有恭敬獨一無二真天主的人，才能得到它。

若不賞賜他們強國的光榮，就不酬報他們的努力，即修德以達到這種光榮了。只為得人的讚美而修德的人，耶穌曾說過：「我實在告訴你們，他們已獲得了他們的賞報。」（瑪．六：2）

羅馬人公而忘私，為國家作犧牲，不貪財，不做違反法律的事，亦不為私欲偏情所驅使。他們用這種方法，達到榮譽，權位，受到眾人的尊敬，克服了許多民族，榮譽被於全世；他們沒有任何理由抱怨天主；因為他們已獲得了他們的賞報。

第十六章 論聖人們的酬報，羅馬人德行的表率，為他們亦有益處。

聖人為得天國，在世上受苦的酬報，與前不同，因為戀愛現世者恨它。天國是永遠的，沒有生死；那裡有完全的幸福，它不是神，而是天主的恩寵；在那裡我們得到信仰的證實，我們在世時常在期望它。在那裡，太陽已不為善人與惡人上升，美德之日只庇佑善人；那裡亦不需要用盡私人的積蓄，去充滿公庫，因為它的財寶是真理。

羅馬所以得了酬報，不但是為賞報他們，亦為期望天堂的人，在現世的路途中，仿效他們的善表，使他們懂得世人為得人間的光榮，如此愛國，他們更該為永生而愛天國呢？

第十七章 羅馬人由戰爭所得的益處，及戰敗者所獲的利益。

至於現世的生命短促，死亡在即，對將死的人，何人為王，有何關係，除非逼迫他們為非作歹。羅馬人對戰敗的民族，給他們法律，亦有何害，除非戰爭時大加殺戮而已？若能互相訂立條約，自然更好，但勝利者就沒有光榮了。因為羅馬人與其征服的民族，守同樣的法律。

若沒有戰爭，也沒有勝利，羅馬人與其他民族，豈非有同樣的條件？若後來所做的，以前就同心同意做到，即將羅馬公民的身份，賜予羅馬帝國中的所有民族，使大家成為羅馬公民，少數人的特權，為大家所享受。這樣，沒有田地的平民，因政府官員的公正分配，比勝利後，用暴力來爭取，自然更能使人滿意了。

我看不出勝利者或失敗者，對道德，和平及人格方面有何關係，除非戰爭的人，得了勝利的虛榮。難道他們就不納稅嗎？他們豈能奪他人的財物？在別處，豈沒有從未見過羅馬的上議員？除了傲慢之外，他們亦只是人而已。即世人更尊敬善人，亦不當過於重視人世的光榮，因為那只是毫無價值的煙雲而已。

我們在這事上，亦當善用天主的恩惠；想想他們擯棄了多少的快樂，受了多少的磨難，克勝了多少的私欲偏情，以得人間的光榮，為他們修德的酬報，這至少可壓服我們的驕傲。

這樣，依照所應許的，我們希望的天國，與世間的光榮一比，暫時的喜樂，與永遠的喜樂，虛假的光榮與真光榮，人的團體與天神的團體，日月的光輝與造物主的光輝比較起來，真有天壤之別了。

尋找天國的人，做了一點事，或受了一點苦，不要以為非同小可，別人為世間的祖國亦如此工作，受苦。特別是赦罪，聚集子民以得天國，像似羅瑪祿所開的避難所，罪人來者就不受罰，及聚集了許多人，建築了，擴大了羅馬城。

第十八章　教友為得天國，做了一點事，不可驕傲，因為羅馬人為現世國家及人間的光榮，已做了這麼多的事。

為現世的國家，布魯特斯（Brutus）殺了自己的兒子，那麼在現世期望天國的，若輕視現世的勾引，有何可貴之處？

無疑地，殺戮自己的兒子，比為得天國，將為子女積聚的財物，分給窮人，更為困難。不是世間的財物，能使我們及我們的子女幸福，因為我們在現世就可失去；至少在我們去世後，不知將為何人所獲，可能是我們不願意的人所得。只有天主才能使我們幸福，因為祂是精神上的真財富。

至於布魯特斯，詩人維吉爾雖讚美他的行為，但以為他做了這事，是一個不幸的人，因為他說：

「兒子動干戈，父親為自由，

殺戮親血肉，後人歎不幸。」

下面一詩又說：

「愛國心與貪光榮，終於戰勝了一切。」

鼓勵羅馬人做出奇特的事，是自由及貪求人的讚美。若一個父親，為求人間的讚美，能殺戮自己的兒子；那麼，為得將我們由罪惡死亡及魔鬼手中救出的真自由，非為貪求人的讚美，而為救自己的子女；不由大居義王的統治中，乃由魔鬼手中；不是殺戮子女，而視基督的家人如自己的子女，有何可奇之處？

若羅馬名人之一多郭都（Torquatus）命將有戰功的兒子置之死地，不是因為他的兒子反對祖國，而是為祖國，由於敵人的挑迫而戰，只因違背父親統帥的命令而被處死；是為使抗命，不發生比勝利更大的禍患；那麼為求天國，輕視現世財物，一般是在子女之下，有何可榮耀之地呢？

若賈米祿（Furius Camillus）將負恩的祖國，由高盧人手中救出，他已先將它由維恩人（Veientes）（編按）手中救出，後來卻因同事的妒忌而被充軍。因為他沒有第二祖國，可讓他有機會在榮譽中生活。那麼在教會中，因著個人的仇人，受到重大侮辱，不與異端人在一起，或發明新的邪說，反而竭力由異教人的兇惡中，將他們救出，因為沒有其他教會能真正在受人尊敬中生活下去，以得永生，有何可貴之處呢？

若施弗拉，為使欺侮羅馬人的波色那王（King Porsenna）停戰，設法殺害他，但未中，卻擊中了他的秘書；為懲罰自己，便將手放在王前的火爐中說：許多羅馬人，曾經結盟要謀害他。王驚奇他的勇毅，即與羅馬人講和，誰還可誇張自己為得天堂的功績，不是犧牲了右手，而是全身在烈火中；不是自由的，而由仇教者的暴力所發出。

又如顧治，全身鎧甲，策馬投入地穴中，為順從神的預告——它命羅馬人投入最好的人，羅馬人，就以為當將軍人投入；誰能說，為得永生，忍耐了自己信仰的敵人；這樣死去，並非因為自由挑選死亡，而是敵人加害他們。因為他們由天上君王處，接到神的預言說：「你們不用害怕那殺害肉身而不能殺害靈魂的。」（瑪．十：2—8）

若代治獻身死亡，用規定的言語，使死亡後，以自己的鮮血平息神的義怒，羅馬軍隊乃得出險。那麼殉教者，就不當自傲，似乎做了大事，以得天國。因為此處的幸福是真的，永久的，而為信仰與愛德作戰，直至傾流鮮血，不但該為他們傾流鮮血的人祈禱，並照所受主的命令而祈禱。

若布維祿（Marcus Pulvillus）正在建築游維、游奴及米納代廟宇時，有人虛報告他兒子已亡，使他心喪意亂，而回家去使他的同事得到落成的光榮。他卻輕視一切，命兒子的屍首不能埋地。他貪求虛榮，勝過兒子的死亡；那麼誰能說宣傳了《福音》，將大家聚集為天國的子民，由許多錯誤中救出，注重基督曾對關心自己父親的死亡的人所說：「你來跟隨我吧！任憑死人去埋葬他們的死人。」（瑪‧八：22）

若雷古祿為不違背向敵人所宣的誓，願意離開羅馬回至非洲，當時羅馬人挽留他，他就對他們說：在非洲當過奴隸的，就不能做一個羅馬良好的公民。他回至迦太基後，受酷刑而亡，因為他在羅馬議院中，發言反對迦太基人。那麼為得天國的福樂，何種痛苦我們不當忍受呢？「我將何以酬主，為祂賜予我的一切？」（詠‧一一五：12）

為信仰的緣故，我們該當忍受多大的痛苦呢？雷古祿為對自己的敵人守信，竟受了這麼大的苦刑？教友甘心神貧，為能在世間穩步天國的正路，在那裡天主自己是我們的財寶。若聽說範來利（L. Valerius）在總統任內逝世，但他貧窮至此，為埋葬他，得求人民施捨，有何可誇之處呢？

若聽說秦治那（Cincinnatus）只有四畝田地，由他自己耕種，一日被逼放下犁靶，任為獨裁，權力比總統還大；打敗了敵人後，聲譽滿天下，他卻願回至自己的貧窮田畝中，又當如何？

若有人不為世間的酬報，及甘願失去天國的名分，若聽見說哀比祿國的畢羅（Phyrrus）國王，不能勸范白治（Fabritius）放棄羅馬公民的身份，雖然贈他厚禮，並允許給他國土四分之一，而范氏情願在羅馬生活，做個平民，就不會想自己做了大事了。

當羅馬公庫豐富時，平民卻甚貧窮；一個曾當過兩任總統的人，受了御史的檢舉，為議員們逐出城外，因為他在一個器皿中，存著十兩銀子。當時的羅馬人是這樣窮苦，而他們的勝利卻使政府的公庫裝滿了黃金白銀。那麼教友為更高尚的目標，將錢財充公，如〈宗徒大事錄〉所載，依各人所需而分配；任何人沒有私人的財物，一切歸公，他們這樣做，使能與天使為伍。若聽到外教人，為保存羅馬的光榮，亦這樣做了，就不可起驕心了。

羅馬歷史上的這類事實及類似事情，若羅馬帝國不因屢次勝利，國疆擴大，可能就無人知曉了。因著廣大長久的帝國，因著許多人的功德而著名，羅馬人乃得到他們所期望的目標；為我們亦是一個教訓與表率，若我們為得光榮的天國，不修他們為愛國家所修的德行，就當羞愧無地了。

即使我們已修了這些德行，亦不可發驕傲，因為聖保祿宗徒說：「我實在以為現時的苦楚，與將來在我們身上要顯示的光榮，是不能較量的。」（羅・八：18）。

為得人間現世的光榮，羅馬人的聖善生活，似乎是相稱的。然而《新約》將《舊約》所隱藏的已顯示出來，即當恭敬天主，不為現世暫時的恩惠，這是天主不分彼此，同時賞給善人及惡人的，而是為永生，為得天恩及天堂。殺害基督的猶太人，為羅馬人所征服，為使修德以得世間光榮的，戰勝窮兇極惡，殺害賞賜真光榮與天國的人。

（編按）維恩人（Veientes）居於今日義大利西部托斯卡尼地區，為古義大利王國 Etrusci 的中心城邦。富裕而寬闊，羅馬人與其苦戰十年後，於賈米祿將軍帶領下，於西元前三九六年時為羅馬人所毀。

第十九章　期望光榮與期望權位的區別。

在期望人世光榮與權位間，一定有分別；因為貪求人世光榮者，一定也統治別人，然而貪求其光榮的，就是只求人世光榮，設法不得罪決斷正確的人，因為在習慣中有許多是好的，很多人都能正確判斷，雖然他怕自己尚沒有它，但他們設法達到這目的；沙路底說他們用正當方法達到光榮的目的。

願意統治他人，而不顧光榮的，不怕得罪判斷正確的人，為達到目的，能為非作歹。貪求光榮的人，設法用正當方法，或用欺騙、謊話、以假善欺人。所以為善人，輕視光榮是偉大的德行，因為只有天主可以看見，人是看不到的，他在人前，無論做何行為，為表示他輕看光榮，雖然實際上是為求更大的讚美及光榮，不需要顯出與別人所信的有所不同。

輕視讚美者的判斷，自然也輕看他們的無謂猜疑；然而若他真是善人，就不輕忽救他的靈魂；因為有德行的人，亦愛自己的仇人；願意自己的譭謗人及恨自己的人，遷善改過，將來在天堂，一同享福。他不顧讚美者的讚美，只顧他們的愛情；讚美時不願欺騙人，更不欺騙愛他的人，因此設法讚美賞賜自己受人讚美長處的天主。

然而輕視光榮，而貪求統治別人的，其兇惡，淫樂，竟超過禽獸；有幾個羅馬人便是如此，他們不顧人間的光榮，只求統治他人；歷史上亦有許多這樣的人，第一個便是尼祿（Nero）。他淫亂至極，毫無堅決的意志。暴虐至極，沒有絲毫人情意味。

然而這類人的統治權，也是天主所給的，祂在人世時，乃給他們這類權力，這點由智慧書中天主的話，甚為明顯，「帝王借著我坐享王位，臣侯借著我審斷公正。」（箴・八：15）

但不該認為只有品行不端的才稱為虐王。照拉丁語的原先意義是「有魄力的」（Fortes）人，為此維吉爾說：「我能與虐王握手，可謂和平之徵兆。」在《聖經》上另一處明明寫著：「他使

強橫人不得為王，免得人民遭受塗炭。」（約．三十四：3）

為此我雖然照我所能，證明了為何獨一的真正天主助佑了羅馬人，因為他們照現世而言是善人，得了疆域廣大的帝國，也能因人類其他更隱秘的原因，我們不知道，天主卻知道，要全體善人亦知道，沒有虔誠，即不恭敬真天主，就不能有真德行，若貪求人世光榮，就不能有真德行了。

然而世間的人，而不是永遠天國的人，《聖經》上稱它為天主之城，若有德行，比沒有德行，為國家更為有益。恭敬天主的人，修德立功，若有統治人民的知識，對人類能有巨大貢獻。他們將自己在世所有的德行，都歸功於天主的恩寵，祂賞賜信仰祂，懇求祂的人；他們也懂得離天上的公義尚遠，所以設法達到這個目的。但無論如何讚美德行，若不虔敬真神，只求人世的光榮，不能與聖人們的德行相比，因他們將一切希望，都放在天主的恩寵及仁慈上。

第二十章　修德不可尋找人間的光榮或肉身的快樂。

哲學家將人的目標放在德行上，並譏笑別的哲學家，因為他們固然亦贊成德行，但只為尋找肉身的快樂（pleasure），以為當為快樂而尋求快樂，而修德只是為達到快樂。如果為此畫一張像，快樂將坐在王后的寶座上，其他德行則如婢女，服從她，聽她的指揮。

它命明智謹慎，使快樂得以保全，得以統治。它命公義給人恩惠，以得友誼，滿足肉身的福樂；不要損害他人，避免犯法，使快樂得以保全。它命勇毅，若身體有微少病痛時，就思想快樂，想起以往的快樂，以減輕現在的痛苦。最後它命節制，只用必須要的飲食，以不損傷健康而減輕快樂，因為伊比糾魯派特別將它放在身體的健康之上。這樣，德行的崇高及光榮，只在服從快樂。

他們說沒有比這幅圖畫更為可恥，不為君子所齒的，他們說得對。但我以為將這幅畫，為人間光榮效力，也不夠光彩；因為雖然光榮不是嬌貴的婦女，但空浮虛偽。所以真德行，不當為光榮服役，致使明智、公義、勇毅、節德，只求人的快樂及虛假的光榮。

輕視別人的判斷，不尋求光榮，以自己為智人，而心滿意足者，亦不能避免這種羞恥；因為他們的德行，若是有的話，總是為人世的光榮；自悅的人只是普通人而已。

信仰依望天主的人，更想自己的缺點而後悔，不思自己的德行；若有的話，亦不自滿自足，只愛真理而已。他將所有的優點，歸於天主的仁慈，怕得罪祂！感謝祂醫好了自己的缺點，並求祂幫助自己改去所有的其他缺點。

第二十一章　羅馬帝國由真天主所賜，一切權力由祂而來，祂亭毒一切。

既然如此，只有天主能賞賜國土，祂將天國賞給善人，將世間國家，隨祂所欲賜給善人及惡人。雖然我已依照祂啟示我們的，說了天主如此措置的幾種理由，但我們該當承認，要說明每人因何種功德，及為帝為王，實在超過我們的能力。

這樣，這位真天主，不斷地助祐人，祂願意時，就將帝國給羅馬人；祂願意時，並使它擴大。祂亦曾將帝國賜給亞述人及波斯人。據歷史記載，他們敬拜二神：一善一惡。

我不提希伯來民族，因為已說得相當多，他們只恭敬一位真天主。

天主賞賜波斯人五穀豐登，雖然他們不敬農神；給他們地上百果，雖然他們不敬拜外教人所叩拜的百果之神。同樣，祂亦賞賜羅馬人帝國，並非因為他們敬拜許多的神，而因著祂，他們得了帝國。

對於人方面亦如此，天主賜權位給馬利烏及凱撒；亦給了奧古斯多及尼祿；祂給仁君魏斯巴（Vespasiani）父子，亦給了虐王陶米先（Domitianus）。我們不能一一提及，是天主給君士坦丁皇位，亦給了叛教者游理安（Julianus）皇帝；他本稟性善良，但貪高位，且信迷信預言，以為自己必打勝仗，乃將載運軍隊糧食的船，付之一炬。他雖然勇敢作戰，然而寡不敵眾，為流矢所中而亡；遠離祖國，軍隊被圍，不得已，只得與敵人訂定城下之盟，割地賠償，如我在前卷所說的，界限神的預言沒有應驗。

界限神不願對游維神讓位，卻在需要前屈服了；一切由獨一真天主亭毒，我們雖不知祂的理由，但祂一定是正確的。

第二十二章　戰爭的勝利及時期，亦由天主所定。

人類受苦或享福，固然由於天主的聖意，戰爭期限的長短，亦屬天主。邦貝結束了海盜的戰爭，施比安完成了布義第三次戰爭，都在短促時期，很快地就成功了。在逃亡劍客的戰爭中，多位羅馬將軍及兩位總統都吃過敗仗，義大利到處受到蹂躪，三年後才平息。

比千（Picentes），馬西（Marsi），貝利義（Peligni），不是外人，是義大利人，他們曾長期為羅馬帝國服務，雖然許多民族都已向羅馬俯首稱臣，迦太基城已經毀滅，他們卻起來爭取自由。在這次戰爭中，羅馬人屢吃敗仗，兩位總統及貴族議員多名陣亡；但時間不長，五年後，一切都完了。

布義第二次戰爭，經過十八年，羅馬人筋疲力盡，兩次戰爭中，羅馬人陣亡者七萬人。布義第一次戰爭，經過二十三年，與米特大王的戰爭（The Mithridatic war），竟至四十年。為使人不要相信古羅馬人驍勇善戰，戰功驚人，我只提及沙尼戰爭（編按），歷時竟五十年。羅馬戰敗後，竟受爬過軛下的羞辱。但他們不因公義而愛光榮，卻因光榮而愛公義，乃撕毀所訂的條約。

我提及這點，因為許多人不知歷史，或知道而假裝不知道。若在天主教時代，看見戰爭延長，就要侮辱天主教，說若沒有天主教，以古禮敬神，以羅馬人之驍勇善戰，加上戰神的助佑，戰爭很快地就可結束了。所以讀過歷史的人，該當記住，古時羅馬人，曾經過長期的戰爭，歷經困難，且屢次敗北；才知道世界如在狂風巨浪，汪洋大海中，危險叢生；當坦白承認所不願承認的，不要侮辱天主，以免喪亡；更不可欺騙無知的愚民。

（編按）沙尼戰爭（The Samnite War, 343-290 BC）前後共計三次，發生在羅馬共和國早期。羅馬共和國初期的領土只有義大利中西部羅馬城邦週邊一帶，其四周強敵環伺。台伯河以北有愛司突里人（Esturian）和高盧人，右邊的近鄰則是宿敵沙尼部族。羅馬共和國為擺脫義大利其他城邦與沙尼人的威脅，而進行了長達半世紀的戰爭，最後戰勝沙尼部族，並隨著每一次戰役都擴大一點版圖，及至布義戰爭結束後，已經征服了全義大利及離島的國土。

第二十三章　敬拜邪神的哥多王，雖將多兵眾，在一日中，竟一敗塗地。

外教人沒有為我們時代所發生的奇事，感謝天主，反設法使人遺忘；若我亦緘口不言，將如他們一樣的不知恩了。

哥多王拉大加（Rhadagaisus）領著大隊人馬，圍攻羅馬城兩日，即一敗塗地；羅馬人不但未喪一兵一卒，連受傷的人都沒有；而拉大加的軍隊卻陣亡了十餘萬人，他自己被擄，不久被害。若他與兇惡眾多的軍隊進了城，會饒赦誰？聖堂，殉教者的墳墓，都要被蹂躪；他會尊敬誰？不殺害誰？不侮辱誰的貞操？這些野蠻人將要如何高呼他們的神？將如何凌辱我們？將如何誇獎他們領袖的勝利及能力，他每日祭獻邪神，這是天主教的信友所不為的。

這位野蠻君王走近羅馬城時，天主一願意，他就一敗塗地，他的名聲就傳遍各地；我在迦太基城附近亦聽說，外教人堅信，並各處傳說，他為神所助佑，因為他每日做祭獻，不能為不敬羅馬神的人所敗，因為他們亦不讓人做祭獻。

外教人不感謝天主，他決定讓野蠻人來侵犯，以罰人的傷風敗俗；他們本該受更大的罰，但天主節制自己的義怒，先使拉大加失敗，為使人不光榮他恭敬的邪神，以免人心不安；然後讓其他野蠻人攻破羅馬城；他們違反戰爭的習慣，為表示尊重天主教起見，竟保護投奔至聖堂中的人；他們極端反對拉大加所依賴的邪神及敬禮與祭獻；他們似乎是與邪神作戰，而非與人交戰。

這樣，亭毒萬物的天主，慈善地罰了羅馬人，證明敬拜邪神的人竟一敗塗地，他所做的祭獻，為得世福，也絲毫無用；為使不激烈攻擊我們，而明智聽我們的人，不要因為我們所受的苦難，背棄真理，反而安心等候永生。

第二十四章　奉教君王的福樂。

我們不說奉教君王享福，因為他們在位長久，或將國土分與諸子，平安而終；或戰勝了國家的敵人，或平息了作亂造反的人民。這類現世的福樂，安慰，敬拜邪神，不屬天國的外教人，亦能得到。這是天主的仁慈，使信仰天主的人，不要期望這類事物，為最大的福樂。

我們所稱幸福的君王，是以公義治國，不因諂媚而自大，因為他們記得自己是人；他們將自己的權力為天主效力，為擴張他的敬禮；他們敬畏，愛慕，朝拜真天主；他們更愛沒有敵人的天國；他們急於寬赦，緩於行罰，只因政治的必要，或為保護國家，他們才執行刑罰，而非為報仇。他們容易寬赦，並非不罰過犯，是希望人能改過自新。他們若當採取嚴厲手段，知道以恩惠及仁慈來減輕它。

我們所謂幸福的君主，是他們能克制自己的情欲，不去順從私欲偏情，他們更願克服自己不正當的欲望，勝於統治世界萬民；他們這樣做，並非因羨慕虛榮，是為愛慕永生，他們為自己的罪過，勤於向真天主奉獻謙卑，仁慈，祈禱的祭獻。

這是我們所謂在現世有福的奉教君主，希望將來我們所期望的來臨時，真享永福。

第二十五章　天主賞賜奉教皇帝君士坦丁的福樂。

仁慈的天主，使不敬邪神，而恭敬真天主的君士坦丁皇帝享受這般幸福，非人所敢望，為使人相信恭敬天主，是為得常生，不可以為只靠大能的邪神，才能得到世間的王位。他也造了一座新城，為第二羅馬（註），但沒有廟宇及神像。

他多年為獨一皇帝，統治整個羅馬帝國；他多次作戰，皆得勝而旋；他擅長克服暴君，在一切事上順利，因年老及疾病而崩，將國土留給諸子。

但為不使皇帝願意奉天主教，只為獲得君士坦丁的福樂，因為奉教是為得長生，天主允許游維安（Jovianus）比游連王死得更早；讓格拉治奴（Gratianus）時為篡位者所害，雖然不如敬拜羅馬邪神的邦貝，死得慘兮兮的；因為他沒有得到賈多的報復，內戰仍繼續下去；而格拉治奴雖未滿足己意，仍由德多先（Theodosius）替他報仇；他雖有幼弟，但使德氏分治國家，願意有忠信的同伴，超於獨操大權。

（註）即君士坦丁堡城，為東羅馬帝國的京城。

第二十六章　德多先皇帝的信德及熱心。

德多先皇帝，不但對在位的格拉治奴忠誠，在他駕崩以後，亦如一位忠誠的信奉天主教的君主，保護為馬西莫驅逐的格拉先的小弟范倫鐵諾（Valentianus）。以慈父之情款待他，使他統治天下；若德多先皇帝不欲行善，只願統治別人的話，能很容易地除掉他，使他無門可依。

德多先使范倫鐵諾登王位後，又慈善待他，賜他許多恩惠。但馬西莫因一切順利，越來越暴虐；

德多先皇帝受到各方不安的襲擊，但不為迷信所惑，乃使人詢問若望，他隱居於埃及曠野中，四方風傳他是天主的僕人，能預言將來，由他方面得到必定勝利的報告。

德多先誅戮了篡位的馬西莫後，又慈善地款待青年范倫鐵諾，恢復了他被人奪去的權位。稍後，范倫鐵諾被人謀害，或因其他原因而駕崩，於是德多先擊敗篡位的歐熱尼（Eugenit），德氏此役滿懷信心及希望，知道一定能夠成功，因為他先得到預言。他打敗了兇暴的敵人，不以武器，而以祈禱。

曾參與這次戰役的士兵說，他所投射的軍器，由手中為狂風奪去，它從德多先方面吹向敵人，不但將投射的矢戈吹去，反而倒擊投射人。為此詩人格弟奴（Claudianus）雖然反對基督，亦讚美德多先說：

「爾為神所助佑人，大氣亦助爾作戰；
當爾吹起角號時，狂風亦來助交戰。」

他凱旋時，如所預言的，堅信不疑，命人將反對自己，豎立在亞爾卑斯山上的游維安像推倒，將金閃贈與驛人，他們狂喜譏諷說：情願為閃所擊。

敵人在交戰時陣亡，不是因他的命令伏誅，德多先不但沒有抄他子孫的家族，反而優待了他們；當時他們雖未皈依天主教，不願向任何私人報仇；他與齊那（Cinna）、馬利烏、蘇拉等人不同；他們勝利後，仍舊恨敵人；他固然傷痛戰事之爆發，勝利後，卻不願害敵人。

雖然戰事頻繁，但他登基後，就用公正慈善的法律來衛護天主教，異教人范冷（Valens）為擁護亞利安派，曾難為過它；他更喜歡為天主教的一分子，而不願為一個君王。他命人到處推倒外教人的邪神，他知道世間的福樂，屬於天主，而不屬邪神。

因著幾位將軍及大臣的慫恿，他不得已，嚴罰了德撒羅尼人的叛亂，雖因著主教們的請求，他先已寬赦了他們；他的謙遜又是如何驚人！因為受了教會的罰後，他曾做了嚴重的補贖；人民看見皇帝如此自謙自卑，不怕因自己的反叛，遭他的忿怒，反而為他求赦。

他在位時所做的種種善舉，我不能一一列出，天主賞賜他享受永遠的福樂，這是天主賜給善人的。祂亦給善人惡人現世的榮耀及財富：光，空氣，土地，水，果子，靈魂，肉身，五官，理智，生命及帝王的高位，皆依祂所願，依時而賜。

現在我應答覆一些人，他們因明顯的證據知道，邪神對現世財物毫無所能，乃說敬神不是為現世的福樂，而是為得長生。我在五卷書中，似乎已答覆了為得世福而敬拜邪神的人；他們反抱怨人，不讓他們去做這類兒戲可笑的事。

我發表了本書的前幾卷時，已在眾人手中披閱，聽說有人準備答覆，並聽說答覆已寫好了，只等候適當時期，沒有危險地發表它。我卻勸他們不要做無益的事，因為不願緘默的人，容易相信自己作答覆了。

然而何事比虛榮心更為多言，它沒有真理的力量，卻比真理更大放厥詞。我請他們仔細考慮一切，慎重判斷後，會知道對我的著作，可作討論，但不能喋喋不休地辯駁，如唱戲的戲子一般；希望他們慎言，更願受明智人的糾正，而不受愚人的讚頌。若他們只找機會，不說真理而說虛偽，要小心，西塞羅所說的人：「因能言而犯罪，真是不幸至極！」

所以因能自由出惡言為幸福的人，當想到不能亂言，更為有福，因為他可放下自尊自大，願意受教；可將反對我的一切說出，在自由慎重辯論時，亦可聽到別人的意見。

第六卷

直至此處，聖奧古斯丁辯駁為現世而敬拜邪神的人，現在辯駁為後世敬拜邪神的人。為辯駁他們，他先指出博學外教神學家范羅對神的意見，然後論他所列的三種神：神話的、自然的、民眾的。最後指出民眾神話上的神，對將來永久的幸福毫無用處。

小引

我在前面五卷書中，已辯駁了為現世的利益，主張以真天主的最高敬禮，去敬拜許多邪神的人。天主教的教義指出這類神，只是無用的偶像，不潔之魔，害人之鬼，是受造物，而不是造物主。誰不知道，為糊塗固執的人，若前五卷書還不夠，再寫幾卷也不會夠，因為他們對任何明顯的事都不降服。這樣的人，自然受害匪淺，因為他們貪求虛榮，無論如何醫治，是不能痊癒的病症，這並不是醫生的過失，而是病人的過失。但深加考慮，不固執己見的人，自會覺出前面的五卷書，已超乎需要之上，已解決了這問題。他們不會疑惑，無知愚民，因著現世的災禍，世界的喪亡，及世事的變遷，乃怨恨天主教；而博學的人不但隱瞞，並且違背自己的良心，去幫助他們，既沒有理由及審判力，反而冒失自大。

第一章 辯駁主張不為現世，而為來世當敬拜邪神的人。

因為依照我所許下的次序，現在該當教訓，辯駁主張不為現世，而為後世，該當敬拜天主教所提棄的外教人的邪神；我願用〈聖詠〉上十分真實的話，開始這章：「依賴天主，不向慕傲慢與趨附欺偽之徒，才是有福的人。」（詠．三十九：5）

在人類的瘋狂之中，我們更該聽從哲學家，他們亦不贊成民間的錯誤，為邪神捏造偶像，對邪神的禮儀上，相信許多無稽之談。他們雖然不明目張膽反對這事，但私下表示反對，我當同他們討論這問題，即為得永生，當朝拜造神人及一切事物的獨一真主，雖然亦有幾位大哲學家，以為亦當敬拜天主所造的許多在高位的神。

誰能相信邪神，能給人永生呢？在第四卷中，我曾提及幾個，祂們各有其現世事物的職司。博學多才的賢人，教訓人為得某恩當求何神，這是大功大德，為使人不墜入矛盾之中，如演劇員所常做的，向李伯（Liber）神求水（註），向水神求酒。博學之士豈能告訴祈求神的人，求水神賜酒，所得的答覆是：我們只有水，去求李伯神，還要求說：你若無酒，賜我永生吧！還有比這更奇怪的事嗎？這類喜笑的神，若不是魔鬼哄騙人，可回答說：「人呀，我們連葡萄都沒有，哪裡還有生命呢？」

所以去求這種神賞賜生命，真是糊塗至極。在我們短促的生命中，去求神不能賞賜的事，因為不屬祂管，這可引人發笑。在戲臺上，使人發笑，這是對的，但不學無知的糊塗人做出這事來，就要貽笑大方了。

賢者知道，並教訓人，為某恩典當求某神，至少為國內所敬的神，如何事當求李伯神、武剛及我在第四卷中提及的其他諸神，其餘的我以為不必提及。若不能求穀神賜酒，酒神賜麵包，武剛賜水，水神賜火；卻求他們每位賞賜永生，豈非糊塗至極？

為此，對神能賜國土的問題，我已答覆了，相信世間財物由邪神分施，是糊塗至極；若相信祂們中能賜永生，它超乎世間國家之上，豈不更糊塗嗎？

有人以為神不能賞賜世間國土，因為神高高在上，管這類小事，有傷祂們的地位。有些人則想到人世的短促，輕視世間國家的強盛，以為不可煩勞神去管國家的事。為此我在前面兩卷中已指出大小諸神，不能給人現世的國家，更不能使人長生不死。

我還該添上說，因為我同主張不為現世，而為來世當敬神的人辯論，亦不當為祂們所管的事去敬拜祂們；如相信敬神為現世有益，我在前五卷中，已辯駁了他們。因為若敬拜青年神的人，就年輕力強，不敬祂的人就夭亡，或未老先衰。若鬍鬚神使敬祂的人臉色盎然，不敬祂的人就不長鬍鬚，或只寥寥數根，我們可說神各有其所司，為此不當求青年神永生，他連鬍鬚亦不能給；鬍鬚神亦不能賞賜永生，在現世祂亦不能賜人生鬍鬚。

若為祂們所管的事，不必敬神，因為許多敬拜青年神的，青年時就成為病夫，不敬拜祂的反而力強身壯，而求鬍鬚神的人，反被不求神的美髦公所笑。為何人既已知道敬拜神為得現世的恩惠，已不合理，還要以為求永生是有益的呢？連為使愚民拜神，乃使他們各有其司，不徒手空閒的人，亦不敢肯定這種糊塗事。

（註）李伯神的職務，見本卷第九章。

第二章 范羅指示外教人所敬神的種類及禮儀更好是不要提及，我們對他有何意見？

誰比范羅更勤力研究這問題？誰比他更巧於尋獲？誰比他更用心考慮？誰比他分析得更清楚？誰比他更確實明顯述說呢？雖然他不長於文藻，然而他卻以理論及判決力而著名；他在我們所稱的世俗學問，他們所稱的自由學問上，使學者滿意，如西塞羅以文章使人滿意一樣。西塞羅自己亦極口誇獎他。

西塞羅在《學園書》中曾說，與「最聰明，一定最博學的」范羅辯論。西塞羅不說他口若懸河，因為在修辭學方面，他遠不及自己，但說他是最聰明的，雖在書中他說當猶豫一切，但添上說：「一定是博學的。」西塞羅對這點，如此確定，毫無疑惑，似乎與學院派辯論時，忘了自己亦屬學院派了。

西塞羅在第一卷書中，稱讚范羅的著作說：「我們在自己城內，如外方人，你的著作使我們找到本家，使我們知道自己是誰，是在何處。你教我們祖國的歷史、季候的秩序、禮儀及司祭的律法、家庭及社會的典型，你指給我們地點，解說了神人事物的名字、血統及職務。」

這位以聰明著名的戴倫治，亦以詩稱「范羅，是在一切學問方面最博學的人」；他學富五車，使人驚奇他還有時間著作；他的著作，一人終生不能讀完；這位有智慧有學問的大人物，若毀滅所寫的神，說不屬宗教，而屬迷信，就寫不出這些可笑、可輕視、可厭惡的事。他敬拜神，以為祂當受人敬拜；在自己的著作中，他表示不因敵人的攻擊，而因人民的懶惰，將喪失一切。

為此他說願意從這危險、喪亡中救出它，用自己的書籍，使它能保存在人的記憶中，如梅德祿救出維斯大的神器不亡，或如愛乃亞將特洛伊的神救出一樣。雖然如此，他給大家讀到這些事，使博學鴻儒與白丁都擯棄它，以為與宗教的真理互相矛盾。我們對他有何意見？他雖然聰明絕頂，學富五車，但沒有聖神，受本國習慣及律法的拘束，為頌揚宗教，仍避談該談的事。

第三章　范羅論人事與神事的古史分析。

范羅寫了四十二卷人事神事的古史，二十五卷論人事，十六卷論神事。他將人事書分為四篇，每篇六章。在此書中他要指出誰在工作，在何處工作，何時工作，做何事情。在最初六卷中，他論人，其次四卷論地方，以後四卷論時代，最後四卷論事物，共二十四卷；尚有最初一卷總論一切。在對神的書中，他保留同樣的分法，論人對神的敬禮，在一定的地方及時間。

他在四篇中記述這事，每篇三卷；在最初三卷中論人，其次三卷論地方，以後三卷論時間，最後三卷論禮儀。總之，是論誰、何處、何時、如何敬神。但需要說明禮儀是為敬拜誰，這是最重要的，所以最後三卷乃論神，共十五章。但因有總論一卷，乃成為十六卷，如我們已說過的。

然後他將書分為五篇，分章如下：最先論司祭、其次論卜筮、三為專司禮儀的十五人。第二篇三章，論地方、寺、廟；第三篇三卷，論時間即慶日、鬥獸場及戲臺上的表演。第四篇三卷，論聖物、論祝聖、私人聖物、公家聖物。除了上面論禮儀的莊嚴外，尚當論敬禮的對象神；第一章論確定的神，第二章論不確定的神；最後一章，論主要及次要的神。

第四章　由范羅的言論中，可知敬拜神的人，以為人事先於神事。

由這書中精彩的分章看來，只要你不固執己見，很明顯的，由我所指出及將來要指出的神中，不能找到所期望的永生。因為這些神是由人所造，或由邪神所造的，而不由善神所造；打開窗戶說亮話，是由邪惡之魔所捏造的，他們因為嫉妒，使惡人起惡劣思想及情感，並以假證據堅定它，使人越來越糊塗，不能追隨永久不移的真理。

范羅自己說他先論人事，然後論神事，因為先當築城，然後乃由人建立神的敬禮。而真宗教非為世間國家所立，而由天國所立，是由真天主而來，他賜給敬拜自己的人永生。范羅自己承認先寫人事，後寫神事，因為神事由人所創：「如畫家在圖畫之前存在，工程師當先房屋而存在，因而國家亦在它所建立的事物之前存在。」

他並說若要研究每位神的性質，就該當先論神，然後論人；似乎他在書中只研究幾位神的性質，而非全體神的性質。他若只論某神的性質，豈不當將神的性質，放在人的性質以前嗎？因為在最後三卷中，他謹慎地論確定的神，不確定的神，私人的神，豈不是論每位神的性質？那麼下面的話：「若我寫每神每人的性質，我要先說神性，然後說人性」有何意義？

他或寫全體神的性質，或只寫某神的性質，或不寫任何神的性貫。若寫全體神的性質，一定當將它放在人性之前；若只寫某神的性質，為何就不放在人性之前呢？豈有某神，不當放在人之前？若將神放在人前，以為是過餘的；放在羅馬之前，一定不過餘，因為范羅所寫的人事，不是全世界的，而只是羅馬的。

但他說將人事，放在神事之前是對的，如將藝術家放在圖畫之前，將工程師放在建築物之前一般。這樣，他明顯承認神事，如圖畫及建築物一樣，是由人而創立的。所以他沒有寫任何神的性質，雖然他沒有明明說出，但讓聰明人自己去理解。他說：不是全體，是明說有某人，也可理解為無任何人，因為無任何人，不是某人，也非全體。

事實上，正如他自己所說的，他要論眾神的性質，就當將它放在人事之前；但是他若只論眾神的性質，亦當將它放在人之前；他沒有說出這點，是真理說當如此。若將神性放在人事之後，就當承認神為虛偽；所以他不將人事放在神事之上，是不願將虛假事放在真事之前。

范氏論人事時，隨從歷史的經過；論神事時，能隨從何物，豈非隨從虛偽的意見？他正用巧妙的證據來證明，不但將人事放在神事之前，他並列出證據，因為他若緘口不言，別人就要衛護他的作風了。

但他引證時，不讓別人去研究，反明明指出願意將人放在他的創作之前，而非將人性放在神性之前。因此他承認寫書論神事，不注意真理本身，是由錯誤而生的虛偽。他在別處亦說得很明白，如我在第四卷三十一章所寫的，說他若要建立新國，就隨從自然秩序而寫，但他是在已建立的國家中，只能隨從習慣。

第五章　依照范羅，神學分為三種：神話的、自然的、民眾的。

為何范羅承認神學分三種：神話的、物理的及民眾的（civil）呢？若拉丁文許可的話，我譯「神秘」為「神話的」，因為希臘文神秘「μυθος」（Mythos）正指「神話」；第二種「自然的」為「物理的」，是這話的意義，許可如此譯；第三種他所說的，在拉丁文，即是「民眾的」。

他寫說：「詩人的神學為神話，哲學家的神學為物理的，人民的神學為民眾的。」在第一種神學中，有許多事情與神的性質不相稱，因為說有的神由頭而生，有的由腿而出，或由血滴而生；有的神是盜賊，有的犯姦淫，有的為人效勞。總之，在這種神學內，神的品行不端，不但對正人君子不相稱，即對下賤的人亦不相稱。

范氏能夠時，有勇氣時，以為不會受罰時，就毫不猶豫地承認，這類無稽之談，對神是多大的侮辱；這並非對自然神學或民眾的神學而言，是對神話中的神學而言，他公開地加以指責。

現在我們看看他對自然神學作何言：對第二種神學，哲學家寫了許多作品，論神的數目、住處及性質，是在一定時間開始存在，或永遠已有；祂們是由火而成，如赫拉克利圖斯（Heraclitus）所信，或由數目而成，如畢達哥拉斯（Pythagoras）所信，或由原子組成，如伊比鳩魯（Epicurus）所信。他繼續論其他事物，說當在學校中，而不在公共場所加以討論。

范氏對哲學家的自然神學，無所指責，他只提及各派的爭執；但他不願在公共場所討論它，而限於學校之內；他將第一種神話放在城市之外，因為既虛假又醜惡。但人民，連羅馬人在內，不喜歡聽哲學家論神的高談闊論，卻喜歡詩人所唱，戲子所演的神話；它不但不合神的身份，連對下賤人亦不相稱。他們不但傾耳靜聽，反以為能悅樂神，能平息祂的忿怒。

有人說：我們如范羅一樣，將神話及自然神學與民眾神學分開，現在我們要討論這問題，先看他如何解說。我們容易理解當擯棄神話，因為是虛偽的，不正當的，與神不相稱的。若將民眾神學與自然神學分開，豈不承認民眾神學亦是假的嗎？若是自然的，為何要擯棄它？若民眾神學不是自然的，則接受它有何功勞？這是范氏先寫人事後寫神事的理由，因為在神事內，他不研究神的性質，而研究人為的制度。

現在我們繼續研究一下民眾神學：第三種神學是人民，特別司祭們當認識及實行的神學，它規定是當公開敬拜何神，當奉獻何種祭獻。我們注意范氏所說的：第一種神學是戲臺上的，第二種是世界中的，第三種是城市的。誰都看出他重視何種神學，無疑地，是第二種，他說是哲學家的，是世界的，哲學家以為它是最高尚的。

但第一種與第三種神學，即戲臺上的與城市的神學，他將它們分開或聯合在一起。我們看見屬於城市的，不常屬世界，雖然城市是在世界內；因為可能因著錯誤的意見，在城中敬拜的神，不能在世界內外找到；而戲臺何在，豈不在城中？誰建立了戲臺，豈非城市？為何建立戲臺，豈非為演戲？戲劇何在，豈不在神事之中？人曾寫了許多書籍討論它。

第六章　論神話及民眾神學，反對范羅。

啊！范羅，你既然聰慧絕倫，無疑的，也是最博學的，但你只是人而不是神，也沒有天主的神，以能依真實與自由宣佈神的事，你亦看出當如何將神事與人間的謊言與謠言分開。但你怕得罪人民的意見及公共的迷信，雖然在你整部書籍中，你以為不合神的性質，即在人所想像的世界中，亦不適合。

在這猶豫中，聰明絕頂，學富五車，亦何助之有？你願意敬拜自然神，卻被逼去拜民眾的神。你固然找出神話裏的神，對他你能自由發表你的意見，但在無意之中，你同時亦打擊了民眾的神。因為你說，神話中的神，宜於戲臺，自然神宜於世界，民眾神則宜於城市。但世界既然是神的工程，而城市與戲臺則為人的工程；在廟宇中受敬的神，不能在戲臺上被譏笑；在演戲時所拜的神，豈不是接受祭獻的神？

你若說有些神是自然的，其餘則為人所立的，必定分析得更深刻；詩人與司祭以不同方式論神，但二者都同意不能使邪魔滿意，因為他們是真理的敵人。

我們暫時將自然神學放在一邊，後來再談，我們能自詩人，戲臺的神處得到永生嗎？不。真天主使我們遠離這類瘋狂。我們要向邪神求永生，他們喜好這類事，重演他們的醜行時，他們的忿怒就會平息；我想沒有人會墜入這類邪神中；不能用神話或民眾的神學，得到永生，因為神話描寫邪神的醜行，撒下種子，民眾神學幫助它，而得到收割。

一種擴佈謊話，另一種接受它；神話將假的惡行歸於神，侮辱他們；民眾神學，將表演這類醜行放在神事之中；神話的詩歌，唱邪神的醜行，民眾神學將它列入邪神慶日的節目中；神話說出邪神的醜行，民眾神學卻愛它；神話說出，表示出來，民眾神學認它為真的，即使是假的，亦喜悅它。二者都是醜惡可恨的，戲臺上將它變成為公開的無恥，民眾神學為之修飾。

由污穢現世的，豈可期望永生？若與惡人為伍，激動私欲偏情，使生命沾污，何況與罪惡滿身的邪魔為伍，更使它污穢不堪。若惡行是真的，他們是多麼醜惡；若是假的，是以何等醜行去拜他們。這樣說來，不知這事對神是不相稱的，只限於詩人所唱，戲臺所演，而其他不由戲子，而由司祭所行的，就沒有不適宜處了。若如此，沒有人會想當在戲臺上演出醜行，以敬拜神，他們反而要禁止它了。

若在戲臺上演這類事，人不以為恥，因為在寺廟中亦舉行。最後范羅將民眾神學自神話及自然的神學分出，他使我們懂得，尚有一種由二者組織而成，卻有區別的神學；他說：「詩人寫的比人民當做的更少，哲學家寫的比人民所當知道的更多。」他們雖然厭惡自己所寫的，但自神話及自然神學中抽出，併入民眾之內。所以我們先討論詩人及人民所共有的。

由此可見，當信從哲學家的，超於詩人的，但我們不該完全取消詩人。但在另一處，論神的血統時，說人民更容易信詩人，而不信自然界。誰說當做何事，就立刻著手去做。依范氏，物理學家為利益而寫作，詩人是為嗜好。所以人民不當仿效詩人所寫的，他們抄寫詩人所說神的惡事，使大家喜樂。他說，詩人為興趣，而不為利益寫作，寫神所願意的，而人民所做的。

第七章　神話與民眾神學的相似點及融合點。

戲臺上表演的神話，醜陋不堪，但與民眾神學聯繫；神話雖當擯棄，卻為當加以研究及實行的民眾神學的一部份。如我已證明的，它並非民眾神學以外的部份，卻與它密密相聯，如全身的一個肢體；這由神的像、年齡、性別及服裝，可以證明。

難道只有詩人描寫游維為美髦公，梅古利沒有鬍鬚，司祭豈不當如此？豈只有戲子給白亞坡（Priapus）巨大的生殖器，司祭就不然？白亞坡在廟中受人敬拜時為正人君子，而在戲臺上卻是小丑嗎？老年沙都納，青年阿波羅，豈只是戲子的小丑，不是廟中的神像？為何門神馮古老（Furculus）、屋神李門丁（Limentinus）屬男性，而門樞神賈代亞（Cardea）卻屬女性？這些正經詩人不願歌詠的事，豈不載在神的經書中？地亞納（Diana）女神，在戲臺上佩帶武器，在城中受人叩拜時，豈止是一位貞女？在戲臺上的阿波羅彈著琴，在廟中就不然了嗎？與其他事件比較起來，這可還算是正經的事。

在加比多丘上廟中放著游維的乳母，我們對游維神當作何感想？這使歐美祿（Euhemerus）有理，他不以詩人立場，而以歷史學家身份寫說，這些神只是古人而已。將寄生神放在游維的桌上，豈不是願將戲劇上的事物，變成神聖的事嗎？因為若戲子將寄生神與游維同坐一桌，是為使人發笑。范羅亦這樣說，不是嘲笑時，是讚頌神時；不在神事書中，而在人事書內；不是論戲劇時，而是論律法時。這些作品證明他相信人以人像給神，因為祂們亦喜好人間的快樂。

邪魔亦願意來助長人類的幻想及錯誤的意見。一位愛古來廟的看守者，在慶日空閒無事，乃獨自一人雙手玩起骰子來，一手放著自己的骰子，另一手放著愛古來的骰子。他的條件是他若贏了，當用廟中的錢請客，請妓女；若愛古來得勝，則用自己的錢來敬神。終於他的左手贏了，即愛古來得勝了，他乃向神獻食及豔麗的妓女拉丁納。她睡在廟中之時，夢見與愛古來交媾，神並向她說，你一出廟門，就將遇見一個青年，他會給你酬報，就如同來自神一般。果然，她一走出廟門，就遇見腰纏萬貫的青年譚路治，與她長期姘居後，過世時，一切家產都由她繼承。拉丁納得了這批財產後，願意不忘神的恩惠，並為悅樂神，乃立羅馬人民為自己的繼承人。從此一去不見，但她的遺囑卻找到了，因而被封為女神。

若詩人幻想戲子演這類事，人們一定要說，這是無稽之談，不當與民眾神學放在一起。但不是詩人，而是民眾；不是戲子，而是司祭；不在戲臺上，而在廟內；不是神話，而是一位大著作家所載，它歸於民眾神學。戲子在戲臺上沒有白白描寫神的醜行，是司祭們在禮儀中，卻徒勞無益地去找神所沒有的道德。

在沙摩島，游奴與游維結為夫婦，乃特別敬拜她。亦敬拜穀神，去尋找為閻王普路托所搶的普色比納。在敬拜維納斯女神時，弔她為野豬所殺的情人，俊秀青年霍多尼斯（Hodonis）。亦舉行典禮，敬拜諸神之母，憑弔她的情人亞底斯（Atys），因著女人的妒心，她甚至去了他的勢，同時憑弔不幸去勢的加利人。

這些事比任何戲臺上的惡行，都要醜陋。因為想要將城市的民眾神學，與戲臺上的神話分開；似乎是要將醜陋不堪的事，與正經事件分開。

我們應該感謝戲子，他們為尊重人起見，不將寺廟中的醜事，在戲臺上演出。若在光天白日之下的禮儀已是如此鄙陋，而在黑暗中所行的，更當如何？他們在暗中與閹過的人所做的，無關緊要，但他們總不能隱藏這類不幸的人。他們使人相信與這類閹人所做的，乃是神聖的事，就不能不將這類人列入聖物之中。

我們不知道他們做了什麼，但我們知道誰在做這類事；我們亦知道在演劇時所做的事，在妓女跳舞時，亦不讓太監參加，但這是醜陋的事，為正人君子所不取。若宗教競選這類人舉行禮儀，他們連戲臺都不准登上，這類禮儀又成何體統呢？

第八章　外教賢人對神的自然解說。

他們要說：能有自然，物理的解說，似乎我們在辯論時，是在尋找字源，而非神學；在找自然科學，而非神的學。真天主並非因著人的意見，而是因著自身，但一切自然物並非天主；人、動物、植物、石頭，都是自然界物，而非天主。

若對眾神之母的禮儀，我們找這解說的基礎，就是大地，那麼我們還要找什麼呢？為主張所有神都是人的作家，這是何等的證據！他們是人，正如眾神之母是大地一樣。在真正的神學中，大地是天主的工程，而不是祂的母親。

但他們無論如何以事物的自然性質，來解說禮儀，將男人變成女子，總是違反自然，而非依照自然。在行禮儀時，竟有如此的醜行，即以宮刑逼供，犯人亦不願承認。若這種比戲臺上還要醜惡的行為，給它一個自然界的解說，就可昭雪，則詩人的神話，為何不能昭雪呢？

有幾位詩人如此解說：說沙都納吞食自己的子女，是說時間一秒一分地過去，而成為沙都納吞食自己子女的說法。或如范羅所想的，沙都納象徵墜於地上的種子，苗芽乃能生長。別人還有別的解說，對其餘事物亦如此。

然而神話上的神學，無論如何解說，都當加以指責、擯棄，不但受哲學家的自然神學所擯棄，並當受我們現在討論的民眾神學所擯棄。這是城市人民的神學，其中含有與神不相稱的事物。

寫這問題的博學多才的人，知道兩種神學都當受擯棄，但他們只敢擯棄神話，不敢擯棄民眾神學，以為神話固當擯棄，但民眾神學雖與神話相似，但是更好，不比神話高出一籌，所以亦當受擯棄。這樣，由不願指責民眾神學的人方面，不會受到指責，神話與民眾神學推後，自然神學能為人所接受。因為神話神學與民眾神學，同時是神話的、民眾的；若研究它的醜陋是神話的，若再研究戲劇屬於神話的神學，在城市中及神的慶日表演，就成為民眾的了。

若他們的偶像及禮儀，指示我們他們在形象、年齡、性別、服裝、婚姻、出生上，都與當受擯棄神話上的神，極為相似，祂們如何能賜人長生呢？由此可以懂得，這些神實際是古人，創立禮儀，以紀念他們的平生及死亡，有時魔鬼慫恿人設立這類禮儀，以欺騙人。

第九章　每位神的職務。

為何神的職務這樣卑微，必須依祂們的權能去求祂們？這豈不比戲臺上的戲劇，與神的地位更為相稱嗎？若有人為自己的嬰兒僱了兩個保姆，一個只給他吃，另一個只給他喝，如有哀杜加及波底那二神一樣，我們一定要說他神智不清，在家中如在戲臺上一樣。

有人說：李伯（Liber）神由拉丁文「Liberamentum」（暢流）而來，因著祂的助佑，男人與女人交嬉時，精液得以暢流。同樣，李培拉（Libera）為女人亦然，她就是維納斯女神，她使她們泄出卵子，為此他們將李伯的生殖器暴露在外，置於廟中；同樣，將李培拉的陰部暴露在外。

他們並說：女人與酒屬於李伯，以激起他的慾情，為此要狂吃狂飲。范羅自己亦承認狂飲者若不受到刺激，就不會做出這類事來，後來議員厭惡這類事，乃命令取消它。

由此可以看出，若拿邪魔當做神敬，他們在人的思想中，會做出何事來。在戲臺上，亦不當做出這種事來，因為在戲臺演戲，並不如醉漢，滿台蹌踉，但神竟喜好這類笑話，豈不糊塗至極！

那麼迷信與宗教的區別有何意義？若說迷信者敬畏神，則有宗教信仰者，只羞以神為自己的父母，不怕祂們是自己的仇敵。為何以為神都是善良的，祂容易寬赦罪人，而陷害善人。

但無論如何，他們為產婦竟派了一位神保護她，使森林之神西爾凡納斯（Silvanus）神夜間不進去為難她。為是指三個看護者，他們教三個人在夜間圍繞房屋，先以斧擊門，然後以木椿，最後用掃帚掃乾淨，於是希爾凡納斯就不得其門而入了。

由這三種行為，前三位神而得名：英德希多納（Intercidona）由斧砍；畢龍（Pilumnus）由木椿；陀佛拉（Deverra）由掃帚。因為三位神的助佑，新生嬰兒，可不受希爾凡納斯的磨難。似乎為抵抗一個有意害人的惡神，善神的助佑不夠，當用宗教以外的方法，請三位神來抵抗一個野蠻的神。這是神們彼此和睦嗎？這是城市的守護神，豈不比詩人及或臺上所演的更為可笑嗎？

男女交媾時，則呼求游甘底（Yugatinus）神，更好不要提祂；新娘當于歸，要求回家神，當住在家中，則呼家神；與丈夫同居，又要求居神。還要什麼？當保留人間的廉恥，讓肉慾在暗中去做其他的事吧！伴婚者都退出了，為何讓這大批的神留在新娘房中呢？不是夫婦想祂們在面前，因而更有廉恥，但因新娘本性羞怯，因著神的幫助，更容易失去她的貞潔。

維治納（Virginiensis）女神、蘇皮古（Subigus）男神、白麻（Prema）女神、白東大（Pertunda）及維納斯女神與白亞波男神在做什麼？若丈夫行房事時過於疲倦，一位男神或女神幫助他，不就夠了嗎？維納斯女神在場，豈不綽綽有餘，因為沒有祂的幫助，新娘不會失去貞操。

若人間還有點羞恥，而神卻沒有，新婚夫婦想起許多神看著他們行房事，新郎豈不更形拘束，而新娘更形害羞嗎？若維治納女神為破處女膜，蘇皮古男神使新娘在新郎前俯伏，白麻女神使她俯伏後不要移動，還要白東大女神做什麼？滿臉害羞，去你的吧，讓新郎做一點事吧！

丈夫能做的，要她或別位神去做，豈不害羞？或者有人說：她是一位女神不是男神，可加以容忍；因為若是男神，名曰畢東陀，丈夫為保存妻子的羞恥，就要請許多神來對付祂，如產婦之對付西爾凡神一樣了。我對這點不必多說，因為白亞波男神亦在場，新娘依照宗教的典禮，當坐在祂巨大的生殖器上。

外教人還要分民眾神學與神話神學，分城市與戲臺，寺廟與演戲，司祭的祭獻與詩人的詩歌；此外還分正當行為與醜行，真與假，重與輕，鄭重與輕浮，嚴正與可笑，可想望的與當擯棄的，依他們之所能，將一切分析清楚詳細。

我們知道他們所做的，他們承認戲劇及神話的神學，係由民眾神學而來，它由詩人的歌曲中，如由鏡中而來一般。為此說明民眾神學後，指責神話的神學，亦厭惡民眾神學，因為神話神學由它而來，而神視它，如在鏡中一般，喜愛二者，因為更為明顯。

為此邪魔嚴命將它列入聖物之中，在慶日向祂們奉獻神話神的醜行。這樣，將遭人厭惡的戲劇的神學，由大家公認的民眾神學而來，更證明祂們是邪惡之魔。祂們的神學完全是虛偽醜惡的，只有幻想的神，願意將一部份加入司祭的經書之中，而另一部份則入三位詩人的詩中；以後又將作別種分析，則是另一問題。對於范羅的分析，我以為已明顯指出了，神話與戲劇神學，皆為民眾神學的一部份。它們是醜陋虛偽卻又合理，希望沒有人願從其中求得永生。

最後，范羅尚提及人由懷孕時，直至年老力衰時的神，由維納斯（Janus）開始，直至內尼亞（Jaenia）女神，在老人喪禮中，當歌頌她。他也提及別的神，不屬於人，而屬人的需要所產生的事物，如飲食、服裝及其他一切生活所需要的事物，指出各神的職務，能向何神求何物。但他無論如何精益求精，卻沒有指出哪一個神，我們可向祂求「永生」——這是我們做教友的唯一理由。

誰不看出范羅這人詳寫民眾神學，與醜陋的神話神學相似，它是民眾神學的一部份，設法使人接受哲學家的自然神學。但他巧妙地，只指責神話神學，而不指責民眾神學，只述說它，使賢者指責二者後，選擇自然神學。若天主助佑的話，對這點，在自己地方，我還要論它。

第十章　塞內加指責民眾神學，比范羅指責神話，還要嚴厲。

范羅沒有勇氣指責民眾神學，如戲劇神學一樣，與宗徒同時的塞內加（Seneca）卻有這種勇氣，但不是全部，而只是部份的，只在著作中，而不在生活內，有這種勇氣。在他的著作中，他反對迷信，屢次嚴厲地指責民眾神學，如范羅指責戲劇及神話的神學一樣。

他對偶像寫說：「他們敬拜神聖的神，卻以卑賤的材料塑造他們的像；有人的像、動物的像、魚的像；有的人臉馬身，性別亦變了。他們所稱的神，若有靈魂而生活的話，必是怪物。」

稍後，論自然神學時，引了幾位哲學家的意見，他問說：「有人要說：我相信天地是神，在月亮上下尚有其他神否？我卻信柏拉圖，他以為只有一位沒有肉軀的天主；我信逍遙派司脫東（Strato），他以為有一位沒有靈魂的天主。」

他答說：「你以為誰的夢更為真實，是大治（Tatius），羅瑪祿，或何斯底（Hostilius）？大治創立了克羅西那（Cloacina）女神，羅瑪祿封了畢穀（Picus）、帝白冷（Tiberinus）為神；何斯底將恐懼，慘色變為神，這是人的最大痛苦，一種是心理的現象，另一種不是疾病，而是肉軀的顏色。」誰能相信這類神，能將他放入九天之上呢？

他對醜陋的禮儀亦毫不拘束地自由發言說：「有的去勢、有的斷臂，以這方式平息神忿怒的，還怕神的忿怒嗎？若神竟要求這類敬禮，就不當敬拜祂。是精神錯亂，行為失常，以為神這樣會平息忿怒，連寓言中所說的最暴虐的人，亦不會野蠻到這地步。虐王砍斷別人的手足，但總不命人自己傷害自己。有人為將就君王的肉慾，變成太監，但沒有主人會發出命令，叫人自己動手去勢的。他們在廟中受傷流血，去禱告神；觀察做這類事的人，看出為正人君子是非禮，為正常人是瘋狂行為，若在少數人前做這種行為，人都要以他是狂人，一旦大群浪人做這行為，就成為明智的行為了。」

他不怕指責在加必多廟中每日所行的事，是瘋狂人的行為。他譏笑了埃及的禮儀中痛哭何西利（Osiris）神的喪亡，又因他之尋獲而狂喜；喪亡與尋獲都是假的，因為痛哭狂喜的人，都沒有失落或尋找到任何事物。他說：「這類瘋狂尚有其存在的理由，因為一年瘋狂一次是許可的。」

「我至加必多廟，為公眾瘋狂而感慚愧，各人擅估司祭的職務，有人變換神的姓名，有人向游維神報告時刻；有人開道、有人抹油，並做抹油的手勢。有些婦女為游奴及米乃伐神理髮；在廟遠處，但與神像相近，手指亂動，正如在理髮的人一樣。有的手中拿著鏡子，別人呼求神接受他們的願望；有人給神送上呈本，使祂知道自己的需要。一個年老龍鍾的戲子，每日在加必多廟中演戲，以為人所欣賞的，神亦必定加以欣賞。許多職業的人，都坐在神的面前。」

然後他繼續說：「他們雖允許神無用的東西，至少不是醜惡的。有的婦女坐在加必多廟中，以為自己是游維神的情婦；依詩人的話：『她們竟不怕游維妻子游奴吃醋。』」

范羅膽子更小，只敢指責詩人的神學，不敢批評民眾的神學；塞內加卻大加撻伐；若我們相信真實的話，行這類事的寺廟，連戲臺都不如了。為此塞內加在民眾神學禮儀中，只選了智者的行徑，並不是他從心相信，只在外面裝飾而已。因為他說：「賢者做這類事，因為是法律所命令的，並不是悅樂神的。」

稍後他又說：「神聯婚時，如何兄弟竟娶姐妹？將佩羅納配給戰神馬爾斯，將維納斯女神配與武剛，沙拉西亞許與海神內東納。有的神卻伶仃一人，找不到對象；如孀婦的波羅（Populonia）、傅谷愛、露茜納，自然不會有相親的人。我卻敬拜這批大神，由古時迷信而來，要記住：敬神禮，屬於習尚，不屬真理。」

所以不是律法或習尚使民眾神學中，有悅樂神的禮儀。但羅馬人的上議員塞內加，因著哲學，為人公正，卻叩拜他所指責的，做他所非的，實行他以為是犯罪的。他曾以哲學，教人重要的事。並不為迷信，是為守法及遵從人間習慣起見，若不仿效戲臺上的幻想，至少要仿效廟中所做的事。這是當加指責的，因為他假裝所做的事，願意人民以為他真心而行；演劇者滑稽取人喜笑，而不假裝哄騙人。

第十一章　塞內加對猶太人的性質，如何想法？

在民眾神學迷信中，塞內加亦指責猶太人的禮儀，特別是守星期六。他以為這是毫無益處的，因為每星期休息一日，他們就失了生命的七分之一，又因為還可能不及時幹上當做的重要大事。他不敢對天主教的教友有所批評，他們當時已受猶太人的仇恨；這樣，他讚美他們，不違反祖國古代的習慣，但亦不以私意責備他們。他論猶太人說：「這個罪孽的民族，生殖力強，幾乎佔領了整個世界，戰敗者給勝利者法律了。」

他說這類事時，自己亦驚奇，不知天主所做的，他繼續寫了一句對禮儀的格言，指出他對他們的禮儀作何思想：「他知道他們宗教的原因，其他民族，不知為何而行，及如此而行的理由。」但對猶太人的禮儀，在辯駁摩尼派的人時，我已談過，在本書內再次討論它。那時我要指出天主為何訂立這典禮；為何在適當時期，又由被選的民族中拿去這點，雖然他們得了啟示的永生。

第十二章 外教人的邪神不能給任何人永生，因為即使在現世亦不能幫助任何人。

我們不能由希臘人所稱的神秘、物理、政治的，而拉丁人呼為神話，自然及民眾的三種神學中，得到永生。不由神話，因為連許多敬邪神的人也否認這點；不由民眾神學可得長生，因為神話是它的一部份，與它極為相似，若不是更壞的話。

若有人以為在本卷中所說的還不夠，可去參考前幾卷，特別第四卷，其中許多事，與幸福之主的天主有關。因為若幸福為神，人豈不該獻身與祂，以求長生？但它不是神，只是天主的恩惠。我們當獻身與誰，豈非獻與施捨幸福者？既然我們都愛慕永生，其實完備的幸福即在其內。不然，幸福不能是用迷信敬拜的邪神所賜，若不敬拜祂們，還要不知恥地大發雷霆。由上面所說的，就可斷定祂們是邪魔了。

不能賞賜幸福的，豈能賞賜永生？我們所稱的永生，是無窮永福的生命。因為若靈魂生活在永苦中，邪魔亦在其中受苦，更好說是永死，而不是生命，因為沒有比不死更難受的，人的靈魂既然是不死不滅的，自然當常生活，它的死亡就是遠離天主，永遠受苦。

所以永生，即是永遠幸福的生活，只能由能賜永福的天主而來；民眾所敬的邪神不能賞賜，這是敬邪神的人亦所承認的，所以不當因現世暫時的福樂去恭敬祂們，更不該為死後開始的永生，去敬拜祂們。

但習慣成自然，根深蒂固，若有人以為我對民族神學寫得不夠，請他閱讀下卷，靠天主的助佑，我將繼續寫下去。

第七卷

本卷說明敬拜亞奴、游維、沙多納，以及民眾神學的神祇，並不能獲得永生。

小引

在本卷中，我因著真天主的助佑，設法消除人類古老的錯誤，及在人心中根深蒂固的意見。為聰明的人，前卷書籍已綽綽有餘，為此請他們忍耐；為他們是多餘的，為別人可能是需要的。我說真天主給人需要的助佑，不因現世的暫時虛偽，而因永遠的幸福，當受人敬拜，這是一條重要的真理。

第一章 若在民眾神學中，找不到神，至少在特選的神中，可以找到。

若在范羅十六卷民眾神學中，找不到真神，或如希臘文所說，神性（θεότης，deity），或是敬拜城中的神，亦不能找到永生的幸福；誰若讀了我第六卷書尚不相信的話，也許讀了本卷便可以相信，我想對這問題，他們不會想望其他的了。

有人想為能得祝福或永生，當敬拜范羅在末卷書中所說的神，至少當敬拜主要的神。對這點，德爾多良諷刺他，且狠狠地說：「若神被選，如葱一般，未被選的，就被遺棄了。」（註）我不這樣說；在被選的神中，亦可指定幾位，盡更專責的職務，有如在新兵中選出幾名，做更重要的事一般。或如在教會中選出領袖，但別人並未被遺棄，因為全體信友都是被選的。建築房屋時，擇選基石，並不拋棄其他部份的石頭；我們選擇吃的葡萄，但不拋棄做酒的葡萄。這事很顯明，不必枉費筆墨了。所以在眾神中選出幾名，不當輕視描寫他們的人，敬拜祂們的及眾神自身，更該考慮祂們是誰，當盡何職務。

（註）德爾多良的原文，不完全如聖奧古斯丁所引，他說：「要擇選便當擯棄，若擯棄幾位神，你就輕視祂們，豈不得罪祂們。」《辯護書》第十三章。

第二章 誰為主要的神，他們不必盡小神的職務。

范羅在書中，推薦下面諸神，亞奴（Janus）、游維（即 Jupiter）、沙都納（Saturn）、且尼烏

（Genius）、梅古利（Mercurius）、阿波羅（Apollo）、馬爾斯、武剛（Vulcan）、內東（Neptune）、蘇雷（Sole）、何來（Oreus）、李伯（註）、戴路來（Tellus）、且來（Ceres）、游奴（Juno）、路娜（Luna）、狄亞納（Diana）、米內瓦（Minerva）、維納斯（Venus）、維斯大（Vesta），共二十位，十二位男神，八位女神。

這些神名為主要神，是因著祂們在世間所有的職務，或民眾更認識祂們，或人更敬拜祂們？若因祂們盡更重要的職務，就不當與盡小職務的神混為一談。懷孕一個嬰兒時，就有許多神的卑微職務；亞奴當開精子之道，尚有沙都納亦為精子；李伯男神使男人放出精液；李培拉女神，即維納斯女神，使女人放出卵子，這些都是主要的神。

尚有梅納女神（Mena），主持月經，她曾是游維之女，但為小神。范羅在主要神書中，將這職務歸於眾神之后的游奴女神，及梅納之後母路治納（Lucina）。還有兩位名不見經傳的神；維都納（Vitumnus）神給生命，生底納（Sentinus）給感情。無疑的，這兩位小神，比主要神賜予的更多，因為若沒有生命及感情，則婦人胎中所懷的，豈不如泥土之類嗎？

（註）依西塞羅，有二神名李伯（Liber），一位是游維神及色美雷的兒子，亦名白谷（Bacchus）即酒神；而另一位即此處所提放男子之精的神。

第三章 沒有區別神的理由，因為小神往往因職務的重要，超過主要神。

有何理由使主要神去做這類小事，而竟為名不見經傳的維都納及生底納所勝，因為祂們賜予重要的恩惠。主要神亞奴開放精子的路，沙都納給精子，李伯使男人放出精子；李培拉即且來斯或維納斯，使女人放出卵子；游奴與游維之女梅納停止月經，使胎兒長大，名不見經傳的維都納給生命，生底納給感情；這二恩惠比別的還更重要，因為是理智及情感方面的。

有理智及感情的，比沒有理智及感情的更尊貴，如人比動物更尊貴。同樣，有生命及感情的，比沒有的更為尊貴。所以在主要的神中，當放入給生命的維都納神及給感情的生底納神，比收集精液的亞奴，分施精子的沙都納神，放精子的男女李伯神更大。因為精子若沒有生命及感情，就沒有什麼價值了。而這兩種重要恩賜，不為主要神所賜，卻為名不見經傳的小神所施。

或有人說：亞奴有一切開始之權力，為此開始懷孕當屬於祂；沙都納有一切精子的權力，沒有祂，精液就放不出來；李伯神有放出一切精子的權力，為此亦當主持人的懷孕；游奴有潔淨生育一切的權力，因此對婦女的潔淨及生育，亦當有其職務；那麼祂們就當答應維多納及生底納神，亦有一切生物及知覺事物的權力。祂們若承認這點，就當將祂們放在別位神之上，因為非由種而生，乃由土地而來，而生活知覺，卻為上天諸神所共有。

若祂們說：維都納及生底納只有生物及知覺的權力，那麼使一切生活知覺的神，為何不給人生命與知覺，將整個的，給予一部份呢？何必需要維都納及生底納呢？若主持整個生命及知覺的將這卑微的職務，賜給二神，如自己的使喚人，則主要神連使喚人都沒有，不得已，只好降尊紆貴，去做小神的職務了。

游奴是眾神之后，游維之姐及夫人，與亞培納（Abeona）及亞代納（Adeona）小神一起領導兒童。米納（Mena）女神賜兒童智慧，但她亦非主要神，好像為人還有比智慧更重要的。游奴領導及主持家室，似乎沒有智慧，能在家中進出，而賜予這恩惠的神，卻不在主要神之列；似當超於米內瓦女神，她只給兒童記憶力。誰會疑惑，有智慧比有記憶力好，為有智慧的，不會是惡人，記憶力超於人的，卻常記住邪惡，能成為惡人。然而米內瓦在主要神中，而米納神卻在卑微神中。

對德行神及幸福神當作何言？我在第四卷中已提及過祂們；祂們雖然亦是神，但不在主要神之列，而殺人的馬爾斯神及接待死人的何雷神（Oreus）卻在主要神中。

主要神對卑微事與他神交往時，就如議員之與平民；有的神總未列入主要神中，卻比主要神管理更重要、更美好的事。所以列入主要神的原因，不是祂們在世間的職務更為重要，而是人民更認識祂們。范羅亦說：「男女神中，如人一樣，有的不是貴顯的。」

若幸福神不得列入主要神中，不以功德而以幸運達此高位，則至少當將幸運列入主要神中了；這位女神給人分施恩惠，不照理由，而依幸運。她在主要神中，當佔第一席，大顯其能，因為我們看到，主要神並非因著祂特別的才能或合理的原因，卻因幸運的權力，如敬拜祂的人所想的。大演講家沙路底說：「幸運控制一切，它不以公義，而以偶然，使事物尊貴或卑賤」，可能是對神而言。

因為我們找不出理由，為何維納斯女神受人敬拜，德行神卻為人所忘卻，而人皆以她們為女神，她們的功德亦不相同。若維納斯女神，為人置於德行女神之上，受人尊重，為何米內瓦女神受人敬拜，而財神卻受人輕忽，而人豈不愛錢財勝於藝術？很少藝術家，不願以錢財交換藝術的。若由無知愚民，作這選擇，為何財神不在米內瓦女神之上，因為祂們日夜都為賺錢而勞作。

若這區別係由少數賢人而來，為何德行神不在淫樂神之上，這似乎是理所當然的。命運神控制一切，如人所信的，祂不照公義，而隨思所至，加以抑揚，連對神也有大能，使人敬拜祂或忘卻祂，祂對神既有這麼大的權力，似乎在祂們中當佔重要的一席。祂若得不到這席，我們要想祂命運不好；祂能抬舉別人，卻不能抬高自己的身價，而成為自己的仇敵。

第四章 更好祈求身家清白的小神，而不祈求聲名狼藉的大神。

誰若愛自己的名聲，當恭賀大神，若看見祂們不得光榮，反而受辱，這是祂們的大幸，而微賤卻使小神不受淩辱。

我們看見神各有其司，如人間一樣，未免暗笑，因為如同掌車一樣，或如在銀器樓區中，為造一具銀器，當經過許多人的手，雖然一人就可以做成。或者，該當如此，因為一個匠人容易精於一事，行行精通，卻不易做到。

在小神中，很少聲名狼藉的，而在大神中，很少身家清白的；小神當做大神的卑微工作，但沒有做出大神的惡行。我沒有聽見過亞奴神做過沒有廉恥的事，祂比別的神更為清白，總沒有做過傷風敗俗的事情。祂善招待了逃亡的沙都納神，與祂平分天下，各人造一城，亞奴造了亞尼各路（Janiculum），沙都納造了沙都尼亞城（Saturnia）。

但人願神為非作歹，以為亞奴神太清白了，竟將祂換形變相，使有兩個面或四個面，好像是兩人；或者因祂清白，乃有多面；而其他大神，因犯奸作惡，失了面子，所以有別。

第五章 外教人的隱密教義，及其物理方面的理由。

我們且聽聽外教人，如何設法以更高妙的教義，來解釋神的惡行。范羅解說古人造神像及裝飾品，使參與典禮的人，看見這類事物，能明顯地看出宇宙的魂及其部份，即為真神。以人像造神像的人，願意表示人身中的靈魂，與不朽的神相似。放一器皿，以區別神，如在酒神廟中放一桶以表示酒，即以放盛的器皿，表示其內容。同樣，以有人像的神，以表示內中的神，如在器皿中一樣。

這是這位博學多能的人所發表的教義奧義。但你恐怕在這奧義中失去了明智，你以為先造神像的人，除去了人民的恐懼，卻增加了他們的錯誤，因為古羅馬人敬神，卻沒有神像。是他們給你勇氣，使你反對他們的後裔？因為若古羅馬人亦敬神像，恐怕就要擯棄對神像的意見，你就要緘口無言，不說出真理，而以想入非非的言論，宣傳這奧義了。

你雖博學多才，但沒有達到真的奧義及真天主；一切由祂所造，不是祂的一部份，而是祂的受造物；祂不是宇宙的魂，祂卻造了所有的魂；祂以自己的恩寵，使人幸福知恩。我要說的事，將指出何為奧義，及我們當如何加以重視。

這位名人說魂及宇宙每部份都是真神，就容易懂得，他所重視的是自然神學，可推至人的靈魂方面。在這書中，他很少提及自然神學，我們看看他對主要神所寫的物理解釋及民眾神學，能與自然神學有關否？若能夠的話，則一切為自然神學了，何必將它與民眾神學區別呢？

若這區別是正確的，若自然神學是真實的話，因為它只認識靈魂，而不認識造靈魂的真天主，正因為是自然的，所以喜悅它。那麼民眾神學是如何的虛假，因而可加於輕視，因它特別研究肉身，如他自己所說，我們當引幾句。

第六章　范羅以為神是宇宙的魂，在各部份中，有許多靈魂，且都有神性。

范羅在自然神學的序中說，依照他的意見，神是宇宙的魂。希臘人稱呼宇宙為「κόσμος」（cosmos），所以宇宙即是神。

如有智慧的人，由靈魂及肉身組成，是因靈魂而有智慧。同樣，宇宙亦由物質與魂所組成，因著魂而稱為神。驟然看來，范羅似乎承認天主只有一個，但他為承認有許多神，他又說宇宙分為二部：上天與下地。天又分為二：空氣及乙太；地分為土及水。其中乙太最尊貴，空氣次之，水又次之，末為土。在一切中充滿著魂，不朽的魂在乙太及空氣中，可朽的魂則在水土內。

自天空至月亮，有星辰、有乙太魂，不但可理解，並且可見，因為祂們是上天的神；在月亮及風雲之間，有乙太魂，不能以眼看見，只能憑理智去懂，祂們被稱為英雄、神仙。

這是在其序言中的自然神學，不但作者，其他哲學家亦大加歡迎。因著天主的助佑，我講完主要神後，再詳細討論這點。

第七章　將亞奴與戴米納分為二神，是否合理？

我問亞奴為誰，由誰而來？他們答說：祂是宇宙。這答覆簡單清楚。那麼為何他們說：事物之始當歸於祂，而結局則屬另一戴米納（Terminas）神。他們又說：為保護始末，乃將兩個月獻於二神，由二月至十二月，正月獻於亞奴神，二月獻於戴米納神（註）為此二月舉行年末節，當大加清除，稱為「Februum」，於是二月由此得名（February）。

宇宙只有開始，而無終止，於是當有另一神。他們不知宇宙的一切，都有終止。在工作中只有一半權力，或如一像有兩張面，是如何的不合理！若稱為亞奴及戴米納，開始一張臉，結束又一張臉，豈非雙臉怪物嗎？從事工作的人，當有始有終，因為在一切工作中，若不慎始，亦不慎終，所以終止當與開始緊緊相連，因為若不知如何開始，亦不知如何結束。

若他們相信幸福生活在現世就開始，在現世以外完成，亞奴只有開始之權，自然更喜愛戴米納神，他不當在主要神之外。即以現在將世事始末分給二神，戴米納更當受光榮，因為在工作完成後，悅樂更大。因為開始工作時，直至完成，常憂心忡忡。開始工作的人，期望著結束，在完成前，是不會喜樂的。

（註）古時羅馬人以我們的三月為一年之始，我們的二月為年終。

第八章　為何敬拜亞奴神的人，將他的像造有兩面或竟四面？

現在當解釋兩面了。他們說亞奴有兩面，一前一後，如我們的口一樣。我們張口時，就如宇宙，為此希臘人稱口為「Oupavou」（Ouranon）；許多拉丁詩人稱它為「口」；張口時由內至牙，由外至喉。依希臘文及拉丁詩，我們的宇宙竟至口的地步；然而這為靈魂及永生有何用處呢？

我們竟為吞吐唾沫，要張開嘴，就去叩拜亞奴神。但沒有比宇宙有進出二門更不合理的。還有比照我們的口舌造亞奴的像更糊塗的嗎？因為祂沒有我們的口舌。

將亞奴像造成四面的，是表示宇宙的四方，由外表看去，正如亞奴的面。若亞奴為宇宙，而宇宙有四面，那麼兩面的亞奴就不對了；若我們以東西兩方表示整個宇宙，再找南北兩方，就要說有兩個宇宙，就如有兩個亞奴了。

因此不當照宇宙來解釋進出的四門，如同以人的口來解釋兩面一般，除非海神獻魚，牠除口喉外，尚有左右二腮。但無人在這麼多的門中，能避免空虛的，除非聽從基督，祂說：「我是門。」（若・十：9）

第九章　論游維神的權力，及與亞奴神的比較。

現在請外教人告訴我們游維神指誰，他們要說游維是神，祂有世界上的一切權力；維吉爾下面的詩，可以指教我們祂的尊高：

「能知事物原因者，才可謂幸福之人。」

為何博學多才的范羅，如上面所說，推重亞奴呢？他說：「亞奴開始，游維結束萬有，所以游比特為萬物之主，是合理的，因為原始的事物，為完成的事物所勝；雖以時間而論，開始在前，但以地位而論，完成事物在上。」

若我們知道區分開始與完成，這是對的，因為工作的開始是動作，而完成是達到終點；如學問的開始是求學，博學乃其完成。同樣，在一切事物上先為開始，後為完成，但已由亞奴與戴米納神平分秋色了。但外教人是將成因而非結果歸於游維，所以任何事物不能在祂以前，因為成因常在前，效果在後。所以若將事物開始歸於亞奴，並不在游維成因之前，若沒有成因，就不會發生任何事物。

若外教人承認游維為一切事物之原因，卻說祂胡說妄為，這比不承認神的罪惡更大。最好揑造一個游維像，讓它胡作妄為，如以石頭給沙都納，使祂不吞子女（註），而不要褻瀆游維神，說祂手掌雷霆，姦人妻子；掌管宇宙，為非作歹，為一切事物之原因，卻不知行善。

我並且問：若亞奴為宇宙，則在神中，游維佔何位子？范羅謂真神為宇宙或其部份的靈魂，因此若不為宇宙，就不是神。他們說：游維為宇宙的靈魂，而亞奴為宇宙可見的肉軀。若他們這樣說，就不能稱亞奴為神了，因為照他們的說法，宇宙的肉軀不是神，只有宇宙及其部份為神。

范羅明說他相信宇宙的靈魂為神，宇宙自身亦為神。但人由靈魂與肉身組成，是因著靈魂稱為智慧。同樣，宇宙雖由靈魂及肉軀組織而成，但為神是因著靈魂。所以宇宙的肉軀不是神，宇宙的靈魂，或靈魂與肉軀一起為神，但宇宙之為神，非因肉軀，而因靈魂。

所以若亞奴為宇宙，而亞奴為神。為了要讓遊維為神，那麼祂是宇宙的一部份嗎？而他們卻慣常將整個宇宙歸於游維，如說：「一切事物充滿游維。」所以為相信游維為神，特別為眾神之王，就當將祂與宇宙合而為一，以便控制諸神，如自己的部份。

為此范羅在神之敬禮書中，引蘇拉納（Soranus）的詩說：「游維為諸神君王，及事物大能主宰，眾神獨一之父母。」後在同一書中，范羅謂男人放出精液，女人承受精液；游維為宇宙，同時放收一切種子，為此蘇拉納寫說：「游維為父母（為此他同時為一切事物獨一之原因，因為宇宙只有一個，卻包含一切。

（註）據希臘神話，沙都納神每生一子女，皆吞下腹中。生游維時，祂的妻子將石頭放在他口中，讓祂吞下，乃保存了眾神之王游維的生命。

第十章　亞奴及游維的區別是對的嗎？

若亞奴及游維為宇宙，而宇宙只有一個，為何亞奴及游維是二神？為何他們有不同的廟宇及祭壇，不同的禮儀及偶像呢？若說原始的德能與成因的德能不同，為此原始稱為亞奴，成因名為游維，則我要答說：「若一人有兩種權力，或有兩種職業，豈可因為兩種權力或技術不同，就說他一身做兩法官或兩個工人？同樣，若一神有原始及原因的能力，就要相信有二神，只因為原始與原因是兩種不同的事物？」

若他們以為這種區別是合理的，我要說游維有多少權力的名字，就有多少神，而祂的名稱很多，並且不同，我要提及幾種。

第十一章　論游維的名字，不是許多神的，而是一位神的。

外教人稱游維為勝利者、不敗者、助佑者、推動者、停止者、百足者、如梭者、至大的、養育者等，不能一一列舉。他們將這許多名字歸於一神，是因為祂不同的能力。但並沒有說，有多少能力，就有多少神，他們用這許多名字稱呼祂，因為祂戰勝了一切，不為人所敗，幫助貧窮者，能推進、訂立，有杏決的權力，又如梭子統治宇宙，如以乳養育一切。

我們看見在這些職務中，有大有小，但一神能為一切。我以為事物之原始及原因可以融合，不必如他們說有游維及亞奴二神。致亭毒萬物與養育動物，其權力及尊貴雖不同，並不需要安置二神，游維因管理宇宙，稱為梭者，因養育動物，稱為有乳者。

我不以為游維因為有乳，養育動物，就當稱游奴女神，特別因已有魯米納（Rumina）女神，可對這工作有所貢獻；我想游奴就是游維神，這是因著蘇拉納的詩：

「游維為諸神君王，眾神獨一之父母。」

為何游維又稱為有乳者，若加細心考察，可以發現還有具乳的女神為魯米納。

若一棵麥不宜有一神管理麥粒，另一神專司麥莖；養育動物細事，更不宜有二神，其中之一為眾神之王游維自己；還不是同他的夫人，是同小女神魯米納為伍；除非游維自己，是有乳的男女魯米納神，為雄動物是男神，為雌動物是女神。

我說若上面所引之詩不稱游維為父母，就不會給他起女人的名字。在他的名字中，游維還稱女財神（Pecunia）如在第四卷中我已說過。然而男女都有錢，外教人就當稱游維為男女財神了，如被稱為男女魯米納養育神一樣。

第十二章　游維神亦稱為財神。

外教人找到這名字充分的理由，他們說游維亦稱為「財神」，因為一切都是祂的。為神的名字，這真是充足的理由！最好說：一切事物之王被稱為財神，為祂是一種羞辱。因為天地間的一切事物，與人所有的財物比較起來，錢財可算什麼呢？是因慳吝使游維有這名字，使貪求錢財者，不愛任何神，而愛游維自身。

若稱為「富貴」應更為合適，因為富貴與錢財不同。我們稱兩袖清風的人為富人、賢人、公正人、善人，因為有德行的人，雖所有無多，仍是富貴的。我們稱別人為窮人，因為他常貪心無厭，雖富如朱陶，仍一無所有，赤貧如洗。

同樣，我們稱神富有，不因錢財，而因祂的全能。若富人有貪心，實際上他心中貧窮，反而一無所有的窮人，若有智慧，卻是富翁。若眾神之王，被稱為賢人所不願的財神，為賢者這是何種神學？若由此學得一點永生神學的話，最好稱宇宙之王不為財神，而為「智慧」；又可洗滌貪心，即貪求錢財的污穢。

第十三章 沙都納及且尼烏即為游維神。

為何還要提及游維神，其餘所有之神，可能都屬於祂，多神信仰是不合理的。祂在所有神內，別的神是他的一部份，或祂的德能，或祂在整個宇宙中的能力，因著自然界不同的管轄，乃得了不同的名稱。

沙都納是誰？范羅說：「沙都納是主要的神中之一，祂管一切種子。」沙拉納的詩豈不說游維即宇宙，分發一切種子，因而控制一切種子嗎？

且尼烏是誰？「且尼烏是生產的神，有一切生產的權力。」除宇宙外，誰能有這種權力？豈不說：「你是游維父母？」范羅在另一處說且尼烏是每人的靈魂，每人有自己的靈魂，天主是宇宙的靈魂。他這樣說，願意人相信他是整個宇宙的靈魂；這就是所稱的游維神。

若每一靈魂為神，每人有靈魂，那麼每人的靈魂就是神了。若這類矛盾使人放棄這類意見，就當稱游維為宇宙最高的靈魂。

第十四章 馬爾斯及梅古利的職務。

外教人不能為梅古利（Mercury）及馬爾斯在宇宙中及神的工作中找出位子，於是派祂們管轄人類演講及戰爭的行為。若梅古利對神的發言亦有權力，連游維亦依祂的意願而言，或由祂而獲得言語的能力，那麼祂亦控制眾神之王了，這是荒唐不經之說。

若說祂只對人的言語有權力，我們不能相信游維神降尊好貴，乳養嬰孩與動物，因而被稱為魯米納，而不將言語歸於自己，是因著言語，人在動物之上？因而祂為游維及梅古利。

若他們說，梅古利就是言語，如他的解釋證明這點：梅古利解說奔走者，即言語在人間奔走，希臘文稱為「ερμης」（Hermes），由「演講」（ερmveia, Ermeneia）而來。此外，言語亦控制買賣，在買賣中奔走，為此梅古利的頭上及腳上都有翅翼；亦是指消息，因著言語，表示意見。若梅古利為言語，則他們亦當承認，他不是神了，若他們以信邪魔為神，祈禱魔鬼，則為邪魔所控制了。

同樣，因為找不到宇宙的部份，歸屬馬爾斯神，使能在自然界中有所作為，乃稱祂為戰神，這是人不當願望的行為。若幸福神賞賜永久和平，馬爾斯就毫無所為了；若馬爾斯為戰神，如梅古利為言語之神，希望祂不是神，這樣就不會發生戰爭了。

第十五章 羅馬人用神的名字稱星宿。

現在我們考察一下，外教人以神名所稱的星辰，是不是神？他們稱水星（Merurius）及火星（Mars）。另一星名木星（Jupiter），然整個宇宙都是游維；有一星名土星（Saturnus），將一切種子歸屬於祂。最亮的星為金星（Venus），他們亦說維納斯亦為月亮，維納斯及游奴爭這顆星，如金蘋果一般（註）。

有人說啟明星屬維納斯，別人說屬游奴，但最後，維納斯女神勝利了，因為大多數主張屬祂，主持另一意見的只是少數人。

聽說眾神之王游維的星，反為游奴女神的星所勝；游維能力既大，祂的星辰就越當光亮。他們能答說：不是如此，不亮的星是在更高更遠的地方。若地位越高，在天上就越遠，那麼土星為何比木星更高？是游維為眾神之王的話，在天上行不通；沙都納在加比多廟沒有位子，在天上卻得到了一個位子。

為何亞奴沒有星辰？祂是宇宙，整個星辰都在祂內；游維亦為宇宙，卻有祂的星辰。或者當承認亞奴在天上沒有一顆星，為此在地上就有更多的工作。

此外，若他們相信梅古利及馬爾斯因為是星辰，所以是宇宙的部份，因而為神，因為戰爭與言語，不是宇宙的部份，而是人的行為，為何不為白羊座、金牛座、巨蟹座、天蠍座，及由許多星辰組成在天之上的天河，建造祭壇，不給祂們行禮儀、獻廟宇？星辰在那種運行更為正常。為何不將祂列入神品，不只主要神中，連次等神中亦未列入？

（註）照希臘的神話，眾女神競爭美麗，勝者得金蘋果，終為維納斯女神所勝，引起別位女神吃醋。

第十六章　阿波羅、地亞納及別位主要神，亦願有宇宙的一部份。

雖然外教人以阿波羅為卜者及醫生，但為將祂放入宇宙中，又說祂是太陽，祂的妹妹地亞納是月亮，掌管道路，祂是貞女；他們都有箭，將陽光射至地面上。

武剛是宇宙中的火，內東是水，狄德老父（Dites）即何谷（Orcus），為宇宙最下的地層。李伯及且來斯（Celeres）管五穀的種子，一個管陽性種子，另一個管陰性種子，即一個管乾種子，一個管濕種子。而一切歸屬宇宙，即游維，為此他被稱為父母，因為他生發及接收一切的種子。

有時他們亦稱且來斯為大母，即大地，或游奴女神。他們將次要的事物歸於祂，雖然游維稱為宇宙的父母，因為祂是整個宇宙。

他們派米內瓦掌管人間的藝術，但找不到安置祂的星辰，乃說祂是上天或月亮。維斯大是大神之一，因為祂是大地，掌管人間用的小火，大火屬武剛。

為此他們相信主要神是宇宙，有的是整個宇宙，有的只有一部份；整個如游維；部份如且尼烏、天母、太陽、月亮，或最好說：阿波羅及地亞納。有時幾件事物表示一個神，有時幾個神表示一件事物。

游維自身代表許多事物，因為整個宇宙是游維，天是游維，星辰也是游維。同樣，次要物的主母，是空氣，大地，若能勝過維納斯女神，還是星辰。米內瓦是乙太，亦是月亮，它是在空氣最低層中。有時將一事物變成許多神；游奴及游維是宇宙，如游奴與大母，即且來斯是大地。

第十七章　范羅對神的意見模棱兩可。

我所提及的事物，只是一個榜樣，如其餘一切，他們並不解說，卻以錯誤的意見來混亂它，使前後自相矛盾，甚至范羅情願疑惑一切，不願肯定一事。他寫完第一卷論一定的神後，開始論不一定的神時說：「若我在本卷內發表對神猶豫的意見，不可指責我；若一人聽後，願意加以批評，他可去做；而我更願意疑惑在前一卷所寫的，不願以為現在要寫的是確定的。」

這樣，不但他對不定神所寫的，可加疑惑，連他對一定神所寫的，亦可疑惑了。

在第三卷論主要神時，他講了自然神學後，開始指責民眾神學的虛偽，不但由事實，也因前人的權威，他乃寫說：「在本卷中我要寫羅馬人的公開神祇，羅馬人為他們建築廟寺、光榮祂們，但如甘羅方（X. Colophonius）所寫，我說我所相信的，不說可爭辯的；人可猜想這類事，但只有神才能知道。」

所以他應許講論不知的事，不必堅信，而是可疑的，如其他人立的制度一般。不如他知道宇宙天空之存在，天空中星辰爛漫，大地上草木叢生；但他不相信大自然界為大力所管轄；他能說游奴是宇宙，或找出沙都納如何為游維的父親，以後卻成為游維的屬下，及類似的事情。

第十八章　外教人的錯誤，日新月異的可能原因。

這一切可能的理由，是所有的神都是人。後人因他們的智慧、道德、功績，將他們封為神，敬拜他們。這類敬禮由人漸漸遠傳，如邪魔一般，喜好俚俗戲劇，詩人為之裝飾，魔鬼又來哄騙。

這樣，一個不孝的兒子，怕為父所殺，想篡他的位，乃驅逐了他，這是依照范羅所述沙都納為祂兒子游維驅逐的經過，因為第一原因屬游維，種子則歸沙都納。

若這樣，沙都納就不在游維之先，更不是祂的父親了。因為原因當在先，不能由他物所生。賢人願以自然理由解說神話，亦猶豫不決，我們當痛恨他們的輕浮。

第十九章　為何當敬拜沙都納？

范羅又說沙都納神，常吞所生之物，是說種子回到土中，以能重生。生游維時，投下石頭讓祂去吞，是說在發明耕種之前，人用手掩種子。那麼當呼大地為沙都納，不當稱種子為沙都納，因為大地似乎吞噬所生的，便由它所生的種子，重新為它所接受，那麼投石沙都納口中以得游維，與以手遮掩種子有何關係？一切種子豈不為大地所掩所吞嗎？

又說如放石頭以得種子，如投石與沙都納以生游維，更當說石頭遮掩種子，使它更快地被吸收。這樣，游維當為種子，而不如以前所說種子的原因了。人糊塗推理，不能說出任何合理的事。

他們又說：沙都納有鐮刀以收五穀，祂在位時，不耕種大地，因為祂在上古時代為王。當時人如范羅在神話中所說，不種地，由地中自然所生之物而生活。是因祂失去王冠，而得鐮刀，祂先空閒無事，祂兒子游維在位時，他乃勤勞工作嗎？他們還說：有些人，如非洲人祭獻嬰孩，高盧人祭獻青年，因為人在一切種子中是最好的。我們對這種無人道的習俗當作何言？

我們當說明這類說法，不關真天主，祂是生活的、無形的、不變的，可向祂祈求長生，而其他宗教的目的，是現世自然有形的事物。

若神話說沙都納將天父去勢，乃說種子是沙都納的，不是天的。我們可以推理說，在天之下，任何事物不由種子而生。若沙都納為天之子，亦是游維之子了，因為他們常常肯定地說：天就是游維。這樣，這些不由真理所生，不需人的攻擊，就自生自滅了。

他們又說稱他為「Kponon」（Kronon）即「時間」，因為沒有它，種子就不會成熟，這一切有關沙都納的說法，都與種子有關。至少沙都納手執大權，一人管種子就綽綽有餘了，那麼何必還要去找別的神，特別男女神李伯，即且來斯。對他們范羅說了許多有關種子的事，似乎對沙都納未作一言似的。

第二十章　歐西尼人敬且來斯神的禮儀。

歐西尼（Eleusinia）敬拜且來斯神的禮儀，在雅典人中，是最隆重的。范羅提及它，是且來斯發生，而普包比娜為何谷（註）所掠，使它萎謝。

普包比娜表示種子的繁育，有一時期，大地空荒，不生育任何事物。根據傳說：是且來斯的女兒，即繁殖的普包比娜為何谷所搶掠，藏於陰間，於是大家為之痛哭，繁殖回來後。乃歡天喜地，立了慶祝。又說在奧義中，有許多關於五穀的來源。

（註）見《希臘羅馬神話故事》，何谷亦名普路托（Pluto）。

第二十一章　敬李伯禮儀的污穢。

因著篇幅，我本來不願提及液體守護者李伯的敬禮，到了何等污穢的地步，其中酒佔首席。祂不但保護果子，還守護動物。在當擯棄的事中，有下面事件：范羅記載，在義國的路口，舉行敬拜李伯的典禮，污穢不堪入耳，竟歡騰若狂，公開敬拜生殖器。

在李伯的慶日，將生殖器放在車上，先在村莊，後在城市中遊行。在拉維尼城（Lavinium）慶祝一月，眾人競作醜行，直至生殖器經過市場，安置在原來的位子上；一位貴婦當在眾人前，給生殖器加冠。這樣，以種子所得的果子，使李伯息怒，為使田野不遭災殃，竟叫一位貴婦在公開場所去做妓女所不願做的事。

又以為沙都納為種子還不夠，為此增加了神的數目，他們因著罪惡背棄了真天主後，為許多邪神所欺騙，又願放縱肉慾，竟稱這一切污穢為神聖的事，而自己與邪魔竟同道合污。

第二十二章 論內東、沙拉西亞、范尼利諸神。

海神內東有妻子名沙拉西亞（Salacia），據說她是海洋下面的水，為何又娶了范尼利？並不是為禮儀的需要，只為淫欲及呼求邪魔而已。我們姑且聽聽神學，能使我們對這事不加指責否。

范羅說：范尼利是漲潮，沙拉西亞是退潮，為何將潮水分為二，豈不是要求多神。漲潮與退潮，總是同樣的水，然因漲退，居然生出二神來，請來了兩個邪魔，使人的靈魂受了二神污穢，既敬了漲潮神，又去拜退潮神。

啊！范羅，你曾讀過博學多才的人的書籍，得了偉大的學問，請你為我解說，固然不照天主獨有的永遠不變的性質，而接宇宙的靈魂及其部份，你承認它們為真神。你將宇宙海洋靈魂的部份變為內東神，這還可以容忍。但漲潮與退潮，豈是宇宙及其靈魂的兩部份嗎？誰會含糊至此，作這種思想呢？那麼為何造出二神，豈不是由古代的賢人而來？並不是使許多神管轄你們，而是使許多邪神笑你們的虛偽，控制你們。依此解說，為何沙拉西亞不在海下，順從丈夫？你們說她是退潮，所以是在海的上面，是因丈夫娶了范尼利為妾，於是至海面上來大發雌威嗎？

第二十三章 據范羅所說，大地亦是神，因為宇宙的精靈，他以為是神，充斥每一部份，賦予神的能力。

我們看見的大地，只是一個，動物生活其間。但我們為何稱許多物質的棍合物，及宇宙的一小部份為神呢？是因它能生育嗎？為何不稱耕種大地，使它生育的人為神，他們耕種它，卻不朝拜它。但他們說：充斥宇宙精靈的是神。但人有靈魂，這是無可置疑的，然而人並不為神。最可惜的，是因著錯誤，朝拜非神，而是在自己以下的事物。

范羅在主要神書籍內說，在一切自然界中，有三級。第一級是生魂，充滿生物全身，使它生活，但無五宮。它充滿我們全身，骨、爪、發，它們亦如樹木能生活，但沒有五宮，照自己的方式而生活。

第二級為覺魂，它在眼目、耳朵、鼻子、口唇及感官內有其作用。

第三級最高為靈魂，有理智，除了人以外，其他動物都沒有。他稱宇宙的靈魂部份為神，這神在我們身上，稱為靈魂。

范羅又說：在宇宙中有我們所見的石頭及泥土，沒有知覺，似乎是神的骨頭及指甲。太陽、月亮、星辰是他的五官，乙太是他的靈魂；他以自己的能力升至星辰，造成諸神；下入地中，造成地神；由大地進入海洋，造了海神內東。

范羅由自然神學，又回至民眾神學，似乎是從猶豫不定中稍事休息，我將略為討論這點。我暫時不討論土地及石頭，似人的骨頭及指甲，沒有理智及五官；或我們的骨頭指甲，沒有智慧及知覺，或是有知覺，因為是有智慧人的事物。若說宇宙的骨頭指甲為神，真是糊塗至極，正如說人身的骨頭指甲為人一樣。

當與哲學家討論這類問題，現在與范羅只論民眾神學。他似乎可能舉首朝向自然神學的自由，在書中以為當討論這問題，乃以自然神學的眼光來考察；為了這事，使自己的祖先及其他城市不白白地敬拜了戴路（Tellur）地神或內東海神。

但我且問：他為何不將充滿大地的宇宙靈魂視為一神？因為大地只有一個，已稱它為戴路。若如此，游維及內東之兄弟何谷，被稱為狄戴父何在？他的妻子貝色比納又何在？她依同一書中的意見，不是生育，而是卑下的部份。

若說宇宙的魂一部份進入大地的上面，形成戴德老父，潛入地下，形成貝色比納女神，那麼地神戴路又何在？所可能的已分為二，由二神管轄，不能容納第三者，除非說他同時是何谷及貝色比納，那麼已不是三位神，而是一神或二神了。然而大家都以為有三位神，相信三位，敬拜三位，各有其祭壇與廟宇、禮儀、偶像及司祭，因此人靈亦墜入騙人的邪魔手中了。

范羅至少告訴我們宇宙的魂經過宇宙的一部份，以生戴路滿神。他要答說：無任何部份，但一神有二德能，一種陽性生精子，另一種陰性，接受精子，養育它；陰的德能稱為戴路，陽的稱為戴路滿。但照他自己告訴我們的，為何司祭添上二神，向四位神舉行祭獻：戴路、戴路滿、亞都（Altor）及路蘇（Rusor）？我們已講過戴路及戴路滿，為何要有亞都，他要答說，以養育地上一切所生之物。路蘇呢？因著祂，一切事物照自己的形式進化。

第二十四章　大地的名稱及它的意義，它指示許多事物，但不證明多神的意見。

一個大地，因著四種德能，當有四個名字，而不成為四位神，如遊比特和游奴，雖然祂們有許多名字，每個名字有一位男女神的德能；但這許多名字，並不生出許多神來。又如即使一位品行不端的婦女，有時也因許多人的追求而覺厭煩。同樣，靈魂賣與邪魔後，失去價值，過去喜歡有許多神，能在祂們前叩拜，而受污穢，有時也覺羞恥。

范羅自己似覺多神之可恥，願意只有一位地神（Tellus）說：「祂名為天母（註一），她手中的鼓表示地球，頭上的塔為城子，她四周的固定座位表示即使一切動搖，她仍岌然不動；高盧人服侍她，表示誰需要種子的話，當至地上去找，就可以找到；四周跳躍者，是教訓農夫不能歇坐著，常當工作。鐃鈸之聲，象徵耕種時農具及手的聲音。神像是銅的，因為古時人發明鐵前便利用銅。還有一頭馴服自由的獅，表示任何荒野的田地都可耕種。」

他還說天地母神有許多名稱，人相信不止一神，而有多位：「人們相信地神泰勒斯為歐比神（Opes），因地球因勞作而改進；是天母，因為生許多事物；偉大，因為準備種子；是貝色比納（Proserpine），因她使五穀豐登；是維斯大，因她穿著綠草色。因此，可將其他所有女神都歸於她。」

若其他的神只有一位，而實際上不然，為何還去找許多位？是一位的名字，並非一個名字，就有一位神，但古人的權威，使范羅對這些意見發生了疑惑，因此他寫說：「古時人相信有許多女神，與這意見並不矛盾。」然而如何不矛盾？說一神有許多名字；與說有許多神，自有天壤之別。或說：一樣事物能有許多組成，我承認一個人有許多肢體，但難道就有許多人？我可承認一位神能有許多工作，但豈能有許多神？讓祂們去分、合、增、減吧！

這是地神及大母的奧義，一切都為種子及農業，而一切有關的事物，有同一目標的，如鼓、塔、高盧人、四肢亂動、鐃鈸之聲、獅子，能給每人常生嗎？以去勢的高盧人服侍她，表示誰需要種子，當仿效大地，但他們豈不需要種子？效法這位女神，豈需要時就可得到種子的能力，最好說就是有，也要失去，這是解說，或是指責？

他們卻沒有理會邪魔如何從中取道，祂們不怕為這些禮儀，允許重大恩惠，但祂們亦要求殘酷的事情。若大地不是神，人就要向她討種子，但會因愛慕她，而不要種子；若她不是神，因別人手下的工作而生育，而不能強逼人用自己的手殘廢自己。要淑慧的婦女在李伯的慶日，在眾目睽睽之下，給男人生殖器加冠，她的丈夫若還有羞恥心，可能滿臉羞赧，在旁觀禮；或在舉行婚禮時，命新娘坐在白亞博（Priapus）神像上。比這醜惡無恥的邪魔典禮，這些事要輕得多了，因為男女都在降卑了。那邊怕田地之荒蕪，此處不怕砍下肢體；那裡除去新娘的羞恥，但不奪去她的貞潔；此地去勢，使男人已不是男人，也不成為女人。

（註一）按拉丁文當譯為大母（tympanum），唯不多見，乃用「天母」二字。

第二十五章　希臘賢人對亞底神去勢的解說。

范羅沒有提及或研究亞底斯的神話；為紀念他，將一個高盧人去勢，但希臘的賢人卻說出了高深的理由。大哲學家波非利（Porphirius）說亞底斯象徵春天的花，在春天，大地比任何時節，都更美觀；但花要凋謝，因為花是在果子之前。

所以不是人，或名為亞底斯，是他的生殖部份與花相似；草木茂盛時，花就凋謝，或被人摘去，草木失去花後，就不能結任何果子了，便變為一片荒涼。進化及不變，有何意義？是指何物？研究這類事，找不出解釋來；就要說對這去勢的人所說所寫的，當以信仰從事。范羅表示反對，但不願說出，然而他學富五車，不會對它一無所知。

第二十六章　天母禮儀的污點。

范羅不提及，也不說讀過對獻身與天母的女性化的男人，他們讓男女神都遺臭萬年。直至近日，他們頭髮抹著香水、花面、四肢懶洋洋的，完全女性化。在伽太基的街道上遊行，向民眾要錢，去度他們荒唐的生活，這真是不可解釋，不易找出理由，及不能說清的事。

但天母不以她的高位，而以她的罪惡，勝過所有的神，連亞奴之夭怪，亦不能與她比擬。祂的偶像古怪，她的禮儀卻充滿殘酷；祂有四面，她卻割去人的肢體。

連游維的淫亂亦不能勝過她的罪惡；祂在淫亂的婦女中，只因賈尼梅代（Ganymedes）使上天傳遍醜聞；天母則有大批女人化的男子，使地上邪惡橫行，上天亦受淩辱。

在殘酷中，我們只能將沙都納與她並駕齊驅，或勝她一籌；據說他曾割去父親的生殖器。在沙都納的敬禮中，可以殺人，亦可以自殘。他如詩人所說，曾吞噬了自己的兒子，或由哲學家任意解說，而歷史上則說祂殺了他們，但羅馬人總不相信伽太基人曾祭獻他們的兒子。

這位天母將女性化為男子，亦引入了羅馬廟宇中，直至今日不絕，因為人們相信使人絕育後，能加增他們的力量。梅古利的偷竊，維納斯女神的品性不端，及他神的惡行，我們由書中知道的，每日豈不在戲臺上歌唱演奏？但與天母的兇惡比起來，又算什麼呢？特別據說是由詩人所揉造的；

他們並說這是神所歡迎的。詩人敢於寫唱這類事，因著神的命令，列入神事之中，豈非神之邪惡，或最好說是邪魔的罪惡，以欺騙人嗎？奉獻去勢的人以敬神母，一定不是詩人所揑造的，他們亦惱恨這事，不歌唱它。

不能如正人君子生活，為求死後享福，當獻身與這類重要的神，但成了迷信的奴隸，屬於不潔的邪魔。范羅說這類事係屬現世，希望不是屬於污穢世界的，世上的事物，哪件不屬世界？

我們尋找人靈，因著真宗教的幫助，我們不敬拜世界為神，而讚美它愛它，為天主的工程，世界煉淨後，能達到天主造它時的境界。

第二十七章　哲學家不以適當的禮儀，恭敬真神。

我們看見主要的神，比別的神更為著名，並非以功德超群，而是聲名更為狼藉。因此他們的確是人，不但詩賦中以為如此，歷史上亦如此肯定，如維吉爾詩中說：

「沙都納逃避游維，由蒼天降至下凡。」

對這事歐美羅（Euhemerus）在他的歷史中曾為記述，由愛尼烏譯成拉丁文；所以我不願更長地去寫這類錯誤，因為在希臘文及拉丁文書中，都已寫得不少了。

我考慮賢人以自然哲學的理由，將人事變成神事時，只見與現世的事物有關，若與不可見的事物有關，則是常可變更的，當然不是真天主。至少當舉行與宗教相稱的禮儀，但可惜，並不因這類事能使人認識真天主，但這事還是可容忍的，因為並沒有命人做醜惡的事。

若我們敬拜肉身或靈魂，以代替天主，人只在祂中可以找到幸福，何況敬拜這類邪神，對身靈都毫無裨益。若以廟宇、司祭、祭獻——這是只有天主當享受的——去敬拜宇宙的物質或受造之靈，只要不是邪魔，並非因事物本身是惡的，而是這類敬禮只當歸於真天主。

若有人以偶像、人祭、生殖器加冠，邪淫的代價、割去肢體或生殖器、獻女性化的男子、以淫樂的戲劇，去敬拜造肉身靈魂的真天主，他不但因不敬拜當敬的真神，並且以不正當的方式而犯罪。誰若以醜陋禮儀，敬拜不是造靈魂肉身的真天主，而拜一個受造物，無論是靈魂或肉身，或二者一起，卻加倍得罪天主，先是敬拜他神，後用不正當的禮儀。

明顯的，外教人亂拜邪神，他們不知道究竟拜何物何神，若歷史不證明在邪神命令之下，他們奉獻自己所知不正當的東西。毫無疑惑的，由民眾神學，曾邀請邪魔附入偶像中，然後進入人心中。

第二十八章　范羅神學的意見自相矛盾。

學富五車的范羅，為何設法將神分在天上地下呢？但他不能成功，因為如用手抓水，必四面亂流；他要討論女神時說：「如在第一卷中論地方，神有兩種，或來自天，或來自地，所以有的稱為天上的神，有的稱為地下的神；如前論主要神時，由亞奴開始，有人呼祂為天，別人呼祂為宇宙。同樣，現在論女神時，我由地神戴路開始。」

我覺得這位聰明人當受多大的苦楚；范羅隨著可能理由的引導，繼續寫說：「天行地受，為此天有陽性工作，地有陰性工作」；但他沒有想到是天主造了天地。這樣，他在第一卷書中，解說沙麻托人的高貴禮儀，雖然他自己及別人都不大明白；但寫作時，卻願忠信地寫出傳與後人。他亦說從許多象徵中，在偶像內，有時象徵天，別的象徵地，別的象徵柏拉圖的觀念；並願以天理解為游維，地理解成游奴，觀念理解成米內瓦。天乃行為之根源，地是造成事物的原因，觀念乃一切事物的模型。

我不願在這問題上，多費工夫，因為柏拉圖已說過，觀念的能力龐大無比，不但天照它生出萬物，並且它是自有的。范羅在主要神書中，忘了神分三種：上天有男神，地上有女神，在二者中則有米內瓦。他將祂抬入九天之上。然而海神內東男神，本屬地下，不屬上天。然後眾神之父，希臘名為「貝路都」（Πλουτον）（Plouton），他亦是男神，如他的兄弟遊比德和內東一樣，是地神；乃將他放在地的上層，在下層放著他的妻子貝色比娜（Proserpine）。

那麼，范羅為何將男神放在天上、女神放在地上，這區別有何可靠的基礎呢？大地已是戴路斯（Tellus），眾女神的根源，即天母，在她周圍站著大群女性化及去勢的人，如何能說眾神的根源為亞奴，女神的根源為大地神戴路斯呢？亞奴有兩面，天母的司祭失了理智；為何要將這些原則歸於宇宙？即使能做到的話，無人將為天主而敬拜宇宙。但照真理，這是絕對不會成功的。最好將它歸於亡者及邪魔，那麼，就不成問題了。

第二十九章　哲學家願意將屬於宇宙及它部份的，屬於獨一真神。

這些神的神學，以自然界的理由，歸屬宇宙的，更有理由歸屬造了宇宙身靈的真天主。我們敬拜天主，不拜宇宙內的天地，亦不敬拜靈魂，或在生物內的魂。我們只恭敬造天地萬物的真天主，祂造了每個靈魂，及所有有五官及理智的人。

第三十章 當將造物主與受造物分開，只敬拜一個天主，不要去敬拜每一位工作的神。

我們開始就列舉一位真天主的工作。外教人竭力設法解釋這些醜惡的禮儀，他們造了許多假神，我們卻敬拜規定自然界的開始及終結的天主；祂是一切的原因，祂知道一切，亭毒一切，祂造了種子的能力，祂造了靈魂，付給每人，祂給人言語的能力；祂有預言的德能，使能預言者，預言將來要發生的事情，使人脫離罪惡。人類需要改過遷善時，天主准許戰爭，規定其開始、範圍及終結。

我們敬拜造烈火的天主，祂節制它，依照自然界的需要，祂亦造了水；祂造了眾星之王太陽，授以能力及依軌而行。陰間亦不能脫離它的勢力。祂付給自然界物件，各有其特性，為人供給飲食。

我們敬拜造了天地，給人及動物果子的天主，祂不但知道主要原因，亦知道次要原因。祂給月亮指定軌道，祂依各地情形，規定天地之運行，祂給所造的人藝術的知識，以幫助生活及自然界，祂訂了婚姻，以傳人類。祂給人火，使有光明與熱力，用於日常生活中。

明智遠見的范羅，不知何故，以自己私人的原因，設法將主要神列在眾神之中。一位天主造了一切，正因為祂是天主，在一切地方，不受任何人的牽連。祂不可分，不可變更，不需要自然界，祂的大能，充滿天地。祂指引一切受造物，使各盡其職。雖然任何物都仗祂而生活，但任何物都不是祂，祂用天使做許多事，是祂使天使幸福。雖然有時因著特別理由，祂遣使天使降至人間，但是祂利用天使，祝福人類。我們由這位獨一無二的真神，期望永生。

第三十一章　除了普通的恩賜外，追求真理的人，格外蒙受天主的恩惠。

除了為享毒宇宙，善人與惡人所共有的天主恩賜外，我們還有天主特別的恩愛。我們生活著，舉首望天，下視大地。我們有理智，可以尋找萬物的造物主，當對祂表示感謝。

雖然我們罪惡累累，在黑暗中，不能看到光明；祂並沒有擯棄了我們，卻遣使他的聖子，降生為人，受苦受難，使我們知道天主如何愛慕人類，因著何等的犧牲，我們得煉淨罪惡，使因聖神在我們心中的愛情，勝過一切困難，能達到永遠的和平，永遠享見他，我們的口舌如何能相稱地感謝祂呢？

第三十二章　基督救贖的奧蹟，以前曾以各種的方式表示出來。

自人類之初，因著天使的工作，用與當時相稱的方法，這永生的奧蹟就顯示出來了。後來希伯來人另居一處，使他們常記得這奧蹟，並因智者患者，預言基督何時降生。以後希伯來人散居各地，使人知道《聖經》，預言基督救贖的大工。

不但先知的預言，生活的道德紀律，在《聖經》中可以找到，即聖物、司祭、祭櫃、聖殿、祭壇、祭獻、禮儀、慶日及一切有關天主敬禮的，希臘人稱為「λατρεία」（Latreia）「敬拜」，為信友長生的預言，或已成功，或正在完成，或將完成，亦都在內。

第三十三章　只有天主教揭出邪魔的詭計，祂們喜悅人類的錯誤。

因著獨一的真教會，可以顯出邪神是魔鬼，祂們希望人在亡者的像下或任何人的像下，以祂為神，享受如神的光榮，祂們喜歡見人犯罪，嫉妒人歸向真天主。

人相信基督，才能由邪魔的手中解放出來，祂給我們立了謙卑的表樣，邪魔卻因驕傲而喪亡。不但我已說過的邪魔，尚有其他民族，其他地方的邪神，祂們不是因著德行高尚，卻因祂們的罪惡，成為邪魔的元老。

范羅設法將禮儀變成自然現象，設法將醜事變成美事，但不能配合聯繫。因為禮儀的原因，並非如他所信，或他願意人所信的。不但這事，即其他有存在價值的亦如此。不關乎真天主及長生，這是在真宗教中所當追求的。說明理由後，可以減輕在聖所中所做的種種醜行。

為此范羅設法解放在戲臺上的神話中所做的。他不反對戲臺似廟，卻反對廟寺相似戲臺。他並設法用自然的理由，減輕迷信所做的醜行。

第三十四章　議院命人焚燒邦比利王的書籍，使人不知禮儀的意義。

我們知道，如范羅論邦比利王（Numa Pompilius）所說的，所引的理由毫無價值，所以不但在舉行禮儀時，不可誦讀它，並且不當存在人間。現在我說出在第三卷中應許要說的。

范羅在論神的敬禮書中寫說：「有一個名叫戴冷治（Terentius）的人，在亞尼谷山旁，邦比利王墳墓附近有一塊地，犁田時，他掘出這位王論建立禮儀的原因一書。他將這書呈上警衛長，他稍加閱讀後，送至議院中，議員們讀了禮儀建立的原因後，雖然他們贊同已故的邦比利王，但卻以為警衛長最好將它付之一炬。」（編按）

由上面所載，各人可照自己的意見去解說；衛護迷信者，亦可發表他的意見。我只提及組織敬禮的邦比利，以為不可將其原因告訴人民，或議院，或司祭。邦比利因著好奇心，得知邪魔的秘密後，乃筆之於書，以便記憶；他既然是君主，當然不畏懼任何人；但沒有勇氣教人，或消滅它。他不願任何人知道，不願教人惡事，又怕毀了它得罪邪魔，乃將它埋在自己的墳墓內，以為萬無一失，卻沒有預料到能為犁耕出。

議員雖與邦比利同意，但怕指責祖先的宗教，以為這書具有危險性，不願將它重埋在墓中，乃命人將它燒了，使人不要因著好奇心，再去找它。

議員以為必需舉行慶日恭禮邪神，最好不知道這慶日的來源，與其知道了，反能使人民起鬨。

（編按）努馬．邦比利（Numa Pompilius, 753-673 BC）在西元前七一五－六七三年間繼雷姆斯祿之後擔任羅馬君王，史載他生時勤儉自律，此外也崇拜多神，如女神愛治麗與游比特。他常在夜間作神秘的祭典，並相當迷信，以神意為

教化人民的工具。他指導寫作了一本「聖書」，記載神祇們給他的教訓建議，邦比利要求死後此書同他永埋墓中，

第三十五章　邦比利王見了邪魔的幾種像後，以卜水為戲。

天主沒有遣使先知或天使至邦比利王處，因此他只得由水中去看神像，或最好說，魔鬼的幻想，因而他知道當訂定何種禮儀。范羅說這種卜法，像由波斯人傳入，並說邦比利王及哲學家畢達哥拉斯都用過它。是用血去卜問陰間，為此希臘文亦名卜亡者；無論是卜水或卜亡者，實則名異事同，即使亡者作預言。他們用何方法，你們自己去討論吧！我不說這類方法，在基督降生前，就為律法所禁，且有重罰；我不願如此說：因為可能那時是許可的。

邦比利王立了幾種慶日，他曾詳細描寫其禮儀，並說明其原因。他也怕自己所知道的，為此議院焚燒了他的書籍。為何范羅去尋找慶日的原因，若在這些書中可以找到，就不當焚燒它，或者議院亦當焚燒范羅為賈多大司祭所寫，當時已為人所知的書籍。

為何邦比利王以水為卜？依照范羅，他的妻子是仙女愛治麗（Nympha Aegeria）。謊話往往將事實變成神話。因此，這位羅馬君王由水卜而訂定了幾個慶日，司祭當在書中記載它；他亦知道其原因，但不願在自己之外，有人知道它，為此雖暗中筆之於書，卻願意將它埋葬，與自己同歸於盡。可能他描寫邪魔不正當且有害的奢望，使由這類慶日知道許多可恥的事，因而輕視民眾神學；或者這些神只是古人，由古代以為他們不朽。

邪魔用了幾個假奇蹟，將自己代替了古人為神，乃舉行敬拜祂們的禮儀。然而因著天主的上智，

邪魔曾將這事告訴了邦比利王，他用卜水法與邪魔為伍，但祂們沒有告訴他在死前，不埋葬它而焚燒它；他們不能阻止犁將它耕出，亦不阻止范羅傳給我們。

因著天主的判決，他們不能為所欲為，只能依他們所當得的受罪，受厭，受騙而已。至於這些書籍有害，對敬真神的敬禮不合，可由議院將它焚燒，邦比利王將它隱藏起來，已可以知其大概了。誰不願意修德立功，以這些慶日去尋求永遠的死亡；誰若不願與邪魔為伍，不願受迷信的害處，而研究真宗教，就可以戰勝祂們。

第八卷

本卷討論第三種神學，即自然神學。先與在所有哲學家之上，更與天主教接近的柏拉圖派，討論自然神學中對神的敬拜，為得永福，能否有裨益。先辯駁亞布雷（Apuleius）及其同人，因為他們主張當敬拜邪魔，為人與神的中間人。然後指出邪魔罪惡貫身，發起這類事，為正人君子所不齒，即詩人的幻想、戲劇及魔術；這可證明若邪魔嗜好這類事，絕對不能使人與善神和好。

第一章 與高尚的哲學家，當討論的自然神學問題。

現在為討論問題及前卷所說的，我們更當小心，因為不是與愚民，而是與哲學家——這名字由希臘文可譯為愛好智慧的人，討論自然神學，已不是討論神話神學及民眾神學，即在戲臺上及城市中的神話，暴露神的罪惡；民眾神學更揭出他們的邪願，因此更屬於邪魔，而不屬於神。

若智慧即為天主，一切由祂所造，如《聖經》所說（註），真的哲學家就是愛天主的人。然而這名字的高尚，並非自誇為哲學家所共有，因為並非所有哲學家都愛好智慧。由他們中，我們知道其著作的，揀選幾位，可以與他們討論這個問題。

在本書中，我無意辯駁哲學家的一切錯誤見解，而只限於神學方面。神學依希臘文為「神的學問」。這樣，我不辯駁所有哲學家的意見，只辯駁承認天主的存在，及承認祂亭毒萬物，但卻以為得身後幸福，敬拜一位天主不夠，且當敬拜獨一天主所造的許多神。

哲人們更近於真理，超乎范羅的意見之上，他以為自然神學及乎整個宇宙，或最好說宇宙的靈魂；他們卻以為天主超乎一切靈魂之上，他不但造了可見的宇宙，屢次稱為天地，並且造了每個靈魂，又因分有他無形不變的智慧，使有理智的靈魂及幸福。誰少聽過談論這些事，都知道他們是柏拉圖派，由他們的鼻祖柏拉圖而得名。

為此對這問題，我簡單對柏拉圖寫幾句，先寫在他以前對這問題研究過的人。

（註）智．七：24—27；希．一：2—3。

第二章　二派哲學家：義大利派，愛昂尼派，及它們的主持人。

希臘文學，為大家所欣賞，它記載有二派：義大利學派，這名字係由以前名為大希臘的義大利部份而來（註一），及愛昂尼學派（Ionic），由今日所稱的希臘而來。義大利派的創立人為沙麻島人畢達哥拉斯（Pythagoras）。據說哲學家名字，係由他而來，因為他以前，學識超人的，自稱為智者；人問畢達哥拉斯職業時，他答說自己是哲學家，即愛好智慧者，以為自稱智者，近乎傲慢自大。

愛昂尼學派的創立人為米雷城人泰利斯（Thales），他是七賢人之一（註二）。其他六位以道德及善生的訓言著名，而泰利斯卻桃李滿天下。他因研究自然界，又將自己的學說筆之於書而著名。他特以天文著名，能預算日食月食。他以為水是一切的原因，宇宙的一切事物，皆由水而存在；而對我們所見的燦爛宇宙，他以為不需要天主的亭毒。

他的弟子安納西曼德（Anaximander）繼他的位，他對物體的性質，改變了意見。他不贊成泰利斯的意見，以為一切由水而來。他以為一切物體，由其自身的原質而來，這種原質為數無窮，生出無數的宇宙及其中的一切，宇宙一時滅一時生，各依其時；他亦不主張神參與這類工作。

他的繼位者為門人安納西米尼（Anaximenes），他以為一切事物的要素為空氣，他不否認神的存在，或緘口不言，但他以為不是神造了空氣，是神由空氣而生。

他的門人安納薩戈拉斯（Anaxagoras）以為我們所見形形色色的萬物，係由神的智慧而來，每物依自己的種類及自己的生存，係由無數相同的部份而成，而在神的工作之下。

安納薩戈拉斯的另一門人狄奧堅尼斯（Diogenes）說空氣為一切物體的原因，但將它歸於神的工作，沒有它，任何物不能發生。

門人亞格老（Archelaus）繼安納薩戈拉斯的位，他亦以為每物由同樣分子組成，但他承認當有一智慧存在，它組織分解這些永久存在的分子，而生出各物。據說，柏拉圖的老師蘇格拉底為他的門人，為敬仰柏拉圖的原因，乃簡單記載如上。

（註一）義大利南部及西西利島，當時為希臘人之殖民地。

（註二）其他六位為：Chilon, Pittacus, Biantes, Cleobulus, Periandrus, Solon。

第三章　蘇格拉底的學說。

據說蘇格拉底是第一個主張以全部哲學去改正造就品行道德者，在他以前的學者，專門研究自然物理的真理。但我不能確定，蘇格拉底是厭煩一切學說的晦暗不定，願意找到為求幸福生命需要的確定明瞭，這是所有哲學家所勞苦追求的；或者如有人所想的，他不願為世物所羈束的人，去追求神的事情。

他希望智者去尋找事物的原因，以為只能在至高獨一的天主意志中可以找到。他並以為只有潔淨的悟司，才能理解這事，為此他主張當以道德，煉潔人生，使人心靈，由物欲中解放出來，才能去尋找永久的事物；以潔淨的理智，去居於非形體及不變的光明之中，乃有一個生活固定的一切事物的原因。

大家亦知道他辯駁了糊塗人，他們以為自己精通倫理問題。這是他所關心的。他有時說自己毫無所知，或者辯論時婉轉有禮，隱藏自己的智慧，為此引起了他人的仇恨，為人控告，而定死刑。

以後公開罰他的雅典城哀悼他，群眾乃遷怒於妄證他的人，一個為群眾攻擊而亡，另一個自願永久充軍，才免於死。

蘇格拉底，以平生及死亡而著名，弟子盈門，他們格外注意倫理，討論至善，因為沒有它，人就不會幸福。蘇格拉底論至善時，討論一切問題，有時贊成，有時不贊成，但不明顯地說出自己的意見，他的門人就照各人所好，隨便指出善的目的；所以如此，是因為能使有者幸福。

蘇格拉底的弟子對這善的意見紛紛，同一老師的門人，意見如此紛亂，真不易使人相信。有的如亞理斯底波（Aristippus）以為快樂為至善，別的如安德納（Antisthenes）以為是德行，也有別人以為是別的，要一一列出，未免太長了。

第四章 蘇格拉底的主要門人柏拉圖，將哲學分為三類。

在蘇格拉底的門人中，鶴立雞群的，當算柏拉圖。他生於雅典的清白家庭中，自幼聰慧，勝於其他同學，且好學不倦，不以自己的才能及蘇格拉底的學問，為研究哲學，已經夠用，乃遠遊各方，聽到有博學多才之士，他就去請教。

他曾至埃及，學了高深的知識，遊行義大利，研究畢達哥拉斯的學說，聽過著名教授的課程，學了義大利派的精華。因他敬愛自己的恩師蘇格拉底，在講論中常引他的言語。他無論由別人處學到的，或他自己個人發現的，常以文藻的華麗，減輕蘇氏倫理的嚴峻。

哲學或注重實行或注重理論，因此可說一部份是行動的，而另一部份為理論的，第一種是生活的方式，即道德方面的；第二種研究自然界的原因及純粹的真理。蘇氏以行動方面著名，而畢達哥拉斯則注重理論；柏拉圖相容二者，乃將哲學分為三類：第一為倫理學，對象為人的行為；第二為自然哲學，注意理論；第三為邏輯學，研究分別真假的方法。

雖然邏輯學為二者，即行動與理論都需要，然而理論卻以真理為己任。這種分法，並不反對將研究智慧的物件分為行動與理論。

柏拉圖對上面三份的意見如何，何為一切行動的目標，一切事物的原因，一切理由的光明，並非一言二語就可以包括在內的，我以為不能馬虎從事。他努力隨從蘇氏的方法，在自己的書籍中，請蘇氏與人辯論，卻隱藏自己的學識及意見，因此不易知道他對重要問題的主張。

但我們在他的書中所讀到的，或他所說所寫的，似為他人的言論，他卻加以歡迎的，我們在本書中，當提出幾種；或因與我們的宗教信仰相符合，或關於真天主只有一個或許多，身後永福，他的意見似乎正相反。

對柏拉圖學說有研究心得的人，將他舉在他人之上，隨從他的學說，以為天主是一切事物的原因，智慧的理由，生活的秩序；三者中一種屬於自然哲學，另一種屬邏輯學，第三種屬倫理學。

人生在世，是為追求獨一真善的天主，沒有他任何物不能存在，任何學說皆歸於空談，任何行動皆無用；在穩定中當尋他，在一切確定中當歸向他；在一切美善中，當愛慕他。

第五章 當與柏拉圖派討論神學，因為他們在其他的哲學家之上。

若柏拉圖說模倣、認識、愛慕天主的人是智者，與天主有份的幸福人，為何還要討論別的學說呢？沒有人比柏拉圖更與天主教相近的。

在他之前，神話神學當退避三舍，他搜集神的罪惡，以取悅人民；民眾神學在他之前，亦當讓步，邪魔用世間的快樂勾引人民，願他們去拜邪神；在戲臺上看到神的罪惡，使他們因戲劇而高興，去叩拜邪神。若在廟中舉行正當禮儀，立刻就為戲臺上的醜行所弄壞，因為最醜惡的行為，亦受到讚揚。

范羅在這些禮儀中，以為神是上天下地的種子，這種解說不合事實，因為這類種子，並沒有如他所說，以禮儀表示出來。就是這種解說是真的話，在人之下的事物，就不當受有理智人的叩拜；天主令人掌管的事物，更不當自立為神。對邦比利王說歸於禮儀的事物亦然，他曾設法隱藏它，同自己一起埋在地下，但後來為犁耕出，為議院所焚。

我們為對邦比利王公正起見，當引馬其頓王亞歷山大寫給母親的，亦屬這事之類，這是他由埃及大司祭雷荷（Leo）處聽到的：不但比谷（Picus）、法奴（Faunus）、哀納亞（Aeneas）、李伯、丁大利（Tyndaridae）兄弟，及其他享受神敬禮的人，與西塞羅在《Tusculanus》書中暗示的，如游維、游奴、沙都納、武剛、維斯大等，雖范羅竭力設法將他們變為宇宙的原質，一定亦是人。

雷荷怕這事傳揚開去，乃請亞歷山大王，等他母親讀後，即將它付之一炬。所以神話及民眾神學，都當在柏拉圖派哲學家前讓步，他們承認真天主是萬物的創造者，真理的根源，幸福的賜予者。

別的哲學家以為自然界的要素為物質，亦當在認識真天主的人前讓步：如泰利斯以水為一切的來源；安納米以為第一原因為空氣；斯多噶（Stoici）派以火，伊比鳩魯（Epicurus）以原子，即不能分開的極小分子，為物體的要素，以及其他謂簡單或組合的物質，有生命的或無生命的，為一切事物的原因，我們不必一一舉出。

其中有的，如伊比鳩魯派以為有生物可能由無生物而出；別的則以為有生與無生之物皆由第一生物而來，但總是物體由物體而生。斯多噶派以為火，乃組成宇宙的四元素之一，是一位元元有生命及智慧的，為宇宙及一切的創造者，他們乃以火為神。他們及類似的人，既投身於肉慾享受，自然只能達到這個境地。但他們亦設想所不見的，他們有以前見過的永久物體，現在已不見了，但可回憶。

這樣思想到的，已不是物體，而是物體的形象；內心所見的物體形象，不是物體，亦不是形象；內心所思的美麗與醜惡，一定超乎物質之上。這是人及靈魂的性質，一定不是物體的，因為思想在所有的物體形象，一定不是物體；所以它不是土，不是水，不是空氣，也不是火，這是有形宇宙組成的四個元素。

若我們的靈魂不是物體，如何造靈魂的天主能是物體呢？所以他們都當向柏拉圖派投降；有人不敢肯定說天主為物體，但以為我們的靈魂，與天主為同一性質，我們的靈魂的無常，不能使他們不將它歸於天主，亦當在柏拉圖派前俯首稱臣。

但他們說：「靈魂的性質因肉身而變換，因為它本身是不能變更的。」亦可說：「肉身為物體所傷，但其自身是不會受傷的！」不能變改的，不能被任何物所變更；能為物體所變改的，就不能說是不能變更的。

第六章　柏拉圖派對物理哲學的意見。

柏拉圖派哲學家的聲名及榮譽，遠超他人之上，他們以為任何物體不是天主，因此當在一切物體之上尋求天主。他們亦知道任何可變動之物，不能為天主，乃將天主放在一切可變動的神靈之上。

然後他們看出一切變換事物的形相（Forma）（註一），任何種類物體而成為某物體，只能由不變的而常在的天主而來。為此世間的一切物體，形成、特性、動作、天地間的一切元素，一切營養及保存生命的，如植物；或營養而有知覺的，如動物；或除此之外，尚有理智的，如人；或不需要營養而能生存，有知覺，有理智的，如天使，只能由常存在的天主而來。

在祂之內，本體與生活無別，好似能存在而無生命；在生活與理智中亦無區別，好像能生活而無理智；在理智與幸福中，亦不能有別，似乎能有理智而不幸福；在他之內，生活，有理智，幸福，為同一的。柏拉圖派亦承認他造了一切物體，因他自身的不變及純粹，不能由他物而受造。

然後他們想一切物體為物質或靈魂，靈魂高於肉身，肉身有知覺，靈魂有理智，為此他們將可理解的形相放在可覺的形相之上。我們稱「可覺之物」為由五官所知覺之物，稱「可懂之物」為由理智所懂之物。

任何肉體的美妙，如形式，或行動的美妙，如歌唱，人都可以判斷。若人沒有完備的形相，它沒有肉身的面積，聲音的震動及時空的界限，就做不到。然而若非不變，一人就不能比別人的判斷更為正確；更聰明的人，比愚人判決的更正確；博學多才的人比不學無術的人，精巧的人比愚笨的人，讀書以後比讀書以前，推理更合乎標準。

所以博學聰明靈巧的人，容易懂得最上級的形相，不能在變換事物中找到。他們亦看到物體與心靈，美好不等，沒有形相的不能存在，因此他們承認當有一物，有最初不變的形相，不能與他物相比，他們乃以為這是一切物體的原因，不受造的原因，而為創造一切者。這樣，他們照所能認識的，認識天主，因為是天主啟示他們，因為他們因可感覺的事物，了解了天主不可見的美善，祂永遠的大能及其神性（註二），祂造了一切可見及現世的事物；這為自然哲學已足夠了。

（註一）形相為哲學上的專門術語，與質料對稱，為一物之主要元素，使某物成為某物之元素，如大理石為像之質料，孔子像為此像之形相。

（註二）羅．一：19—2。

第七章　柏拉圖派在邏輯學上，高人一籌。

在哲學第二部份，即在邏輯學上，我不願將伊比鳩魯等與柏拉圖派並駕齊驅，他們以為五官可得真理，以不準確的規則，就能得到一切知識。斯多噶派愛好辯護學，以為當由五官抽出，由五官所及，理智定義，而得物體的觀念；他們承認一切讀書及教育之道即在乎此。他們說只有智者是美好的，如我們能以肉眼觀看智慧的美好及形式一樣。

我將柏拉圖派放在別派之上，因為他們知道將心靈所知的，與五官所知的加以甄別，不否認五官所能的，亦不超乎五官所能的。他們且承認我們認識一切事物的光明，為創造一切事物的天主自己。

第八章　柏拉圖在倫理學方面，亦佔第一席。

最後為倫理學，它研究至善，我們的一切行為追求它，我們為它自身而追求它，得了它後，我們就覺幸福，不去尋找其他的了。為此善亦稱為目的，因為我們為它而求其他；而善自身，我們只為它而求它。

有人說，這幸福的根源至善，關係肉身，別人主張關係靈魂，還有人主張關係肉身與靈魂二者。因為他們看到人由肉身及靈魂組成，所以他相信肉身或靈魂，或二者一齊，能給以幸福。它是一切行為的目標，一切所做，當歸於它，除它之外，不找其他。

所以有人以為當加上第三種外面的福樂，如榮耀、富貴等，並非為目的，即為自己而追求的，而是為另一個而追求，因為可能為善人是好的，為惡人是惡的。為此在靈魂或肉身或二者中追求目標的，以為只當在人中去尋求。在肉身中尋找的，是在人的下部尋找；在靈魂方面尋找的，是在上部尋找；在二者中尋找的，是在整個人類中尋找。

無論在三面或哪面或整個人中尋找，總是在人中追求。這三種追求，不但發生了哲學上的三派，並且發生了無數派，因為對肉身，靈魂及二者中的善，意見紛紛。

這些哲學家當在柏拉圖派前讓步，他們說人不是在肉身內或靈魂上享受是有福的，而是在享受天主上，不如靈魂之享受肉身，而如享受自己，或朋友中之享受。若可能設一比方的話，如眼目之享受光明，這事如何形成，若天主願意的話，我在另一處再說。此處只記得柏拉圖將至善放在德行中，認識效法天主的，祂是幸福的獨一根源，才可達到。為此他不猶豫地說，研究哲學就是愛天主，祂的本性是沒有肉身的。

由此可見，當喜好智慧的，即哲學家，開始享受天主時，方可找到幸福，雖然喜好所愛的，並不立即有福。因為有許多人愛不當愛的，乃不能幸福，若流連其中，更為不幸；然而不得所愛的總不會幸福的。貪戀惡物的，不因愛情而幸福，而是因享受所愛的事物。

誰能否認享受所愛的乃有幸福，愛至真至善的，自然更為有福。柏拉圖說，真的及至善為天主，為此願意哲學家愛慕天主，使哲學傾向幸福的生活；同樣，愛天主的享受祂，而得幸福。

第九章　與天主教信仰最接近的哲學。

所有哲學家，以為天主為至高至善，創造一切，智慧的光明，行為的目標，自然界的根源，學說的真理，生命的幸福，皆由祂而來。無論他們稱為柏拉圖派，或其他各派，或歸愛昂尼派，其中最好的，如柏拉圖及理解他的人，都一樣思想；或為義大利派，如畢達哥拉斯或其門人，或有同樣思想的，或其他民族的賢人及哲學家，如亞特蘭人（Atlantici）、利皮人（Lybici）、埃及人、印度人、波斯人、迦爾代人、施底（Scythae）、高盧人、西班牙人等；凡如此思想及訓人的，我將柏拉圖派放在他們之上，並認為柏拉圖派與我們天主教最為接近。

第十章　信友在哲學家之上。

雖然信友只知教義，不知柏拉圖派的名字，亦不知希臘哲學分二派，即愛昂尼派及義大利派；但在世俗學問上並非一無所知，甚至不知哲學家研究智慧。但當小心，莫將哲學建設在現世事物中，而不在天主上，一切事物係由主所造。

他當聽聖保祿宗徒的教訓：「你們要小心，免得有人以哲學，以虛偽的妄言，按照人的傳授，而不是依據基督，把你們勾引了去。」（哥・二：8）亦不要認為所有哲學家都是一樣的，請聽同一宗徒所說：「因為人論天主所能知道的事，在他們心中是明顯的，原來天主都已給他們顯示了。其實自創世以來，他那些看不見的美德，即他永遠的大能和天主性，都可憑他所造的萬物，辨認洞察出來。」（羅・一：19—2）

聖保祿宗徒對雅典人講道時，說了天主的偉大事後，只有少數人能懂，即「我們生活、行動、存在都在他內。」（宗・十七：28）他又添上說：「正如你們的某詩人說的。」（宗・十七：28）

他亦知道當躲避他們的錯誤。因為他說的，天主因愛受造物，將自己不能看見的德能顯示給人，使人能夠懂得；同時亦說他們沒有照應當的方式敬拜天主，因為將天主特有的光榮，亦歸於受造物：

「他們雖然認識了天主，卻不當天主光榮他，或感謝他，反而在他們的思想上成了空洞的，他們冥頑不靈的心陷入了黑暗；他們自負為智者，反而成為愚蠢；他們將不可朽壞的天主的光榮，變為可朽壞的人，飛禽走獸和爬蟲形狀的偶像。」（羅・一・21—23）

他用這些話使人懂得，是說羅馬人、希臘人與埃及人，他們自稱為智人，以後我們再論這點。

至於他們與我們相同的真理，即只有一個真天主是宇宙的創造者；他不但無形，在一切物體之上，並且不能改變，在一切靈魂之上；是我們的原因，光明至善：所以我將他們放在所有他人之上。

若信友不知他們的作品，辯論時不用沒有學過的言語，稱研究自然界的為自然哲學或物理哲學，研究如何能得真理的為邏輯學；倫理學論風俗，目的，可求的善，當避的惡；並不因此不知道我們由獨一的至真至善的天主接受了人性，他依自己的形象造了我們。他們知道教義，認識天主及我們自己；獲得聖寵，與他結合，才能幸福。

為此我將柏拉圖派放在別的哲學家之上，因為他們努力追求事物的原因，及學習生活的方式。柏拉圖派，認識了天主以後，知道宇宙的原因，真理的光明，及幸福的根源何在。

所以柏拉圖派及如此思想天主的，他們的思想，如我們一樣，但我願與柏拉圖派討論這問題，因為人更認識他們的著作；因為希臘人極推重他們；希臘話在所有民族中，都相當普遍；而拉丁人因他們的高尚及光榮，亦願意學他們，將他們的作品，譯成拉丁文，使他們更為著名。

第十一章　柏拉圖由何處學到與天主教教義極相似的學說？

有些信友聽到或讀到柏拉圖對天主的觀念與天主教的相同，驚訝不已。所以有人相信他在埃及旅行時，曾聽過耶肋米亞先知讀過先知書，我在別的書中亦曾提及過這意見。但仔細計算時間及歷史，耶肋米亞是在柏拉圖出世百年前。

耶肋米亞活了八十歲，由他去世算起，直至埃及王多來梅（Ptolaemeus）命將《聖經》由猶太國帶至埃及，命七十位精通希臘文的希伯來人譯成希臘文，亦有七十年。所以柏拉圖在他的旅行中，不能看到耶肋米亞，他在多年前已逝世了，亦不能讀《聖經》，因為還沒有譯成希臘文，這是柏拉圖所知的唯一言語（註一）；除非他天資聰慧，從傳譯者處學了希伯來文，如他已學了埃及文一樣，但總不能如以後多來梅所作，將它譯出；因為他是君王，能使人服從，柏拉圖只在談話中學了所能理解的。

這似乎由〈創世紀〉首章可以知道：「起初天主造了天地。地還是混沌空虛，深淵的上面還是一片黑暗，天主的神運行於大水之上。」（創・一：1—2）

柏拉圖在《蒂邁歐篇》（Timaeus）書中論宇宙的形成說：「神在最初工作中，將火與大地聯繫在一起。」明顯的，此地火是代替天；這與《聖經》的話相符合：「起初天主造了天地。」然後將上下二元素聯合起來，似乎是在解說：「天主的神運行於大水之上。」他在此地不太注意《聖經》上天主之神的意義，因為空氣亦稱神（註二），似乎他在此地願提及四種元素。

至於柏拉圖所說：「真的哲學家是愛慕神的人。」在《聖經》中沒有比這點更為多說的。但最使我想柏拉圖知道《聖經》的，是主的天使，答應梅瑟所問，誰教我去將希伯來人由埃及救出時說：「我是自有的，你可這樣對以色列子民說：那『自有者打發我到你們這裡來』。」（出・三：14）。好像與長存不變的天主比較起來，一切常在變動的受造物，如不存在一樣。

柏拉圖堅信這端真理，並竭力宣傳它。我不知道在柏拉圖前的哲學家書中，有類似的話否，除非在《聖經》經上寫著：「我是自有的，你向他們說：『那自有的打發我到你們這裡來。』」

（註一）耶肋米亞先知，生於公元前六五〇年左右，死於公元前五九〇年；七十賢士本成於公元前二八三年，柏拉圖生於公元前四二九年，死於公元前三四七年；由此可見聖奧古斯丁說柏拉圖不能見到耶肋米亞先知，及不能讀希臘七十賢士本是對的。

（註二）希臘文（πυευηα, Pneuma）可解說為神及空氣或風。

第十二章 柏拉圖派雖只承認一位真天主，但以為當祭獻許多神。

柏拉圖無論由何處學了這事，或自他以前的人那裡，或如聖保祿宗徒所寫：「因為人論天主所能知道的事，在他們心中是明顯的，原來天主都已給他們顯示了。其實自創世以來，祂那些看不見的美德，即祂永遠的大能和天主性，都可憑祂所造的萬物，辨認洞察出來。」（羅．一：19—20）

我有理由選柏拉圖派，以辯論自然神學，就是為得長生，當敬拜獨一天主或多神，我想我已寫夠了。我選了柏拉圖派，因為他們對天主造天地，意見更為正確，比別人更為著名。

依照後人的意見，他們亦在別人之上；因為柏拉圖的門人亞里斯多德，是極為聰明的人，固然辭藻不及柏氏，卻在許多人以上，創立了逍遙派，因為他行走講學。他在世時，已經有許多弟子。

柏拉圖逝世後，他姐姐的兒子西貝西布（Speusippus）及門人色奴克德（Xenocrates）繼位。他們亦有許多弟子，名曰學院派（Academici）。今日隨從柏氏學說的，不願被稱為逍遙派，或學院派，而願稱為柏拉圖派。他們之中以希臘人普羅丁（Plotinus）、楊皮古（Jamblichus）、波非利（Porphyriu）及精通希臘文及拉丁文的非籍亞布雷最為著名。但這些哲學家及其他人等，柏拉圖自己在內，都以為當敬拜多神。

第十三章 柏拉圖以為行善修德的，才能為神。

他們雖在許多重要事上與我們的意見不同，但由我所說，是不可忽略的，乃發生一個問題：我先問他們：當拜何種神？善神、惡神或善神與惡神。

對這問題，我們有柏氏的意見，他以為所有的神都是善的，沒有惡的。因此只當敬拜善神；若如此，那麼為何還要相信多神呢？有人以為當敬拜惡神，使祂們不害人；當呼求善神，以得助佑，這種意見不攻自破。若惡神不存在，只當敬拜善神。誰喜好戲劇，並愛享受神的敬禮及榮耀？祂們的能力證明祂們存在，但祂們的意願，卻表示他們是惡神。

我們知道柏拉圖對戲劇的意見：他以為當將詩人由城中逐出，因為他們寫詩，與神的尊嚴太不相稱了。那麼這些與柏氏辯論戲劇的又是誰呢？

柏拉圖不許用假罪名去譭謗神，而邪神卻命人在祂們的慶日做這類事，如祂們掠去拉丁納的兒子，使他患重病，因為他沒有做他們所命的，他遵從命令後，兒子才獲痊癒。柏拉圖不但不信邪神如此兇惡，使人畏懼，他常維持己見，設法將詩人騙人的話掃除一空，而邪神卻悅樂這類事。

拉培歐（Labeo）竟將柏拉圖放在神仙之中，如我在第二卷中所說的。他以為當以流血的祭祀及祈禱去平息邪神的忿怒，以欣悅的禮儀及遊戲來悅樂善神。那麼為何柏拉圖以為這類醜行，不為神仙，而為善神所做，是不對的，當取消它呢？

這些神明顯地反對拉培歐的意見，因為對拉丁納不但表示祂們喜愛戲劇，並且兇惡無比。若人還堅信所有的神都是善的，與善人一起修德立功，不能作其他的想法，那麼，請他們說出自己的意見。他們說，我們將加以答覆，我們就洗耳靜聽吧！

第十四章 有人主張靈瑰有三種：天上的神、空中的邪魔及地上的人。

他們說：凡有靈魂的，分為三種：神、人及邪魔。神在最高處，人在最下處，邪魔則在中間；因為神在天上，人在地上，神明在空中。地方貴賤不同，本性的貴賤亦異。神的能力超乎人及神明之上，而人無論在元素方面或功績方面，都在神及神明之下，所以神明當在神後人前；祂們與神相同，肉身不朽（註），與人相似，因有偏情。

為此邪魔喜愛詩人的幻想惡行，因為有人的私欲偏情，這是神所沒有的。為此柏拉圖厭惡且禁止詩人的幻想，並不使善神不享受戲劇之樂，只使邪魔不能享受而已。

事實既然如此，馬桃拉的柏拉圖派人亞布雷寫了一本書籍，名為《蘇格拉底的神》。在此書中，他指出，蘇格拉底所交往的神，命他不要去做不能成功的事，當屬於何種神。但他論柏拉圖的學說時，以為神高高在上，人在最下，邪魔在中，明說祂不是神，而是魔鬼。若如此，為何柏拉圖願放逐邪魔的歌唱者，不是沒有人間罪惡的神。遠離城市及戲臺，豈非為告訴人：雖他尚在肉軀中，輕視邪魔的命令，厭惡邪惡，注重正直的美好。若柏拉圖指責並禁止這類事，邪魔卻要求並命令這類事。

所以或者是亞布雷錯了，蘇格拉底不當與邪魔為友；或柏拉圖自相矛盾，有時恭敬邪魔，有時以為當自城市中將邪魔的戲劇逐出；或不當贊成蘇格拉底與魔為友，連亞布雷亦羞愧道及，為此題自己的書名為：「蘇格拉底的神」。

在此書中，他小心將神與邪魔分開，不當題名為「蘇格拉底的神」，而當題名為「蘇格拉底的邪魔」。亞布雷不願在書上寫：「蘇格拉底的邪魔」，只在書中提及，是因為幾乎整個人類都厭惡邪魔的名字，若在書面上，看到「邪魔」二字，就要以為作者精神不正常。

亞布雷對邪魔能讚美何事，豈非身軀的精巧與勇力，及居在高空中？提及祂們時，對祂們不說好話，反而多加指責。讀了此書後，人就不會奇怪為何邪魔願在敬神的戲劇中亦有醜行，是願自己被人恭敬為神，為此喜悅神的罪惡，因為在敬神的禮儀中，所有的殘酷醜惡，都合乎祂們的私欲。

（註）聖奧古斯丁及初期教父，大都以為天使、魔鬼亦有肉身，只比我們的肉身更為精細而已，這顯然是錯誤。

第十五章　不因氣體的身體，或居高處，魔鬼就在人之上。

熱心恭敬天主的人，不可相信邪魔勝過我們，因為祂們的身體更為精細；不然，亦當將許多動物放在人上，他們或更靈便，或更有力，或更長壽。誰的眼目能與老鷹相比，或嗅覺能與犬相較，或奔走迅速，能如鹿、兔及飛鳥呢？或如獅子、象一般雄壯？或能如蛇一樣長壽，據說它們每次蛻皮，就返老還童。

但我們因著理智，是在所有動物之上，亦當以德行及品行在邪魔之上。此外，因著天主的安排，有些動物比我們更為優美，使我們懂得當更注意理智，超於肉身，輕視肉身的優點，因為邪魔亦有；而因著聖德，超乎他們之上，以期望肉身的不朽，不永遠受罰，而以清潔之心，為之前驅。

若說邪魔因居上空，就在人之上，真是可笑至極，因為若是這樣，飛鳥亦要在人之上了。但是他們說：飛鳥疲倦時或饑餓時，就至地上，而邪魔總不至地上；那麼他們就說：飛鳥在我們之上，而邪魔則在飛鳥之上。相信這點就是糊塗，更不當相信邪魔因居高空，就當受我們的敬拜。飛鳥不在人上，反而因著我們的靈魂，是在人之下；同樣，邪魔雖在高空，不可因為空氣在大地之上，就在人上，反而人當在上，因為善人能有希望，而邪魔則大失所望，所以不可同日而語。

柏拉圖亦依照此理，安置四行，將火放在最上面，下面為不動的大地，中間為空氣及水，空氣在水之上，火在空氣之上，同樣水也在地之上；這就證明，不當以四行的位置，來判斷動物的價值。

亞布雷自己及門徒稱人為地上動物，但他說遠在水產動物之上，而柏拉圖則將水放在地之上。為此我們可以理解論靈魂功德時，不當依照身軀的次序；因為可能一個上等的靈魂在醜陋肉軀中，而一個醜陋的靈魂，則在高貴的身軀中。

第十六章 對於邪魔的習慣及行動，柏拉圖派亞布雷的意見。

柏拉圖派亞布雷論邪魔的習俗時，說祂們與人有同樣的情欲；即受辱時發忿怒，因人叩拜光榮祂而平息忿怒，因受榮耀而喜悅，因受各式的禮儀而欣喜；若為人所疏忽，則就難受。

在別的事中，他還說：巫術，解夢之人的靈蹟就屬這種。於是簡單作一定義說：因形式為動物，因靈魂而有知覺，因理智而為人，因身胞為空中的；以時間而言，當為永久的。

五種特權之中，最初三個特點，與人相同，第四種是祂們自己的，第五種為神所共有。但與我們相同的三種特點中，二者與神所共有。

因為亞布雷說神亦為動物，因為祂將要素配給每樣動物時，將我們人與生活在地上的動物放在一起。魚在游泳獸類之中，邪魔在空氣中，神在人之中。

照他的意見，邪魔是動物，不但如人一般有動物性，並如動物及神一樣；與人一般有理智性；如神一般有永久性；與人一般有情欲，而氣體的身軀是祂特有的（註）。

祂們是動物，沒有什麼了不起，禽獸亦是動物；有理智性也沒有什麼了不起，我們人亦有；祂們的永久性，若不幸福，亦何益之有？暫時的福樂，比永遠的不幸更好。

若我們人亦有情欲，邪魔有情欲，豈在我們之上？我們若不如此不幸，就不會有情欲。祂們有氣體的身軀，何益之有！因為靈魂超越一切身軀之上。因此在宗教內，不當注意靈魂以下的事物。

若亞布雷在邪魔的優點中，列入德行、智慧、幸福，並說祂們與神所共有，的確他的言論甚為可貴，但我們並不因此當敬拜祂，如敬拜天主一樣；只當敬拜天主，邪魔由祂接受了一切。氣體的邪魔，不稱神的榮耀，祂們有理智性，故能不幸；可受苦因而受苦；有永久性，因而永遠受苦。

（註）聖奧古斯丁以為邪魔亦有肉身，只是更為精細，是氣體的，這是錯誤的。

第十七章　人當擯棄邪魔的惡行，豈當敬拜邪神？

我只論邪神與我們人共有的慾情，不提及其餘一切。若四要元素充滿動物，神有火及空氣，人有土及水，我請問：邪魔為何受慾情的擾亂？擾亂在希臘話為 παδος（Pathos）是相反理智的衝動；為何邪魔有欲情，而動物沒有呢？若動物有相似的表示，並不是慾情，因為它們沒有理智，所以亦不會相反理智。

在人方面，欲情的擾亂，係由糊塗及不幸而起，因為我們還沒有脫離肉身後享完全幸福。而神不為慾情所擾，不但因為祂們是永遠的，也因為祂們是幸福的。祂們亦有靈魂，但十分純潔，毫無過錯。

若神不受慾情的擾亂，因為是幸福的；若動物不為慾情所擾，因為不能幸福或不幸福，我們就當結論道：邪魔如人一樣，在擾亂中，因為是不幸的。

是何假宗教的顛狂，使我們人屬於邪魔，而真宗教卻自慾情中解放了我們，不要像似邪魔。為何邪魔為忿怒支配，如亞布雷亦不得已而加以承認的，雖然推辭祂們，並以為當受神的榮耀；而真宗教命我們不為忿怒所控制，而抵抗它。邪魔因受禮物而平息忿怒，而真宗教卻命我們不可因禮物的原因而優待人。

邪魔恨有些人，而愛別人，不以安靜及明智的判斷，而依亞布雷，卻以混亂的心境；而真宗教卻命我們亦愛仇人。最後，真宗教尚命我們壓制心神的一切擾亂，邪魔卻為之擾亂不已。除非是錯誤與糊塗，使我們去敬拜不願效法及相似的神，而真宗教則仿效所敬的神。

第十八章　何種宗教教人與善神為伍，當用邪魔作為介紹人。

所以亞布雷及同人，將邪魔作為人誦經敬神的仲介人，亦將所求的恩賜隱藏起來，因為如柏拉圖所說：任何神都不肯與人為伍。如此相信的人，以為人與神交往或神與人交往，是不對的；他們卻以為邪魔與神交往，為神與人的仲介人是合理的，使清白的人，遠離法術，選擇邪魔為仲介人，因祂們的轉求，為神所聽見；祂們願人悔恨自己的罪惡，因著這種悔改而立功勞，易於俯聽所禱。

邪魔喜好戲劇的淫亂，這是有羞惡之心的人所不能喜愛的；祂們又喜歡以巫術害人，這是心田清潔的人所不能愛的；所以潔淨與廉恥的人，沒有邪魔為中間人，就不能由神處得到任何恩賜。

亞布雷及同人白白地設法為淫亂的詩賦及戲劇昭雪；他們所尊敬的老師柏拉圖，曾反對這類醜惡的事，以為人類的羞恥心，不但喜好醜陋的事物，並使人相信稱神，真可說掃地精光了。

第十九章　靠邪魔助佑巫術的罪惡。

有些壞人，以邪魔的名義，將巫術炫耀於眾，我可引公眾的證明攻擊他們。若是神的工作，為何法律如此嚴厲地加以禁止？難道是教友訂立了嚴罰巫術的法律？豈非因為這種邪術，對人類有害嗎？維吉爾詩人說：

「向眾神及親愛的姐妹，
與你的甘飴的頭宣誓，
請你禁止邪術。」

在另一處他又說：

「見到剛發的嫩芽，又被遷至他處去。」

是因著這如瘟疫般的邪說，結果被遷至他處。西塞羅亦說在羅馬十二銅版法中，對行邪術者，定以死刑。連亞布雷自己，亦在教友法官前，被控告行邪術（註）。人問他邪術是否是好的、神聖的、相稱於神的權力時，他不但加以承認，並當眾公開指責法律不尊重它，反而禁止它，是不合理的。這樣，他或能使法宮隨從自己的意見，或者法官執法，判他死刑，因為他宣傳這類邪說，邪魔將給他當得的報酬，因為他宣傳神明的事，不畏懼死亡。

我們的殉教者，被人以奉教的名義控告時，他們並不背棄信仰，因為它使他們永遠光榮得救，反而勇敢地為它忍受一切苦刑，仰望必得長生而死去；這樣，使磨難他的人，亦捫心自愧，修改法律。我們還有這位柏拉圖派哲學家的長篇講詞，辯護邪術的控告，以為清白人不能犯罪，來證明自己無罪。

亞布雷亦以為邪術的奇事，當加擯棄，因為是由邪魔的助佑而來的。不知為何緣故，他竟說為將我們的祈禱達於神前，邪魔的介紹是必要的，所以當敬拜祂們；反而若願我們的祈禱能達到天主前，當避免祂們的事物。

所以我請問這位哲學家，是何種祈禱，由邪魔轉達於神，是巫術的或正常的？若是巫術的，神不會接受它；若是正常的，則因傳達者是邪魔，而不被接受。

若罪人後悔，特別若行了邪術，請求天主，豈能因使他墮落的邪魔代禱，而得寬赦？邪魔為使痛悔者得到饒赦，祂們難道亦作補贖，因為欺騙了人們？邪魔總沒有這樣表示過；這樣，祂們後悔以得寬赦，總不敢請求神的榮耀；一方面當擯棄驕傲，而另一方面當同情謙遜。

（註）亞布雷曾在格拉地（Claudius）總督前，以巫術罪名被控告，但這位總督並非教友。

第二十章 可否相信善神，更喜歡與邪魔在一起，而不與人交往？

有無緊急的原因，強逼人利用邪魔為中間人，使將祈禱奉獻天主，而得到俯聽呢？是因何原因及需要？他們說：理由是神與人無任何交往。

難道天主竟不俯聽祈禱他的人，而與傲慢的邪魔交往？不聽祈求寬赦的人，而聽唆人為惡的邪魔？不因哲學家的著作，由城市中將邪魔驅逐出去，而與請求君王，司祭演戲及詩人神話的邪魔為伍？不與禁止神的醜行之人交往，而聽喜悅神的假罪惡的邪魔？不與以法律禁止巫術的人來往，而與訓人巫術的邪魔來往；不聽遠避邪魔的人，而聽陷害人的邪魔嗎？

第二十一章 神願利用邪魔為報信者，不知自己或願自己為邪魔所欺騙。

有人以為神亭毒人間事故，除非由空中的邪魔報告，就一無所知。因為天地相離甚遠，而空氣比較接近；這是矛盾之說。

這真是奇妙的智慧！人對善神當如何思想，祂豈不亭毒人事，以得人的敬拜；然而因著天地的距離，祂不知人事，當利用邪魔，使人相信祂們是必要的，當受敬拜的，使能為人效勞。若如此，善神因著肉身的接近，更認識邪魔，比以心靈的慈善而認識人更為清楚了。這真是可歎的需要，最好說可惡的虛偽，用以使神變為無用的：因為神若沒有肉軀的牽連，能看到我們的心靈，就不需要邪魔的報告了；若神有肉軀，可看出我們心靈的外面表現，如面容、言語、行動，然後採用邪魔的報告，就能被欺騙；若神不為邪魔欺騙，就當知道我們所做的。

此外，我願意知道邪魔曾報告神，柏拉圖不愛詩人幻想神的罪惡，而加以隱瞞；或願將此事隱藏起來而不言；或曾表示過柏拉圖對神的意見；他不願神為詩人的神話所污，說明自己喜好戲劇，但不願暴露神的醜行。在此四個問題中，可任意擇選，但在每一答覆中，都對神不利。

若選第一答覆，就當承認善神不贊成柏拉圖，他禁止侮辱神，而與惡魔為伍，取樂；因為神只由邪魔才能認識遠居的人。

若選第二答覆，以為邪魔會隱藏了柏拉圖的法律及自己的淫樂，使神毫無所知；我們可問神由邪魔處能得到人間何事；若連善人對他們的敬禮，反對邪魔的慾情，亦毫無所知的話。

若選第三答覆，說邪魔曾報告柏拉圖曾禁止人侮辱神，自己卻喜歡侮辱神，就可發問：這是報告，或是侮辱。此外，神知道這些事，不但不將反對敬神的邪魔逐之遠處，反而利用祂們，給在遠處的柏拉圖贈禮。物質的聯繫，使神與侮辱祂的常在一起，而不能與衛護神的在一起，因為雖然知道，亦不能變換大地及空氣的情形。

若選第四答覆，這是最後的及最壞的：因為若邪魔曾向神報告過詩人對祂們的捏造醜行，淫亂的戲劇，及自己喜悅這類事情，但不提柏拉圖，以為當自治安的國家中將它除去；誰能承認善神只能知道所報告的罪惡，而不知哲學家反對這事的功績，因為他們敬拜神，而邪魔卻侮辱神。

第二十二章　當反對亞布雷的意見，不敬邪魔。

既然我們不能接受上面四種答覆，為不想神的壞處，就當結論到，不可相信亞布雷及其他哲學家所願證明的。邪魔不在神人之中，為祂們的報告人或傳言者；祂們不將我們的祈禱奉獻給天主，亦不將天主的恩寵帶給我們；祂們只想害人，沒有任何公義，卻驕傲自大，侮辱他人，善於欺人；祂們住在空中，如在監獄中一樣，因為犯了不能寬免的罪，由天堂被天主逐出。

祂們以功德而論並不在人之上，雖然祂們住在大地及水的上面空氣中；而人雖不以肉軀，卻選擇了真主，所以在邪魔之上。但邪魔控制許多不信真宗教的人，如自己的奴隸一般，以虛偽的預言及奇蹟，使人們相信自己為神。

既然不能與研究祂們惡行的人有所作為，就假裝為神人的中間人及請求恩賜者。若人看見邪魔如此兇惡，不以祂們為神，便會以為不當以神的榮耀歸於祂們。他們不信邪魔為神，因為他們以為所有神都是善良的，但不敢說祂們不當受神的敬禮，特別為不開罪其他民族，他們因著傳統的迷信，建立了許多廟宇來敬拜邪神們。

第二十三章　論代美治對邪神的意見，因為他知道當擯棄埃及人的迷信。

埃及人赫米斯（Hermes），亦稱代美治（Trismegistus），對邪神有另外的意見。因為亞布雷否認祂們為神，但說是神人的中間人，人需要祂們，以與神交往；於是在祂們及神的敬禮中，就沒有區別了。

埃及人卻說：有的神由天主所造，有的神由人所設。聽見我所說的人，可能相信我說人造的偶像而言，但他卻說可見的偶像，只是神的身體而已，他們能加害或俯聽恭敬他們的人。將神與有形可見的物體混合，使成為有靈之物，歸屬於神，依他的意見，這就是設立神與人有這種特奇的大能。

我在此地引用這位埃及人的話，譯成拉丁文。他說：「我們既然要論人及神的家族，亞加來必，你先當知道人的能力；既然天主是至高之父，造了天上的神，同樣人亦設立神在廟宇中，與人親近。」

稍後他又說：「人該當常記住他的性質及來源，效法神，天主大父造了相似自己的神；同樣，人亦照自己的肖像，去設立自己的神。」

亞加來必答說：「代美治，你是說神像嗎？」

他乃繼續說：「亞加來必，你不見使你疑惑的事嗎？偶像充滿生命與感情，做了許多事，能知未來，可預言卜者所不能知的；能使人生病，或治療他，使他們喜樂或憂慮，依他們所應得的。你不知道埃及是天的像，或最好說：是在地上的天，是宇宙的寺廟。賢者當知一切，就當知道將有一日，似乎埃及人雖熱心敬神，但他們的宗教及敬禮都歸無用。」

赫米斯繼續長篇大論地談論這事，似乎他預言將有一日，天主教因為更神聖、更真實，將一切騙人的假設撕下，以救主的恩寵，將人由他自己所設的神中救出，以敬拜造他的天主。

但赫米斯以邪魔之友的名義，預言這些事，用同樣的謊言，不明言天主教，但預言這事，將奪去使埃及像似上天的事物。

他正如聖保祿宗徒所說的：「他們雖然認識了天主，卻不當天主光榮他或感謝他，反而使他們的思想上成了空洞的，他們冥頑不靈的心陷入了黑暗；他們自負為智者，反而成為愚蠢的。他們將不可朽壞的天主的光榮，變為不朽壞的人。」（羅・一：21—23）等，要全引太長了。

赫米斯說了許多獨一真天主的真理，祂造了天地；但我不知他竟結論到人當服從人所設的神，雖有一日將被毀壞。有比人為他自己所做的事物所控制的，更為不幸的嗎？人敬拜自己所造的事物為神，人已不是人，因他敬拜他所做的而成為神。

此外屢次人在光榮中，愚蠢如動物一樣，將他所做的事物，放在像似神的人之上：人將自己所做的，放在自己之上，就遠離造他的天主了。

埃及人赫米斯哀傷這類虛偽有害的事情，因為預見將要毀滅，但他的哀痛是不明智的，如他所預見的一樣。聖神並沒有啟示他這類事情，如他曾啟示了先知們，他們喜歡地預言說：「人豈能為自己製造神祇？其實它們就不是神。」（耶・十六：2）

在另一處又說：「在那一天——萬軍上主的斷言——我要由地上割除一切偶像的名號，再不為人所紀念。」（匝・十三：2）

先知依撒意亞也對埃及預言說：「埃及的偶像在他面前戰慄，埃及人的心已在自身內消融。」（依・十九：1）他處還有相似的話。

這幾位先知聖人，喜歡見到將見的救世主，如已來臨，如西默盎老翁及亞納見了剛出生的耶穌；如聖婦依撒伯爾認識尚在胎中的耶穌；如聖伯多祿得了聖父的啟示後呼說：「你是默西亞，永生天主之子。」（瑪・十六：16）

這些邪魔戰慄地對降生的聖子說：「時候還沒有到，你就來這裡苦害我們嗎？」（瑪・八：29）告訴了這位埃及人自己的毀滅。祂們這樣說，或者因為祂們希望後來到的，現在就要來到，或者以為祂們的滅亡已經近了，因為人一認識了祂們，就輕視祂們。

這是在公審判前就要實現的，那時他們與惡人將受永罰，如聖教會所訓人的，它不會錯誤，亦不會引人入迷途，不如赫米斯為各種邪說所引，將真假混合，為假宗教將要消滅而哀痛。

第二十四章 赫米斯公開承認先人的錯誤，但哀痛它將消滅。

赫米斯討論了許多問題後，又回來論人所設立的神說：

「對於神，前面所說的已經夠了，現在說說人及理智，因而人稱為有理智的動物；其他的事沒有什麼可稱讚的！最可稱讚的，是人能發現神的本性，並且能捏造他。我們的先人，如外教人一樣，對神的本性，大錯特錯，不留心神的宗教及敬禮，竟捏造了神；他們找著了後，就給他宇宙的能力；因為他不能創造靈魂，乃呼求邪魔與天神，將祂們關入偶像中，使能施善行惡。」

我不知道邪魔曾如赫米斯所說：「我們的先人對神的本性大錯特錯，不留心神的宗教及敬禮，竟捏造了神。」他以為錯了還不夠，乃加上「大錯特錯」。這種大錯誤是不信神的宗教及敬禮，竟使他們捏造神；乃使這位赫米斯賢人，哀傷神的宗教，將有一日要毀滅。

由此可見，是神的能力逼他爆發先人的錯誤；邪魔的能力，使他哀傷邪魔將來的失敗。若他們的先人，對神的本性大錯特錯，不留心神的宗教及敬禮，竟捏造了神。則將來真理駁倒邪說，信仰指責沒有信仰，皈依改正邪惡時，神的能力，將取消反對自己的邪魔的惡勢力。

若這位埃及人，不說出理由，只說自己的先人捏造了神，我們知道善惡的就有本分研究，是否他們不離開真理，相信天主，奉天主的教會而行敬禮，竟能捏造出神來。若我們說：這事的原因，是人的錯誤及沒有信心，及對真宗教的錯誤，那麼就可容忍尋找真理人的愚笨了。

驚奇人能捏造神，預見人造的偶像將被毀壞，乃疾首痛心，已指出人能到何種地步；那時我們只能感謝我們的天主，因為他除掉這種大惡逆。真理取消了邪說所創立的，信仰毀滅了異端所造的；皈依獨一、真善的天主，取消了遠離真神的宗教及敬禮；這不但在埃及，如邪魔所痛苦的，並且各處都唱新歌，讚頌上主，如《聖經》上所說：「也請教外的人民，都來讚美天主。」（詠・九十五：1）。

本〈聖詠〉的開始寫著：「被擄以後，當聖殿重建落成時。」天主的家，即天主城，就是聖教會，到處由人所建，如活的巨石，由邪魔的魔掌中被救出來後，信仰天主。人若捏造神，朝拜祂，與祂為伍，非與偶像為伍，實與邪魔為伍，就成為奴隸了。

因為何為偶像，豈非如《聖經》所說：「有口而不能言，有耳而不能聽。」（詠・一百一十三：5）對於沒有五官及生命的偶像又當何言？這些偶像內的邪神，使敬拜祂的人，變成奴隸，為此聖保祿宗徒說：「是說祭邪神的肉算得什麼嗎？或是說邪神算得什麼嗎？不是，我說的是：凡外教人所祭祀的，是祭祀邪魔，而不是祭祀真神。我不願意你們與邪魔有份。」（格前・十：2）

然而在人為邪魔奴役後，各處建立了天主的聖殿，為此〈聖詠〉上說：「你們要向上主高唱新歌，全地都要向上主歌唱，讚頌祂的聖名，要日復日地傳揚祂的救恩。在異邦中要述說祂的榮耀，在萬民中要講述祂的奇事。因為上主是偉大的，是極當受讚美的，祂在諸神以上當受敬畏。因為

外邦的神，盡為虛無，唯獨上主創造了諸人。」（詠．九十五：1—5）

所以赫米斯由於邪魔的唆使，哀傷將來敬拜偶像，邪魔控制司祭，要被取消；他希望奴隸的時期永久存在，因為以後要如〈聖詠〉所說，天主的聖殿將在各處建立起來。赫米斯哀痛地預言這事，先知們卻欣悅地預言它。

然而因著先知的口，預言這些事的聖神，畢竟勝利了，赫米斯只好承認他不願消滅的偶像，不由明智誠懇的人所建立，而由錯誤，沒有宗教信仰，而遠離宗教的人所創。既然由人所創，則雖稱為神，不當受明智、誠懇人所敬拜。同時也證明，創立祂的人，是自己哄騙自己，將不是神的敬之為神；所以先知耶肋米亞說得對：「人豈能為自己製造神祇？其實它們就不是神。」（耶．十六：2）

所以赫米斯稱人製造的偽神，而實際上是與人的私欲連在一起，但不說祂們是由天主所造，是人在天主前的中保，如柏拉圖派亞布雷所說，我們前面已證明他在胡說八道。

然而相信人所製造的神，勝於天主所造的神，或天主所造的人，也是糊塗至極，因為邪魔與偶像連在一起，乃由人所製，不由任何人，卻由一人所創；由一個錯誤、沒有信仰、遠離天主的人所制的偶像有何價值呢？

邪魔在廟中受人膜拜，或在偶像之中，人竟認祂為神，實則遠離真宗教，因著祂們的品行醜劣，或因人雖然錯誤，沒有宗教信仰，遠離真宗教，但一定比用自己手做成的偶像更好，所以邪魔絕對不能是人與天主間的中保。

所以祂們能做的，就是照邪魔的能力；就算是施恩與人，目的還是害人，因為這樣更容易騙人，更能明目張膽地作惡。但祂們不能如所欲而為，只依天主上智所准許的距離，就如毛病與德行，罪惡與善良的距離一樣。

第二十五章　天神與人所能共有的。

所以我們絕對不可用邪魔的介紹，以得神的恩惠；而當與天使為伍，同祂們一起敬拜天主，雖然我們的肉眼不能看見祂們。若因意志不同，及本性軟弱，我們不幸，是因為我們的生活與祂們不同，並不因身軀所在的地方有異。

我們與祂們隔離，不因為有肉軀，生活在世，是因肉軀的不潔，我們喜好世間的事物。若我們潔淨了，與祂們相似，我們亦只能以信仰接近祂們，因著祂們的助佑，我們堅信使天使幸福的天主，亦將使我們幸福。

第二十六章　外教人宗教的對象，只是已故的人。

當注意埃及人曾痛哭一日，為了將自埃及取消偶像，他承認這是由錯誤、無信仰及反對真神宗教的人所創立的，其中說：「那時這塊至聖的土地，以前是廟宇及墓陵的場所，將充斥亡者及墳墓。」似乎若不取消偶像，人就不會死，死後不葬在地下。其實時代越久，因亡者越眾，自然墳墓越多。

似乎他痛哭我們的殉教者，將繼承他們的廟宇及神祇；這樣，反對我們的人，讀到這些話，以為外教人在廟中敬神，而我們卻在墳墓中，叩拜亡者。

惡人竟如此盲目，不見在外教人的歷史中，神都是古人，死後卻得了神的榮耀。

我且不提范羅（Varro）所說，所有的亡者都是神，只用他為亡者舉行的禮儀，來證明這點，特別是亡者的戲劇，以為是最大的證據，因為普通這類禮儀，只為敬神而舉行。

現在我們研究的赫米斯，哀痛預告將來的事故時說：「這塊神聖的地方，廟宇及神的場所，將充斥墳墓與死者」，這已說明埃及的神，是已故的人。

他說了自己的先人，對神的本性大錯特錯，不願敬拜真神，卻捏造了邪神，「捏造後，與以相稱的德能，因為不能創造靈魂，乃請了邪魔與天使，將他們放入偶像及廟宇中，使偶像因著他們能行善作惡。」

為證明這點，他引榜樣說：「亞加來必，你的祖父發明瞭醫學，他的身軀埋葬處，在利比亞山中，鯉魚河邊，有他的廟、他的靈魂，或最好說，整個的他已升天了，幫助患病的人，以前他曾用醫術醫治了他們。」此地說一位亡者，在他葬身之地，受了神的敬禮，並妄稱他已升天了。他又繼續說：「赫米斯，我繼承他的名字，住在故鄉，以他的名字而得名，豈不庇佑各處投奔他的人嗎？」

據說大赫米斯（Hermes），即梅古利（Mercurius），赫米斯說是自己的祖先，生活在赫米斯城（Hermopolis），是由他的名字而得名。由此可見愛古來伯與梅古利二神皆為古人而已。對愛古來伯，希臘人與拉丁人的意見相同；至於梅古利，許多人不信他為人，雖然赫米斯說他是自己的祖先。可能兩個神有同一名字，我且不管這點，只要因他孫子代美治多著名埃及人的證據，他如愛古來伯一樣，是天主所造的人。

他又寫說：「我們能知道何西利（Osiris）的夫人艾西斯（Isis）高興時，賞賜多少恩惠，而發怒時又給了多少禍患」，證明所有由人所造的神都如此行事，可見邪魔，就是亡者的靈魂，由錯誤、無信仰、無宗教的人關入偶像中，他們這樣做，因為不能造靈魂。

他說了艾西斯發怒時，能給許多禍患後，又寫說：「世間世俗的神，容易發怒，因為由人所製，由二要素組成。」他所說的兩種要素，即靈魂與肉身；靈魂指邪魔，肉身指偶像。

「為此埃及人，以為有些動物是神聖的，在各城中叩拜他們的靈魂，生活時就封為神，當依他們的律法敬拜他們，並因他們而取名。」曾為廟宇及祭壇的聖地埃及，將充斥亡者與墳墓，這種哀聲，有何益處？

邪魔用赫米斯的口，說了這些事，當承認已充斥亡者與墳墓，竟以神敬拜他們。是邪魔借赫米斯的口，說明因為殉教者的墳墓附近，乃傷痛不已，因為在許多地方，由附魔的人身上，邪魔被驅逐出去。

第二十七章 信友如何光榮殉教者。

我們不為殉教者建立聖堂，司祭與祭獻，因為他們不是我們的天主，他們的天主乃是我們的天主。我們光榮他們的墳墓，如天主聖人的墳墓一樣，因為他們為真理作戰至死，使假宗教毀滅後，大家都認識真宗教，雖然已有人認識它，但因畏懼，不敢公開地承認它。在信友中，誰曾聽見過司祭在恭敬天主的祭壇前，雖建築在殉教者的墳墓上，念下面的經文：「伯多祿、保祿、西比廉，我給你奉這祭獻」？

我們在殉教者的墳上奉獻祭祀時，是對造他們為人及殉教者的天主獻祭，現在又使他們同天使，一起受光榮；是以祭祀，為他們的勝利感謝天主，並呼求他們的援助，以仿效他們的芳表，能如他們一樣，獲得勝利的榮冠。

在殉教者墳墓上舉行的一切宗教行為，是為光榮紀念他們，而不是祭獻亡者為神。若有人帶些飲食，這並不是最好信友所做的，在許多地方並沒有這類風俗（註），他們只將飲食放下祈禱，然後將飲食吃了，或分給貧窮人，以為因著殉教者的功勞，由殉教者的天主所祝聖了。信友只向獨一天主，奉獻祭祀，不向殉教者舉行祭獻。

我們不以神的榮耀，或人類的罪惡，光榮我們的殉教者，如外教人之光榮他們的神祇一樣；我們亦不向他們奉獻祭祀，亦不將他們的禮儀，變成罪惡。

埃及女神艾西斯，是何西利的夫人，給自己先人君王獻祭時，將麥穗獻與君王及他的顧問梅古利，所以人亦視她為且來（Ceres）穀神。不是詩人，而是司祭曾描寫了她及其先人的醜行，有雷何司祭作證，如亞歷山大給他母親何靈比所寫的。願意讀的及能讀的，可去讀讀這類醜行，並且牢記在心，就可看出他們的祭祀，是獻給何種古人了，竟視祂們為神。

我不願將他們的邪神與我們的殉教者相比，因為我們不以他們為神。我們不為殉教者設立司祭及祭品，這是不許的，因為祭獻只當歸於獨一的天主。我們亦不如外教人，讚揚他們的神為人時所犯的惡行；若不是人，則他們是慶祝邪魔的娛樂。

若蘇格拉底曾有神的話，一定不是這種神；可能慣於捏造邪神的人，亦給這位無辜的人捏造一神，他精於此道，我還要說什麼呢？沒有一個賢人，會承認當敬拜這類邪神，以得死後的幸福。恐怕我們當說所有的神都是善的，而鬼中有善有惡，為得幸福的永生，當敬拜善者，在下卷書中，我們當看這是什麼。

（註）在非洲等處，有在殉教者墳墓上舉行宴會，以示慶祝的；聖奧古斯丁的母親莫尼加想將這風俗帶至米蘭，為聖盎博羅削所阻，後聖奧古斯丁在自己的教區希波，亦禁止這類風俗。

第九卷

聖奧古斯丁在前一卷書中，論了邪魔的敬禮後，在本卷中，辯駁將邪魔分成善惡的人，證明這類區別是假的；除基督外，任何邪魔都不是人類的中保，以得永福。

第一章 前面討論至何階段，對這問題，尚當討論何事？

有人以為神有善惡之別，別人對神有更正確的觀念，以為只當敬拜善神，不能有惡神存在。然而主張神有善惡之別的人，竟將邪魔與神混為一談，甚至有時稱邪魔為神；這樣，荷馬競稱眾神之父游維為魔。

主張所有神都是善的，比任何善人更好，亦不能否認邪魔的工作。自然當將神與邪魔分開，不能承認本性善的神，能做出醜惡行為來；為此將他們不喜歡的，無論是行動或情感，邪魔用以表示祂們能力的，將這類行為一股腦地都歸於邪魔，而不歸於神。

既然有人相信邪魔為神及人間的中人，將人的意願訴之於神，將神的恩惠分施於人，好像神不能直接及於人。在主張這說法的人中，有著名的柏拉圖派的哲學家，我願意同他們一起討論下面這個問題：敬拜許多神，能助人身後得到幸福的生命否？

在前一卷書中，我曾問為何邪魔喜好善人所憎厭的，所指責的，如醜惡的事、詩人的幻想、巫術等，能使善人與善神為友；我們的結論是：這是絕對不能的。

第二章 邪魔中有善魔否？祂能幫助人得真的幸福否？

在本卷書中，我不討論神中的區別，柏拉圖派哲學士，以為所有神都是好的；亦不論依照他們的意見，神遠離人類，而邪魔為神與人的中間人；而是邪魔中的區別，因為許多人以為在邪魔中，亦有善惡之別。

我們當研究這個問題，無論是柏拉圖派或任何哲學家的意見，不要有人以為當借助邪魔的斡旋，使人與善神和好，死後與祂結合。如此，就為邪魔所欺蒙，遠離真天主；同他、在他、由他，人有理智的靈魂，才能幸福。

第三章 亞布雷給邪魔的特長，是既無理由，亦無德行。

在善惡魔中，究竟有何區別？柏拉圖派亞布雷（Apuleius）（編按）普遍論邪魔時，長篇大論地述說他們氣體的身軀，而不提及祂們靈魂的德能，若為善魔，這是必要的。可不提祂們幸福的原因，但不能不提祂們不幸的原因；當承認祂們有理智，但祂們不修德行，放縱慾情，為慾情風暴所襲。

他對這點說：「詩人普遍以為邪魔屬於神類，喜歡助佑幾人，但仇恨反對別人；如人一樣，有時慈悲，有時發怒，一時悲傷，一時喜樂，思想與情感都在顛簸中，然而上天幸福的神中，是不會有顛簸的。」無疑的，他用這幾句話，不但說邪魔的心靈下層，連整個的心靈，亦為情感的波流所震盪，根本不能與賢人相比，他們感覺人性軟弱時，堅心抵抗，不願做出相反明智與公正的事。

邪魔反而如糊塗人，不在肉身，而在心靈中，與他們相似，若不因固執於惡，不知改過，連他們都不如。依照亞布雷，他們常在思想中飄蕩，總不以真理與道德，來抵抗無羈的慾情。

（編按）亞布雷（Lucius Apuleius，約一二五年—一八〇年），古羅馬柏拉圖派學者與作家，是來自北非阿爾及利亞的巴巴里人，曾在雅典學習柏拉圖派哲學，之後並在羅馬講學著述。著有小說《變形記》（Metamorphoses），或譯《金驢記》（The Golden Ass），為當時留存至今的唯一一本拉丁文小說，諷刺羅馬帝國的社會生活。

第四章　逍遙學派與斯多噶學派，對心靈擾亂的意見。

哲學家對心靈的擾亂有兩種意見，希臘人呼為「παθη」（Pade），我們中如西塞羅稱為「擾亂」，別人稱為「情感」；也有人如亞布雷，由希臘文名為「慾情」。

依照一些哲學家，賢人亦有這類擾亂，情感或慾情，但他能節制它，使它服從理智，這樣，意志加以律法，使它在正當界限之內。這是柏拉圖派及逍遙派的意見，因為逍遙派的創立人亞里斯多德，是柏拉圖的門人。

別的哲學家，如斯多噶派，根本否認賢人心中能有情欲。但西塞羅在善惡界限書中，指出斯多噶派只用言語，而不能用事實，來攻擊柏拉圖派或追遙派。他們不願稱事物為財富，而只是肉身的外形利便。他們以人的獨一善事為德行，即善生的藝術，為此只屬心靈。

逍遙派依從普通人的說法，稱世物為財富，然與使人善生的德行比較起來，則為細微的財富而已。無論如何稱呼，財富也好，使利也好，總受大家的重視，斯多噶派只喜好新的名詞而已。

至於賢人能有心靈的變動與否，依我看，也只是名詞的問題而已；若求真實，而不注意字句，則他們的思想與柏拉圖派及逍遙派並無分別。為不太冗長起見，我不引這點的理由，只引一樁有價值的證據：

著名作家且利烏斯（Aulus Gellius）在《安提卡夜書》（編按）中，記載他曾與一位斯多噶派哲學家一起航行，我將且利烏斯長篇大論的述說作個簡單的記述。這位哲學家看見因著大風浪，船有危險，臉面發白，恐懼不已。同航者亦冒性命的危險，但仍注意他是否亦有所感。風浪平息後，能自由談論詼諧時，一位亞洲的富翁旅客，譏笑這位哲學家，因為他恐懼，臉色變白。這位哲學家乃以亞利底布的故事作為對答，他遇到同樣危險時，答覆詢問者說：「為一個犯人，自然不必害怕，但哲學家卻當為自己的性命操心。」

亞洲富翁聽了這個答覆，捫口無話後，且利烏斯請教哲學家，不是為辯論，而是為學習，何為他恐懼的原因。哲學家為教訓勤於學習的人起見，乃將斯多噶派愛比德（Epcitetus）的書給他看，其中寫著與斯多噶派才諾（Zeno）及克西布（Chriysippus）相似的學說。

在這書中他讀到人不能阻止幻想，所以遇到驚慌事故時，幻想亦震動賢人的心聲，於是他恐懼、變色、憂慮，似乎理智一時失去光明；然而在他們心靈中，並不贊同惡念，這是人能做到的，也是賢人與糊塗人的區別。糊塗人為慾情所勝，賢人雖亦當忍受它，但仍能分清當願望何事及逃避何事。

我已盡我所能，寫出且利烏斯在愛比德書中所讀到的，這也是他自己由斯多噶的學說中所學到的；可能沒有比他寫得更好，但至少更清楚。若是這樣，在斯多噶派及別的哲學家中，對心靈上的激動，並沒有不同的意見，因為大家都不承認慾情能控制賢人的理智。

斯多噶派說慾情不在賢人心中，因為不為任何錯誤所遮蓋，也沒有過失能毀壞它。能達到他的心中，但不能擾亂他的安靜；為此斯多噶派稱事物「有利」與「無利」，而不稱為善惡。

上面所說的哲學家，若不重視在狂風大浪中將失去的事物，就不會怕危險，以致臉面變色，表示出他的恐懼。即思想風浪將使他失去的生命，並非如公義一樣，能使他成為善人，他仍舊會感覺激動的。至於說稱事物為利益而不稱財富，只是言語上的分別而已，而實際上並無任何區別。

因而恐懼損失，同樣使斯多噶派或逍遙派大驚失色，則如何稱呼，有何關係？豈不是言語不同，而所引起的感情則同嗎？因為二者，若為保存財貨或利益，該當犯罪作惡，以保身體健康，都要說情願損失財物，而不願侵犯公義。

這樣，理智決定後，不讓感情來擾亂它，雖然下部能受到激蕩，不但不同意，反而能控制它，這是修德行；維吉爾這樣指寫愛乃亞說：

「雄志淩青雲！涕淚空滂沱。」

（編按）且利烏斯（Aulus Gellius, c. 125 – 180 AD）西元一世紀的羅馬作家與拉丁文語言學家，以其《安提卡夜書》（Noctes Atticæ）聞名，為他於希臘安提卡城的長夜中撰寫的筆記合集，其中包含文法、哲學、史學、幾何等主題。

第五章　擾亂信友心靈的情感，不引他們犯罪，反使他們修德行。

現在不必長篇大論地指出《聖經》對情感教訓我們什麼，因為全部的教義，都包含在《聖經》中。依天主教的教義，使人心服從天主，由祂引導；使情感服從理智，使能控制它，引導它為公義服務。在我們的教會中，不但要研究信友發怒，並研究他為何發怒；不但考察他的憂愁，並注意他憂愁的原因；不但願意知道他驚懼，並要知道他怕什麼。沒有一個正常的人，會傷痛對罪人發怒，使他皈依；與痛苦者哀痛，以安慰他；為在危險中的兄弟操心，使他不失足。斯多噶派指責同情，但上面的哲學家，更願為助人而擔憂，比怕淹死更強。

西塞羅讚頌凱撒時，他的言語更為高尚，更人性化與宗教化。他說：「你們德行中沒有比慈善更奇妙，更受人歡迎的。」何為慈善？豈不是對別人的痛苦同情，並在可能範圍內加以援助嗎？它指導理智，在公義之內，施捨窮人，寬赦懺悔者。

大演說家西塞羅稱它為德行，但斯多噶派竟將它列入毛病中；然而他們中，如著名斯多噶派愛比德在他書中，講論該派創立人才諾及克西布的學說時，承認賢者心中能有這種情感，雖然沒有任何毛病。所以該當結論到依據斯多噶派，不以情感為毛病，賢者不讓它控制理智；所以實際上，在柏拉圖派，逍遙派及斯多噶派中，並無異見。

西塞羅曾說，希臘人自古好辯，喜歡辯論，超過尋求真理。研究行善時感覺這類情感，是否是一種軟弱，這是頗有趣味的問題。

天使依照天主永久的律法，罰當降罰的人，但沒有憤怒；幫助貧窮人，但沒有同情貧窮的心；援助在危險中的人，但無畏懼；然以人類言語，亦稱他們的行為是出於情感，是因相似，非因軟弱。甚至依照《聖經》，天主有時亦發憤怒，但其中沒有任何情感性的擾亂；仇報只是忿怒的效果，而不是擾亂的感情。

第六章　依照亞布雷，邪魔有何情欲，並因著它，人可獲得祂們的援助？

我們暫時放下天使的問題，來研究柏拉圖派說神人的中保邪魔，如何為情欲所擾亂。

若祂們的情感服從理智，不生擾亂，亞布雷就不會說，因著心中的激動與理智的動盪，為千萬情緒所擾。祂們的理智，就是靈魂的上層，德行智慧的位置，若有的話，本當依這位柏拉圖派人的話，控制情感，加以引導，現在卻在動盪中。所以邪魔的理智亦有邪慾、恐懼、憤怒等情感。

那麼祂們有何自由及德行，以悅樂神及引導人，若祂們的理智，為毛病及情欲的奴隸，用祂們最高尚的部份，以哄騙人，祂們愈願意害人，自然陷害愈重。

第七章　依照柏拉圖學派，詩人妄告神，其實是邪魔的，而不是神的。

誰說邪魔，依照詩人說法，能愛人恨人，是惡神，就離真理不遠？亞布雷已說過祂們在情感中動盪。若他說這話時，不只是指幾名邪魔，而是描寫神人中間的中保，這是祂們以氣體身軀，盡所有邪魔的職務，這話有何意義呢？

亞布雷寫說：「詩人將神自邪魔中取出，取名為神，成為人類的朋友或仇人，以道德及位置與幸福而言，遠在邪魔之上。」

稱神而非神，是詩人的幻想；他們又說神因愛人或恨人，彼此鬥爭；並說這種幻想離真理不遠，因邪魔被稱為神，其實上不是神，而又被描寫成神。

據荷馬記載，特洛伊人抬著米內瓦像，以阻止亞基雷作戰。所以亞布雷相信米內瓦是詩人的幻想，或以為她是一位女神，將她列入神品中，遠離人世，在天上享福。為此照亞布雷，詩人承認有的邪魔是希臘人的朋友，特洛伊人的敵人；有的是特洛伊人的朋友，希臘人的敵人，實離真理不遠；

他並提出維納斯及馬爾斯神，將祂們放人上天的其他神中；祂們亦做同樣的事，互相鬥爭，助佑所愛的，攻擊所恨的。這位柏拉圖派人說了神的這件事情，如人一般，心神動盪，使能助佑所愛的，危害所恨的，不依公義，而照派系的嗜好，正如人民在賽車或打獵時一樣。

亞布雷在自己的述說中，似乎只注意到這點，詩人歌唱了他們的幻想後，不是神的行為，而是邪魔的動作，詩人且提出祂們的名字。

第八章　柏拉圖學派亞布雷對天上的神，空中的邪魔及世人的定義。

亞布雷對邪魔的定義，引起少數人的注意，因為他說：祂們以本性而論是動物，心中有情感，因悟司而有理智，身軀為氣體，以時間而言是永久的。在上面五種特長中，他沒有說，邪魔與善人有相同點，為惡人所無。他論了天上的神後，長篇論軟弱的世人。說了神人兩種後，可以談論中間人；他寫說：

「人因理智與言語而尊貴，他有不朽的靈魂，與有死的肢體。悟司軟弱，肉軀笨重，性情易變，本性已敗壞，冒失勇敢，期望固定，抵抗力小，幸運不常。個人有死亡，然能保存人類，因時而變，悟司緩遲，生命短促，依附在地上。」

他說了許多人類所共有的特點，而不提及部份人的事，如他說：悟司遲鈍；若他忘了，對人類的描寫就不正確。他論神時，他曾說他們能享受極高尚的幸福，人亦願意以智慧達到它。

亞布雷若願意讓我們相信有善魔存在，必定會描寫祂，使我們能與神有同樣的幸福，或與人有同樣的智慧；然而沒有可以辨別善惡的事情。但他很小心，不太暴露邪魔的兇惡，不是因為邪魔，是為與他談論敬邪魔的人。

然而他已指給賢者所當知的，將善神與惡魔分開，如他所說的，邪魔的擾亂，只在於身軀的永久性相似而已。然後他又明說邪魔的靈魂不如神，而如人，不是因著智慧，這是人所能有的，而是因著慾情的擾亂，控制糊塗人與惡人，智者卻能加以控制，情願沒有它，而不勝過它。

若他願意我們知道邪魔不但與我們有永久的肉軀，並有永久的靈魂，一定不會將人自人類中分出，因為亞布雷以為有永久的靈魂。他論人時，曾說人有不朽的靈魂及有朽的肉軀，為此若人因著肉軀沒有與神相同的永遠，反而邪魔因著不朽的肉身則有之。

第九章　人能因邪魔的轉求而得神的友誼否？

邪魔能為神與人的中間人，因祂們的轉求，人能得到神的友誼；祂們與人有動物最尊貴的部份，即靈魂，祂們如神；有動物最下賤的部份，即肉軀。

動物由靈魂與肉身組合而成；即是最下級、最柔弱的魂，亦比肉身尊貴。靈魂雖有各種缺點，亦比強健的肉身更為尊貴，就如不純的金子，亦比純粹的銀子或鉛更貴重。

祂們是神與人的中保，因著祂們，人與神接近；有永久的肉身如神，污穢的心靈如人，似乎願將人與神結合的宗教，是在肉身，而不在心靈上。

這種虛偽的中保，似乎上下顛倒，有肉身與神相同，有靈魂與人相似；與神有下賤的部份，與人有尊貴的部份。因為肉身是奴隸，如沙路底（Sallustius）說的：「心靈當出命，肉身當服從；我們具有心靈如神，具有肉身如動物。」因為人的肉身，如動物一般，是會死亡的。

但哲學家所指的神與人間的中保，與神有同樣的心靈，與人有同一的肉身；然而如我上面所說的，上下顛倒，當以肉身為奴才，如幸福的神；以心靈為主，如卑賤的人；下部上之，上部下之。

若有人相信他們永久如神，為此死亡不使他們靈魂與肉身分離，不如我們世人一樣，不要就以為他們的肉身是光榮的器具，更是永久受罰的對象。

第十章　依照普羅丁的意見，人有死亡的肉身，比邪魔有永久的肉身，不幸更小。

普羅丁生活的時代離我們不遠（註），他頗受人尊重，因為他解說柏拉圖的意見，比任何人都更透澈。他論人心靈時說：「仁慈的大父，給他們造了可死亡的羈束。」為此他將人身能死亡，歸於天主父的慈善，使人不常屬此生的不幸。

然而邪魔的罪惡，沒有得到這種仁慈，因為他們有了一個可受損害的靈魂；沒有如人一樣，有一個可死亡的肉身，卻有永久的肉身；若祂們能有個能死的肉身，就如人一樣；如神一般，有幸福的心靈，則要比人更幸福了。

若邪魔與不幸的靈瑰，能有一個能死的肉身，可以得到憐憫，以死亡終止痛苦，就像似人了，然而不但因著敗壞的心靈，還因永久的肉身拘束，比人更為可憐。

普羅丁說他們是永遠的，並不說他們若行善求智，能成為神，為他們有何利益。

（註）普羅丁（Plotinus），生活於西元二〇五—二七〇年，屬新柏拉圖派，生於埃及，在羅馬執教，勸人以靜觀及出神，與神結合。

第十一章 柏拉圖派以為人的靈魂，肉身死後，就變為鬼。

柏拉圖派人說人靈是鬼，若人善生，可成為「家神」（Lares）；若作惡，將變成「惡鬼」（Lemures）；若不知生平的善惡，則名為「魔」（Manes）。

稍加思索後，就可看出這個意見能生出很大的弊病，因為惡人若希望成為惡鬼或惡神，他們既然願意害人，就願意死後能享受神的祭獻及光榮，以便害人；因為他說，惡鬼是由人變成的，這是另一問題。又說：希臘人稱鬼為「善神」（ευδαινονας, Eudemona）時，這又可證明人的靈魂為鬼。

第十二章 依照柏拉圖派，邪魔與人的本性，有三種不同。

現在我們討論柏拉圖派亞布雷所說，在神與人之間，因來源為動物，以理智而論為有理智的，因靈魂可受害，因肉身為氣體的，生活是永久的。

他將上天分給神，下地分給人，又以地方及本性的地位，將祂們分別後，結論說：「有兩類生物，神與人大有分別，無論由居處的尊貴，永遠的生命，或本性的齊全上。這兩類生物，彼此毫無關係，因為最上與最下的位置中，有極大的區別，上面的生命是永遠的，下面的生命是暫時的。神是為享受幸福的，人則將受罪。」

此地可看出自然界中二極的矛盾事物，即由至上而至最下；換句話說：神有上面的三種特長，人卻有正相反的缺點。神的三種特點是：地方至高，生命永遠，本性完美。

或用別的話，可將人的三種缺點，與它作個比較；即至高的位置，與下地中有無限的空間，因為他說過地方的高遠；上面的生命是永遠不盡的，地上的生命是暫時的，將死亡的，他說生命的永恆，他們的理智是為享幸福的，人的理智，卻是受罪的；他也說過本性的高貴。所以亞布雷對神說了三件事：地方的高遠、永遠與幸福，及人的三件相反的事情：下地、有死亡、不幸。

第十三章 為何邪魔既不與神共用幸福，亦不同人受罪，不與二者往來，而能為二者的中保？

對神及人的三種特長，我們不討論地方，因為哲學家已將邪魔放在神與人之間，在上下間，有一中間地帶。我們當仔細研究其他兩種特長，以斷定是否對邪魔適宜，這似乎是他們中保人的職務所要求的，所以他們不得不有。

我們既說中間地方，不能在至高或至低處，我們亦當說邪魔既有理智，不能幸福或不幸福，如沒有理智及感情的植物或動物一樣，有理智的，一定是幸福的，或無幸福的；我們亦不能說邪魔不死亡，是永遠的。整個生物或是永遠的，或以死亡了結其生命。

但亞布雷說邪魔是永遠的，所以這類中保人有上下物體的特長；因為若有上下的特長，就當歸於其中之一，而不屬中間了。既然他們不能沒有二者的長處，如上面已證明的，就由二者中取其長處，以做中保。既不能由下者而有永遠，當由上面取得，為完滿他們中保的性質，只好採取下面的不幸了。

依照柏拉圖派，幸福的永遠或永遠的幸福，是上天神的特長；有完畢的不幸，或不幸的死亡，是人所特有的；永遠的不幸，是特歸邪魔的。但布羅底沒有如他所許的，證明邪魔的中保，即由祂們的定義中抽出的五種特長亦然。因為他說邪魔有三種與我們人相同，由本性為動物，由悟司而有理智，因心靈而有情感；與神有一種相同的，即永遠；祂們所特有的，是氣體的肉身。若祂們只有一事與神相似，與人卻有三種相似處，如何能為中保？誰不看出，放下中保的職務後，邪魔是如何被逼至下賤的事物中去。

若能找到只有一物是自己的，即氣體的身軀，如每個下賤人一般，則神有上天的，人有下地的。然神與人中，有兩樣相同，即動物性及理智性。亞布雷自己論神及人時說：「你們有兩種動物的事物；他們論神時，只以為祂是有理智的。」

尚有其他兩種特長，即心靈能忍受及永遠；邪魔與神有共同的優點，與人有可受苦的，使祂們的本性，有正當的比例，不要高舉上天，或降入阿鼻獄中，這是邪魔的永遠。

誰說祂們能受苦，就說祂們不幸，雖然叩拜祂的人，不加以羞辱。既然上主的亨毒，不是偶然的能力管理宇宙，祂們的不幸，也不是永遠的，雖然祂們的罪惡是無限的。

善魔可稱為幸福者，然而在神人之中的，並非善魔；神人之中的善魔何在？一面要幫助人，一面要奉事神。若祂們是善的，永遠的，亦當是有福的。永遠的幸福就不讓祂們為神人的中間人，因為將使祂們像似神，並與人遠離。所以他們不能證明善魔，即使永遠存在享受幸福，是神人的中間人，而人則是不幸及有死亡的。

既然祂們與神同有幸福及不朽，與人不同，為何不與人分離，與神結合，而為神人的中間人呢？若有自己的兩種特長，不與另一方相同，只有一種與另一方相同，才可謂在中間，如人在天使及動物之中。動物沒有理智，且將死亡；天使有理智且不朽；人在其中，在天使之下，動物之上，與動物共有死亡，與天使共有理智。所以我們若要尋找不朽的幸福者，及有朽的不幸中間者，我們該當找到有朽的幸福者，或不朽的不幸者。

第十四章　既然人有死亡，還能有真幸福嗎？

人間有一個重要問題，即人能同時是幸福的及能死亡的。有些人研究人的卑微地位後，說人若有朽，就不能有幸福。別人則對人性有另外的意見，說賢者在現在就能得幸福。

若這是真的，為何不將這些賢者放在有朽的不幸者，及有福的不朽者中，與不朽者同有幸福，與有朽者同有死亡呢？既然他們幸福，就不當嫉妒任何人，因為沒有比嫉妒更不幸的；且當竭力設法幫助不幸的人類以得幸福，使於死後亦能得到不朽，與天使及聖人結合。

第十五章　耶穌基督，是天主與人的中間人。

照更可靠的意見，因為人是有死亡的，所以亦是不幸的，就該找出一個中間人；不但是人，而且是天主，使因著他的死亡，將人由死亡中救出，引他人永遠的福樂中；他當能死亡，但不永久死亡。他成為人，卻不失去他的天主性，只取了人性的軟弱；但不永遠死亡，因為已由死亡中復活了。

他做中保的效果，是他當拯救的，不是永遠在肉身的死亡中；所以天主與人的中保，當暫時的死亡與永久的幸福聯繫在一起，以便在暫時的事上幫助人，由死亡中將他帶入永遠中去。

好的天使，不能為不幸的有朽人，及幸福不朽的中保，因為祂們是幸福的及不朽的。惡的天使可為中保，因為他們不朽如神，不幸如人。

然而善良的中保，與不朽及不幸正相反，願意暫時死亡，而永遠幸福。為此這位中保，以死亡的卑微，及幸福的光榮，將傲慢、不幸、害人的邪魔，由人中趕出，不要以不朽誘人進入不幸中；用信仰將人的心洗淨，由邪魔的控制中將人救出。

有死與不幸的人，遠離不朽及幸福者，將揀選那個中保，以能在不朽中及幸福中與他結合呢？能喜歡邪魔不朽的，是不幸的，臨在基督的死亡中不樂意的已經喪失了；所以一方面當畏懼永遠的不幸，而另一方面不當畏懼死亡；因為不是永遠的，只當愛慕永遠的幸福。

所以不當有一個有朽不幸的中人，不讓任何人進入永遠的真福中，因為他的不幸正在阻止他。有朽幸福的中保來了，戰勝了死亡，使亡者不死，如他的復活所指示的，使不幸者變成幸福者，幸福者進入他永久的幸福中。惡的中保則不然，他分離朋友；善的中保則使仇人和好。許多中人分離人，因著耶穌一人的中保，許多人得到幸福。惡天使不幸的原因，就是因為沒有這樣的中保，他們對幸福是阻礙，而不是幫助。

許多人在我們旁邊，阻擋我們獲得幸福，為得它不需要許多中保，一個就夠了；有祂一個就幸福，祂就是天主的聖言，祂造了一切事物。

然而聖言，並不是因為是聖言乃為中保，因為聖言是永遠的，無限幸福的，遠超於不幸的人類之上，是以人性而為中保；如此告訴我們，為達到幸福的天主，不需要尋找其他中保；但一切幸福根源的天主，他取了人性，給我們一個簡單的方法，以分有他的神性。

天主將我們人由死亡及不幸中救出，不但使我們如不朽有福的天使一般；使我們獲得後，我們亦成為不朽的及幸福的，竟使我們達於聖三，祂使天使幸福。但祂取了奴隸的狀貌，願在天使之下，作為中保。以天主性而論，祂常在天使之上，祂在天上是生命自身，在世上願為生命的道路。

第十六章　柏拉圖派說天上的神與人沒有交往，是邪魔幫助人，以得天主的友誼，這意見對嗎？

照亞布雷所說，柏拉圖沒有說過：「神與人沒有任何交往。」神的特權，是不為與人接觸而受沾污。這樣，他承認邪魔受沾污，亦不能潔淨沾污他們的人，因此大家都被沾污，邪魔因與人接觸，人因對邪魔崇拜。若邪魔能與人往來而不被沾污，就在神之上了，因為神若與人有來往，就要被沾污；上面說過：祂的特權，是與人遠離，故不被沾污。

此外，亞布雷說柏拉圖如此抬高造物主，即我們所稱的真天主：「是我們人類言語所不能達出的，只有智者在世時，用精神脫離肉身，在黑暗中，獲得一線之光，才能懂得天主。」

若天主在萬有之上，在一閃之間顯示於人，而不被沾污，在人的理智中，脫離肉身，為何要將祂放在高處，以免與人接觸而受沾污呢？似乎光照大地的天體，除了看見它之外，還要求別的。若稱為神的星辰，人看它時，不受沾污，那麼人就近看邪魔時，邪魔亦不會被沾污。若不為人被視而被沾污，為何需要邪魔為中人，代人轉達祈求，以免受污。

對別的官能，我們將作何言？神即在前，亦不能為嗅官所污，而邪魔若不被死的祭品醜氣所薰，卻能為人身的汗氣所擾。至於覺官，當注意神無任何要求人食物的需要，因為他們不餓，雖然他們亦有覺官，能與人接近。若他們願意的話，亦能以視官與人接觸，被人所見，或以聽官與人交往而為人聽見，那麼，何必要覺官呢？

人若能看見或聽見善神或善魔，就不會要求別的，若因好奇心使人願意看見神，如何能強迫神的意願而看祂；連一隻麻雀，若我們不捉著牠，就不能撫摸牠。所以神可以有形地與人接觸，看見人，並被人看見；聽見人，並被人聽見。若邪魔能與人結合，而不被沾污，而神卻被沾污，則邪魔不能被沾污，而神卻能被沾污了。

若邪魔亦能受沾污，那麼使人能得長生，亦何益之有？因為既被沾污，亦不能洗清自己，作為中人，將人獻與神。若不能獲得這恩惠，邪魔為人中保，亦何益之有？是人死後，不與神為伍，而與邪魔在一起，則二者皆得不到幸福。

有人以為邪魔之清潔人，就如海綿之類，能使人清潔，而自身卻髒污不堪。若如此，則神為不沾污起見，就不當與人親近，卻與邪魔接觸，因為比人更為髒污。神豈能潔淨因與人接觸而受沾污的邪魔，而自身卻不被沾污，豈不能同人做一樣的事？除非受邪魔欺騙的人，誰會相信這類事呢？

若被看見及看見，就能使神受沾污，那麼世間的主要發光體：日月星辰，皆為人所見；而邪魔若不甘心情願，就不能為人所見，就不被沾污了嗎？

若不是被視，而是視看，使受沾污，當否認星辰光照大地時，能看見人。這些光線，射在一切不潔之物上，不受沾污；而神與人接觸時，反受沾污，即使接觸是需要的話。大地為日月之光所照，但不使光受沾污。

第十七章　為得幸福的生命，即與天主為伍，人不需要邪魔做中人，而只需要基督。

我正驚訝，博學多才的人，說一切有形的事物，當在無形的事物之下，論幸福生命時，卻要談形體的接觸，那麼，普羅丁下面的話，有何意義？「我們逃向我們親愛的祖國，在那裡有父親及一切，我們為何在船上，作何逃亡？是相似天主。」

若我們愈親近天主，就愈像似祂，我們不像似祂時，就離祂最遠；人愈期望世間常在變換的事物，就愈與永遠、不變、無形的天主相離。

在塵世事物及上天的潔淨中，不可比擬，需要一位中人。這位中人不當以肉身不朽，與上面有分，以靈魂的軟弱與下面有分；不然，反要嫉妒我們，不會助佑我們了。而是一位中間人，因肉身有朽，與我們接近，又因靈魂與上主聯繫，與神相似；一位中間人，幫助我們煉淨的工作。

天主不怕與人接觸來往，因為祂竟取了人性，在降生時，祂證明了這兩件不是小事，即天主性不能為肉軀所沾污，邪魔雖無肉身，但並不比我們更好。如《聖經》上所說：「在天上與人之間只有一個中保，就是降生成人的基督耶穌。」（弟前・二：5）在此地我不能適宜地說出祂因天主性，與聖父相似，因人性上他與我們相似。

第十八章 邪魔說引人至天主台前，而實際上使人遠離真理，這是邪魔欺人之術。

邪魔是虛假的中間人，雖然祂們兇惡，但靠著祂們氣體的身軀及所處地方的便利，阻止我們進步；不指示我們至天主的道路，反而隱瞞它。

我們有時走錯道路，因為沒有公義；我們不因肉身的高舉，而是因著精神，與天主相似，而至天主台前。在這道路中，邪魔的朋友，將邪魔立為天主與人的中間人，以為這樣，天主與人遠遠相離，就不致被沾污了。他們並且相信邪魔能被人沾污，人不能為邪魔所清潔，而且連神若不高居天上，亦能被沾污。

但誰會糊塗至極，相信自已能被清潔，若依照這學說，人是沾污者，邪魔被沾污，而神亦可被沾污。豈不當選擇能躲避邪魔，人能被天主煉淨，而與清潔的天使為伍嗎？

第十九章 連叩拜邪魔的人，亦不用魔鬼的名字，以指示善事。

為使人相信我不在名字上發生問題，許多叩拜邪魔的—拉白歐亦在內—說他們所稱的善魔，別人亦稱為天使，為此我以為當簡單討論好的天使。

柏拉圖派亦承認天使的存在，但不稱他們為天使，而稱為善魔。但《聖經》告訴我們有天使的存在，其中有一部份是善的，另一部份是惡的，但我們總沒有讀到過有善魔的存在。在《聖經》中無論何處，「邪魔」二字常指的是魔鬼。

所有民族亦保存這種說法，沒有一個民族，即使主張當敬許多神及許多邪魔的，不能為讚美僕人，說他負魔；大家都認為這是侮辱人的話。大家既以為這個名字是侮辱人的名字，為何我們不能用天使的名字，以不得罪人呢？

第二十章　使邪魔驕傲的知識。

若我們讀《聖經》，可以發覺邪魔名字的來源，有可注意的地方。他們被稱為Daimones（δαιμων），是因著祂們的知識。聖保祿宗徒說：「知識只會使人傲慢自大，愛德才能立人。」（格前・八：1）這句話的真義，是知識與愛德連在一起才有用，不然就使人傲慢自滿。

邪魔有知識而無愛德，為此傲慢自大，盡其可能侵佔天主的光榮及敬禮。傲慢自大的人，因著傲慢，而不因知識，像似邪魔，他不懂得天主謙卑降生為人，卻仿效邪魔，祂們正因人以罪惡，控制人類。

第二十一章　吾主耶穌願意邪魔如何認識祂。

邪魔亦知道這點，因此曾對吾主耶穌說：「納匝肋人耶穌，我們與你有什麼相干，你竟來毀滅我們？」（谷・一：24）由這幾句話中，顯出邪魔有知識，但沒有愛德，祂們怕吾主耶穌罰自己，或是祂們不愛公義；耶穌讓祂們知道祂所願意的，祂只願意所需要的。

耶穌顯示給邪魔，不如顯示給天使，祂們與天主聖言共享福樂；顯示給邪魔，只為使祂們畏懼，因為將自祂們的手中，救出將享受天國，永遠榮福的人。

耶穌不將永生及光明顯示給邪魔，只給善人。他們信仰祂，而得罪赦；卻以自己的德能及存在顯示給邪魔。因祂們精神的官能，比人的官能更能看出來。

耶穌暫時隱藏自己的德能時，邪魔的領袖就開始懷疑祂、誘惑祂、問祂是否為救世主。基督准許邪魔誘惑祂，為教訓我們在誘惑時，當如何應付。

耶穌受誘後，如《聖經》所載，邪魔所畏懼的天使來服侍他，更將自己的大能獻示給邪魔，雖然他是軟弱的人，但無人敢反抗他。

第二十二章　天使及邪魔的知識有何區別？

照天使們看來，邪魔用以自誇的世物知識，是不值一文的，並非祂們沒有這類知識，是因為祂們有天主的愛情，超乎一切事物之上，乃輕視在天主以下的一切事物及自己，以享受使祂們幸福的至善天主。並且天使認識世事更清楚，因為祂們在天主的聖言中，看見世界形成的至高理由，因而有些事物當受贊成，別的受到反對，使一切皆有秩序。

邪魔不在天主的上智中，看見永久主要的原因，但祂們能由我們人所不知的預兆中，比我們人更看清將來的事故，且有時可預言人的計謀，但祂們屢次錯誤，而天使卻總不會錯誤。

由世事中預料世事，由變換無定的事故中，猜想變換的事。由自己的意願及能力安措世物，這是邪魔有時能做到的；與在天主的永久不變的律法中，觀看時代的變遷，又因聖神，而知天主的聖意；這是最確實有力的，這是所有天使所有的特恩；因而不但是永遠的，而且是幸福的，自然不能同日而語。

使祂們幸福的至善，是祂們的天主，祂們竟能永遠獲得祂，享受祂。

第二十三章　神的名字由《聖經》中，為天使及聖人所共有，竟拿它來稱外教人的邪魔，這是不對的。

柏拉圖派亦稱邪魔為神，柏拉圖在《蒂邁歐篇》（Timeus）書中，說祂們是天主所造的，我們不願同他們作字句的辯論。若他們說神魔是永遠不朽的，雖然由至尊的天主所造；又說祂們享受幸福，並非因著自己，而因與天主結合，我們亦這樣說，雖然所用的字句不同。

這是在他們的著作中，柏拉圖派內較好的意見。他們稱呼永久有福的受造物為神，那麼在我們及他們中，並無不同的意見，因為在《聖經》中，可以讀到下面的句子：「大能者天主上主說」（詠・四十九：1）；「你們讚頌諸神的天主」；「上主是尊大的天主，是超越諸神的大王。」（詠・四十九：3）。

《聖經》上又說：「是在眾神之上可敬畏的天主」（詠・九十五：4）；又說：「外邦的神，盡為虛無，唯獨上主創造了諸天」（詠・九十五：5）。

是可敬畏的，也為此魔鬼畏懼地向吾主耶穌說：「為何你竟來毀滅我們？」《聖經》上說，在外教人的眾神之上，就是外教人以為是神，而實際上，卻是邪魔。為此天主所謂眾神之天主，超乎所有神之大王，不可理解為邪魔之主，或所有邪魔之王。《聖經》上亦以神的名字稱呼天主選民中的聖人：「我曾說過：你們是神，都是至高者的兒子。」（詠・八十一：6）所以可將諸神的天主，理解為眾神之王，及眾神之上的大王。

若我們加以研究，人呼為神，是因為屬於天主的人民，他因著天使或人，向他們發言；是已經享受永福的天使，比叩拜天主，期望得到永福的人，對這個名字更為相稱。我們如何答覆？除非說《聖經》稱人為神，比不朽的天使及聖人更為明顯。我們復活後，將與他們相似，為使軟弱的人，不將他們視為真神，這為人是容易避免的。

在天主的人民中，人更明顯地被稱為神，使能堅信厚望眾神的天主，是他們的天主。天上的天使及聖人雖被稱為神，但不稱為眾神之神，即組成天主人民的人，對他們《聖經》曾說：「我曾說過；你們是神，都是至高者的兒子。」（詠・八十一：6）

為此聖保祿宗徒說：「因為雖然有稱為神的，或在天上，或在地下，就如那許多神和許多主，可是為我們只有一個天主，就是聖父，萬物都出於祂，而我們也歸於祂；也只有一個主，就是耶穌基督，萬物藉祂而有，我們也藉祂而有。」（格前・八：5—6）對這名字不必多論，因為事實自身是如此明顯，不能有疑惑。

但柏拉圖派不同意我們所說的，天主遣使天神及聖人，告訴我們祂的意旨，他們以為不朽的天使或聖人不執行這種職務，而是由不朽的善魔執行，祂不高高在上，遠離與人接觸。無論我們如何討論名字問題，但魔鬼的名字如此使人憎厭，絕對不能用它稱呼天使。

現在我們結束這卷書；所稱為不朽的及聖人，都是受造的，不能為引領人的中間人，而至不朽及幸福，因為在二者中，皆有區別。所謂中間人，與神共有不朽，與人同有不幸；因著罪惡，堪受人憐憫，更該羨慕我們人，不能給我們他們自己所沒有的幸福。所謂邪魔的朋友，沒有任何理由，使我們光榮祂們為我們的中保，我們更該躲避這種欺人的邪魔。

在下卷書中，因著天主的助佑，我要更詳細地討論善神，祂們不但不朽，並享幸福，因此依照外教人，可以神的名字，禮儀及祭祀去敬拜祂們，使我們死後能得幸福的生命。無論祂們是誰，有何名稱，都當只恭敬一個造物的天主，祂是祂們幸福的來源。

第十卷

好的天使不願以恭敬獨一天主的祭祀，獻與別人，祂們自己亦藉由犧牲來恭敬天主；稱為 latreia（事奉）。聖奧古斯丁說了這些事後，乃反對波非利（Porphyry），討論靈魂煉潔的原則。

第一章 柏拉圖派亦以為真的幸福，由獨一真主，給天使及人，因此當研究他們以為當叩拜的、要求祭祀的，只是獨一的真天主，或為自己。

凡有理智的人，都異口同聲地承認人願望幸福；然而要研究誰是幸福的，及如何獲得幸福，乃生出許多重要的辯論，為解決它，哲學家乃朝興旰食。要討論一切的意見，就太長了，並不需要。若讀這篇的人，尚記得在第八卷中所說，如何選擇哲學家，與他們討論身後得幸福的生命，即恭敬獨一天主就可得到，或當敬拜許多的神，此地不必重複。若已忘了，可再去讀讀，就會記得。

我願與柏拉圖派辯論，因為大家都承認他們是最好的哲學士，因為他們已達到這個結論：人不朽有理智的靈魂，除非有造物主的光照，與獨一至善不變的天主結合，不能獲得幸福。但他們亦為眾人的錯誤所欺騙，如聖保祿宗徒所說，在他們的思想中成為空洞的（羅・一：21），竟相信當敬拜許多神。

現在我們要照天主所許的，討論天上不朽有福的天使，無論是率領者、掌權者、異能者、宰制者。有人稱祂們為善魔，我們稱祂們為天使，祂們願意我們熱心舉行敬禮。更明顯地說，我們研究這些天使，願意我們給祂們獻祭，或只向天主獻祭，或祂們願意將我們自己作為祭品。

這是對神的敬禮，若用一語表達出來，拉丁語不甚方便，我便用希臘文。在《聖經》中每次有「Λατρεία」（Latreian），我們的學者便將它譯為「事奉」（Servitus）。然而事奉亦可對人而言，如聖保祿宗徒說：「你們做奴僕的，要戰戰兢兢，以誠實的心聽從你們肉身的主人。」（厄・六：5）

而「恭敬」二字在《聖經》中，幾乎常指對天主的敬禮，若只說服事，就不常指天主了。因為人亦服事天使，紀念祂們，尊敬祂們。我們不但服事在我們之上的，亦奉事在我們之下的。農夫，寄居者及居民，由所種的地方而得名。連神亦被稱為上天的居民，因為如寄居者一般。

並不是以大地出產生活的，稱為寄居者，或為主人，經營其地，而是依拉丁詩人維吉爾所說的：

「古代城郭在，底禮人（Tyrian）居之。」

由居之（colonists）一語而稱為居民，並非因他們耕種，而是因他們繼承先人所建之城郭，乃呼為殖民地。然以這話的原文而言，自然只是指恭敬天主，但因在拉丁語中，恭敬（cult）二字的意義頗廣，不能以一句話指出天主的敬禮。

「恭敬」二字（θρησκεία，Dresxeia）雖然似乎格外是指對天主的敬禮，不但平民，即博學人亦這樣翻譯希臘語為「恭敬」（Religio，Religion），但亦指稱對祖先、父母及家人的敬禮；因此用它來指稱對天主的敬禮，未免模棱兩可，因為亦用它來指稱對人間親戚的尊敬。

拉丁語「Pietas」「虔敬」（Piety）二字，特別指稱對天主的敬禮，即希臘人所稱的「εὐσεβεῖν」（Eusebeian）；但亦當注意，這字亦指稱對父母的孝敬。平民往往用這句話，以指稱慈善事業，我想這是因為天主自己命人去做，並謂自己悅樂它如祭獻，或超過祭獻。

因此天主亦被稱為「慈善者」（Pius），但希臘人總不稱天主為「εὐσεβεῖν」（Euseben），只是平民以為「Euseben」有慈善的價值。為此在《聖經》中，為使明顯起見，作者不願用「敬禮」（Euseben）一語，而用「θεοσέβεια」（Theosebeian），即「天主的敬禮」。

但我們拉丁人，不能以一字達出兩個意義。為此我們說朝拜屬於獨一真天主，使神朝拜自己，無論希臘文稱「λατρεία」（Latreia）單單對天主的尊敬（servitus，service），或希臘文「θρησκεία」

（Thresxeia）對天主的敬拜，或希臘文「θεοσέβεια」（Theosebeian），我們不能以一語表達出來，乃說是對真神天主的敬禮。

所以我們不能敬拜上天的不朽有福者，除非祂們愛我們，願意我們成為幸福者；若祂們愛我們，願意我們納福，祂們能在一處享福，而我們卻在另一世界。

第二章 柏拉圖派波底納對上天光明的意見。

對這問題，就不會在我們及著名的柏拉圖派中有任何區別。他們亦認識了，並在他們的書中寫過，他們能如我們一樣，因為是在他們的著作中，亦受天主的光照。他們如我們一樣有福，是在神的光照之下，他們才齊全有福。

普羅丁解釋柏拉圖時屢次大膽地說：宇宙的魂之有幸福，與我們不同。幸福的光明，而不是靈魂，但由它而造出；理智得到光照，獨自光耀。為解釋自己所說的，他乃採用星辰的譬喻：太陽是光，而靈魂則為月亮；月亮為太陽所光照。所以這位大柏拉圖派人說有理性的靈魂，或更好說有理智的靈魂，不朽有福的靈魂，一定是在天上，在自己本性之外，只有我們及宇宙的造物主，天主。

他並以為不是別人給上天的神幸福的生命，除非是給祂們如給我們一樣。這與福音相符：「曾有一人是由天主差遣來的，名叫若翰；這人來是為作證，為給光作證，為叫眾人借著他而行。那普照每人的真光，正在進入這世界。」（若・一：6—9）

這幾句話已指出施洗者若翰的理智靈魂，不是自己有光，是因分有真光，乃燦爛奪目。若翰自

己亦作證承認說：「從他的滿盈中我們都領受了恩寵，而且恩寵上加恩寵。」（若．一：16）

第三章　柏拉圖派雖然承認天主為宇宙的造物主，卻敬拜善惡之神，違背了天主的敬禮。

若柏拉圖派及其他哲學家，認識了天主後，一心一意地恭敬天主，不引人民走入歧途，或堅決阻止他們的錯誤。一定要教訓人，無論是不朽幸福的神，或我們有死及不幸的人類，為達到幸福及不朽，都當恭敬一個創造我們人類及天神的天主。

我們該當以最高的敬禮，即希臘人所稱的「Latreia」來恭敬祂，因為整個人類及個人都是祂的聖殿。天主願意住在信友中及每人中；祂在團體中並不比個人中更大，祂的本質沒有面積的大小分析。

我們舉心向主時，我們的心就成為祭壇，祂的聖子成為司祭，以悅樂祂。我們為真理而奮鬥，直至流血，就是給祂奉獻血祭；我們向祂發出炎炎熱愛時，便是向祂奉獻馨香；我們對祂表示感恩時，便是向祂獻禮；在慶日及一定的日子，紀念祂的恩惠，當時時刻刻不忘記祂，依謙卑及讚美之全祭，在我們的心靈中，以愛德之熱炎，向祂獻祭。

為接近祂、認識祂，在可能範圍內，當去掉一切罪惡及邪念，將我們完全獻給祂；祂是我們幸福的根源，我們一切期望的對象。

我們重新揀選天主，因為曾因疏忽而失了祂，拉丁語「Religio」（宗教），即由此而來。以愛情歸向祂，直至獲得祂而後安息，因此我們幸福；因為達到目的後，我們才齊全。

哲學家討論紛紛的至善，就是與天主結合，於是心靈充滿德行；這是我們當以全心全靈全力愛慕的；我們當達到這個至善，並引領我們所愛的人達此至善。這樣，可完成兩條一切律法及先知所關的誡命：「你應當全心、全靈、全力、全意愛上主，你的天主。」「你應當愛近人如你自己。」（瑪・二十二：37，39）

為使人學習愛慕自己，天主立了一個目標，若我們願意幸福的話，當以全力赴之，因為凡愛自己的，只求自己的幸福；這個目標，便是與天主結合。所以天主命我們愛自己，並愛人如己，就在可能範圍內，命別人亦懂得，當愛慕天主；這是恭敬天主，是真的宗教，堅定的熱心，獨一天主的敬禮。無論任何不朽的神，無論其權力多麼大，若真愛我們，如同自己一樣，為我們的幸福起見，就願我們服從祂，如祂自己服從天主，而獲幸福一樣。

若我們不恭敬天主，就不會幸福，因為沒有了祂；若叩拜天主，自然不會願意人以天主恭敬自己，反而竭力設法實行天主的命令：「在唯一上主以外，又祭獻外神的，應被毀滅。」（出・二十二：19）

第四章　祭獻只屬一個真天主。

我不論宗教恭敬天主的禮儀；沒有人敢承認除了天主外，誰還能享受祭獻。許多敬神的禮儀，用以敬人，這是因著愚昧或諂媚。受敬禮的人，大家都以為他們是人，當受人的尊重而已，有時竟至於叩拜他。但誰會去祭獻，除非他信，或承認某神為天主。至於祭獻的古老，由加音及亞伯爾兄弟的事實上就可看出，天主接受了弟弟的祭獻，而棄絕了哥哥的祭獻。

第五章　天主不需要祭祀，卻要祭祀的意義

誰會這樣糊塗，以為天主需要人奉獻祭祀；《聖經》上多處曾說明這點，但為篇幅起見，我只引〈聖詠〉的話：「我曾向主說：你是我的天主，你不需要我們的財物。」（詠．十六：2）（註）

所以當承認，天主不但不需要動物或地上的任何事物，且不需要人的義德；且當相信一切恭敬的祭祀，並非為天主，而是為人有益；沒有人在泉中飲水或受日光照臨，能說他對泉水或日光有所貢獻。我們對古聖祖所奉獻的祭祀，當作何言？現代人固然驚奇，但並不去仿效，豈非只是我們現在行為的先兆而已，以與天主親近，並邀請人民亦這樣做。

有形的祭祀，是一件聖事，即無形祭祀的表示，為此先知自己或他所說的人，為自己的罪過，平息天主的忿怒說：「天主啊！我所獻的祭品，就是憂傷的心；天主啊！憂傷懺悔的心，你絕不輕視。」（詠．五十：18—19）

現在我們看看天主不愛何種祭祀，並要何種祭祀；天主不要殺牲口，而願悔罪的心；祂說出所不願的，乃告訴我們祂所願意的。祂聲明不要祭祀，如糊塗人所願意的，即為自己的利益。因為若祂不要祭祀，悔罪之心包括在內，以為能悅樂祂，就不會命人在古教時祭獻祂。但這類祭祀，在一定時間，當以更悅樂天主，為我們更有利益的祭祀所代替。

在〈聖詠〉上說：「我若饑餓，決不向你告訴，因為大地與其間所有，全是我的。」（詠．

四十五：12）這是說：若我需要這類事物，我不會請求你，因為已在我的手中。

〈聖詠〉作者解說其意義說：「你們向天主要以讚頌作奉獻，又要向至高者還你們的誓願；艱苦的時候，要向我呼籲，我必拯救你，你也要光榮我。」（詠・四十九：14—15）

米該亞先知亦說：「我去接近上主，叩拜至高的天主，要帶些什麼？是帶全燔犧牲獻給祂呢，還是帶一歲的牛犢？上主豈是喜悅萬千的公羊，億兆的油河？為了我的罪惡，是否應該獻上我的長子？為了我靈魂的罪過，是否應該獻出我身所生？人啊！已通知了你什麼是善，什麼是上主要求於你的，無非是履行正義，愛好慈善和謙遜地與你的天主來往。」（米・六：6—8）這位先知的話分別解說兩種事，天主不要這類祭獻的本身，只是祂所要求的預象。

在〈希伯來書〉上寫說：「至於慈善和施捨，也不可忘記，因為這樣的祭獻是天主所喜愛的。」（希・十三：16）為此《聖經》上亦寫說：「我喜歡仁愛勝過祭獻。」（歐・六：6）

當懂得為一個祭獻勝過另一祭獻；大家所稱的祭獻，只是另一祭獻的象徵。無疑地，仁愛是真祭獻，因為我們上面曾寫說：用這類犧牲，可使天主息怒。

我們讀到天主命令在聖所及聖殿中的祭獻，是為是指天主及他人的愛情，如《瑪竇福音》中所寫的：「全部法律和先知，都繫於這兩條誡命。」（瑪・二十二：40）

（註）按拉丁文如此，按原文意義少異。思高聖經學會譯為，我對天主說：「唯有祢是我的上主，唯有祢是我的幸福。」

第六章　真的及齊全的祭獻。

所以真祭獻，是我們做任何工作，以與天主結合，一切工作是為達到最後目的，而成為幸福的；為此慈善的工作，若不為天主而做，就不是真祭獻。因為祭獻是由人所奉獻，常是天主的工程，為此古時拉丁人稱它為祭獻。將自己奉獻給神的人，因為死於世俗而活於天主，亦是祭獻；這是每人當有的仁愛，以對待自己，如《聖經》上所說的：「對你的靈魂，要有愛情，又要悅樂天主。」（德・三十：24）

對肉身亦可如此說：我們為愛天主的緣故節制它，不將我們的肉身交於罪惡，乃修美德，亦舉行一種祭獻。聖保祿宗徒勸我們說：「所以兄弟們，我因著天主的仁慈請求你們，獻上你們的身體當做生活，聖潔並悅樂天主的祭品，這才是你們合理的敬禮。」（羅・十二：1）

若依天主的程式善用靈魂的工具肉身，可成為祭品，你說一個歸向天主的人，熱愛天主，捨棄私欲，以天主為自己永久不變的表率，分有祂的美善，而能悅樂祂呢！

為教訓我們這端真理，聖保祿繼續說：「你們不可與世俗同化，反而應以更新的心思變化自己，為使你們能辨別什麼是天主的旨意，什麼是善事，什麼是悅樂天主的事，什麼是成全的事。」（羅・十二：2）

既然仁愛的工作，無論對我們自己或別人，若為愛天主而行，就是真祭獻；為達到這目的，不當為避免不幸，是為永遠福樂而行。若不與至善的天主結合，這是不易做到的，如《聖經》上說的：「把我的希望寄託在吾主天主身上，為我是有益的。」（詠・七十三：28）

聖人的團體完成後，將由耶穌大司祭獻給天主整個的祭獻，他在苦難時，在奴才的形式下，為我們奉獻了自己，使我們成為他的肢體，他為我們的首。他在奴才形式之下，繼續奉獻天主，因為他因此正是中保，司祭及祭品。

為此聖保祿宗徒勸我們，將我們的肉軀獻於天主，作為生活，神聖及悅人的祭品，合理的尊崇；勸我們不可與世俗同流合污，卻在思想上維新，知道何為天主的旨意，何為齊全，並受人歡迎的至善，使我們成為完備的祭獻。為此他寫說：「我因所賜給我的聖寵，告訴你們中所有的每一位，不可把自己估價得太高，而過了應當估計的，但應估價得適中，要按照天主所分與各人的信德的尺度，就如我們在一個身體上有許多肢體，但每個肢體都有不同的作用；同樣，我們眾人在基督內，也都是一個身體，每個彼此間都是肢體，於是照我們各人所受的聖寵，我們也就有不同的恩賜。」（羅・十二：3—6）

這是信友的祭獻，許多人在基督內猶如一身；這是教會在聖體聖事內所舉行的奧蹟，這是信友所知的，在這祭獻內，基督奉獻自己。

第七章　天使愛我們，不願意敬拜自己，而恭敬天主。

在天上的幸福不朽的天使，享受造物主。永遠使祂們不朽，真理使祂們幸福，聖寵使祂們成聖。祂的慈善，憐愛我們，因為我們有死亡與不幸；為使我們如祂們一樣不朽有福，不願意我們祭獻祂們，卻同我們一起祭獻天主。

我們與天使形成天主城，〈聖詠〉上論它說：「天主的城啊，有些榮譽的事，是指著你說的。」（詠・八十六：3）它的一部份是我們在世旅行的人，而另一部份，卻在助佑我們。

這名城的律法是天主不變的旨意，由這上天的機構，因著天使的功用，我們才有《聖經》，在上面寫說：「凡在上主之外，又祭祀他神的，必要將他割除。」（出・二十二：20）

這麼多的靈蹟，為《聖經》及律法作證，天使是不願我們給祂們舉行祭獻的。

第八章 為堅固信友的信心，天主用天使，顯了無數的聖蹟。

若我要從頭說起，就當回到數千年前，未免太長了，當提及天主許給亞巴郎的：「世上的萬國，都要借著他蒙受祝福。」（創・十八：18）

誰讀到亞巴郎的妻子年老不孕，卻為他生了一子，不加驚訝呢？亞巴郎舉行祭獻時，由天降火，在準備好的祭品中經過。天使在他家中做客，預言了索多瑪城將被焚燒，及天主應許他將生兒子。

當索多瑪城行將被焚時，因著天使，亞巴郎救了侄子羅特，他的妻子回頭望城而變為鹽；這是暗中警告我們，在得救的道上，不可留戀已捨棄的事物。

梅瑟為拯救希伯來人逃出埃及，做了多少的奇蹟；埃及王法老的術士亦能做奇蹟，但為梅瑟所勝。術士以巫術、符咒，舉行奇蹟，是因邪魔的能力，而梅瑟因造天地的造物主的德能，很容易地勝過了他們。

第三災患後，術士已束手無策，梅瑟卻因天主的安排，尚做了別的奇蹟，直至十個；因此法老及埃及人讓希伯來人自由了。但不久他們後悔了，設法追回逃跑的希伯來人，但海在他們前竟幹了，希伯來人乃得赤足經過，埃及人卻為海水淹死。

在曠野中又行了多少奇蹟！不能飲的水，因著天主的命令，將棍子插入，就能使渴者飽飲；他們餓了，自天降下瑪納，但有一定當收的分量，多收則爛，但在星期五所收的不會爛去，因為安息日不能去收。人民希望能夠吃肉，在曠野中，這似乎是不可能的事，但有無數的鳥，飛入帳篷中，乃得以飽食。

敵人來阻止希伯來人渡河，但吃了敗仗，而希伯來人竟無損失，只有梅瑟舉手向天祈禱。人民中反叛者由人民中分出，為大地所吞；這有形的罰，是無形罰的表記。

由石頭中，用杖一敲，就有清泉滾滾流出，大家得以飲足。為蛇所傷的，只要抬頭一望銅蛇，就立刻醫好；固然這是為救遭難的人民，同時亦表示，將來在十字架上的死亡，將要毀滅死亡。為紀念這事，這銅蛇被保留著，後為愛才基王所毀，他的信仰心當受人尊敬，因為人民已開始以它為神叩拜了。（註）

（註）以上諸事，見〈出谷記〉中。

第九章　柏拉圖派波非利，對邪神的敬禮，有的贊成，有的加以指責。

這些奇蹟及其他類似的奇蹟，若要一一舉出，一定太長了；所以行奇蹟的原因，是為推重對獨一真主的敬禮，並阻礙人敬邪神。這些奇蹟是以信心及誠意而行，而不以符咒做出的。

他們稱它為「邪術」（Magia）或「魔術」（Goetia），或更好聽的名字「卜術」（Theurgia）（註）。他們又說，從事魔術的，是可指責的，行卜術的是可讚頌的；但都是與邪魔有關，雖美其名曰「天使」。

波非利（編按）雖然主張先要清潔心靈，然而他否認可與天主親近，因此他在符術及哲學中，猶豫不決。有時他說排斥巫術，因為是虛偽的、危險的，為法律所禁止的；有時為取悅諂媚者，說它能有益，不是為清潔懂真理的理智，它與事物無關，而是為清潔心靈，以得事物的形象。依照它，靈魂經過煉淨後，可以看見善惡之神。但他認為這類煉淨，不能對靈魂有所貢獻，使能看見天主，理解清楚真理；由此可見他所說的以煉淨工夫，及所能見的是何種神了。最後，他說，理智的靈魂，不經過任何煉淨，亦可升天，因為心靈雖可由巫術煉淨，但不能達到不朽及永遠。

波非利將天使與邪魔分清，邪魔住在空中，天使住在乙太中；並說不當與邪魔為友，因為他說，達到與天使為伍的方法是另一種，所以他明說當避免與邪魔為伍。他說靈魂在死後，煉淨自己的過失，厭惡敬拜邪魔，因為受其欺騙。

波非利不能否認他在別處所讚頌的卜術，以為能與神及天使和好，與邪魔有關係，他妒忌人潔淨靈魂。為此他述說了一個迦爾太人的抱怨說：「有一個迦爾太人耗費了一生的光陰，以潔淨自己的靈魂。一個聽見這事的人，精於魔術，因為嫉妒而以某種禮儀，由邪魔方面，不准他所求的；所以一個所縛的，另一個不能解開。」

由此可見，卜術可以為善，亦可行惡，神與人皆受其約束，且屢次為情欲所擾。亞布雷說它是邪魔與人所共有的，但照柏拉圖的意見，因著在乙太高高的位子，祂與邪魔有別。

（註）Magia（邪術）是符咒行奇蹟，Goetia（魔術）是呼求邪魔，強逼他行奇蹟。Theurgia（卜術），以知宇宙間及人類的秘密。

（編按）波非利（Porphyrios, AD 234–c. 305），新柏拉圖派哲學家。生於黎巴嫩的泰爾城，又名泰爾的波非利。他的哲學著作頗豐，是著名的異教徒（反基督宗教者），曾著書《反基督徒》（Adversus Christianos）共十五冊。

第十章 卜術，呼求邪魔，許人虛偽的煉淨。

另一位更博學的柏拉圖派人，波非利說，神亦因魔術，能有慾情擾亂；因為因著某種禮儀的壓逼，祂不與人靈魂的淨沽，並且為願害人者所恐嚇，不能以同樣方法，停止畏懼，賞賜所求的恩惠。

誰不看出，這都是邪魔欺人的法術，除非是侍奉祂的人，沒有天主聖寵的人所為。若這類事，發生在善神中，沒有疑惑的，靈魂潔淨的，必定勝於反抗的人。

若神以為這人不重煉淨，不是因為妒忌人的壓逼，或如普羅丁所說，為更有力的神所阻，而是出於自由。我驚訝這位迦爾太人，願以卜術煉淨自己的靈魂；卻沒有找到一個更有力的神，強逼神賜他所求的，或驅走恐嚇他的邪魔，使能自由地得到所求的恩賜。

但沒有禮儀，能驅逐神的畏懼，以便呼求他清潔自己的靈魂。但為何可求一神，以恐嚇人，而不能呼求另一神，停止恐嚇呢？是有一個神，俯聽嫉妒的人，恐嚇別的神，不得行善，但沒有一位神俯聽善人，使神無所畏懼而聽從他嗎？奇妙的卜術！可讚頌的靈魂的煉潔！嫉妒竟勝於慈善！所以我們當厭惡邪魔的欺騙，而聽從救靈魂的真理。

以禮儀做這類煉淨的，依照普羅丁，能看見天使及神的美像，如已煉淨的靈魂所見的；即使事實真是如此，也只如聖保祿宗徒所說：「因為撒殫自己也常冒充光明的天使。」（格後・十一：14）這類幻想，都是願引人去叩拜邪魔，不去恭敬真天主，只有他才能潔淨人、救人；如白羅德（Proteus）一樣，能用各樣形式，或如敵人，加以追趕，或以虛偽手段去騙他，但無論如何，總是害人。

第十一章 波非利致書埃及人亞納朋，請教邪魔的區別。

波非利更為明智，乃致書埃及亞納朋（Anebon）答覆他們問題時，指責魔術。

他亦責備邪魔，吸引潮氣，所以不住在乙太中，而住在空氣內，在月亮下，或在月亮中；但不敢將一切虛偽醜惡都歸於祂，雖然有意指責祂。他照所有人的意見，稱一些邪魔為慈善的，雖然他承認所有邪神都是不明智的。但他驚奇神不但為祭祀所吸引，且為人所逼，做人所願意的。若神與邪魔的區別，是因為沒有肉軀，如何能相信日月及天上星辰是神，因為它們都是物體。若都是神，為何有善神與惡神之別；若有物軀，又如何能與無形者符合呢。

然後他帶著猶豫研究，在猜想中，或在行奇蹟時，有更有力的人，或由外來邪魔所助佑，他以為是由外面來的助佑，因為只以石頭或草，可以縛束人，能將關閉的門打開等。

依照有些人的意見，他相信有聽人祈禱職務的神，他們是說謊的邪魔，能變換各種狀態，能變為神，或邪魔，或亡者的靈魂，使一切可見的事物都變成好的或惡的，然而他們對善事，則一無所能，並且毫不知道，但有時他們能使人失和，能控告人，使善人受罪，而自己卻貪高自大。

此外，亦能享受榮譽，為諂媚所迷，做出波非利不知道或疑惑的事。與他意見相同的人，以為邪惡及欺人的神，由外面入靈魂內，在夢中或白日欺騙人的三司五官。著名的哲學士，不易明瞭邪魔的團體，而加以指責，而一個女教友就知道它的存在，並厭惡它。可能他怕得罪亞納朋大司祭，及驚奇以為這類事，屬於敬神禮儀的人們。但他考察研究這事後，只能將它歸於邪魔。然後他問為何如此，還要祈求更好的神，使惡魔順從人不正當的命令；為何不聽從放縱內欲的人，求人與之犯姦淫；為何命司祭不食牲口的肉，以免被臭氣玷污，而同時喜愛祭品的乳香。

他並問為何司祭平常不能與屍首有所接觸，而魔術卻常與死屍一起舉行；為何惡人的恐嚇，不但能強逼邪魔及死亡者的靈魂，說出真理，並能強逼日月及天體。因為人恐嚇攻擊其他不能的事，使神如頑皮的兒童一般，為過分恐嚇所逼，賞賜一切祈求祂的。

然後他述說一個精通敬神禮儀的人，名蓋雷蒙（Haeremon），曾寫了為埃及人所重視的話：「衣西代及她的丈夫何西利代，能強逼神准許所求的，若祈求者悲嚇，並以誓言，若不得所求，將何西利代的芳骨，四面撒散。」

波非利驚奇這類虛偽糊塗的事，人竟可恐嚇在上天威嚴赫赫的神，以達到他所求的事物。他帶著驚奇心，尋找這事的來源，暗中示及可能是上面所談的神祇所為，他曾提及別人對他們的意見。祂們假裝為神，或亡者的靈魂，因為是欺騙人，但不說是邪魔。

依照波非利，人在世間所作的法術，為得各種恩惠；只用草、石，特別是聲音、容貌，並觀察星辰的運行，都屬於邪魔，祂們譏笑屬祂們的人，並竭力利用人的錯誤。所以波非利真心猶豫地研究這事，發現是當加增輕視的錯誤；祂們不屬在現世得幸福生命，而屬欺人的魔鬼；或想哲學家不願得罪人，或因辯論敵人，這位埃及人犯了錯誤，以為無所不知，卻謙虛地研究學習，當指責，躲避何事。

在信的最後處，他願意知道對方，根據埃及人，何為使人得幸福的方法。因為凡與神交往的，是為找到逃跑的奴才，或得一塊土地，或行喜事，或行商等，白白去學明智。他又添上說：「不是神或善魔，而是虛偽的人，他們雖講真理但無基礎，為得人的長生，亦毫無貢獻。」

第十二章　天主因天使所行的聖蹟。

但為何用這種法術，做出超乎人力之上的奇蹟，似乎預言的事，不是天主所為，不為恭敬天主，而如柏拉圖所承認的，不是一個有益的至善，而是欺騙，當以誠懇的信心，去躲避它。

一切聖蹟，由天主因天使而行的，都是為加增獨一真天主的敬禮，只在祂內才有幸福的生命；我們當堅信是天主用祂們所做的。不可相信有人所說無形的天主，不能顯有形的聖蹟，因為照祂們，是天主造了這個宇宙，任何人不能否認它是可以被看見的。

無論任何奇妙的事故，都在世界中發生。無疑地，是在宇宙，即天地及萬物之下發生，這都是天主所造的。但人不能認識造了宇宙的真主，卻不知道是如何造成的。然而常在可見的自然界中看見奇蹟，使我們不注意它，若我們稍加思索，就可發覺遠在少發的聖蹟之上。

在為人所造的一切奇妙事物中，最奇妙的還是人。天主為人造了天地，並且在天地間發聖蹟，使傾向於萬物的人去恭敬無形的天主。但在何處及何時發聖蹟，這是天主的決定。在祂之內，將來的事如已現行的，祂在移動事物時，祂自已不變動，祂知道將做的事情，如已完成的事件一般；祂俯聽祈求祂的人，如俯聽將來要求的人一樣。

是祂因著天使而工作；因著天使及聖人，如非人所造的聖殿一般；祂命令的事，先在永久的律法內可以見到，在一定時間，將要實行。

第十三章　無形的天主屢次有形顯現，並不照其本性，而照看者所能接受的態度。

我們不當奇怪，無形的天主，屢次曾顯現給古聖祖，就如聲音，說出理智內的判斷，並非判斷自身；同樣，天主所借的形象，並非天主自身。在有形中，天主被人看見，就如判斷由聲音而知一般；但古聖祖知道在有形的像中，見到無形的天主，然而像並非天主自身。

天主與梅瑟交談，梅瑟已看見天主，但仍向天主說：「我若在祢眼中得寵，求祢將祢的計畫告訴我，我便認識祢。」（出・三十三：13）

因為要將天主的十誡，不是向一個人或少數賢者宣佈，而是向整個民人宣佈；梅瑟在山上接受十誡時發生了奇蹟，而人民只見到驚奇可怕的事情。然而以色列人民不相信梅瑟，如斯巴達人之信李古克（Lycurgus）一樣，據說他由游維及阿波羅神處，接受了律法，而由他公佈。

為此梅瑟將十誡向人民公佈時，額前發光如角，這是天主所行的奇蹟，為教訓人如何侍奉造物主。

第十四章　我們當恭敬天主，不但為永遠的幸福，並為現世的福樂，因為都是天主所賜的。

在個人的歷史中，如在整個民族的歷史上，有時當自世物而至永遠的事物。為此天主應許可見的賞報，使人恭敬唯一的天主，使人為現世的恩賜，不恃奉別的神，而只恭敬真的造物主。

若說天使及人所能措置的事物，而賜予人的，不屬全能的天主，一定是糊塗至極。柏拉圖派普羅丁為證明天主的上智，由天主的無比美善，而結論到一花一葉之美。然而花草，若沒有一個理智的美善者，就不能有真美麗。

為此吾主耶穌說：「你們觀察一下田間的百合花怎樣生長，它們既不勞作，也不紡織；可是我告訴你們：連撒羅滿在他極盛的榮華時所披戴的，也不如這些花中的一朵。田地裏的野草今天還在，明天就投入爐中，天主尚且這樣裝飾，信德薄弱的人哪，何況你們呢？」（瑪．六：28—30）

為此人往往為現世微賤的財富所勾引，因為生活需要它；但為得來世的財物當加以輕視，因為只能由獨一真天主處得到，為此不當因貪戀世物遠離天主，反該輕看世物，以獲得祂。

第十五章　天使協助天主上智的措置。

天主的上智，如在《宗徒大事錄》上所說的，命人尊敬獨一真天主的律法，它是由天使宣佈的；天主自己亦顯現出來，固然不是祂的本體，因為是人的肉眼所不能見的，而是因著外面可見的表記。

天主的本性是精神的，不是肉軀的；是理智方面的，而不是暫時的。祂亦以人的言語形式而發言，雖然祂的語言本來是無始無終的。天使們不用肉身的耳朵，而用精神的耳朵，清晰地聽到天主的聲音，就迅速地將這命令傳達出來。

這律法是在不同時代公佈的，天主先應許世間的福樂，這是永遠福樂的象徵；用許多外面的禮儀表示出來，但能懂其真義的，卻是鳳毛麟角。但一切的誡命，都異口同聲地命人恭敬一個造天地人及天使的真主。祂發一言，一切就造成功了，但萬物為能繼續生存，仍舊需要造物主的維持。

第十六章　為得幸福的生命，我們當相信命人恭敬自己的天使，或相信命人恭敬獨一真主的天使。

我們為得永遠幸福的生命，當相信何種天使，是願意我們用敬神之禮，來叩拜他們的天使，或是將一切敬禮歸於獨一造物主的天使呢？祂們願意我們至獨一天主前，享見祂，就是祂們的幸福，並應許我們亦可得到這幸福。

享見天主，是如此的美好，可愛，沒有祂，人雖富有天下，亦如普羅丁所說，是最不幸的人。有的天使勸人恭敬獨一真主，別的天使卻令人恭敬祂們；好的天使禁止人敬拜惡天使，惡天使亦不敢禁止人恭敬獨一真天主；那麼柏拉圖派的哲學家或卜者，請告訴我們究竟該當相信誰。

有理智的人，亦請告訴我們，當給人叩拜自己的天使，或禁止叩拜自己及別的神，而只向天主獻祭。即使兩類天使都不顯靈蹟，但有的願人給自己舉行祭獻，有的禁止人祭獻自己，命人只給真天主獻祭；人就當知道什麼是從驕傲而來，或由宗教的虔誠而來的。

我並且說：要求敬拜自己的天使，即行奇蹟；而禁止祭獻自己，命人祭獻獨一天主的天使，沒有行任何奇蹟，還該當聽從祂們，不是因肉身五官的德能，而因理智方面的理由。

若天主願因好天使，加強自己言語的真實性，不宣傳自己，而宣傳天主，行更大更一定，及明顯的奇蹟，致令願祭獻自己的天使，不能以祂們的奇蹟令人信服祂們；誰會糊塗至此，若有更大的奇蹟作證，而不選真理呢？

歷史上所記載的外教人的奇蹟，我不說是由於天主上智的安排，有時不知何故，而所發生的怪事，如生下畸形的動物，天地的變態，或其他由邪魔法術所引起的災禍，而是說明顯地由邪魔能力所發生的怪事，如家神的像，是由愛乃亞從特洛伊城救出的，自一處遷至他處；大居義以刀分石；愛比大（Epidaurius）蛇與愛古來伯做伴，同至羅馬；一個女子用腰帶拉動弗利治（Phrygia）女神像的船，以證明自己的貞潔，而許多人及牛卻不能推動它；弗斯大女司祭，在貞操方面為人控告，乃自泰伯河以篩提水，竟一滴不漏。

這些奇蹟，當然不能與《聖經》上天主在依撒列民中所顯的奇蹟媲美；至於外教人律法所禁止的魔術，更不用提了，因為往往只欺騙了人的五宮，如魯加奴（Lucanus）所說：將月亮降低，甚至附近的草木都濕了。

就是有些奇蹟與善人所做的相似，但因其目的，便不同了。許多神以奇蹟教人去祭獻他們，這是不應該的，因為只能祭獻天主，但祂並不需要人祭獻自己，如《聖經》上及後來取消了祭獻，可以證明這點。

若一位天使要求祭獻，當揀選不為自己要求祭獻，而為萬物的造物主要求祂的。這樣，可以證明祂們如何愛我們，不願我們臣服自己，而臣服於使祂們幸福的天主，並使我們親近天主，祂們總沒有離開祂。

有的天使不為自己要求祭獻，而為許多神要求，因為是祂們的天使，我們亦當選擇要求祭獻獨一天主的天使，因為不能祭獻別的神；連上面所說的天使，也不禁止人祭獻獨一真天主，反而命人祭獻祂。由於祂們的欺騙，已經證明祂們不是善良的天使，更不是善神，而是邪魔；因祂們不願人祭獻獨一至高無上的天主，而祭獻自己；我們更該揀選天主的助佑，善良的天使也侍奉祂，並命我們祭獻祂，並且我們自己當成為祂的祭品。

第十七章　結約櫃，及天主為證明十誡所顯的聖蹟。

由天使手中公佈的天主十誡，命人只祭獻天主，禁止敬拜別的神，放在約櫃之中。這名字已明白指出天主在結約櫃中，由此天主出命令、答覆，表示自己的旨意。十誡寫在兩塊石板上，放在結約櫃中。經過曠野時，兩位司祭抬著這結約櫃，日間由雲彩引導，夜間火柱開路；雲彩移動時，大家就開步行動；雲影停止時，大家就休息。

除了這些奇蹟及由結約櫃發出的聲音外，還發了一個大聖蹟，為十誡作證。猶太人當搜過若爾當河，以進福地，抬結約櫃的人一進入水中，上面的水就停止不動，下面的水繼續流去，使結約櫃及人民能自由渡過。然後第一座敵人的城倒下，它的居民敬拜許多神，如其他民族一樣，沒有人或軍器攻擊它，只是每天繞行結約櫃七匝。

佔了福地後，結約櫃為敵人搶去，這是為罰猶太人的罪——並供在最大的廟中，關上門，大家回去了。第二天他們看見偶像倒在地上，四肢瓦解。斐利斯定人看見了這個奇蹟，並受了重罰，乃將結約櫃送還希伯來人，因之前是由他們的手中搶來的。

他們如何送還呢？將結約櫃放在牛車上，由兩隻母牛拉著，將小牛關在欄中，然後讓母牛自由行走，以知天主的聖意。母牛沒有人引導，也不管小牛叫，就踏上往希伯來人的道路，將結約櫃送還天主的人民。這些事為天主是小事，但為人類是大事，能使他驚懼，得到教訓。

若我們讚美哲學家，特別柏拉圖派，因為他們更明智，教訓人天主亭毒世間一切，無論任何微小的事物，如動物及植物的美麗，都可以作證；何況天主所做的這些奇蹟，更當為之作證；同時指出禁止祭獻別的神，只祭獻獨一真主的宗教為宗教。

天主自己規定了祭獻的時間，並預言將由一位更尊貴的司祭，祭獻將成為更美善的；祂並非為祭獻自身而要祭獻，而是因為它預示更完美的祭獻；不是主貪求祭獻的光榮，而是為引起我們的愛火，為我們的益處，去朝拜祂。

第十八章　辯駁主張不當相信記載奇蹟，以訓誨人的《聖經》。

有人說，這些聖蹟是假的，並沒有實行過，或記述不正確。誰不相信記載這些事的《聖經》，亦能說天主不管人間的事情。外教人的歷史記載，人所以敬拜神祇，是因為他們奇妙的工作。

但我在本書第十卷中，無意辯駁否認天主德能的存在，或否認天主亭毒人事；而是辯駁，將邪神放在創造光榮城的天主之上，不認識他，是世界的創造者；只有他不因受造物，而因自己賜予幸福的生命，為此《聖經》上說：「親近天主，把我的希望寄託在吾主天主身上，為我是有益的。」（詠．七十三：28）

哲學家尋求至善，為獲得它措置一切行為，然而先知沒有說：「我的善是身纏萬貫，身披王袍，於執權杖，頭戴王冠，在眾人之上。」或如有些哲學士不害羞地說：我的福樂是肉身的快樂；或如其中最好的說：我的福樂是修德行；而說：「親近天主，把我的希望寄託在吾主天主身上，為我是有益的。」

是天主親自啟示他，天使亦以奇蹟教訓人只當祭獻祂。因此他自己成為祭品，充滿神火，熱切期望投入天主的懷中。為此若敬拜多神的人，無論敬拜何神，相信民族的史書或巫卜之書，記述神的奇蹟，為何不信記載聖蹟的《聖經》，它更當受人信仰，而所祭獻的神，又超乎眾神之上。

第十九章　為何真宗教，教人只祭獻獨一無形的真天主？

相信有形的祭獻只適合神；對無形的天主，當以無形的祭獻，對更大的神，當以更大的祭獻；對更好的神，當以更好的祭獻，這是正常人的職務。但他們不知道，有形的祭獻是無形祭獻的標記，就如言語是事物的標記一樣。

我們祈禱時，歌詠時，我們向天主說出我們願對他所說的；同樣，舉行祭獻時，我們知道不可祭獻別的神，只祭獻天主；在我們心中，亦當將我們自己獻於他。

那時超於我們的天使，德能與我們同等，會幫助我們完成它。若我們要祭獻他們，他們不會悅納；他們被遣至人間時，禁止人親近他們；在《聖經》中有許多證據。

有人想亦當光榮叩拜、祭獻天使，不只祭獻天主，這是祂所禁止的，並且命令我們只祭獻天主。聖人們亦步天使的芳蹤：如保祿及巴爾納伯在呂考尼雅醫好了病人，被視為神明；呂考尼雅人願意祭獻他們，光榮他們；他們謙辭了這種榮譽，且勸他們相信真神（註）。

連邪魔亦不敢為自己要求祭獻，除非他們知道這是天主所獨有的，如波非利等所證實，他們不愛死犧牲的臭味，是願意擅侵神的榮耀。在世界上，到處他們都可找到香味；他們若要更多的，別處可以找到。

所以邪魔想擅奪天主的光榮，本不貪肉身的光榮，而是祈禱者的心靈，使便於欺騙它、控制它；阻止人走至天主的路線去，使人給邪魔舉行祭獻時，成為天主的祭獻。

（註）《宗徒大事錄》，第十四章。

第二十章　天主與人的中保所獻的最高真祭祀

耶穌基督，天主及人類的中保，取了奴隸的形式，祂雖與聖父一起享受祭獻；但願作祭獻，而不受人的祭獻，並使人相信不可向任何人舉行祭獻；因此祂是司祭，作祭者，及祭品。祂願我們在每日彌撒中想起這點，繼續教會每日的祭獻，教會是首，我們是身軀，因著祂而一起舉行祭獻。

古聖祖的祭獻，只是這次大祭的預象，由許多事象徵它，如一件東西，可用許多言語指出。在這至高的真祭禮前，別的已蕩然無存了。

第二十一章 邪魔的權力，光榮受苦及戰勝魔鬼的聖人，他們不祭獻魔鬼，而居於天主內。

有時邪魔能推動惡人反對天主城，雖為聖教會，強逼人祭獻祂們。這一切不但為聖教會無害，反而有益，可加增殉教者的數字，他們是聖教會最著名及受人尊重的子女，因為他們攻打罪惡，直至傾流鮮血。

若聖教會的言語許可的話，我要稱呼他們為英雄。據說英雄這名字是由游奴名字而來；游奴女神在希臘語稱為（Herē），祂的子女照神話被呼為英雄（Heros）。這名字由游奴名字而來，是因著神秘的意義；因為空中是游奴的位子，據說英雄即堪受光榮的亡者靈魂，與祂同在空中。

我們的殉教者，除聖教會許可稱為英雄外，還有另一意義：他們是英雄，並非因為居在空中，是因為他們戰勝了邪魔，即與游奴同住空中的魔鬼；詩人以游奴為德行的仇敵，這是有理由的，因為祂嫉妒想望天堂的勇敢人。然而可惜，維吉爾詩人卻向祂投誠，雖然說祂為愛乃亞所勝，然而愛來奴還帶著宗教性的恐懼，警告愛乃亞說：

「當以祈禱向游奴，禮物戰勝大能神。」

為此，波非利，不是說自己的意見，而是引別人的意見說：善神不能幫助人，除非先平息了惡神的忿怒，似乎惡神對人更為有力。屢次惡神阻止善神助佑人，除非先平息祂們的忿怒；而善神不能相反惡神的意見助佑人。

這不是真宗教的作風，我們的殉教者，並非如此。他們戰勝了維納斯，即居在空中嫉妒善人道德的邪魔。我們的英雄，以天主的德能戰勝了游奴神。施比安因為戰敗了非洲人，故名為非洲人，並非以禮物使邪魔寬赦人類。

第二十二章　聖人反對邪魔的能力，及祂們的德行由何而來。

天主的聖人，以熱心勝過空中的邪魔，而不以平息祂們忿怒的方法。他們祈求真天主，不呼求邪魔，而得勝祂們，邪魔只因罪惡，才能戰勝人。

是以取了人性，一生無罪基督的名字，聖人們戰勝了邪魔，祂是司祭及祭品，即因著天主及人間的中保，耶穌基督，又因著祂，潔淨罪惡，與天主重歸於好。人只因罪惡才與天主相離，不因我們的德行，而得寬赦，不因我們的能力，而因天主的慈善；我們的功勞，也是由天主的慈善所賜的。

我們在現世，若不至死，得到天主的寬赦，就當受罰。聖寵是因中保基督而得的，使因罪而沾污的，得能清除。天主的聖寵，顯示出天主的慈善來，在現世的信仰支持我們，死後以真理，達到齊全的地步。

第二十三章 柏拉圖派潔淨靈魂的方法。

波非利說：神諭已答覆了，不能由太陽與月亮得到煉淨，這是指出人不能因任何神得到煉淨，因為若不由主要的太陽及月亮神得到煉淨，尚能由何神得到煉淨呢？

同一神諭亦說出原理，只有神能煉淨人。我們知道這位柏拉圖派哲學家如何解說這原理。照他是天主聖父及聖子，或照希臘文呼為聖父的悟司；至於聖神，他沒有提及，或說得不清楚，他所說二者的中保，我不懂那是指誰。

普羅丁論三種主要體質時，也願意是指靈魂，就不當說為聖父及聖子的中間人。普羅丁將靈魂的本質放在聖父的理智之後；波非利說中間人，就不將它放在後面，而放在中間了。他如所能或所願意地這樣說了，我們所說的聖神，不只是聖父的，或聖子的，而是二者的。

哲學家自由用言語，在難懂的問題中，他們不怕人懂不清楚。但我們的言語當謹慎適當，以免引人理解錯所說的事情。

第二十四章 只有一個原因，可以煉淨人。

我們論天主時，不可說有三個原因，如不可說有三個天主，雖然論天主聖父、聖子、聖神每位時，說每位是天主。

我們不應如沙白利尼（Sabelini）（註），這異教人說聖父聖子為同一的，聖神與聖父及聖子又是同一的；但我們說聖父是聖子的聖父，聖子是聖父之子，而聖神非聖父，亦不是聖子。所以說人只能由原因煉淨是對的，雖然這位柏拉圖派哲學家誤用了多數。

波非利屈服在妒忌的邪魔權下，不敢加以辯駁，不願承認耶穌因為降生成人，是煉淨人的原因，反而輕看他取了人性，以煉淨我們；因著驕傲，他不懂這奧蹟：即基督為真中間人，有肉軀與世人相同；邪魔因無肉軀，乃發驕傲，並虛偽地應許助佑人。

真的中保基督指出惡是「罪」，而不是肉軀；肉軀與靈魂能存在，死後朽爛，但復活後變成燦爛的。同樣指出死亡雖然是罪惡的罰，基督沒有罪過，卻為我們接受了死亡，為教訓人不當犯罪以躲避死亡，若可能的話，當為義德而亡。為此耶穌能以自己的死亡，消除罪惡，因為祂不是為了自己的罪惡而死。

因此這位柏拉圖派的哲學家不承認基督為原因，因為不然，就當承認祂能煉淨人了。人的肉身或靈魂不是原因，而是天主的聖言，因著祂而使一切造成。

不是肉身也不是靈魂能煉淨人，而是天主的聖言，祂取了人性，寄居在我們中間。為此基督說人將食祂的肉時，許多人不懂，就離開了祂說：「這話生硬，誰能聽得下去呢？」（若・六：61）。但祂對其餘的人說：「使人生活的是神，肉身一無所用。」（若・六：63）所以耶穌取了靈魂及肉身，以煉淨信友的靈魂及肉身。

因此，當猶太人問耶穌到底是誰，祂答說，「難道起初我沒有對你們講論過嗎？」（若・八：25）我們帶著肉體軟弱無能，時常犯罪，理智昏昧，我們根本不能知道這個真理，除非由天主醫好、煉淨，藉由我們所是的或所不是的；我們是人，不是義人，而耶穌的人性是有義德的，沒有罪惡。這是中保人，基督伸手給跌倒的人，失敗的人；這是天使所允許的，律法亦由祂而結束。祂命我們恭敬一個天主，並應許我們將來的中保。

（註）沙白利尼是第三世紀的異端人，他否認天主三位的分別。

第二十五章 全體聖人，無論是古教的或古代的，都因基督的奧蹟及信仰而成義人。

古時人熱心度日，能因信仰這奧蹟而得救；不但希伯來人接受十誡之前已恭敬天主及天使了，並且在律法時代，雖然希伯來民族，似乎有物質的允許，預象精神的事物；為此這時代稱為「舊約時代」。

至於被選民之中，有先知，他們如天使一樣，預告天主的應許；其中之一，是對善人的歸宿，天主的應許說：「把我的希望寄託在吾主天主身上，為我是有益的。」（詠．七十三：28）

在同一〈聖詠〉中，〈舊約〉與〈新約〉分得相當清楚。先知看見惡人因世物的允許而自誇勝利，說自己的腳沒有移動過，自己幾乎要失足，白白奉事天主，而輕視自己的人，卻享盡所求的幸福。於是他竭力研究這件事，願知其原因，乃進入聖殿中，知道了幸福人的結局。於是他清楚了解了，為被高舉先當受壓逼，因著罪惡而喪亡，世間的福樂，真如南柯一夢，卻沒有夢中的快樂。

但他們以為自己在現世有大能力，先知乃說：「吾主啊！祢也照樣藐視他們的空想。」（詠．七十二：2）先知繼續說明向獨一真主求世福也有益處，因為天主對一切都有權力：「這樣，我愚魯一無所知，在你面前如畜類一般。」（詠．七十二：22）「所說如畜類一般」就是沒有理智的人。

我以為一切財物由你而來，不能與惡人共享，並非沒有這些財物，就以為白白恭敬你，因為恭敬你的都有這些財物。但我常與你在一起，雖期望財物，亦不去尋找別的神。

為此他繼續說：「你握著我的右手，你要以你的訓言引導我，以後你必接我走進榮耀。」（詠．七十二．23—14）似乎在右手穩操一切，以前見到惡人享受幸福幾乎跌倒：「在天上除你以外，我有誰呢？在世上除你以外，我也沒有所喜愛的。」（詠．七十二：25）

他自已指責自已，因為在天上有這般的財物，清楚了所求天主的，是世間的暫時之物，一種如泥土的幸福：「我的肉體和我們心靈業已瘁微，然而天主是我們的力量。」（詠．七十二：26）因為沒有世間財物，才能舉心向上。為此在另一〈聖詠〉中說：「我的靈魂渴慕你的救恩。」（詠．一一一：81）。

他說了心靈疲倦後，不說：「我心靈的天主」，而只說「我心的天主」，因為肉身由心煉淨，為此吾主耶穌勸人說：「你先應清潔杯的裏面，好叫它的外面也成為清潔的。」（瑪．二十三：26）然後說天主自已是他的遺產說：「然而天主是我心中的力量，是我永遠的福分。」（詠．七十二：26）在所揀選的事物中，他喜歡自已選了天主，說：「請看！遠離你的必要滅亡，你必消滅那違背你的人。」（詠．七十二：27）即願敬拜邪神的人。

繼續下去的，是似乎以上所說的一切：「親近天主，把我的希望寄託在吾主天主身上，為我是有益的。」（詠．七十三：28）所以不敢遠離天主，或不誠心祈求祂。

與天主的結合，拋棄了一切當拋棄的事物後，才是齊全的，那時才有《聖經》上所說的：「把我的希望寄託在吾主天主身上。」（詠．二十二：28）

如聖保祿宗徒寫說：「但所希望的若已看見，就不是希望了，因為人何必再希望所看見的呢？但我們若希望那未看見的，必須堅忍等待。」（羅・八：24—25）

有了這種希望後，我們亦設法成為天使，即傳佈祂的聖意，讚揚祂的榮耀及恩寵，為此說了：「把我的希望寄託在吾主天主身上。」（詠・一二〇：28）

〈聖詠〉的作者就繼續說：「在熙雍子女的門前，我要稱述祢一切的恩惠。」（詠・七十二：28）這是天主最光耀的城，只承認恭敬一個天主；天使報告這事，請我們做祂的子民；祂們不願我們敬祂們為神，但願意我們恭敬祂們及我們的天主；不願我們祭獻祂們，而給天主行祭獻。

任何人思想這些事，若不固執，能疑惑不朽的天使羨慕我們，若真羨慕，就不幸福了；但當堅信祂們愛我們。為使我們與祂們一起享福，祂們幫助我們，若與祂們一起恭敬天主聖父、聖子及聖神，比向祂獻祭更好。

第二十六章　波非利在承認真天主及敬拜邪神中，猶豫不決。

我不知道為何波非利羞恥自己的邪神朋友。他知道真理，但不敢反對敬拜多神的人，以衛護真天主的敬禮。

他說有的天使降來，對多神者報告神的消息，有的天使來至世間述說聖父的事情，顯示自己無窮的偉大。但當相信，有職務報告聖父意旨的天使，自然當順從聖父。這樣，柏拉圖派的哲學家告訴我們，應該效法神，超過呼求神。

為此我們不當畏懼不給屬於天主的神獻祭，就會得罪祂們，因為祂們知道祭獻只應屬於天主；臣服天主才能有幸福，為此不願給自己或他物獻祭。

邪魔夜郎自大，願人給自己獻祭，祂們與服從天主的天使不同，天使因為與天主在一起，所以幸福。為使我們得到福樂，當善待我們，不當要求我們服從祂們，卻向我們介紹天主，在祂之下我們能與他們在一起。

哲學士，你為何還怕高聲反對嫉妒真德行及天主恩賜的邪魔？你已說過，報告聖父的天使與顯現與拜邪神人的邪魔不同，那麼你為何說祂們能報告天主的事情，給祂們這種榮譽呢？祂們除了報告聖父的旨意外，又能說什麼神的事呢？心懷嫉妒的人，祈求邪魔，不讓人煉淨，為何所說的，不能解開其羈束，亦不能恢復其權力呢？你還疑惑或裝作不知道祂們是邪魔，祂們為不使外教人討厭起見，告訴你這類糊塗有害的事，當做真理；而你竟將嫉妒、醜惡的邪魔，不是女主人，而是婢女，與天上的天使放在一起，使其臭氣沖天。

第二十七章 波非利的罪惡，竟超過亞布雷的錯誤。

你的同道柏拉圖派亞布雷還比較能令人容忍。他承認在月亮下的邪魔，為情欲及思想所擾亂；雖然當敬禮祂們，但在乙太之上的高級天使與他們有別，因為發光，如日月星辰，並無情欲的擾亂。

而你（註一）卻不由柏拉圖，而由迦爾太（Chaldæan）人學習，將人的毛病抬至上天，使你們的神將有關神的事告訴外教人。

但你因著思想，超乎這類信仰之上，你不需要煉淨，別人卻需要煉淨。你急於告訴別人，似乎是酬報你的老師，說為你自己不需要，因為能懂更高的事情，使對哲學一竅不通者，表示信心。引導不知哲學的，這是艱難的學問，只有少數人知道；去找巫人，以求煉淨，若不在理智方面，至少在精神方面。

既然不知哲學者，佔絕大多數，去至私人及不正當的教師前去領教的，比去柏拉圖學校的人數還要多。然而這些邪魔，竟裝成乙太上的神；你是祂們的宣傳者，曾告訴你，經過巫人法術煉淨後，不回至聖父處，而與乙太之神居於空中。

但耶穌基督由邪魔手中救出了的群眾，不聽這類邪說，在耶穌內，他們得了精神及肉身的潔淨。祂降生成人，除罪惡外，完全如人，是為醫治人類的罪惡。

若你亦認識了祂，當依賴祂，以得重生，而不仗恃你自己軟弱的人力及危險的好奇心。祂一定不會欺騙你：你們神的答詞，如你所寫，亦承認祂是一位不朽的聖人。

著名的維吉爾詩人，在某人的名下，而實際上卻指基督，寫說：

「縱有罪惡之痕跡，大地有爾終無恐。」（註二）

無疑的，詩人所說大能的人，因著人性的軟弱，雖然不犯重罪，但仍留著罪惡的痕跡，只能由詩中聽說的那位救世主醫好，因為在此詩的第四句，詩人不以自己的名義發言，而是古梅女神發言（註三）；

「古梅之詩中，末期已來臨。」

而藏在神像下的邪魔，不能潔淨人，反以幻想及捕風捉影的美好欺騙人：若祂們自己是一團黑，如何能潔淨他人呢？否則就不會聽妒忌者的禱詞，或有所畏懼，而不敢賜恩。

你說理智的靈魂，即理智不能由巫人的法術煉淨，而靈魂的下部即精神，卻能由法術煉淨，但不能成為永遠不朽的。基督卻應許人永遠的生命，大家乃趨之若鶩，雖然你們驚訝不置。

你不能否認人為巫術所騙，許多人為糊塗盲目的意見所欺，祈禱上天的天使是重大錯誤；你白白辛苦教訓人這類事，遣人至巫術人處，以得靈魂的潔淨，他們卻不依不朽的靈魂而生活。

（註一）指波非利，生於西元二三四年，死於三〇五年，為亞歷山大城的哲學士，Plotinus 的門人。

（註二）Virgil, Eclog. iv. 13, 14.

（註三）古梅（Cumaean）是義大利甘巴尼省的古城名，在它附近有著名的山洞，女神西皮拉就在此作預言，古時甚為著名。

第二十八章　為何波非利不認識基督為真智慧？

你一定要將人引入歧途之中：你自認愛好德行與智慧，而不害羞。你若認識了基督為天主的德能及智慧；若你不因虛偽的知識，遠離謙卑之道，就不會如此了。

你亦訓人，沒有巫術與卜術，你曾費了九牛二虎之力去學它，因著節德，人亦可以得到煉淨。別處你說：卜術在死後不能救靈魂，所以在身後，它毫無用處，連對精神的靈魂亦如此。

雖然如此，你還是大談特談巫術，我想不為別的，只為表示你精於此道，為取悅好奇的人，或為吸引新人。你最好說出它自身及律法方面是可怕的事情；希望不幸的人們，由你學得遠離它，不走近它，以免墜入深淵中。

你亦該當說明因著愚魯，許多毛病不能由卜術療治，而只由聖父的智慧治好，他知道聖父的旨意；但你不相信這智慧是基督，反因他由童貞女取了人身，又被釘在十字架上，而輕看他；因為你慣於接受傲慢人的智慧，而輕視卑微人的智慧。然而基督卻應驗了先知們所預言的：「使智者喪失自己的智慧，賢者遁匿自己的聰明。」（依．二十九：14）

天主不輕視祂自己賞賜人的智慧，只輕視自作聰明人的虛偽智慧；為此聖保祿宗徒繼續先知依撒意亞的話說：

「智慧者在哪裡？經師在哪裡？這世代的詭辯者又在哪裡？天主豈不是使世界的智慧變成了愚妄嗎？因為這世界既然沒有憑自己的智慧，因天主智慧的顯示而認識天主，天主遂決意以所宣講的愚妄來拯救那些相信的人。的確，猶太人要求的是靈蹟，希臘人尋求的是智慧，然而我們所宣講的卻是被釘於十字架的基督：這為猶太人固然是絆腳石，為外邦人是愚妄，但為那些蒙召的，不拘是猶太人或希臘人，基督卻是天主的德能和天主的智慧：因為天主的愚妄總比人明智，天主的懦弱也總比人堅強。」（格前．一：20—25）

以為因自己的德能是明智有力的人，就要輕看它為糊塗柔弱；然而它是天主的聖寵，能醫治柔弱者，他們不自誇自己的幸福，反而承認自己的不幸。

第二十九章　柏拉圖派人對承認耶穌基督的降生，感到羞恥。

但你承認需要天主恩寵，你稱它為聖父的理智及中保，我以為你是說聖神，但照你的字句，你卻稱為三位神。此處你雖然用詞句不當，但已暗中指出當至何處；然而你不願承認天主聖子降生成人，因著他我們得到救援，並能得到我們所相信所追求的。你從遠處，雙目望見我們的祖國，我們該當永久居住其間，但你不由其道而行。

但你承認需要天主的聖寵，因為你說只有少數人能因智慧而達到天主。你不說：少數人喜歡或願意，而說：「賞賜少數人！」由這幾句話中，可見你承認人力之不足，而需要天主的聖寵。

你仿效柏拉圖時，更明顯地用這句話，因為你說，無任何人在此生能達到完全的智慧；但依理智而生活的人，由天主的聖寵及上智，在此生後，將給他們一切所缺少的。

你若因吾主耶穌認識天主的聖寵，你一定可以懂得祂的降生成人，取了肉身及靈魂，是天主聖寵的妙工。然而我們當做什麼？我知道對死人談話毫無益處。

波非利，我對你談話，亦是對牛彈琴，然而為重視你們，及因你的智慧，或你不當訓人的藝術而敬愛你的人，恐怕我不枉費口舌；我答覆你時，是對他們發言。

天主的聖寵能由天主唯一聖子傳授於人，是最適宜的；祂是不變的，而成為人，將自己的愛情傳授於人，作親近他人的中保；祂是不朽的，在有朽的人之上，是善人在罪人之前，是不幸者中之幸福者。天主既給我們幸福及不朽的期望，祂雖然是幸福的，但取了有朽的人性，因自己的苦難，教訓我們輕視所畏懼的，以賞賜我們所期望的。

但為懂得這端真理，需要謙遜，這是你不易懂得的。因為我們說什麼不易相信的，特別為你已知道這事，因而亦當堅信不疑。我們說天主取了靈魂及肉身，有何難信之處？

你如此重視有理智的靈魂，只有人的靈魂如此，以至能與聖父的理智合一，你承認這就是天主聖子；若一個靈魂，為大眾得救，被聖子取去了，有何不可信之處呢？為成一個完整人，因其本性，肉身當與靈魂結合，若這不是自然的，就不易令人信服。因為精神與精神結合較易，無形與無形結合，雖然一個是人的，另一個是天主的；一個是有變換的，另一個是不可變換的，比一個肉軀與無形的靈魂結合，更為容易。

你可能驚訝童貞女生子的奇蹟？但這事不當使你驚訝，反而奇妙的真神，奇妙地出生，更當使你有信仰。恐怕你不相信基督的肉身由死亡而受辱，因復活而受光榮，升了天堂，成為不朽不變的？或者你不肯相信，因為波非利所寫《靈魂輪廻》書中，我曾引了許多處，請人將肉軀撇在一邊，使靈魂幸福，常與天主同在嗎？然而他及你們都有當修正處，你們相信現世龐大靈魂的奇蹟。因為你們同柏拉圖一起主張宇宙是一個幸福的動物，並且是永遠的。若為得幸福，當避免肉身，為何宇宙的靈魂，沒有與肉軀分離，卻是幸福的呢？

你們在書中亦承認太陽與星辰是物體，這是大家都承認的，你們並堅信同它們在一起的物體，是永遠最幸福的。為何聽到宣傳天主教的教義，忘記了或裝作不知道你們所教訓所研究的呢？為何你們不願做信友，除非是基督一生謙虛，而你們則傲慢。

聖人的肉身將如何復活起來，對《聖經》有研究的人，可以去討論，我以為將是不朽的，並將如基督復活後的情形一樣。但無論復活如何，肉身將是不朽的、永遠的，因而不阻礙靈魂與天主結合。

你們亦承認聖人們不朽的肉軀常在天上，因為你們到處傳說，為得幸福，當脫離肉身。這是證明你們逃避天主教，只因基督是謙謙君子，而你們卻是傲氣沖天的人。

你們恐怕當調正生活，這也是驕傲的態度。博學的人，柏拉圖的弟子，羞於成為基督的弟子，若望宗圖與聖神，教訓一個罪人說：「在起初已有聖言，聖言與天主同在，聖言就是天主。這聖言在起初就與天主同在。萬物是借著祂而造成的。凡受造的沒有一樣不是由祂而造成的。在祂內有生命，這生命是人的光；這光在黑暗中照耀，黑暗並沒有勝過祂。」（若·一：1—5）一個柏拉圖的門人，如我屢次聽米蘭主教老年聖人辛貝先（Simplicianus）說，聖若望福音的序，當以金字寫在一切教堂最高處。

驕傲人輕視天主的教訓，只因為：「聖言成了血肉，寄居在我們中間。」（若·一：14）就如他們生起病來，反以疾病自傲，而羞於使用醫好他們的藥品。他們這樣做，並非為立起來，而是以跌得更深而羞愧。

第三十章　波非利辯駁了、修正了柏拉圖的意見。

若不當改正柏拉圖的一部份意見，為何波非利在相當重要的事上加以修正呢？柏拉圖一定曾寫說：人的靈魂死後輪迴到動物身上。波非利的老師波羅底亦隨從這個意見。而波非利卻不盲目隨從，這是對的。他相信人的靈魂死後不回到死屍去，而輪迴到別人身上去；若是如此，他以為母親變成騾子，載著自己的兒子；或是母親變成女郎，而嫁與自己的兒子，這當然是不堪設想的。

我們更該相信天使、聖人，及先知由聖神啟示所教訓我們的；先知預言救世主所啟示的，及由他所遣使的宗徒們在全世界所講的。自然該信靈魂只一次與肉身結合，而不該與許多身體多次結合。

然而如我上面所說的：在這點上，波非利更為合理，他主張人的靈魂只能回到人的身上，而不會輪廻至動物身上。他亦教訓人，天主給宇宙一個靈魂，使它明瞭物質的痛苦後，又回至聖父處，以得煉淨。雖然這思想不完全對，因為靈魂與肉身結合是為行善，但能修正其他柏拉圖派的意見，因為他以為靈魂煉淨罪惡，與聖父結合後，就不再受現世的痛苦了。

這樣，波非利改變了柏拉圖派的主要學說，即活人由死人而來，死人由活人而至。他並證明了維吉爾隨從柏拉圖派所說的，是不合理的：靈魂煉淨而至西天樂土（Elysian fields）後，又回至雷代（Letheus）河，以忘卻以往：

「拋去以往如敝屣，重願回至人世間。」

波非利不贊成這個意見，以為靈魂由幸福的生命，願意回至不幸的生命，又與有朽的肉身結合是不對的。若沒有永遠，就不會幸福，似乎潔淨了後，還需要再去玷污。

若肉身完全煉淨後，就忘卻一切痛苦，願意重回至有各種痛苦的肉身中，那麼，最大的幸福就是不幸的原因，最大的智慧成為糊塗的原因，至大的潔淨反生出不潔來。

若靈魂為達到幸福，當受欺騙，就不會得到真理而幸福。沒有確定性，靈魂就不會幸福，但為得到確實，當虛信為幸福的，因此有時就不幸福了。

若誰以虛偽為福樂的基礎，如何能得到真理呢？波非利看出這點來，為此他說靈魂潔淨後，回至聖父處，從此就不會染上塵污了。

所以柏拉圖派相信靈魂當在肉身出入是錯誤的，即使是真的話，有何益處？只能加增柏拉圖派的傲慢，他們以為自己勝於天主教的信友，只因為他們知道在現世煉淨後，成為明智的，而不知在後世相信虛偽，才會幸福。

若說這類事情是糊塗的，就當隨從波非利的意見，不隨其他柏拉圖派人的學說，他們主張輪廻之說，一時幸福，一時不幸。為此一個柏拉圖派人，超過柏拉圖，他知道柏氏所不知的事情，他不怕改正老師的錯誤，給人指出真理。

第三十一章 反對柏拉圖派的意見，以為人的靈魂與天主同是永遠的。

在人的理智所不能研究的真理中，我們為何不信天主，他告訴我們，人的靈魂不是如天主一樣永遠的，以前並不存在，而是受造的。

柏拉圖派人以為找到一個充分的理由，不相信這點，以為凡有開始的，就當有終。但柏拉圖論天主所造神的世界時，明說他們曾開始存在，所以有始，但無終，因為依照天主的絕對意志，他們當永遠存在。

然而他的弟子解說了此處的意義，說不是時間的開始，而是代替的開始。他們說：「若一隻腳自永遠時就在泥土中，自永遠時就留下它的痕跡，但沒有人會疑惑印子係由腳形成，而另一方面在腳之前，印子就不存在，因為係由腳而成；同樣，宇宙與神永遠存在，因為造祂們的，永遠存在，然而祂們仍是受造的。」

若靈魂永遠存在，就當承認祂的不幸亦永遠存在嗎？然而在靈魂內，有非永遠者，而在時間中開始，因為以前沒有的，不能與時間一齊開始。幸福在經過痛苦後，更為確定，如波非利自己所承認的，永遠常在，是在時間開始，但永遠長存，雖然有開始時間；為此一件事物，沒有時間的開始，就可能沒有終的原則，就不存在了。因而靈魂能有幸福，雖有時間的開始，但不會有終。

軟弱的人當在天主前讓步：在宗教方面，我們當信仰幸福不朽的天使，他們不為自己貪求屬天主的光榮，亦不要求人給自己作祭獻，而只祭獻天主，如上面已說過，下面還要再說；而祭獻由基督大司祭舉行，祂願將自己變成祭品，直至為我們而死。

第三十二章　只有天主的聖寵，才能打開拯救靈魂的大道，波非利不能找到它。

真宗教有拯救人的大道，它以外便沒有其他道路。可以說引人至天國的大道，不為現世的虛榮所變遷，而永遠不變。

波非利在《靈魂輪迴書》第一卷中，說他還沒有找到一個宗教，指出拯救靈魂的大道；在任何哲學內，在印度及迦爾太人的學說中，或者別處都找不到；在歷史中亦不能發現它；無疑地，他承認這道路的存在，但他不認識它而已。所以他為拯救靈魂，辛辛苦苦所找到的，他自己或他人所知道及所獲得的，顯然不夠，因此他感覺在這重大事情中，缺少一個可以聽從的至高權威。

以後他說在哲學中，亦不能找到拯救靈魂的大道，可以證明他的哲學不是真的，沒有所找的道路；若不指出這道路，如何能是真的呢？除了拯救一切靈魂，沒有它，任何靈魂都不能得救，還有別的道路嗎？

他繼續說：「在印度人的習慣及學說中，在迦爾太人的研究內，或在任何地方。」說明他在印度人或迦爾太人的學說中，找不到拯救靈魂的道路，但即如此，他不能否認由迦爾太人處得到神諭，因為他屢次提及它。那麼他所指的能拯救靈魂的大道為何？它在哲學及民族的學說中，尚未找到，這該當是高尚神聖的學說，因為在這些民族中，叩拜任何神；連在歷史中，亦未找到。

那麼這大道為何？豈非天主所賜的，不是猶太民族的，而是所有民族所共有的。至於這大道的存在，這位聰明出人一籌的，毫無疑惑：因為他不相信天主讓人類沒有這條大道，以拯救靈魂。所以他並沒有否認，只說自己還沒有找到這條寶貴有用的道路。

若想起波非利在世時，外教人正在猛烈攻擊這條拯救人靈的大道，即天主教，敬拜邪魔的人及帝王，正在群起而攻之；於是殉教者，為自己信仰及真理的勝利，情願忍受一切苦刑，這就不會令人大驚小怪了（註）。波非利看出這一切，但怕教難就要推倒它，所以不是救靈的大道，他不懂一時叫他跟隨，一時叫他不隨從這條路，就當竭力追隨它。

所以天主教，是拯救人靈的大道，是天主仁慈給所有人民的大道，許多人已認識了它，別人將認識它，但無論何時認識它，都不當問：為何現在？為何這樣晚？這不是人所能知道的。

波非利自己說這條路尚未被發現，尚不知道，就承認這點，但他並不以為是假的。我說這是拯救信仰人的大道；亞巴郎曾得到天主的應許說：「因著你的後裔，天下的萬民，都獲得祝福。」（創・二十二：18）亞巴郎是迦爾太人，但為得到天主所許的，藉著天使，經過中人的手之種子，它是萬民得救的大道；天主命他離了迦爾太人的迷信，恭敬獨一真主，堅信天主的允許，這是普遍的大道。

達味聖王曾說：「望天主憐憫我們，降福我們，顯示給我們祂的慈顏，為叫世人認識祢的道路。」（詠・六十六：1—2）之後，救世主成了亞巴郎的後裔，也說自己是道路，真理及生命。

（若．十四：6）

祂是大道，因為先知依撒意亞曾說：「到末日，上主的聖殿山必要矗立在群山之上，超乎一切山岳，萬民都要向它湧來。將有許多民族前去，說：『來！我們攀登上主的聖山，往雅各伯天主的殿裡去！祂必指示我們祂的道路，教給我們循行祂的途徑。因為法律將出自熙雍，上主的話將出自耶路撒冷。』」（依．二：2—3）

這大道不是只為一個民族，而是為一切民族的；天主的律法及言語，不限於熙雍及耶路撒冷城，當傳至普世。耶穌自己復活後，曾向宗徒們說：「這就是我以前還同你們在一起的時候，對你們說過的話：諸凡梅瑟法律，先知並〈聖詠〉上指著我所記載的話，都必須應驗。」耶穌遂開啟他們的明悟，叫他們理解經書，又給他們說：「經上曾這樣記載：默西亞必須受苦，第三日從死者中復活，又必須因他的名字宣傳悔改及罪之赦，從耶路撒冷開始，直到萬邦。」（路．二十四：44—48）

這是拯靈的大道，天使與先知先將它傳給少數人，特別是希伯來人；他們的國家，象徵天主的城，由萬民組成；聖殿、結約櫃、司祭、祭獻及明顯或預象的名字都是。

中保基督，以後宗徒們，揭開《新約》的恩寵，更明顯地傳授了以前時代的真理，係依照天主上智安排時間的秩序，並用奇蹟來證實它，如我上面所說的。那時不但天使出現，啟示世人，並且聖人以簡單的言語，驅逐人身的魔鬼，醫好疾病，使動物、魚鱉、飛鳥草木、五行、星宿，都聽從天主；地獄的能力停止了，死人復活了。

我且不提耶穌自己的聖蹟，特別是他的誕生及復活；他的誕生指出童貞生子的奇蹟；他的復活，給我們復活的榜樣。這道潔淨了整個人，準備有死亡的人及其各部，至於不朽。救主基督取了整個人性，不要如波非利，將它分為理智部份，精神部份，或肉軀部份。除了這方法之外，任何人都不能煉淨，而人類常有它，無論是將來的事，或是已啟示的事。

波非利說因著歷史還沒有達到目的，我們可答覆他說：在我們的歷史中，能找到何事，能佔領整個世界？何事更為可信？因為它述說以往，可以預言將來，其中有些我們已看見完成了，其他則將完成。波非利及其他柏拉圖派人，都不能在現世輕視天主的旨意，或對現世的預言啕而對其他預言或卜術，他能夠這樣做。他們以為不當過於重視這類事，因為是大人物所共有，他們做得對。因為或由不知的原因而來，則在醫術中，由各種標記，就可知道健康的情形；或邪魔預告他們預先安排了的事，使惡人去執行，對這樣的人生，他強稱有其權利。

聖人們走著救靈穩當的道路，不提這類事，然而他們並非不知道，且屢次預言過，為堅固人的信心，是普通不能為人的五官所知，亦不易實行。然而其他天主的真理，他們一知道天主的聖意，立刻預言。這樣，在《聖經》中，已預言了基督的誕生，及在他身上或因他的名字，將要實現的：如人的皈依，歸向天主的聖意，罪惡得赦，成義的恩寵，善人的信心，世界信仰真天主的人數眾多，戰勝邪魔，毀滅偶像與誘惑，歸正者煉淨，脫離兇惡，公審判，死人復活，惡人的永罰，天主城永久存在，永遠享見天主。這些預言中，有的已經應驗，由此可信其他亦將應驗。

沒有信仰之心的人，或不懂的人，可能加以攻擊，但他們不能否認，《聖經》的預言已應驗了；此道實行後，使我們永遠享見天主，與祂結合。

在十卷書中，雖然不如人所期望，但因天主所賜的助佑，我曾辯駁了惡人的矛盾，他們將他們的邪神，放在這城的造物主之上，我們正在論它。十卷中，前五卷是為辯駁主張為現世的福樂，當敬拜邪神；其他五卷，為主張因來世的生命，當叩拜邪神。

以後，如我在第一卷所許的，我將以我看來合適的話，並因天主的助佑，論兩城的來源、發展，及結束：它們在世界時，常是混合不清的。

（註）在波非利時代，即第三世紀，正是教難時期。

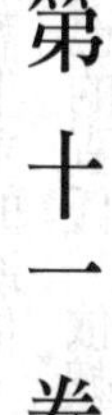

第十一卷

由這卷開始了本書的第二部份，論世間及上天兩城的來源、發展及結束。聖奧古斯丁先由善惡天神的分開，為兩城的來源；然後依照〈創世紀〉的次序，記述宇宙的造成。

第一章　論天上及世間兩城的來源及結束。

我們所稱上天之城，是《聖經》上有證據的。《聖經》有天主的權威，超乎所有民族的書籍以上，及所有人的智慧之上，它非由人心偶然的感覺，而因天主上智的安排而成。《聖經》上寫說：「天主的城啊！有些榮譽的事，是指著你說的。」（詠．八十六：3）別處又說：「上主本是尊大，在我們天主的城中，在他的聖山上，應受絕大的讚美。熙雍山，大王的城，在北面壯麗地聳出，為全地所喜愛。」（詠．四十八：1）稍後又說：「在萬軍之上主的城中，在我們天主的城中，我們所見的，正如我們所聞的。」（詠．四十七：9）另一處也說：「河水的支流，悅樂天主的城市，因為至高者祝聖了他的居所。天主居於其中，城不致震動。」（詠．四十六：4）

上面及他處的話，我不能一一引證，都告訴我們有一座天主的城，它的創造者勸我們做它的人民。然而世間城的人民，卻將他們的那神放在聖城的創造者之上，因為他們不知道他是眾神之王，不但是邪惡眾神之王，他們的權力微小，卻要人尊敬他們，並且還想為善神之王。善神情願臣服天主。不願別人臣服自己；情願敬拜天主，而不願人敬拜他們。

因著上主的助佑，在前十卷書中，我已答覆了這城的敵人，現在又知道人在等候我什麼，也認識我自己的責任，依賴上主的助佑，依我所能，開始敘述世間及天上兩城之來源，進展及結束。我前面已說過，在現世兩城常捏在一起。我先說由天神的分離，兩城乃有其開始。

第二章 除非因著天主及人間的中保，耶穌基督，任何人不能認識天主。

我們要超乎有形與無形的受造物之上，因為理智告訴我們，一切都是變化不定，為達到不變的天主，一定當作極大的努力，祂告訴我們，是祂自己，而不是別人造了整個宇宙，而與祂有別。

天主不用有形的受造物，對耳朵發言，似乎是發言人與聽言者中間的空氣受了震盪；亦不用天神發言，如在夢中一般。在這種情形中，是天主對物質及用物質，經過空氣而發言，因為這類夢境，與物質事物甚為相似。

天主卻以真理發言，只要能以理智而不以肉軀去理解。它顯給人的高尚部份，只有天主在他以上。若能了解，至少相信人是依天主的肖像造成，就當承認，人不以與禽獸相似的部份，而是以高尚的部份，與天主相似。

具有理智的理智，為毛病所困，不愛天主的光明，所以不可享受它，先當以信仰去醫好它，使它一天比一天強盛，以享永福。

為易於達到真理起見，因著信仰的道路，天主自己，天主的聖子降生為人，但仍為天主；乃賜人真信仰，因著人而天主的原因，以得生命，至上主前。因為耶穌基督，確實為人，是天主及人間的中保。因為耶穌為真人，是天主與人間的中人，是我們人的中保及生命。

若在追求者及目的中有道路，總有達到的一日。然而若沒有道路或不認識它，知道當達到的目標，亦何益之有？有一條最妥當的道路，就是當是天主及人；天主是追求的對象，人是當由的道路（Quo itur Deus, qua itur homo.）。

第三章 《聖經》由聖神默示而來，論其權威。

天主先因著先知，以後因著耶穌及宗徒們，給我們講了足夠的道理，並給我們《聖經》，它有極大的權威。在一切該當知道，而我們自己又不能知道的事上，當信賴它。

我們因著內外官能所能及到的事物，自己可以知道；比如我們的眼睛能看見的事物，就說它是在眼前；我們的官能所不能及，我們自己所不能知道的事物，我們當尋找別的證人，信賴他們，因為我們以為他們能夠知道這些事物。

既然我們信賴他們所見的事物，而我們所不見的。我們亦相信每個官能及理智的事物，因為理智亦是一種官能；同樣，為我們內外官能所不能見的事物，我們亦當相信以無形光明透視這事的人。

第四章 論宇宙的創造：既不是沒有開始，也不是天主的新意旨；以為祂以前不許，現在卻准許了。

在可見的宇宙中，我們可以看見的，最大的是宇宙，在不能看到的事物中，最大的是天主。但我們看見宇宙的存在，而相信天主的存在。

至論天主造了宇宙，我們不能相信任何人，只當信賴天主；祂在《聖經》中借著先知的口說：「起初天主造了天地。」（創．一：1）

是天主造天地時，先知亦在場嗎？不，然而天主的智慧卻在場，因著它一切造成。智慧降至聖人中，使他為天主的朋友，將自己的工作不露聲色地，在內裡告訴他們。

天主的天使亦對他們發言：「祂們常見我在天之父的面。」（瑪・十八：10）祂們將天主的旨意告訴當知的人，其中之一說：「起初天主造了天地。」

他是適當的證人，使我們因他相信上主，又因著聖神，知道所啟示的事，在長久以前，就預言了我們來日的信仰。然而永遠的天主為何先不造天地，以後再造它呢？說這話的人，承認宇宙永遠存在，而否認創造，離它甚遠，罪惡貫滿。除了先知的預言以外，宇宙自身，因著它變化萬端，及事物的美妙，都承認是不可言的，偉大美善的天主所造的。

承認天主造宇宙的人，不願宇宙有時間的開始，只有造化的開始，它是常存在的，但這是不容易理解的。他們舉出幾個證據，證明天主不是不顧前後的，以為天主忽然想起以前所未想過的，即創造宇宙；於是祂雖然是不變的，卻有了新的意志。

但我不能懂得這理由能在別的事物上，特別靈魂上如何存在；因為若他們說靈魂與天主永遠一起存在，他們不能解決靈魂為何不幸，因為在永遠時它是幸福的。若他們說靈魂常在幸福與不幸之中，他們亦當說直至最後，仍是幸與不幸在交替中，那麼就要發生矛盾，即靈魂幸福時，尚為不幸，因為它能預料自己的不幸；若靈魂不能預料將來，而常是幸福的，它的幸福是虛偽的。

然而沒有比這個更糊塗的：若他們相信靈魂常在幸福與不幸之中，現在自由了，不會跌倒了，但他不能相信自己真有幸福，除非由開始嘗到新的幸福；那麼，他們就得承認出現了以前所沒有的重大的新事件。

若他們否認天主是這類新事件的創造者，他們亦要否認祂是靈魂幸福的原因，這是重大的褻聖。若他們說，天主受了新的主義，決定靈魂從此日起常是幸福的，他們如何能證明不會變動，這是他們自己所不厭惡的。

為此，若他們承認靈魂在時間中造成，但沒有完結，嘗過一次幸福的，如數字有開始而沒有結局；他一生雖嘗過不幸與福樂後，不會是不幸的，因為已經得救；他不會猶豫，這是由天主的亭毒而成的。於是他們相信宇宙亦能有時間的開始，而天主並不變換他永遠的主意及意志。

第五章　不可想在天主造宇宙前，就有無限的時間及空間。

現在我們要答覆承認天主造了宇宙，但研究其時間與空間的人。可以問為何宇宙在某時造成，而不在他時；亦可問宇宙為何在此處造成，而不在他處。若他們以為天主造宇宙前，已有無限的時間，在此時間，天主似乎常在工作，亦當想在宇宙之外，有無限的空間。

若有人說全能的天主，在無限的時空中不能空閒無事，不能如哀比古魯一樣，以為當有無數宇宙。只有一點分別：哀比古魯說是由原子盲目地轉動而生而滅，而他們則說是由天主的化工；他們不願天主在永遠存在的其他宇宙中，如我們的宇宙一樣，空閒無事。

與我們辯論的，如我們一樣，承認天主無肉軀，造了與祂有別的宇宙。凡承認當敬拜多神的，不應參加這場辯論。承認天主為無肉軀的哲學家，其高尚與權威遠勝他人，雖離真理尚遠，但比別人更近。

不以天主只在某處，這是應當的。承認祂在各處的，不信祂在我們宇宙之外，而只在區區的宇宙之內，我以為喋喋多言，有何益處？若他們承認只有一個龐大的宇宙，在一定的地方，係由天主所造，他們就當答應在造宇宙前的茫茫期間，為何天主不工作？及在宇宙外的彌漫空間，天主為何又不工作？承認天主不因至高的理由，而是偶然將宇宙放在此地，而不在他處，雖然能有無限巨大美好的宇宙，沒有人能理解清楚天主為何這樣做；同樣，以為天主因偶然原因，當在某時造宇宙，而不在以前，亦不合理：因為以前亦有無窮的時間，沒有理由選某時代，而不選另一時代。

若他們以為想空間無窮，而實際上只有這個宇宙，所以不合實際，我們亦可答覆他們說：想天主以前不工作，也不合實際，因為在有宇宙前，時間並不存在。

第六章　宇宙的造成及時間，只有一個原理。

我們雖將永遠與時間分開，因為永遠沒有變換，而時間當有變動。誰不看出，若沒有變動的事物，就不會有時間；既然不換，就不能一時同在，當在瞬息之間，不停變換，於是生出時間。

既然天主永遠不變，是宇宙的創造者及亭毒者，我看不出理由，說祂在時間以後造了宇宙，除非說祂在造我們的宇宙前，就造了事物，因它的變動，時間乃生。

若《聖經》上說：「起初天主造了天地」，是告訴我們以前天主沒有造了什麼，若在天地之前，天主造了某物，《聖經》當說天主造了某物；因此宇宙不在時間中造成，而與時間一同造成。

與時間造成的，是在某時間後，而在另一時間前造成的，是在已過去的時間後；在未來的時間前造成的，不能有過去的時候，因為沒有可變換的事物。所以宇宙是與時間一起造成的，其間似有變動，如《聖經》上在六日內，曾提及晚上與早晨，將天主所造的事物列於其間，而很神秘地說天主在第七日休息了。這些日子究竟如何，不易想通，何況要說出呢？

第七章　初日的性質，因為在太陽之前，就說已有晚間與早晨。

我們的日子，由於日落西山，乃有晚上；太陽高升，乃有早晨。但最初三日沒有太陽，它是在第四日才造成的。依〈創世紀〉所載，最先天主造了光，然後將光與黑暗分開，乃稱有光者為日，黑暗者為夜。

但這光究竟為何物，如何與黑暗互相交替，形成早晨與晚上，這是我們不易理解清楚的，雖然毫無猶豫地當加以信從。是在宇宙上面的光，離我們很遠，以後造成太陽；或者光是指天使的城。

聖保祿宗徒曾說：「然而那屬天上耶路撒冷的卻是自由的，她就是我們的母親。」（迦・四：26）他在他處又說：「你們眾人原來都是光明之子和白日之子；我們不屬於黑夜，也不屬於黑暗。」（得前・五：5）

我們不能清楚理解這日早晨與黑夜意義的話；因為受造物的知識，與天主的知識比較起來，是黑暗無光的，猶如黑夜，然而若用以讚頌愛慕天主，乃成為早晨，直至不捨棄造物主，去愛受造物時，常是如此。

《聖經》依照次序，舉出七日，但總不用「夜中」二字，不說「成為黑夜」，而說：「晚上早晨，是為第一日。」（創・一：5）第二日等亦如此。

我們對自然界的知識，與天主的上智一比較，自然瞠乎其後，因為一切受造物，都由天主的上智造成；因此最好自稱為晚間而不稱早晨，若以讚頌愛慕造物主，乃成為早晨。

受造物認識自己，乃成為第一日；認識上天下水之間的天空，乃成第二日；認識大地、海洋及一切所生之物，蔓延大地，乃成為第三日；認識了大小的光及星辰，乃有第四日；認識一切禽獸魚鱉，乃為第五日；認識了地上一切動物及人類乃為第六日。

第八章　六日工作後，天主休息，有何意義，當如何懂法？

不當如兒童一般，以為天主在第七日休息，且祝聖了它，是因為天主太疲倦了。祂曾用永遠可懂的話，而非空言，一開口，一切便造成了。

天主的安息，是說在天主內休息的人，如說蓬蓽生輝，就是說宅中的人正在歡天喜地，因受了光榮；不是房屋自身，而是形容使人幸福的原因。

我們亦說：房屋壯麗，使居家者樂也融融；這時我們說：「樂也融融」，是以外包，是指內涵，如同我們說，全戲臺都在拍手，原野歡騰，雖然在戲臺上是人在拍手，在田野中是草木欣欣向榮；亦以原因是指成效，如說一封喜信，使大家喜悅。

幾時《聖經》作者說天主休息，是是指安息在主內的人，是天主自己使他們休息。這預言對人類亦有效，因為《聖經》原為人而寫，他們為天主而行善工，亦能永久休息；若在現世，因著信心，能親近祂。這種安息，在《舊約》中，對希伯來人已有預象，在適當時，當更詳細地討論它。

第九章　依照《聖經》，天使如何受造？

現在該開始論天主之城的來源，先由天使開始，因為是這城的最尊貴部份，並且是最幸福的，因為沒有嚐過充軍的苦味。我願依靠天主的聖寵，對這問題，由《聖經》中尋找光明。

《聖經》敘述宇宙創造時，沒有明說天使的受造，若他們沒有被遺忘的話，《聖經》上是用「天」這字來是指他們，「起初天主造了『天地』，或用『光』來指示他們，對這點我以後再說。

我不相信天使竟被遺忘了，因為《聖經》上說：天主在第七天休息工作，而最初則說：「起初，天主造了天地」，使人知道，在天地之前，天主沒有造什麼。

若《聖經》由天地開始，以後又說，地上沒有秩序，沒有光明，深淵上面是一片黑暗，即在大地混亂之間，因為沒有光明，自然是漆墨一團；然後在六日中，六續有了各樣事物，為何獨忘了天使呢？好像不是六日中創造物中的一部份，第七日天主才休息。

在此處天使一定沒有被忘了，雖然沒有明明提及，此外，在《聖經》別處卻相當明顯地提及他們。一位青年人被投入火爐中，歌頌說：「上主的一切化工，請讚美上主。」（達・三：57）提出各物，亦提及天使。（達・三：58）

《聖詠》上說：「你們要在天上讚美上主，要在高處讚美祂。祂的天神都要讚美祂，祂的軍旅都要讚美祂。太陽月亮！你們都要讚美祂；發光的星宿，你們要讚美祂。天上的諸天與天上的水！你們都要讚美祂。願這些都讚美上主的名，因為祂一命即成。」（詠・一四八：1—5）

此處明說天使由天主所造，將祂放入上天之物後說：「上主一命，一切就成。」誰能想天使是在六日的事物後才被造呢？若有人這樣糊塗地想，《聖經》就要指責他，因為天主說：「當時星辰一同歌詠，天主的眾子也都歡呼。」（約・三十八：7）

所以天主造星宿時，天使已存在了；星辰是在第四日造成的。那麼我們要說天使是第三日被造的嗎？不，因為我們知道第三日天主造了何物，大地與水分開，二者有別，大地乃生出所包育的青草樹木。是在第二日？也不是，因為第二日天主在諸水之間造了穹蒼，而稱為天；在第四日，在天上造了星宿。若天使亦在六日化工之內，一定是稱日的光明，以指其統一性，故不稱為第一日，而只稱為一日。第二、第三等日，並非不同的日子，只是三日的重複，以形成六七日，這是我們認識的次序；六日是天主的工作日，第七日是天主的休息日。

幾時天主說：「有光」，便有了光。將光理解為天使是合理的，祂們一定分有永遠的光明，就是天主不變的智慧，由它造成一切，我們稱這智慧為天主的獨一聖子；使由造祂們的光明光照後，祂們亦成為光與日，因分有這光與日，即天主的聖言，祂們及宇宙的創造者：「那普照每人的真光，正在進入這世界。」（若・一：9）

這真光亦光照純潔的天使，不是祂們自己為光明，而是在天主中，離開祂就成為不潔者，就如邪魔，因與永光無份，不為上主的光明，而成為黑暗。所以有惡的性體，是因缺少善而稱為惡。

第十章　論三位一體的天主、聖父、聖子及聖神，特性與體質無別。

只有一個善是單純的，所以不變的，這獨一的善就是天主；由此善創成其他的善，但不是單純的，所以能變；是天主造了這些善，而非它們自已生出的。因為由單純善所生的，亦是單純的，這是所生的善；這單純的善稱為聖父聖子，與聖神為一個天主。是聖父、聖子的神，在《聖經》上，其特有的名字為聖神。

他與聖父聖子有別，他不是聖父，亦非聖子；有別，但非不同，因為他同是單純的，也是永遠不變的善；三位只是一個天主，所以不取消天主的單純性。我們不說善的自身是單純的，因為其中只有聖父，或聖子或聖神，或者聖三只有其名稱，而元實際，如異端人沙培利所想的，而是單純的，因為除了一位與另一位交往時外，其餘皆相同。

這樣，聖父必定有聖子，而不是聖子；聖子有聖父，但非聖父。

若只看自已方面，而不顧到其他事物，天主是自有的；這樣，我們稱他為生物，因為有生命，並且是生命自身。一個自然界物，稱為單純體，若不能損失或獲得，就不能成為他物，如一個盛滿酒的瓶子。肉身有顏色，空中有光及熱，靈魂則有智慧。

事物中有它自已的；器皿不是酒，肉身並非為顏色，空氣不是光明及熱力，靈魂亦非智慧。且能失去所有的，成為別種事物，器皿能失去酒，身體能成為黑的，空氣成為黑暗，靈魂能失去智慧。

若論不朽的肉身，如復活後，聖人所有的，一定有不朽的特長，然而肉身的本質總不與不朽合而為一。靈魂是在肉身的每一部份，不更大或更小，一部份不比另一部份更為不朽。而整個肉身自然比一部份大，且有更大更小的部份，所以肉身是一件整體的，而不朽是在全身的每部份。

因為肉身每部不朽，若不與他相同，亦是將朽的。比如手，並不比手指更為不朽，因為它更小；雖然手與手指一起，在於上手指的不朽，卻是一樣的。

為此不朽的肉身，不能與不朽分離，但在肉身方面，其自身與不朽有分別；所以連不朽的身軀，也不是原來不朽的。靈魂自己，雖然明智，享見天主後，因與不變的智慧相合，但智慧並非靈魂。

空氣分散光，但仍與光有別，雖由它所光照。我說這句話，並非空氣為靈魂，如有人想的，因為他們不能想及沒有肉軀的事物。

世間事物雖有別，但也有相似點，所以可說：無肉身的靈魂，也由天主智慧造成的，如空氣由無形的火光分明，若無光明，就要漆墨一團黑，因為黑暗就是沒有光明；同樣，靈魂若無智慧之光明，就要黑暗了。

所謂單純的，是依照這個原理，特別神聖的事物，其中沒有本質與特性的區別；是神聖的，智慧的，幸福的，並非由他物而來。

《聖經》上說：「天主是有聰明的神。」（智．七：22）因為有許多特恩，雖有特恩多種，但其本質只有一個。沒有許多智慧，只有一個智慧，包含一切由智慧所造可見與不可見的，變換與不變換的一切事物。天主明智地造了萬物，人就不然；若天主以智慧造了一切，是造了祂所知道的。由此可抽出一個結論：宇宙若不存在，我們就不能知道；若不為天主所知，它就不能存在。

第十一章　我們當相信邪魔亦有天使當初所有的幸福。

在任何時間，任何形式，天使都不能是黑暗；他們受造時，就光明如日。他們受造，並非只為生存，他們得了光照，以智慧，幸福生活。

但許多天使卻離開了光明，失掉了明智幸福的生命，就是永遠確定的生命；然而他們仍保存著理智的生命，他們雖已失去了智慧，但他們要失掉理智，亦做不到。

誰能說祂們犯罪前，曾分享天主的智慧至何程度呢？誰能說祂們與幸福的天使完全相同，因為若如此，祂們為何對自己的永遠幸福會錯誤呢？若祂們完全與天使相同，無疑地，祂們亦會永遠享受幸福，因為祂們亦有確定性。

生命無論多長，若有一日將終結，就不是永遠的；生命由生活而來。所謂永遠，就是沒有終結之意。為此雖然一切永遠的，並不一定是幸福的，因為地獄的火也是永遠的；然而真正幸福的生活，一定是永遠的。魔鬼當初的幸福便不如此，因為能失去，無論祂們知道與否。若祂們知道，畏懼之心便使祂們不會幸福；若不知道，愚昧也不讓祂們幸福。

若祂們不知道，不能依靠錯誤或不一定的事情，不知道祂們的幸福將有一日終結，祂們就當停止祂們的間意；這種猶豫，就不能給祂們天使所有的幸福生命。

但我們不願將幸福二字，限制得範圍太小，以為只有天主是幸福的。天主是幸福的，不能有更大的幸福；天使的幸福與天主一比，自有天壤之別，雖然祂們亦有本性所能有的一切幸福。

第十二章　尚未得到天主應許酬報義人的幸福，與原祖犯罪前的比較。

至於有理智的受造物，我並不以為祂是獨一幸福的；因為誰能否認我們的原祖在地堂中，犯罪以前，享受幸福呢？雖然他們不知道他們幸福的期限，是暫時的或永遠的，若他們不犯罪，可能是永遠的。

甚至今日，我們亦敢稱信友為幸福的，他們熱心公正生活，期望來日的不朽，希望天主的仁慈寬赦他們因軟弱而犯的罪過。若他們能恆心至終，一定可獲酬報，然而對這點，他們沒有把握；因為人中，誰能說自己會至終善修義德，除非有天主的特別啟示，他因秘密的原因，不告訴大家，但不欺騙任何人。

對現時的喜樂，原祖在地堂中比任何世人更為幸福。但以期望將來的福樂而言，人雖在肉身痛苦中，卻更幸福，不因自己的意見，而因不能舛錯的真理，知道能與天使為伍，無憂無懼地享見天主；而原祖在地堂福樂中，卻不知道自己會墮落否。

第十三章　天使受造時，是否同樣幸福，墮落者不知自己將墮落，而忠心者，在別人墮落後，不知自己能恆心至終否。

獲得幸福，是所有有理智者的合理期望，當有兩種要素：獲得至善的天主，及確定永遠能享受。我們相信光明的天使有這種幸福，但亦有理由使我們結論到魔鬼因著反叛，失掉光明，但在犯罪前，亦有幸福。我們一定當信，若祂們犯罪前，曾生活一段時期，亦曾有過幸福，雖然未能預料來日的墮落。

若不容易相信，天使受造時，有的不知道自己能恆心至終，或將墮落，有的卻預先知道自己將永遠享福。似乎所有天使受造時，都是幸福的，直至邪魔自願墮落；無疑地，我們更不易相信好的天使，對自己的永遠福樂沒有把握，不知道我們由《聖經》中所知道的。

任何天主教信友，不知道好的天使，總不會變成魔鬼；同樣，任何惡魔亦不能與天使為伍。基督在《聖經》中曾應許過忠心的僕人，將與天主的天使享受永福。若我們知道不會失掉永遠的幸福，而祂們卻不知道，我們就在祂們之上，而不同等了。但基督不會錯誤，若我們與天使平等，祂們亦當確知自己永遠享福。若魔鬼對祂們的永遠幸福沒有把握，我們就當結論到：或者祂們與好的天使不平等，或者與祂們平等，只在墮落後，好的天使，才知道自己永遠享福。

有人以為《福音》中耶穌說魔鬼：「從起初祂就是殺人的兇手，不站在真理上。」（若．八：44）不當懂得為人受造初期，魔鬼就是兇手，以欺騙方法害了人，並且害了自己的生命，不站在真理上，是因祂總未與忠心的天使共用幸福；而是因為祂不願服從造物主，卻以自己本性的才能而自傲，而成為欺騙者。

但魔鬼總不能脫離天主的權威，但因驕傲不願服從，就是偽裝，隱瞞實情。這樣，可以懂得聖若望宗徒所說的：「魔鬼從開始就犯罪」，因為祂們受造時就不修義德，只有服從天主，才有義德。誰接受這教義，就遠離馬尼蓋（Manichaei）派及與它相似的派別，祂們與馬尼蓋派人，以為魔鬼有惡劣的本性，係由惡的根源而來。祂們如此荒唐，雖如我們一般重視《福音》，但不注意吾主耶穌沒有說：「祂們不認識真理」，而說：「不站在真理上」；是告訴我們祂們由真理墮落了；若恆心至終的話，就會認識真理，與好的天使，永享幸福。

第十四章 如何說魔鬼不站在真理上，真理不在祂們身上？

吾主耶穌亦說出理由，好像有人問他似的，為何魔鬼不在真理上，「因為在祂內沒有真理」（若・八：44）；若祂們恆心至終，就會有真理，但措辭不清楚，似乎是說：「不站在真理上，因為在祂內沒有真理。」好像說不站在真理的原因，是因為祂內中沒有真理，而實際上，真理不在祂內的原因，是祂不站在真理上。

類似的說法，在〈聖詠〉中亦可找到：「天主啊，我呼號祢，祢必垂允我。」（詠・十六：6）似乎當說：「天主啊，你垂聽了我，因為我呼求了祢。」但說：「我呼求了祢」，似乎是自問呼求的理由，吐出心中的感覺，得了自己所求的；好像說：「為證明我求了祢，因為祢已經俯聽了我。」

第十五章 《聖經》上說：「魔鬼從起初就犯罪」，有何意義？

聖若望的話：「魔鬼從起初就犯罪」，沒有常常被人理解清楚，因為若犯罪是魔鬼本性的事，已經不是罪了。然而如何答覆先知的話，或依撒意亞先知借巴比倫王的話：「朝霞的兒子，金星！你怎會從天墜下？」（依・十四：12）或厄則克耳先知的話：「你曾在伊甸天主的樂園內，各種的寶石做你的服裝。」（厄・三十八：13）由此可見，魔鬼至少有一時期，並未犯罪。

稍後，厄則克耳先知明說：「自你受造的那天起，你的行為本是成全的，直到你身上有了罪過。」（厄・三十八：15）我們當依字句的本來意義懂這幾句話，如「不站在真理上」一樣，曾有一時在真理上，然而未能恆心至終。

「魔鬼從起初就犯罪」這句話，不當理解為他自受造之初就犯罪，當理解為自犯罪時起，因著驕傲，開始犯罪。亦不可理解為自受造之初，魔鬼就是惡的，以供天使嘲笑。《約伯》書中對魔鬼所寫的話亦不可這樣理解：「誰能以自己的眼欺騙他，或以荊棘穿透他的鼻孔？」（約．四十：24）

《聖詠》的話，似亦相同，「有你所造的鱷魚踴躍其中」（詠．一〇四：26），因為魔鬼只在犯罪後才受罰（註）。在起初時，魔鬼亦為天主所造，因為任何微小事物都為天主所造，一切尺寸、種類、秩序皆由祂而來，除祂以外沒有一物，何況天使以地位而論，超越一切受造物呢！

（註）聖奧古斯丁只由拉丁文理解《聖經》，與原文往往頗有出入，故所引的，在拉丁文通俗本意義或如此，而照原文就無價值了。

第十六章　論受造物之等級區別，真利益與次序不同。

在事物中，除天主外一切由他所造，生物貴於無生之物，有生殖能力及欲望者，比沒有的尊貴。生物中有知覺者，比無知覺的尊貴，如動物比植物尊貴。在有知覺物中，有理智者，比無理智者尊貴；這是自然界的等級。

尚有以利益為根基的次序，將無知覺的東西放在有知覺的事物之上，並且若可能的話，我們希望這類有知覺的事物根本不存在；這是或者因為我們不知它的尊貴，或者知道，但將它放在我們的利益之下。誰不願在自己家中藏有麵包，而沒有老鼠；有大批錢財，而沒有跳蚤。為此連正人君子往往買一匹馬，比一個奴僕更貴；買一粒珍珠，比一個婢女更值錢。

這樣，因著審判的自由，一切的價值，依其本身或利益，或娛樂，能有不同的價值。客觀審察一物，依它內在的價值判斷它；需要利用它的，照它的適合性；為求娛樂的，依照能得的娛樂判斷它。但在有理智的受造物中，意志及愛情的價值偉大無比，天使雖以本性而言，比人尊貴，但以公義而言，善人卻勝於魔鬼。

第十七章　罪惡不是本性的，是違反本性的，其原因不是造物主，而是人的意志。

《聖經》上說：「這是天主工作的開始」（註），是說魔鬼的本性，而不是魔鬼的罪惡。無疑地，純潔的本性，先於罪惡。罪惡這樣違反本性，為它只能有害。遠離天主，若遠離本性，不比親近天主，更為適當，因為已經不是罪惡了。為此惡的意願，亦是自然界美善的證據。

天主既然造了善良的自然界，亦能控制惡的意願，因此惡意願是冒用好的自然界，天主亦能善用惡意願。為此，魔鬼受造時本是善的，因著自己的意願而成為惡的，被列入下等動物之中。為天使們所譏笑，為使祂們的誘惑與其害人，反而幫助了聖人。

天主造魔鬼時，一定知道祂們來日的叛變，亦預見能由此獲得的益處，為此〈聖詠〉上說：「有你所造的鱷魚踴躍其間」（詠・一〇四：26）；使我們懂得，天主因自己慈善造了祂是善的，在自己的預見中，已算定如何利用變壞的魔鬼。

（註）此語在通俗拉丁文本中找不到，聖奧古斯丁可能引用「七十賢人本」（約・四十：14）。

第十八章　宇宙的美麗，由天主上智的安排，因矛盾更為顯明。

若天主預料是惡的，不但不會造一個天使，更不會造一個人，除非同時知道為善人能有利益；這樣裝飾了自然界，如一首美妙的歌曲，由不同的聲階而有別；而排句對仗，是演詞的裝飾品。

我們的言語中不常用它，而拉丁文及其他言語卻有許多例子。聖保祿在〈致格林多人後書〉中，以排比說明此點：「以左右兩手中正義的武器；歷經光榮和淩辱，惡名和美名：像似迷惑人的，卻是真誠的；像是人所不知的，卻是人所共知的；像是待死的，看！我們卻活著；像是受懲罰的，卻沒有被置於死地；像是憂苦的，卻常常喜樂；像是貧困的，卻使許多人富足；像似一無所有的，卻無所不有。」（格後書・六：7—10）。

這種排比句，使此處文字美麗；同樣，宇宙的豔麗，亦由矛盾而顯明，不是字句的，而是事實的。在〈德訓篇〉亦說得明白：「惡與善相對，死與生相峙；惡人也與善人敵對。請看至高者的化工，無不兩兩相對，一一對立。」（德・三十三：15）

第十九章　《聖經》上說，「天主將光與黑暗分開」，當如何解說？

雖然《聖經》上話的不清楚能有益處，使能發現許多真理，因為有人這樣解釋，另一人別樣解釋。然而若有一處不清楚，當以清楚，沒有疑惑的地方來解釋它；這樣，可以明瞭作者的意思。若仍不清楚，加以深入研究後，就可發現許多真理。

為此我以為主張天主造光時，造了天使，與天主的工程頗為吻合。天主將光明與黑暗分開，「天主將光與黑暗分開，天主將光稱為晝，黑暗叫做夜」（創·一：4），就是將天使與魔鬼分開。只有能預見魔鬼墮落的天主，才能如此分開，祂們失掉光明後，乃墜入驕傲的黑暗中。

然後天主命將我們五官所見的日月，分日與夜，即分光明與黑暗：「天空中要有光體，以分別晝夜。」（創·一：14）又說：「於是天主造了兩大光體，大的統轄白日，小的統治黑夜；同時又造了星宿。天主將它們列於天空，照耀大地，以司晝夜，以別明暗。」（創·一：16—18）

所以將來的罪惡亦不能隱瞞天主，這不是自然的缺欠，而是意志的過失；祂能將光明與黑暗分開，即充滿真理的天使，與遠離義德光明的魔鬼分開。

第二十章　天主將光明與黑暗分開後，又說：「天主看了認為好。」

當記得天主說了：「有光，便有了光」，即繼續說：「天主見光好」，不是將光明與黑暗分開，稱光明為晝，黑暗為夜，而是在分晝夜之前，以表示祂喜歡黑暗，如同光明一樣。

提及無過失的黑暗時，上天的光體使我們的眼可以看見光，則不在以前，而在分開後說：「天主看了好，天主將它們列於天空，照耀大地，以司晝夜，以別明暗。天主看了好。」（創·一：17—18）但天主說：「有光！便有了光。天主見光好，遂將光與黑暗分開。」（創·一：3—5）不繼續說：「天主看了好」，是為不稱光明與黑暗為善；黑暗變成惡的，非因本性，而因過失。所以只有光明悅樂天主，而黑暗的魔鬼，雖然亦在天主亭毒之下，但天主總不加以稱讚。

第二十一章　論天主永遠不變的理智與意志，喜悅所造成的一切？

我們對天主造了天地後，屢次重複的話：「天主看了好」，當作何思想呢？豈非是贊成依天主的上智及藝術而造嗎？但天主只在造了事物後，才知道是好的，因為若祂在造前就知道是善的，就不造它了；這種知識使祂創造。幾時說：「這是好的」，不是說這時才知道，是為教訓我們。

柏拉圖竟說天主造了宇宙後，歡樂踴躍。他不會這樣糊塗，以為天主因造宇宙，更為幸福；只是說造物主喜樂設計時已喜悅的工程。

天主的知識並不變換，不是尚不存在的事物是一樣，存在的事物是另一樣，已經存在的又是一樣。天主看見將來，過去與現在，不如我們一樣，遠遠超過我們。祂的思想不隨物而變遷，祂看見一切事物，絲毫不變；所以一切有時間性的：未來的，現在的及過去的，都不能隱瞞過祂的全知。

為此天主不以眼目看見，而以思想，因為祂不由肉身靈魂組成；祂看見現在的，與看見以前的，或以後的相同，因為祂的知識，不如我們的知識，與過去，現在及將來變遷：「在天主內沒有變化或轉動的陰影。」（雅．一：17）

在天主的理智中，不由一個思想而至另一思想，因為祂所知道的，一切都在祂的目前。祂認識時間，與時間元關，如祂轉動時間性之事物，與時間之變動無關一樣。所以天主看見造成的是好的，如祂看見要造的是好的一樣。祂見所造的，並沒有增加祂的知識，好像在造前，祂的知識更小；因為若祂的知識是不完備的，不能增加的，就不能如此圓滿地完成。

若《聖經》只願叫我們知道誰造了光，可以只說：天主造了光。若願叫我們知道不但誰造了光，並且祂為何造了光，亦只要這樣說：天主說：「有光，光就有了」，就已經夠了。這樣，不但我們知道天主造了光，並且知道祂因聖言而造。但因為要使我們知道造物的三種光景：誰、如何、為何而造，我們可以讀到：「天主說：有光！便有了光。天主見光好。」（創・一：3—4）所以我們若問誰造了光？答案應是天主；祂用何種方法造成？答說：祂說：有光便有了光；若再問祂為何造物？答說：因為是好的，沒有比天主更巧妙的工人，沒有比天主聖言更有效的技術，也沒有比慈善天主造物更合理的原因。

柏拉圖亦說，這是天主造物的最好理由，即一切好的事物，都由慈善的天主所造；是他讀過《聖經》，或他由讀過《聖經》人那裡聽到？或因他智慧超人，因著受造之物，認識天主的不可見及可見之物？或由知道這真理的人那裡學來？

第二十二章　有人以為在天主所造的事物中，亦有惡的。

有些異教人不認識這原則，即天主的慈善造了善物；而實際上這原則是如此的合理，加以詳細考慮後，可以取消一切宇宙創造的爭論。他們不知道，是因為不想肉身的軟弱死亡，為罪之罰，所以許多事物能害人，如火、冷、野獸等。

他們不想一切事物的本身，在它的範圍中都是好的，列在秩序中，能有助於整個宇宙的美好，若加以善用，能為我們有益，連毒藥，若用之得當，可成為藥；若用得不得當，能致死亡；反而使人悅樂的事物，如飲食、光明，若用之不當，便能有害。

為此天主告訴我們不要輕視事物，卻去用心研究它的益處；若因我們的軟弱不能達到目的，該相信其德能尚在隱藏中，如我們辛苦研究後，曾發明其中幾種。其利益的隱藏，可以增加我們的謙遜，壓制我們的驕傲。

沒有一物，其本性是惡的，惡就是缺少善。在上天下地中，可見與不可見之物中皆有等級，一樣事物比另一事物更為齊全；這種不平等，使一切皆能存在。天主是造物主，在小事物上，如在大事物上一樣，不可以大小測量，當以造物主的智慧去測量它。

若將人的眉毛剃去，身體並沒有受損傷，然而美貌卻大受其害；它與身軀的雄偉無關，係關乎肢體的均衡。為此有人以為有惡的存在，係由惡根源而來；他們不承認天主造了一切美物的原則，並不使我們驚訝。他們以為天主逼不得已，乃造了宇宙，以驅逐惡，為此將自己善良的本性與惡混合，以攻打它、戰勝它。其善性被壓制、染污而成為婢奴，天主辛辛苦苦只能煉淨其中的一部份；不能煉淨的部份，乃成為戰敗敵人的監獄。

馬尼蓋派人，若相信天主的本性是不能變更的，實際上亦真如此，任何物不能加害；若承認靈魂能因罪而變壞，失掉不變真理的光明，不是天主的本性或一部份，是由祂所造，在祂之下，就不為愚魯人了。

第二十三章　奧利振的錯誤。

古怪的是，有人如我們一樣，相信有一個一切事物的根源，卻沒有一個受造物，不是由天主所造的，而不願接受天主造宇宙的簡單原則；即慈善的天主，造了好的事物；它們雖不是天主，但仍然是好的，所以只能由慈善的天主造成。

他們說靈魂雖然不是天主的部份，而由天主所造，但曾經犯罪，輕重不同，遠離天主，為此當關在肉身內，如在監獄中，這個監獄就是宇宙。天主造物的原因，不是行善，而是補救罪惡。

奧利振（Origenes）正犯了這種錯誤，他在《原始》（περiαρχου: Periarxon）一書中，發表了這類錯誤的意見。我很驚奇一位博學多能，並且研究過《聖經》的人，不知道自己的錯誤，是和《聖經》相反的；經上在天主每種工作後都添上說：「天主看見是好的」，又結束所有工作說：「天主看了它所造的，樣樣都很好」，使我們懂得天主造宇宙的獨一理由，是慈善的天主造了美好的事物。

若沒有人犯罪，世界上就會一切都美好，但因為人犯了罪，亦不當說自然界中罪惡橫行，因為更大多數的善人，在天上仍保存著自然界的秩序。不願保存自然界秩序的人，亦不能逃脫天主的律法，因天主妥善安置一切。

這樣，罪人以自身而論，是醜陋不堪的，但對整個宇宙的美善，仍有其貢獻，如一暗色，若得其所，能使一幅圖畫更為美麗。

奧利振等，以為若天主造宇宙，是為將犯罪的靈魂關在裏面；犯罪重者，關入粗重的肉身內，犯罪輕者，關在輕巧的身體中，如在監獄中一般；魔鬼犯罪最重，就當具有最粗重的肉身。

但我們當知道，靈魂的尊貴，不當以肉身的性質而定，魔鬼雖犯罪最重，但有氣體的身體（註）；人雖犯罪，但比魔鬼輕，即在犯罪以前，也只有泥土的身體。

說天主造了太陽，不為裝飾宇宙，及保存現世事物的生命，而是將犯罪的靈魂關在裏面，是何等的糊塗！若一個、二個、十個、百個靈魂，犯了同樣的罪，宇宙就當有一百個太陽了！為避免這事，為維持世物的生命，不以天主的亭毒，而以靈魂固執犯罪，以得這樣龐大光明的物體。當受罰的，不是不知所云的人，而是違道千里，反而訓人這類邪說的人。

對上面三個問題，有關一切受造物的：誰造了它，用何方法，為何造它，當答應說：是天主用聖言，因祂的慈善而造，以指出聖父、聖子、聖神的奧蹟；沒有任何理由，阻止我們這樣去理解《聖經》，這是一個很長的問題，不能在一本書中討論它。

（註）聖奧古斯丁以為魔鬼亦當有身體，只比我們的輕，即氣體的，這是錯誤；是因為奧古斯丁及當時人不易懂得純粹精神體的緣故。

第二十四章　聖三奧蹟，即在一切事物中。

我相信，堅持並忠誠宣講一條當信的教義：聖父生聖子、聖言或智慧，並因著祂造了一切；一生一，永遠生永遠，慈善生慈善。聖神是聖父聖子的聖神，與二位同性，同永遠。（編按）以位為三，以天主性為一，只有一個全能者，因為全能不可分開。論每位時，當說每位是天主，是全能的；論三位時，不可說三個天主，或三個全能者，只有一個全能的天主，因為在三位中，有不能分的單一性；當這樣宣講。

若能說聖神是慈善聖父及慈善聖子的慈善，是二位所共有的，我不敢貿然肯定，以免發表冒失意見；但我敢更肯定地說，聖神是聖父及聖子的聖德，這不是祂們的特質，而是祂們的本體，在聖三中，祂是第三位。

我說這點，是因為聖父聖子是神，聖父聖子是聖的，名為聖神者，是二位的本體聖德。若天主的慈善與聖德為一，無疑地，不是冒失，而有理由，想天主聖三用秘密的言語，在自己的工作中顯露出來，以操練我們的智慧，知道誰造了世物，用何方法，因何目的造了它。

聖父是聖子的聖父，是祂說：「造成。」一由祂的命令而造成的，是因著聖言。以後說：「天主看見是好的」，明顯指出天主不因需要或利益而造，而只因慈善，因為祂是慈善的。這是後來才說的，以指示造成的事物，實在相稱造它的慈善天主。若將這慈善理解為聖神，我們就當結論整個聖三，都在工程中顯露出來了。

上天的聖城，與聖人天使為伍，在聖三內有其來源，生命及福樂。若問：誰造了它？答說：天主。若問：誰賞賜智慧？答：是天主光照它。最後，若問：誰是它福樂的賜予者？答：是天主。由存在而前進，由默觀而得光照，與天主結合乃獲幸悔。它存在，它看見，它愛慕；是生活在天主的永遠中；以天主的真理而光耀，在天主的慈善中而幸福。

（編按）在天主教的教義中，天主是三位一體，聖父（即天父）、聖子（即耶穌基督）與聖神（或稱為聖靈）。如瑪竇福音：「所以你們要去使萬民成為門徒，因父及子及聖神之名給他們授洗。」（瑪．二十八：19）。

第二十五章　哲學分為三部份。

照我所能懂的，哲學家將哲學分成三份，並可注意早已分為三部份，不是他們分的，他們以前就分了。第一份名曰物理，第二份曰邏輯，第三份曰倫理學。這三部份在許多書中，亦以拉丁名字稱為「自然哲學」、「論理哲學」及「倫理哲學」；我在本書第八卷第四章曾經提及過。

不能由此便結論到這些哲學家，曾想到聖三，雖然大家以為是柏拉圖第一個發明了這個分類。他以為在天主之外，沒有其他的自然界創造者，智慧的賜予者，愛情的激發者，以能幸福生活。

亦有別的哲學家，對事物的性質研究真理的方法，我們行為的目標，有另外的看法，但大家卻贊成這種三分法。雖然對每一問題，意見紛紛，但沒有人疑惑自然界有其原因，學問有其形式，生命有其齊全。

每個工作者，當有三個要素：自然界、理論及用處。自然界由理智，理論由學問，利用由成果而判斷。我知道成果歸屬享受者，利用屬利用者，其中有一分別：我們說享受一物，是為此物自身，不以他物為目的；利用一物，是為別物而用它。為此當利用現世事物，不當享受，以能享受永遠事物。不當效法惡人，他們願意享受錢財，侍奉天主，不為天主賺錢，而為錢財敬拜天主。然而依照普通的說法，我們用效果，而享受利用，因為普遍田地之收穫為成果，我們用它，以維持現世的生活。依此，我稱人類利用之事物，當思及其本性，理論及利用。

由此三事中，如我已說過的，哲學家發明了三種學問，使人幸福：自然哲學，以認識自然界；論理學，以得學識；倫理學以約束利用。

若我們的本性，係由我們自己而來，智慧亦當由我們自己而來，不以其他方法，乃以學術去求它。這樣，我們所發的愛情，亦歸我們自己，可使我們生活幸福，不必追求他物。但我們本性的創造者是天主，所以為得智慧，當以天主為師，為求幸福，當以天主為內心安慰的賜予者。

第二十六章　聖三的肖像，在未享天福的世人中，亦可找到。

雖然我們人類不與天主平等，反而相離甚遠，但在祂的事物中，我們最接近祂的本性，在我們自身，認識天主的肖像，即聖三的肖像，我們當完成這肖像，以與祂更為接近。因為我們生存，知道我們生存，愛慕我們的生存及智識，其中沒有任何虛偽。

不像在我們以外的事物，以五官而認識它，如看見顏色，聽到聲音，嘗到滋味，摸到軟硬的事物，將它們的形象存入腦海中，期望得它。沒有任何幻象，我知道自己存在，並愛自己。

對這條真理，我不怕學院派的理由，他們說：你被欺騙了。若我被欺騙，我當存在，不存在的人，不會受欺騙；若我受欺騙，我已存在。既然我被欺騙時就存在，如何對我的本性能受欺騙，因為我受欺騙，就已存在。若我受欺騙，為何我存在，即我受欺騙，亦不致認我存在受人欺騙。

由此可知，我認識自己，並未受欺騙。我認識自己存在，同樣，我知道認識自己。我愛自己及認識自己時，除了認識以外，還加上愛情，為同等價值的第三要素。我愛自己亦不會受欺騙，因為我所愛的，不致欺騙我：即使我所愛的是虛偽的，我的愛情也不是虛偽的。

有何理由指責我，阻止我愛虛偽事物，若我的愛慕亦是虛偽的？二者既然是真的、一定的，誰會疑惑被愛時，愛情是真的、一定的？沒有人不願存在，亦沒有人不願幸福，但若不存在，如何能幸福呢？

第二十七章　本性及知識與愛情。

生命因著自然的能力是甘飴的，為求生活，連貧窮人亦不顧死亡；他們雖然自知貧窮，願意消弭他們的不幸，但仍舊不願死亡。

即有人將不朽獻與真正窮苦的人，賢者以他們為愚人，幸福者以他們為不幸者，因為他們貧窮可憐，請他們自由選擇在痛苦貧乏中不朽，或以死亡消滅；沒有疑惑的，他們一定揀選不幸的不朽，這是良知的證力。

為何他們畏懼死亡，情願在痛苦中生活，而不願死亡消滅，豈非自然界反對消滅？為此他們感覺當死亡時，若能延長他們不幸的生命片刻，死得更晚，便以為是一大幸。由此可以證明他們如何喜悅地接受不朽，雖然是不幸的。

連無理智的動物，毫無思想，由大蟒而至小蟲，亦盡力表示願意生存，不願死亡。植物呢？雖無知覺，但亦明顯地逃避死亡，高枝入天，而根深入黃泉，以吸收營養素，保存生命。沒有知覺，沒有植物生命的事物，亦升降不定，停在中途，以保存本性的安全。

為懂得人如何嗜好知識，不欲被欺騙，一個證據就綽綽有餘：大家都情願有理智而受苦，不願在瘋狂中喜樂，這是人可奇的特別情緒，為任何動物所無。它們中有的比我們看得更遠，但不能獲得無形的光明，以照耀我們的理智，以正確判決一切。我們的光明愈大，就愈能判斷。

然而動物，雖沒有知識，但有相似者。其餘事物，稱為可感覺的，並非其自身有五官，是能為伍官所覺：這樣，比如植物有似五官處，因能營養及生殖。

但這一切事物，在其本身有隱藏的原因，但顯出它們的形式，因而形成宇宙的美妙，它們自身不能知覺，但願人知道它們。我們以五官認識它們，但不以五官判斷它們。

我們有另一官能，更尊貴的官能，是人內的官能，得以辨別公義與否，以理智的方式認識公義，若沒有它，便是不公道。這官能的工作，不需要眼視、耳聞、鼻嗅、口嘗，或任何形體的接觸。由於它我存在，並知道我存在，愛慕存在及知識，亦一定知道愛自己。

第二十八章　我們當愛本性及知識的愛情，以便與聖三接近否？

我已足夠地談論了我們愛本性及知識，並在本書範圍之內，談論了三者及下級事物之相似點，但我尚未談及我們愛我們的愛情否。

我們一定愛它，其證據是當愛的人，一定當受人愛慕。我們不稱認識善者為善人，而稱愛人者為善人。為何我們心中不感覺愛所當愛的愛情呢？

有一種愛情，愛所不當愛的，而愛所當愛的愛情，就不如此。這兩種愛情，可能在一人身上；善生的愛情增長，惡生的愛情消滅，直至達到齊全，而變化我們的生命，這為人是有益的。

我們若是動物的話，我們就會愛肉體及五官的生命，這為我們就足夠了。若我們是植物的話，我們不會愛有知覺的，但我們可愛使我們生長的。若我們是石頭、波浪、火焰等物，沒有知覺與生命，亦會期望對我們有益的地方及事物。重要的變換，就如物體的愛情，或因重而下墜，或因輕而上升；這樣，身體為重量所載，心靈為愛情所吸引。

但我們是照造物主的肖像所造的人，祂的永遠是真的，真理是永遠的，愛情是真實的、永遠的；祂是真實的、永遠的，可愛的聖三，不混不分；我們亦願在我們的左右事物中找到其踪跡：因為它若不為天主所造，祂是最高的、最明智、最慈善的，就不會存在，沒有種類，亦沒有任何秩序可言。

留心觀察了天主的工程後，以找到祂天主性的蹤跡，當在我們自身驚奇祂的肖像，如《福音》中浪子之反省，起來回至天主懷中，我們曾因罪惡遠離了祂。在那裡我們的生命不會死亡，我們的理智不會錯誤，我們的愛情不會擾亂。

現在我們相信這些事是一定的，不由別人的見證而相信，是因為我們的感覺而覺出，用我們內在眼目而見的。但因不能由我們自己知道將來如何，或總不實現，或善或惡，將找別的證人，對他們不可疑惑；不在此處，是將來要深加研究的。

現在因著上主的助佑，當完成天主之城的觀察，它在現世旅行，而與天主的天使永遠在天上，他們總不會背棄它，天主第一次將它與魔鬼分開，祂們因著罪惡，背棄了光明而成為黑暗。

第二十九章　天使認識天主聖三，在造物主的技能上，比在受造物中更能看出。

天使認識天主，不因言語，而因不變的真理，即獨一的聖言。祂們認識聖言、聖父、聖神，比我們更清潔，知道聖三不能分離，三位形成一體，一個天主，而非三個天主。

祂們亦在天主的上智內，認識受造物，比在受造物自身還更清楚。所以祂們亦在天主內認識自己，比在自己內更清楚，雖然在自己內亦認識自己。祂們亦是受造的，與造物主不同。

在天主的智慧中所認識的，如在白天日光之下；在自身所認識的，就如在日暮時光中一樣，如我在第七章所說。認識一物，依照它所做成的原理，或依它的本身，是不能同日而語的，如要學直線或形式，只用思想、或在土中繪畫一樣。

由不變的真理認識公義，或由義人方面認識它亦不同，其餘一切亦莫不如此；由在上下水中之穹蒼而名為天，由土水及荒地、由草木、日月星宿、鳥魚走獸爬蟲及在萬物之上的人皆如此。

天使認識這一切，一方面由天主的聖言；在祂內，一切事物存在的理由皆常在；而另一方面是在自己內。在聖言中更清楚，在自己內較不清楚，因為聖言是技能，而萬物乃其工程，但讚頌造物主時，對觀察者而言，猶如曉辰之光耀。

第三十章　論第六數字的齊全，因為可由自己部份的數目而成。

萬物在六日內完成，是因六數字的齊全，乃將日字重複了六次，並非天主需要時間，不能同時造成一切，而是用六字來指示工程的齊全：因為這數字是第一個可用自己的部份，即六，三或自己的一半，一，二，三，加之為六而成的。

此處我所說的部份為商數，如半數、三分、四分等。四不是九的部份，因為不是它的商數，而一與三則是，因為一為九分之一，而三為九的三分之一。但加上它的部份，九與三，或一與三，不能得到九。同樣，因是十的一部份，但非十的商數，而一則是，因為是十分之一；二亦是，因為是五分之一；五為其半數，然而加一、二、五不是十，而是八。

若加十二數字元的部份，則得更大的數目。十二有十二分之一，即為一；六為其半數，四為三分之一，半數為六；若加一、三、四、六不成為十二，而是十六。

我以為當簡單提及這點，以稱讚六字的齊全，它是如我已說過的，第一個可由加自己部份而成的數字元；天主以這字完成自己的工程。因此不該蔑視這個數字，《聖經》上在許多地方都指出它，誰若仔細去讀，就會重視它。《聖經》上讚頌天主的話：「但是你處置萬物是依照尺度，數目與衡量的」（智．十一：21），不是白說的（註）。

（註）聖奧古斯丁及同時代人，喜歡這數字的解說，現代人卻不重視它。

第三十一章 第七日工作完成，休息。

在第七日，即一日重複七次，這數字因別種原因亦是齊全的，天主乃休息；也是說第一次天主的祝福。天主不願在工作時祝聖任何日子，只在休息日中，永無止境，卻祝聖了它。沒有一個受造物，連休息在內，在聖言內知道的，或在自身所知道的不同；一個如在辰光中，而另一個如日落西山時一般。

亦可長篇大論地講七字的齊全，但本書已長，我怕若趁這機會談論它，好似誇張我區區的學問，是為虛榮，不為人的利益。我只說這點：第一偶數為三，第一奇數為四，由此而成為七；為此《聖經》常用這數字，如說：「義人雖七次跌倒，仍然再起。」（箴．二十四：16）即跌倒，但不喪亡，不是跌入罪惡中，而是跌入不齊全中，因而自卑。

《聖經》上又說：「我一日七次讚美你。」（詠．三十三：2）在別處《聖經》中，亦有類似的字句，如我已說過的，用七字是指一切。多次亦用這個數字，是指聖神，吾主耶穌指祂說：「他要把你們引入一切真理。」（若・十六：13）有天主的休息，即休息在天主中；在整個內，即在齊全中可以休息，在部份中則是勞苦。我們只認識部份時，當努力工作，但齊全天主降臨時，部份的將要消滅，為此我們為讀《聖經》，亦覺辛苦。

我們努力辛苦旅行，以達到與天使為伍，祂們容易認識，享受休息；祂們沒有困難幫助我們，因為祂們行動自由，不會疲倦。

第三十二章　有人以為天主造天使，先於造宇宙。

為使人不要以為天主說：「有光，便有了光」，尚未造天使，但該相信當時造了有形的光，而天使不但在上下水中之穹蒼，就是天，並在：「起初天主創造了天地」之先，就造了天使，因為「起初」二字，並非說這是最早的，因為先已有天使；是天主用智慧，即聖言，它在《聖經》中亦稱為「起初」；耶穌自己亦如此答覆猶太人，他們問他為誰時，他並不否認這點；我特別喜歡在〈創世紀〉首章，就提及聖三。

說了起初天主造了天地，使我們知道天主聖父因聖子造了萬物，照〈聖詠〉上的話：「上主啊！祢所造的何其眾多！是祢用智慧造成了他們」（詠・一〇三：24），立刻就提及聖神。

為使我們知道天主造了何種大地，即造天地的原質後，就添上說：「地還是混沌空虛，深淵的上面還是一片黑暗。」（創・一：2）為補充聖三，乃添上說：「天主的神運行於大水之上」。

各人可依照自己的意見去理解；這條真理如此深奧，能有多種意見，只要不違反這條。不要有人懷疑天使，雖不如天主永遠存在，但對自己的幸福，卻有信心。

吾主耶穌不但說兒童能與天使為伍：「好像在天上天主的天使一樣。」（瑪．二十二：30）並願指出祂們所享見的說：「你們小心，別輕視這些小子中的一個，因為我告訴你們，他們的天使在天上常見我在天主父的面。」（瑪．十八：10）

第三十三章 兩個天使的團體，可以適當地以光明與黑暗的名字達出。

有些天使犯了罪，關在地下的監牢中，直至公審判時，聖伯鐸祿明說：「天主既然沒有寬免犯罪的天使，把他們投入地獄，囚在黑暗的深坑，拘留到審判之時。」（伯後．二：4）

誰疑惑天主沒有將天使與魔鬼分開？誰疑惑天使稱為光明，若我們尚生活在信仰中，期望與天使為伍；聖保祿宗徒亦稱我們為光明說：「從前你們原是黑暗，但現在你們在主內卻是光明。」（厄．五：8）魔鬼被稱為黑暗，誰若認識他們及相信他們，就連教外人都不如了。

為此，雖將〈創世紀〉中的光：「天主說：有光，便有了光」，理解為另一種光；而所說：「便將光與黑暗分開」，是另一黑暗；但我相信光明與黑暗，亦指兩個團體，一個享受天主，而另一個則驕傲自大；對一個團體說：「天主的天使，朝拜天主」；而另一個領袖則說：「你若俯伏朝拜我，我必把一切交給你」（瑪．四：9）；一個熱愛天主，而另一個則傲慢自大。

《聖經》上既說：「天主拒絕驕傲人，卻賞賜恩寵於謙遜人。」（雅・四：6）天使住在天上，魔鬼紛紛被逐至下層空中；天使安詳虔誠，魔鬼卻詭計多端；天使照天主的聖意，仁慈助人，依公義而行賞罰；魔鬼自大，願意害人；天使照天主的慈善幫助人，魔鬼為天主的全能所羈束，不能害人；天使譏笑魔鬼，雖不甘心情願，但其磨難反為人有益；魔鬼看見天使接待世人，便生妒心。

我們以為兩個天使團體，彼此不同，互相矛盾；一個本性善良，意志正直，而另一個本性雖善，但意志惡劣。在別處《聖經》中所說，比〈創世紀〉上說的光明黑暗更為清楚。

本書的作者意見不同，但對《聖經》上晦暗處並不驚奇，因為雖然不知道《聖經》作者的目標，但沒有離開信德的規則，這是因著《聖經》別處的證據，是所有信友都知道的。

雖然此處所提，只是天主物質方面的工作，但與精神方面有相似處，如聖保祿所說：「你們眾人原來都是光明之子和白日之子；我們不屬於黑夜，也不屬於黑暗。」（德前・五：5）若作者與我一樣思想，則我們已達到辯論的目標，即《聖經》的作者，智慧絕頂，聖神並且因他而發言；論天主六日內完成的工程時，沒有忘卻天使；說：「起初」，或是天主先造了他們，或更適當，是在獨一聖言中造了他們。

「起初天主創造了天地」，這幾句話是指一切受造物，精神的、有形的都包括在內，這是更確定的，或宇宙的二部份，一切受造之物皆在其中，先是整個的，然後依照日子的次序，每樣分敘。

第三十四章　有人想天主造蒼穹時，是意指天使；也有人以為水不是天主造的。

有人認為水是指天使，這是「諸水之間有蒼穹」的意義，上面的水是指天使，下面的水則是魔群或人類。若如此，這幾句話不是指天使何時造成，而是指何時分開。

他們否認水為天主所造，且傲慢地支持這意見，因為《聖經》上沒有一處寫著：「天主說：『有水』。」但他們亦可同樣地對大地而言，因為沒有一處寫說：「天主說：『有地』」。他們可辯論說：《聖經》上寫著：「起初天主造了天地。」但在這句話中，水亦包括在內，因為它包含二者。為此《聖詠》上說：「海洋是祂的，是祂造的；陸地也是祂的，是祂親手造的。」（詠・九十四：5）

願意將天上的水，理解為天使的原因，是因為物質的重量，他們不相信流動並重的水，能容於宇宙之上。若他們能依他們的推理方法造人，不會將黏液，希臘人稱為「痰」（φλέγμα, phlegm），放在我們頭上，它在人身上代替水分。照天主的工程，頭是黏液最合適的地方；但照他們的推測，他們根本不相信這重的原質；若我們不知道，若在《聖經》中沒有寫說：天主將冷重的黏液，放在人身體的上部；他們還以為黏液當是指他物。

若我們願意細心討論《聖經》上對天主造宇宙所寫的，當說的事太多了，當離本書目的千里之遙。但我們對這不同，並且互相矛盾的兩個天使的團體，已經說得相當多了，下面還要提及，因此就結束了本卷。

第十二卷

在本卷內，聖奧古斯丁論天使，其中一部份是善的，別的是惡的；善者享福，惡者受罰。然後論天主造人，祂是在一定時間造成的，造物主是天主。

第一章 善神惡神的本性是同一的。

在論天主造有理智及有死亡的人類之先，二城由此而生，在前卷中論天使時已提及過，我們該當對天使寫幾句，使在可能範圍內，指出人與天使為伍，並不是不適當的，或是不可能的。

為此該說沒有四城，即人之城有二，天使之城又有二，但只有二座城，無論是人的或是天使的，一個是善人的，另一個是惡人的。

無疑地，善者惡者矛盾的傾向，不由其本性而來，因為彼此都是天主的工程，他是善者的創造者；是由他們的意志及期望之不同而來。善者常與善者為伍，就是天主，常在永遠，真理及愛德中。而惡神喜歡自己的權力，好像是祂們自己的，遠離了至善，乃由高處下墜；祂們將自己的利益，與高位的光榮，放在永遠之上，虛偽在真理之前，自私在愛德之上，於是變成驕傲的、妒忌的、欺人的。

善神幸福的原因，是祂們與天主結合；惡神不幸的原因，是祂們遠離天主。所以若問為何祂們幸福，可答說：是因為祂們與天主結合；為何惡神不幸，亦可答說：因為祂們遠離了天主；因而當結論到為有理智者獨一的善，乃是天主。

為此雖然不是一切受造物都能幸福，動物、植物、石頭等不能接受或懂得這個恩惠；但能夠的，不是仗著自己，因為是從虛無中而成的，是因造物主而成的。若有天主就幸福，沒有祂就不幸福了。因自己幸福，而不由他物幸福者，不能是不幸福的，因為祂不能喪失掉自己。

所以我們說不變的善，只有獨一的真天主；祂所造的事物都是好的，因為是祂的工程，但是能變換的，因為不由本性，乃由虛無而來。雖然不是至善，但是大善，能與至善結合，以得幸福，因為天主至善，沒有祂，必定不幸。

世界上其餘的受造物，因為不能不幸，就是更好的；如不能說身體上的其餘肢體，比眼目更好，因為不是瞎的。有知覺的事物，雖有缺點，仍比不能受苦的石頭更好；同樣，有理智的事物，雖有痛苦，比沒有理智的事物更好，雖然它不能受苦。

既然如此，本性如此尊貴，雖可變換，但接近不變的善，就是天主，以得到幸福，不得幸福不止；而這幸福，只能由獨一的天主而來，當說不與天主親近，一定是缺點。所有缺點害及本性，因為違反本性。為此不與親近天主的本性，與不以自身，而以缺點親近的有別；然而即使有缺點，本性仍是偉大的，當受讚美的；為此毛病當受批評，本性當受讚美。毛病當受指責，因為損害當受讚美的本性。

為此盲目為眼的缺點，證明視覺屬於眼的本性；稱聾為耳的缺點，因為聽屬於耳的本性；稱遠離天主為魔鬼的缺點，因為明顯證明祂們當親近天主。然而誰能思想，或發表天使親近天主是何等可讚美，因為以祂而生活，認識祂，永遠享見祂，沒有錯誤，沒有厭煩。所以遠離天主的天使的缺點，亦可證明天主造祂們的本性是善良的，不與祂親近，就是缺點。

第二章　沒有本性與天主相反，因為祂常存在；不存在者，便與祂完全不同。

我寫這些，為使讀到我論魔鬼時，不會想祂們的本性，係由天主以外的原因而來的，不是天主造了祂們。誰若理解天主遣使梅瑟至以色列人民前，用天使所說的話：「我是自有者。」（出．三：14）就會迅速地捨棄這種錯誤了。

天主是不變的本質，由虛無中造了萬物，給它們性體，但不與祂同等；有的給得更齊全，有的較不齊全；這樣，萬物中就有等級。學問由知識而來，「本體」（Essentia）由「存在」而來；這是新字，古代的拉丁作家不用它，但現代人用它，為使在拉丁文中，不缺少希臘人所稱的「本體」（Ουσιαι: Ousian）。這句話由動詞而來，以指點本體。

為此任何受造之物，除非是虛無，皆不相反於天主的本性，祂是最高的本體，一切事物由祂所造。只有不存在，違反本性；為此任何本性都不相反天主，祂是最高的本性，一切事物的創造者。

第三章　天主的仇人，不因本性，而因相反的意志，既害了自己，亦害了本性，因為若不損害，就不是缺點了。

《聖經》上稱反對天主的，為天主的仇人，並非因著本性，而是因缺點；不能損害天主，卻能損害自己。祂們是因為反抗的意志，不是因能夠加害而成為天主的仇人。因為天主是不能變更的，絕對不會受損害，為此凡反對祂的，成為祂的仇人，並不損害天主，只是損害了自己。

除非損害本性的優點，就不是惡了，所以不是本性，而是弱點相反天主。惡相反善，誰能否認天主為至善？所以毛病之反對天主，就如惡之相反善。然而有缺點的本性仍然是善的，而缺點相反這善，只有這點區別：它反對天主，就如惡之反對善：對所害的本性而言，不但是惡，並且是有害的。所以惡不損害天主，而是損害變化有朽的本性，它的缺點所證明的，本來是善的。因為若不是善的話，缺點就不會損害它。如何損害，豈非除去其完整、美麗、健康、德能，及能減除的善與減少本性。

若沒有善，亦不會有惡，因為不能減少本性，亦不能損害它；因為缺點若不損害，就不存在了。因此毛病不能加害不變的善，只能害及可變的善；若不加害，就不存在了。

亦可以這樣說：在至善中沒有毛病，只在善中才有；只有善在任何地方存在，而惡則在任何地方都不能存在，因為由惡劣意志所污的本性，因受損害，乃成為惡的；以本性而言，常是善的。被損害的本性受害時，除本性外，尚有一個優點；即常受罰，這是公正的，而一切公正者，都是好的。每人不當對本性的缺點負責，而對意志的毛病負責，因為運用習慣與時間成為第二本性，亦由意志而來。現在我們討論本性的缺點，當有一個悟司，能理解理智的光明，以辨別公正與否。

第四章 沒有理智及生命的事物，在自己範圍內，與整個宇宙的美麗，並無區別。

若相信動物，植物及其他沒有理智、感情及生命的事物的缺點，當加以指責，是可笑的：因為它們是由造物主的意旨而這樣生活的，在事物之上下，而形成整個宇宙的美妙。

世上的事物，不當照天上的事物而形成，在宇宙中亦不可沒有它們，雖然天上的事物更為美麗。在某處宜有某物，有的出生，有的死亡，小者服從大者，失敗者順從勝利者，這是現世事物的程式。這類美妙，可能我們不加以欣賞，因為我們不知道宇宙的和諧；有些事物使我們厭煩，因為我們人不能理解整個宇宙的秩序，只注意部份的缺點。為此我們對不懂的事，當相信造物主的上智亭毒，不可冒失指責造物主的工程。

同樣，若我們發覺在自然界中，有些缺點，使我們不愉快，我們當揀選使我們愉快的方面，因為一切都由天主所安置；除非人不喜歡，因為某物對他不利，因為那時他不注意自然界，而只注意他個人的利益，如因蒼蠅青蛙忽然增加，壓服了埃及人的傲慢。

這樣，我們亦可指責太陽，因為有些犯人及負債者，被罰站在炎熱的太陽之下。自然界因其自身讚揚造物主，而不因我們的利益與害處；這樣，地獄的永火，雖然燒罪人，亦是可加以讚揚的。因為何物比炎炎上升，照耀四方的火更為美妙？何物比燒熱的火更有益處？然而火燒你時，也沒有比它更討厭的了。所以同樣的火，若用之得當，利益無窮，不然，就能害人；誰能證明火在全世界都是有用的呢？

亦不當聽從讚美光，而厭惡其熱的人，因為並非因火的本性，而只為私人的利益與否。他們願意看見，然而不為火所燒。但他們不想，同樣的光，為他們有益，卻刺激病人的眼目；而他們所不喜悅的熱，有些動物卻處之泰然。

第五章　造物主當受一切受造物的讚頌。

一切受造物因著存在，有其形式、種類，就是好的。依照自然秩序，在所當在之處，就保存其本性，如所受者。不能常在同一狀態上，當依照事物之變動，利用這由造物主的律法所規定的，好壞變換不定，因天主上智的安排，以達整個宇宙的目的。

但不會如此變換，致使變換者消失，使停止先前所有的，沒有所當有的。既然如此，天主是至高的神，萬物的創造者；自虛無之中而成的，自然不能與造物主相比；不由造物主所造，它就不會存在；不能因任何過失而受指責，而因注重自然界，當受讚美。

第六章 善神的幸福及魔鬼不幸的原因。

善良天使幸福的真原因，是祂們與至善的天主緊緊結合；而魔鬼不幸的原因，是祂們遠離天主，而歸向不是至善的自己，這是驕傲作祟：「驕傲是一切罪惡的起源。」（德・十：15）祂們又不願對天主保守忠誠。與至善的天主親近，祂們能更偉大；將天主放在前面，就有在天主之下的一切。

這是第一個罪惡。天主造天使並非為「至高之善」，而是與至善的天主親近而享永福；遠離天主，就成為不幸者。若要尋找惡劣意願的原因，不易找到，因為犯罪作惡時，什麼能使意志惡劣呢？所以惡的意願是罪惡的原因，而其自身則沒有其他原因。

若一物存在，有無意志？若有，是善的或惡的？若這樣，善良的意志竟成為犯罪的原因，這是荒唐至極的事。而所謂惡劣的意志有原因，亦有其志願，請問那是什麼？為研究到底，我請問何為第一意志的原因。不能是第一意志，使意志惡劣，因為第一個是由無中而成的。因為若有第一意志，為其他意志之原因，它就先當存在。

若說第一惡意志不由其他而來，而常存在，我請問是存在何物中？若不在任何物中，就不能存在；若在一物中，就要敗壞它，損害它，使它失去善。所以惡的意志不能在惡性中，當在善性中，雖能變換，能損害它。若不能損害就不是缺點，也就不能稱為惡的意志。若能為害，是使它失去一善。但惡意志不能常在一物中，自然之善在其中，能取消它，損害它。若不是永遠的，我請問誰造了它；只能答說：惡意志，是沒有任何意志之物所生的。

現在我問這物是在上的、在下的或平等的。若是在上的，一定是更好的，為何能無善意，當有好的意志。若兩個意志是同樣好的，一個意志不能使一個變成惡的。所以只有在下有意志之物，在天使中能發生惡意，乃犯罪一次。

下面的事物，無論如何亦是好的，只因它的本質，在它自己的種類等級中，有其形式美妙。那麼一個好的事物，如何能成為惡意志的原因？善如何成為惡意志的原因？意志所以成為惡的，是捨棄了上級的事物，而歸向在下的；並非所傾向的事物是惡的，是「傾向它」的意志本身是惡的；不是下級物，使意志變壞，是它越規去尋找下賤的事物，使意志變壞。

比如二人，身神同樣健全，看見一位美人：一個願意與她犯罪，而另一個則冰心玉潔；是何原因使第一人的意志變壞，而第二人卻安然無恙呢？誰引起第一人的惡念？一定不是女人的美貌，因為雖然二人都看見，並未引起二人的欲念。是看她人的原因？那麼為何不是二人？心靈是原因？為何只有一人的心靈？因為我們前已說過：二人都身神健全。

恐怕當說：一個受了邪魔的誘惑。豈非順從了邪魔的誘惑？我們當尋找何物引起他的惡念，而墜入誘惑中。為避免這問題的困難，我說若二人受同樣的誘惑，一個順從，一個抵抗：一個願意犯不潔之罪，而另一個不願意，是完全故意的，因為二人的身神受同樣的誘惑。

二人的眼睛同時看見美女，二人同受誘惑。若願知道何物引起二人中之一的邪念，就不易找出。若我們說：是由他自己而來，則是由善良的本性而來，其創造者為至善的天主。誰說一個順從誘惑，另一個抵抗它，不願尋找淫樂，二人同時看見，因為身神都健全，只能由惡的意志，它原先是好的；你問為何如此，豈非本性；若問本性由何而來，就會發現意志的本性並非壞的，而是由虛無中而成的本性。

因為若本性是惡的原因，我們就要說，惡能由善而來，善為惡之原因，惡意由善性而生。善而能變更的本性，在有惡意之前，能行惡事，即有惡念。

第七章　不當尋求惡意的原因。

不當尋找惡劣意志的成因，不是成因，而是缺因；不是生產力，而是缺乏力。遠離至高之物，親近次等之物，就開始有惡意志了。願意尋找這種缺點的原因，如上面所說的，不是成因，而是缺因，就如要看見黑暗，去聽靜默一樣。

然而我們還認識這類事，或以眼目，或以耳朵，不以其自身，而是以其缺欠。所以不要問我所不知道的，只可學習不知道所當知道的。不能以自身知道的事物，而以它們的缺點而知的，不知是知道，知道倒是不知道了。

比如，眼睛看世間事物，開始看不見時，才看見黑暗；同樣，不是別的官能，而只有耳朵能聽到靜默，毫無聽到時，才聽見它。同樣，對不懂的事物亦然；我們雖然不能看見，卻能懂它，但消失時，雖不知道，卻能學它；如〈聖詠〉上說的：「誰能領會自己的過惡呢？」（詠・十八：13）

第八章 因不正當的愛情，意志由不變的善而墜至可變的善中。

但我知道，天主性無論何時何處都不能有缺欠，由虛無中造成的事物則可能。受造之物，愈行善事，愈是成因，若有虧缺而行惡事時，就有虧缺了。

我亦知道惡劣意志何在：若他不願意，就不會如此：為此不是自然的缺點，而是故意的缺點，當受責罰。意志惡劣，不是傾向惡物，而是傾向不當，即相反自然秩序，由至高之物而至下級之物。這樣，慳吝，不是黃金的缺點，是人不正當地愛黃金，侵犯當在黃金之上的公義。邪淫不是健美身軀的缺點，而是心靈的缺點，不正當地愛好肉軀的娛樂，忽略節制，它叫我們在精神方面，愛慕美麗可愛的事物。虛假光榮，不是世人讚美的缺點，而是心靈的缺點，即過分貪求人的讚美，而忽視良心的證據。

驕傲不是權力的缺點，而是心靈的缺點，不正當地愛自己的權力，忽視更高的權力，為此誰不正當地愛任何物，即使得到它，亦成為惡人，反而因為缺少更高的善，而成為可憐蟲。

第九章 好的天使，因著聖神，亦承認天主為自己的造物主。

既然惡劣的意志，沒有主要的成因，是心靈惡劣的根源，它減低自然界的優點：它之所以成為惡劣的，是因遠離天主，其原因自身也有缺點。

若我們說：根本沒有善意的成因，就當相信天使的善良意志，不是天主造的，是與天主同時為永遠的。天使既然是受造物，如何能說：祂們的善良意志，不是受造的呢？若是受造的，豈非與天使一起造成，除非承認起初時，天使沒有善良的意志。若與天使同時造成，沒有疑惑的，一定是由天主所造，因為連天使亦為天主所造，因此當以全心依賴天主。因為祂的恆心行善，乃與魔鬼分開。魔鬼的意志飄蕩無定，棄捨了善意；若祂們願意的話，是不會失落的。

若天使自起初是善的，沒有善意，也沒有天主的幫助，自己造就，比天主造他們時更好，這是絕對不可能的：因為沒有善意，惡劣之外，尚能何為？若不惡劣的話，正因祂們還沒有惡意，即未離開善意，一定不比有善意時更好。

若他們自己不能比天主造得更好，因為沒有人能比他做得更好的。除非靠天主的助佑，就不能有更好的意志，既然他們的意志不使他們歸向自己，因為更低；而向至高的天主，與他親近後，成為更好的；與他同在時，能明智幸福生活。這可指出一切善意，若依自己肖像造他的天主，引起他的善意，改善它，只是空虛的期望而已。

尚當研究天使自己有這善意，是以別人的善意與否。若沒有，一定沒有善意，若有，是善的或惡的。若是惡的，如何能成為善的呢？若是善的，則已有了，是誰給他的？豈非造他的有善意及愛情，使與天主親近。天主既造了他們，又給他們寵愛。為此當信天使常有善意，愛慕天主。

魔鬼受造時是好的，後來變成惡的，是因他們的惡意，它不由善意而來，是因離開善而成的。為此他們作惡的原因不是善，而是離棄了善，這是因為或是他們所受的聖寵太小，或受造時間是善的，一部份因惡意而墮落，而另一部份受造的助佑更大，達到完全幸福，總不失掉，如前卷書中所說的。所以該當記牢，為讚頌造物主，不但聖人，即在天使身上，亦可說，天主的愛情，因聖神而付給他們；這不但是人的福樂，更是天使的福樂，如《聖經》上所說的：「親近天主，為我是有益

的。」（詠．七十二：28）

凡有這善的，在他們與所愛的天主中，形成聖的團體，天主獨一的城，活的祭祀，活的聖殿。其中一部份，將與天使結合，或尚生活在世上，或與亡者的靈魂一起休息，對這些靈魂，如天使一般，我亦將說他們的來源。人類由天主所造的獨一原祖而來，如《聖經》上所載，它的權威在全世界，所有民族中，巨大無比，因此當相信，因為早已預言了。

第十章 歷史說古代有幾千萬年，是不對的。

我且不提對人類的受造及來源不知所云的猜想：因為有人想人類如宇宙，常常存在，為此亞布雷對人說：「以個人而論，人是有死亡的，然以大我而論，是永遠存在的。」（註一）

若問他們人類自古已存在，那麼歷史所載誰發明了文字等，誰最先住在某地，地球的一部份或一島中如何解說。他們答說：因大水及災荒，地球上許多處受了變遷，所謂滄海桑田，只有少數人生存，但因繁殖迅速，不久又熙熙攘攘了；這樣，以前由洪水所毀壞的，又恢復原狀了。然而人，只由另一人處，才能生活；他們所說的是幻想，非真知識。（註二）

主張歷史已經好幾千萬年，而《聖經》上記載天主造人後只有六千年，亦錯誤了。為證明這些書籍所說，宇宙已有幾千萬年，這並不可靠，我只提出大亞歷山大王寫給母親奧林匹雅（Olympias）的信。在這信中，大亞歷山大王引一位埃及司祭的意見，這是由當地人民以為神聖書中得來的，其中提及希臘歷史中的朝代。這書說亞述王國超過五千年，而在希臘歷史中則說由培羅（Belum）王國的開始，有一千三百年。又說波斯及馬其頓帝國，至亞歷山大時，有八千餘年，而在希臘人中，則以為馬其頓人的歷史，在亞歷山大時，為四百八十五年，而波斯人直至亞歷山大的勝利時，為二百三十三年。

這種演算法，較之埃及司祭的計演算法，差得很多，加三倍還不止。但他們說埃及人的年歲短促，只有四個月。則我們的一年可抵他們三年。就是這樣，希臘的歷史，在數字上，不能與埃及相比。因此當相信希臘的歷史，因為不超過我們《聖經》中的數字。

這封亞歷山大王著名的書信中，對年代方面，與事實相差相當遠，所以更不當相信神話連篇的書籍，因為它們相反《聖經》所載，預言全世界都當信從它；對以往所載的，是真的，因有預言作證，它照字眼實現了。

（註一）亞布雷（Lucio Apuleio），為第二世紀的拉丁文作家，寫了《金驢記》（Le metamorfosi）一書而著名，本處所引，為蘇格拉底的神書中的話。奧古斯丁在本書中關於亞布雷有諸多引述，可參見本書第九卷。

（註二）依現代考古學的發現，人類的歷史，可能有好幾十萬年，如我國的北京人，有五十萬年，在非洲發現的原人，據說竟有一百七十五萬年；《聖經》不教我們考古學，只記宗教真理，其年代如何計算，我們不得而知，亦無關宗教信條。

第十一章　有人以為宇宙不是永遠的，或有無數宇宙，或同一宇宙，依時代而重複。

有人以為現在的宇宙不是永遠的，或者以為不止一個，而有無數個，或者只有一個，但在不同時期中，變化不已；他們亦當承認沒有生殖者，人類已存在。

既然有人相信水災火災，使整個大地遭殃，但他們以為尚有少數人存在，以補救初期人類的損失；因此他們亦相信即使宇宙消滅了，仍有人在。他們既然承認宇宙由它的原質而生，他們亦該承認人類亦由原質而生，因此人類由原祖所生，如動物一樣。

第十二章 如何答覆主張人類受造時相當晚的人？

這是我答覆主張宇宙常常存在的人，而實際上卻有開始時，如柏拉圖明明表示的，雖然有人說他口是心非。我現在答覆對人類原始，以為人不在古代受造，而是相當的晚，如《聖經》所載，不到六千年的人。

若他們以為《聖經》所載創造宇宙的時代太短促，他們要知道有限的世紀，與永遠一比，不但短促，並且等於不存在。為此若說天主造人類，不但已有五六千年，即便六萬年或六十萬年，或將這數字加增，甚至找不到數字，仍可發問：為何天主不更早造它。若天主造人，是在太古時代，但終有一日，與永遠一比較，就如汪洋中的一滴水。然而雖然一個極小，一個極大，但二者仍是有限的。但有開始與結局的時間，無論如何長久，與沒有開始的一比較，不但微少，簡直不存在。

因為這個數字雖大，甚至找不出名字來，若由最後數字，一一減除，如由人出生的時刻算起，一天一天地減少，這種減法就能達到最後的數字。但我們若對無限的時間，加以減除，不但以時刻、日子、年月，就是以不可計算的世紀來數它，亦不能達到原始時刻，因為根本不存在。

所以若依我們好奇之心，在五千年後尋找的，六萬年後的人，若有同樣的好奇心，亦可去尋求，若是人類尚在世間，好奇心還存在的話。生活在我們之前，離天主造人類更近的時代，即亞當在受造之日或稍後，亦可以發問同樣的問題，即為何不更早受造。無論在何更早的時間，人類受造，對世物原始問題的辯論，亦找不出另外的理由。

第十三章　有些哲學家相信宇宙在一週期中，重複其秩序。

有的哲學家以為解決這類問題的最好辦法，是以週期性的往返重複，以往與將來都在循環不息中；這類進行或對宇宙的存在沒有影響，或者在往返中，發生新宇宙，以往與現在的事物，也隨之而維新。這類胡說，不能解脫靈魂，因為它得智慧後不斷嚮往虛假幸福，而又回至自己的不幸中。

若永遠不定，如何能有真幸福呢？靈魂能因愚笨，不知將來的不幸，或在福樂中恐懼不幸。若由貧窮而至福樂，於是發生了新事件，永不終止，為何世界不如此，為何世人不如此，以真理正途，避免虛假謊言呢？有人以為〈訓道篇〉的話：「往昔所有的會再有，前人所為的會再做，太陽之下決無新事；若有人指著一事說：看，這是新事；豈不知在我們以前的世代，早就有過。」（訓・一：9—10）是撒羅滿提及以前所說的，即人世的往來，太陽的循環，急流的一往不返，或更可能的，一切事物之生死。因為在我們以前，已經有人，在我們以後亦將有人，至於動物、植物亦然。連怪物之出現，雖彼此不同，有的只出現一次，然而怪物常有，在太陽之下，並無新的事物。

有人以為上面的話，是《聖經》的作者，願意指出所有事物，都由天主預先造成，為此在世界上沒有任何新事物。若有人說撒羅滿上面的話，是是指時間循環，世物重複不已，比如說，雅典的哲學家柏拉圖，在學園中，訓誨弟子；在許多世紀後，在同一城中，同一學校內，教訓同樣學生，這樣循環無窮；就離開信仰正道了，萬不可相信這類事。

基督只為我們的罪過死亡一次，由死中復活，以後不再死了：「死亡不再統治他」（羅．六：9）「復活後，我們時常同主在一起」（得前．四：17）；我們要用〈聖詠〉上的話對主說：「上主啊！你必護佑我們，由這一代護佑我們，直到永遠。」（詠．十一：8）

而惡人則將如下面所說：「惡人在四周，升高遨遊」（詠．十一：9）。不是他們的生命要循環反復不已，是他們走錯道路，假學說將如此。

第十四章　天主不因新的主意或意志造了人類。

我們不要驚異哲學家，在迷室中迷路，找不到出入的門徑。他們不知道人類如何開始，如何結束，更不理解天主既然是永遠的，沒有開始，但在時間開始時，造了以前沒有造的人類，而他的想法及意志並沒有變更。

誰能研究這高深的道理呢？依此，天主在時間開始時，造了以前沒有的人類，只一願意就造了人類。〈聖詠〉上說：「上主啊！你必保佑我們，由這一代護佑我們，直到永遠。」因而指責否認靈魂永遠得救，及享受永福的人說：「惡人們在四周升高遨遊」（詠．十一：8—9）；好像說：你想什麼？當承認天主本來總不變更，忽然間決定造以前總未想到要造的人。

為除免猶豫起見，天主自己答說：「你依你的高見，加增了人數。」似乎說人可隨意思想辯論，但「你依你的高見，加增了人數」，卻沒有人能夠知道。

天主永遠存在，在一定時間中，決定造以前沒有造的人類，祂並沒有更改自己的主意及意志，這一定是一件奧妙的事蹟。

第十五章　天主是否常是世間事物的主人，如何能說受造物常在，雖然不與天主同樣永遠存在？

我不敢說天主不常是主宰，同樣我不能不疑惑，人在一定時間受造之前，就已存在。但我追求天主為何物的主宰，既然造物主常存在，而受造物不常存在，我就不敢肯定任何事，因為我觀察自己後，記起在《聖經》上寫說：

「誰能明察天主的謀略？誰能想像天主的心志？因為有死之人的思想，是遊移不定的；我們的計謀是易於錯誤的。這必朽的肉身，重壓著靈魂；這屬於主的寓所，扼制了多慮的精神。」（智・九：13—15）

這類事，我想在世間有許多，而實際上真有許多，其中可能發現是真的；若我說受造物常存在，天主常是主宰，但有時是此物的主宰，有時是另一物的主宰。不致說有物與天主永遠同在，這是信仰與理由所否認的：該當研究在時間內常有事物，是否矛盾，相反真理。

我若說不朽的受造物只與我的時代開始存在，即天使受造之時，可由最初的光明，或更好由天主指出，如在〈創世紀〉所寫的：「在起初，天主造了天地。」在受造前，即不朽的天使亦不存在，以免相信他們與天主永遠存在。

我若說天使不在時間內造成，在一切時代前就存在，因為是它們的主宰；則我要問，既然在一切之前受造，則受造之物，就能存在。似乎當答覆他們說：為何常存在的事物，不能說常常存在。

天使是在一切時間內，因為在一切時間之前受造，若時間與天開始，祂們在天之前已存在了。若時間不與天一起開始，而在天之前，就不能分成時刻，年月日了：因為時間的計算，照普通所說的，是與星辰之運行一起開始，為此天主造它們時說：「以指定時節，日月與年數。」（創．一：14）而與各種動作開始，一先一後，不能同時存在。

若在天以前，有與天使相似之物存在，時間已存在了；天使受造後，與時間一起運動，這時天使亦在一切時刻中，因為時間是與他們一起造成的。誰敢說常在的事物，竟不存在；若他這樣說，我就要設難說：若常與造物主在一起，為何不永遠與祂同在？若常存在，如何能說是被造的？當如何答覆呢？恐怕當說：它們常常存在，因為一切時間中與時間是一起造成的，時間亦與它們一起造成，然而仍是受造的。

我不否認，即時間是受造的，任何人不會疑惑在所有時代，時間常存在；因為若時間不在一切時間內，沒有任何時間時，就要有時間了；誰糊塗至此，說出這話呢？我們可以說：羅馬尚不存在，耶路撒冷城尚不存在，亞巴郎尚不存在，連人都不存在時，時間就已存在。若宇宙不與時間一起造的話，我們亦可說：在宇宙之前已有時間。若我們說：時間根本不存在時，就有時間，我們就說糊塗話，就如說人不存在時已有人，宇宙不存在時已有宇宙一樣。

若是陸續的事物，可以說：這個不在時，那個已在；這樣，我們可以說：現在時間未來時，已有過去時間；但誰會糊塗到這個地步，說時間尚未存在，已有時間。

若我們說時間是受造的，雖然說，它是永遠的，因為自古存在，不因此天使就常存在，不是受造的；而該當在一切時間中，因為沒有他們，時間就不存在。

若沒有受造物，由它們的運行而生時間，時間就不會存在，所以若有時間，就是被造的，並非常與造物主同在。因為他永遠常存，不變，而時間是被造的。若說受造物常存，因為它在一切時代中，沒有它就沒有時間，時間既由變動而來，就不能與不變的永遠同在。

為此若天使的不朽，不與時間消逝，如已消逝而不存在，或將來尚未實現，但祂們的動作，以測量時間，由將來而至過去；為此不能與造物主同永遠；在祂之內，不能說有已過去的或將來的。

若天主是主宰，常有受造物奉事祂，不由祂的本質所生，係由無中造成，就不與祂永遠常在。天主在它之前，雖然它常與天主同在，天主在它前，不是在時間前，而在永遠中。

若我這樣答覆問我的人，若沒有奉事的事物，造物主天主如何能常存在；或者受造物為何常在，而不與造物主永遠同在？我怕要說出我所不知道的，而不是教訓人我所知道的。

我又回至造物主所願意我們知道的，但我承認祂允許現世智者或來世智者的，超乎我們力量之上。若我以為當討論這問題，而不加以支持，是使讀者知道遠離危險的問題，而當聽聖保祿宗徒，他教訓我們說：「我因所賜給我的聖寵，告訴你們中所有的每一位：不可把自己估計得太高，而過了應當估計的，但應估計得適中，要按照天主所分與各人的信德的尺度。」（羅・十二：3）有如養嬰兒，依其所能，則在長大後可食固體；若飲食超過他的能力，則在長大前就會死去。

第十六章　天主允許人永生，當如何看？

我承認不知道天主造人類之前，曾經過多少年月，但我一定知道任何受造物，都不永遠與造物主同在。聖保祿宗徒亦稱永遠的年月；奇怪的，不是將來，而是過去的。他寫說：「這虔敬是本於永生的希望，又是那不能說謊的天主，在久遠的時代以前所預許的，祂到了適當的時期，就借著宣講，表明了祂的計畫。」（弟．一：2—3）

所以祂說有永遠的時代，但不永遠與天主同在。天主不但在永遠前就存在，並允許在適當時期賞賜永生。祂允許什麼？豈不是祂的聖言，祂是永生。祂如何允許的？允許給不在永遠以前的人，除非自永遠，與同永遠的聖言，在適當時期當實行的。

第十七章　信德衛護天主不變的旨意，並反對以為天主的工程，是周而復始的。

我不疑惑在第一人受造之前，已另有人存在，所以人並不依週期出現，以前總沒有像他的人。連哲學家亦不能動搖我的信心，他們最重要的理由，是科學不能理解無限的事。為此他們說：天主在自己內，有一切受造物的理由。

但不可相信，天主的慈善曾有一個時期，空閒無事，不要以為暫時的工作之先，是永遠的空閒，似乎是天主後悔以前的空閒，乃開始工作。所以他們說無論宇宙變化無窮，國然承認它常存在，但是受造的，雖然沒有開始的時間，同樣的事，輪迴重複不盡，或是它的開始或結局，常常不斷重複，便說天主的工作曾有開始，並不因此變更了以前的空閒，因為不中悅祂。

若願說天主造了不同的事物，並造了以前沒有造過的人類，似乎祂不以無限的智慧造萬物，而是隨時想起而造的。為此他們說：若我們承認有來去的循環，世事重複，就不會說天主長期宅閑；開始造物時，也並非出於冒失。若世物變化無窮，就不能以任何知識去懂它。

若我們的理智，不能辯駁惡人，他們想要使我們誠實的信心受到損傷，而輕視信心。但當注意，因著吾主的助佑，理智亦宜排斥輪廻之說。

他們不願在正道中行走，反而在虛偽中行動，就大錯特錯，因為是想以我們人類微小的理智，與天主無限不變的理智相比，天主能計算無數的事件，而不受損傷。如聖保祿宗徒所說：「他們是以自己來度量自己，以自己來跟自己相比，這決不是明智。」（格後·十：12）他們做想起的事，因為他們的理智變幻無常，不想天主，而想自己，不將天主與天主比較，卻將自己與自己比較。

但我們不相信，天主工作或休息時，就變換自己，好像在祂的本性中，有一件以前沒有的事件；因為若能變更，就有變更的。然而不可相信天主休息時就空閒，工作時就勞苦努力；祂知道在休息中工作，在工作中休息。為做一件新的事情，能出於永遠而不是新的主意，亦不開始做以前沒有做過的，好像後悔以前的安逸似的。

若先不做，後來去做，我不知道人如何懂先後，在以前不存在，現在卻實現了。在天主內，沒有後來的意志，變換或毀滅天主以前的主意，而以唯一永遠不變的意志，使受造之物，不在先後存在，只在後來存在的。

我願意指示人了解：天主並不需要所造的事物，只因自己的慈善造了它，沒有它，仍能永遠享幸福。

第十八章　反對說連天主亦不能理解無限的事。

我們的敵人說：連天主也不能知道無限的事情，祂也就要說天主不知道數字。數字並非無限的，因為所有的數字，無論多麼大，總可再加上另一數字，不但可以加倍，且可加數倍。

每個數字有其特性，與其他另一數字不同，它們彼此之間亦完全不同；以單獨而論是有限的，一起而論是無限的。天主豈止知道無限的數字，而不知道其他數字，不是瘋子，誰敢說這話？但他們不當輕視數字，說它不是天主知識的一部份。

柏拉圖教訓他們說：「神明以數字造了宇宙。」在《聖經》中也說：「但是祢處置萬物是依照尺度，數目與衡量的。」（智．十一：21）依撒意亞先知也說：「天主造了許多世紀。」耶穌在福音中亦說：「就是你們的頭髮，也都一一數過了。」（瑪．十：3）

所以我們不能疑惑天主不知數字，如〈聖詠〉所說：「祂的智慧，不可測量。」（詠．一四六：5）雖然無限沒有數字，然而天主亦知道無限的數字，因為祂的理智，沒有數字。

所以凡所知道的，為知者的理智所限制，一切無限者，為天主都是有限的，因能為祂所理解，為祂所有。若無限的數字，對天主而言不是無限的，因為能為他所理解；我們微小的人，如何能對他的知識加以限制，說若世上事物不重複，天主在做前就不能知道，或做後亦不能知道。

天主的智慧簡單而又繁多，同樣而多種，他理解透一切不易理解的事物。若他願意造與以前不同的事物，為他不但不是混亂的，未曾預料的，且早已在他的預知之中。

第十九章　論無窮之世。

我不敢說：「無窮之世」當理解為互相聯繫，已脫離現世痛苦的聖人們，永遠享受榮福；或他們恆心至終，使時間如大江東流。

可能「世紀」一詞，單數複數無大分別，就如諸天之天，單數複數無別一般。（註）天主稱穹蒼為天，其上有水，但〈聖詠〉說：「天上的諸水與天主的水！你們都要讚美祂。」（詠・一四八：4）這二意見中何者為真，或在二者之外，對「無窮之世」這句話，尚可找到別的意見；這是深奧的問題，我們討論它，並不限止我們意見不同，無論我們能加決定，或加以更深研究後，使我們更謹慎，在這困難的問題上，不要冒失亂說。

我們現在是與主張需要時間循環，因而事物複新的人辯論。無窮之世這話，無論有何意義，不能如此理解；因為無論時間不循環，而按部就班地逝去，聖人的幸福總不變為不幸；或它是永遠的，則這類循環就不存在，因為聖人的永在，正與它矛盾。

（註）無窮之世，為希伯來文的說法，是指「長期」或「永遠」，聖奧古斯丁不知希伯來文，所以想出許多解說，其實是不必的。

第二十章 說已享受永福的聖人，還要輪廻來至世上受苦，這意見不可信。

誰能聽說在世上一生痛苦生活後，不當稱為生命，更好說是死亡，但以宗教及智慧煉淨後，能至天主台前，能享受真光、不朽，以後又要失去這種福樂、永遠、真理，而重新陷入死亡及罪惡之中；失掉天主，痛恨真理，在淫樂中尋找幸福？

誰能相信這類事將在每世紀輪廻不息，為使天主在我們的幸福與不幸之中，知道自己的工程，因為祂不能空閒無事？誰會聽到這類事？誰會相信？誰能忍受？若這事是真的，不但因明智加以緘默，並為說出我願意說的話，最好是不知道它。

因為他們已不記得，才會幸福，若知道了，反加重他們的不幸；若我們一定當知道的話，至少在現世不要知道它；因為希望得到至善的天主，比已經獲得祂，更為幸福，因為在現世期望得長生，而在後世則認識到幸福的生命，是暫時的，不是永遠的。

若他們說在現世不知道輪廻之說，禍福相依，就不能得幸福。如何能說，誰越愛天主，就越容易站在幸福中，既然他們訓人，使愛天主之情退化。

因為誰若知道早晚一定要捨棄的，並反對他的真理及明智的，自然不會熱切地愛他，即使是在獲得完全幸福後，照自己的能力完全認識他。若一人知道早晚要捨棄一位朋友，成為仇人，如何能忠心地愛他呢？希望這種學說不是真的，因為是恐嚇我們的永遠不幸，它總不會停止，只有時為假幸福所間斷。什麼比幸福更為虛偽？若我們不知真理之光，或我們恐懼在幸福中成為不幸者？

若我們不知將來的不幸，我們的不幸更為有福，因為可以知道將來的幸福。若知道災禍即在目前，過了幸福日子後，由幸福又要回至不幸中。這樣，我們不幸的期望，是有福的，而幸福反而是不幸的，這樣，在現世忍受痛苦，後世怕災禍來臨，我們將常是不幸的，或只能有時幸福而已。

但這類事是假的，如信仰及理智所證明的，因為它允許我們將獲幸福，永不失落，我們就能走上正道，祂是基督，祂是我們的領導及救主，我們的思想及信心，就當遠離輪廻邪說。

連柏拉圖派的哲學家波非利亦不願隨從這類不斷輪廻的邪說，或者他看出這學說的虛偽，或者他怕教友的時代，如我在第十卷中提起的，他情願說靈魂在現世，是為受苦，煉淨後，回至聖父處，就不會再受苦了。何況我們對付相反教義的邪說，更該疾首痛心呢！我們證明了這類輪廻之說的虛偽後，就不必相信人類沒有開始的時候，反而在前後不絕的輪廻之中。若靈魂得救後，就不再回到痛苦中，那麼就發生一件重要的事情：常是幸福的。

若在靈魂方面發生這種重要事情，即沒有輪廻，為何要主張世上有輪廻呢？若說靈魂並沒有幸福，因為回至常有的狀態中；我們可答說：從靈魂中除去痛苦，已是一件新鮮事情。

若這類新事，不在天主所亭毒的事情上進行，而是偶然發生的，那麼所謂輪廻，即無新事件發生，只是往回不斷地輪流，又在何處？若將這事，放入天主亭毒之內，無論將靈魂放入肉身中，或自己跌入中，那就發生以前所無的新事件了，這並不違反自然界。

若靈魂能有天主亭毒之外的禍患，而在事情之中，那麼豈可否認天主能做新的事情，以前沒有做過的事情，但並非不在祂預料之中的，不為自己，而為全世界。若說得救的靈魂，再不回至不幸中，這並非新奇事，因為許多靈魂已得救，或正在得救或將得救中；當承認有新的靈魂，沒有新的不幸，而有新的救援。

若他們說：這是以前永遠存在的靈魂，新人由之而生，若明智生活，將由肉身得救而再不墜入不幸之中，那麼就當承認有無數的靈魂了。因為靈魂的數目無論如何的大，但在無窮的時代前，常有新人出生，他們的靈魂當由痛苦中救出，而再不回去了。他們總不能解說，如何靈魂的數字是無限的，而在天主所知的有限事物中。

捨棄了靈魂當重新回至痛苦的輪迴邪說後，人當相信天主能做諸事，因祂的預知，意志就不會變化無窮。他們既然深奧地討論，如何約束無限的事情，當研究可否不斷增加解放靈魂的數日，已不回至痛苦之中，我們可以從任何方面下個結論。

若靈魂的數日能夠加增，有何理由能否認天主能造以前不存在的靈魂。若不重困痛苦靈魂的數目是確定的，有限的。無疑地，以前不存在，不能增加，沒有開始不能達到一定的數量，而這開始，總未存在過。為使它存在，天主造了人，以前並無別人。

第二十一章　論原祖及世人的受造。

照我之所能，講了天主永遠的極為困難的問題後，他絲毫不變其意志，而造了新的事物，就容易了解最好還是如天主所做的，即以一人傳生人類。天主造動物就不同：祂造了一些單獨而居的：如老鷹、鷲、獅子、狼等；也造了一些合群的：如鴿子、鳥、鹿、猿等，它們不以單一動物，傳生種類，天主造了許多對。

天主給人的本性，是在天使及動物之間，使他服從造物主，為自己的主人翁，守其規誡，不經死亡而永遠與天使享福；若妄用自己的自由，得罪了天主，就當死亡，如禽獸一般為肉慾所控制，死後還要受永罰。

天主只造了一個人，並非使他形單影孤，而是為指出社會的統一性，及親睦的聯繫，不但以本性相似，且以親族之感情，使人聯繫。天主也不願意造女人，如男人一樣，而是由男人中造成（註），為使整個人類，因一人而繁殖。

（註一）創．二：21—24。

第二十二章　天主預知原祖犯罪，亦知道因著聖寵，其子孫將與天使為伍。

天主知道人將犯罪，將要死亡，所生的子孫亦將死亡，並且犯罪更重。而地上水中生出的動物，將比由一人傳下的人類，更和睦地生活著。獅子、龍蛇，總不如人互相鬥爭。

但天主亦預知許多善人，因著聖寵，成為天主的義子，因聖神而成義人，煉淨罪惡後，死後與天使一起永享幸福。這是為告訴人，天主願用一人傳生人類，祂在複數中，如何喜愛單數。

第二十三章　論依天主肖像而造的人性。

天主照自己的肖像造了人，賦給他一個靈魂，因著理智，超乎一切地上水中的禽獸之上，因為它們沒有理智。天主用泥土造了人，給他一個靈魂，如我前面所說的，向他臉上吹氣時賦給他，或最好吹時造它，然後賦給他靈魂。之後又從他的肋骨中造成女人，以生育子女。

但我們不當以物質化去思考這類事，如同我們看見匠人，用任何材料揑成人的身體一樣。天主的手，是指天主的能力，祂以無形的方式造了有形的事物。但有人想這類事是神話，不是真的；他們以普通的事情，來測量天主的德能及智慧，但他能由沒有種子中，造出種子來。

他們對最初造的事物，思想不確，如同沒有聽見過的人，對生產不信一樣，以為是不可信的，而許多知道的人，卻將它歸於自然的原因，而不歸於天主。

第二十四章 天使可稱為造物主否？

在本書中，我不願與不相信天主造化或管理世物的人辯論。他們與柏拉圖相信所有的動物，其中最重要的人，不僅是由造宇宙的天主所造，而還是因祂的准許或命令，由天主所造的神所造；若他們沒有迷信，對造他們的神如造物主一樣的事奉，就會容易地放棄這錯誤的意見。

除天主以外，即在能理解之前，亦不可相信任何神能造最小的事物。若天使，他願稱之為神，因著天主的命令或准許，幫助造物主造萬物，我們亦不當說祂們造了動物。就好像我們不說是農夫造了地上及樹上的果子一樣。

第二十五章 所有性質及形式的萬物，都由天主所造。

一種是給原料外面的形式，如陶工、木匠及手工藝等；他們繪畫動物的形象。另一種是由有理智及意志的成因所生的內在形式，它不是造成的，不但形成身體的形式，並且造了動物的魂。第一種可歸於任何匠人，而第二種只屬於造物主天主，祂不用任何天使的幫助，便造了天使及宇宙。

由這天主的能力，它是成因，能創造，上天及太陽受其圓形，眼目及果子亦受其圓形，其他一切我們所見的自然形象，皆非由外界而來，而是由造物主內裡的功能而造的，如祂在《聖經》上說的：「我豈非充乎天地嗎？」（耶・二十三：24）祂的「智慧施展威力，從地極直達地極，從容治理萬物。」（智・八：1）。

所以若天使先已受造，我不知道天主造他物時，祂們能有何種貢獻，我不敢將祂們所不能的歸於祂們，或祂們所能的，不歸於祂們。為此我將一切，都歸於獨一的天主；天使亦知道祂們自己及一切萬物，都由祂造成。

不但我們不稱農夫創造任何果子，因為我們在《聖經》中可讀到下面的字句：「可見，栽種的不算什麼，澆灌的也不算什麼，只在那使之生長的天主。」（格前・三：7）並且我們亦不稱大地為創造者，雖然它似乎是一切之母，它使草木生長，生根結果，因為《聖經》上說：「但天主隨自己的心意，給它一個物體，使每個種子各有各的本體。」（格前・十五：37）

我們也不說母親造了兒子，而我們當稱天主為造物主；祂對人說：「在母胎內沒有形成你以前，我已認識了你。」（耶・一：5）雖然懷孕的母親，受感情的激動，能影響胎兒，如雅各伯用各式的棍子，使生出顏色不同的羔羊；但不能說她所生的，是她造的，如她沒有生自己一樣。

無論任何原因，形體的、種子的，因著天使、人、動物的工作，或因男女的交媾，對物體的產生有所貢獻；母親的期望及情感，能對嬌嫩胎兒的狀態及身體有影響，但只有天主是造物主。只有天主隱藏的德能，到處有影響，使萬物出生，若祂不工作，就不會這樣、那樣，並且萬物根本不會存在。

為此，我們若不稱造外形的泥水木匠，為羅馬或亞歷山大城的創造者，卻稱羅瑪祿及亞歷山大王為創造者，因為是因著他們的意願、命令而造的；我們更該說天主是世界的造物主，因為祂用祂所造的物質，及幫助者所造的。

若天主停止祂創造的德能，萬物就要歸於毀滅，如沒有受造時一般，我是說在永遠之前，而非說在時間之前：因為誰造了時間，豈非天主先造了萬物，因它們的行動，乃生出時間。

第二十六章 柏拉圖派的人主張天主造了天使，祂們造了人的肉身。

柏拉圖認為小神由天主所造，祂們卻造了動物。不朽部份，由天主而來；可朽部份，由小神而來。所以他不信小神造了我們的靈魂，而只造了我們的身軀。

波非利說為煉淨靈魂，當躲避一切物質，而與柏拉圖及其弟子，想起生活在放蕩不羈的情境下，為彌補罪惡，當重回身體中。柏拉圖說可能歸至動物的身上，波非利卻說只能歸於人。

這些小神，願意人稱呼他們為「大父」及「造物主」，祂們是我們受拘禁、及我們監獄的創造人；所以柏拉圖派的人，當停止恐嚇「靈魂將受肉身的罰」，或叫我們叩拜邪神，卻該勸我們逃避祂們對我們的工作；因為無論如何，那些都是大錯特錯。因為靈魂不會回至現世，受祂們的罰；除了造天地的真主外，在上天下地亦沒有任何其他的造物主。

若活在肉身中，只是為受罪，如柏拉圖自己主張的，若宇宙不充斥一切動物，就不能成為最美麗，最好的。

此外，若因造化，我們是人，雖然有死亡，是天主的恩惠，則回至天主所造的肉身中，如何能是刑罰呢？如柏拉圖多次提及的，天主在自己的理智內，有一切植物及動物的形式，為何祂自己不造這些事物？是不願造祂在自己理智內，沒有印象的事物嗎？

第二十七章　人類由一人傳下，天主預見一部份人將受賞報，另一部份人當受罰。

因此真宗教承認造所有有靈之物，即肉身與靈魂的，為宇宙的創造者；其中人是照天主的肖像而造的，因著上面我所說的理由，及我們不知道的更深的理由；造成時是一人，但不常是一人。因為沒有比人類因著毛病而互相殘殺更為殘忍的，也沒有比人類因著本性更為合群的。

沒有比天主只造了一個原祖，由祂而傳生人類，更好的證據，為勸人避免尚未發生的糾紛，若已發生，為平息它，以保存和睦。

天主由男人的肋骨中，造了女人，是用此事教訓我們，丈夫與妻子當如何和睦。這是一件奇特的事，因為第一次做出。誰不相信這事，也不相信聖蹟，因為若係自然的事，就不是聖蹟了。

我們雖然不知道原因，但在天主的亭毒之下，豈能會發生無益的事情嗎？為此〈聖詠〉上說：「請你們來看，上主的化工，看他在地上所做的奇事。」（詠・四十五：9）

在別處，因著上主的助佑，我要說為何女人由男人的肋骨中造成，這奇事含有何種意義？現在我將結束本卷時，我想原祖由天主而造，人類由他而傳生，非照事實的明顯，而依天主的預知，這是指示兩個團體，兩個城。由亞當而傳生將來的人類中，有的由於天主暗中公正的判決，將與魔鬼一同受罰，有的將與善良的天使一同受賞報。

但在〈聖詠〉中寫說：「上主對那遵守祂的約和法律者的一切道路，是慈愛和忠實。」（詠・二十五：10）祂的恩惠一定公正，祂的公義亦不會殘酷。

第十三卷

人類的死亡，是亞當罪惡的罰。

第一章　死亡的來源，是亞當的罪。

解決了世界來源，人類之起初的困難問題後，討論的次序，要我們研究原祖及最初人類犯罪，死亡的來源及傳佈。天主沒有造人，如天使一樣，即犯罪後亦不死亡，卻造了亞當。若善守天主的規誡，就能如天使一樣不死亡，永遠享福；若背叛天主的話，就將死亡，這是我在前一卷中所說的。

第二章　靈魂的死亡與肉身的死亡。

我以為當仔細討論各種不同的死亡；人的靈魂雖然是不會死的，但亦有它特有的死亡。它是不死的，因為總不停止以自己的形式生活及知覺；肉身是有死亡的，因為能失去一切的生命，它自身亦沒有生命。

天主捨棄人時，靈魂就要死亡，如同靈魂離開肉身後，肉身便要死亡一樣；若靈魂為天主所棄，它亦與肉身分離，那麼就是整個人的死亡；因為天主已不是靈魂的生命，靈魂不是肉身的生命了。整個人的死亡，是《聖經》上所說的第二次死亡。幾時吾主耶穌說：「但更要怕那能使靈魂和肉身陷於地獄中的。」（瑪．十：28）就是指這死亡。靈魂與肉身緊密結合時，就不會有第二次死亡了，似乎說肉身被害，不因靈魂離開，而因痛苦的嚴重，雖然還是有生命及知覺的。

可以說：永遠嚴厲的罰——以後我們要討論這點是靈魂的死亡，即它已不與天主一同生活，因為已不與天主生活，可能肉身的死亡，是它因靈魂而生活，就不能忍受痛苦，如復活後一樣。

可能是因為一切生命是善，而痛苦是惡，就該當說，若靈魂已不是生命的原因，而是痛苦的原因，肉身就不生活了。靈魂生活好時，就是在天主中生活，若天主不在他身上，他就不能善生；靈魂在肉身中，肉身就由靈魂生活，無論在天主方面生活得是好是歹。

惡人的生命，是肉身的生命，而不是靈魂的生命，這種生命，亦可由已死的，即是為天主棄捨的靈魂而有，因為他自己還有本來的生命。在最後審判中，人雖然仍然知覺，但已無趣味，痛苦難受，最好稱它為死亡，不比生命強了。

稱為第二死亡，因為是在第一次死亡之後，將天主與靈魂分開，靈魂與肉身也要分離。因為可說第一次的生命，為善人是好的，為惡人是惡的；而第二次死亡，無疑地，無論為誰都不是善的，因為不是任何人的善事。

第三章 因原祖犯罪而傳下的死亡，為聖人是否亦是罰？

現在發生一個問題，不可忽略：死亡使靈魂與肉身分離，為善人是好的嗎？因為若如此，如何能說是罪的罰呢？因為若原祖沒有犯罪，一定沒有死亡；它只能罰罪人，如何能為善人有利益？若只當罰罪人，不但當為善人有益，且不當及於他們；因為若無當罰的罪，為何有罰呢？

我們該當承認原祖被造時，若不犯罪，就不會死亡，但因他們的罪，當有死亡，並延及子孫，因為與原祖有相同的本性。因著原罪的重大，使人性變壞，因此死亡為原祖本來是罰，為後代人卻成為自然的狀態。人由父母所生，與原祖由泥土造成不同。泥土是原祖造成的質料，人生人卻成為父親。泥土原來不是血肉，雖然血肉由泥土而來，而在父子之間，卻有同樣的性質。

因此當以女子而傳的人類，原祖受罰時，完全包含在他們中；原祖成為犯人，不是在受造時，而是在犯罪時；在同樣情形中，他們生下子孫。但原罪並沒有使原祖變為愚笨軟弱的，如我們所見的嬰孩一般；天主願意他們像小動物一樣，有生有死，如〈聖詠〉上說的：「人不能久居富貴，就如那待宰的畜類。」（詠．四十八：13）

我們看見嬰兒願意做一件事，或逃避某物，使用五官時，比動物還要軟弱，似乎人的智慧越高，越在動物之上，正如弓箭越往後拉，射得越遠。所以原祖並非被逼墮落而受罰，但自原罪後，人性變壞，私欲橫行，且當死亡，所生子孫亦變壞了，亦當受罰，即子孫亦犯罪，亦將死亡。若嬰兒，因救主的恩惠，得了罪赦，但因死亡，使靈魂離開肉身，就不會受永遠的第二次死亡了。

第四章　為何領了洗，得了罪赦的人，亦當死亡。

若有人問，為何得了原罪赦的人，還要受原罪的罰，而死亡呢？

我已在另一書中，論嬰兒領洗時，答覆了這個問題；我說得了原罪赦的人仍要死亡，因為若受洗後，就不死亡，信德就要冷淡下去；只在希望看不見的事物時，才是信德。

只在後代，才當以勇毅及為信德作戰，以克勝死亡，特在殉教者身上尤為顯著；若他一走出領洗聖池，就不會死亡，就不能得勝利及光榮了。為避免死亡，誰不去請求與嬰孩一起領洗？那時信德就無賞報了；連信德也不能稱，因為是尋找立刻得到工作的酬報。

現在因著救主的奇妙聖寵，罪的罰變成了公義的勝利。起初時，天主向人說：「因為你在那一天吃了，必然要死。」（創．二：17）現在對殉教者說：「當死亡以免犯罪。」那時說：「你若不聽命，就要死亡」，現在卻說：「你們若避免死亡，就要犯誡命」。

當時該恐懼以避免罪過，為不犯罪，就當接受。這樣，因著天主的極大仁慈，罪惡的罰，成為德行的武器；罪人的痛苦，變成了義人的功勞。當時因犯罪而得死亡，現在死亡已成為義德，在殉教人身上，這事就實現了。發起教難的人向他們說：你們當在二者之中，揀擇其一：或背棄信仰，或者死亡。聖人情願相信而死。最初犯罪的原祖，因為不信而當受罰。

原祖若不犯罪，就不會死亡；殉教者若不死亡，就要犯罪。原祖死了，因為他們犯了罪；殉教者不犯罪，因此他們死了。因著原祖的罪而當受苦，殉教者因受痛苦，以不陷入罪惡之中。這並不是因為死亡，由惡變成了善，是天主賞賜了這麼多的聖寵，使生命的仇敵，死亡，變為生命的工具。

第五章　惡人妄用好的法律，同樣，善人善用惡的死亡。

聖保祿宗徒願意證明，沒有聖寵的助佑，罪惡能如何害人，不怕說法律因為禁止罪惡，是罪惡的原因，他說：「死亡的刺就是罪過，罪過的權勢就是法律。」（格前．十：56）

實際上的確如此；因為禁令，更會使我們貪求禁止的事物；若不愛慕義德，以勝過犯罪的話。但為愛慕義德，就需要天主的聖寵。但為使人不要想法律是惡的，因被稱為罪惡的權力，聖保祿宗徒，在別處論同樣問題時說：「所以法律本是聖的，是正義和美善的。那麼，善事為我成了死亡嗎？絕對不是！但是罪惡為顯示是罪惡，借著善事給我產生了死亡，以致罪惡借著誡命成為極端的犯罪者。」（羅・七：12—13）說是「極端的」，因為貪求快樂，輕忽法律，乃犯法為非作歹。

我為何要提出這點？因為法律引起罪人的欲望，並不成為惡的；同樣，死亡加增人的光榮，但並不成為善事。以罪惡而犯法，乃成為罪人；若為真理，忍受死亡，就成為殉教者。

為此，法律禁止犯罪，所以是好的，死亡是惡的，因為是罪惡的價值。但惡人不但妄用惡事，並亂用善事；同樣，善人不但善用善事，並善用惡事。所以惡人不守法律，雖然法律是好的；善人善終，雖然死亡是惡的。

第六章 死亡使靈魂離開肉身。

肉身死亡，即病人的靈魂與肉身分離，無論對誰都不能說是好的，因為它十分痛苦。因為將一生在一起的事物分開，是違反本性的。這種痛苦，能使人喪失情感，這是靈魂與肉身親密的成果。

有時受傷或靈魂超拔，使人無臨終時的痛苦；猝然死亡，消除痛苦。無論任何原因，大的痛苦，消除重病人的感覺；安心受苦，亦能增加人忍耐的功勞，但未消失其痛苦的性質。

這樣，死亡，由原祖傳下來的死亡，為初生嬰兒，是一種懲罰，若以義德及虔敬去接受，卻成為出生嬰兒之復生的光榮。雖然是罪罰，但使罪惡不受罰。

第七章　未受洗者，因信仰基督人的死亡。

尚未領洗，但為信仰基督而死的人，他們的死亡有這樣大的價值，能赦免他們的罪過，如聖洗一般。耶穌固然說過：「人除非由水和聖神而生，不能進入天主的國。」（若・三：5）祂亦說：「凡在人前承認我的，我在我的天上的父前也必承認他。」（瑪・十：32）但祂亦說：「誰若為我的緣故喪失自己的性命，必要獲得性命。」（瑪・十六：25）

為此〈聖詠〉上說：「在上主的眼裡，義人的死是珍貴的。」（詠・一一五：15）有比赦免一切的罪，豐沛加增功勞的死亡，更為寶貴的嗎？不能延遲死亡而領了洗，以不帶絲毫罪惡離開塵世，其功勞當然不能與可延遲死亡而不延遲，情願承認基督而亡，不願否認基督而受洗的人媲美。若因畏懼死亡而否認了基督，在領洗時亦可得到寬赦，因為在聖洗中，連殺害基督的人，亦能得到罪赦。雖有得赦的希望，但在性命危險時，仍否認祂，是因聖神的聖寵；祂如風一般，任意向那裡吹。

聖人死亡的可貴，是因得了基督死亡豐沛的聖寵，使不豫疑接受死亡，以得基督；以前為罰罪人的，現在變成義德豐富的果實。死亡不當視為喜事，因為並非因它自身，而因天主的助佑，以前當恐懼犯罪，現在當接受它，以免犯罪，並消除已犯的罪惡，使義德獲得勝利。

第八章　聖人接受第一次死亡，以免第二次死亡。

若我們仔細考慮，以忠誠榮譽，為真理而死，亦可避免死亡。若接受死亡的一部份，而非全部，以免得到第二次永無終止的死亡。即接受靈魂與肉身分離，為使天主不離靈魂，雖然靈魂離開肉身。這樣，人第一次死後，第二次死亡亦隨之而至了。

如我前面已說過的，死亡以痛苦毀壞力量而言，無論為誰都不能算為善，但該安心忍受，以得至善。但它若臨到已在死亡邊沿的人，則可說為惡人是惡的，為善人是好的。

善人的靈魂與肉身分離後，永遠安息；惡人的靈魂則受苦，直至善人的肉身復活永生，惡人永死，亦稱為第二次死亡。

第九章　失去知覺時，可稱為死亡時候否？

靈魂離開肉身，無論善惡，當稱為在死後，或在死亡中？

若我們說：「在死後」，是指死亡已過去，不存在了；而是指靈魂現在的生命，無論其為善惡。死亡為他們是惡的，因為他感覺難受，但善人知道好好利用它。若死亡既至，已不存在，如何能稱為善惡呢？所以若我們加以仔細考慮，如我前面說過的，臨終時所受的痛苦，已不是死亡：因為若他們尚能知覺，生活，就當說是在死前，不能說在死亡中。死亡來時，已失掉一切痛苦的感覺了。

為此不易解說，如何可稱尚未死亡，但因死亡接近，痛苦難忍者，為臨終人。但仍稱為臨終人，因為死亡來時，已是死人，而不是臨終人了。因而除非尚活著，就不能稱為臨終人，因為人雖將死，只要靈魂尚未離開肉身，他一定還活著。

所以臨終人是在生死之間，生命即將離開，但尚存在，因為靈魂尚在肉身中，尚未死去，靈魂尚未離開肉身。靈魂若已離去，已不在死亡中，而是死亡後，誰可說尚在死亡中呢？若不在生死之中，就不能是臨終人。靈魂尚在肉身時，人尚活著；將去世時刻稱為臨終人；能在生死之中，尚活著否，我不知道。

第十章 人生當稱為死亡或生命？

我們每人開始活在世時，一切都準備他死亡，因為我們一生，生活無定，尚可稱為生活否？一切都在催我們走向死亡。任何人一年後，就比一年前離死亡更近，明日比今日，今日比昨日，以後比以前，現在比過去，離死更近。

生活的一切時間，都由生活中減除，一日短於一日，現世的生命，就在嚮往死亡奔走中，不能停止或慢行，所有人都以同等速度向死亡邁進。

生命短促的人，不比生命長的人更快，但每刻減少。指出二人的同等速度進行，一人更近，一人更遠。因為走遠路，與姍姍而行不同。誰在死前，空間更闊，並不是走得更慢，是路程更遠。

若每人開始死亡，或在死亡中，自死亡在他體內開始工作，即生命開始減短，若減至零字，已不在死亡中，而是在死後了。每人在肉身中，就在死亡中。每時、每秒中，直至死亡來到，除去生命，已在死亡之中。

所以人不能同時在生死之中，在這肉身內，最好說是在死中，而不在死亡內，可說總不在生活中，或最好說：同時在生死之中，及在生活中，直至取消了它；在死亡中，直至已失去了性命。若不在生命中，直至完全毀滅前，能失掉何物？若亦不在死亡中，滅除生命，有何意義呢？

肉身失去生命時，就說在死後，因為生命在滅除中，死亡已臨。若生命已盡，人已不在死亡中，而在死亡後，失去生命時，便是在死亡中。

第十一章 人能同時生死否？

若說人在死前，就在死亡中，我們每日就越接近，因為普通不能說同時在生死之中，如同不能說一人同時做夢及醒著：所以研究何時是臨終人：因為死亡來前，尚未臨終，尚生活著；死亡來時，已死去而非在臨終；所以生命是在臨終之前，死亡是在死去之後。

何時在死亡中？可分為三個階段：死前、死中、死後；同樣，亦有生時、臨終時、死後。因此不易決定誰在死亡中，不是活人，在死前之活人；也不是死人，死後才是死人。

直至靈魂在肉身中，特別尚有知覺時，人由靈魂與肉身組成，尚活著，因此當說在死前，不在死亡中。靈魂離開後，已無知覺，已在死後，因而說是死去。人逝世是在二者之中，即在死亡中：因為若尚活著，是在死前；若已停止生活，已是死後，因此不難理解人在臨終之間。

在時間消逝中，要找現在，不能找到，因為不能由將來而至過去。因此亦可研究，因同樣理由，不能說肉身死亡，因為它若存在，不在任何人中，任何人亦不在它中。因為若尚活著，尚未死亡，因為在死前就活著，不在死亡中；若已停止生活，已不存在，因為在死後的事，已不在死亡中了。

若先後皆無死亡，為何說死前死後，豈非是廢話？天主願意我們善生，而不死亡；然而死亡存在，並且痛苦，任何言語不能解說它，任何方法都不能避免它。

因此我們照《聖經》上的說法，說：死前，或死亡來臨之前，《聖經》上說：「任何人未死以前，不要稱他為有福。」（德・十一：3）我們時常說：某人死亡，發生這事。我們亦說：某某臨終人寫了遺囑書，給某人留下某物，雖然他寫在先，因為只有活著的人，才能做此。

我們也照《聖經》的說法；《聖經》說死亡者不在死後，而在死亡中：「死亡中沒有人紀念你」（詠・六：6），這是對的，因為我們在復活之前，是在死亡中，如在醒來前，是在夢中；然而我們不能稱已亡者為臨終人，如不能稱睡者為將睡人。因為靈魂已離肉身的人，不能稱為臨終人。這是我所說的不能解說的事，因為是說臨終人尚活著，已亡者在死後尚在死亡中。若尚在死亡中，如何能說在死後呢？

為何不稱他們為臨終人，如我們稱夢中人為睡覺人，病弱者為病人，受苦者為苦人，生活者為活人？但有人說：亡者在復活前是在死亡中，因此不能說為臨終人。

因此我以為並非沒有理由，不因人的工作，而由天主上智的定奪，修辭學家，在拉丁語中，不能變「死」字（Morire），如變其他的動詞一樣。

由動詞「生出」（oritur），成為過去時已生出（Ortus est），其他過去時亦然；死字（Moritur）的過去式為已死（Mortuusest）加一「u」字，如愚人（Fatuus）、困難（Arduus）、著名（Conspicuus）等；不是過去式的動詞，而是名詞，所以與時間沒有關係。為變死了（Mortuus）時，不用過去式，而用名詞；這是對的，這句話不能以工程指出，亦不能以他動詞而變（註一）。

因著救世主的恩寵，我們可以避免第二次死亡，這是最大的禍患，因為不但靈魂要離開肉身，並且二者皆能在永遠的罰中。

那裡沒有死前死後的區別，而常在死亡中，總非活者亡者，而永遠在死亡中。人在死亡中，沒有比死亡更惡的，除非是不能死去的死亡（註二）。

（註一）聖奧古斯丁教過修辭學多年，所以喜歡這類修辭學上的這一套說法。
（註二）即在地獄中永遠受苦，不能死去。

第十二章　天主警戒原祖，若犯誡命，就當死亡。

若問原祖違背命令，貪食禁果，天主以何種罰恐嚇他們，是靈魂或肉身的死亡，或整個人的死亡，即所謂第二死亡？我當答覆二種死都包括在內。

第一死亡由靈魂與肉身二者而來，而第二死亡則為整個人的。如同大地由許多地區形成，整個教會出許多教會組成；同樣，整個死亡由一切死亡而成。第一死亡，由靈魂與肉身二者而成，是整個人的死亡，靈魂沒有天主，沒有肉身，暫時受罰；第二死亡時，沒有天主，但靈魂帶肉身，永遠受罰。

所以天主向伊甸園中的原祖說：「你在那一天吃了，必然要死。」（創・二：17）不但指第一死亡的前部，即天主離開靈魂；或後部，即靈魂與肉身分離；或整個第一次死亡，即靈魂離開天主及肉身，受暫時的罰；是整個死亡，直至第二死亡，以後就沒有別的死亡了。

第十三章 什麼是原祖犯罪後最初所受的罰。

原祖一犯了天主的誡命後，就失掉天主的恩寵，覺得赤身裸體而羞愧；因此就以最初找到的無花果葉，遮蔽下體。以前下體暴露在白日光天之下，他們並不覺害羞；因此他們感覺到肉慾妄動，是為罰他們不聽主命。靈魂妄用了它的自由，不願服從天主，因此不能控制自己的肉身，如同從前一樣。他們既然自由地棄捨他們的上主天主，在下的僕役肉身，也就不受指揮，不再服從他們；若他們忠心服從天主，肉身也會服從他們。於是肉身開始有反抗靈魂的意欲，我們就生在這種鬥爭中，帶著死亡的原因，在我們的肢體上及人性中，帶著原祖犯命的失散或勝利。

第十四章 天主所造的人是如何，在自由意志中他將有何歸宿？

天主造了人性，沒有造缺點，是造了正直的人，但他自願墮落，理當受罰，乃生了惡劣的子孫。這是因為整個人類都在原祖身上，因著女人，原祖一人墮落，大家同時亦墮落了。每人尚未造成，沒有個人人格，只有能生後代的人性，人由原罪墮落而受罰，不能在更好的環境中，傳生後代子孫。為此因著妄用自由，災禍叢生。由墮落的根源，經過種種痛苦，將人類引至永遠的第二死亡，除非由天主的恩寵，拯救人的罪。

第十五章 亞當犯罪，離開天主，亦為天主所棄，就是第一死亡。

我們若將「你們將死」這句話理解為靈瑰失去生命，即天主，是先離開天主，然後為天主所棄，所以罪惡的第一原因，是人的意願，善的第一原因為天主的意願，他從無中造了人，或人失足後由罪中救了人。我們若將「你們那天吃了，就要死亡」，理解為天主預言死亡，即那天你們不聽我的命離開我，我亦以公義棄捨你們，在這死亡中，以後一切的死亡都包括在內。

當原祖感覺慾情妄動，遮蔽下身時，就發覺第一死亡，即天主棄捨人；這死亡由天主向驚恐的原祖所說的話：「亞當，你在哪裡？」已經指出。天主找原祖，並非不知道他在何處，是指責他不在所當在的地方。

因年老力衰，靈魂離開肉身時，人感覺第二次死亡。天主罰罪，曾向他說：「直到歸於土中，因為你是由土來的。」由這二次死中，完成整個人的死亡，若沒有天主聖寵的救援，尚有第二次的死亡。由土而來的肉身，只能由死亡，即為生命或靈魂所棄，重新歸於土中。

為此信友們都知道肉身的死亡，並非由人的本性而來，因為天主沒有以任何死亡罰人，是由罪惡而來的。因為天主罰罪惡時說：「你是土，仍將歸於土。」

第十六章 哲學家以為靈魂離開肉身，並非罪罰，柏拉圖說天主曾應許神，總不離開肉身。

我辯駁妄告天主之城，即聖教會的哲學家，他們譏笑我所說的：靈魂離開肉身是一種罰。他們竟以為靈魂脫離肉身，單獨歸向天主，就享受完美的福樂。若我由他們的著作中，找不出辯駁他們的理由，更當努力指出不是肉身，而是有朽的肉身，是靈魂的累贅。

如我在前卷書中說過的，《聖經》上亦這樣說：「這必腐朽的肉身，重壓著靈魂。」（智・九：15）《聖經》加上「腐朽」二字，以指出並非肉身，而是有腐朽的肉身，因著罪罰乃是靈魂的累贅；就是沒有這句話，我們亦當這樣理解。

柏拉圖明說天主所造的神，有不朽的肉身，並說天主允許了他們一種大恩：永遠與肉身同在，絕不因任何死亡而分離。那麼他們為何為攻擊我們的信仰，裝不知所知道的，而自相矛盾，卻不停止攻擊我們呢？

下面是柏拉圖所寫天主對他所造神的話：「你們由我的根源所生，請觀察我所做所生的；因我的意願，你們不能分離，雖然一切混合物都可分離，你們不能因為是我所生，就不朽，不離，然而你們總不分離，任何死亡亦不能取消你們，任何事物不能反抗我的志願，我願你們不朽，這是比你們出世的約束更為堅固的。」所以柏拉圖說神因靈魂與肉身結合，本來是可分離的，而由造物主天主的志願而成為不朽的。

若靈魂與肉身結合是一種罰，因為天主向神說話，因為他們怕死，離開肉身，乃應許他們不朽，並非因他們的本性，而因自己的志願，它能使生者不死，結合的事物總不分離，永遠不朽。

柏拉圖對星辰的意見，是另一問題，此處我無意討論。他說日夜照耀大地的日月星辰，具有理智的靈魂，因而幸福，我們不必盲信他。他對宇宙亦這樣說，以為是龐大的動物，所有動物包含其中；這是如我說的，不願討論的問題。

我以為只當提出這點，反對自稱為柏拉圖派，驕慢自大的人，他們與普通信友為伍，以免污及驕慢的柏拉圖派小團體。他們反對我們的教義，顛倒肉身的永遠性，好像靈魂的福樂及肉身的不朽，是不可能的事，因為靈魂被關在不幸之中，而他們的先師柏拉圖卻承認天主賞賜他所造的神總不死亡，即總不離開結合的肉身。

第十七章　反對主張地上的肉身，不能成為不朽及永遠的。

柏拉圖派人又以為世間事物不能是永遠的，雖然他們承認大地是神的一部份，不是天主的，而是神的一部份，且是永遠的。

若天主為他們造了另一個神，即這個宇宙，超乎所有其中的神，並以為它是有靈魂的，即有理智的靈魂，關在龐大物中，而各處的四種要素，加以結合，以使他們的神總不死亡；他們相信永遠的大地，是龐大動物的主要部份，而不相信地上其他動物的肉身，若天主願意的話，能如天主一樣永遠常在。（註）

他們說：動物的身體係由土而成，當歸於土，因此肉身當解散，死亡，而後歸於永久不變的土，因為是由土而成的。若有人對火說同樣的事，一切由它而成的，以形成上天的動物，那麼不朽的辯論豈不消失了？因為照柏拉圖所說，上主曾允許神不朽；或者所以如此，是上主願意如此，他的意志，如柏拉圖所說，不受任何權力所限制。

誰能阻止天主對地上物體亦同樣去做，如柏拉圖所承認的，任何物不會消滅，結合之物不會分解，由元素而成之物，不會還原，肉身中的靈魂，總不會放棄它，當與共用永福。若地上之肉軀不會朽壞，為何天主不能這樣做呢？是因為天主不如信友所信為全能的，而如柏拉圖派人所願的嗎？是哲學家能認識先知？我們當堅持天主聖神願意啟示時，啟示先知，而人的推測，卻能欺騙願意知道天主聖意的哲學家。

他們不但因愚昧，且因頑固而被欺騙，甚至自相矛盾，大言不慚地說靈魂為得幸福，不但當遠離地上的身軀，且應遠離一切身軀；而另一方面卻以為神雖常與身軀同在，反而極為幸福；天上之神的靈魂，關於火中，而游維的靈魂，即宇宙，則關在一切元素之中，因此宇宙能由大地升至天上。

柏拉圖以為這個靈魂，如音樂之和諧，由大地中央，傳至上天之極端，於是宇宙唯一永遠幸福的動物，這個靈魂保存明慧的永福，總不擯棄肉軀，它雖由許多元素組成，但永遠生存，絕不弱化靈魂。

若他們承認這些事，為何不承認，因著天主的意志及能力，地上的身軀亦能不朽，靈魂在肉身中永遠幸福地生活著，總不因死亡而分離，如他們所主張的神在火的身軀中，及眾神之王游維在物體元素中一樣呢？若靈魂可得幸福，該當遠離肉軀，則他們的神就當遠離星辰，游維當遠離天地，若是不能，則是不幸之至。

若他們不願承認以上兩點，為何不敢承認他們的神能與身軀分離，使人看出他們叩拜有朽的神，因而沒有幸福。為得幸福，不必遠避一切身軀，只要避免粗重有朽的身軀就可，不是天主所造原祖的肉身，而是為罪惡所敗壞的肉身。

（註）柏拉圖以為宇宙是一個大動物，有靈魂有肉軀。

第十八章 哲學家說地上之物，不能至天上，因為因著重力，它當歸於大地。

哲學家說：地上的事物或在地上，或因重力常被吸引至地上，為此不能在天上。因此人類原祖也被安置在樹木森森，綠草如茵的伊甸園中。為答覆這個設難，或為耶穌的肉身升天，或聖人們在復活後將有的身體問題，我們當注意地上的重量。

若人工能造本當沉入水底的金屬器皿，但因其形式，浮在水面上；何況天主的技術，自然更精巧萬倍。柏拉圖說：因著造物主全能的意志，出生的事物能不死亡，結合的事物能不分離，無形的事物，能與有形的事物結合，比一物與另一物的結合更為奇妙，可使地上的事物，不為重量所吸引，而聖人們的肉身雖然是地上的，但是不朽，豈不可任意由此地，迅速地至另一地方嗎？若天使能自由運動一個物體，我們該當承認他們能毫不疲倦，毫不費力地做這類事。

為何我們不信聖人，因著天主的恩寵，齊全幸福，能無困難的，到他們願意去的地方呢？固然物體越大，重量亦越大，所以大物重於小物，但靈魂感覺健康的身體，比病弱的身體更輕。雖然要攜一個健康的身體，比病弱的身體更重，但人身若健康，比病弱者或饑餓者更易行動。

為得有朽的事物，質比量更為重要；那麼我們用何言語，才可表達出現世的健康與來世的不朽呢？所以哲學家不當以重量來攻擊我們的信仰。我不願意研究他們為何不承認物體不能在天上，而整個大地卻懸在空中。或能找到一個可能的理由：在宇宙的中心，所有重物都聚集在一起。

若柏拉圖讓神造世間萬物，連人亦包括在內，能取消火焚燒的能力，而只能照耀；但天主依照柏氏，能使出生者不朽，使物體與精神永遠結合不息，豈不能使人的肉身不朽；依其自然，保持肢體的美妙，而不減其重量嗎？至於亡者復活及他們不朽的靈魂，若天主願意的話，在本書最後幾章，我當更謹慎地加以討論。

第十九章 反對相信原祖若不犯罪，將是不朽的人。

現在我解說一下原祖的身體，少數人因理智或信仰，所有人因著經驗，都知道死亡為善者是好的，將靈魂肉身分開，這肉身雖然明顯地生活著，但亦明顯的有一日當死亡，若原祖不犯罪，死亡就不會襲擊原祖。

雖然我們不可猶豫去世善人的靈魂，平安度日，能生活在健康的身體中，即使有人將幸福放在沒有形體的事物中，他亦會主持反對他自己的意見。

他們中無人敢將已死或將死的智人，放在神之上。依柏拉圖，天主曾允許一個大恩，即永遠與肉身結合的生命。柏拉圖自己亦以為人若一生行善，死後能與神為伍，忘卻以往，瞻望將來，又願回至肉身中。

詩人維吉爾受人讚美，因為他採取了柏拉圖的這個意見；他以為人的靈魂不能常在肉身中，當以死亡獲得自由。他又以為靈魂不能永無肉身，為此陸續由生活而死亡，由死亡而生活。賢者與常人不同，他死後將升至星辰，使能長期休息，忘卻以前的不幸後，期望重見肉身，乃又回至人間的勞苦中。愚人死後，即回至應得的人或動物身中。

這樣，柏拉圖將善人及智者的靈魂，放入極為不利的境遇中，他們不能與肉身永久生活，他們既不能永遠與肉身同在，亦不能永無肉身而生活。

在天主教時期中，如我在前卷所說，波非利不但否認人靈能輪廻至動物身上，且願智者的靈魂，永遠與任何肉身絕緣，而在天主聖父處享福。基督曾允許聖人享受永福；他亦將善人的靈魂放入永福之中，再不受苦。為反對基督，他否認肉身的復活，承認靈魂不但永遠沒有肉身，並且不需要肉身。然而為尊敬宗教起見，他不願將自己的意見，放於具有肉身的神之上，為何如此？豈非因為不與任何肉身結合，就以為勝於神嗎？我相信他們不敢將人的靈魂放在神之上，為何以為天主教的教義自相矛盾，即人受造時，若沒有犯罪就不會死亡，而因聽命的功勞，將永遠不死亡，與肉身永遠生活著。

他們反對聖人們復活後，有他們以前勞苦工作過的肉身，它不再受朽爛；它的幸福，將永無痛苦。

第二十章　聖人的肉身，現在期望中休息，比原祖犯罪前，更為優美。

已亡信友的靈魂，不覺因著死亡，與肉身分離的痛苦，因為他們的肉身安息在仰望中，故不覺痛苦。他們的靈魂不願回至肉身處，非因忘卻以往，如柏拉圖所思的，是想起天主的應許，他不會欺騙任何人，他且保證，連頭上的頭髮，都不會掉下一根。

靈魂安心等候肉身的復活，他以前曾在肉身內受苦，現在已不受苦了。若靈魂壓制肉身，因為它反抗意志，算是愛它，現在肉身將精神化，自然更愛它了。因為若可稱服役肉身的靈魂為肉軀的，更可稱服役精神的為精神的。

這並非因為肉身變成精神，如有人因著《聖經》上下面的話所想的：「既有屬生靈的身體，也就有屬神的身體。」（格前・十五：44）是因為已迅速順從於精神，便沒有任何障礙，朽壞及疾病。

那時的身體不但毫無病痛，並且超於原祖犯罪之前；他若沒有犯罪，雖然不會死亡，但因為是人，總當飲食；所以他的身體是下地的，有朽的，不是精神的。

原祖雖然不因年歲功增而衰老而死亡，這是天主特別的恩寵，是因著伊甸園中，與命果樹一起生長的生命之樹；但除了命果以外，他當吃果子及食物，所以禁食的原因，並非因為這果子是惡劣的，是為表示服從命令。這為有理智的受造物，服從造物主的旨意，是非常重要的。

在伊甸園中，不能犯別的罪，只能因違背主命，吃食命果。原祖可自由吃其他樹上的果子，以無饑渴；又可吃生命之果，以使不致因年老而死亡。

別的樹供給食品，而伊甸園中生命之果則為聖果，如在精神及理智界的伊甸園中，天主的智慧一樣，如《聖經》上說的：「又是持守她的生命樹，把握住她的，是有福的。」（箴・三：18）

第二十一章　原祖住的伊甸園，雖然實有其地，但亦可以非物質的意義理解。

許多人將《聖經》上原祖所住的伊甸園，理解成為非物質的，將果樹亦理解成非物質的，不可見的，而是精神界的事物，是德行，是生活的品行端正（註）。好像能以精神化去理解，就沒有了物質的伊甸園，如亞加（Agar）及撒辣（Sara）照聖保祿宗徒的話，是表示兩個宗教，就不是亞巴郎的妻子，雖然她們曾為他生了兒子。或如梅瑟以杖擊石後，沒有湧出清泉，因為照聖保祿的話：「那磐石就是基督。」（格前・十：4）

這並不禁止我們將伊甸園理解成聖人的生活，四條河是四種樞機德行：明智、勇毅、節德、公義。樹是有益的知識，樹上的果子是德行。生命之樹，是所有德行之母，智慧；知善惡的樹，是試探的命令，後來為人所犯了。天主為罪人立了罰，但人沒有得到其中的利益。

在聖教會中，這一切又可理解為預示將來的事，如伊甸園為教會自身，如〈雅歌書〉中所說的：伊甸園的四條河為四種福音；結果的樹是聖人；果子為聖人的善工；生命之樹，為耶穌基督；善惡之樹，為意志之自由。

人若輕忽天主的旨意，不能管理自己，只能為自己有害，這樣，可以學習謀求公益，不求私利；因為誰愛自己，只顧自己，就要充滿畏懼與哀痛，唱說：「我的心靈擾亂」；悔過後則說：「我的力量啊！我必歌頌你。」（詠・五十九：10）所以若能將伊甸園理解為精神化的，並不禁止人說這類或其他的事，但當堅信《聖經》所說事實的真實性。

（註）是亞歷山大派人的意見，其中最著名的為奧利振。

第二十二章　在復活後，聖人的身體將精神化。

在復活後，聖人們的身體，不因疾病年老而死亡，將不需要樹木上的果子或其他飲食，以止其饑渴，因為他們有不朽的特恩；他們雖然不需要飲食，但亦可取用。

這樣，天使出現時，為將就人性亦這樣做了，並非他們需要飲食，是他們能夠這樣做，並甘心情願這樣做，以完成他們在人間的使命。但不當相信天使在人世間時，只在外表飲食；人不認識他們，以為他們如我們一樣，需要飲食。為此在〈多俾亞傳〉中，天使說：「你們雖然見了我吃喝，其實我並沒有吃喝什麼，你們所見的只是一種現象而已。因為你們想我如你們一樣，需要飲食。」（多・十二：19）

對天使所做，亦能別樣解說，但信德告訴我們，不可疑惑耶穌復活後，在真實的肉體中，雖然精神化了，曾與宗徒們一起飲食。所以復活後的身體，雖然不需要飲食，但仍能飲食。他們精神化，並非已沒有了身體，而只以精神生活而已。

第二十三章　當如何理解物質體在亞當死去，而精神體在基督內生活。

有靈魂的身體，尚沒有精神化的，名為物質身體，但不是靈魂，而是肉身如此；復活了的身體，則為精神化的身體，雖然並不成為精神；他們有物質的肉身，但因由精神生活，就不會衰老朽壞。

那時的人已不是地上的，而是天上的；並非由土而造的身體，已不是地上的身體，而是因天主的恩寵，能在天上居住，變換其特質，而不失其本性的身體。原祖由土造成，由土的身體有了靈魂，並不精神化，只因聽命的功勞，天主才賞賜他這種恩惠。

原祖的身體，一定不是精神化的，而是物質的，因為需要飲食，以免饑餓，能常保存青春，不會死亡，並不因絕對不會死亡，而是生命之果的緣故。若他不犯罪，不犯天主禁止的命令，也不會死亡。原祖犯罪後，被逐出伊甸園，仍可飲食，但因為沒有了生命之果，人就要因年老而死亡，直至因著聽命，成為精神的，永久的，如在伊甸園中沒有犯罪以前一樣。我們不將死亡理解成靈魂與肉身立刻分離，如天主所說：「因為你在那一天吃了，必然要死。」（創．二：17）亞當、夏娃在違命的那天，食了禁果，靈魂與肉身並沒有立刻分離。

那天他們的本性變壞了，因為失了生命之果，他們的身體將要死亡，我們自出生後，亦當死亡。為此聖保祿宗徒沒有說身體當因犯罪而死，而說：「如果基督在你們內，肉身固然因罪惡而死亡，但靈魂卻因正義而生活。」又說：「如果那使耶穌從死中復活者的聖神住在你們內，那麼，那使基督復活的，也要借著他那位在你們內的聖神，使你們有死的身體生活。」（羅．八：10—12）

所以那時的身體，以前在生活的靈魂內，將在生活的神內，而聖保祿宗徒卻說它已死了，因為它必要死亡。但在起初，是在生活的靈魂內，雖然不在生活的神內，不能說已死亡，因為若不犯罪，就不需要死亡。

天主說：「亞當，你在何處」，是說因他違背命令，靈魂已死；以後又說：「你是土，將歸於土」，表示靈魂遠離天主，所以肉身亦要死亡。為此我們該當相信，天主沒有說第二次死亡，因為《新約》的緣故，願將它隱藏起來；在《新約》中，第二次死亡明顯地表示出來，使人理解第一次死亡為眾人所共有，是原祖一人所犯原罪的效果，所以為大眾所共有。

第二次死亡，不是大家所共有的，因為：「就是照天主的旨意，代聖者熱切祈求」；如聖保祿宗徒所說的：「因為他所預知的人，也預定他們和自己的兒子的肖像相同，好使他在眾多兄弟中做長子」（羅．八：28、29）；是因著救主的工程，天主的聖寵由第二次死亡中將我們救出的。

如聖保祿宗徒所說：原祖受造時，是屬生靈的身體，因為他願將現在地上的人，與將來復活後屬神的身體比較說：「播種的是可朽壞的，復活起來的是不可朽壞的；播種的是可羞辱的，復活起來的是光榮的。」（格前・十五：42—44）所以，「既有屬生靈的身體，也就有屬神的身體」（44）。

為指出何為屬生靈的身體，他又接著說：「第一個人亞當成了生靈。」（45）聖保祿願意這樣指出何為屬生靈的身體，雖然《聖經》中記載天主造原祖時，造了靈魂，並付給原祖時，不說：第一人成為屬生靈的身體，而說：「第一人成了生靈。」聖保祿宗徒既然說：「第一人成了生靈」，是願指出人屬生靈的身體。他又願指出何為屬神的身體，乃繼續說：「最後的亞當成了使人生活的神」（45），無疑地，是指基督，他已由死亡中復活了，不會再死。

他又繼續說：「但屬神的不是在先，而是屬生靈的，然後才是屬神的。」（46）此處他明顯地指出他所寫的：「第一人成為屬生靈的身體」及所說的：「最後的亞當成了生活的神」，有何意義。

先是屬於生靈的身體，如原祖亞當所有的，他若不犯罪，就不會死亡。他的身體，如我們現在所有的一樣，但其本性已變壞了，因為犯罪後，他就當死亡。基督為我們的緣故，不因必要，而以德能，亦取了同樣的身體。以後是屬神的身體，已在我們的領袖基督身上，在亡者復活後，亦在他的肢體中，即信友中。

聖保祿宗徒亦指出二人中的明顯區別說：「第一個人出於地，屬於土，第二個人出於天。那屬於土的怎樣，凡屬於土的也怎樣；那屬於天上的怎樣，凡屬於天上的也怎樣。」（47—49）

聖保祿宗徒這樣說，使在我們身上完成複生的奧蹟，如他在別處說的：「因為你們凡是領了洗歸於基督的，就是穿上了基督」（迦・三：27）；復活後，生而屬生靈的，變成了屬神的，那麼這就成功了，就如他所說的：「我們因期望而得救。」

我們因著誕生，因為原罪及死亡，我們是地上的人；因著耶穌基督，天主與人間的中保，因領洗而得的寬赦及長生，而成為天上的人。基督是天上的人，因為由天而降，取了我們有死的身體，變為上天不死的身體。

聖保祿宗徒亦呼因聖寵成為基督肢體的為天上的人，使基督與他們合而為一，如首之與肢體。他在同一書信中，用下面的話說得更清楚：「原來死亡既因一人而來，死者的復活也因一人而來。就如在亞當眾人都死了，照樣，在基督內眾人都要復活。」（格前・十五：21—22）

在生活神內的身體，一定是神的身體。不是所有在亞當死亡的人，都將成為基督的肢體，因為其中大多數當受第二次死亡，但用「眾人」二字，因為如同無人在屬生靈的肢體中會死亡，除非在亞當內，同樣，除非在基督內，亦無人能在屬神的身體中復活起來。

因此不當相信在復活後，我們將有一個身體，與亞當犯罪前相似；而「地上」二字，亦不一定指在犯罪後的身體。我們一定不能說，在原祖犯罪之前，人的身體是屬神的，犯罪以後，乃變為屬生靈的。誰若這樣想，就是不注意博學多才的聖保祿宗徒下面的話：「既有屬生靈的身體，也就有屬神的身體。」經上也這樣記載說：「第一個人亞當成了生靈。」（格前・十五：44—45）

若聖保祿宗徒，依照《聖經》，將它作為第一條件，以指出屬於生靈的人，豈能是在犯罪以後的事嗎？

第二十四章　天主造原祖時，向他噓氣；吾主耶穌給宗徒們說：「你們領受聖神」，亦向他們噓氣，有何意義？

有人不贊成，在下面幾句中：「在他鼻中吹了一口生氣，為此便成了一個活人。」（創•二：7）是記載造原祖的靈魂，而是因聖神的化工，使已存在的靈魂生活起來。他們這樣想，是因為吾主耶穌在復活後，向宗徒們噓了一口氣說：「你們領受聖神吧！」（若•二十：22）

他們相信當時耶穌所做的如天主所做的一樣，好像聖若望聖史亦說：「他們便成了活人。」聖若望即使說了這句話，我們該當理解天主聖神，可說是靈魂的生命，沒有他，靈魂就如死去一般，雖然身體由他而生活。

但人受造時，並非如此，如《聖經》上明說：「上主天主用塵土造了人。」有人將這句話理解為：「天主用泥土造了人。」既然上面說：「唯有源泉由地下湧出，普潤所有的土壤。」（創•二：6—7）他們就說當理解作用水泯成的泥土；因為以後立刻寫說：「上主天主用塵土造了人」，這是依照新近由希臘文譯成拉丁文的意義。

此處無論說造成揉造，希臘文是「ἔπλασεν」（Eplasen），他們願意用「造成」二字，以免含糊，因為在拉丁語中，揉造是說假造謠言。所以人由土或泥土，或用《聖經》上的話，由塵土造成，然後有了靈魂，如聖保祿教訓我們說：「人成了活人」，即由塵土的身體，有了靈魂，乃成為活人。

但他們說：原祖已有靈魂，不然，就不能稱為人：因為人不只是肉身或靈魂，是由靈魂與肉身組合而成的。靈魂不是整個人，是他最寶貴的部份；肉身亦非整個人，是人的卑下部份。靈魂與肉身結合乃名曰人，但分論時亦可稱為人，因為誰能禁止普通人說：「這人死了，現在安息中，或在陰間」，豈只能對靈魂而言嗎？或「這人葬在此地或那邊」；而這事只可對肉身而言。

恐怕有人要說：《聖經》上普通不這樣說，這事可以證明，靈魂與肉身結合後，人還活著時，用人的名字來稱二者，靈魂為人的內部，而肉身為人的外部，似乎是二人，其實只是一人而已。

這只是對照天主肖像而造的人是如此，對由塵土所造，又當回至塵土的人是如此；而內部則歸天主以噓氣所造，而賦予人的靈魂而言；外部則對天主用泥土所造的肉身而言，給它一個靈魂，使它成為屬生靈的身體，即生活的人。

吾主耶穌給宗徒們噓氣時說：「你們領受聖神」，願意告訴我們，聖神不只是聖父的聖神，也是聖子的聖神；同一聖神，是聖父與聖子的，因而成為天主聖三，聖子，聖神都非受造物，而是造物主。

由耶穌口中所出的物體性的氣，一定不是聖神的本性本體，而是表示聖神為聖父及聖子所共有的，因為不是天主每位有一聖神，是二位共有一位聖神。在《聖經》中，聖神常以希臘名字稱為：「神」（πνευμα=Pneuma），如耶穌噓氣給與宗徒時所稱的；我總沒有在《聖經》中找到別的稱呼。

〈創世紀〉所載「上主天主用塵土造了人，在他鼻中吹了一口生氣」時，不用「神」（Pneuma），這是普通聖神的稱呼，而用「氣」（πνοη=Pnone），這話普通指受造物，而非造物主；為此許多拉丁人更願用「噓氣」而不用「神」字，以示區別。

同樣字句，在依撒意亞下面的話中：「我所造的靈魂」（依．五十七：16）一定是指靈魂。

為此希臘文「Pnone」，拉丁人有時譯為「噓氣」，有時譯「神」，有時譯「啟示」，亦有時譯「靈魂」；而「Pneuma」則常譯為「神」，或是人的心神，如聖保祿宗徒所說：「除了人內裡的心神外，誰能知道那人的事呢？」（格前．二：11）或是動物的生靈，如〈訓道篇〉所說：「人的氣息是否向上高升，走獸的氣息是否下降地下，有誰知道？」（訓．三：21）（註）

或者是指「風」，如〈聖詠〉上說：「火與水雹，雪和霧氣，遵行他命令的狂風。」（詠．一四八：8）有時亦指聖神，如耶穌在《福音》中所說：「你們領受聖神」，以自己口中所噓的氣來指出；有時以指天主聖三：「你們要因父及子及聖神之名給他們授洗。」（瑪．二十八：19）在〈若望福音〉內：「天主是神」（若．四：24），及《聖經》中許多別處亦然。

在《聖經》這些地方，在希臘文為「神」而非「氣」時，拉丁文也為神（Spiritus）而非氣（Flatus）。為此《聖經》上說「噓氣」，或更詳細的「在鼻中吹了一口氣」，「氣」若在希臘文不寫神（Pneuma），如現在所有的，而寫噓氣（Pnone），我們亦不必理解為「神」，在聖三中為聖神；因為明顯的，如我上面已說過的，神（Pneuma）不但可理解為造物主，亦可理解作受造物。

但他們又說：既然說神，若不願意我們理解作聖神，就不當添上「生命」二字；既然說：「如此便成了一個活人。」（創．二：7），若不願說聖神所賦的靈魂，就不當加上「活人」二字。

他們且說：若靈魂自己生活，若不願指示聖神所給的生命，何必加上「活人」二字；但這只是人的推想，而輕忽了《聖經》。當讀同一《聖經》書中所說：「地要生出各樣生物」（創．一：24），以指示地上所有生物由天主所造。亦當留心在同一書中數頁後所寫：「凡是陸地有鼻可通呼吸的生靈，都已淪亡。」（七：22）是說洪水時，地上一切生物都死了。

若我在動物中，亦可找到生靈，如《聖經》上說，或在這處「可通呼吸的生靈」，希臘文不用「神」（Pneuma），而用「氣」（Pnone），我們可問為何加上「生靈」二字，靈魂不生活就不存在，或者既然說「靈」字，為何加上「生」字？

我們知道《聖經》上說生魂，是指動物，牠們因著覺魂，也有知覺，天主造人時，《聖經》上的說法就不同，為指出人有了理智的靈魂之後，他不似他物是由水與地而生，乃由天主的噓氣而造，是說天主造靈魂，以在肉身中生活，肉身為靈魂而生活，如動物一般，如《聖經》上說：「地要生出各種生物。」（創．一：24）它們亦有生魂，為此希臘文不用「神」（Pneuma）而用「魂」（Pnone），說明不指聖神，而指生魂。

他們又說：若我們相信靈魂是天主所噓的氣，由祂的口中而出，我們就得承認是同一性質，同一智慧，經上曾說：「我由至高者的口中出生，我在一切化工以先，是首先出生的。」（德．二十四：5）但智慧並不說是由天主的口中噓氣生出，只說「生出」。

如我們噓氣時，生氣，而不生人性，只呼吸我們周圍的空氣；同樣，全能的天主，不以自己的本體，亦不用其他受造物，而只用噓氣，將靈魂賦予人的肉身。天主是無形的，氣是有形的；天主是不變的，氣是會變的；不受造的天主向受造物噓氣。

為使對《聖經》原意表示意見，而不懂其原文的人，該當知道由天主口中出來的，不但是同一性體的，並且可讀到下面的句子：「你既然是溫的，也不冷，也不熱，我就要把你從我口中吐出去。」（默．三：16）因此我們沒有任何理由不接受聖保祿宗徒的話，他將屬生魂體與精神體分開，即我們現在所有的，與將來要有的分開說：「播種的是屬生靈的身體，復活起來的是屬神的身體。」既有屬生靈的身體，也就有屬神的身體。

《聖經》上也這樣記載說：「第一個人亞當成了生靈，最後的亞當成了使人生活的神。但屬神的不是在先，而是屬生靈的，然後才是屬神的。第一個人出於地，屬於土，第二個人出於天。那屬於土的怎樣，凡屬於土的也怎樣；那屬於天上的怎樣，凡屬於天上的也怎樣。我們怎樣帶了那屬於土的肖像，也怎樣要帶那屬於天主的肖像。」（格前‧十五：44—49）

我們已提及過聖保祿宗徒上面的話，如他所說的：原祖亞當受造時，有生靈的身體，並非絕對不能死，若沒有犯罪，就不會死亡。但天主使它變為屬神的，則總不會死亡，如人的靈魂，就永遠不會死亡。靈魂雖然因著犯罪，有時說已死去，因為沒有自己的生命，即天主的精神，不能幸福生活，但仍舊生活著，因為它是不會死亡的。

背叛的天使，雖因犯罪，如已死去，因為離開了泉源的天主，在祂之內，祂們能幸福生活，因為祂們是受造為不朽的。公審判後，祂們要第二次死亡，但沒有失去生命，及在痛苦中的知覺。

有天主聖寵的人，在永福中，是天使的同胞，有屬神的身體，不能再犯罪，不能死亡，將如天使一樣不朽，即使犯罪亦不能失去，雖有身體，但已沒有肉身的軟弱可朽。

現在有一個重要問題，當以真理之神的助佑解決它，即原祖的肉慾，因著背命，失去聖寵，看見自己赤身裸體，生了好奇心，肉慾妄動，反抗意志，乃隱蔽生殖器；若他們常純潔無罪，如何能生子女呢？但因該當結束本卷，這重要問題，又非幾行可以解決，我在下卷書中，當更詳細地加以討論。

（註）原文為撒羅滿的書中所說，但現在大多數聖經學家都否認撒羅滿為本書的作者。

第十四卷

聖奧古斯丁重論原祖的罪，說它是私欲偏情的原因；肉慾妄動，是不聽天主命令的罰；若原祖沒有犯罪，人能沒有慾情而生子女。

第一章 若天主的恩寵沒有拯救的話，因著原祖違命，整個人類都要第二次死亡。

如我在前卷書中已說過的，天主不但願以相似的本性，使人類團結，並為謀求人間和平起見，決定由同一原祖傳生後代。若我們的原祖，其中之一不為任何人所生，而另一位由第一位而成，不因違命，該當死亡，則我們人類就不會死亡。

原祖的罪是如此重大，竟使人性敗壞，將原罪及死亡傳於後代。死亡這樣控制人類，若天主不以自己的恩寵拯救的話，所有人都要受永無止境的第二次死亡，這是原罪應得之罰。

因此天下萬國，雖宗教與風俗各異，言語、武器、衣冠不同，然而人類只有兩個大團體，或照《聖經》上的話，兩個城。一個由願依肉慾生活，而另一個由願依精神生活的人組成，若各得其所望，則平安無事。

第二章 肉慾的生活，不但因肉身的毛病，特別是由靈魂的毛病。

我們先當研究依肉慾生活或精神生活，有何意義。誰若表面上研究我所說過的，而不顧《聖經》的說法，能夠相信依肉慾生活的，是伊比鳩魯派哲學家，他們以肉身的快樂，為人生的至大幸福；及所有以肉身的快樂為人生幸福，與所有愚民，不知哲學為何，只求五官快樂的人。

他們亦會相信斯多噶派哲學士，將人的幸福放在心靈方面，是照精神生活，因為何為人的心靈，豈非精神？然而依照《聖經》，以上兩種人都依肉慾而生活。

因為《聖經》不但稱世間有朽的肉體為肉慾，如：「不是所有的肉體是同樣的肉體：人體是一樣，獸體又是一樣，鳥體另是一樣，魚體卻又另外是一樣。」（格前・十五：39）且用這句話，有時意義不同，以指人，即人性，以部份指全體，如：「因為由法律的行為，沒有一個有血肉的人能在他前成義。」（羅・三：20）；此處血肉有何意義，豈非指人嗎？下面的話，還更清楚：「可是憑法律，沒有一個人能在天主前成義，這是明顯的事。因為義人要由信德生活。」（迦・三：11）下面的話：「於是聖言成了血肉」（若・一：14），即是指人。

有的人不懂這句話的意義，以為吾主耶穌沒有靈魂。《聖經》上瑪利亞達肋納說：「有人把我主搬走了，我不知道他們把他放在哪裡了。」（若・二十：13）是以部份指全體，瑪利亞達肋納只提為人搬走的肉體；有時卻以全體指部份，以血肉指人，如以前我們所引過的話，就是如此。

《聖經》上以許多形式提及肉身，若要一一加以研究，何為依血肉而生活，這是惡的，而血肉本性，並非惡的，實在大費光陰。我們只仔細研究〈聖保祿宗徒致迦拉達人書〉中的這句話：

「本性私慾的作為是顯而易見的：即淫亂、不潔、放蕩、崇拜偶像、施行邪法、仇恨、競爭、嫉妒、忿怒、爭吵、不睦、分黨、妒恨、兇殺、醉酒、宴樂，以及與這些相類似的事。我以前勸戒過你們，如今再說一次：做這種事的人，決不能承受天主的國。」（迦・五：19—21）

研究了聖保祿宗徒這封信中的話，為我們的問題已經足夠了，可以解決何為依血肉而生活：因為聖保祿宗徒所提明顯的血肉行為中，而加以指責的，不但是肉身方面的肉慾，如淫亂、不潔、放蕩、酗酒、安樂，並提心靈方面的事，這是與血肉的快樂風馬牛不相及的。

誰不知道邪法、仇恨、競爭、嫉妒、忿怒、爭吵不睦、分黨是心靈的缺點，而不是肉身的缺點？

可能有時某人因為崇拜偶像、分黨，而追求肉身的淫樂，然而雖然他壓制放蕩，聖保祿宗徒還說他依血肉生活，因為他雖不追求淫樂，但仍做罪惡的事。

誰不感覺心中的仇恨？誰向自己的仇人說：你有惡血肉反抗我，而不說：「你有惡意向我？」最後，任何人不會猶豫將肉慾歸於肉身，同樣，也沒有人會疑惑忿怒是心靈方面的。為何外教人的宗徒聖保祿呼其他工作為血肉的事，豈非願以血肉二字，理解為整個人，以部份指整個嗎？

第三章　罪惡的原因是心靈，不由肉身而來；自罪惡所產的腐化，不是罪過，而是罪惡的罰。

誰說肉身是一切缺點的根源，因為靈魂生活在肉身中，受到肉身的刺激，一定沒有詳細研究過人性；如《聖經》上說：「這必腐朽的肉身，重壓著靈魂。」（智．九：15）所以聖保祿宗徒論有腐朽的肉身時先說：「縱使我們外在的人日漸損壞。」（格後．四：15）然後即接著說：

「因為我們知道：如果我們這地上帳棚式的寓所拆毀了，我們必由天主獲得一所房舍，一所非人手所造，而永遠在天上的寓所。誠然，我們在此嘆息，因為我們切望套上那屬天上的住所，只要我們還穿著衣服，不是赤裸的。我們在這帳棚裏的人，苦惱嘆息，是由於我們不願脫去衣服，而就套上另一層，為使這有死的為生命所吸收。」（格後．五：1—4）

所以我們為有腐朽的肉身所壓迫，知道這重壓的原因，並非肉身的本性，而是它的敗壞；我們不願脫去肉身，是希望它成為不朽的。若肉身是不腐朽的，就不會是壓逼了，如《聖經》上說的：「這

必腐朽的肉身，重壓著靈魂；這屬於土的寓所，扼制了多慮的精神。」（智・九：15）

但誰願肉身為一切災禍的原因，一定錯誤，雖然維吉爾隨著柏拉圖的學說，歌詠說：

「本來自天火光耀，肉軀為害懶洋洋；
腐朽肢體地下生，引起無窮大損傷。」

並為使人知道最亂人心的四件事：期望、恐懼、喜悅、憂愁，為一切罪惡的來源，皆由肉身而來，他又說：

「因而心靈既恐懼，希望痛苦又喜歡，
關在黑暗監獄中，不能舉目望蒼天。」

但我們的信仰教我們不同的真理：因為有朽的肉身壓迫靈魂，不是原因，而是原罪的罰；不是腐朽的肉身使靈魂犯罪，是靈魂犯了罪，乃使肉身腐朽。雖然由腐朽的肉身，發生毛病及犯罪的願望，但我們不當將人生的一切災禍都推到肉身上，因為魔鬼沒有肉身，又當如何解說呢？魔鬼雖不犯姦淫、酷酒或有肉身的其他毛病，但祂暗中引人犯罪，同時傲慢自大，嫉妒別人。這類毛病，在魔鬼身上根深蒂固，為此祂們永遠被關入黑暗的監獄中。

聖保祿宗徒，將這些魔鬼的主要毛病歸於肉身，雖然我們由信德知道祂們沒有肉身。他說：「仇恨、競爭、嫉妒、忿怒、爭吵、不睦、分黨、妒恨，」都是肉身的事（迦・五：20）；但魔鬼的為首毛病，卻是傲慢。

誰比魔鬼更是聖人的仇敵？誰更好鬥爭、忿怒、仇恨、嫉妒？魔鬼雖然是純神，但有上面的一切毛病。為何稱為肉身的毛病，豈不是人的毛病，而聖保祿宗徒卻以肉身之名稱之。

為此人像似魔鬼，並非因有肉身，因為魔鬼沒有，但因依同樣精神，即照人的精神而生活；魔鬼亦願依自己生活，不照真實，而作謊言，非由天主而發言，乃依照自己的本性，因為祂是第一撒謊者，第一罪人，謊言即由祂而來。

第四章 照人生活，或依天主生活，有何意義？

人不照天主而依人生活，便與魔鬼相似。天使亦不能照自己生活，當照天主生活，即當在真理中生活，並將真理傳於別人，而不當撒謊。聖保祿宗徒對人說：「在我們的謊言中，充滿天主的真理。」謊言是我們的，而真理卻為天主的，人依真理生活時，不照自己，而照天主生活；天主曾說：「我是道路、真理、生命，除非經過我，誰也不能到父那裡去。」（若・十四：6）

人若照自己，即照人而不照天主生活，就依謊言生活，這並非是謊言，因為人由天主而造，他一定不會撒謊，但人如此受造，就不當依自己，而應該依天主生活，即承行天主的旨意，而不照自己的私意而行。謊言即不照天主的旨意生活。

人願幸福，卻背道而行，有比人的私意更為虛偽否？因此可說一切罪過都是謊言：因為犯罪，即願避惡而得善；因此欲善而得惡，求更好的，卻得到更壞的，就是撒謊；為何如此？豈非人只能由天主處，而不由自己處可以得善，犯罪就是背棄天主，因為隨從自己，所以犯罪。

因此有兩個彼此不同，互相矛盾的城，一個依肉身，另一個依精神而生活，或依人或依天主而生活。聖保祿宗徒明明寫給格林多人說：「你們中既有嫉妒和紛爭，你們豈不是屬血肉的人？」（格前・三：3）依人而行，即依血肉而行，因為依血肉，即依人的部份，就是整個人；同樣的人，先被稱為屬生靈的，現在卻被稱為血肉的說：

「除了人內裡的心神外，人誰能知道那人的事呢？同樣，除了天主聖神外，誰也不能明瞭天主自己的事。但我們所領受的，不是這世界的精神，而是出於天主的聖神，為使我們能明瞭天主所賜予我們的一切。並且我們也講論這一切，但不是用人的智慧所教的言辭，而是用聖神所教的言辭，給屬神的人講論屬神的事。然而屬血氣的人不能領受天主聖神的事，因為他是愚妄。」（格前・二：11—14）

稍後聖保祿宗徒對屬生靈的人又說：「所以兄弟們，我從前對你們說話，還不是把你們當做屬神的人，而只能當做屬血肉的人。」（格前・三：1）由這類語言口氣，可以知道，是以部份代替整體，因為靈魂肉身，是人的一部份，可以說整個人。

屬生靈的人，與血肉的人相間，並無分別，即照人而生活的人。在下面的話中亦指整個人：「因為由於法律的行為，沒有一個有血肉的人能在他前成義。」（羅・三：20）下面的話亦同：「由雅各伯所生同到埃及的，一共七十五人。」（創・四十六：27）（註）

沒有一個有血肉的，即是沒有一個人；說七十五個靈魂，即七十五人。所說：「不以人的智慧所說的話」，亦可以用：「不以血肉智慧所說的話」；「依人而行」，可說：「依照血肉而行」。這點，由下面的話，更為清楚：「因為有人說：我是屬保祿的，另有人卻說：我屬阿波羅；這樣你們豈不成了俗人嗎？」（格前・三：4）

以前所說的：你們屬生靈，你們是血肉，還更重複地說：「你們是人」，即你們依人，不依天主而生活；若你們依天主而生活，你們也將是神了。

（註）拉丁通俗本，為七十六人，聖奧古斯丁所引七十五人，係照希臘文的七十賢士本。他在本書中，往往引用七十賢士本，因此與拉丁通俗本，略有出入。他引拉丁文本時，係依拉丁舊本（Itala），而非現行的拉丁通俗本，因為當時聖熱落尼莫尚未譯成，或至少尚未通用。而六十六人係照希伯來文本。

第五章 對肉身及靈瑰的性質，柏拉圖派的意見，比摩尼派的意見更為可取；但亦應當加以排斥，因為它將罪惡的原因，歸於血肉的本性。

我們的罪惡毛病，不需要我們指責肉身的本性，而侮辱天主，因為血肉在自己的範圍內是好的。然而捨棄至善的造物主，依受造物而生活，無論人依血肉而生活，或依心靈，或依由靈魂肉身組合的人生活，以靈魂或肉身指出，都是不對的。所以誰讚揚靈魂的本性為至善，或指責血肉為極惡，以血肉形式喜好其一，而避其二，是照人類的幻想而非照天主的真理。

柏拉圖派的人一定不會如摩尼派人（Manichæans）一樣，厭惡地上的肉身為罪惡的原因，因為他們將有形無形世界的一切元素及特性，都歸天主。但他們卻以為靈魂如此被地上有朽的肢體所壓迫，為此發生貪求、恐懼、歡樂、悲哀，因塞羅呼它為擾亂，希臘話稱它為情感，為一切罪惡的來源。若真如此，為何在維吉爾詩中，愛乃亞由父親處知道，在陰間的靈魂當回至肉身中，甚為驚異，乃呼說：

「父親，可以相信，有些靈魂升至天上，然後又回到肉身的監獄中嗎？可憐，是生命的期望，在吸引他們。」

這地上有朽肉身殘忍的期望，尚在清潔的靈魂否？他豈不說靈魂已由肉身的禍患中洗淨，卻又願意回至肉身內。由此可以結論道：若是真的話，其實不是，靈魂不斷淨化與被玷污，靈魂的惡劣傾向，不能由肉身而來。

他們自己亦承認，這種糊塗的期望，不由肉身而生，它壓迫靈魂，使它淨化後，又回至肉身內。因此可以結論道：靈魂不由肉身所壓迫而期望、恐懼、喜悅、憂愁，可由自己有這類感情。

第六章　人意志的特性，使人的感情成為善的或惡的。

重要的，是看人的意志。若意志是惡的，他們的行為也是惡的；若意志是正直的，則行為不但不可指責，反而當受讚揚。在一切行為中都有意志，也只有意志最為重要。希望與愉樂是什麼？是意志贊同我們所願意的。什麼是恐懼與哀痛？是意志不贊成我們所不願意的。期望是我們的意志，贊成我們所願意的；愉樂是意志贊成我們願意的快樂。

這樣，我們不贊成將發生的為畏懼；我們不贊成已發生的為憂愁。為此，依我們所期望或避免的不同事物，人的意志就變為不同的感情。所以不照自己依天主而生活的人，當愛德行而恨罪惡。為此，沒有本性的惡人，只因罪惡才變為惡人；依天主生活的人當痛恨惡人，但不因罪惡而恨人，或因人而愛罪惡，當愛人而痛恨罪惡；因為除了罪惡之外，在人中就沒有當恨的，只有當愛的。

第七章 《聖經》中隨意用愛慕（Amor）或愛情（Dilectio）二字，或善或惡皆可。

誰願愛天主，愛自己，愛別人，不照人方面，而照天主方面，這人因著愛便稱為普通人。在《聖經》中，善意屢次稱為「愛情」（Caritas），有時亦稱為「愛慕」（Amor）。聖保祿宗徒說：「被選為管轄人民的該當愛善。」

吾主耶穌自己亦向伯多祿說：「你比他們更愛我嗎？」伯多祿答說：「主，是的，你知道我愛你。」耶穌又問：「你愛我嗎？你比他們更愛我嗎？」伯多祿又答說：「主，是的，你知道我愛你。」耶穌第三次又問說：「不是愛我，而是更愛我」；聖史繼續說：「伯多祿因耶穌第三次問他說：『你愛我嗎？』便憂愁起來。其實耶穌只一次說『愛慕我嗎（Amas me）？』第二次是問：『你愛我嗎（Diligis me）？』」（若・二十一：15、17）

由此可以知道吾主耶穌說：「你更愛我嗎？」是說：「你愛我嗎？」伯多祿第三次也沒有變換口氣，只說：「主，你知道，我愛你。」我以為當提及三點，因為有人以為在愛情與愛慕間有分別，愛慕是惡的，愛情是好的（註）。外教作者一定這樣說過，哲學家可以去研究他們為何作此區別。但他們的著作，可以證明，他們所謂愛慕是對善事及天主自己而言。我們天主教的《聖經》──其權威在一切之上──亦隨意用愛慕及愛情二字，或善或惡，不加區別。

我們上面已經證明愛慕傾向於善。但為使人不以為愛慕（Amor）能用於善惡，而愛情（Dilectio）只用於善，請他讀〈聖詠〉中的話：「喜愛邪惡的人，卻是他靈魂所惱恨的」（詠・十：5）；及聖若望宗徒所說的：「誰若愛世界，天父的愛就不在他內」（若前・二：15）；在同一句中，愛字有善惡二意。

為使人不問為何愛慕用於惡意，上面我已證明可用於善意，請他去讀聖保祿所寫：「因為那時人只愛自己，愛錢。」（弟後・三：2）所以善意就是好的愛，惡意就是惡的愛。切望獲得所愛的為希望；得其所愛的為愉快；避免所不愛的為畏懼；對所發生的事而痛苦為憂愁。若愛是惡的，這些感情亦是惡的；若愛是善的，這些感情亦是善的。

我現在證明我所說的：「聖保祿宗徒渴望解脫而與基督同在一起」（斐・一：23）；〈聖詠〉上也說：「因著時常渴慕你的判語，我的靈魂消瘦了。」（詠・一一九：20）〈智慧書〉中也說：「所以尋求智慧，引人臻至永遠的邦國。」（智・六：21）

普通說慾愛，不加解說，是指惡的，而喜愉則為善的，如《聖經》上說：「義人啊！你們要因上主喜樂歡騰。」（詠・三十二：11）；「上主！你使我心中怡樂。」（詠・四：8）；「在你面前有豐盈的喜樂。」（詠・十六：11）

聖保祿宗徒亦以為畏懼是好的：「你們要懷著恐懼戰慄，努力成就你們得救的事。」（斐・二：12）；「但你不可心高妄想，反應恐懼。」（羅・十一：20）；「但我很怕你們的心意受得敗壞，失去那時基督所有的赤誠和貞潔，就像那蛇以狡猾誘惑了夏娃一樣。」（格後・十一：3）

至於憂愁，西塞羅稱為軟弱，維吉爾則呼為痛苦說：「他的痛苦快樂」；我稱它為憂愁，因為軟弱及痛苦特別是屬於肉身方面的；我們要細心研究憂愁也能是善的否。

（註）奧利振曾如此主張。

第八章　斯多噶派哲學家，以為在賢者心中，只有三種感情，不當有痛苦或憂愁。

斯多噶派以為賢人只有三種希臘人所稱的「感情」（εὐπαθεῖαι, Eupadeias），西塞羅稱它為「恆心」（constantiœ），以代替三種「憂亂」（perturbations）：意志能替奢望，愉快代替快樂，謹慎代替恐懼。他們否認在賢者心中能有痛苦與軟弱，我為避免混亂，稱它為憂亂。

他們說：意志求善，這是賢者所當做的；愉樂是為善的酬報，賢者在任何地方皆可得之。謹慎使賢者避免惡事。憂愁是禍患的效果；他們以為賢人不會有禍患，為此他們說：賢人不能憂愁。

所以照他們所說，只有賢人能願意、愉快、避免；只有糊塗人才會希望、快樂、恐懼、憂愁；前面三種是堅定，而後者，依西塞羅是擾亂，別人則稱它為「情欲」；在希臘文中，前面三種稱為「感情」（Eupadeiats），而後面四者則稱為「慾情」（perturbationes, Pade）。

我細心研究這種說法，與《聖經》符合否，我找到依撒意亞先知說過：「我們天主說：惡人不會有平安。」（依・五十七：11）似乎是說：惡人能快樂，但自罪惡中不能得到愉樂，因為愉樂是善人所有的。

在《福音》中寫說：「凡你們願人給你們做的，你們也應照樣給人做。」（瑪・七：12）似乎說任何人不能願意做惡事。為此有人依照普通說法，加上「好事」二字：「凡你們願人給你們做的好事，你們也應照樣給人做。」他們以為沒有人願意對自己不好的事，以避免更壞的事，如宴樂；不做這事後，有人便以為守了天主的規誡。但由希臘文譯成的拉丁文中，沒有「好事」二字，而是：「凡你們願人給你們做的，你們也應照樣做。」我的理解是說：「你們願意」，而不說：「你們希望」，當包含「好事」二字。

我們的言語不當缺少這類特性，有時當加以利用。我們讀《聖經》時—任何人不能反對它的權威—當理解它的真意，它不能有別種解說，如我在前面，由先知及《福音》已證明了。

誰不知道惡人亦會快樂，但天主說：「惡人沒有愉樂。」這是何故？是愉樂的真意義與快樂不同。誰會否認人當愛人如己，不當以肉慾互相取樂。但天主的命令：「凡你們願人給你們做的，你們也應照樣給人做」，是確實有益的，因為不能以惡意去理解。

然而普通言談或演講時，往往說：「不拘什麼謊言都不可說。」（德・七：14）這是因為能有惡意，與白冷山洞上天使所唱的：「他中悅的人享太平於大地。」（路・二：14）若意志一定是善的，何必畫蛇添足，加上「善」字呢？（註）

若罪惡不喜愛不公義，則聖保祿宗徒何必稱讚愛德，說它不喜愛不公義呢？外教作家往往用字句亦很隨便。著名的演說家西塞羅曾說：「諸位議員，我極希望慈善。」他用詞很適當，誰能說他不該說：「我希望」，而該說：「我願意」呢？青年戴冷治，滿身慾情，曾說：「我要菲露美。」一個比他更聰明的僕人給他的答覆，指出他的意願只是慾情而已，因為他說：「你更該在心中除去這種偏情，而不要表之於言，不然，只能加增你的慾情。」

「快樂」二字，可以惡意解說，由維吉爾的詩中，可以看出，他將恐懼、希望、傷痛、快樂四種感情指出；他又說：「思想上不正當的快樂。」

善人與惡人可同樣願意、避免、快樂，換句話說，善人與惡人皆願意、恐懼、快樂，善人因有善意故為善，惡人因有惡意故為惡。

憂愁，為斯多噶派所不承認，為信友卻可能是好的：因為聖保祿宗徒曾稱讚他們，是因為他們憂愁而作補贖，因為犯了罪，才會憂愁。聖保祿說：

「因為雖然我曾以那封信使你們憂苦了，我並不後悔，縱然我曾經後悔過，——因為我看見那封信，實在使你們憂苦了，雖然只是一時——如今我卻喜歡，並不是因為你們憂苦了，而是因為你們憂苦以至於悔改，因為你們是按照天主的聖意而憂苦的，所以沒有由我們受到什麼損害。因為按照天主聖意的憂苦，能產生再不反悔的悔改，以至於得救；世間的憂苦卻產生死亡。且看，這種按照天主聖意而來的憂苦，在你們中產生了多大的熱情。」（格後・七：8—11）

對這點，斯多噶派人能回答說：憂愁為悔罪能有益處，但為賢人無用，因為他們沒有罪惡及其他不幸，能使他們憂愁。他們說：亞赤比代（Alcibiades）——若我沒記錯他的名字的話——自覺幸福而流淚；蘇格拉底在辯論時，指出他是如何的糊塗與不幸。糊塗是他有憂愁的原因，人當悔改不當的行為。而斯多噶派人卻說：不是賢人，而是愚人，能夠憂愁。

（註）依拉丁文本有「善意」二字。

第九章 善人亦能有心中的擾亂。

我在本書第九卷中已指出，對心亂問題，哲學家的言論多於事實，高談闊論，無濟於事。然而我們是天主王城的居民，照《聖經》及真理而生活，依天主的規誡而畏懼、願望、痛苦、愉樂；我們的愛情是正直的，所以感情也是正直的。

我們畏懼永罰，希望肉身得救，因期望而喜樂，因為「那時就要應驗經上所記載的那句話：『在勝利中死亡被吞滅了』。」（格前・十五：54）同樣，我們怕犯罪，願意有始有終，後悔犯罪，喜歡善工。因怕犯罪，所以聽聖神的話：「由於罪惡的增加，許多人的愛情必要冷淡。」（瑪・二十四：14）

為了有善終的志願，我們且聽《聖經》上的話：「唯誰堅持到底的，才可得救。」（瑪・十・22）為痛悔所犯的罪，我們當知道：「如果我們說：我們沒有罪過，就是欺騙自己，真理也不在我們內。」（若一・1：8）為喜悅善工，我們知道：「天主愛樂捐的人。」（格後・九：7）同樣，依我們自覺勇毅或軟弱，畏懼或希望誘惑，或因它而悲傷而喜悅。為畏懼誘惑，我們當記得聖保祿宗徒的話：「如果見一個人陷於過犯之中，你們既是屬神的人，就該以柔和的心神矯正這樣的人；你自己也要留心，免得你也陷於誘惑。」（迦・六：1）為希望有誘惑，當聽一個天主城中勇敢人的祈求：「上主，求你檢查我，磨難我，焙煉我肺腑與我的心腸。」（詠・二十五：2）為在誘惑中悲傷，當看伯多祿哀哭；為在誘惑中喜樂，則當聽聖雅各伯說：「我的兄弟們，幾時你們落在各種試探裏，要認為是大喜樂。」（雅・一：2）

我們不但為我們自己當有這種感情，並且為了能自由觀察，畏懼失落，後悔失足，喜歡得救的人，亦該有這類感情。我們特別當記得勇毅的聖保祿宗徒，他曾以自己的柔弱為榮，他是教外人的宗徒，由外教進入基督教會人的宗徒，他比別的宗徒更勞苦工作；他以自己的多封書信，不但訓誨同代人，並訓誨將來的人。這位基督的戰士，聽基督的教訓，與祂一起被釘，與祂一起受光榮，聖保祿在世間為我們成了世俗、天使、及人類的典範；他勇毅作戰，以奪得獎品。

我們喜歡以信德的眼看他；他與樂者同樂，憂者同憂；外面作戰，內裡驚懼；期望脫離現世，與基督結合。他願看見羅馬人，為使他們得到益處，如其他民族一般。他愛格林多的信友，怕他們的心神失去基督的愛情。他為以色列人民不斷痛哭，因為他們不知天上的公義，願依自己的私意而行，不願服從。他不但表示過自己的痛苦，並提及自己為犯姦淫而未作補贖的人痛哭。

若我們要稱這類由愛情所發的感情為缺點，那麼就當呼毛病為德行了。然而誰能稱這種感情，若遵循正理，為柔弱或毛病呢？為此耶穌，雖然純潔無罪，亦取了人性，以奴隸形態，出現在我們中；他以為有益時，亦表示出感情來；他既取了人的肉身靈魂，他的感情亦非虛偽的。

《若望福音》記載他因猶太人的硬心發怒或憂愁，或說：「我喜歡我不在那裡，好叫你們相信。」（若．十一：15）他在拉匝祿墳墓前，復活他以前，曾痛哭流淚；他切願與門徒食巴斯卦羔羊；他在苦難前感覺心神擾亂，憂愁至死。《福音》記載的這一切，一定不是假的。他在人心中，願有這類感情，如他願意時，乃降生成人一樣。

因此我們該當承認，這類感情，即是正直，照天主的話，亦只限於現世，而不是來世的；我們雖不願意，亦屢次贊同它。為此有時我們雖然不為肉情所感動，而由愛德所推動，雖然不願意，亦痛哭流淚。我們是因敗壞的人性，乃有這類軟弱；為吾主耶穌則不然，他的感情常服從理智。

但我們若在世間，毫無感情，就不能正常生活，聖保祿宗徒曾指責沒有愛情的人；《聖詠》上亦指責說：「我指望有人體恤，卻沒有一個。」（詠．六十八：21）在現世痛苦中，總不痛苦，如當代的一位柏拉圖派的作家所說，心要硬化，身體要玷穢污。

所以希臘文所稱的「απαθεια」（Apadeia），拉丁文為「impassibilitas」（無動於衷），若這是指心靈無動於衷，而不是身體，固然是件好事，但這不是現世所可求的；因為不是常人，而是聖人的話說：「如果我們說：我們沒有罪過，就是欺騙自己，真理也不在我們內。」（若一・一：8）這種無動於衷的態度，在人沒有罪惡時，才能成功。

人若好好生活，不犯重罪；但誰能相信自己不會犯罪？並非真不犯罪，是不願得到罪赦。若當將「無情」視為「無動於衷」，豈不比任何毛病更為不可取嗎？所以我們有理由說：只有享到永福後，才能沒有絲毫的痛苦與憂愁。

除非沒有真理的人，誰能說世間沒有喜樂與愛情呢？若無情是沒有恐懼，沒有痛苦，在現世若照天主生活，是當厭惡的，而在後世是當期望的。聖若望宗徒所說的恐懼：「在愛內沒有恐懼，反之，圓滿的愛把恐懼驅逐於外，因為恐懼內含著懲罰；那恐懼的，在愛內還不圓滿。」（若一・四：18）聖保祿宗徒，不怕格林多信友為狡猾長蟲所欺騙。

這種恐懼，由愛德而來，且只能由愛德而來，但恐懼不在愛德中。同一宗徒曾說：「其實你們所領受的聖神，並非使你們作奴隸，以致仍舊恐懼。」（羅・八：15）而是：「上主的敬畏是清潔的，永遠長存」（詠・十八：10）；若永遠常在，如何能別樣理解呢？不能畏懼可能的禍患，保持不能失去的善；因為若得一善而愛慕它，就不必畏懼避免災禍了。

這是因為清潔的敬畏，是說我們決意不肯犯罪，並避免犯罪，並不是因為我們軟弱，但因愛德而平安。或在永福中，沒有任何恐懼，為此說：「上主的敬畏是清潔的，永遠長存」，或如所說的：「困苦人的希望，永不會落空。」（詠・九：19）但忍耐也不是永遠的，因為有痛苦處，才需要忍耐，然而以忍耐求生的地方卻是永遠的；為此說清潔的敬畏永遠常在，因為它的酬報是永遠的。

但為得永生，當聖善生活，聖善的生活，能使感情聖善；惡的生活，亦使這類感情變成惡的。

永遠幸福的生活，不但有聖潔的愛德及喜樂，並且是確定的，沒有恐懼與痛苦的。

這樣，可以指出，天主之城的旅客，在現世當依精神，而不依肉身生活，或照天主而不照人生活，因而顯出他們所期望的不朽為何。

不照天主而照人生活的城或團體，輕視天主，敬拜邪神，隨從惡人及魔鬼的邪說，則受肉慾襲擊，如疾病一樣。若在這惡人城中，有人似乎節制這類心靈的慾情，但傲慢自大，痛苦越小，驕傲越大。若有人竟自誇不願起來，不為任何感情所刺激而就範，他們已失去了人道，而得不到真平安。一種事物並不因為它是硬的，便是好的，或因它沒有知覺，便是好的。

第十章 我們的原祖，在伊甸園內犯罪以前，是否受慾情的擾亂。

我們有理由問原祖一人或他們夫婦二人，在犯原罪以前，在他們的肉身內有否這類感情，我們將來的心靈以及煉潔的肉身是不會有的。若他們有，在幸福的伊甸園中，如何能享幸福？若有痛苦及恐懼，還能幸福嗎？他們富有天下，不怕死亡疾病；他們所願有的，一無所缺；他們的肉身與靈魂亦不會有任何痛苦，那麼，原祖還會恐懼什麼呢？他們愛慕天主，夫婦互相親愛，由此生出偉大的愛情，即熱愛天主。他們躲避犯罪，所以不能有憂愁的原因。

他們可能想吃知善惡果，但畏懼死亡，或者可說這種願望與恐懼，在伊甸園中擾亂他們。但沒有罪惡的影子，就不會發生這事；因為不因愛德而為避免刑罰，躲避犯天主的誡命，並不算是罪。在原罪以前，耶穌對女人所說的話：「凡注視婦女，有意貪戀她的，他已在心裡姦淫了她」（瑪·

五：28），對知善惡樹是不會起作用的。

若原祖沒有犯了原罪，傳於子孫，他們的後代中也沒有人犯罪，原祖及整個人類就會幸福，心神安寧，肉身快樂。這種幸福將延長至天主所說的：「你們要生育繁殖」（創•一：28），到天主預定被選人的數字滿足時，並得到天使所享的更大幸福，將沒有人會犯罪，也沒有人會死亡。我們在復活後，肉身不會朽壞，無勞無痛，沒有死亡，亦將獲得聖人的幸福生活。

第十一章 原祖的罪，連累了人性，只有天主才能救它。

既然天主，在一切事故發生前，已預知一切，一定也知道人將犯罪；因此我們對天主之城所說的，當依天主所預知及措置的，而不依我們所不知的，因為不在天主措置之內。人不能以自己的罪過，變更天主的主意，強逼他變換他所預定的：因為天主已預見他所造的人將犯罪，及由墮落人方面能得的利益。

雖然以象徵意義，能說天主變更所定的，如《聖經》上說天主後悔了，但只限於人所期望，或自然界所要求的，而絕非全能天主所預見要做的事。所以如《聖經》上所說：天主造了正直的人，就是善意的人，因為若沒有善意，就不是正直的人了。這善意是天主的工作，因為天主造人時，人就有這種善意。但原祖的惡意，是在一切罪惡以前的，不是天主的工作，而是人的原因，遠離天主的工作。

這類工作是惡的，因為是照人的私意，而不照天主的聖意而成的，因而意志自身就如惡果的樹，是人起了惡意。所以惡意不照自然，並且相反自然，因為是缺點，是自然界的缺點，是天主由虛無而造的自然界，不是自生的自然界，是因天主的聖言，一切造成。

雖然天主造人曾用了泥土，但泥土及其他元素，都是由虛無中造成的；肉身中的靈魂，也由虛無中造成。善與惡屢次混在一起，使人看出天主的上智，能由惡中取出善來；然而善無惡亦能獨立存在，如真理，上主及天使獨立在空氣之上。但惡無善則不能獨立存在，因為一切本性都是善的。為此為消滅惡，不是除去它的一部份，而是醫治他敗壞了的本性。

我們的意志，不隨從毛病及罪惡時，才算真自由，它由天主所賜，因著我們的過失一次遺失後，只由第一次賜予我們的天主才能恢復它。為此耶穌說：「那麼如果人子使你們自由了，你們的確是自由了。」（若・八：36）即天主聖子救你們，你們才能得救，他之所以能拯救人，就是因為他是救世主。

原祖生活在精神及肉身的伊甸園中，不但因肉身的恩惠是在物質的伊甸園中，也不因靈魂的恩惠是精神的；不單是精神的，人只享受內裡的感情；也不是肉身的，只享受外面的恩惠。而同時是精神的及肉身的，因為兩種享受皆有。

驕傲、嫉妒的魔鬼，反叛天主，貪求控制人，不願屈服天主，所以失去了天堂；在本書第十一、十二卷中已論過他們的墮落，由天使而成為邪魔。為引誘人，他選了匍行詭計多端的長蟲，以能與在伊甸園中生活的原祖交談。以他的詭計使長蟲服從自己，以天使的高貴身份，用長蟲去引誘女人；由更易受騙的女人開始，以便逐漸得到一切，因為男人不易上當，除非他信從別人。

如以前亞巴郎不是服從錯誤，只因被逼，而造了邪神的像（註一）。同樣，撒羅滿王似乎不致叩拜邪神，是受了妻妾的慫恿，而犯了敬邪神的罪（註二）；我們亦該相信原祖，所以犯天主的誡命，是以人與人，及夫婦的關係，非因被騙，而是因著血親關係，乃順從了女人。

為此聖保祿宗徒說：「亞當沒有受騙，受騙陷於背命之罪的是女人。」（弟前・二：14）她以為長蟲所說的是真的，而男人是因為在罪惡中，亦不願與妻子分離；因他明知故犯，所以不能減輕他的罪；為此聖保祿宗徒不說：「亞當沒有犯罪」，只說他「沒有受騙」，為證明亞當犯了罪，聖保祿又說：「罪惡因著一人進了世界」，稍後又明說：「連那些沒有按亞當違法的榜樣犯罪的人。」（羅・五：14）

照聖保祿宗徒，被欺騙的，是相信所做的沒有罪，但亞當知道有罪，不然，如何亞當不受欺騙呢？可能他不知道天主的嚴厲，以為所犯的只是小罪而已。所以亞當不如女人一樣被騙，但被騙的，是不知道將來天主如何審判他，為此他說：「你給了我的那個與我做伴的女人，給了我那樹的果子，我才吃了。」（創・三：12）原祖二人雖然沒有同樣受欺騙而犯了重罪，卻雙雙墜入魔鬼的圈套之中。

（註一）出・三十二：3—5。

（註二）列上・十一：4。

第十二章　原祖所犯罪的性質。

若有人問方何人性不為其他罪過敗壞，卻為原祖二人的罪過所敗壞，乃有種種災禍，如我們所見的：死亡、擾亂、私欲偏情亂動。原祖在伊甸園中，犯罪以前，這是沒有的，雖然他們有肉身。若有人要問這事，他一定不要以這罪是輕微的，因為是一個本身無害的果子，只因為是被禁的，所以不能吃。

在伊甸園中，天主沒有種惡樹，他只發出了命令，它在有理智受造物中，是一切德行的為首德行及護守者。為聽命服從的人，梅益無量，將自己的私意，放在造物主的聖意之上，則為害無窮。

在各種果子累累之中，不吃一種果子，是極容易做到的，並且私欲偏情不阻礙意志，這是在違反命令後才有的。遵守誡命越容易，違反誡命的罪自然亦越重大。

第十三章 亞當犯罪時，惡意先於惡行。

原祖二人在明明遵命以前，先在心中已有了惡念，因為若沒有惡意，就不會做出惡事的。何為惡意的開始，豈非驕傲：「因為驕傲是一切罪惡的起掘。」（德・十：15）何為驕傲？豈非是妄自尊大？自尊自大是放棄了當隨從的原因，而成為自己的原因，太放縱自己，就會這樣。

原祖放縱自己，是離開了至善的天主，本當悅樂他超過自己；這是他所願意的，因為若原祖堅心愛慕至善的天主，他會光照人的理智，使能理解，激發人心，以愛慕他，就不會遠離天主，悅樂自己，因而黑暗無光，不冷不熱。

因此女人以為長蟲所說是真的，而男人又將妻子的意願放在天主的命令之上，以為只輕犯天主的命令，在罪惡中亦不當遺棄自己的同伴。並非他們違反天主的命令，吃了命果；這行為固然是不好的，而是因為他們心中已不正；若非惡樹，就不會結惡果。非因相反自己的本性，就不成為惡樹；只因意志的缺點，才會如此，這是違反本性的。若不由虛無中造成，本性就不會被罪惡變壞；本性所有的，是因為天主所造的；本性的缺點，就是因為它是自虛無中造成的。

人並不因犯重罪，而歸虛無，但因傾向自己，比以前與至高天主結合時，更微小了。人放棄了自有的天主，去尋求自己的快樂，人還存在，但已親近虛無。所以在《聖經》中驕傲人亦被稱為自私者。舉心向上，固然是美舉，但不向自己，這是驕傲，而向天主，這是聽命，這是謙虛人所有的。

謙遜能將心舉上，驕傲卻使人卑下；驕傲在下，謙遜在上，這似乎是矛盾的。然而謙遜使人甘心服從上峰。誰比天主更大，因為它使人服從天主，所以抬高人；而驕傲毛病，不願聽命，與上主脫離關係，為此下墜，如《聖經》上所說：「你的確將他們置於坡路，讓他們滑倒於消滅之途。」（詠・七十三：18）

此處不說「抬高」，似乎先是抬高，然後壓低；是說當抬高時，因為抬高自身，就已墜在地上。為此，由《聖經》中可以知道，在天主的城中，及在現世的天主城中，謙遜是耶穌君王所吩咐的；而驕傲相反於謙遜，則是魔鬼的專長。

這是二城區別的理由，一座是善人的城，另一座則為惡人的城，二城中皆有天使或魔鬼；在一城中，愛天主高高在上，在另一城中則私愛自己。人若不自私，魔鬼就不能引誘人明犯天主的命令；原祖喜歡長蟲說的：「你們將如天主一樣」（創・三：5）；不想服從上主的命令，比因驕傲造出另一原因，更易達到目的。

天使是受造的，不因自己的能力，而因與天主有份。人越想高舉自己，就越卑下，因為愛自己時，就遠離獨一能使人滿足的天主。為此罪惡使人自私，自以為光明，而遠離光明的天主，他若願意，亦可使人成為光明；這個罪惡在心中已存在，是後來犯罪的原因。

為此《聖經》上說：「在跌倒前，心先高大，在得光榮前，該當自謙。」心中的罪，常在外面的罪過以前，雖然人不信如此。誰會相信自大是罪，因為遺棄至高的天主已是罪惡。誰不看出，違背天主的命令，就要犯罪。為此天主禁止犯罪後，不能以任何公義來辯護。

我敢說：為驕傲人明明犯罪，使他們明知犯罪後，厭惡自己更為有益；伯多祿痛哭，怨恨自己，比自喜自大時更為有益。〈聖詠〉上亦如此說：「上主，求你羞辱他們的面容，是為叫他們尋求你的聖名；」（詠．八十三：17）即你悅樂尋找的人，以前他們自喜，尋找自己。

第十四章　犯罪時的驕傲，比犯罪自身更為兇惡。

因著驕傲而推辭明顯所犯的罪惡，最要不得；而原祖正這樣做了。厄娃說：「是蛇哄騙了我，我才吃了。」而亞當也說：「是你給我作伴的那個女人給了我那樹上的果子，我才吃了。」（創．三：12）

他們不求寬赦，不求補救的方法；他們雖然不否認犯罪，如加音一般，但因驕傲，總想將過錯推在別人身上：女人控告蛇，男人則推到女人身上。但明顯地，他們犯了天主的誡命，所以不是推辭諉罪，而是一種控告。不能說他們沒有犯罪，因為女人是受了蛇的誘惑而行，而男人則因女人的邀請，似乎他們當聽當信別人，在天主之上。

第十五章　原祖因不聽命所應得的罰。

原祖為何不聽天主的命？他造了人，將他放在伊甸園中，在一切動物之上，使他身體健康，萬事如意；天主並沒有給他們重大難守的誡命，只命他們容易做的事，使他們能立功勞，使他們承認誰是上主，不然，就要受罰；若善守誡命，他們在肉身內能精神化，不始他們的精神亦要肉慾化了。

但因驕傲，私愛自己，因此天主的公義，使他們仗恃自己，並且也未能完全控制自己，如他們所願意的；他們本來願意自由，卻成了魔鬼的奴隸，靈魂死去，且有一日肉身亦將死亡；他們失了生命，若天主的恩寵不來拯救他們，將永遠喪亡。

若有人以為這罰過重，有違公義，這是因為他不知道原罪的重大，因為當時避免犯罪，是非常的容易。天主命亞巴郎祭獻自己的獨子，這是極難的，他卻聽了命，因此當受讚頌；同樣，原祖容易聽命，所以不聽命的罪亦更為重大。

人類的第二原祖亞當耶穌基督的聽命更有功勞，因為他「聽命至死」（斐・二：8）；同樣，原祖不聽命更為嚴重，因為他們至死不聽命。聽命是如此的容易，不聽命的罰又如此重大，誰能知道這不聽命的罪過是如何的重大呢！

簡單地說：原罪的罰為何，豈非不服從？人的不幸何在？豈非在不能控制自己，願意所不能的，不願所能的。在伊甸園中，人在犯罪前，雖然不是全能的，但不貪所不能的，為此能做一切所願的。而現在我們都在不聽命中，嘗到如《聖經》上所說的：「人好像一口氣。」（詠・一四三：4）

誰能說出自己想望多少事物，而得不到，他的心靈反抗他，而心靈之下的肉身也不聽他指揮；

靈魂屢次相反自己的意願而紛亂，肉身則受苦，衰老而死亡。若我們常隨我們的志願，一定不會忍受我們所忍受的一切。肉身一定受罪，因為不能服從心靈。

當知道我們的肉身，本當服從至高的天主，而我們卻不肯服從；本當服從我們的，現在卻在反抗我們。要知道我們不服從天主，是使我們自己受累，不能使天主受累。天主不需要我們的幫助，如我們需要肉身的幫助一樣。因此我們所接受的是我們的罰，但我們所做的，不能害及天主。為此我們所稱的肉身的痛苦，是靈魂在肉身中的痛苦，而由肉身所造成：因為肉身若沒有靈魂，能受何苦呢？幾時我們說：肉身受苦或願意，如我已經說過的，是指整個人；或說靈魂受肉身的影響，若感覺不愉快，就是痛苦；若愉快，就發生快樂。肉身的痛苦，是靈魂遇到肉身反抗時的感覺，若有痛苦，就生憂愁，是發生的事，正相反我們的意願。

往往憂愁之前有恐懼，因為恐懼在靈魂中，而不在肉身內；肉身在痛苦之前，則沒有恐懼。反而快樂有肉身的欲望在前，如在饑渴中或在生殖器上，普通稱為情欲，雖然這是一切情欲的總名。

為此古代人如西塞羅，稱忿怒為報仇之欲，雖然有時人為芝麻小事而發怒，並無報仇的意思，如筆寫得不好時，將它拋之窗外，或將它折斷。然而這也是一種仇報，雖然不合理，就是做得不好的，當受懲罰。

報仇之欲名曰忿怒，錢財之欲為慳吝，好勝為倔強，貪求光榮為虛榮心。尚有其他許多慾情，有的有特別名字，有的沒有；誰能用何名字稱呼在內戰期間，獨裁者的雄心呢？

第十六章　慾情的名字，雖然為許多毛病所共有，但特別指肉身的肉慾。

雖然慾情，是許多毛病的總名，但提及它，而不加以區別時，一般是指生殖方面的肉慾：它不但控制整個人身，外面，並在心中亦煽動整個人，使心神與肉身結合，得到快樂，超乎其他一切肉身的快樂之上。為此進行肉慾快樂時，使人失去一切情感及思想。

那位愛智德及純潔愉樂的人，在夫婦生活中，如聖保祿宗徒所說：「要你們每一個人明瞭，應以聖潔和敬意持守自己的肉體，不要放縱邪淫之情，像那些不認識天主的外邦人一樣。」（得前・四：4—5）

誰不願沒有慾情而生子女呢？毫無疑問的，他一定希望，為生子女，生殖器亦如其他官能一樣服從意志指揮，而不由慾情刺激。嗜好慾情快樂的人，也不是願意時，就能行房事，或找邪樂，反而有時肉情妄動，反抗意志；而願意時，雖然肉慾火熾，而肉身卻如冰冷。

這樣，肉情不但不服從生育的意願，且不服從五官的快樂。雖然多次反抗理智的約束，有時卻激動心神，而不動肉身。

第十七章　原祖在犯罪後，知道赤身裸體是可羞的。

我們應當對肉慾感覺羞恥，我們亦可稱生殖器是可恥的，它被刺激或不被刺激的妄動，是依照自己的律法，不照人的意志，在原罪以前卻不如此；因為《聖經》上說：「當時，男女二人都赤身露體，並不害羞。」（創・二：25）並非他們不知道自己赤身露體，但不覺得可羞。

當時肉慾還不反抗意志，刺激慾情，肉情尚未抗命，以指出人反抗天主的罪。原祖被造時，不是盲目的，如愚人所想，因為人看見動物，為它們取名。《聖經》並載：「女人見那果實適口悅目，非常可愛。」（創．三：6）他們的眼開了，並非去看肉慾，是為使他們理解五官服從意志時，是一大恩；失掉這大恩後，為使抗命受到相等的罰，由赤身而在身體中發生肉慾妄動，這使他們注意而覺羞愧。

為此他們違反了天主的命令後，《聖經》上寫說：「於是二人的眼立即開了，發覺自己赤身露體，遂用無花果樹葉，編了個裙子圍身。」（創．三：7）於是二人的眼開了，不是為看見，因為以前他們亦看見，而為區別善惡，所失去的善，所跌入的惡。因此他們違背天主的命令，吃了命果樹上的果子，使他們能辨善惡，所以稱為善惡樹；嘗過疾病痛苦之後，才知道身體健康之可貴。「自知赤身裸體」即他們失去了天主的恩寵，赤身露體，並不相反任何法律，因而不令他們羞恥。他們認識了所能避免的，若他們信賴天主，聽他的命，沒有犯罪，不致嘗到不服從的禍患。因為他們不聽天主的命，乃感覺肉身的反叛：「遂用無花果樹，給自己編了圍裙」，以遮蔽生殖器。圍裙拉丁語為（Campestria），是青年人練習時，用以遮生殖器的三角布。因而人的羞恥，使人遮蓋因違犯主命，肉慾妄動的生殖器。

天下萬民，由原祖所生，有遮蓋自己的傾向，甚至野蠻人在洗澡時，亦遮著生殖器而洗澡。在印度曠野中，有些哲學家，赤身露體，大談其哲學，然而亦遮蓋著生殖器部份。

第十八章　行房事的羞恥。

不但在姦淫時，當尋找隱秘的地方，就是妓女，雖然為國家法律所容忍，而不加罰，但亦不敢在大眾前公然行之。天然的廉恥，使妓女院亦找隱秘處，雖然它可以不受拘束，但亦竭力隱藏其醜陋。

連尋花問柳的人，亦以這事為可恥，他們雖然愛找邪樂，但不敢公開。雖然夫婦行房事，以生子女，本是正當事，但亦不在人前行之。新郎在向新娘弄情前，豈非先請僕人、陪婚等進入洞房的人，都退出去？拉丁最大的演講家西塞羅曾寫道：大家都希望一切善行，在白日光天之下公佈，卻希望行房事雖為人所知，但不為人所見。誰不知道夫婦為生子女所做的事呢？為此結婚時，必行隆重典禮，但行房事，以至生子女時，且不許已出世長大的子女在前。

所以房事可為人所知，但不能為人所見；這事由何而來，豈非本來可以的事，現在因為是罪罰而覺羞恥嗎？

第十九章　當以明智來節制忿怒及慾情，在原罪前，它們並不存在。

接近真理的哲學家，亦承認忿怒與淫欲，是心靈上的病態，因為他們對明智可行的事，亦魯莽紛亂進行，因此當以理智及意志來節制它。他們將理智放在上面，以引導其他官能；它出命令，別的官能聽其指揮，於是人靈得其正道。

他們在明智人有修養的人身上認為是毛病的，是願以意志，在不對的事上來控制它、壓服它，使照明智而行；如忿怒的處罰，用慾情以生子女。在伊甸園中，犯罪之前，它們並非毛病。因為它們並不相反人的意志，傾向某物，因而當以理智去約束它。

有節制生活的人，有時容易，有時較難，但是以約束總可改變不由本性，而由罪惡所生的毛病。為何羞恥不遮蓋忿怒在言行上所發生的事，如肉情在生殖器上的衝動一樣，豈非在這類事上，不是慾情，而是意志在刺激官能，而加以同意嗎？

意志最為重要，因為人發怒時，若不願意，口不會發言，子不會打人；這些官能，沒有忿怒時，更容易受意志的指揮。但人身的生殖官能，服從慾情，若不受刺激，就不會衝動；這是人羞恥的原因，他容易容忍在發怒時，眾人注視他，而不容忍與妻子行房事時，一人在旁觀察他。

第二十章 施勒尼派，或犬儒派的可恥。

犬儒派的哲學家不以為然；他們有什麼學說？是反對人類廉恥，不要臉，污穢，與禽獸為伍的學說（註一）。他們說：既然與妻子行房事是正當的事，就當在公眾場所，在路上街上公開行之；然而人類自然的廉恥，勝了這類邪說。

他們雖然說狄奧堅尼斯（Diogenes）（註二）曾經這樣做過，以為自己的學校，因著這類無恥的事，會聞名天下，常為人所紀念；然而後來的犬儒哲學家也沒有再做。因為在人前的慚愧，勝過犬儒的錯誤。

我想說自己做過這類事的人，是做房事的手勢，給不知這類事的人看，而不是在大庭廣眾前，實行淫樂。因為若哲學家不害羞公開淫樂，別人感覺肉情妄動，就會害羞的。

今日尚有犬儒派的哲學家，他們不但披著外氅，手中還拿著拐杖，但不敢做這類事了。若敢做的話，不被人用石頭打死，至少亦當向他臉上吐唾沫。

人情對慾情感覺羞愧，這是理所當然的。因著原祖的遵命，生殖官能已不受意志指揮，而自由妄動，這是原祖不聽命的罰。這種罰在傳生人類的官能上，更該感覺出來。

自原祖犯罪後，後代更是一落千丈，任何人能脫其約束，除非天主的恩寵，在每人身上，消除在人類代表原祖身上所犯的罪，而不受天主的罰。

（註一）施勒尼派為施勒尼（Cyrene）亞理斯提卜（Aristipus）所創，以快樂為人生的幸福，因為教人尋找肉慾下賤的淫樂，所以人以豬犬視之，他們的學派亦被人稱為犬儒派。

（註二）狄奧堅尼斯（Diogenes of Sinope，公元前四一三—前三二三年），是希臘玩世不恭的哲學家，創立犬儒學派。常住在木桶中，白日拿燈在大街尋人。一日在曬太陽，大亞歷山大王問他有何請求，他說請你不要遮住太陽。

第二十一章　原罪前，天主應許人類繁殖，並未因原罪而失去，然而添上了慾情。

我們不信原祖犯罪前，在伊甸園中行房事時，會感覺害羞而遮起生殖器，因為天主曾對他們說：「你們要生育繁殖，充滿大地。」（創•一：28）

這種慾情，是由罪惡而生的：人性失去了控制全身的能力，發覺後，乃觀察、害羞，遮起生殖器。然而天主在原祖犯罪之前，祝福他們說：「生育繁殖，充滿大地」，為使人知道，生育子女，是婚姻的光榮，而不是罪惡的罰。

但現在的人不知道當時伊甸園的福樂，以為沒有慾情，就不能愛生子女，因而對結婚亦覺害羞。

有人不願接受《聖經》所載亞當與夏娃犯罪後，對自己的赤身裸體，感覺羞愧，乃遮蓋自己；因此他們就輕看原祖。別的人雖然接受，並加以稱讚，但不以為「你們生育繁殖，遍滿天下」當屬肉身，因為天主同樣對靈魂說：「並將我靈魂上的力量增多」（詠・一三八：3）；因此下面的「遍滿天下，治理大地」，他們將大地當做肉身，靈魂在肉身內，使他生活，加增了能力後，自然能控制它。

然而子女就不能沒有慾情而生產，如現在一樣，並且當生在伊甸園之外，如實際如此：因為原祖被逐出後，才行房事，以生子女。

第二十二章　天主創立了並祝福了婚姻。

我堅信生育繁殖，遍滿天下，依照天主的祝福，是在犯罪之前，天主造男女二人時所規定的。天主立即祝福了自己的工作，因為《聖經》上說天主造了「一男一女後」，立即加上說：「天主祝福了他們，對他們說：『你們要生育繁殖，遍滿大地，治理大地。』」（創・一：28）

雖然這事亦可以寓意去理解，但不能說天主造了男女二人，男人當管理，女人被管轄；但因男女的性別，若要否認是為傳生子女，生育繁殖，遍滿大地，則是糊塗至極。

法利塞人問耶穌，不是關於靈魂生命，肉身服從，或理智管轄，肉身被治，或靜觀的生活，勝於實行的生活，或理智與肉身的關係，而是與男女有關的問題。是問他可否因任何理由休妻，因為梅瑟因著以色列人民的心硬，准許給休妻書，耶穌乃答說：「祂回答說：『你們沒有念過：那創造者自起初就造了他們一男一女；且說：『為此，人要離開父親和母親，依附自己的妻子，兩人成

為一體』的話嗎？這樣，他們不是兩個，而是一體了。為此，凡天主所結合的，人不可拆散。」（瑪．十九：4—6）

所以最初天主就造了男女有別的兩性，如我們現在所見的。說二人成為一體，或是在行房事時，或因女人由男人的肋骨中造成。為此聖保祿宗徒，由天主的這個榜樣中，結論到丈夫該當愛自己的妻子。（厄．五：25；哥．三：19）

第二十三章　在伊甸園中，若無人犯罪，或守貞潔，亦會生育子女否？

誰說沒有犯罪，男女就不會生育，豈不是等於說為達到聖人的數字，罪惡是必要的嗎？若亞當與夏娃沒有犯罪，就孑然一身；為何沒有罪過，就不會生育，如有人所主張的。他們以為使原祖不孑然一身，罪惡是必要的，這是荒唐至極的主張。

反而該當承認，即使無人犯罪，聖人的數字亦會達到天主之城人民的數字，現在係因天主的恩惠，世間罪人中生生不息，而達到這個數字。

為此若沒有罪惡，這對伊甸園中幸福的夫婦，不感覺肉情妄動，亦會生育子女的。這事如何完成，現在我們沒有榜樣可以證明。但可相信生殖器，亦可沒有肉情，服從意志，如同其他肢體一般。

我們可隨意動手足，以行其事，毫無阻礙，且很容易，如我們在自己及別人身上所見的，特別在技術人身上，技術改進了他們愚笨的本性，那麼我們為何不信沒有肉慾——這是違命的罰生殖器能如其他肢體一般，服從意志，以生育子女呢？

西塞羅在《共和國書》中論命令區別時，亦拿人性做榜樣說：「意志命令四肢百體，就如命令子女，他們會迅速聽命，然當以嚴厲的命令，壓制靈魂的亂劣部份，如命僕人一般。」

雖然依本性而論，靈魂貴於肉身，但它管轄肉身，比管轄自己更為容易。但我們現在所論的肉慾是可恥的，因為它，靈魂不能控制自己，因為不願意服從；亦不能命令身體，不由意志，而由慾情控制生殖器，如此，豈不成為可羞的嗎？

在這種情形中，靈魂以受到抵抗為羞辱，因為肉身在下，本當服從。在其他動作中，靈魂抵抗自己，恥辱更小，因為被自己所勝時，常是靈魂得勝。雖然五官本當服從理智，現在秩序顛倒，紊亂不已；但靈魂總是被自己所勝，因為是被自己的官能所勝。

靈魂戰勝自己時，使不合理的舉動服從理智，只要理智服從天主，是做可稱讚的德行工作。靈魂因著不正常的舉動，不服從自己，比屬下的肉身，它本無生命，與自己分開，較不服從命令，羞恥更小。因著意志的控制，壓制下體，肉情不能為所欲為，乃能保存廉恥；不可自棄，更不可隨從罪惡的勾引。

沒有疑惑的，在伊甸園中，若不服從主命，不受違命的罰，即生殖器服從意志，如其他肢體一樣，婚姻就不會遇到這種反抗，意志與慾情中的鬥爭，或至小慾情不會反抗意志，貪得無厭。生殖器會出精液，如手在地上撒種子一般。

廉恥阻止我更詳細地討論這事，如我所願的，並請讀者原諒，不然，就沒有緘默的理由，且可自由討論生殖器，不必有何顧忌；也不會用污穢的話，可討論它，如討論身體的其他部份一樣。淫樂之人若讀這書，當躲避毛病，不必躲避本性，當指責自己的醜行，不指責我必要的話。而冰心玉潔的人，更容易原諒我，因為我有意指責不忠信，不用未加證明信德方面證據，而用已證明的證據。

誰不怕讀聖保祿宗徒指責「以致他們的女人，把順性之用變為逆性之用；」（羅・一：26）讀這書亦不致見怪，特別我不如他指責當指責的事，而是在可能範圍內，解說人類生育的過程，並設法如他一樣，避免褻瀆的話。

第二十四章　人在伊甸園中聽命不犯罪，能使自己的意志，運用生殖器。

男女能由意志的指揮，不為慾情所逼，依照次序及數字，生育子女。我們可動有骨節的肢體，如手足、手指，也可動有筋脈的肢體；我們願意時，可動搖它，伸長它，縮短它，握緊它，如臉口，都可受意志指揮。連組織微妙的肺，藏在胸中，如鐵匠的風箱，能自由呼吸，並依呼吸、言談、喊叫或歌唱，而變換其音調。

我且不談有些動物，能動皮膚，以去掉擾亂它的東西，不但蒼蠅，並且刺人的槍；同樣，人亦能控制由不聽命所失去的控制肉慾權。天主一定不難造人，肉身只由意志而動，而現在卻為慾情所驅使。

我認識奇特的人，能做別人所不能的事，驟然聽來，不易置信：有的能動其耳朵；有的頭不動，可將頭髮披上額上或他處；有的吞下許多東西後，輕輕一拍腹部，就將一切吐出，如他所欲。有人能仿效鳥獸或人的聲音，若不看見他，就分辨不出來。有的能由下身歌唱，而無臭氣。我曾見過一人，可隨意出汗。有些人可任意痛哭，涕淚滂沱。

有幾位弟兄最近看到的，更不易令人置信；在加拉馬本堂中有一位司鋒名雷底德（Restitutus），屢次請他做他們未見的奇事；他願意時，一聽到哭聲，就失去一切知覺，直如死人，不覺刺擊，且不覺火燒，只是以後因受傷，才覺疼痛，他不動身體，不是他勉強，是因他不知覺；他如屍首，沒有呼吸。但他說，若有人大聲言談，他可聽見，如遠處之聲。

若人身在現世可朽的肉身中，能有這種奇特的情形，為何不信，人的肢體，在犯違命之罪前，能隨意沒有慾情而生子女呢？人因擯棄了天主，以悅樂自己，乃還回故我；不服從天主，亦是不服從自己。因此人生不幸，不能依己所願而生活，因為若能依己所欲而生活，就會幸福了；若他生活荒唐，就不會幸福。

第二十五章　現世生命不能得幸福。

若我們仔細觀察，只有幸福人，才能生活，如他所欲，若不公正，也就不會幸福。但義人在達到不死，不受欺騙，不能受苦，一切在永遠處前，亦不會幸福。這使人性在達到他期望之前，就不會幸福。

若生命不在我們於中，誰能生活，如他所欲？他願生活，卻當死去。若不能生活至何時，如己所欲，為何能如己所欲而生活呢？若要死亡，不願生活，如何能如他所欲而生活？若他願意死亡，不是因為他不願生活，是願死後得到更美好的生活，這可證明他在現世不能生活，如他所願，而死後才能得到他所願的。

人當努力繼續生活，設法不願所不能的，只願所能的，如戴冷治（Terentius）所說：「若你不能為所欲為，當願爾之所能。」若甘心受罪，豈能幸福？若沒有愛情，生命也就不會幸福；為此，若愛所有，當愛它超過一切，因為凡所愛的，當為自身而愛它。

當依其可愛處而愛之，若不依它可愛處而愛之，就不會幸福，則愛它的，就要期望它是永遠的，所以永遠的生命，才會幸福。

第二十六章 在伊甸園中，沒有慾情，人亦能生育。

人在伊甸園中只願天主所命時，就能如他所願而生活；並享受天主而生活，因而人亦可為善人，毫無需要而生活著，因為能常如此而生活；有吃的，使不饑餓；有喝的，使不口渴；有生命之樹，使他不會衰老。身上沒有腐朽的種子，擾亂他的五官；不畏內疾與外面的危險；身體健康，精神安泰。

在伊甸園中，沒有冷熱，住在其中的人，也不會有貪望與恐懼。沒有憂愁，與假的喜樂，只有由天主而來的真喜樂，以「發自純潔的心和美好的良心，並無虛偽的信仰」（弟前・一：5），愛慕天主。

夫婦和睦，互相恩愛，身心留意，善守天主的誡命。空閒而不寂寞，不願時，亦不會昏昏欲睡。在這幸福的生活中，我們不要相信，原祖沒有慾情就不會生育；生殖器如其他肢體一般，能如意而動，丈夫不需要慾情的刺激，能將精液注入妻子的胎中，而不害及她的貞操。不可因為不能證明不以慾情刺激，而以意志運用生殖器，就否認這點。

能將精液注入婦女的胎中，而不損及她陰膜的完整，如月經時血流出一般。不是哭泣，而是做母親的本能，使婦女產生；同樣，不是慾情，而是意志，使男女結合生育。

現在該提及可使人害羞的事，但我們先當研究何為可使人害羞的物件。我的言語自然當加以約束，不可信口雌黃，原祖若不犯罪，可能有此經驗；但他們是在能安靜中夫婦交嬉前，被逐出伊甸園的；所以現在提及此事，我們只感覺慾情，不會想及能以自由意志進行。為此害羞使人對此不提一言，雖然稍加思索，就可知道這是可能的。

然而全能至慈的天主，萬物的造物主，他助佑人的善志，而罰其惡意，能將善意惡志聯合起來；他自被罰的人類中，亦能為自己的城中，選出預定的人數。他們被選，並非因其功績，係因天主的恩惠，因為整個人類都因原罪而被罰了；這樣，可指出他不但賜恩寵於得救的人，亦給未得救的人。每人該當知道，只由天主的仁慈由災禍中救出，由當受罰的人中救出。

那麼天主為何不能造他預見的罪人，他既然能指出，由他們的過犯所當得的罰，及他所賜的恩寵，並且指出，在這樣的造物主及亭毒萬物者之下，罪人的兇惡，亦不能變更事情的秩序。

第二十七章　天使及人的惡意，不能擾亂天主的計畫。

天使及人的罪惡不能擾亂天主：「上主的化工，何其偉大！凡喜愛它們的，應當加以窮究。」（詠・一一〇：2）祂以自己的預知及全能，賞賜每人恩寵，不但知道利用善人，亦知利用惡人。為此天主若能利用固執於惡的天使最初的意志——他們總不能再有善意——為何不能讓祂所造的人不受誘惑呢？且原祖受造時是正直的，若依賴天主的助佑，可以戰勝邪魔；若自愛心重，而擯棄造物主及救世主，就會被打敗；若有善意及天主的助佑，能加增功勞，若無善意而擯棄了天主，就要犯罪。

如在現世，不能無飲食而生活，但雖有飲食，亦能死亡；自殺的人，便是一例。同樣，在伊甸園中，沒有天主的恩寵，不能善生，只能惡生，失去永久的福樂，而獲應得的賞報。

為何天主預知人將墮落，還允許他為邪魔所引誘呢？天主一定預知人將墮落，但亦預先見了，因著自己的助佑，魔鬼亦將被更有力的人所勝。

這樣，天主預見將來，不引任何人犯罪，由祂前後做事的態度，可以指出，在天使，人類的自大，及自己助佑中，有多大的區別。

誰能相信及肯定天主不能由罪惡中，救出天使及人呢？但祂讓人們有這種權力，以證明他們因著驕傲能做出何種罪惡，及天主自己恩寵的力量。

第二十八章　天城及地城的特性。

兩種不同的愛情，產生了兩個城：愛自己，至於輕視天主，乃產生地城；愛天主，至於輕看自己，乃產生天城。地城自誇，天城在天主內受讚揚；地城找人間的光榮，天城以天主為最大光榮，他是人良心的見證。地城昂首自傲，天城則對天主說：「你是我的榮耀，又是使我得以抬頭者。」（詠・三：4）

地城的君子貪圖控制別人，天城則同心協力：領袖出命，屬下服從；地城的君王嗜好權力，天城則對天主說：「天主，你是我的堡壘，我愛你。」

地城的賢者，依人生活，尋找肉身或心靈，或二者的利益：「他們雖然認識了天主，卻不當天主光榮他或感謝他，反而在他們的思想上成了空洞的，他們冥頑不靈的心陷入了黑暗；他們自負為智者為驕傲所控制，自待明智反而成為愚蠢的。他們將不可朽壞天主的光榮，變為可朽壞的人，飛禽走獸和爬蟲形狀的偶像。」（羅・一：21—23）因為他們引人民至偶像的祭壇前，朝拜受造物，而不侍奉造物主，他當受光榮於無窮之世。

在天主的城內，則人的獨一明智，是人以虔敬朝拜真天主，與聖人一齊等候他為自己的酬報，人與天使結合，「好叫天主成為萬物之中的萬有。」（羅・十五：28）

第十五卷

聖奧古斯丁在以前四卷中論天地二城的來源後，在以後四卷，研究它的發展，特別討論《聖經》中有關這問題的諸章。在本卷中研究〈創世紀〉由加音與亞伯爾直至洪水這幾章。

第一章 人類自開始時，即走向不同的目標。

許多人想像、談論、描寫伊甸園中的福樂，原祖的生活，他們的罪及罰。我在前幾卷中，照《聖經》啟示我們的，亦討論過這問題。若願意更深研究這問題，當用許多本書去研究，這是本書及時間所不應許的。我的時間有限，不能答覆閑手好奇者的問題，他們喜歡發問，卻不能理解。

但我想已解決了宇宙靈魂及人類的來源問題，我將它分為兩種，一種依人生活，另一種依天主生活。照奧秘的意義，我稱它們為二城，即人類的兩個團體，一個將永遠與天主為王，而另一種要永遠與魔鬼受罰。之後我們再談二城的結束，現在已足夠地論過天使及原祖的來源，已到討論它們的發展，由原祖開始生育子女，直至人類不再生育為止。現在我們討論二城的範圍，正是死人逝去而嬰兒出世的時間。

原祖先是生了加音，他屬人城，後生亞伯爾，他屬天主城。在人間我們遇到的，正如聖保祿宗徒所說的：「但屬神的不是在先，而是屬生靈的，然後才是屬神的。」（格前．十五：46）因此每人由受罰的原祖亞當所生，當然是肉身的，惡的，若信仰基督則可重生，變為精神的，好的，這是我們在人類中所發現的。

二城開始生死進行時，現世城的居民先生，後來是天主城的人民，流亡在現世中，因天主的恩寵而被預定被選，雖流亡此世，然而將為天國的居民。基督亦由被罰的人類而生，但天主像陶人——聖保祿宗徒不是偶然用這比喻的——由同樣泥土中，祂造了貴賤的器皿。祂先造了賤器，然後造貴器，我再說一遍：在每人身上先是惡元素，當自此開始，但不需要常在此點，然後是好元素，人修德立功，可達到它，達到後就停止不動。因此不是所有惡人都成為善人，但善人先是惡人。人愈改善，不為惡人，就愈快成為善人。

第二章 肉軀的兒子及天主所許的兒子。

世間有此城的形象，只是它的形象，而不是實際，表示這城的將來前途，並不能代表它。聖保祿宗徒對這形象及所代表的自由城，向迦拉達人說：

「你們願意屬法律下的，請告訴我：你們沒有聽見法律嗎？經上原來記載說：亞巴郎（Abraham）有兩個兒子，一個生於婢女，一個生於自由的婦人。但那生於婢女的是按本性生的，至於那生於自由婦人的，卻是出於恩許生的。這些事都含有寓意，她們二人原是指兩個盟約：一是來自西奈山，那就是哈加爾——西奈山是在阿拉伯，與現在的耶路撒冷同列——因為她與她的子女同為奴隸。然而那屬天上耶路撒冷的卻是自由的，她就是我們的母親；誠如經上記載說：『不生育的石女，喜樂吧！不生育的女人，破口歡喜吧！因為棄婦所生的子女竟多於那有丈夫的婦人。』

兄弟們！至於你們，就像依撒格一樣，是恩許的子女。但是，先前按本性生的怎樣逼害了那按神恩生的，如今還是這樣，然而經上說了什麼？『你將婢女和她的兒子趕走，因為婢女的兒子不能與自由婦人的兒子一同承受家業。』所以兄弟們！我們不是婢女的子女，而是自由婦人的子女。為獲得這種自由基督才解救了我們。」（迦・四：21—31）

聖保祿宗徒教訓我們如何去解說《舊約》與《新約》的意義：地城的一部份，係照天城而成而不指地城，而指天城，所以是婢女。它之所以建成，非為自己，而為地城，它雖是預象，但亦有自己的預象，撒辣的婢女哈加爾及她的兒子是這預象。

光明來時，黑暗消逝。聖保祿宗徒稱撒辣為自由人，表示自由城，為指稱自由城，他又用了另一預象：「你將婢女和她的兒子趕走，因為婢女的兒子不能與自由婦人的兒子依撒格一同承受家業。」聖保祿稱他為自由婦人的兒子。

所以我們在地城中找到兩個形式：一個指出它的存在，另一個是天城的預象。為原罪所污的人性，生地城的人民；天主的恩寵由罪惡中將人性救出，生天城的人民；第一種稱為憤怒的器皿，第二種稱為憐憫的器皿。

這也由亞巴郎的兩個兒子表示出來，一個為依市瑪耳，為婢女哈加爾依人性而生的；另一個為依撒格，由自由婦女，因天主的應許而生。二人都由亞巴郎所生，第一個由肉慾所生，是人性的象徵；另一個由天主的應許所生，是指恩寵。一個表示人性的秩序，另一個指示天主的恩惠。

第三章 荒胎的撒辣，因天主的恩寵而懷孕。

撒辣（Sarah）是石女，不能生子，希望從自己的婢女處有個兒子，於是將她給自己的丈夫，使能懷孕，因她自己不能由丈夫懷孕，她乃利用自己對婢女身上的權利，要求夫婦的責任。

所以依市瑪耳（Ishmael），如其他的人一般，由男女性交，依人性普通的律法而生。說他依肉身而生，並非這不是天主的恩惠，或天主沒有幫助，他的：「智慧毅然從地極的這邊直達那邊，從容地治理萬物。」（智・八：1），而是因為願意指出天主將賜的特恩，當在本性之外賞賜一子。

因為照自然的律法，老年夫婦，如亞巴郎及撒辣不能生育子女，何況撒辣又是石女，連青年時她都不能生育，是她的石女性害了她的青春。

若生育不屬犯罪後的人性，這是指出人性犯罪後受了罰，以後就不能得幸福了。所以依撒格由天主的應許而生，正可表示恩寵之子，自由城之人民，是永遠和平的友伴，沒有自私的意志，只有永久不變的善，大家同心戮力，一心一意聽天主的命，愛慕天主。

第四章　地城的戰爭與和平。

地城不是永遠的，因為它受永罰時，已不是城了。它在世上有其財富，獲得後，能使人民享受所能的福樂，但它不能使愛它的沒有痛苦，因而屢次地城為戰爭所分裂，以謀暫時的勝利。

它的一部份，攻打另一部份，自己臣服毛病，卻以為戰勝了萬民。它若勝利後，傲慢自大，就會滅亡；若想、自己的境地及普通的災禍，就要為能遇到的不順心的事件而憂心忡忡，不為順利的事而自滿，因為這勝利只是暫時的，因為不能常常控制戰敗的人。

然而不能說地城所期望的不是好事，因為人類能因它而改善，它期望世間太平，卻願以戰爭而獲得它。若一部份戰勝了，已經沒有阻礙，乃有和平，彼此戰爭，是不會有和平的。因為不能同時獲得，所以不得已而交戰。這是辛苦作戰後而得的勝利，這是由勝利而得的和平。

若為正義而戰的人獲得勝利，誰會懷疑勝利是可讚揚的，而和平是可期望的。這的確是好事，是天主的恩惠。然而若他們放棄天上城的更好事物，那裡的勝利是穩固的，和平是絕對的，永遠的；若他們以世間的事物為獨一善事，愛它們超過天上更好的事物，則會發生不幸，且日益擴大。

第五章　地城的第一建立人殺了自己的兄弟，羅馬城的建立人亦仿效他，殺死自己的兄弟。

地城的第一個建立人，殺了自己的兄弟，是因著嫉妒殺了他的兄弟，他是天城的人民，而生活在現世。因此不必奇怪，這第一個榜樣，將為地城領袖羅馬所仿效，它將管轄萬民。在羅馬城建立時，亦犯了重罪。詩人路甘（Lucanus）寫說：「城牆沾滿兄弟的鮮血。」羅馬歷史記載，羅馬城建立時，雷姆斯為哥哥羅瑪祿所殺。

但這個罪惡與前不同，雷姆斯與羅瑪祿都是這城的居民，二人都貪求建立羅馬城的光榮，但由二人所分，這光榮就不會這麼大了。想得統治光榮的人，若統治權與人平分秋色，就要大減其威風，為使一人獨霸稱雄，另一個就被取消了。這樣，因為罪惡，權力加大了，卻是惡勢力，若不犯罪，固然權力更小，卻是更好。

但在加音及亞伯爾中，並不爭求世物。加音恨自己的兄弟，亦不會是因為二人一同統治，權力就更小。因為亞伯爾一定不想在哥哥所建立的城中南面稱孤，而是由妒忌心而來，惡人嫉妒善人，正因為他們是善人，而自己卻是惡人。

慈善並不因為有一位同伴而褪色，反而更為偉大，因為在兄弟和睦中，慈善就更為偉大。然而不願與人共用的，就不會有這類統治權，若喜與朋友共同享受，就會更大。

在羅瑪祿及雷姆斯中發生的事，指出地城如何分法，而加音與亞伯爾中的事，指出二城中的仇恨，即天主的與人的。惡人彼此交戰，善人與惡人中，亦戰爭不停。起初的人，尚未成全，用自己互相戰爭的理由，亦能與善人作戰。因為在人中：「肉身想反對神魂，而神魂想反對肉身。」（迦・五：17）

這樣，一人精神方面的欲望，能攻打另一人的欲望，一人肉身的欲望，亦能反對另一人的精神欲望，如善人與惡人中的戰爭。尚未完成的善人，能因肉慾互相作戰，如善人與惡人中一般，為使勝利者互相交戰，以得最後的勝利。

第六章　因著犯罪而軟弱，天主城中的人亦能在現世受罪。

我在第十四卷中已提及原祖違命後的罰，人性軟弱，非由本性而來，卻是毛病，為此聖保祿宗徒向在世依信仰生活而修德的人說：「你們應該彼此幫助背負重擔，這樣你們就能滿全了基督的法律。」（迦・六：2）

他在別處又說：「我們還勸勉你們，勸戒閒蕩的，寬慰怯懦的，扶持軟弱的，容忍一切人！要小心，人對人不要以惡對惡。」（得前・五：14—15）

又說：「如果見一個人陷於過犯之中，你們既是屬神的人，就該以柔和的心神矯正這樣的人；

你們也要留心，免得你們也陷於誘惑。」（迦・六：1）又說：「不可讓太陽在你們含怒時西落。」福音中說：「如果你的兄弟得罪了你，去，要在你和他獨處的時候，規勸他。」（瑪・十八：15）為此，聖保祿宗徒，為使罪惡不引起人討厭而說：「犯罪的人，你要在眾人前加以斥責，為叫其餘的人有所警惕。」（弟前・五：2）

因此我們當互相寬恕，竭力保持和平，不然，不能享見天主。為此吾主耶穌說了那個僕人欠主人一萬元而得到寬恕，但因不願寬恕同事一百元，而受到主人的恐嚇後，繼續說：「如果你們不各自從心裡寬恕自己的兄弟，我的天父也要這樣對待你們。」（瑪・十八：35）

天主城的人民，在現世時期望天鄉，亦當小心。天主聖神在內工作，以使外面的藥能發生效力。不然的話，即天主自己利用受造物，借人的形象，對人的五官發言，或夢中示意，若天主的恩寵不幫助理智的話，任何宣講都毫無悔益。

天主將憤怒之器與慈惠之器分開時，因為祂明瞭這個秘密，就是這樣做。因為若因著天主的助佑，在我們身上的罪惡——這已是罪罰——如同聖保祿宗徒教訓我們的，但不能完全控制我們的肉身，強逼它順從慾情，或將肢體作為罪惡，而能引導人，在世平安，並永遠為王，毫無罪惡。

第七章　加音犯罪的原因，連天主亦不能使他不去犯罪。

天主對加音談話，如祂對初期人類說話時一般，以同伴身份而發言，如我已經說過的，但得到什麼益處呢？天主警告他後，他豈放棄了殺害弟弟的主意？天主對二人的祭獻態度不同，悅納亞伯爾的祭獻，擯棄加音此祭獻，沒有疑惑的，這是由外面的表示可得而知的。

天主這樣做，因為加音的行為惡劣，亞伯爾的行為聖善，於是加音大失所望，垂頭喪氣，如《聖經》上所說：「你為什麼忿怒？為什麼面容懊喪？你若做得好，你沒有不仰首的；你若行得不好，罪孽必伏於你門前，它要獲得你，但你要制伏它。」（創．四：6—7）（註一）

天主為何如此警告加音，原因不清楚：「你若做得好，沒有不仰首的；你若行為不好，罪孽必伏於你門前。」這些話能有許多解說，《聖經》注解家當依信仰的規則去解說。

好的祭獻，是獻於天主的，只能向他獻祭。若不注意時間、地方、祭品自身，誰作祭獻，誰受祭獻，祭獻後，祭品分給誰，就是分別不清，因此當謹慎從事。若祭獻非在其所，或不在此處而當在他處祭獻，或祭非其時，或所獻為任何地方不當獻者，或人將獻於天主的最好部份歸屬自己，或使無權享受祭品的外人享受，就是分辨不清。

不易看出加音因何事使天主不悅，但聖若望宗徒論這二位兄弟說：「不可像那屬於惡者和殺害自己兄弟的加音。加音究竟為什麼殺了他？因為他自己的行為是邪惡的，而他兄弟的行為是正義的。」（若一．三：12）可以知道天主不悅加音的祭品，是因為他沒有好好分清，只給天主一部份，卻將全部歸於自己。

不隨從天主的旨意，而照自己私意的人亦如此，他們向天主作祭獻，以求悅樂他，不是求他幫助自己戰勝私欲，是為順從慾情。這是地城的特點：叩拜天主或神，使因他們的助佑，使能在勝利及和平時，不謀公益，而為控制別人。

善人利用世物，以享受天主，而惡人反願利用天主，以享受世物，但都相信天主存在及他亭毒萬物，還有的人連這點都不相信，自然更不可取了。

加音看出天主悅納弟弟的祭獻，本當反心誠意，仿效弟弟，不發驕傲，而效法他的德行；但他反而憂愁，垂頭喪氣。於是天主嚴厲地指責他，因為他竟為弟弟的善行而憂愁。天主指責他說：「你為什麼忿怒？為什麼面容懊喪？」天主一定問他這點。天主看出他嫉妒弟弟，為此指責他。

人不知他人的心事，不能看出他憂愁，是因為得罪了天主，或是因著弟弟的善行，因為他悅樂了天主，天主也悅納了他的祭品。天主解說了為何自己不悅納他的祭獻，使他捫心自責，不要見怪自己的弟弟，因為他分辨不清，所以祭獻不為天主所悅納，而嫉妒弟弟更為不當。

但天主給他一個聖善的命令：「你若行得不好，罪惡必伏於門前，它要獲得你，但你要制伏它。」是弟弟的貪心，不，是罪惡的貪心，因為天主先說：「你為什麼忿怒？」然後說：「若你行得不好，罪孽必伏於門前，它要獲得你，但你要制伏它。」

亦可視作人不當將罪惡歸於他人，而歸於自己。「但你要制伏它」，是指痛悔，求寬赦，不是宣講家的口氣，而是出命人的口氣。人不為罪惡辯護，便為罪惡所控制。

但亦可視肉慾為罪惡，為此聖保祿宗徒說：「因為肉身想相反神魂。」（迦・五：17）嫉妒亦然，它使加音犯了殺害兄弟的罪過，這就是：「罪孽必伏於你門前，它要獲得你，但你要制伏它。」

我們十分激動時，聖保祿宗徒即稱它為罪惡說：「然而現今已不是我做那事，而是住在我內的罪惡。」（羅・七：17）哲學家也稱它為惡，所以它不可指揮，當由理智領導，遠離罪惡。我們發覺肢體要犯罪時，就當聽從聖保祿宗徒的話：「也不要把你們的肢體交與罪惡，做不義的武器。」（羅・六：13）應當服從理智，由它指導。

這是天主命對自己弟弟發怒而想殺害他，不願效法他的加音說的。你當離開罪惡，罪惡不可控制你的肢體，不要順從它的意願，不可將你的肢體，成為犯罪的工具。「罪孽伏於門下」，即當壓制它，不讓它自由。「但你要制伏它」，外面不可作惡，使內中在理智控制之下，亦不擾亂。

在《聖經》中，天主對女人厄娃亦說了類似的話，她受了魔鬼借人形象的哄騙，與丈夫一同受死亡的罰，天主對女人說了下面的話後：「我要加增你懷孕的苦楚，在痛苦中分娩。」（創・三：16）又繼續說：「妳仍要戀慕你的丈夫，他要管轄妳。」

上面天主對加音犯罪及肉慾所說的，此地對犯罪的女子亦同樣地說了，由此可結論道：丈夫當領導妻子，如精神領導肉身一樣。為此聖保祿宗徒寫說：「做丈夫的也應當如此愛自己的妻子，如同愛自己的身體一般，從來沒有人恨自己的肉身。」（厄・五：28）

這些話當醫治我們自己，不當視為他人所說，而加以藐視，然而加音卻違犯了天主的誡命，因為他的嫉妒反而加增，乃用詭計殺了自己的兄弟，這是地城創立人的行為。

我且不說加音亦象徵猶太人殺了基督，他是人類的牧童，羊群的牧童亞伯爾的預象，因為只是先知的預象，如我反對馬尼蓋派人法斯都（Faustus）書中已說過的（註二）。

（註一）此處聖奧古斯丁所引，乃照七十賢士本希臘文，與現行拉丁通俗本相似，而思離聖經學會的譯文，係由希伯來原文譯出，故少有出入。

（註二）第十二卷，九章。

第八章 為何加音在人類初期，造了城市？

現在我當衛護《聖經》的歷史價值，不要有人以為《聖經》所記載的是假的，因為它記載當時世間只有四人，或更好說加音殺死弟弟後，只有三個，卻造了一座城，即人類原祖亞當，加音及他的兒子厄諾士（Enoch），這城就名為厄諾士城。

但設難的人忘記了《聖經》的作者，不該將當時生存的人一一說出，他能只記載對他目的有關係的人。天主聖神啟示作者的目的，是由一人而至亞巴郎，由亞巴郎而至天主的人民。

這個民族與其他民族不同，它預象永遠的城，它的創立人是耶穌基督，但沒有忽略地上人的城，為使天主之城與人間之城比較之下，更為燦爛。

既然《聖經》上記載每人的年齡，結束時說：「他生子養女。」他活了多少年，然後死去，而不提他們子女的名字，但我們可以相信在這年代中，能生許多人，他們團結後，造了好幾座城。

《聖經》是由天主啟示而寫成的，他先願意將二城分清，即依人生活的城與照天主生活的城，即天主子的城，直至洪水，那時提及兩個團體的分離及結合。分別，因為不同的譜系分開記敘，即加音及舍特（Seth）的譜系，他由亞當所生，以代替被害的亞伯爾。結合，因為人日趨於惡，成為惡人，乃為洪水所滅。只有一個義人諾厄（Noe）與他的妻子及三個兒子與他們的妻子，集在方舟中，得以脫免人類的毀滅。

《聖經》上記載：「加音認識了自己的妻子，他妻子懷孕，生了厄諾士。加音建築了一座城，就以他的兒子的名字，稱之為厄諾士。」（創・四：17）

厄諾士並不一定是長子，其實不然：因為《聖經》上說：「加音認識了自己的妻子」，似乎是第一次與她性交。《聖經》對原祖亞當亦如此說，不但是加音，似乎是他的長子，以後亦如此：「亞當又與自己的妻子同房，她就生了一個兒子，起名舍特。」（創・四：25）

由此可知《聖經》用這種說法，以指人懷孕，雖然不為所有人都如此，並且不是夫婦第一次性交。而且沒有充分理由，相信厄諾士是加音的長子，因為城即以他兒子的名字而起名。

我們可以承認，因著特別的理由，父親雖有別的子女，但父親特別寵愛他。猶大也不是長子，但由他，猶太省及猶太人而得名。

即使厄諾士是創立這城人的長子，我們不可相信父親用兒子的名字稱城，是在孩子剛剛呱呱墜地之時。因為一座城不能由一人而建，它只能由人的團體而成。若這人的子女眾多，形成一個民族，那時候可能建立一座新城，用長子的名字來稱它。

當時人的年齡很長，除了《聖經》所說的，在洪水以前，年齡最小的，也有七百五十三歲。年壽最高的超過九百歲，但沒有一人達到一千歲。

誰能疑惑一個人在世時，人類如繁殖，可以造好幾座城。這點由亞巴郎一人在四百年間，生了這麼多的人，出埃及時，已是一個民族，能執武器的，就有六十萬人，即可證明。

我暫且不提依仕美人，因為不屬以色列人，他們是由亞巴郎的孫子，雅各伯的哥哥厄撒烏所生，及其他由亞巴郎所生的民族，但不由撒辣所生。

第九章　洪水前的人長壽，身軀魁偉。

沒有一個明智人，會疑惑加音能造一座大城，因為當時人的壽是這麼高。可能有教外人能提出一個問題：依《聖經》的作者，當時人都長命百歲，因此不當置信，他們也不相信當時的人，身軀比我們雄壯。

拉丁偉大詩人維吉爾記載當時一個人在作戰時，拿起一塊大石頭，作為界石，跑出去投向人說：「這塊石頭非常的大，當時最有力的十二人，不能將它由地上舉起。那麼，在洪水以前，世界上的人一定更為強壯了。由年代荒遠，或因河水或其他原因，墳墓大開，露出巨人的骨架來。我自己與幾位同伴，在烏底格（Utica）海邊，找到人的大牙，若將它分開，像我們人身上的，可能有一百人左右，我想這是巨人的牙齒（註）。

當時的人都比我們更為巨大，巨人自然更不必提了。當時及現代的人都有超乎普通人的身軀。自然學家小柏理義承認為年代愈晚，人身愈小。荷馬在自己的詩中，亦屢次抱怨這事，不是詩人的幻想，而是以歷史家的態度，如一位史學家，記述奇異人物一樣。如我所說的，屢次發現的骨頭，歷代不變，可以證明古代人的體格是如何的巨大。

但我們現在沒有證據，來證明當時人的高壽。但我們不可不信當時《聖經》上的歷史價值，若看出預言的事，它已經實行了。

柏理義並說：當時尚有一個人，可活二百歲。若我們相信，在我們不知道的地方，人的壽要比年齡高，我們為何不信古代亦然？難道只當相信別處的，而不信此地的；信古代的，而不信現在的？

（註）當時聖奧斯定見到的，可能是化石，不一定是人的牙齒，可能是龐大動物的牙齒。

第十章　希伯來人，與我們的福音中有何區別？

雖然在希伯來文，及我們的本文中，對年齡的分別，我不知道是如何而來，但並不使我們相信當時的人，沒有活得這麼長壽。我們的拉丁聖經文中，原祖亞當，生兒子舍特時，有二百三十歲，而希伯來文書中，則為一百三十歲。

在我們的拉丁文書中，原祖生了後，尚活七百年，而在希伯來文則為八百年；最後數字二者皆同。在以後的譜系中亦然。在拉丁文本中，原祖生育前，比希伯來的人更多幾歲，生產後則少活幾歲，但最大的數字，二者中常相同。

對第六代，在各本中沒有分別。但在第七代，記載厄諾士去世葉，他沒有死，是天主將他帶到別處，也如以前年代一樣，有一百年的分別；但其總數則相同；在二者中厄諾士被帶去前，都活了三百六十五歲。

第八代只有小困難，且與其他不同：默突舍拉（Matusalem）由厄諾士而生，生子女前，照希伯來文不是小一百歲，而是大二十歲；在拉丁本中是生子女後加了二十歲，所以總數仍吻合。

第九代即默突舍拉的兒子，諾厄的父親拉默客（Lamech），年歲少有不同；在希伯來文，比在拉丁本中，他多了二十四歲；他生諾厄前，依希伯來文，他少了六歲，生後卻多了三十歲；減了六歲後，還剩下二十六歲的區別。

第十一章 依照默突舍拉的年齡，他在洪水後，尚活了十四年。

因著希伯來文本及拉丁文本的區別，乃發生了著名的問題；因為計算起來，默突舍拉在洪水後尚活了十四年，而《聖經》上卻說當時地上的人，除了在方舟的八口外，皆被洪水淹死，所以默突舍拉亦在其中。

依拉丁文本，默突舍拉在拉默客前，有一百六十七歲，拉默客生諾厄前有一百八十八歲，共三百五十五歲。若加上諾厄的六百歲，洪水開始，則由默突舍拉至洪水為九百五十五年。默突舍拉活了九百六十九歲，因為他生拉默客前，已有一百六十七歲，生後又活了八百零二歲，共為九百六十九歲，如已說過的。由此數減自默突舍拉至洪水九百五十五年，尚有十四年，所以他在洪水後尚活了十四年。

為此有人以為若他不在地上生活，因為所有人都已死去，而依人性不能在水中生活，他與被接去的父親生活片刻，直至洪水完畢；這是為不減輕教會對古本《聖經》的價值，而猶太人的書籍，則不及我們的《聖經》本之可信。

他們不願承認我們的經書中，能有錯誤的解說，卻承認經過希臘文譯拉丁文的希伯來原文有偽造處。他們說：七十賢士在同一時，合心同意地（註）譯了《聖經》，不能錯誤或騙人，因為他們沒有利益；而猶太人可能因梅瑟書籍及先知書籍譯成拉丁文，在他們的書中換了一點，以減輕我們書中的權威。

在這問題上，各人可隨自己的意見，但默突舍拉一定沒有活至洪水以後，而死在洪水那年，若希伯來文經書所寫的數字是對的話。依照本書的需要，討論七十賢人譯者時，因著天主的助佑，我將清楚確定地說出我的意見。為現在的問題，只要證明，依照各種本的《聖經》，當時的人長壽，一人一生時，人類能繁殖至建築一城，他由當時獨一人類之原祖父母所生。

（註）這是古時人的意見，現在《聖經》學者已不信從它了。

第十二章　不信古時人長壽的意見。

有人主張當時的年月當別樣演算法，十年才算我們的一年，所以他們說：讀到某人活了九百歲，當理解為九十歲，因為當時十年等於我們的一年。我們的十年等於他的一百年，這意見似乎不可信。如此依照他們的說法，亞當二十三歲時生舍特，舍特生厄諾士時為二十歲六個月，《聖經》上卻說二百零五歲。因為照他們的意見，古代人將我們的一年分成十份，稱每份為一年，當以平方式乘之。天主在六日內造了天地萬物，在第七日休息；對這點，我在第十一卷中已討論過。

以平方式六乘六等於三十六，再乘以十，等於三百六十日，即陰曆十二個月。對陽曆年尚缺少五日又四分之一。在閏年以四乘之，得整一個月；古時人將這些日子放入，以求年數，羅馬人則稱之為閏月。

舍特的兒子厄諾士生刻南（Cainan）時為十九歲，而《聖經》上說：一百九十歲。在洪水以前生育的年代中，在我們的經書內，沒有一個少於一百以下的，有一百二十歲以上。生子育女的，在青年生子的也有一百六十歲。因為依照他們，任何人十歲不能生子，他們被稱為有一百歲，而十六歲，即《聖經》上所說一百六十歲，已可生養子女了。

為使人相信可以另外計算年月起見，他們說在歷史上，埃及人一年只有四個月；柯加納人（Acarna）的一年有六個月，而拉維尼人（Lavinii）的一年有十三個月。

貝理義．塞公度（Plinius）以為《聖經》上說某人活了一百五十二歲，某人多活十歲，另一人活二百歲，別人活三百歲，也有人活五百歲，六百歲，或竟八百歲的，是由不知計算年代的緣故。他說：有人以夏季為一年，別人卻將冬季作為一年；別人如亞加地（Arcadii）以四季為一年，所以三個月算一年。他還說：埃及人一年有四個月，如我們已說過的，在滿月時就算一年；為此每人可活數千年。

別人不願毀壞《聖經》歷史的價值，且設法以可能的證據來加強它，說古代人民長壽——沒有想到是如何的不明智——是因為一年的時間短促，當時十年等於我們的一年，我們的十年等於他們的一百年。我可以用顯明的證據，證明這意見的錯誤；但說明以前更好說出何種意見較有可能性。

我們可用希伯來文《聖經》，來證明這意見的錯誤，依此，亞當生第三子時，只有一百三十歲，而不是二百三十歲；這數字等於我們的十三歲，則他生長子時，只有十一歲餘，依自然律法，誰在這種年齡能生男育女呢？（註）

我們暫且不論亞當，他被造時，就可能生育；因為他受造時，不會像兒童的侏儒。但他的兒子不是如我們的書中，生厄諾士時二百零五歲，而是一百零五歲，因此只有十一歲。他的兒子刻南生瑪哈拉肋耳時只有七十歲，若當時七十年等於我們的七年，誰在七歲能生育子女呢？

（註）在某些熱帶地方，如非洲、印度等處，這是可能的。

第十三章　在計算年代時，當將希伯來文的權威，放在七十賢士以上否？

若我主張這一點，就會有人反對我，說這是由於猶太人的揑造，我已討論過這問題了，而著名的賢士，是不會撒謊的。

若對這問題，我問，何者比較可信，猶太人散居各地，能同心合意造出這謊言，因為嫉妒別人的權威，自己卻擯棄了真理，或七十位猶太賢士，共在一處——埃及王托勒密是為這個目的邀請他們的嫉妒外人的真理，為此戮力同心地做了這事。我若問此，誰不看出二事之中，哪一件比較可信呢？一個明智人如何能相信猶太人，定然詭計多端，能在散佈各處的《聖經》本中做到這點，因為嫉妒外教人的真理，乃同心合力，做了著名七十賢士所做的。

更可信的，是這類事在托勒密王的圖書館中，抄寫這類事時，在第一本便發生了錯誤，由此而傳至其他各本。這個概況，對默突舍拉及其他人的猜測，因多了二十四歲，所以總數不合。

在這些文本中，常發生同樣的錯誤，有的生子前少了一百歲，別的則多了幾年，缺少的補上，多的除掉，而總數相同。這種方法，在第一、第二、第三、第四、第五及第七代都可發現。可以說這種固定性的錯誤，不是偶然的，而是有意造成的。

在希臘文、拉丁文及希伯來文本中的數字元不同，沒有同樣添加及減少一百歲，對好幾代都如此，不當歸於猶太人的狡猾，或七十賢士的明智及努力，而是第一個在托勒密王圖書館抄寫人的疏忽錯誤。當時抄寫員工作疏忽懶惰，修改時更馬虎，加上容易理解，或學習上有用的。

誰會想記住數千人名，以區別猶太人的支派，這有何益處？深加研究這類事，更有何益？

在數代中，有些地方加上一百年，有些地方少一百年生子後，已有的年代就缺少，沒有的加上，使總數符合，所以這樣做的原因，是使人相信古代人壽命很長，但年月卻很短。這樣，使他們已經發育能生子，這樣，使不信的人知道，當時的一百年等於我們的十年。為使人相信古時人長壽起見，還不到生殖年齡的，就加上一百歲，在子女生後，又減去一百歲。這樣，亦使人相信年齡不同也能生子，但不損害每人的實際年齡。

但為第六代為何不這樣做呢？最可能的理由是：只在需要時這樣做，不需要時，就不做了。在希伯來文中舍特生厄諾，那時只有一百六十二歲，因年月的短促，等於我們的十六歲二個月，這已是可生產的年齡了，因此不需要加上一百歲，以得二十六歲；在厄諾士生後，也不必減去一百歲，因為以前就沒有加，為此在各本中，沒有分別。

此處發生一個問題：為何在八代，默突舍拉生拉默客前，依希伯來文有一百八十二歲，在拉丁本則少二十歲，而普通是加一百年；拉默客出世後，再加上去，以得同樣的總數。若因生殖能力，將一百七十歲變為十七歲，就不必增減，因為已足生殖的年齡，若不夠則加上一百歲。因此我們可以相信二十歲的錯誤是偶然的事，減去後，以後沒有加上，以得同樣的總數。

是否我們該當相信這是因詭計而做的，以隱藏，先去一百歲，後加一百歲的冀圖，因為在此不必的境遇中，亦做同樣的事，不是一百歲，而是別種數字，先減後加。

無論如何，相信這樣或那樣，我不疑惑，在各種本中有不同時，而因兩種事實又不能同時是真的，該當相信譯文的原文，因為在幾本中，三本希臘文本，一本拉丁文，一本西利亞文，都寫著默突舍拉在洪水前六年死去。

第十四章　古代的年歲，等於我們的年歲。

現在我們看看如何能證明當時十年不是這樣短促，等於我們的一年，古代人的長壽，等於我們現在的年歲（註）。在諾厄六百歲時，為何《聖經》上寫說：「諾厄六百歲那一年，二月十七日那天，所有深淵的泉水都冒出，天上的水閘都開放了；」（創．七：11）若那年這樣短促，要十年才等於我們的一年，即有三十六日。一定的，古代人的一年這樣短促，或沒有月，或有十二月，而每月只有三天。

為何《聖經》上說：「六百歲，二月二十七日」，除非當時的年月，如現在的年月一樣。不然的話，如何能說洪水是在二月二十七日開始呢？在洪水結束時，《聖經》上又寫著：「七月十七日，方舟停於阿辣辣特山頂。洪水逐漸下落，直到十月，十月初一日，山嶺都露出來。」（創．八：4—5）

若月日如現在一樣，年亦當如此，若一月只有三日，就不能有二十七日。若三月之三十一天，以比例減少一切，名為一日，洪水尚不及我們的四日，而《聖經》上卻說是四十天，四十夜。誰能接受這樣的糊塗說法呢？所以不當有這類的錯誤，以錯誤的假說，維持《聖經》一處的權威，而毀壞別處的權威。

當時的一天是二十四小時，一月如現在一樣，依月亮的盈缺，一年有陽曆的十二個月五天及四分之一。諾厄六百歲，二月二十七日洪水開始時，如現在一樣的長。四十天四十夜不停地下雨，當時一日不是兩點多鍾，而是日夜二十四點鐘。所以古時人長壽直至九百多歲，亞巴郎一百七十五歲，他的兒子依撒格一百八十歲；他的兒子雅各伯一百五十歲，後來梅瑟活了一百二十歲。當時的年月，如現在人活至七十、八十一樣長，更老則如《聖經》所說：「中間所能自誇的，卻只是虛無與勞苦。」（詠．八十九：10）

在我們的拉丁文《聖經》及希伯來文《聖經》中，在數字方面，若有區別，對古人的長壽並無分別，若少有分別，不能同時是真時，當在原文中去找真理。雖然這是到處可以做到的，但誰也不敢改正七十賢士本與希伯來文不同的地方，這也是合理的。

對這問題，在適當的地方，若有天主的助佑，我當更詳細地討論，現在先論緊急的問題。誰也不能疑惑，由原祖所生的加音，當時人既然如此長壽，他自然能建立地上的城，而不是天主的城，我在這部巨作中，就是要討論天主之城。

（註）對古人年月及長壽問題，可參考思高聖經學會所譯的〈創世紀〉第43—48頁；大意為希伯來文本可靠，而希臘與拉丁本不可靠，因有後人的增減，希伯來人只知陰曆年十二月。古人比現在人更長壽，是因當時人的體質比現在人強健，尚沒有受遺傳的事，且氣候及環境亦比現在更優良，大意與聖奧古斯丁的意見相同。

第十五章　古時人直至生育子女，沒有性變，這事可信否？

但有人反對說：古時人沒有發絕色願，當生育子女，可能在一百年間，或照希伯來文本，八十、七十、六十年中沒有性交，或者有過但不生育子女嗎？

對這問題能有兩種答覆：或是年齡越長，發育越晚；或依我的意見，更為可信的，是《聖經》沒有提及長子，而只記載至諾厄的系統，由諾厄至亞巴郎，以後所記載代數直至需要的時間，以達到在現世漂流，而在尋找天鄉的光榮的城。

不能否認，由原祖父母男女性交，第一個所生的是加音。若加音生下時，不是夫婦所生的第一個人，亞當就不會說《聖經》上所載的話：「我賴上主獲得了一個人。」（創・四：1）（編按）繼續而生的是亞伯爾，後為其兄所殺害，他是天主城在世間的預象，因為他第一個表示當受惡人的難為，他們是世俗之子，喜好地上的來隙，只能享受世間的快樂。但《聖經》沒有記載亞當幾歲生了他。

然後依照次序，是加音的子女，及亞當所生，以代替為哥哥所殺害的。《聖經》記載他說：「起名叫舍特說：『天主又賜給我一個兒子，代替加音殺了的亞伯爾。』」（創・四：25）舍特及加音的後代，以不同的系統，指出我們討論的二城。一個是在世流浪的天主之城，另一個是地城，它只知道求世間的暫時快樂，以為是獨一的福樂。

《聖經》沒有提及加音的子孫，直至第八代，生子育女時。天主聖神，不願在洪水前提及地城的人類系統，卻提及天上城子的系統，因為它似乎更值得提及。

舍特生產時，《聖經》提及他父親的年齡，他已生過別的子女，誰敢說亞當只生了加音及亞伯爾。我們不當相信，《聖經》只提他們二人的出生，就以為原祖只生了他們。《聖經》上只說：他生子育女，但沒有說出名字，或者就可以預料子女的數目。

亞當生了舍特後，由天主的啟示，可以說：「天主另賜給我一個兒子，代替加音所殺的亞伯爾。」並非舍特照時間次序，生於亞伯爾之後，而是他將繼續聖德的次序。為此《聖經》上說：「舍特一百零五歲時，生了厄諾士。」（創・五：6）除非是冒失鬼，誰敢說：這是他的長子呢？

我們要驚奇地問說：他沒有發貞潔願，如何能長期不結婚，或結了婚，而沒有生育呢？但《聖經》上說：「舍特生子養女，享壽九百一十二歲而死。」（創・五：7—8）從此以後，《聖經》凡提及他們年齡的，就說他們生子養女。

因此《聖經》提名的兒子，並不一定是長子，似乎不可信；在能生育前，竟度過這麼多的年月，或沒有結婚，或沒有行房事；所提及名字的，是他們的長子，這似乎也不可信。《聖經》的作者，願意達到諾厄的出生及平生，在他的時代，發生了洪水，世世相傳，並不是記父母所生的長子，而記出生的次序。

我用一個例子，說明這事的可能性：聖瑪竇願提及耶穌基督的人性出生，在祂的祖先中，由亞巴郎開始，而至達味說：「亞巴郎生依撒格。」為何不提及以前出世的依撒瑪爾？又說：「依撒格生雅各伯。」為何不提及長子厄撒烏？因為由他不能達到達味。以後又繼續說：「雅各伯生猶大和他的兄弟們；」難道猶大是長子嗎？又繼續說：「猶大由塔瑪爾生培勒茲和則辣黑，」（瑪・一：3）在這孿生兄弟中，沒有一個是長子，因為猶大已生過三個子女。

所以《聖經》的作者，採取了可以達到達味的系統。由此可知在洪水前，亦未提及長子，只提及諾厄的系統。因此我們不必費心去研究他們發育遲晚的不重要問題了。

（編按）本節以下聖經章節內容，採用天主教思高聖經學會出版之中譯本。

第十六章　古時婚姻的權利，與後來婚姻的權利不同。

原祖與由他肋骨造成的女子性交後，人類需以婚姻增加人數，除了原祖父母所生的以外，沒有別人，所以當時的男子只能娶自己的姐妹，這事在古時是必要的，以後就為宗教所禁止。

為使人類互相親愛，彼此和睦，一個男子不可有好幾個妻子，每個女人當有自己的丈夫。若許多的女人與不同的男人結婚，社會上的往來就更鞏固。

父親與岳父，親屬不同。每人都有父親，異於岳父，愛情乃能普及更多的人。亞當只是他一人，為自己結婚的子女，是父親也是岳父；同樣，他的妻子夏娃，同時是母親及岳母。若岳母與母親不同，社會的聯繫就更為廣泛。姐妹成為妻子，只有一種親屬，若姐妹與妻子不同，人類的親戚關係自然更為廣泛。但當時這是不可能的，因為由原祖父母所生的，只有兄弟姐妹。

人類增加後，可以娶姐妹以外的女人為妻子，兄弟姐妹結婚，就變為不許可的。若最初的侄兒本能娶表姐妹為妻，而娶姐妹為妻，不是兩個親戚，而竟是三種親屬在一人身上了。

為使愛情普及更多的人，當推至許多不同的家庭中，不然的話，同一男人將是父親、岳父、叔父；而他的妻子同時是母親、姑母及岳母了；而他們的兒子，不但是兄弟姻親，還是表兄弟，因為是兄弟的兒子。這類親屬關係，將三種關係係於一身，本可將九人聯繫起來，若每個丈夫有自己的妻子，這樣，一個男人能有一個姐妹，另一個妻子，一個表姐妹；一個父親，一個叔父，一個岳父；

有一個女人為母親，另一個為姑母，又一個為岳母。這樣，社會的關係，不在少數人間，而在更大的人群中了。

人類增加後，在敬邪神的外教人中，亦遵守這條規誡，若法律許可兄弟姐妹間結婚，但正人君子都以這類放肆為可恥。若人類初期，能娶姐妹為妻，但這事如此相反人性，似乎總不能許可，因為習慣能容忍或損傷人的感情，它在這事上，壓制肉情，將毀壞或損傷它的，都視為罪惡。若因貪心，侵犯他人田地的界限，是不公義之事；為尋找肉慾的快樂，越過禮義的界限，自然更為醜惡。

在我們時代，也有兄弟姐妹，或表兄弟表姐妹中結婚的，在古時因道德觀念，卻很少實行。雖然法律准許，因為天主及人的法律都未加禁止。若一件許可的事情引人厭惡，因為它與不許的事情相近，與表姐妹結婚，好像與姐妹結婚一樣，因為因著血親，表兄弟姐妹，也是兄弟姐妹。

古時為父者，設法將親屬關係因代代相傳，越來越遠，為使不斷絕起見，用婚姻使已將斷絕的親屬關係，重新恢復起來。所以世界充斥人類後，男人已不願娶父母的姐妹為妻，而娶親戚中的女子為妻。

但誰會疑惑，當時表兄弟姐妹中結婚，亦在禁止之內？這不但是為使親屬普及關係，如我已說過的，使一人沒有兩種親屬關係，因為可分於二人，但因自然的廉恥，使人在親屬前，壓制生殖的肉情，因為在夫婦中，亦有廉恥。

所以男女性交，以傳衍人類似乎是社會的園圃。地上的城子咸需要生產。而上天之城還需要重生，以避免生產的毛病。聖經上沒有記載在洪水前，曾有重大的表記，即使有的話，也沒有說出是何種，以後天主才給亞巴郎割損之禮。但《聖經》卻記載上古時代的人亦祭獻天主，由加音及亞伯爾兄弟的祭獻中，可以看出。諾厄在洪水後，立即祭獻天主。

在前卷中，我已討論過這問題，說魔鬼，願人信自己為神，要人祭獻他們，他們以此為榮，因為他們知道真祭獻只當歸於真天主。

第十七章　一人生了兩個父親及領袖。

亞當是兩種團體的父親，即地城與天城的父親。亞伯爾被殺害，是奇妙的表記：加音與舍特將是二城的父親。由他們的子孫中，明顯露出人類二城的標記。

加音生厄諾士，以他的名字造了一座城，是地上的城，不是在世遊旅的天城，因它只注意人間世福及平安。加音的意義為「獲得」，所以他出生時，他的父親說：「我賴上主獲得了一個人。」（創・四：1）

厄諾士的意義為「落成」，地城就在建築的地方落成了，因為誰有目的，就達到它。舍特的意義可為「復活」，他的兒子厄諾士的意義是「人」，但不如亞當一樣，它的意義亦為「人」，因為在希伯來文，這名字為男女所共有，如《聖經》上所說：「並且造了一男一女，且在造他們的那一天，祝福了他們，稱他們為『人』。」（創・五：2）

無疑地，第一個女人的名字為厄娃，因此亞當名字的意義為「人」，是男女所共有的，但厄諾士的意義是人，但不能用於女人，如精通希臘文的人所主張的，因為它的意義是「復活後的兒子。」那時女子不嫁男人，男子不娶女人了。達到重生後，就不需要生育了。

所以可注意，在舍特的後代中，雖生子養女，但不提及任何女人的名字，在加音的後代中，卻提及一個女人的名字：

「哈諾客生了依辣得；依辣得生了默胡雅耳；默胡雅耳生了默突沙耳；默突沙耳生了拉默客。拉默客娶了兩個妻子：一個名叫阿達，一個名叫漆拉。阿達生了雅巴耳，他是住在帳幕內畜牧者的始祖。他的弟弟名叫猶巴耳，他是所有彈琴吹簫者的始祖。同時漆拉也生了突巴耳加音，他是製造各種銅鐵器具的匠人。突巴耳加音有個姊妹名叫納阿瑪拉。」（創・四：18—22）

加音的後代，直至此為止，由亞當至此凡八代，即是至拉默客，他有兩個妻子，第八代生出的是兒子，也提出一個女人。這是預象地城，由男女性交而生的子女，將有終止的一日，為此亦將女人的名字列入，雖也提及男人，但在洪水前，就不提及另外的女人了。

加音的意義是「獲得」，他是地城的創立人，他的兒子名厄諾士，意義是「落成」；城是以他的名義而建立的，指出這城有世間的來源及目的，只希望在世可以見得的事物。我們當研究《聖經》上對舍特說何事，他的意義是「復活」，他是《聖經》上提及的後代的祖先，對他的兒子又說了什麼？

第十八章　亞伯爾、舍特、厄諾士，對基督及祂的妙體，即聖教會，預象了什麼？

《聖經》上記載：「舍特也生了一個兒子，給他起名叫厄諾士，那時，人才開始呼求上主的名。」（創・四：26）這裡是真理的天主在作證。

人生活在期望中，直至天主城，由信仰基督的復活而生，流浪在現世為止。基督的死亡及復活，已在二人中有了預象：亞伯爾的意義為「痛哭」，他的弟弟舍特的意義是「復活」。由這信仰即人期望呼求天主之名，乃生出天主之城。

聖保祿宗徒說：「原來我們的得救是在於希望，但所希望的若已看見，就不是希望了，因為人何必再希望所看見的呢？但我們若希望那未看見的，必須堅忍等待。」（羅．八：24—25）誰會想到這是沒有寓意的？若《聖經》上說亞伯爾的祭獻為天主所納，他豈不呼求天主的聖名？舍特自己豈也不呼求天主嗎？亞當曾對他說：「天主又賜給了我一個兒子，代替加音殺了的亞伯爾。」（創．四：25）

為何將善人所共有的，都歸於他，除非因他由父所生，以形成更好的天上之城，不求現世的福樂，而求天主方面永遠的福樂。

《聖經》不說：他仰望上主天主，或他呼上主天主之名，而是他「希望」呼上主天主的名。希望呼求有何意義？豈非預象將有一個民族，因著天主的特選，要呼求天主的名字嗎？為此聖保祿宗徒將先知的話貼在天主恩賜的人民身上說：「凡呼號上主名號的人，必然獲救。」（羅．十：13）他所以名為厄諾士的原因，就是「他希望呼號上主天主的名字」，以指出人不當依賴自己。

先知耶肋米亞說：「凡仰賴世人，以血肉的人為自己的臂膊，而他們的心遠離上主的人，是可咒罵的。」（耶．十七：5）可視作非如加音兒子，在現世所建城子的居民，而是永遠不死的。

第十九章　厄諾士被接去的意義。

舍特的兒子是亞當以後第七代，亞當亦算在內，他的第七代孫子名厄諾士，意義為「奉獻」，但他被接去了，因為他悅樂天主，他在亞當以後是第七代，這名字特別著名，因為安息日亦是第七日。他是舍特的兒子，與加音有別，第六日天主造了人，完成了自己的工作。厄諾士之被接去，是我們領袖基督的預象，他復活後，不再死亡，然後亦被接至天堂。只剩下整個大廈的造成，基督是基石，直至天地終窮，眾人復活後，不再死亡。

它又名為天主的家，天主的聖殿，天主的城，名異物同，這並不相反拉丁語的意義。詩人維吉爾亦呼亞沙拉哥（Assaracus）的家為皇城，是說羅馬人因著特洛伊人（Troiani）是亞沙哥的後裔。詩人亦被稱為愛乃亞（Aeneas）的家；因為特洛伊人在他領導之下，來至義大利，建立了羅馬城。詩人仿效了《聖經》，它稱希伯來民眾為雅各伯的家。

第二十章 為何在亞當之後，加音的後裔在第八代就完結，而諾厄是第十代？

有人說：若《聖經》的作者，願意提及亞當的後裔，由他的兒子舍特而至諾厄，在他時代發生了洪水，由他開始另一新系統，直至亞巴郎，由他聖瑪竇聖史開始了天主城永遠之王基督的家譜，為何要提及加音的後裔，這有何用意？可以答覆說：是為能達到洪水，毀滅了地城的所有人，然後直至世界窮盡，天主曾對他說：「今世之子也娶也嫁。」（路‧二十：3—4）復活後，就不再娶再嫁，而引領世間流浪的天主城，直至來世。

在現世娶嫁生育，是二城所共有的，雖然天主之城在現世已有千萬人，終身守貞，不娶不嫁，地城也有少數仿效天主之城的；雖然他們走入了歧途，因為他們離開了真的信仰，發明了不少邪說，所以亦屬地城，他們照人生活，而不照天主生活。這樣，印度的哲學家，赤身裸體，生活在印度的曠野中，卻大談其哲學，而抱獨身主義。

為信仰至善的天主而守貞，才算德行。《聖經》上沒有記載在洪水之前，曾有人守貞，因為亞當的第七代孫子厄諾士，在死前被天主接去，亦曾生了子女，其中有默突舍拉，他繼續了家譜的系統。為何要記載加音的後代，直至洪水，而當時人類發育年齡較晚，直至百歲，才能生育。《聖經》的作者記載加音系統時，沒有特別目的，如他以舍特的後裔而至諾厄，由他再開始必要的系統。何必要寫拉默客的後裔？因是他的兒子完成了這個系統，由亞當算起是第八代，由加音算起是第七代，已與以色列人民族聯繫，他的耶路撒冷城，是天主城的預象，或基督的預象，他是萬有之上的天主，世世代代應受讚美，他是上天耶路撒冷的建立人，而加音的後裔都為洪水淹死了。

因此我們可以說，在這系統中只提及長子，但為何這樣少呢？人類一定不會直至洪水，數目這樣少，因為他們不會等至百歲，才開始生男育女，除非因為年齡長，所以發育亦較晚。

若他們三十歲開始生育，三十乘八是二百四十年，因為由亞當至拉默客是第八代，在二百四十年後至洪水，就沒有生育嗎？為何《聖經》的作者，不記載後來的人呢？

由亞當至洪水，照我們的拉丁文本，是二千二百六十二年，依希伯來文，則為一千六百五十六年。我們以為數字小的比較可靠，由一千六百五十六年，減去二百四十年，在洪水前一千四百餘年中，加音的後裔，就沒有生男育女嗎？誰對這事感到驚奇，就當記得，我問如何可信古時人能在長期中，不生育子女，似乎能有兩種解釋：或是發育較晚，與長壽成正比例；或所記載的不是長子，作者只願由他達到所願的，如由舍特的系統而至諾厄一樣。

若在加音的後裔中，沒有作者願意達到的人，由所提及的長子，我們可推測他們發育較晚。這樣，這些人在百歲後才能生育，因而以長子為系統，年代久遠直至洪水。

亦可能因我不知道的理由，作者願意抄寫地城直至拉默客及其子孫，以後疏忽了洪水前的系統。也可能這不是不提長子系統的理由，我們不必相信人發育得這樣晚，即加音以他兒子厄諾士所建的城子，能有好幾位君王，管轄各處，不在同時，是各人在自己時代，依次為王。

第一位君王可能是加音自己；第二位君王是他的兒子厄諾士，以他的名字造了一座城，以便他的兒子希辣得為國王；第四位君王是默胡雅耳；第五位君王是默突沙耳，第六位是拉默客，他由亞當經過加音是第七位。（創．四：17—18）

並不一定由長子繼續父親的王位，也可能是因才能，或因環境，或為父王所特寵，乃得了繼承權。可能洪水發生時，正當拉默客為王時，他與其他所有的人都被淹死，在方舟內的人除外。為此我們不必驚奇，在這長期中，即自亞當而至洪水，兩個系統沒有同樣多的代數，加音的系統七代，舍特的系統十代。

由亞當算起，拉默客是第七代，諾厄是第十代，《聖經》的作者，沒有提及拉默客兒子的名字，如他的祖先一樣，而提及許多子孫，在他及洪水間，不知發生了何事。

無論如何，或加音的系統是以長子計算，或由君王計算，但不可不注意，作者說了拉默客是亞當的第七代孫後，就說他有了十一個兒子，這是罪惡的預象，因為還加入三個兒子及一個女兒，他的妻妾預象何物，暫時不必提及。（創．四：19—22）

我們且研究一下這個系統：沒有說出其來源。天主的誡命有十條，就是著名的十戒，十一在十二上，是提示犯十戒，就是犯罪。為此天主命以十一個羊毛帳幔放結約之櫃，這是天主的民族在曠野旅行時活動的聖殿。在羊毛帳幔中，是為記憶罪惡，因為使我們記得我們認罪時，乃將羊放在左面，穿著羊毛衣跪在地上；〈聖詠〉上的言語：「因為我知道我的過犯，我的罪常在眼前。」

（詠・五十：5）亦證明這點。

由亞當經過加音傳下的系統有十一代，是表示罪惡，這系統又以一個女人來結束，是由女人開始犯原罪，使人類喪亡。是因肉欲相反精神，所以犯罪，拉默客的女兒名納哈瑪，意義就是「邪慾」。

由亞當因舍特而至諾厄的系統為十代，這是正經完整的數字。在這數字中，當添上諾厄的三個兒子，其中一個墮落，兩個為父親所祝福，被咒罵的除去後，將兩個被祝福的數字加上，成為十二，這是小先知及宗徒的數目，由這數字相乘而得：三四十二，四三亦十二（註）。

既然如此，兩個後代的不同系統，是預象二座城子，一座是世人的城，另一座是重生人的城，但彼此融合在一起，使整個人類，除了八口外，都在洪水中滅亡。

（註）聖奧古斯丁及同時代人喜歡這類數字的遊戲，就如現代人喜歡填字猜謎一類的遊戲一樣。

第二十一章 為何《聖經》記載了加音的兒子後，繼續記載他的子孫，直至洪水，而述說了舍特的兒子厄諾士後，又回至人類受造的原始？

我們先當研究，為何《聖經》記載加音的後裔，提及他的兒子厄諾士，以他的名義造了一座城，並提及其他的子孫，直至洪水；而提及舍特的兒子厄諾士後，沒有提及其他子孫，直至洪水，但添上說：「以下是亞當後裔的族譜：當天主造人的時候，是按天主的肖像造的，造了一男一女，且在造他們的那一天，祝福了他們，稱他們為『人』。」（創・五：1—2）（編按）

這似乎是《聖經》的作者，願意由亞當的時代開始，但對地城，他就不願這樣做，只偶然提及而已，而不加以計算。但提及舍特的兒子後，他希望呼號上主天主的名字，又重新開始，豈非重新提及二城，一個不斷地殺害——拉默客對他的兩個妻子說：自己殺了人（創・四：23）——而另一個則由呼號上主天主之名而傳後裔。

這是在世流浪的天主城中，在人間當盡的最大的及獨一的職務；當託付給一個人，他的出生，正是為代替被害的亞伯爾。他代表天上之城的獨一性，雖然還未完成，但已開始完成這個預象。

加音的兒子（哈諾客），意義是「獲得」，獲得什麼，豈非大地？他因所建之城，名垂百世，這是〈聖詠〉所說的：「他們曾以自己的名號，給一些地方命名。」（詠・四十九：12）為此在另一〈聖詠〉上也寫說：「上主，世人睡醒，怎樣了解夢境；你醒時，也怎樣看他們的幻影。」（詠・七十三：20）

舍特的兒子厄諾士，意義是「復活的兒子」，希望呼號上主天主的名字，因為他預象這類人說：「我卻好像天主殿中的茂盛橄欖樹，全心信賴天主的慈愛，一直到永久。」（詠・五十二：10）他不追求世間的虛假光榮：「凡全心依靠上主，不對傲慢傾慕，且又不依附虛偽的，這人真有福！」（詠・四十：5）

這樣，這二座城，一座建立在現世的事物上，而另一座則建在依賴天主上，好似都自亞當所開的死門，由開始時代，趨赴自己的目標。加上數代回至亞當，由這原始被罰的根源，形成了被罰的大眾，天主揀選其中幾個作為觸怒的器皿，有的作為憐憫的器皿。（羅・九：22）天主給人應得的罰，而賞賜別人應得的恩寵，為使在世流浪天城之民，與受觸怒的人作了比較後，不要依賴自己的自由，而依賴呼號上主天主的名字。

人類的意志，本性是善的，因由慈善的天主所造；雖由不變的天主所造，但能變換，因為是由虛偽而來的。他能避善作惡，這是因著自由；他能避惡行善，沒有天主的助佑，這是不可能的。

（編按）本章及之後章節的聖經引文皆取自天主教思高版聖經。

第二十二章　天主之子因戀愛外方女人而墮落，除了八人外，都死於洪水中。

人類增加後，因著人意志的自由，善惡相混，二城互相融合。這次，罪惡也因女人而來，但不如開始時一樣。這些女人引人犯罪，並非受了誘惑，而是因著品行不端，因著她們的美貌，為流浪在世天主之城的人民所戀愛（創・六：1—2）。

美貌本來是天主的恩賜，這是真的，但亦賜予惡人，為使善人知道這不是至善。他們擯棄了善人的至善後，乃跌入下等的善中。它不是善人所獨有，而是善人與惡人所共有的。

天主之子熱烈戀愛人間的女子，願娶她們為妻，擯棄了在善人中所有的孝愛，與地城的人同流合污。身體的美麗，是天主所造的，但是暫時的、肉軀的、最下等的。若將它放在永遠，內在之美的天主之上，就秩序顛倒了；就如貪財者，不顧公義，只愛黃金，這並非黃金之過，而是人的過失。

一切受造之物皆如此：它的本性是好的，能適當地愛它，亦能不適當地愛它；若照秩序就是適當，不照秩序，就不適當地愛它。有人在讚頌造物主的詩中說：

「一切萬物皆美好，因皆由爾所創造；

人類除掉罪惡外，一切美善而稱道；
不愛天主愛萬物，世間秩序大顛倒。」（註）

若人真愛造物主，即愛天主，不愛天主以外的事物，就不會混亂地愛祂，因為我們當以愛情，愛所當愛，以修德行，為能聖善生活。所以我以為「德行」的簡單定義是：有秩序的愛情。為此在〈雅歌〉書中，天主之城，基督的淨配唱說：「他在我身上的旗幟是愛情。」（雅．二：4）

天主之子棄捨了天主，去戀愛人間女子，就顛倒了這愛情的次序。這兩個名字，相當適宜指出二個城子。天主之子，以本性而論亦是人子，但因聖寵，他們有另一個名字。在《聖經》中，說天主之子戀愛人間女子時，亦稱他們為天主的天使。所以有許多人以為不是人，而是天使。

（註）在普通拉丁本為對且來（Ceres）的讚頌，按且來為羅馬人的農神，與這讚頌無任何關係，可能是抄寫者的錯誤，而魯汶本稱作造物主的讚頌，與本讚頌正吻合，所以本文就採用了造物主。

第二十三章　可否相信天使戀愛豔麗婦女，與她們結了婚？

在本書第三卷第五章，我曾提及一個問題，而未加以解決，即天使本為精神體，能與婦女性交否？《聖經》上寫說：「你發出暴風，作你的使團。」（詠．一〇四：4）即將精神體的成為天使，使他們報告消息，因為希臘文是「ἄγγελος」，拉丁文是「Angelus」，就是「使者」。但天主賦給祂們身軀與否則不一定，因為同一〈聖詠〉上說：「你以火燄，作你的隨員。」即祂們當有愛德，如大火之炎炎。

《聖經》也證明天使曾以人身顯示於人，不但可以看見，並可被人撫摸。此外，大家都相信，許多曾親身經過的，都如此說，或聽到過有經驗過的人說，沒有人能疑惑其真確性：魑魅（Silvani, Fauni）屢次磨難婦女，願與她們性交。高盧人所稱的杜西（Dusi）邪魔，曾做過這類淫亂醜事，似乎不能否認。

我不能肯定，若神為氣體，能為扇所搖動，為手所觸摩，能因邪樂，願與婦女性交；但我絕不能相信天主的天使，當時墮落如此。我亦不信聖伯多祿宗徒是對祂們說：「天主既然沒有寬免犯罪的天使，把他們投入了地獄，困在幽暗的深坑，拘留到審判之時。」（伯後・二：4）我想是說背棄了天主，與領袖魔鬼一起墮落的魔鬼，他們因著嫉妒，借著蛇形，誘惑了原祖。

由《聖經》中，人屢次被稱為天使，對此若翰曾寫說：「請看，我派遣我的使者，在你面前，預備你的道路。」（谷・一：2）先知瑪拉基亞，因天主的特別恩寵，亦被稱為天使。（拉・二：7）

有些人非常驚異，因為他們讀到不是如我們的人，而是巨人，是由天使及祂們戀愛的女人所生，好像在我們的今日，如在第九章我曾提及的，就沒有巨人的出現。

在羅馬城被哥德（Gothi）人毀壞前數年，有一個女人，其身量超過所有男人之上，到處人山人海地來看她。更奇怪的，是她的父母，並不比平常人更為高大。所以，巨人，是天主之子，亦稱為天主的天使，與人間婦女性交，如人一樣生活，即舍特的子孫與加音的女兒性交前，亦能出現。

《聖經》上亦說：「當人在地上開始繁殖，生養女兒時，天主的兒子見人的女兒美麗，就隨意選取，作為妻子。上主於是說：『因為人既屬於血肉，我的神不能常在他內；他的壽數只可到一百二十歲。』當天主的兒子與人的兒女結合生子時，在地上已有一些巨人，（以後也有，）他們就是古代的英雄，著名的人物。」（創・六：1—4）

由《聖經》上的這些話看來，已可證明，天主之子娶了人子的女兒為妻後，因為她們豔麗，世界上乃有巨人。《聖經》屢次稱美麗者為善人。但巨人不斷繼續生出，因為《聖經》說：「當時地上有些巨人」；稍後乃說：「天主的兒子們與人的女兒們同室」，所以前後都有巨人。

「為自己生了」可證明天主之子，在墮落前，曾不為自己，而為天主產生，即不照慾情，而為盡增加天主城人民的職務，而不是為自己的子孫，使天主的天使，如舍特的子孫，希望呼號天主的名字，因此期望，能與他們的後裔，天主的子女為兄弟，以得永遠的產業。

《聖經》明顯地證明不是天使，如有人所想的，而是人，因為說了：「天主的兒子們看見人子的女兒美麗，便隨意選取，作為妻子。」稍後即添上說：「天主說：『因為人既屬於血肉，我的神不能常在他內；』」因著天主聖神，成為天主之子及天使，因為墮落，乃被稱為人，是本性的名字，而不是恩寵的名字，亦稱為血肉，因為他們捨棄了精神，亦為精神所棄捨。

七十賢士稱為天使及天主之子，但不是一切古本都如此，有的只稱為天主之子。猶太人將亞其拉（Aquila）放在所有《聖經》注解者之上，他不稱天使或天主之子，而稱為「神之子」。這兩種譯法都對，因為他們是天主之子，在他之下；他們又是兄弟，為神所生，為神之子，亦為神，如〈聖詠〉上所說：「我曾說過：你們是神，都是至高者的兒子。」（詠・八十二：6）

因而可信七十賢士亦得了先知的精神，因天主的名義，變換了一些事物，作了別樣解說，應當相信這是因天主的啟示而行。在希伯來文，此處不清楚，可解說為「天主之子」或「神之子」。

我們姑且放下偽書的齊東野人之話，教父們不知道它，是由他們，《聖經》一代一代地傳授給我們。這類偽書雖然亦含有真理，但因記載許多偽事，所以沒有正史的權力。

我們一定不能否認亞當的第七代子孫哈諾克（Enoch）曾寫過天主的事，因為猶達宗徒在書信中曾這樣說過。（猶・十四）若這書不在猶太司祭於聖殿中謹慎保存的正史內，是因為年代古遠，不易使人相信，因為不能證明的確為哈諾克所寫。因此這書中所說，巨人的齊東野人之言，不由人所生，君子都以為不可信，如其他許多借先知之名的書籍，經過慎重研究後，都被列入偽書之中。

依正史《聖經》，無論希伯來人的或天主教人的，沒有疑惑，在洪水以前曾有巨人，他們是人間的世俗之子。以後舍特的子孫，天主之子，棄捨了正義，亦加入這個團體，因而由他們中亦能生出巨人。並非所有人都是巨人，但在那時代，比洪水以後任何時期更多。

造物主造了巨人，為證明不但美麗，連身軀的巨大雄壯，皆不為賢士所重視；他們的幸福，是在不朽、更好、更久的精神事物上。這是善人所獨有的，而非善人與惡人所共有的。

另外一位先知論同一真理時說：「在那裏曾出生過自古有名，身材魁梧和勇敢善戰的巨人，天主卻沒有揀選他們，沒有指示給他們智慧的道路；他們滅亡了，因為沒有智慧；他們滅亡了，因為他們昏愚。」（巴・三：26—28）

第二十四章 天主說：在洪水中當滅亡的人，他們的光陰是一百二十年，當如何理解？

天主所說：「然而他的壽數，僅可延至一百二十歲」，不可視為人以後不會超過一百二十歲，因為在洪水以後，有的人還活到五百歲。而當視作天主說這話時，諾厄已將有五百歲，即已有四百八十歲。《聖經》呼為五百歲，因為是以概括稱呼大部份。

洪水一定發生在諾厄的六百歲之二月中，這樣，天主預言了人尚可活一百二十年，以後當在洪水中喪亡。我們有理由相信，洪水發生時，世上已沒有可逃脫這類死亡的人，因為是為罰惡人，並非為使善人這樣死去，他們總當死亡一次，死後尚能受苦。

在洪水中，《聖經》上所載舍特的子孫並無一人死亡，天主發洪水的原因如下：

「上主見人在地上的罪惡重大，人心天天所思念的無非是邪惡；上主遂後悔在地上造了人，心中很是悲痛。上主於是說：『我要將我所造的人，連人帶野獸、爬蟲和天空的飛鳥，都由地面上消滅，因為我後悔造了他們。』」（創・六：5—7）

第二十五章　天主的忿怒，並不擾亂不變的安靜。

天主的忿怒，不是祂的精神受了刺激，而是祂罰罪惡。祂的思維，是可變萬物的不變原因。天主不會如人一樣，後悔自己的行為，因為在一切事上，祂有先見之明，所以祂的思想亦不會變換。但《聖經》用這類說法，是以更親切的說法，與人交往，以訓道人，壓制驕慢者、鼓勵懶惰者、訓練研究者、培植明智者。若祂不先將就，降至臥在地上的人處，就不能做到這點。

祂也預言了來日的災難，一切地上的飛禽走獸皆將毀滅，但祂並沒有驚嚇無知之物，好像它們亦犯了罪。

第二十六章　天主命諾厄所造的方舟，在各方面，都預象基督及聖教會。

天主命義人，並如《聖經》所載，一生完全的人諾厄造的方舟，雖然不如天主城之子，也將如天使，不死不滅，但如人在現世生活；使與妻子、兒子、媳婦及天主所命的禽獸進入，以免洪水的災殃。沒有疑惑的，是世間流浪的天主城，即聖教會的預象，它因此木而得救，在方舟上面懸著：「在天主與人之間的中保也只有一個，就是降生成人的基督耶穌。」（弟前・二：5）

方舟的長、高、寬，指示人身的量度。人的高由頭至足，是身體左右兩旁的六倍，由腹至背的十倍，因此你若測量臥於地上的人，由首至足為左右兩旁的六倍，由地上量起則為十倍。

方舟的長為三百肘，寬五十肘，高三十肘。旁邊的門，表示耶穌被釘在十字架上，祂的肋旁為長槍所刺，由此信奉祂的人，可以進入，由此而發出聖事，使信友能進入教會。依照天主的命令，方舟是以四方的木板造成的，為表示聖人們的安定生活。因為你無論如何測量方形，常是正方的。其餘建立方舟所有的一切，都是表示教會的事物。

但要一一加以細述，未免太長了。我在攻擊馬尼蓋派人《福斯德》（Faustus）書中（第十二卷，十四章）已提及過，因為他否認在希伯來人書中，有任何一處預言基督。

可能有人比我更清楚地發揮這端真理，只要他所說的，是有關我們討論的天主城，它在現世流浪，如在洪水中一般，而所說的，又不與作者的意思相背。

比如說：若有人不願將：「方舟要分為上中下三層」（創・六：16），如我在該書中（第六卷，十六章）所說，是指教會，它召集天下萬民；而稱有兩層，或有兩艙，是因為包括兩種人，一種是受割損的，一種是不受割損的；聖保祿宗徒稱為猶太人及希臘人（羅・三：9）；或三層，或三艙，因為在洪水後，因諾厄三個兒子，萬民得救。或說是指他物也可，只要不相反信仰的規則。

天主不但願意在方舟下層有艙，在中間亦有兩層，最上面為第三層，由上而下有三層可住的艙房。這可視作聖保祿宗徒所說的信、望、愛三德，更可視為《聖經》上所載的一粒種子，結三十、六十或一百倍；或說在下層是夫婦的節德，在中層是寡婦的潔德，在上層為貞潔，亦可依照這城的信仰，去找出更好的說法。

同樣，對別樣可討論的事情亦如此，可照各人的意見，然而常當與公教的信仰相吻合。

第二十七章 對方舟與洪水，不當相信歷史性而否認寓意，或只認寓意而否認歷史性。

任何人不當以為這類事是白白寫成，或在其中只宜尋找事實，毫無寓意可言；或者正相反，以為這些事實根本沒有，只是寓意而已；或者無論如何去理解，總不預言教會。

除非出於惡意，誰能主張這類書籍白白地寫成，數千年來謹慎保存？誰能主張只講事實，而忽略其他一切？若說禽獸數目之多，逼使造這麼大的方舟，似乎若將禽獸同樣數目搬入方舟內，亦可保存其種類。天主命人保存動物的種類，豈不能重新造它們嗎？

主張這些並非事實，只是將來的預象，以為下這麼大的雨，以致超過最高的山十五肘。這是指奧林帕斯山（註一），雲彩不能在上形成，因為與天齊高，不能有濕氣，而生風雲及雨。但他們未想及上能有土，這是最濕的元素。

他們否認山頂是土嗎？那麼為何要主張不是水，而是土，能高於上空，而他們測量元素，能承認水在上，比土還輕嗎？他們有何理由，以證明更重更低的土高升，長久佔了天空最安靜的地區，而更輕更高的水，竟不能暫時做到呢？他們又說：方舟不能容下這麼多的雌雄動物，即不潔者兩對，潔淨者七對。我想他們只注意三百肘長，五十肘寬，而不想及兩層及三層亦如此寬大，所以當乘以三，得九百肘長，一百五十肘寬。

我亦想起奧利振曾說：天主的僕人梅瑟，如《聖經》所載，精通埃及人的學術，嗜好幾何學，他是說幾何學上的立方肘，一肘等於我們的六肘，則這樣龐大的方舟，自然可以裝下這些東西了。

至於說不能造這麼大的方舟，只因他們不知道人類曾造過大城，為這方舟，竟用了一百年。其中區別只在此點。我們可以用石灰，使一塊石頭與另一塊石頭結合，以建築數千英尺的牆，而木料可以用釘子、瀝青結合，以造方舟；不以曲線形。人的力量不能使它駛入海中，是洪水忽至，將它舉起，使它駛行，而不沉沒，這不是人類理智的工作，而是天主的安排。

為細心研究微小動物，如老鼠、壁虎，並研究蝗蟲、蒼蠅、跳蚤的人，在方舟中，是否比天主所指的數字更大，請他們注意下面的話：「在地上爬的動物」，能在水中生活的，如魚之類，就不必引人方舟內；能游水的，如許多飛鳥，亦當如此。

為此說：當有雌雄兩性，以能傳生，為此在方舟內，不需要雌雄交配，亦能生育的動物，乃由別物朽爛而生，牠們若在方舟的話，如在屋中一般，沒有規定的數目。

若事實不能表示出來其奧義及預象，若在方舟中，有一切不能在水中生活的動物，這不是因一兩個人的照顧，而由天主的照顧。並非諾厄加以遴選，他只讓牠們自由進去。這是《聖經》上所說的：「帶入方舟」（創・六：19），不是因人的能力，而因天主的意志。

當承認動物並非隨意進入，不加區別，而是「一牝一牡」，因為有些動物，不由性交，由他物而生，如蒼蠅；別的沒有雌雄之別，如蜜蜂（註二）。

有些動物，雖有牝牡之別，但不能生產，如牝牡騾子，似亦不當入方舟之內，而是它們的父母：馬、驢當進去，其他種類不能交配，而生新物者亦然。若這點能有寓意，一定也有，因為有雌雄之別。

另一使人操心的問題，是為飼養所有動物，在方舟內，當放入更多的動物，但更可信的，是除了肉類外，尚有所有動物可用的食料。我們知道，許多肉食動物，亦吃果子，特別是無花果及栗子。為此明智公正的諾厄，由天主的指示，準備了各樣動物適當的食料，而不用肉。動物饑餓時，什麼東西都吃。慈善的天主，若為預象意義起見，亦能使動物不飲不食而生活。

若非好辯的人，誰不想這些事，是教會的預象。因為不潔及潔淨的民族，都進入教會，直至一定限制，以達到其目的。由這明顯的事實，可知其他不明顯說出，不易明瞭的事，亦莫不如此。

既然如此，誰都不該想，這些事是白白地寫出，沒有其他意義的，只有言語能有意義，而事實不能有意義，而當承認大約是指教會，當以為所以寫出，是為使後人常常記得，事實所以發生，是為說明一事，以預象聖教會。

我至此當結束本卷了，以研究洪水及以後事蹟中，依人生活的地城及照天主生活的天城將來的境遇。

（註一）奧林帕斯山（Olympus）在希臘，古時人以為是眾神所在之地。

（註二）指蜜蜂沒有雌雄之別，或蒼蠅不必性交，由他物所生，是聖奧古斯丁時代，人對動物的觀察不夠精明所致。

第十六卷

在本卷的前部份，即由第一章至第十二章，是由諾厄至亞巴郎，依照《聖經》，述說天地二城之進行，在第二部份，由亞巴郎至以色列國王，論天國的進行。

第一章　洪水以後，由諾厄至亞巴郎，有幾家依天主而生活？

由《聖經》的話中，不易看出，在洪水後，尚保存著聖城的遺蹟否，或已為當時不斷加增的罪惡所毀壞，已沒有一個叩拜獨一真天主的人了。

因為在正典中，我們看見諾厄與他的妻子，及三個兒子與媳婦，因著方舟，得免洪水之患，以後直至亞巴郎，未見有人宣揚天主的信仰，只有諾厄祝福了他的兒子閃及耶斐特，並預言了將來要發生的事。

《聖經》上並記載諾厄咒罵了第二個兒子含說：「客納罕是可咒罵的，給兄弟當最下賤的奴隸。」（創・九：25）客納罕由含所生，含不但不遮蔽醉父的下體，反而加以嘲笑。《聖經》繼續記載諾厄祝福其他兩個兒子說：「上主，閃的天主，應受讚美，客納罕應作他的奴隸。願天主擴展耶斐特，使他住在閃的帳幕內；客納罕應作他的奴隸。」（創・九：26—27）因此，諾厄種植葡萄，飲酒大醉，赤身裸體及其他所記述的，都有預言的意義。

第二章　諾厄的兒子預象何事？

預言實現後，以前不清楚的事，後來也清朗化了。誰若細心觀察這類事實，就可看出是為基督而寫的。基督將由閃（Shem）生出，閃的意義為「名字」。誰比基督的名字，能到處發出芬芳香氣呢？在〈雅歌〉中，亦以他來與室內的香氣相比，室內即聖教會內，其中聚集著大眾。

耶斐特（Japheth）的意義為「發展」。諾厄的第二個兒子含（Ham），他的意義為「炎熱」，與其餘二位意見不合，但在二人之中，即不在希伯來人或教外人內，這有何意義？豈非指出將有大批異教人，不以明智的精神，而以忿怒而著名。異教人常惶惶不寧，並擾亂善人的和平。但這些事，為知道善於利用的，是有益的，如聖保祿宗徒所說：「因為在你們中間，原免不了分黨分派的事，好叫那些經得起考驗的人，在你們中顯出來。」（格前・十一：19）在〈箴言書〉中亦說：「聽受教訓的兒子，會到得智慧，他必能使喚愚昧人，如同使喚僕役一樣。」（箴・十：5）（編按）

天主教的許多教義，為異教人攻擊時，乃更仔細地加以研究，然後懂得更清楚，宣講更為努力，敵人發起一個問題，就使我們有學習的機會。

為此諾厄次子，不但可象徵與教會分裂的人，亦可象徵有天主教的名字，而品行不端的人。

他們承認，並宣傳赤身裸體諾厄所預象的基督苦難，但因品行不端，反而侮辱了他，《聖經》上的話：「所以你們可憑他們的果實辨別他們。」（瑪・七：20）正切合他們。

為此含的兒子被咒罵，因為他是含的果實及工程。他兒子的名字為客諾罕（Canaan），意義是「他們的打動」，就是他們的工程。

閃及耶斐特是受割損人與未受割損人的預象，或如聖保祿宗徒所稱，猶太人及希臘人的預象。他們知道了父親赤身後——這是耶穌苦難的預象——就將外衣披在自己的肩上，倒退著進去，將自己父親的裸體蓋住，沒有看見父親的裸體。

同樣，在基督的苦難中，我們恭敬耶穌為我們所受的苦難，但不贊成猶太人的罪惡。外衣表示聖事，肩表示記憶已往的事情，因為教會紀念已往。即耶斐特住在閃的家中，而含則住在他們中，而不是基督將來的苦難。

不孝的兒子，成為善良哥哥的僕人，他們利用惡人，練習忍耐，在智慧上進步。因為如同聖保祿宗徒所說，有的人不誠心宣揚基督：「或是假意，或是誠心，終究是宣傳了基督，為此如今我喜歡，將來我仍然要喜歡。」（斐．一：18）

他種葡萄，如依撒意亞先知說的：「萬君之主的葡萄園就是以色列人民族」；飲他的酒，或者飲爵，如耶穌所說：「你們能飲我將要飲的爵嗎？」（瑪．二十：22）；「父！若是可能，就讓這杯離開我吧！」（瑪．二十六：39）這一定是指他的苦難。

或因酒由葡萄所釀，他為我們由以色列人民族中取了人性。他醉了，即他受了苦，他被剝去衣服，即暴露出他的軟弱，如聖保祿宗徒所說：「他雖然由於軟弱而被釘在十字架上。」（格後．十三：4）又說：「因為天主的愚妄總比人聰明，天主的懦弱也總比人堅強。」（格前．一：25）《聖經》上說了：「被剝去衣服」，又加上說：「在自己的家中」，是明說當由自己同族人，即猶太人處，接受了十字架及死亡。惡人只在外表上宣講基督的苦難，因為他們不懂所講的。而善人卻在心中默思這重大的奧義，在他們的心中尊敬天主的軟弱及愚妄，其實比人的更堅強，更聰明。

含出來時，告訴眾人，父親赤身裸體，這是惡人的預象；閃及耶斐特為遮蓋它，尊敬它，乃入了房內，是善人的預象。我們依照所能研究《聖經》的奧義，一定以為所作所寫，是為預象將來，只能與基督及他的教會，即天主之城吻合。自人類開始時，就預言之城，現在都應驗了。

由諾厄祝福二子，及咒罵次子後，直至亞巴郎一千餘年中，沒有提及一個敬拜天主的義人，我不相信沒有義人，是因為若要一一加以記錄，就太長了，這是屬於歷史的事實，而不屬於先知的預見。《聖經》的作者，或更好說，天主聖神因著他不但記載已往事蹟，亦預告將來，特別注意屬於天主城及它的人民，無論如何說法，因了比較後，能得到更大的利益，且意義更為明顯。但不要相信，所記載的事，都有寓意，為寫有寓意的事，亦當說沒有寓意的事。

我們用犁耕田，但為耕田，亦需要其他零件，在音樂器具中，只有弦能彈出聲音，但其他部份，與弦相連，不可分開。同樣，在預言歷史中，記載有些事，無特別意義，然而與有寓意的，緊緊相連。

（編按）此處奧古斯丁引用七十賢士希臘文譯本（LXX），和今日通行的聖經章節略有出入。

第三章　諾厄三子的譜系。

在本書中，討論歷代天地二城的境遇，現在當先提及諾厄三子的譜系，先由幼子耶斐特說起，他有八個兒子，七個孫子，一子生三個，另一個生四個，共十五個。諾厄次子含，有四子、五孫、兩個曾孫，共十一人。

說了上面的話後，現在《聖經》開始說：「雇士（Cush）生尼默洛得（Nimrod），他是世上第一個強人。他在上主面前是個有本領的獵人，為此有句俗話說：『如在上主面前，有本領的獵人尼默洛得。』他開始建國於巴比倫、厄勒客和阿加得，都在史納爾地域。他由那地方去了亞述，建設了尼尼微（Nineveh）、勒曷波特城、加拉和在尼尼微與加拉之間的勒森（尼尼微即是那大城。）」（創・十：8—12）

英雄尼默洛得的父親雇士，生有五子二孫，為含的長子。這英雄是以後生育了子女，或者更可信的，是因著他的重要性，《聖經》特別提及他，他的王國，由著名巴比倫城及以後所記載的城市開始。這是喜納哈爾（Shinar），屬尼默洛得的王國即亞述，他造尼尼微城，以後聯合起來。《聖經》在此簡單提及著名的亞述王國（Assyrian kingdom），由尼尼微城的建立者培羅的兒子尼那為之光大發揚。

亞述由亞西（Assur）而來，他不是諾厄次子含的兒子，而是諾厄長子閃的兒子，因此由閃的子孫中，生下英雄國家的繼承人，他們又造了別的城子，第一座城名尼尼微。

以後是含的另一兒子米茲辣殷（Mizraim），他不但生了子女，而且創立了七個國家。由他的第六個兒子中，生出斐利定（Philistines），於是成為八個，然後我們當回至客納罕，他生了十一個兒子。以後《聖經》提及幾座城子，說它們已至何種程度，計算含的子孫，共有三十一人。

最後當提及諾厄長子閃的子孫，幼子的譜系逐漸提及他。但我們開始提閃的子孫時，有一不明處，當先加以解決。《聖經》上說：「耶斐特的長兄，即厄貝爾所有子孫的祖先閃，也生了兒子。」（創．十：21）這句的次序是：閃生了赫貝爾（Heber），是他子孫的父親。是願使人了解閃是由他所生的子孫，曾孫的祖先。赫貝爾並非直接由閃所生，而是他的第五代孫子。閃在其他兒子中，生了亞法（Arphaxad），亞法色生了加音南（Cainan），加音南生了沙拉（Salah），沙拉生了赫貝爾。（註）

為此在閃的子孫中，赫貝爾佔第一位，雖然他只是第五代玄孫，是因為希伯來民族的名字，由他而來，雖然有另一意見，以為係由赫貝爾而來。只有以色列人民族講希伯來言語，天主的城流浪在此民族中，在一切中又有其奧義。

先當提及閃的六個兒子，由其中一個生下四個孫子，一個曾孫，然後是赫貝爾；赫貝爾生了兩個兒子，一個名培肋格克，意義為「分開」，《聖經》提出這名字的意義說：「因為在他的時候，世界分了區域。」（創・十：25）以後我要說這是什麼意思。赫貝爾的另一個兒子生了十二個兒子，所以閃的子孫共有二十七個。諾厄約有七十三個子孫，耶斐特十五個，含三十二個，閃二十七個。《聖經》繼續說：「以上這些人按疆域、語言、宗族和國籍，都屬閃的子孫」（創・十：31）又總論說：「以上這些人按他們的出身和國籍，都是諾厄子孫的家族；洪水以後，地上的民族都是由他們分出來的。」（創・十：32）

由此可知當時有七十三人，或更好說七十三國，如後來要證明的，不是七十三個人。因為以前《聖經》提及耶斐特的子孫時結論說：「那些分佈於島上的民族，就是出於這些人：以上這些人按疆域、語言、宗族和國籍，都屬耶斐特的子孫。」（創・十：5）

在另一處，如我已提出的，在含的子孫中，更明顯地指出邦國說：「從他們出來的有培肋舍特人。」（創・十：14）這樣，直至十代，一一加以敘說後，結論說：「以上這些人按疆域、語言、宗族和國籍，都屬含的子孫。」（創・十：20）

有些子孫沒有提及，因為有的子孫，形成了好幾個國家，而他們卻沒有形成一個。為何在耶斐特的八個兒子中，只提及兩個呢？含有四個兒子，為何只提及三個？閃有六個兒子，只提兩個的系統？是別的兒子沒有後裔嗎？這是不能接受的。是他們沒有開闢邦國，所以不必提及，他們被編入他人的系統中了。

（註）名字係按拉丁通俗本及聖奧古斯丁的手稿，與思高聖經學會所譯的名字，少有出入。

第四章　言語的分別及巴比倫城的來源。

《聖經》作者說了各國有自己的言語後，乃回至言語統一的時代，並說出言語差別的原因：「當時全世界只有一種語言和一樣的話。當人們由東方遷移的時候，在史納爾地方找到了一塊平原，就在那裏住下了。他們彼此說：『來，我們做磚，用火燒透。』他們遂拿磚當石，拿瀝青代灰泥。然後彼此說：『來，讓我們建造一城一塔，塔頂摩天，好給我們作紀念，免得我們在全地面上各處分散。』

上主遂下來，要看看世人所造的城和塔。上主說：『看，他們都是一個民族，都說一樣的語言。他們如今就開始做這事；以後他們所想做的，就沒有不成功的了。來，我們下去，混亂他們的語言，使他們彼此語言不通。』於是上主將他們分散到全地面，他們遂停止建造那城。為此人稱那地為『巴貝耳』，因為上主在那裏混亂了全地的語言，且從那裏將他們分散到全地面。」（創・十一：1—9）

這座城名「混亂」，和巴比倫城一樣，為此巴比倫意即「混亂」，我們就結論到它為尼默洛特所造，如上面已簡單說過的，因為《聖經》論他時，說他的國家肇始於巴比倫。這座城在地城之上，如同是一國之都，雖然還沒有達到後來的繁華。

因為願意它高至上天，至少有一塔高於其他一切的塔，雖然是用單數，如說兵，是指稱數以千萬的士兵，蛙、蝗蟲是指稱梅瑟罰埃及人的千萬蛙、蝗蟲的災禍。

但人的傲慢究竟何為？超過高山峻嶺後，還要多少高度，要超出蒼雲多少高？最後，物質或精神的高度，豈能損害天主嗎？走向上天真實安穩的道路是謙虛，它使我們的心向主，而不是反對祂，如這位英雄尼默洛特，竟被稱為上主面前健壯的獵人。（創・十：9）

有的人沒有讀懂這點，為希臘文所欺騙，理解為在主前，而不是反對天主。因為希臘文「ἐναντίον」同時有「面前」（before）及「相反」（against）的意義，如在〈聖詠〉中所說：「向造我們的上主，屈膝示愛。」（詠・九十四：6）及在〈約伯書〉中說：「你發忿怒反對天主」；就這樣去理解為在上主前的獵人。

獵人有何意義？豈非欺騙人，壓逼人及世間動物的殺害者？他與人民造了一座塔，反對天主，這是心中驕慢的表示。惡念雖然外面沒有實行，亦當被罰。處罰什麼呢？下命令者的權威，是在言語上，因此驕傲不會使人理解服從，因為他不願理解而服從上主的命令。

因此這集會就散了，每人離開旁人，因為不能彼此理解，然後與能溝通的人聯合起來。這樣，人民因言語而分離，流浪在今日的世界上，天主以奧妙的形式，我們不易了解的方式，做了此事。

第五章　天主降下，混亂建築塔的人。

《聖經》上寫說：「上主遂下來，要看看世人所造的城和塔。」（創・十一：5）不是天主之子造的，而是照人生活，我們所稱的地城之人造的。並非說天主由一地至另一地，因為祂無所不在，所謂祂下來，是祂在世上做例外的事，證明祂在場。亦不當相信，祂既然無所不知，在某時間，看見某物，才知道它，說祂在某時看見或知道某事，是祂使某事被知被見。

這城使天主不悅，因為不如祂之所願。亦可說天主降臨此城，因為祂的天使降至此城，而祂則在天使中，所以上主說：「看，他們都是一個民族，都說一樣的語言。……來，我們下去，混亂他們的語言，使他們彼此語言不通。」（創．十一：6—7）是用簡單的言語，重複指出上面所說的：「上主降臨」。

因為天主若已降臨，則「來！我們下去，在那裡混亂他們的言語」，是祂向天使說的話，表示祂在降下的天使中；不說：「來！你們下去，混亂他們」，而說「我們混亂他們」的話，這樣，指出祂是和自己的使者工作，祂們原本就為天主工作，如聖保祿宗徒說的：「我們原是天主的助手。」（格前．三：9）

第六章　天主以何種言語與天使談話？

天主造人時說：「我們造人」，可視作向天使的話，因為天主不說：「我做」；但因下面繼續說：「照我們的肖像」，不能相信人像是依天使的像而造，或天使的像與天主的像相同。此處當視為天主聖三；但天主三位只有一性一體。說了「我們造」後，《聖經》又繼續說：「天主依天主的肖像造了人」（創．一：26）。不說神造了，或照神的像而造。

上面的話，亦可理解為「聖三」，好像聖父向聖子、聖神說：「來！我們下去混亂他們的言語。」不能理解為天使，他們當以聖善的行為升至天主處，即以思想請教永久不變的天主，如天主朝廷的永久律法一樣。

天使自身不是真理，祂們分有天主的真理，祂們由天主處，好像是生命的泉源，接受了祂們自身所沒有的。祂們永久臨近真理，總不遠離。天主與天使談話，不像我們人彼此間談話，或我們與天主或天使談話，或天使與我們，或天主因天使與我們談話一樣。天主與天使談話的方式奇異，我們只能依我們的形式去理解。

天主之言奇妙至極，先於事實，是事實永久不變的理由，並非一時喧嘩，而是永久的德能，在時間中工作。祂與天使所說，及與我們所說的，根本不同。我們內中感覺這類言語時，已與天使相近。我們工作，在本書中，不斷說出天主言語的理由。因為永久不變的真理，與有理智之物談論自己的奧妙，或用常變換的受造物發言，或以能變換的形象與我們的心靈交談，或以有形的聲音，與我們的五官交談。

所謂「以後他們所想做的，就沒有不成功的了。」（創・十一：6），不是為證明，而是為質問，如恐嚇的人所做的一樣。因此當視作所說乃「他們不會努力追求嗎？」若如此理解，就不是恐嚇。為此，為不明智的人加上「不」字，因為我不能寫出發言人的口吻。

由諾厄的三個兒子，在世上衍生出七十三個民族，或因下面要說的理由，有七十二個民族及言語，不斷增加後，連島上也住滿了人，但民族比語言加增的更快。我們知道在非洲，許多野蠻民族說同樣的言語。誰會疑惑，人類增加後，能用船遷移到海島上去居住呢？

第七章　遠處島中的動物，亦在方舟中得救否？

不屬人類管轄，不由土地所生，如青蛙，而由雌雄交配的，如狼之類，要至島中居住，乃發生了困難。因為自洪水毀滅了方舟以外的生物後，除非由方舟中的禽獸所生，如何島中能有禽獸？在近的島中，他們可能游泳過去，但有的島離陸地這麼遠，似乎任何動物都不能游泳過去。亦似乎不可相信，人為打獵目的，將它們帶至島中去，但不能否認，因天主的命令或准許，天使可能將它們帶去。

若動物係由地上所生，如最初天主說：「地上要生出各種生物。」（創・一：24）一切動物都在方舟中，不但為救牠們，也為象徵教會中的許多民族。因為在島中，地上亦生出許多動物，牠們不能游泳過去（註）。

（註）本文說地能生物，如青蛙等，是因在聖奧古斯丁的時代，對生物學知識尚淺所致。

第八章　由亞當的後代及諾厄的子孫中，會生出畸形人否？

我們可問由諾厄的子孫中，或由生他們的原祖中，能生出畸形人，如歷史上所記載否？

據說有的人，在額上只有一隻眼睛；有的人的腳往後屈；有的是陰陽同性人，右乳是男人的，左乳是女人的，性交後，皆能生產。有的沒有口，只由鼻孔呼吸而生活；還有的人，希臘人稱呼他們為侏儒，因為身型矮小。

也有人說：有些地方，女子五歲就可懷孕，但只能活到八歲。有一民族，人只有一隻腳，膝不能屈，卻跑得非常快。還有足影人（Sciopoqa），他們因天熱躺在地上，用腳做影。

有的人沒有頭，眼睛長在肩上；其他尚有似人的，如在迦太基城海邊廣塵的嵌圖所繪，或由書中所說的奇怪事。尚有犬人，它的頭是狗頭，它的吠聲，證明它是狗，而不是人。然而不可相信，真如所說的，有這類人存在。

沒有一個信友會疑惑，生下一人，即一個有理智的動物，他的容貌雖然與我們不同，顏色，動作，聲音亦異，他亦由原祖所生。由此可知自然界在大眾身上所做的，有時在少數人中，亦做出奇異的事。

我們中有畸形肢體的理由，為畸形體的民族，亦能有效。天主是萬物的造物主，祂知道何處何時當造，祂也知道用相似相異，以得宇宙的和諧。誰能看到整個受造世界，對某部份的缺點會大驚小怪呢？因為這是他不知道由何而來，為何而成。

我們知道有的人，手足指頭超過五個以上；對其他畸形而論，這是極小的。但有人因為不知道天主如此做，以為他弄錯了人於足的數目。若在別的事上有更大的差別，誰也不能指責天主，因為祂知道祂所做的事。

在依波，狄利大有一人，於足如狼，只有二指。若一整個民族都如此，豈非千奇百怪？我們豈可否認這個民族係由原祖所生嗎？雖然陽陰性人不多，但每時代都有。他們的陰陽性不定，不知當取何名，普通稱他為男人，不稱他為女人。

數年前，我記得在東方生下一人，上身為二人，下身一人，他有兩個頭，二胸，四隻手，但只有一腹，二足，如同一人，他活了多年，許多人都去看他。誰能說他與父母不同呢？我們不能否認這些人亦由原祖所生。

所有民族，若他們的身體與眾不同，但仍為有理智有死亡的動物，皆由原祖所傳，即使在傳說的種族中，我們與他們有極大的區別。因為我們知道猴子，長尾猴、猿不是人，而是動物，那一位歷史家因著好奇心，就會說它們是人嗎？若這種畸形人是人的話，因為造物主願意這樣造幾個人，依我們看來，亦由人所生，我們豈可相信造物主，如一個手藝不精的匠人，能夠錯誤嗎？所以可能有畸形的民族，因為在每民族中，都有畸形的人。

為謹慎結束這個問題，我可說：或者傳說這些民族的事不是真的，若是真的，則不是人；若是人的話，則由亞當所傳。

第九章　在我們地球的反面，亦住人否？

我們不可相信有人所說的，在地球的反面，我們看見太陽落山時，他們的地方太陽升起，他們的足，正與我們相反。這樣說的人，不是由歷史上所得，只是推想而已，他們以為地球懸在天空，佔上中下三層，所以他們想在地球的下面，亦當住人（註）（編按）。他們不想，即使地球是圓形的，在這部份亦當有水，即沒有水的話，不一定就有人住。以為有人航行，經過海洋，由地球這面而至那面。人類還是由一原祖而生，如《聖經》曾告訴我們，它是不會欺騙人的，它所預言的，都將應驗。

因此我們相信，當時的人分成七十二個及不同言語，在世流浪的天主城，直至洪水，方舟時，在諾厄身上受到祝福，特別是在長子閃身上，以後耶斐特亦蒙祝福，但當住在哥哥的家中。

（註）由此可見地球為圓形，在反面住人，如現在美洲對我們而言，古時已有人想到，只是無法證明而已。

（編按）古希臘數學家畢達哥拉斯已經提出地球是球型的概念，亞里斯多德也證實了；但直到十五世紀的麥哲倫，直接以航行地球一週來證實，出發往同一方向，最後仍會回到出發點葡萄牙，這學說才得到世人的普遍認同。

第十章 閃的後裔，傳至亞巴郎，天主城乃更發展。

我們當依隨閃的家譜，以觀察天主城在洪水後的發展情形，如在洪水前，我們隨舍特的系統一樣。為此《聖經》記載了地城在巴比倫，即混亂中後，又回至閃，然後提及他的後裔，直至亞巴郎，並且記載年齡，每人所生的子女，及他們生活的時代。

由這種態度中，我們該當承認天主所許的，以便理解為何天主對赫貝爾子孫所說：「厄貝爾生了兩個兒子：一個名叫培肋格，因為在他的時代世界分裂了；他的兄弟名叫約刻堂。」（創‧十：25）為何分區，豈非因著言語不同嗎？《聖經》捨下幾個沒有關係的閃的子孫，乃照次序，一一提出，直至亞巴郎，正如在洪水前，由亞當的兒子舍特而傳至諾厄一樣。

閃家譜的次序如下：閃百歲時，洪水後二年生了阿帕革沙得（Arphaxad）；閃生了亞法沙後，還活了五百歲，生了子女後死亡。別人亦如此：幾歲生子，以後又活了幾歲，直至亞巴郎。

《聖經》說生子育女，但為使我們懂得人民如何增加，不可只注意少數提及的人，我們不當疑惑閃的子孫，能傳至全世，建立國家，特別是亞述國，由此生了東方的英雄尼奴，他在位時，人民享受平安繁榮，他將廣大的國土傳給子孫，歷時甚久。

我為不超出本書範圍起見，不說每人活了幾歲，只說生育子女的歲數，以便計算在亞巴郎的年代，偶爾亦簡單提及以外必要的事。

洪水後一年，閃一百歲生了阿帕革沙得，阿帕革沙得於一百零五歲生加音南（Cainan），加音南於一百三十歲生舍拉（Shelah），舍拉在同樣年紀生了厄貝爾（Eber），厄貝爾於一百三十四歲生培肋格（Phaleg），在他時代，世界分了區域。他一百三十歲時生勒五（Reu），勒五於一百三十二歲生色魯格（Serug），色魯格於一百三十歲時生納曷爾（Nahor），納曷爾於七十九歲生特辣黑（Terah），特辣黑於七十歲時生亞巴郎（Abram），天主改了他的名字，成為多數。

由洪水至亞巴郎共一千七百零二年，是依照由七十賢士譯品所成的拉丁通俗本（註）。但有人說，在希伯來原文中，年代更短，但不說出理由，反而發生極困難的問題。

我們在七十二代中，尋找天主城，我們不能說，在這言語統一時代，人類已捨棄了真天主的敬禮，真宗教只在閃的後裔，經過亞法沙而至亞巴郎的系統中，才可以找到。

然而惡人的城，由驕傲而建，願意造塔高至上天，這是傲慢。但不易決定這城先已存在，或是二城同時並立，即善人的城在諾厄的三子中，他們曾為上主所祝福，及他們的子孫中；惡人的城則在被咒罵的加音南及其後裔內，由他生出反對天主的獵人。更可信的是在建立巴比倫城前，在他們的後裔中，就有輕視天主的人。在含的後裔中，也有敬拜天主的，在世界上常有這二等人。

〈聖詠〉上說：「人人都離棄了正道，趨向邪惡，沒有一人行善，實在沒有一個。」（詠・十四：3、五十三：4）在這兩首〈聖詠〉中亦說：「那些作姦犯科的人，吞我民如食饅頭」所以亦有天主的人民。所說：「沒有一人行善，實在沒有一個。」是對人子說的，而非對天主之子說的。

而前一節說：「天主由高天俯視世人的子孫，察看有無尋覓天主的明智人，」（詠・五十三：3）這幾句話，是說所有的人子，屬於人城，而不依天主生活的，都在咒罵之內。

（註）此處所謂拉丁通俗本，非現在所用本，乃以前的「VetusItala 本」。

第十一章　最初人類的言語，是以後所說的希伯來話，由希伯而得名；言語增加後，它常保存在猶太人中。

人類言語統一時，也有窮兇極惡的人，洪水之前，言語統一，然而除了義人諾厄一家外，大家都當受洪水的罰。當人類因著驕傲，為主所罰，言語不同，惡人的城乃取了巴比倫，即混亂的名字，希伯的家族沒有消滅，即常保存著當初人類共同的言語。

為此，如前面所說的，開始計算閃的子孫時，每人生下後裔，第一名即為希伯（Heber）（編按），雖然他是第三孫子，以其後裔計算，乃為第五代。這種言語，是以前人類的共同言語，民族依照言語分開後，乃被稱為希伯來話（Hebrew）。

它亦當有特別的名字，以能與別的言語有分別，它以前是人類的獨一言語，為大家共同的言語。

恐怕有人要說，若人類是在希伯的兒子培肋格時代，因言語而分家，以前大家所共同的言語，似乎當以培肋格的名字稱它。但當堅持希伯給他兒子取名培肋格（Phaleg），意義分離，是因為他出世時，人類正因言語不同而分離，即如《聖經》所說的：「因為在他的時代，世界分裂了。」（創・

十：25）若言語分別時，希伯已不在人間，則他後裔的言語，就不會取他的名字了。為此當相信希伯來語，是起初大家共同的言語：因為言語的分別，是一種罰，而天主的人民不當受罰。亞巴郎的言語，不傳給他所有的後裔，而只傳給雅各伯的子孫，這是有原因的：因為他們將成為天主特別的選民，能有天主的約及基督的世家。

希伯亦沒有在自己的所有後裔中，保存同一言語，而只在亞巴郎的系統中。為此雖未明說，惡人建築巴比倫城時，尚有善人存在，這點不當使研究者猶豫不決，反而當刺激他。

因為起初時，大家都有同一言語，而《聖經》在閃的子孫中，第一個就提及希伯，雖然是他的第五代孫子。古聖祖與先知不但說希伯來話，且筆之於書。若研究言語分離時，當初大家公共的言語能在何處，一定當在沒有受言語分別之罰的民族中，即在希伯來民族中，由它而存名，別的民族的言語都已變換，而希伯來民族的言語仍未變換，這是理所當然的。

誰會驚奇希伯及他的兒子培肋格，若只有一種言語，會生出兩個民族。沒有疑惑的，希伯來民族，由希伯至亞巴郎，由亞巴郎至形成偉大的希伯來民族時，是同一民族。若希伯及培肋格，沒有形成民族，諾厄的三個兒子，可能形成不同的民族。

大約英雄尼默洛特（Nimrod）亦形成一個民族，但因他的氣力大，身軀雄壯，乃特別提出，以維持七十二個國家及言語。後來提及培肋格，不是因為他形成另一民族，因為他亦屬希伯來民族，說希伯來話，而是因為他的時代特殊，因為正在他的時代，世界分了區域。

也不必奇怪英雄尼默洛特能活至巴比倫建築時，言語混亂，民族分離時代。若希伯是諾厄的第六代孫子，而尼默洛特為第四代，不能因此就不能同時生活，因為往往代數少，而人壽長，代數多而壽短，或者代數少的更後生，而代數多的早生。

所以當承認世界分區時，不但諾厄已生了子孫，為民族之父，且已達到相當的數字，可稱為民族，但不必依照《聖經》所說，就是他的出生的次序。若如此，如何培肋格的兄弟，希伯的兒子，約刻堂（Joktan），能生十二個兒子，因為他的次序是在培肋格之後，當培肋格出世時，世界已分區域了。

為此當承認先提及培肋格，卻生在雅堂哥哥之後甚久，因為他的十二個兒子，已有廣大的家庭，可依言語而分開了。所以年幼的，可能先被提及，如在諾厄的三個兒子中，先提及耶斐特的子孫，雖然他最年幼；然後是第二子含的子孫；最後才提及長子閃的後裔。

直至今日，尚可看出民族名字的來源，如亞述人由亞述（Assur），希伯來人由希伯而來；而另一部份，則因時代不同，少有變更，因此學識廣博的人，讀了古史後，能夠找出，若不是所有民族的來隙，至少幾個民族的來源。

若說埃及人係由含的兒子雇市而來，則更有證據。若研究所有名字，則變更的比保存的更多。

（編按）希伯（Heber）也就是厄貝爾（Eber）。

第十二章　由亞巴郎時代，開始另一個系統的次序。

現在我們看看天主之城由亞巴郎時代，更為明顯，將在基督身上完成天主的應許，亦更為清晰。由《聖經》中，可以知道亞巴郎生在加爾代地方，屬亞述國。當時在加爾代人中，如在別的國家一般，迷信盛行。

亞巴郎出身的特辣黑（Terah）一家，獨保存了獨一天主的敬禮，且保存了希伯來語，雖然天主的選民在埃及與美索不達米亞，亦敬拜過邪神，如若蘇厄書中所載（若・二十四：2），而希伯的其他後裔，逐漸採取了別的言語，與其他民族同化了。

為此如在洪水時，只存諾厄一家，以保全人類，同樣在迷信橫行中，只剩下特辣黑一家，保存著天主城的基礎。如以前《聖經》記載了世代至諾厄，他的年齡及洪水的原因，天主命諾厄造方舟之前，曾記載說：「以下是諾厄的小史」（創・六：9）。

同樣，此處說了諾厄的兒子閃的後裔後亦寫說：「以下是特辣黑的後裔：特辣黑生了亞巴郎、納曷爾和哈郎；哈郎生了羅特。哈郎在他的出生地，加色丁人的烏爾，死在他父親特辣黑面前。亞巴郎和納曷爾都娶了妻子：亞巴郎的妻子名叫撒辣依；納曷爾的妻子名叫米耳加，她是哈郎的女兒；哈郎是米耳加和依色加的父親。」（創・十一：27—29）

米耳加的父親哈郎（Haran），也是依色加（Iscah）的父親，即亞巴郎妻子撒辣依（Sarai）的父親，如有人主張的。

第十三章　為何特辣黑一家，由美索不達米亞的加爾底亞城遷出，不提兒子納曷爾的名字？

《聖經》繼續記載：特辣黑與家人離開了加爾底亞地區（Chaldeans），來至美索不達米亞（註），住在加拉。但不提及納曷爾，好像沒有帶他出來，因為只說：「辣黑帶了自己的兒子亞巴郎和孫子，即哈郎的兒子羅特，並兒媳，即亞巴郎的妻子撒辣依，一同由加色丁的烏爾出發，往客納罕地去；他們到了哈蘭，就在那裏住下了。」（創．十一：31）

這裡沒有提及納曷爾及他的妻子米耳加。但以後亞巴郎遣使自己的僕人，為自己的兒子依撒格娶妻時，我們又看到他，因為《聖經》上記載說：「僕人由他主人的駱駝群裏取了十匹駱駝，又帶了些他主人的各樣財物，起身往二河間的阿蘭去，即納昂爾城去。」（創．二十四：1）

《聖經》這處及他處，都指出亞巴郎的弟弟納昂爾，也離開了加爾底亞人的地區，住在美索不達米亞，亞巴郎同父親亦在那裡住過。然而為何《聖經》說特辣黑與家人辭別了加爾底亞人，住在美索不達米亞時不提及他，反而提及自己的兒子亞巴郎及媳婦撒辣依，孫子羅特呢？恐怕我們可以推測他離開了父親及哥哥的宗教信仰，去隨從加爾底亞人的迷信，後來後悔了，遭人虐待，因為有了嫌隙，乃離開了他們。

因為在〈友弟德傳〉中，以色列人的敵人敖羅斐乃（編按：亞述軍隊的統帥），問自己當攻擊的敵人時，阿孟人的統帥阿希約爾對他說：

「我主，請聽你僕人一言，我要向你說明，這住在山地離你不遠的民族，是什麼情形；你僕人口中所說的，決沒有一句虛話。這民族原是加爾底亞人的後裔，原先僑居在美索不達米亞，因為不願隨從自己祖先所居加爾底亞地的神祇，就離棄了自己祖先的途徑，而崇拜天上的大主，一位自己所承認的神。所以他們被那裏的神祇所驅逐，逃到美索不達米亞，僑居在那裏很久。後來

他們的天主，吩咐他們離開僑居的地方，往客納罕地方去，就住在那裏，積蓄了大批金銀和很多家畜。」（友．五：5—9）

阿孟人也說了其他事情。顯明地，特辣黑全家遭到加爾底亞人的為難，因為他們敬拜獨一真主。

（註）在希伯來文及現在通行的拉丁通俗本稱這城為「烏爾」，意義為火，加拉則名哈蘭。聖奧古斯丁此處所引，係根據七十賢士本，及當時通用的由七十賢士希臘文譯成的拉丁通俗本（Vetus Itala）。我在譯文中，依照聖奧古斯丁的原文，在引證舊約時，則根據思高聖經學會的譯文。

第十四章 特辣黑的年齡，他逝世於哈蘭。

特辣黑在美索不達米亞住了二百零五年而逝世，天主對亞巴郎的允許乃開始實現了，因為《聖經》上寫說：「特辣黑享壽二百零五歲，遂死於哈蘭。」（創．十一：32）

我們不當將這些話，視為他一生住在那裡，是他一生共用壽二百零五歲；不然我們就不知道；特辣黑活了幾年，因為《聖經》上沒有記載他幾歲時來至加拉。但我們不能相信，在系統中，《聖經》詳細記載每人的年齡，而獨忽略了他的年齡。

若《聖經》提及的人，有時不記載他們的年齡，是因為他們的年齡不需算入系統的年代中。然而由亞當至諾厄，由諾厄至亞巴郎，《聖經》提及每人，都記載他們的年齡。

第十五章　亞巴郎遵從天主的命令，離開哈蘭，在天主允許的時間。

《聖經》上記載亞巴郎的父親特辣黑死後，繼續說：「上主對亞巴郎說：『離開你的故鄉、你的家族和父家，往我指給你的地方去。』」（創・十二：1）此事不因記在後面，就是以後發生的。因為若如此，問題就不能解決了：因為《聖經》記載了天主對亞巴郎說了這幾句時又繼續說：「亞巴郎遂照上主的吩咐起了身，羅特也同他一起走了。亞巴郎離開哈蘭時，已七十五歲。」（創・十二：4）

若亞巴郎是在父親死後，才離開哈蘭（Haran），這事如何能是真的？因為上面說過，特辣黑七十歲時生亞巴郎，加上亞巴郎離哈蘭時已七十五歲，共為一百四十五年，所以當亞巴郎離開美索不達米亞時，正是這年齡。因為亞巴郎若有七十五歲，父親在七十歲時生他，就有一百四十五歲了。

所以他不在父親死後，才離開那裡，即在他一百零五歲以後，他當時是七十五歲，父親七十歲時生他，一定是一百四十五歲了。所以是《聖經》照它的習慣，又回至以前的事。如它記載諾厄的子孫，在他們的民族及言語中，但在時間次序上是以後的事，所以說：「當時天下的人有一樣的言語。」（創・十一：1）若大家只有一種言語，各人如何能有自己的言語？這是《聖經》又回到已經說過的事上了。

這裡所說：「特辣黑享壽二百零五年，遂死於哈蘭。」但《聖經》停下，先說完有關特辣黑的事說：「亞巴郎遂照上主的吩咐起了身，羅特也同他一起走了。亞巴郎離開哈蘭時，已七十五歲。」他的父親一百四十五歲，他自己七十五歲時，才發生此事。

但亦可用別樣方法，來解決這問題，即亞巴郎七十五歲，離開加拉時，不由加爾底西人於中逃脫，而由他出世時算起，好像是這時才出世的。

但聖斯德望（Stephen）在〈宗徒大事錄〉中，述說這事時說：「當我們的祖先亞巴郎尚在美索不達米亞，尚未住在哈蘭以前，光榮的天主曾顯現給他，向他說：『你要離開你的故鄉和你的家族，住我所要指示你的地方去。』」（宗．七：22）照聖斯德望的話，天主向亞巴郎說話，不在他父親死後，他一定在加拉，兒子與他同居，而是已在美索不達米亞；但住在這城前，卻已離開了加爾底亞人。

為此聖斯德望下面所說的：「那時，他遂離開了加色丁人的地方，住在哈蘭；」（宗．七：4），不表示這事是在天主說話之後，因為他不在天主說話之後，才離開，天主是在美索不達米亞向他說的，表示「那時」二字，是指稱他離開加爾底亞人，及住在加拉的整個時代。

下面所說的：「他父親死後，天主又叫他從那裡遷移到你們現今所住的地方來」；（宗．七：4）不說：「父親死後，離開哈蘭」，而說：「他父親死後，天主又叫他遷移到你們現今所住的地方來。」所以該當視作，天主對亞巴郎說話時，他在美索不達米亞，與父親住在哈蘭以前，在他七十五歲，父親一百四十五歲時，才離開那裡。

《聖經》以後又說：在他父親死後，他乃常居迦南地方，不是離開哈蘭，因為亞巴郎買地，成為自己田地的地主時，特辣黑已經去世了。天主向亞巴郎說話時，他已離開加爾底亞人的地方，常住在美索不達米亞。「離開你的故鄉和你的家族，」這幾句話，並非說他身體沒有離開，他已經離開了，是要他從心中離開。因為他還沒有完全脫離自己的土地，還希望回去，但當聽天主的命，並因著他的助佑，當加以斷絕。似乎可以相信納昂爾跟隨父親時，亞巴郎遵從天主的命令，與妻子撒辣依及侄兒羅特離開了哈蘭。

第十六章　天主允許亞巴郎的時代及特性。

現在我們當研究天主給亞巴郎的應許，因為由它，天主（註）所應許給他的忠誠人民，及以後先知所預言的，更為明顯。

第一個應許如下：「上主對亞巴郎說：『離開你的故鄉、你的家族和父家，往我指給你的地方去。我要使你成為一個大民族，我必祝福你，使你成名，成為一個福源。我要祝福那祝福你的人，咒罵那咒罵你的人；地上萬民都要因你獲得祝福。』」（創・十二：1—3）

該當注意天主給亞巴郎兩個應許：第一個是他的子孫將佔居客納罕，這是下面的話所指的：「往我要指示你的地方去，我必叫你成為一個強大的民族。」

第二個應許更尊貴，不是肉身的後裔，而是精神的後裔，因而他不但成為以色列國的祖先，並且成為一切信仰上主民人的祖先，這是天主用下面的話所允許的：「天下的萬民，都要因你獲得祝福。」

歐色皮（Eusebius）以為天主應許時，亞巴郎七十五歲。得了應許後，他就離開了哈蘭，因為不能相反《聖經》上的話：「亞巴郎七十五歲，離開哈蘭。」

若應許是在這年，亞巴郎已與父親同居在那裡了，因為若他以前不住在那裡，就不能離開。這樣，恐怕要相反斯德望所說的：「當我們的祖先亞巴郎在美索不達米亞，尚未住在哈蘭以前，光榮的天主曾顯現給他。」（宗・七：2）

不當承認以上一切，都在同年發生，亞巴郎住在加拉之前，天主允許他，以後他住在此地，最後離開它。這是因為歐色皮在年代書中，由應許這年計算猶太人，在天主頒佈十戒前四百三十年出

埃及，並且聖保祿宗徒亦提及這事。（迦・三：17）

（註）現行拉丁本在天主下，在括弧中，尚有「吾主耶穌基督」句，顯然是後人所添，與上下文不合，所以譯時刪去，義文本亦然。

第十七章 三個重要的國家，其中之一，即亞述國，在亞巴郎時，已甚強盛。

當時有重要的國家，為依人生活的人子之城，在邪魔控制之下，繁華興盛，其中有三個：即熙雍（Sicyon），埃及與亞述（Assyria），而亞述尤為強盛著名。因為培羅（Belum）的兒子尼奴（Ninus），征服了整個亞細亞的民族，除了印度以外。

此處所謂亞細亞，不是大亞細亞的一部份，而是整個亞細亞，有人說它是世界的二分之一，或三分之一，因為世界共分三份，即亞洲，歐洲與非洲。亞洲由南至東，直至北方；歐洲由北方至西方；非洲由西方至南方。所以歐洲與非洲佔世界的一半，而亞洲獨佔另一半。

這兩份因為大西洋包圍其中，形成地中海。若將世界分成兩份，第一份為亞洲，第二份為歐洲及非洲。（註）三個強國之一，熙雍（編按）不屬亞述，因為是在歐洲，但埃及如何能不屬亞述呢？它除印度外，控制了整個亞細亞。亞述的首都為巴比倫，它的意義為「混亂」，這對地城而言是很適當的。當父親培羅在位七十五年逝世後，尼奴繼位為王，在位五十二年；他在位四十三年時，亞巴郎出世，在西方巴比倫城羅馬建立前，約一千二百一十四年。

（註）這是歐洲人自古對世界地理的智識，雖然簡單，但相當正確，直至發現美洲，並無重大變化。

（編按）熙雍（Sicyon, Syk），又譯錫安，為古希臘城，位於希臘伯羅奔尼撒半島（Peloponnese）北端，接近今之科林西亞灣（Corinthian Gulf）。

第十八章　天主與亞巴郎重複交談，應許他及其子孫佔有客納罕地方。

亞巴郎七十歲時，他的父親一百四十五歲，離開哈蘭，與侄兒羅特，妻子撒辣，至客納罕地方，直至協根。在此處他得了天主的另一啟示，如《聖經》上寫說：「上主就顯現於亞巴郎說：『我必將這地方賜予你的後裔。』」（創．十二：7）

此處天主沒有應許亞巴郎將為萬民之父，而只是以色列人民族的父親，這塊地將由他們所得。

第十九章　在埃及，當亞巴郎說她是自己的姐妹，而不是妻子，天主庇佑了撒辣的貞操。

亞巴郎在該處造了一座祭壇，呼求了天主後，退至曠野，因為饑荒，乃退入埃及。在此處他稱妻子為姐妹，但他並沒有說謊，因為她的確是他的姐妹。羅特在同一親屬階級中，被稱為兄弟。

他雖不說，但也沒有否認撒辣依是自己的妻子，只求天主庇佑她的貞操，以避免人的陷害：

因為若他能躲避危險而不躲避，就是試探天主，而不是依賴祂。對這事，我對馬尼蓋派人弗斯德（Faustus），已寫得相當多了。

天主應許亞巴郎的終於實現了：埃及法老王，娶她為妻，但受了許多瘟疫的重罰之後，乃將她歸還她的丈夫。我們不可相信她有損貞操，因為大約法老王受了重罰，所以並沒與她性交過。

第二十章　羅特與亞巴郎和平分居。

亞巴郎由埃及回至原處時，他的侄兒羅特與他友善地分開，至索多瑪城住下。因為他們發了財，有許多牧童，彼此紛爭不和，分開後可以避免家庭中的不睦，因為在人事中往往引起糾紛。亞巴郎為避免這事，向羅特說：「我你之間不可相爭，我的牧人與你的牧人之間，也不可發生口角，因為我們是骨肉之親。所有的地，不都是在你的眼前嗎？請你離開我！你若往左，我就往右，你若往右，我就往左。」（創・十三：8—9）

由此可能生出人間和平的習慣，在分財產時，年長者分，而由年幼者揀選。

第二十一章　天主第三次應許亞巴郎及其子孫，將得客納罕地區。

亞巴郎與羅特分開後，並非由於糾紛，而為養育家庭，亞巴郎居於客納罕地區，而羅特則住在索多瑪城時，天主第三次啟示亞巴郎說：

「自你站立的地方，舉目向東西南北觀看！凡你所看見的地，我都要賜予你和你的後裔，直到永遠。我要使你的後裔多如地上的塵沙。如有人能數清地上的塵沙，才能數清你的後裔。你起來，縱橫走遍這地，因為我要將這地賜予你。」（創・十三：14—17）

在這應許中，天主應許亞巴郎為萬民之父否，不甚清楚，因為下面幾句，似乎是指稱它，「我要使你的後裔多如地上的塵沙」。這是希臘人所謂的誇大說法，是寓意，不是本意。研究《聖經》的人都知道它亦用比喻，如其他修辭學上的形式一樣。這種寓意的說法，是比所說的意義更為廣泛。

誰不看出地上的塵沙，比人類由亞當開始至世界窮盡時更多，比亞巴郎的後裔，以色列人民族，及全世界因信仰為亞巴郎的後裔更為眾多。他們與惡人比較起來，為數無幾，雖然這少數，是地上塵沙所表示的群眾。

天主應許亞巴郎的後裔，為亞巴郎，而不為天主，是無數的，因為地上的塵沙，為天主也不是無數的。不但以色列人民族，並且天主應許亞巴郎的後裔，非照肉身，乃依精神，將如塵沙之多。由此可知天主的應許，包括以上二者。

但我已說過：為何亞巴郎由孫子雅各伯的後裔，數字這麼大，竟充斥全世，這事不很清楚。它亦可能是一種誇大的說法，比之塵沙，因為它為人是無法計算的。

地方一定是客納罕，沒有人疑惑。而「我都要給你的後裔，直至永遠」，能使人發問是指稱永遠時間否？若他們的「永遠」二字視作現世為後來的開始，則毫不奇怪，因為以色列人民族雖然被人逐出耶路撒冷城，但仍在客納罕及其他各地，直至世界窮盡。這些地方若為信友所居，還是由亞巴郎的後裔所居。

第二十二章 亞巴郎打擊了索多瑪城的敵人，救出被擄的羅特，受默基瑟德的祝福。

亞巴郎得了這應許後，遷至另一處，即在協根摩勒橡樹區。五個國王與四個國王交戰，索多瑪人為敵人打敗，他們攻入索多瑪城，擄了羅特。

於是亞巴郎與三百十八個僕人參加了戰役，救出羅特，為索多瑪王打了勝仗，但他不願接受索多瑪王的禮物，於是上主的司祭默基瑟德祝福了他。許多人以為〈致希伯來書〉，是聖保祿宗徒寫的，對默基瑟德寫了許多事。（希・七：1─17）

因而全世界信友奉獻的祭禮，第一次出現了，以後先知將它歸於基督說：「按照默基瑟德的品位，你將來永為司祭。」（詠・一〇九：4）是照默基瑟德品位的司祭，而不照亞巴郎的品位，所象徵的事一出現後，它就要被取消了。

第二十三章 天主應許亞巴郎，他的後裔將如星辰之多，而他當時尚未受割損。

那時天主在神示中，又顯給亞巴郎，應許他助佑及重大的酬報，但亞巴郎想念後裔，說將立僕人厄里黑則爾為自己的繼承人。於是天主應許他，他的繼承人不是僕人，而是他親生的兒子，他的後裔繁多，將如天上之星。

似乎這是應許他的後裔將享天福，因為以數目而言，天上的星辰，如何能與地上的塵沙相比呢？有人可能以為天上的星辰亦是不可勝數的，我們不能看到所有的星，因為越看越多。為此有些星，即仔細看亦看不見，至於離我們很遠，在世界另一方面升落的星辰，更不必說了。若有人自誇能看到所有的星辰，如亞拉都及歐多西等，我在這書中，就要輕視他們。

聖保祿宗徒曾寫說：「亞巴郎信了天主，因而這事為他便算是正義。」（羅・四：3）所以不要因受割損而自誇，將不受割損的人，置之基督的信仰以外。因為亞巴郎成為義人時，尚未受割損（編按）。

（編按）《聖經》記載，亞巴郎應上主的召叫，七十五歲離開哈蘭遷徙到客納罕地區之後，天主便和亞巴郎立約，改名為「亞巴辣罕」，意為「萬民之父」（創．十七：4-6），並再次宣告將給他一個後裔，承受這塊土地，並要求家族中所有男性成員都接受下體的割損禮做為盟約的標記（創．十七：6-14），這應許的繼承人便是日後的依撒格。

第二十四章　亞巴郎祭祀的意義，求天主指示他所信的。

在同一神視時，天主又向他說：「我是天主，我曾將你從烏爾加色丁領出來，為的是將這地賜予你作為基業。」（創・十五：7）

「亞巴郎問如何能得地為基業，天主乃答應說：『你給我拿來一隻三歲的母牛，一隻三歲的母山羊，一隻三歲的公綿羊，一隻斑鳩和一隻雛鴿。』亞巴郎將這些都取來了，每樣剖成兩半，將一半與另一半相對擺列，唯有飛鳥沒有剖開。有鷙鳥落於獸屍上，亞巴郎便將牠們嚇走了。正在太陽落山的時候，亞巴郎昏沉地睡去，忽覺陰森萬分，遂害怕起來。

這時天主對亞巴郎說：『你當知道，你的後裔必要寄居在異邦，受人奴役虐待四百年之久。但是，我要親自懲罰他們所要服事的民族；如此你的後裔必要帶著豐富的財物由那裏出來。至於你，你要享受高壽，以後平安回到你列祖那裏，被人埋葬。到了第四代，他們必要回到這裏，因為阿摩黎人的罪惡至今尚未滿貫。』

日落天黑的時候，有冒煙的火爐和燃著的火炬，從那些肉塊中經過。在那一天，上主與亞巴郎立約說：『我要賜給你後裔的這土地，是從埃及河直到幼發拉底河，就是刻尼人、刻納次人、卡德摩尼人、赫特人、培黎齊人、勒法因人、阿摩黎人、客納罕人、基爾加士人和耶步斯人的土地。』」（創・十五：9—21）

這一切，都是天主在一次神視中所言所作，若要一一加以細述就太長了，越乎本書範圍之外，所以我只能提及主要的。

前面《聖經》說過：「他的信仰心，使算為他的正義。」亞巴郎卻問說：「上主！我如何能知道誰為繼承者？」天主應許了他基業，他不說：由誰我可知道，好像他還不相信，而說：我如何能知道，是他已相信，卻願意知道如何成功。

同樣，童貞瑪利亞說：「這事怎能成就？因為我不認識男人。」（路・一：34）並非沒有信心，她知道將成功的事，但願意知道如何成功，所以她問後，聽到答覆說：「聖神要臨於你，至高者的能力要庇蔭你。」（路・一：35）這是此處的動物：母牛、母羊、公山羊、二鳥、斑鳩、鴿子的意義，是用這方法，他知道所信的事如何成功。

母牛表示在法令之下的人民；母羊表示同一人民犯了罪；公山羊表示這人民將為君王。這些動物都是三歲，因為由亞當至諾厄，由諾厄至亞巴郎，由亞巴郎至達味，撒烏爾被黜後，他由天主選為以色列人的第一位君王，由亞巴郎至達味為第三時期。或者，它表示其他更適當的真理；但我不疑惑，斑鳩與鴿子，是表示精神方面的人。

為此天主說：「你不要分飛鳥」，因為血肉的人互分黨派，而神性的人則不然，或遠離人世，如斑鳩一般，或在人間，如鴿子一樣。這兩種飛鳥都是誠實無害的，表示以色列人中，有天主應許的子民，能繼承求福的天國。

降至分開身體的鳥，不指稱好事，是指稱邪魔，他們在血肉人的分離中，尋找飲食。亞巴郎坐在其中，是指真的信友，在惡人中，支持至終。日落西山時，恐懼襲擊亞巴郎，表示信友在世界末日，將受窘難。君主耶穌在《福音》中說：「因為那時必有大災難，是從宇宙開始，直到如今沒有過的。」（瑪．二十四：21）天主向亞巴郎說：「你應當確實知道，你的後裔必要寄居在異國，要服侍那地的人，那地的人，要虐待他們四百年。」（創．十五：13）不是明明預言以色列人民將在埃及為奴四百年，是預言在四百年中將發生何事。

如《聖經》上說亞巴郎的父親特辣黑，在加拉活了二百零五年，並非他在此地真活了二百零五年，而是完成了這年數。同樣，所說：為奴受苦四百年，是說在這時期受苦，並非在此地度了這幾年。

說四百年，只是一個大約的數字，而實際上時間更長，無論是由天主應許亞巴郎算起，或由依撒格誕生算起，這一切是對他所預言的。

我上面已經說過，亞巴郎七十五歲時，天主第一次應許他，直至猶太人出埃及，為四百三十年。聖保祿宗徒曾提及說：「我這是說：天主先前所認為有效的誓約，決不是四百三十年以後成立的

法律所能廢除的，以致恩許失了效。」（迦．三：17）

若四百三十年能成為四百年，因為並沒有大分別，何況天主在神視中向亞巴郎所說的，已經過了一部份，或者在天主第一次應許亞巴郎後二十五年，依撒格，由百歲左右的父親所生時，四百三十年只剩下四百零五年了，所以天主稱它為四百年。沒有人疑惑，天主所說的，是指以色列人民而言。

《聖經》所說：「日落天黑的時候，有冒煙的爐和燃著的火炬，從那些肉塊中經過。」（創．十五：17）是說世界末日，血肉的人，將受火刑之罰。天主城將受的最大窘難，是在假基督時代，由日落西山時，亞巴郎的恐懼中表示出來，是指稱世界末日。火表示審判之日，血肉的人，由火中受罰的人內救出。

天主與亞巴郎所訂的約，指出客納罕地，並提及由埃及河至幼發拉底大河的十一個國家。不是埃及的尼祿大河，而是埃及及巴勒斯坦間的小河，利諾角城（Rhinocorura）在其間。

第二十五章　撒辣將婢女哈加爾給亞巴郎作妾。

現在已到亞巴郎生子的時候了。一個由婢女哈加爾所生，另一個由自由的撒辣所生。在前卷書中，我已提及。對這點，我們不能指責亞巴郎，因為他利用婢女，並非為滿足肉慾，而為生育子女，他不得罪妻子，反而是服從妻子，她以為若亞巴郎照自己的意願，因自己不能生子，能使婢女懷孕，他就有了安慰。她是用聖保祿宗徒所說的權利：「同樣，丈夫對自己的身體也沒有主權，而是妻子有。」(格前・七:4)所以妻子自己不能生育,乃借手於他人。在這事上,並沒有慾情與淫亂,妻子將婢女給丈夫,以生子女,丈夫因同樣理由接受了,彼此都不求淫樂,是求自然的結果。

婢女懷孕時侮辱不能生育的主婦,撒辣因著猜疑而指責亞巴郎,他表示不是婢女的情人,而是自由的父親。他在哈加爾身上,尊重了撒辣的貞操,不是隨從自己的意願,而是隨從妻子的主意,他沒有要求,只是接受了,只去哈加爾處,並沒有追求她,只使她有孕,並沒有戀愛她,因為他說:「你的婢女是在你手中;你看怎樣好,就怎樣待她罷!」(創・十六:6)

亞巴郎善與女人交往,與妻子有節制,與婢女要求服從,與任何女人不求淫樂。

第二十六章 天主應許亞巴郎老年時由石女撒辣生子,將為萬民之父,並以割損禮,證明自己應許的忠實。

此後,哈加爾生了依市瑪耳,亞巴郎以為天主的應許已經應驗了,他曾願將僕人立為繼承人,天主卻向他說:「這人絕不會是你的承繼人,而是你親生的,要做你的承繼人。」(創・十五:4)天主要使亞巴郎不要相信自己的應許,已在婢女的身上應驗了:

「亞巴郎九十九歲時,上主顯現給他,對他說:『我是全能的天主,你當在我面前行走,作個成全的人。我要與你立約,使你極其繁盛。』亞巴郎遂俯伏在地;天主又對他說:『看,是我與你立約:你要成為萬民之父;以後,你不再叫做亞巴郎,要叫做亞巴辣罕,因為我已立定你為萬民之父,使你極其繁衍,成為一大民族,君王要由你而出。我要在我與你和你歷代後裔之間,訂立我的約，當作永久的約，就是我要做你和你後裔的天主。我必將你現今僑居之地，即客納罕全地，賜給你和你的後裔做永久的產業；我要作他們的天主。』」（創・十七：1—8）

「天主又對亞巴郎說：『你和你的後裔，世世代代應遵守我的約。這就是你們應遵守的，在我與你們以及你的後裔之間所立的約：你們中所有的男子都應受割損。你們都應割去肉體上的包皮，作為我與你們之間的盟約的標記。你們中世世代代所有的男子，在生後八日都應受割損；連家中生的，或是用錢買來而不屬你種族的外方人，都應受割損。凡在你家中生的，和你用錢買來的奴僕，都該受割損。這樣，我的約刻在你們肉體上作為永久的約。凡未割去包皮，未受割損的男子，應由民間剷除；因他違犯了我的約。』」（創・十七：9—14）

「天主又對亞巴郎說：『你的妻子也不要叫撒辣依，應叫她撒辣，我必要祝福她，使她生一個兒子，我必要她有福，使她成為萬國之母，人民的君主要由她而出。』亞巴郎便俯伏在地上笑起來，心想：『一百歲的人哪還能生子？撒辣已九十歲，如何能夠生育？』

亞巴郎對天主說：『唯願依市瑪耳在你面前生存就夠了！』天主答應說：『不是，你的妻子撒辣確要給你生一個兒子，你要給他起名叫依撒格，我要與他和他的後裔締結永遠的約。至於依市瑪耳，我也應許了你。我必要祝福他，要使他昌盛，極其繁衍。他必生十二個族長，我要使他成為一個大族。但我要與依撒格立約，就是明年此時，撒辣要給你所生的那一位。』」（創・十七・15—21）

在天主應許的兒子依撒格身上，外教人受上主的召叫，更為明顯，因為是天主的恩賜，而不是出於本性的事，因為天主竟應許老年夫婦能產麟兒。雖然天主賜人依照自然規則而生育子女，然而使荒胎者生育，卻更顯出這是天主的特別恩賜。

因為不是普通的生產，而是重生，為此天主應許撒辣生子時，命他受割損禮。天主不但命所有兒子，並命奴僕及買來的人都受割損，表示這恩賜是為所有人的。

割損有何意義，豈不是除舊還新？第八日割損，豈非表示基督在星期末日，即安息日，復活起來嗎？連父母的名字也都變了，一切皆新，新約已在舊約之中。舊約為何，豈不是新約的預象？新約為何，豈不是舊約的啟示？亞巴郎發笑，是喜歡慶祝的笑，而不是猶豫者的嘲笑。即他在心中所說的話：「一百歲的人哪還能生子？撒辣已九十歲，如何能夠生育？」也不是疑惑人的口氣，而是驚奇者的口吻。

天主說：「我要將你現今所旅居的地，即客納罕全境，賜予你和你的後裔，以作永遠的基業。」使人疑惑這是已實現的，或者等待將來實現，因為任何民族的權力總不是永遠的。

當知道「永遠」二字，希臘文為「αιώνιον」（aionion），由「αιών」而來，希臘文為「sæculum」，意即「世紀」。拉丁文「saeculare」（secular）意義不同，有「世俗」之意，如世事繁多，而永遠乃是沒有終結，直至世界窮盡。

第二十七章　第八日不受割損的男兒，將要喪亡，因為他違背了天主的約。

我們可問下面的話有何意義：「凡第八日不受割損的男子，必須從民中產除，因為他違背了我的約。」（創・十七：14）嬰兒似乎無罪，而天主卻說他將喪亡，因為違背了他的約，其實是父母的過失，因為未給他割損。除非嬰孩違背了天主的約，不是他個人，而是人類起初時，原祖犯了罪。

除了舊約與新約外，尚有天主其他的約，天主向原祖所訂的第一條約一定是：「因為你在那一天吃了，必然要死。」（創・二：17）為此〈德訓篇〉中寫說：「凡有血肉的，有如衣服，逐漸陳舊，因為自古定案是：『你一定要死。』」（德・十四：18）

之後的律法更為清楚，如聖保祿宗徒所說：「哪裡沒有法律，哪裡就沒有違犯。」（羅・四：15）那麼，〈聖詠〉上的話：「地上的惡人，你都看作渣滓。」（詠・一一九：119）這如何能是真的，除非有過失的人，都違犯了法律。

為此如天主教的教義所說，嬰孩生下時已是罪人，並非他個人犯了罪，而是因為原罪，為此我們說他們亦需要赦罪的聖寵。既然是罪人，就算犯了伊甸園中的第一條法令。這樣，《聖經》上兩處所寫的：「地上的惡人，你都看作渣滓」；「哪裡沒有法律，哪裡就沒有違犯」，都是真的。

既然割損是重生的標誌，為此因著原罪，嬰兒要喪亡，因為他犯了天主的第一條戒命，除非重生來救他。因此天主的話好像是說：凡不重生的人將喪亡，因為違背了天主的約，他與所有人在原祖亞當身上犯了罪。若天主說：「因為他違背了我的約。」我們就當理解這約為割損，但因為他沒有說明嬰兒犯了何約，便可理解為此約，因為嬰兒亦能犯它。

若有人以為是指割損，因為嬰兒不受割損，就犯天主的約，他當設法說明嬰孩為何能違犯約，因為不是他自己，在他身上犯了約。在這種情形中，不受割損的嬰兒喪亡，並非因自己的過失，而是因為原罪。

第二十八章 亞巴郎與撒辣，因一人荒胎，二人皆年老，不能生子；能生產後，就改變了名字。

天主應許亞巴郎大恩說：「我要使你極其昌盛，邦國由你而立，君王由你而出」；撒辣「將生一個兒子，我必使她有福，使她將成為萬國之母，人民的君王要由她而生。」（創・十七：6，16）

在基督身上，我們看見這應許實現了。從此以後，在《聖經》上，他們夫婦已不如從前一樣呼為亞巴郎及撒辣依，而呼為亞巴辣罕及撒辣，因為大家都如此稱呼他們。

亞巴郎所以改名的原因，是由下面的話：「我已立定你為萬民之父」（創・十七：5），這是亞巴辣罕的意義，而亞巴郎則為「至高之父」。《聖經》沒有說出撒辣改名的原因，但解說《聖經》上希伯來名字的人說：撒辣依是「我們之母」，而撒辣則為「德行」。

在〈希伯來書〉中寫說：「因著信德，連撒辣也蒙受了懷孕生子的能力。」（希・十一：11）二人皆已年老，如《聖經》所記，而撒辣除了荒胎外，已沒有月經，因此即便不是荒胎，也不能生育了。

一個年長的婦人，但仍強健，可由壯年人受孕，但不能由老年人受孕；而老人可使青年婦女生產，如亞巴郎在撒辣死後，由刻突辣生子，因為她正在青春年齡。

為此聖保祿宗徒說這是一件奇事，因為亞巴郎已衰老，不能由老年婦人生子。我們當承認衰老的身體，還能有所作為，但不能作任何事；若已衰老至極，就不是衰老的老人，而是如死屍了。

但這問題，亦能如此解決：亞巴郎能由刻突辣生子，因為天主賜他生產的能力，在妻子死後，仍然存在。我以為當採取第一種解說，因為一個百齡的老人，至少在我們時代，與任何婦女，都不能生產，但當時人高壽，一百歲尚不成為衰老至極的人。

第二十九章　在瑪默勒橡樹附近，三個人或天使顯示給亞巴郎。

天主在瑪默勒橡樹附近又顯現給亞巴郎，是三個人，沒有疑惑是三位天使，雖然有人相信其中有基督，因為他在降生前，亦可出現。（註）自身不變更，能不以自身，而以屬下的物體，顯現於人，這是天主無形無象，不能變更的特性，但有何物不屬天主呢？

有人想其中之一為基督，因為亞巴郎看見三人，而只向一人說話，如《聖經》上記載說：「他舉目一望，見有三人站在對面。他一見就由帳幕門口跑去迎接他們，俯伏在地，說：『我主如果我蒙你垂愛，請不要由你僕人這裏走過去，』」（創・十八：2—3）他不理會兩個已去毀滅索多瑪城的人，而只向其中之一談話，求他在索多瑪城，不要將善人與惡人同歸於盡。

以後羅特迎接二位，與他們交談，先稱他們為主，以後卻以單數稱為主說：「吾主，請你們到僕人家中住一夜。」（創・十九：2）後來又說：「羅特仍遲延不走；但因為上主憐恤他，那兩個人就拉著他的手，他妻子的和他兩個女兒的手領出城外。二人領他們到城外，其中一個說：『快快逃命，不要往後看，也不要在平原任何地方站住；該逃往山中，免得同遭滅亡。』」（創・十九：16—17）

羅特向祂們說：「吾主，你不要如此，你的僕人倘能在你面前蒙恩。」所以很可相信亞巴郎在三人中，羅特在二人中，認出了上主，向他個別談話，雖然先信他們是人，為此以人接待他們，請他們飲食。但他們的德光昭著，款待他們的，不能疑惑，他們雖然是人，但上主在他們中，如在先知內一樣。

然而《聖經》說他們是天使，不但〈創世紀〉中敘述這事時如此，在希伯來書信中，稱讚接待客人時亦說：「曾有人於不知不覺中款待了天使。」（希．十三：2）因為祂們，上主重新應許亞巴郎，撒辣將生依撒格說：「因為他要成為一強大而又興盛的民族，地上所有的民族，都要因他蒙受祝福；」（創．十八：18）此處簡單清楚地，天主應許了兩件事：依肉身的以色列人民族，及依信仰的民族。

（註）這是聖依來內，羅馬的聖格來孟，聖奧斯定等人的意見。

第三十章　索多瑪城為火所滅，羅特得救，阿彼默肋客王未能損害撒辣的貞操。

天主應許之後，將羅特由索多瑪救出，從天降火，將這座傷風敗俗的城及附近一帶，完全毀滅，因為在此城內，男色竟視為法律所准許的事。這種罰是將來天主審判的預象。因為天使命救出來的人，不可回頭後看，是警告我們，若願躲避將來的審判，不可回至以前的生活，天主的聖寵已將我們救出了。

羅特的妻子回頭一看，就變成鹽像，是教人服從主命，不要仿效她的表樣。

亞巴郎在革辣爾，阿彼默克王那裡，遇到與埃及相似的事，即妻子被人奪去，但未遭污辱，又還給他。君王指責亞巴郎說是自己的姐妹，而不是妻子時，他說自己是因恐懼之心而行，並說：「她實在是我的姐妹，她與我原是同父異母。」（創．二十：12）由父親這面是他的姐妹，所以是親人，但她非常豔麗，在這年齡，尚能為人所愛。

第三十一章　依撒格由天主的應許而生，他的名字是由父母喜笑而來。

此後，照天主的應許，撒辣給亞巴郎生了一子，取名「依撒格」，它的意義是笑。因為父親得到應許後，心悅而笑；三位天使重新應許時，母親亦心花怒放而笑，雖然仍在猶豫中。為此受了天使的責斥，因為這笑雖由喜悅而來，但表示不完全信服天主，經天使解說後，她才全心信服。

撒辣所以笑的原因，不是輕視，而是喜悅，依撒格生後，給他取名時，可以看出，因為她說：「天主使我笑，凡聽見的，必會與我一同笑。」（創．二十一：6）稍後，婢女與她的兒子一同被逐出門外，依聖保祿宗徒的說法，在他們身上，是預象舊約與新約，撒辣預象天上的耶路撒冷城，即天主之城。（迦．四：26）

第三十二章　亞巴郎的服從及信心，由犧牲愛子可以看出，撒辣逝世。

在許多事情中，若一一加以細述，未免太長，但當提及亞巴郎受天主試探犧牲心愛的兒子依撒格，這是為試探他的服從，並非天主預先不知道，而是為後人立表樣。我們不可排斥一切的誘惑，反該喜悅使我們成聖的誘惑。

往往人不易認識自己，除非用誘惑及艱難來試探自己，若認為這是上主的恩寵，他使善人，更為堅定，不會傲慢。亞巴郎一定知道天主不會喜歡以人作祭獻，但天主既然出了命令，就以為當服從，而不從事辯論。然而亞巴郎堪受讚頌，因為他相信祭獻了兒子後，他會復活起來。

當時他不願照妻子的志願，將婢女與她的兒子逐出門外時，天主曾向他說：「由依撒格所生的，才稱為你的後裔。」（創・二一：12）但天主同時也說：「至於你婢女的兒子，我必使他成一個民族，因為他是你的後裔。」那麼天主既稱依市瑪耳為他的後裔，為何要說：「由依撒格所生的，才稱為你的後裔」呢？聖保祿宗徒解說這幾句話的意義說：「不是血統上的子女，算天主的子女，而是恩許的子女，才算為後裔。」（羅・九：8）為此因天主應許而生的後裔，是由依撒格而傳的亞巴郎的後裔，是以天主的恩寵，在基督內而結合的。

亞巴郎是一位好父親，天主命他殺自己的兒子，仍舊堅信天主所許的一定會成功，既然天主賞賜他這個兒子，超乎一切期望之外，一定會將這個兒子還給他。〈致希伯來書〉中，也這樣理解說：「因著信德，亞巴郎在受試探的時候，獻上了依撒格，就是那承受了恩許的人獻上了自己的獨生子。原來天主曾向他說過：『只有由依撒格所生的，才稱為你的後裔。』但他想天主有復活死人的能力，為此他又把依撒格當做預象似的得了回來。」（希・十一：17—19）

是誰的預象，除非是同一宗徒所說的：「他既然沒有憐惜自己的兒子，反而為我們眾人把他交出了。」（羅・八：32）為此如吾主耶穌背十字架，同樣，依撒格也背著柴至祭獻的地方，以便在柴上作祭獻。

最後，亞巴郎受天主命，不得殺依撒格。那只傾流了血犧牲了的羊，有何意義？亞巴郎看見它時，它的角纏在荊棘中。是預象誰？豈不預象基督在做祭品前，為猶太人頭加茨冠嗎？我們姑且聽聽天使的話：《聖經》上說：

「亞巴郎正伸手舉刀要宰獻自己的兒子時，上主的使者從天上對他喊說：『亞巴郎，亞巴郎！』他回答說：『我在這裡。』天使說：『切莫在這孩子身上下手，一點都不要加害他！我現在知道你實在敬畏天主，因為你為了我，連你的獨子也不顧惜。』」（創・二十二：10—12）

所謂「我現在知道」，是說我現在使人知道，因為天主早已知道了。為此亞巴郎祭獻了這只羊，以代替自己的兒子，就稱這地方為「上主自會照料」。直至今日人還說：「在山上，上主自會照料。」（創・二十二：14）如前面所說：「我現在知道」，是說：「我使人知道」，同樣，此地所說：「天主顯現」，就是天主使人看見說：

「上主的使者由天上又呼喚亞巴郎說：『我指自己起誓，——上主的斷語——因為你作了這事，沒有顧惜你的獨生子，我必多多祝福你，使你的後裔繁多，如天上的星辰，如海邊的沙粒。你的後裔必佔領他們仇敵的城門；地上萬民要因你的後裔蒙受祝福，因為你聽從了我的話。』」（創・二十二：15—17）

這樣，亞巴郎做了祭獻，這是基督的預象，天主應許他萬邦人亦要做他的後裔，且以誓言，以慎重其事。天主屢次應許，但總不發誓。忠實的天主發誓有何意義，豈非保證其應許，並為指責不信者嗎？在這一切事後，撒辣逝世，享年一百二十七歲。她的丈夫亞巴郎年一百三十七歲，因為亞巴郎比撒辣大十歲，如同天主應許他撒辣要生子時，亞巴郎自己所說的：「一百歲的人哪還能生子？撒辣已九十歲如何能夠生育？」於是亞巴郎買了一塊地，埋葬了自己的妻子。從此以後，照聖斯德望所說的，他就住在那裡，成為地主，即在他父親兩年前死了以後。

第三十三章　依撒格要納昂爾的女兒黎貝加為妻。

依撒格四十歲，娶了叔父納昂爾的女兒黎貝加為妻，當時他的父親一百四十歲，母親逝世後第三年，亞巴郎命僕人至美索不達米亞，為自己的兒子娶黎貝加時，說的話有何意義？

「亞巴郎對管理他所有家產的老僕人說：『請你將手放在我的胯下，要你指著上主、天地的天主起誓：你決不要為我的兒子，由我現住的客納罕人中，娶一個女子為妻。』」（創・二十四：2—3）豈非天地的大主當降生成人，由他的胯下而出？這是預言的小節目，在基督身上實現了。

第三十四章　亞巴郎在妻子撒辣逝世後，娶了刻突辣，有何意義？

亞巴郎在撒辣逝世後，為何娶了刻突辣？我們不可妄斷亞巴郎不知節欲，特別他已年邁德高，信心堅固，他一定知道天主允許了因著依撒格，他的後裔將如天上的星及海邊的沙土一樣多，他豈還想生子育女嗎？若哈戛爾即依市瑪黑耳，依照聖保祿宗徒，是《舊約》中肉慾人的預象，為何刻突辣不能是《新約》肉慾人的預象呢？這兩個女人都稱為亞巴郎的妾，而撒辣總未稱為亞巴郎的妾。

《聖經》對哈爾寫說：「亞巴郎的妻子撒辣將自己的埃及婢女哈加爾給了她的丈夫為妾，那時亞巴郎住在客納罕地已有十年。」（創．十六：3）對撒辣死後所娶的刻突辣，《聖經》上寫說：「亞巴郎又續娶了一個妻子，名叫刻突辣。」（創．二十五：1）

二人皆稱為妻，又名曰妾，因為《聖經》上說：「亞巴郎將自己所有的一切財產給予依撒格。至於亞巴郎的妾所生的子孫，當亞巴郎還活著的時候，已將財物交給他們，使他們離開依撒格，遣往東方。」（創．二五．5—6）

妾的兒子接受禮物，但沒有達到所應許的國土，如同異教人及猶太人一般，因為除依撒格外，沒有人是繼承人，「不是血統上的子女，算天主的子女，而是恩許的子女，才算為後裔。」（羅．九：8）除了這理由外，我看不出為何在撒辣去世後，刻突辣被娶為妻，而名曰妾，除非是因為這個奧義。不願以這種意義去理解這事的，不可任意批評亞巴郎。亦不能說這事是為攻擊反對重婚的人（註），因為萬民之父，在妻子死後，尚且重婚，所以不是罪惡。

亞巴郎逝世時，享年一百七十五歲，他百歲時所生的兒子依撒格當時已七十五歲。

（註）如第二世紀的蒙大尼派人（Montaniste），他們以為重婚等於犯姦淫。

第三十五章　依天主的答覆，在母親黎貝加胎中的孿生子有何意義？

現在我們看看天主城的時間在亞巴郎的後裔時，如何進行。

自依撒格出生至六十歲生子時，我們可以注意，他祈求天主，賞賜荒胎的妻子生育子女，兩個孿生子在胎中就互相爭執。黎貝加為此所困，乃問天主，她得到這個答覆：「你胎中所懷的，是兩個國家；你胎中所生的，要分為兩個民族，這族必強於那族，年長的要服侍年幼的。」（創・二十五：23）

聖保祿宗徒將這事視作聖寵的證據，因為在兩個尚未出生的兒子中，沒有功勞與罪惡之別，天主卻撇下長子，選了幼子，他們二人都有原罪，而無本罪。本書的目的，不應許我對這事長篇大論地發揮，我在別的書中已詳細討論過。

所謂「年長的要服侍年幼的」，天主教的人，都將猶太人視作年長者，將服侍年幼的理解為天主教人。雖然這事已在依杜美人處應驗，這民族由長子所出，他有兩個名字：厄撒烏（Esau）及厄東（Edom），為此這民族名依杜美（Idumeans），它當為幼子所生的以色列人民族所臣服。然而這預言：「這族必強於那族，年長的要服侍年幼的。」似乎當指更高的事。指稱何事，豈非明顯地在猶太人及天主教信友中實現了嗎？

第三十六章　由父親的功績，依撒格所得的預言及祝福。

依撒格亦有了天主的啟示與他父親相似，《聖經》上寫說：「以前，在亞巴郎時代曾有過一次饑荒，現在地上又有了饑荒，依撒格便去了革辣爾，即培肋舍特人王阿彼默肋客那裏。上主顯現給他說：『你不要下到埃及去，要住在我指示給你的地方。你要住在這地方，我必與你同在，祝福你，因為我要將這整個地方賜給你和你的後裔，實踐我向你父親亞巴郎所立的誓約；且要使你的後裔繁多如天上的星辰，要將這一切地方賜給你的後裔，地上萬民要因你的後裔蒙受祝福，因為亞巴郎聽從了我的話，遵守了我的訓示、誡命、規定和法律。』」（創・二十六：1—5）

這位聖祖，沒有別的妻妾，他一次生了二子便心滿意足。他住在別的民族中，亦怕妻子豔麗，能生出是非來，所以不說是自己的妻子，而說是自己的姐妹，因為由父母二系，他們都是親威，但外人知道是他的妻子後，就沒有污辱她。

但不能因他在正妻外，沒有別的妻妾，就將他放在他父親之上。沒有疑惑的，他父親的信心及服從的功勞更大，何況天主因他父親的功勞，愛他，賞他恩惠說：「地上萬民要因你的後裔蒙受祝福，因為亞巴郎聽從了我的話，遵守了我的訓示、誡命、規定和法律。」

《聖經》另一處又說：「我是你父親亞巴郎的天主，你不要害怕，因為我與你同在，我必要為了我僕人亞巴郎的緣故祝福你，使你的後裔繁盛。」（創・二十六：24）這是為使我們懂得亞巴郎聖潔地做了一切，而不正經的人，尋找他們罪惡的證據，說亞巴郎是因肉慾而行。

這也使我們不要因著一方面的功績，來比較人，當以全部功績作個比較。因為可能有人在自己的平生及品行中，因著某事勝過他人，但他可能在更高尚的事上，為人所勝。

為此，貞潔原來優於婚姻，但忠誠的夫婦，勝於不忠誠的守貞者，因為不忠誠的守貞者，不但不可讚美，且當深惡絕之。假使二人都是善人，在這光景中，服從天主，忠誠的夫婦，比不忠誠、不服從的人更好。若一切相同，則誰會疑惑，守貞者優於結過婚的人呢？

第三十七章　厄撒烏與雅各伯所表示的事。

依撒格的兒子厄撒烏與雅各伯同時長大，長子以契約將長子名分賣與弟弟，因為他要吃弟弟所煮的豆，就將長子名分賣給他。由此我們知道對於飲食，不當以性質，而當以貪食無厭，來指責人。

依撒格已年邁壽高，雙目不見天日，本想祝福全身是毛的長子，在不知不覺中，卻祝福了幼子，因為他以羊皮將於包起來，好像負起別人的罪過。我們不可將雅各伯的行為視為欺騙，當視為重大的預象。

《聖經》上說：「厄撒烏善於打獵，常住在田間；雅各伯為人恬靜，常住在帳幕內。」（創・二十五：27）有人將拉丁文「Sine dolo」或「Simplex」（恬靜），譯作沒有欺騙，或誠實，或更好說：沒有虛偽，它與希臘文「ἄπλαστος」（Aptastos）正吻合。不欺騙的人，接受祝福時，如何欺騙，誠實人如何騙人，沒有虛偽的人如何假裝，豈非有深奧的真理嗎？

祝福為何？《聖經》上說：「看！我兒子的香氣，像上主祝福的肥田的香氣。惟願天主賜與你天上的甘露，土地的肥沃，五穀美酒的豐裕！願眾民服事你，萬國叩拜你！願你作你兄弟的主人，你母親的兒子叩拜你！凡詛咒你的，必受詛咒；凡祝福你的，必受祝福。」（創・二十七：27）

雅各伯的祝福，就是基督在外方民族中的宣傳，這是他所作的。依撒格是律法及預言，因著他，基督亦為猶太人所祝福，如被一個不知道的人所祝福，因為他不理解。世界如一塊田地，充滿著基督名字的芬芳，天上的甘露，是他的言論；土地的肥沃，是民眾的聚集；五穀並美酒的豐收，是聖體聖事中的餅與痛所集合的群眾。

民族服侍他，君王朝拜他。他是兄弟的主人，因為他的信友控制猶太人。他父親的子女，即依信仰，亞巴郎的後裔，要朝拜他；因為以血肉而言，他也是亞巴郎的子孫。誰咒詛他，就要受咒詛；誰祝福他，就要受祝福。基督亦為猶太人所祝福，因為他們雖然走入歧途，但仍歌唱律法與先知，即讚頌他，他們卻錯以為當祝福另一個人。

但長子亦來請求所應許的祝福了，依撒格心慌意亂，知道祝福錯了，就問他是誰。但他不抱怨為人所欺，他在心中知道了這奧義後，不但不發怒，且又肯定了祝福說：「是誰將野味給我送來？我已經吃了，同時也祝福了他，他將來必蒙受祝福。」（創・二十七：33）

若這事不由天主默示而來，係由人事而成，一個發怒的人，豈不要咒詛嗎？所以這事有預言意義，是在世上所做的，都由上天而來；由人而成，卻來自天主的聖意。若對重大奧義，一一加以研究，可寫好幾部書，但本書的範圍，不准我隨便行事。

第三十八章 雅各伯被遣至美索不達米亞去娶妻，途中所望見的，他本有意娶一個妻子，卻娶了四個。

父母遣雅各伯至美索不達米亞去娶親，父親遣使他時說：「不可娶客納罕之女為妻。但要起身到帕丹阿蘭，你外祖父貝突耳家裡去，要娶你母兄拉班的女兒為妻。願全能的天主祝福你，使你生育繁多，成為多族之父。願祂賜予你亞巴郎的祝福，賜予你和你的後裔，使你承受你所寄居，天主所許於亞巴郎的土地，作為基業。」（創·二十八：1—4）

由這幾句話中，我們可以看出雅各伯的後裔，與依撒格由厄撒烏所生的子孫不同，《聖經》上所說：「你的後裔是在雅各伯」，是屬於天主之城的，與亞巴郎由婢女所生及以後刻突辣的子孫不同。

然而這祝福是屬於依撒格的孿生子，或屬其中之一，他是誰？還不清楚。雅各伯接受父親祝福時，父親向他說：「使你生育繁多，成為多族之父。願他賜予你亞巴郎的祝福。」（創·二十八：3—4）這事就弄清楚了。

雅各伯至美索不達米亞途中，在夢中有了一個啟示，《聖經》對這事寫說：

「雅各伯離開了貝爾舍巴往哈蘭去了。太陽西落時，他到了一個地方過夜，拿了一塊石頭當做枕頭，就在那裡躺下睡了。他夢見一個梯子直立在地上，梯的上端直達天際，天主的使者在梯子上，上去下來。上主立在梯的上端對他說：『我是上主，你祖父亞巴郎的天主，依撒格的天主，我要將你躺的地方，賜予你和你的後裔。你的後裔要多得如地上的灰塵；你要向東西南北擴展，地上的萬民都要因你和你的後裔蒙受祝福。看！我必與你同偕，你無論何往，我必要保護你；領你再回到這地方；在我許與你的沒有實踐以前，我決不離棄你。』

雅各伯醒來說：『上主原來在這地方，我竟不知道。』他便畏懼說：『這地何其可畏，這不是別處，乃是天主的殿，這是上天之門。』」清早，雅各伯一起身，將那塊做枕頭的石頭，立成柱子，將油倒在上面。那地原先名路次城，雅各伯卻給它起名叫貝特耳。」（創・二十八：10—19）

這一切都有預言之意：雅各伯不依崇拜偶像人的風俗，以油倒在上面，使它成神，因為他既不叩拜它，又不向它作祭獻。基督的名字，由希臘文「Chrisma」而來，它的意義即為「擦油」，所以一定預象一個重大奧義。

救世主耶穌在《福音》中，親自提及這梯子，他對納塔納耳說：「看啊！確是一個以色列人，在他內毫無詭詐。」以色列即雅各伯，在夢中有所見，他乃繼續說：「我實實在在告訴你們：你們要看見天開，天主的天使在人子身上，上去下來。」（若・一：47—51）

雅各伯至美索不達米亞娶妻，他竟娶了四個，生了十二個兒子，及一個女兒。《聖經》上並沒有說他非法娶了她們。他本來只想娶一個，卻拿姐姐當做妹妹，是夜間弄錯了，但沒有驅逐她，為不表示輕視她。當時法律不禁止多妻，以繁殖子孫，於是也娶了所應許的女子。

但她是石女，乃將婢女給丈夫，以生子女，她的姐姐雖已生子，但願多得麟兒，亦這樣做了。《聖經》上沒有說雅各伯有意娶好幾個妻子，或與好幾個女子性交，除非是為傳後，但他尊重婚姻的權利，若對丈夫的身體有權利的妻子不這樣要求，他也不會這樣做。

雅各伯由四個妻子，生了十二個兒子及一位千金。他的兒子若瑟為兄弟所賣，帶至埃及，竟升為宰相。

第三十九章　為何雅各伯又名為以色列？

如我已說過的，雅各伯亦名以色列，他的後裔亦稱以色列人民族。這個名字，是他由美索不達米亞回來時，天使與他相鬥時給他的，是基督的預象。天使竟為雅各伯所敗，為表示奧義，以指稱基督的苦難，猶太人勝了他。

但雅各伯由打敗的天使處得了祝福，所以取了這個名字，實際上是一種祝福。以色列的意義為「看見天主的人」，他將是所有聖人的酬報。天使戰敗後，打擊了他的腿，使他成為瘸子。所以雅各伯受了祝福，同時又成為瘸子，信仰基督的人受祝福，不信仰他的人則成為瘸子。

腿的筋指稱後裔繁多，的確，如〈聖詠〉上所說的：「異民驚惶失色，走出他們的堡壘。」（詠・十八：46）這樣的人非常的多。

第四十章　為何說雅各伯與七十五人進入埃及，其中許多是以後才生的？

《聖經》上記載雅各伯與七十五人一同進入埃及，他自己及兒子包括在內，其中只有兩個女人，一個女兒，一個孫女（註）。但細心研究後，雅各伯的子孫，在他進埃及的日子，一定沒有這麼多，因為是將若瑟的孫子亦算人在內，他們當時還沒有出生，那時雅各伯一百三十歲，他的兒子若瑟三十九歲。

若瑟三十歲左右娶妻，不能此時就有孫子，既然若瑟的兒子厄弗辣因及默納協，在雅各伯進埃及時，尚不到九歲，那麼為何竟將他們及孫子列入七十五人中呢？

《聖經》上記載若瑟的孫子，默納協的兒子瑪基爾，若瑟的曾孫，默納協的孫子加拉特，及厄弗辣因所生的兒子烏大郎，及烏大郎的兒子愛登，他們一定不能在雅各伯進埃及時，算入他的子孫中，因為若瑟的兒子，還在九歲以下。

《聖經》上記載雅各伯與七十五人進入埃及，並非同日司年，是在若瑟活著的時候進入，他們是因他而去的，如《聖經》上所說：「這樣，若瑟和他父親的全家，都住在埃及地。若瑟活了一百一十歲。若瑟見到厄弗辣因第三代的子孫。」（創・五十：22—23）這是他的曾孫，厄辣因的第三代，由子而孫而曾孫，所以是第三代。

《聖經》上又說：「默納協的兒子瑪基爾所生的兒子也養在若瑟的膝下。」（五十：23）這是默納協的孫子，若瑟的曾孫。此處《聖經》原文稱子孫為多數，這是《聖經》的習慣，它稱雅各伯的獨一女兒，也用多數，拉丁語亦用多數（Filii），來稱子女，雖然只有一個。雅各伯有福氣看到玄孫，但我們不可相信，雅各伯至埃及見若瑟時，他們已出世，因為當時若瑟只三十九歲。這是不仔細研究，只根據《聖經》所載：「這是來到埃及的以色列子孫的名字。」（創・四十六：8）

並非七十五人與他一起進入埃及，是如我所認的，是以若瑟在世時，算為雅各伯進埃及的時期，因為是因他而來的。

（註）希伯來原文是七十人，希臘七十賢士本及當時通用拉丁本作七十五人，是將若瑟以後生的子孫五人亦加在內。

第四十一章　雅各伯對兒子猶太的祝福？

若我們在亞巴郎的後裔中尋找基督，以達到天主教的信友，天主的城就在其中流浪於世，將妾所生的子女除去後，我們找著依撒格；若我們在依撒格的後裔中去找，除了厄撒烏，又名厄東，我們找著雅各伯，又名以色列；若我們再在以色列，即雅各伯的後裔中去找，除去他人後，我們找著猶大，基督是由他的族中而生的。

我們現在聽聽雅各伯在埃及臨終時，祝福諸子，以預言的口吻祝福了猶大說：

「猶大！你將受你兄弟的讚揚；你的手必壓在你仇敵的頸上；你父親的兒子要向你俯首致敬。猶大是隻幼獅；我兒，你獵取食物後上來，屈身伏臥，有如雄獅，又如母獅，誰敢驚動？權杖不離猶大，柄杖不離他腳間，直到那應得權杖者來到，萬民都要歸順他。他將自己的驢繫在葡萄樹上，將自己的驢駒拴在優美的葡萄樹上；在酒中洗自己的衣服，在葡萄汁中洗自己的外氅。他的雙眼因酒而發紅，他的牙齒因乳而變白。」（創・四十九：8—12）

我在攻擊馬尼蓋人弗斯德時已討論過這些事，我想、已足夠了，因為這預言很顯明。「伏臥」二字指基督的死亡，「獅子」表示他對死亡的權力。基督自己在《福音》中亦說：「因為我捨掉我的性命，好再取回它來：誰也不能從我奪去它，而是我甘心捨掉它；我有權捨掉它，我也有權再取回它。」（若・十：17—18）這預言應驗了，有如獅子之吼。

《聖經》上對他復活所說的：「誰復活他」，也屬這權力之內，是基督自己。祂在《福音》中對這權力說：「你們拆毀這座聖殿，三天之內我要把它興建起來。」（若・二：19）「拆毀」二字指他死在十字架上，對「伏臥」二字，《聖若望聖史》寫說：「就低下頭交付了靈魂」，（若・十九：30）或者亦可指祂的墳墓，祂在其中安息，沒有人能復活他，如以前先知曾復活過人，或如他自己曾復活過別人，是他將復活自己，如從睡夢中興起一般。

「他將衣服在酒中洗」，即他以自己的血洗淨罪惡，這是信友們知道的聖洗聖事。「在葡萄汁中洗自己的外衣」有何意義？豈非指稱聖教會？「他的眼會因葡萄酒現紅」，是指信友因他的爵而醉，《聖詠》上說：「使我的酒杯充盈。」（詠・二十二：5）

「他的牙必因乳汁變白」，照聖保祿的話，是指吃奶的嬰兒；是用天主的聖言，養育尚不能吃飯的人。（格前・三：2）所以在基督身上，實現了對猶大的預言，在應驗前，常有以色列的君王，由此族而出。「萬民都要歸順他」，不易解說，卻容易理解。

第四十二章　雅各伯雙手交叉，祝福了若瑟的兒子。

如依撒格的兩個兒子，厄撒烏及雅各伯，指兩個民族，即猶太人及信友。

雖然以血肉系統而論，他不是猶太人而是依杜美人，是厄撒烏的後裔；不是信友，而是猶太人，由雅各伯而來，因為寓意只對所說的有效，「年長者要服侍年幼者」，同樣，對若瑟的兩個兒子亦有效，因為長子是猶太人的預象，而幼子則是信友的預象。

雅各伯祝福他們時，將右手放在左面弟弟的頭上，左手放在右面的哥哥頭上，在他們的父親若瑟看來，這是嚴重的錯誤，就告訴他，以糾正錯誤，告訴他長子在何方面。但雅各伯不願換手，他說：「我知道，我兒！我知道，他也將成為一族，必要昌大，但是他弟弟將來比他還要大，他的後裔必要成為許多民族。」（創・四十八：19）

此處也顯明地有兩種應許，即一民族的領袖及萬民的領袖。這兩種應許，在亞巴郎的後裔中，包括以色列人民族及全世界，一個照血肉，另一個依信仰，還有比此更明顯的嗎？

第四十三章 梅瑟、若蘇厄、民長及國王時代，撒烏耳為第一位國王，但以功德及預象而言，達味為主要國王。

雅各伯及若瑟去世後，至出埃及時，其中一百四十四年間，猶太人的繁殖速度驚人，他們雖然受人磨難，有時竟該當將長子殺害，因為埃及人對他們繁殖的速度非常恐懼。

當時梅瑟暗中得救，未被殺害，因為天主願意用他做偉大的事業。他竟入了王宮，為法郎王的公主所收養，成為拯救猶太人自奴隸生活中的救星，是天主自己用他來救自己的人民，如他應許亞巴郎的。

但他先當逃避，因為他殺了一個埃及人，以保護以色列人，因而心中畏懼；後來天主遣使他，以天主聖神的能力，戰勝了法郎王術士的阻礙。於是埃及人，因為不願讓天主的人民離開埃及，受了十種災禍：水變成血，蛙、蚊、蠅、家畜死亡，瘡、植、蛙蟲、黑暗，長子被害。最後，埃及人受了這麼多的災患，乃讓以色列人民出境，但又去追逐他們，皆淹死在紅海中。因為海水分開，讓以色列人過去，忽又合攏，將追趕他們的埃及人統統淹死了。

然後，天主之民，在梅瑟領導之下，在曠野中流連了四十年，立了約櫃，以祭祀敬拜天主，這是將來的預象，在西奈山上雷電中天主頒了十戒，以事實及言語指出他是真天主。這事發生在出埃及後不久，當時人民開始住在曠野中，祭獻一頭羔羊（象徵基督），是逾越節後的五十日。這個祭獻是預象基督，他以十字的祭獻，將由此世而至聖父處。

「Pascha」在希伯來文的意義便是「逾越」（transit）。在基督祭獻後五十日，《新約》出現時，聖神由天而降，他在《福音》中，被稱為「天主之手指」，是為使我們紀念最初的事蹟，因為十誡亦為天主之手指所寫。

梅瑟去世後，若蘇厄（Joshua）管轄人民，引領他們入福地，將它分給他們。這兩位領袖都身經百戰，節節勝利，如聖神所證明，他們旗開得勝，並非因希伯來人的功德，而是因戰敗人民的罪惡。

猶太人已經佔了福地後，民長繼續了兩位領袖的位，這是實現了天主最初應許亞巴郎的，即形成一個民族，即希伯來民族，及得客納罕地。並非所有人民及全世界，這是在基督降生後才實現的；非因守古教的律法，而是因信仰《福音》。不是在西奈山受十誡的梅瑟，而是若蘇厄領導人民佔領了福地。

民長時代，戰事有時勝利，有時失敗，依人民的罪惡及天主的仁慈而定。以後是國王時代，撒烏耳是第一位國王，但他為天主所棄，戰敗被殺，他的家族亦被棄絕，不再出國王。達味繼他為王，基督為他的後裔。由達味時，天主的人民開始壯年時代，由亞巴郎至達味，是青年時代。瑪竇聖史寫基督的家譜，由亞巴郎至達味共十四代，並非沒有原因的。

人由青年時代，開始生育，為此基督的家譜由亞巴郎開始，他換了新的名字，成為萬民之父。在他以前，即由諾厄至亞巴郎，是天主之民的幼年時代，當時只用希伯來文。人在幼年時開始言語，在嬰孩時是不會說話的。嬰兒時代常為人遺忘，如人類最初時期，為洪水淹沒一樣，誰還記得嬰孩時代的事呢？

為此本書第十五卷記載天主城的第一時代，本卷記載第二及第三時代。在第三時代，以三歲的母牛，母羊及公羊，指出天主頒了十誡。但人類罪惡滿天，地城因而開始，其中尚有神性的人，由斑鳩及鴿子指出（註）。

（註）《聖經》中有預言及寓意，是沒有疑惑的，耶穌自己及宗徒，教父與聖師都承認這點，並加以利用，但某事某物是否有預言或寓意的價值，往往只是個人的意見，並非一定當信的教義，聖奧古斯丁及有些教父與聖師，特別神修學家在這點上，有時似乎過分，現在的《聖經》學者更為謹慎，這也是時代喜好不同的原因。

第十七卷

本卷討論天主城的進展，由國王，先知時代，自撒慕爾、達味至基督，並解說在〈列王紀〉、〈聖詠〉及〈撒羅滿書〉中，有關基督、聖詠、及教會的預言。

第一章　先知時代。

我們因著天主的助佑，知道了天主給亞巴郎及其後裔的應許，以血肉而論，為以色列人民族，以信仰而言，所有民族，都是亞巴郎的後裔。天主之城依時而進，所以當指出這應許如何實現。

在前卷書中，我們已至達味王的末年，現在依照本書的需要，我要寫以後所發生的事。

自撒慕爾開始預言，至以色列人民族被擄至巴比倫，七十年後，依耶肋米亞先知的預言，回至本國，重建聖殿，是為先知時代。雖然我們亦可稱諾厄為先知，在他的時代洪水毀滅了天下，及他前後的聖祖，直至天主的人民有了國王，他們已預言了有關天主城及天國的事情，特別其中有幾位如亞巴郎及梅瑟已被稱為先知（創・二十：7）。另外是撒慕爾祝聖了撒烏耳，他被棄絕後，又祝聖了達味，由他的後裔中，生出其他國王。撒慕爾及先知開始預言時，算為先知時代。

若我要將先知對基督的預言一一細述，天主城的子民如何出生死亡，那就寫不完了。《聖經》固然依照次序，根據歷史，記錄君王的事蹟，但以聖神方面而論，似乎更注意，至少同樣注意預言將來與記述以往的事，誰若稍加思索就會看出這是多麼勞苦的工作，非寫數部書不可。

再者，預言基督及天國，即天主城的事這麼多，若要寫出一切，就要比本書目所要求的，更厚的書了。所以我當設法控制我的筆，因為愛天主寫這本書，只寫出所必要的，而撇下不需要的。

第二章　以色列人民得了客納罕後，天主的應許何時應驗？

在前卷書中，我已說過：天主最初應許亞巴郎兩件事，第一件是他的後裔將獲得客納罕（Canaan）地方。這由下面的話指出：「往我所要指示你的地方去！我要叫你成為一個強大的民族。」（創・十二：1）第二件更重要的，不是關於肉身方面的後裔，而是精神上的後裔。這樣，亞巴郎不但是以色列人民族的祖先，也是所有仿效他而信仰之民族的祖先。由下面的話，可以指出：「天下的萬民，都要因你獲得祝福。」（創・十二：3）

我們可用許多其他證據，證明天主應許了這兩件事，即亞巴郎肉身的後裔，即以色列民族，不但佔據了敵人的城市，並且選了國王，因此天主的應許，大部份已實現了。不但是天主所應許給亞巴郎、依撒格和雅各伯以及其他人的，也包括和摩西，以及由摩西帶領了逃出埃及的奴役，並由摩西揭露了過去的一切，帶領進入曠野的子民之間締結的約定。

在埃及河、幼發拉底河中間的客納罕地，在若蘇厄時，尚未為以色列人完全所佔，然他曾領他們進了福地，將敵人打得落花流水，並照天主的命令，將地分給他們十二族，連在民長時代，這塊土地亦未為以色列人民完全佔領。

但先知預言這事，不是在遙遠的將來，而在達味及他兒子撒羅滿時，國土擴大，已實現了，所有鄰近的民族都進貢稱臣。這樣，亞巴郎的後裔，依照天主的應許，在國王時代，已居在客納罕地方，這樣，天主所應許的，全部都應許了，只要他們好守天主的規誡，希伯來人就世世代代居在福地，平安度日，享受現世的福樂。

但天主知道以色列人不會這樣去傲，乃用現世的罰，操練他們中的少數善人，並告訴外教人，在他們中，因著基督的降生，在《新約》中，要完成第二種應許。

第三章 先知的預言有三種意義：有關地上的，天上的，及兩種耶路撒冷的。

為此，天主對亞巴郎，依撒格，雅各伯，自及《聖經》上記載的其他先知的預言及靈蹟，由國王時代及以後，一部份則關於他的後裔基督，因著他所有民族都要受祝福。在《新約》中，他們將得長生及天國。

所以一部份，是關乎婢女所生的，即地上的耶路撒冷城及其居民的；而另一部份，則關乎永遠的耶路撒冷城及其人民；他們現世依照天主而生活。

也有的是有關二者的，即原意有關婢女的，寓意有關自由人的。所以先知的預言可分為三種：關於地上耶路撒冷的，天上耶路撒冷的，及二者的。我引一例，以證明我所說的：天主打發納堂先知指責達味犯了重罪，並預言將來的禍患。（撒下・十二：1）

誰會疑惑這類有關地上城及類似的事，無論是為人民的益處公開而言，或是對私人而言，即為私人的事。天主發言，是因著現世的事物，以知來世的事情。

為此依耶肋米亞先知寫說：「看！時日將到——上主的斷語：我要與以色列家和猶大家訂立新約，不如同我握著他們的手，引他們走出埃及，與他們的祖先所訂立的盟約一樣。那些人，他們早已破壞了我們的盟約，雖然我當時尚是他們的君夫——上主的斷語，誠然，這就是在那時日以後，我要與以色列家所立的盟約上主的斷語，我要將我的法律安置在他們的肺腑中，寫在他們的心上，我要做他們的天主，他們要做我的百姓。」（耶・三十一：31—33）

無疑地，這是預言上天的耶路撒冷，至尊獨一的天主，是尋找歸屬他人的酬報。然而這也屬二城，因為耶路撒冷是天主的城，是預言將來天主的聖殿，撒羅滿造聖殿時，這預言就應驗了。歷史記載，這一切在地上的耶路撒冷都成功了，是上天耶路撒冷的預象。

古代《聖經》所載有關二城的預言，有極大的價值，《聖經》學者該細心研究，因為所預言的，除了在亞巴郎的血肉後裔成功外，尚當探求在信仰的後裔所當完成的。

甚至有人以為在《聖經》中沒有任何先預言而後實現的，有實現而未預言過的。在寓意上，是指稱天主的上天之城，及它在世流浪的子女。若是如此，則先知的話，或更好說古經上的話，只有兩種意義，而沒有三種意義了。

因為沒有只屬地上耶路撒冷的，若對它所說所行，以寓意而言，亦可指天上的耶路撒冷；另一種則屬二者。依我的意見，相信《聖經》上所說的事實，只有字句上的意義，是錯誤的，若以為只有寓意，則為自大瘋狂。為此我說有這種意義，而不是兩種意義，這是我的意見，但我並不譴責除字句意義外，尚能找到精神方面意義的人。

此外，那位信友會疑惑，《聖經》上所寫的，是白寫的，不適合於人或天主以往的事，或將做的事。誰能不將它歸屬精神的意義？或至少能夠的人，當將它歸屬精神的意義。

第四章 撒慕爾的母親哈納是代表教會，預言以色列人民國家及司祭與其他事物的變換。

天主城的進展，至君主時代，即從撒烏耳被廢，達味為王，他的子孫亦不斷在耶路撒冷為王，以以往的事，指示新舊約的變換，是由新的，永遠的司祭及國王，即基督所要完成的。

司祭赫里被黜後，由撒慕爾所代替，他同時盡司祭及判官的職務。撒烏耳被黜後，達味繼他為王，他是預象我所說的。連撒慕爾的母親亞納，先是石女，後懷孕生子，喜悅地感謝天主，並以同樣的誠心，將新生的兒子獻於天主，亦是一種預言，因為她說：

「我從心裏喜樂於上主，我的頭因上主而高仰；我可開口嘲笑我的敵人，因為我喜樂於你的救助。沒有聖者，相似上主；除了你以外，沒有另一位；沒有磐石，相似我們的天主。你們別再三說誑言，別口出豪語；上主是全知的天主，人的行為由他衡量。壯士的弓已被折斷，衰弱者反而力量倍增。曾享飽飫的，今傭工求食；曾受饑餓的，今無須勞役；不妊的今生了七子，多產者反而生育停頓。

上主使人死，也使人活；使人降入陰府，也將人由陰府提出；上主使人窮，也使人富；貶抑人，也舉揚人；上主由塵埃中提拔卑賤者，從糞土中高舉貧窮者，使他與王侯同席，承受光榮座位；大地的支柱原屬上主，支柱上奠定了世界。他保護虔誠者的腳步，使惡人在黑暗中滅亡，因為人決不能憑己力獲勝，那與上主敵對的必被粉碎。至高者在天主鳴雷，上主要裁判地極，賜予自己的君王能力，高舉受傅者的冠冕。」（撒上‧二：1—10）

這可能是一位婦人因生子而喜悅的言論嗎？人的理智，竟如此遠離真道，看不出她的言語，超出一個女人之上嗎？簡單說一句，誰注意世間過去的事實，在這個女人身上——她的名字叫亞納，意義是恩寵——看不出是指稱天主教，即天主之城，它的君王及創立人是耶穌基督嗎？他就不懂，不見，不知她是以先知的口吻說話。

談了天主的恩寵，傲慢人離它而墮落，謙虛者充滿它而起來。這是本篇歌詞中所含的意義。有人說這個婦人沒有作過任何預言，只是感謝天主因著祈禱而得生麟兒。那麼下面的話有何意義？「勇士的弓已折斷，衰弱的人卻授予強力。曾得飽飯的，要傭工求食；曾受饑餓的，不再勞役；不妊的婦女竟生了七子，多孕的婦人卻患染病症。」她先不妊，以後生了七個子女嗎？她說這話時，只有一個兒子，以後也沒有生過七個兒子，或先生過六個兒子，撒慕爾是第七名，而實際上她只生了三子二女。

最後，她如何能說出最後的話：「他要把權力賜給自己的君王，舉揚自己受傅者的角。」當時猶太人尚沒有君王。是基督的教會，大君王的城，它滿被聖寵，子女累累，說了這些話，因為它知道不久以前，曾因這位婦人說過：「我的心喜樂於上主，我的角因著我的天主高舉起來。」的確，它心中喜樂，被抬舉起來，因為不仗著自己，而依賴自己的上主天主。

「我的嘴對著我的敵人張開了」，因為天主的言語，沒有為困難所阻止。「因為我喜樂你的救助」，這是耶穌基督。老西默翁抱著聖嬰時，如《福音》中記載說：「主啊！現在可以照你的話，放你的僕人平安去了！因為我親眼看見了你的救援。」（路・二：29—30）

為此聖教會說：「因為我喜樂你的救援。沒有聖者如同上主，也沒有一個義者如同我們的天主」；「除你之外沒有聖者。」然後又說：「證言不要多說，豪語也不要由你們的口中發出，因為上主是知識的天主，他的功行毫無瑕疵。」是他認識了無人所認識的，因為：「本來人不算什麼，若自以為算什麼，就是欺騙自己。」（迦・六：3）

這是對天主城的敵人，巴比倫人而說的，他們仗恃自己的力量，而不依靠天主。其中也有血肉的以色列人，地上耶路撒冷的居民，如聖保祿宗徒所說的，不知天主的公義，即獨一公義的天主給人的，而自己去尋求，不願服從天主，因為他們驕傲。

他們相信能以自己的，而非天主的恩寵，悅樂天主。天主是知識的天主，良心的裁判者，因為他看見人心中的私意，若不由主而來，都是毫無價值的。

又說：「安排計畫」，是何計畫，豈非使驕慢人跌倒，謙虛者高舉嗎？因為天主對這計畫說：「勇士的弓已折斷，衰弱的人卻授予強力。」勇士的弓折斷，是以為自己有力守天主的規誡，不必依賴天主的助佑；更不呼求天主說：「我的肉身懦弱，求上主憐恤我。」（詠．六：3）

「曾得富裕的傭工求食；曾受饑餓的，不再勞役」；富裕的是誰？豈非以色列人民：「天主的神諭是交托給他們的。」（羅．三：2）然而在以色列人民中，婢女的兒子是被輕視的，就是長者變成幼者；他們對於飲食，即天主的神諭，只看成是世間的食物。

而外方人，沒有梅瑟的法律，但因《新約》知道了天主的神諭後，就在世間渴望它，因為他們懂得不是世物，而是上天之物。如問其中原因，《聖經》又繼續說：「不姙的婢女竟生了七子，多孕的婦女卻患染病症。」誰懂得七是表示教會的齊全，就看清這預言的一切了。

聖若望宗徒寫信給七個教會，是表示寫給所有教會。（默．一：4）撒羅滿在《箴言》中亦說：「智慧建造了自己的住室，是用七根鑿成的礫柱。」（箴．九：1）耶穌降生前，天主城沒有人民，而耶路撒冷有許多居民，現在它卻衰敗了。因為自由之子是它的力量，現在只有字句而沒有精神了，它已失去了力量，所以衰弱。

「上主使人死又使人生」，使有許多子女的死，使不能生育的活著，且生育七個子女。亦可視作他使以前壓伏的，現在又起來，如下節所說：「使人降入陰府又將他領出。」

聖保祿宗徒也說：「你們既然與基督一同復活了，就該追求天上的事，在那裡有基督坐在天主的右邊。」（哥．三：1）他們先為天主所壓伏，為此聖保祿又繼續說：「你們思念天上的事，不該思念地上的事。」使成為地上饑餓的人。又說：「你們已經死了」，請看！天主是如何壓伏他，下面他卻說，「你們的生命已與基督一同藏在天主內了」，天主又如何抬舉他們呢？

是引領同樣的人至死亡，然後又救他出來嗎？我們看見這兩件事在信友中，及領袖基督身上都實現了，依聖保祿宗徒，我們的生命，與他一齊藏在天主內。

「他既然沒有憐惜自己的兒子，反而為我們眾人把他交出了。」（羅．八：32）這樣一定壓伏了他，但又將他自死亡中復活起來。使我們看出在〈聖詠〉上所預言的：「因你絕不將我的靈魂留在陰間」（詠．十五：10），就是他。使入墳墓中，又將他救出。由他的貧窮，我們富足了，是天主給人貧窮及財富。

為懂這話的意義，我們聽聽下面的話：「壓伏，抬舉」，即壓伏驕傲者，抬舉謙遜者。別處所說的：「天主拒絕驕傲人，卻賞賜恩寵於謙遜人。」（雅．四：6）都包括在內了。

下面的話：「上主由塵埃中提拔卑微人」，最宜貼在基督身上：「他本是富有的，為了你們卻成了貧困的，好使你們因著他的貧困而成為富有的。」（格後．八：9）天主將基督迅速地由塵埃中復活起來，使他不要朽壞。

我將下面的話：「上主由塵埃中提拔卑微」，亦歸於基督；此處卑微等於窮困。由所提拔的塵埃，是指稱難為教會的猶太人；聖保祿曾是其中之一，他說：「但是凡以前對我是有利益的事，我如今為了基督都看做損失。不但如此，而且我將一切都看作損失，因為我只以認識我主基督耶穌為至寶；為了祂我自願損失一切，拿一切當廢物，為賺得基督。」（斐．三：7—8）

基督曾經窮困，卻由塵埃中起來；曾經受苦，卻被舉在所有富人以上，使與有權力者並列而坐，如《聖經》所說：「你們也要坐在十二寶座上，給你們獲得光榮的座位。」（瑪・十九：6）宗徒們曾說：「看！我們棄捨了一切，跟隨了你。」（瑪・十九：27）他們曾許下了這個願。

是誰給他們的，豈非下面所說的：「當對許下願的還願」，不然，就要變成無能的了；沒有人能發願，除非先由他得了所要許願的。又說：「他祝福了義人的歲月，你的年月不會終止」，他能與上主永遠一起生活。在天上歲月不變，但在世間，年月消逝，它來之前，尚不存在，來了又不存在了，因為已經過去了。

這兩種事，即向發願者還願，又祝福善人的歲月，一種係由我們所做，而另一種我們只能加以接受。若我們不做第一件事，亦不能得到天主賞賜第二件事；因為人不依自己的力量而強，是天主使他的敵人，即嫉妒發願的人，並阻止迫他還願的人，無能為力。

依希臘文，亦可懂做他的敵人，因為天主開始獲得我們，我們的敵人就成為天主的敵人了。他為我們所敗，並非因我們的力量，因為人不依自己的力量而強，是天主使敵人無能；上主是聖的，使為聖人所敗，是上主造了聖人。

「明智人不當以明智自誇，能力人不當以能力自誇，自誇的，當以認識天主，並在世間修義德而自誇。」除非承認天主給我們認識，我們就不認識，如聖保祿宗徒所說：「你有什麼不是領受的呢？既然是領受的，為什麼你還誇耀好像不是領受的呢？」（格前・四：7）即你為何自誇，以為所有的，好像是由你自己而有的。

誰生活正經，即依公義生活。正經生活的，是聽天主命的人：「訓令的目的就是愛，愛發自純潔的心和美好的良心，並無偽的信仰。」（弟前．一：5）而這愛，如聖若望宗徒所說：是由天主而來的，所以當由天主而修義德。

「在地上」有何意義？難道住在天涯地角的人，就不必修義德嗎？誰敢這樣說？那麼為何要加上「在地上」呢？是因為若只說「修義德」，是指稱所有住在地上及天涯地角的人。

我相信「在地上」是指稱現世，使人相信在今世生活後，尚有修義德的時刻，以修未修的義德，以避免天主的審判。

在現世每人有自己的土地，死時為土地所吸收，復活時才還給他。為此在現世當修義德，即靈魂尚在肉身中，使能有助來世，那時：「各人借他肉身所行的，或善或惡，領取相當的報應。」（格後．五：10）聖保祿所說的肉身，是指在肉身生活的期間。

因為一個人若故意咒罵天主，雖然不用任何官能，只要他仍有肉身同在，就有了罪。我們亦可這樣去懂〈聖詠〉上的話：「天主啊！你起初就是我的君王，你在地上經營那拯救的事業。」（詠．七十三：12）若我們承認耶穌自古就是我們的天主，因為宇宙由他所造，他在世時救了我們，聖言成人，居於肉身之中。

因依哈納的預言，自誇的人如何自誇，一定不靠自己，而靠天主，以得審判日之賞報。「耶穌升天去了，但他將審判天涯地角，因為他是公義的。」這是信友信仰的次序：因為基督先升天，然後降來審判生者死者。聖保祿宗徒說：「說他上升了，豈不是說他曾下降地下嗎？那下降的，正是上升超乎諸天之上，為充滿萬有的那一位。」（厄．四：9）

耶穌升天後，聖神降臨時，雲中閃電交加。他借依撒意亞先知的口，恐嚇不知恩的耶路撒冷，說它將得不到雨露。並說：「他將審判天涯地角」，即地上遠處，他將審判各處，即所有的人。但「天涯地角」，最好視作人臨終之時。因為人受審判時，不是行善作惡時，而是依他臨終時的情形而受審判，為此說：「唯獨堅持到底的，才可得救。」（瑪·十：22）因此人在世時，能修義德，天主審判世界時，才不會受罰。

《聖經》又添上說：「他將給我們君王力量。」即審判時不要罰他們，賞賜他們做君主的能力，依靠為我們傾流鮮血的基督，克勝肉身及世俗。

「抬舉基督的光榮」，如何抬高基督的光榮呢？即上面所說的：「主升了天」，此處的「主」即耶穌基督。他將抬高基督的光榮。基督是誰？是要抬舉所有的信友，如亞納在最初唱的：「我的心喜樂於上主。」我們可稱所有信友為基督，因為基督為首，與大家組成一個妙體。

這是聖人撒慕爾的母親亞納所預言的。在人身上預言了司祭的變換，生育子女多的不再生育，使不孕者生育許多子女，並在基督身上有個新的司祭。

第五章　天主的人預言厄里，亞巴郎的後裔司祭的職位將要終止。

但這些事情，由一位天主的人更明顯地告訴了厄里，我們不知道他的名字，但由他的職務看來，該當是一位先知。《聖經》上寫說：

「有一位天主的人來到厄里面前對他說：『上主這樣說：當你祖先的家人還在埃及法老家中當奴隸時，我不是再三顯現給他們嗎？我不是從以色列眾支派中，特選了他們作我的司祭，上我的祭壇焚香獻祭，穿「厄弗得」到我面前來，並將以色列子民的火祭祭品全賜給了你的父家嗎？那麼，你為什麼還要嫉視我所規定的犧牲和素祭呢？竟重視你的兒子在我以上，用我的人民以色列所獻的最好的一份，養肥了他們？

因此，請聽上主以色列天主的斷語：我曾許下，你的家和你的父家要在我面前永遠往來，但是現在，——上主的斷語——決不能如此！只有那光榮我的，我才光榮他；那輕視我的，必受輕視。看哪，日期快臨近了！那時我要把你的臂膊和你父家臂膊砍下，使你的家裏沒有壽考終身的人。以後，你要嫉視我賜與以色列人的一切幸福，可是在你家裏永不會再有權威的長者。

我也不願將你的人由我的祭壇上盡行消滅，致使你的眼目昏花，心神憂傷；但你家中大多數的人要死在人家的刀下。你的兩個兒子曷弗尼和丕乃哈斯所要遭遇的，為你就是個先兆：他們兩人要在同一天死掉。我要為我舉立一位忠心的司祭，他要按照我的心神和我的意思行事，我要給他建立一個忠誠的家庭。他一生在我的受傅者前往來。那時，凡你家中所存留的人，必要叩拜他，為得到一點錢或一片餅說：求你容我參與任何一種司祭職務，使我可以糊口。』」（撒上・二：27—36）

不能說這個預言以前，司祭的取消，已在撒慕爾身上實行了。雖然撒慕爾屬於天主所選，在祭壇上服務的家族，但他不是亞巴郎的後裔，是由他們中揀選司祭，為此這事已預象司祭的更換，這是在耶穌基督身上才完成的。

這個事實的預象，而非言語的預象，本意是指《舊約》，寓意則指《新約》；即以事實，指出先知給赫里所預言的。因為在達味時，幣多克及厄貝雅塔爾司祭是亞巴郎的後裔，為此以前預言的，在基督身上將完成的司祭，已初步實現了。

誰若以信德的眼光來看這些事，豈不看出已實現了嗎？猶太人已沒有帳篷，聖殿，祭壇，祭獻，司祭，而天主卻命當自亞巴郎的子孫中，揀選司祭，這是先知所說的：你的家和你的父家要在我面前，永遠往來，「但是現在，——上主的斷語——決不能如此！只有那光榮我的，我才光榮他；那輕視我的，必受輕視。」

所說「你父親的家」，並不指直接的父親，而是指第一位司祭亞巴郎，別的司祭當由他的子孫中揀選，這是前面所說的：「當你祖先的家人還在埃及法老家中當奴隸時，我不是再三顯現給他們嗎？我不是從以色列眾支派中，特選了他們作我的司祭。」

在埃及為奴隸出走後，誰被選為司祭，豈非亞巴郎？此地卻說出他的後裔中將沒有司祭了；我們現在看見這事已實現了。我們的信仰加增了，這是眼前的事，可以看見，摸到，不願相信的人，亦可看見：「看哪，日期快臨近了！那時我要把你的臂膊和你父家臂膊砍下，使你的家裏沒有壽考終身的人。」「我也不願把你的人從我的祭壇上消滅，致使你的眼目昏花，心神委靡。」

所預言的日子已到了，亞巴郎的子孫中已沒有司祭了，他的後裔看見天主教信友的祭獻，在全世界盛行，自己卻沒有這種光榮，使他疾首痛心。下面的話，特別是對厄里的家說的：「但你家中大多數的人要死在人家的刀下。你的兩個兒子曷弗尼和丕乃哈斯所要遭遇的，為你就是個先兆：他們兩人要在同一天死掉。」這事是為指示司祭的更改，亞巴郎的家中已失去了司祭的職務。他兒子的死亡，不是說他們個人的死亡，是說亞巴郎後裔司祭的消滅。

以前的話是對司祭說的，撒慕爾繼厄里的位，只是預象而已；以下幾句是對基督說的，他是《新約》的真司祭：「我要為我舉立一位忠心的司祭，他要按照我的心神和我的意思行事，我要給他建立一個忠誠的家庭。」這家庭是上天永遠的耶路撒冷城。「他一生在我的受傳者前往來」。

「往來」，如以前對亞巴郎家所說的：「我曾許下，你的家和你的父家要在我面前永遠往來。」但「他一生在我的受傳者前往來」，是對這家而言，而非對基督司祭而言，他同時是中保及救世主。他的家要在受傳者前往來。

「往來」二字，亦可指生在世時，由生活而至死亡，及世界窮盡。天主所說：「他要按照我的心神和我的意思行事。」我們不可相信天主有靈魂，因為他是靈魂的創造者。這是寓意，而非本意，如說天主有於有足，有身體其他肢體一樣。

人依天主的肖像而造，但為使人不要相信係照天主的身體而造，乃說天主有翅翼，人一定是沒有的，《聖詠》上說：「蔭庇我於你翅翼的影下。」（詠・十七：8）這樣，使人知道，這些話對天主，不當以本意，而以寓意去懂。

下面所說：「凡你家所存留的人，要來叩拜他。」不是對赫里的家，是對亞巴郎的家面言，他的後裔，直至基督常常存在，現在仍舊存在。對赫里的家上面已經說過：「因為你家的人都要死在人家的刀下。」如何還能說：「凡你家所存留的人，要來叩拜他。」所以是對亞巴郎的子孫而言的。是對亞巴郎殘存的子孫而言，依撒意亞先知說：「唯其中殘存者終將歸化。」（依・十：22）聖保祿宗徒亦說：「同樣在今時也有一批按照揀選之恩留下的殘餘。」下面的話是對他們而言的：「凡你家所存留的人。」沒有疑惑的，他們信仰基督，在宗徒時代有許多亞巴郎的子孫相信基督，現在也有信他的，雖然人數比較少。

在他們身上，天主的人所預言的已完成了：「要來叩拜他為得一點錢」，叩拜誰？豈非天主？在亞巴郎子孫做司祭時，人不到天主的聖殿中或祭壇前，去叩拜一個司祭。

「為得一點錢」有何意義，豈非信仰的言語？聖保祿宗徒曾說：「天主將迅速完成他所說的，在世上只有幾句話。」〈聖詠〉亦說出錢指何物說：「上主的言語，是純潔的言語，如經火煉淨的銀子。」（詠．十二：7）來叩拜司祭及天主的說什麼？他說：「求你容我參與司祭的職務，使我有飯吃。」我不願有祖先的榮耀，我卑賤不堪，只要盡司祭的小職務，情願在天主家中做一個卑微人，只要得一小差使，我便心滿意足了。

這裡所稱的司祭是平民，司祭耶穌基督，人及天主間的中保，亦由平民而生。聖保祿稱普通信友為：「王家的司祭，聖潔的國民。」（伯前．二：9）雖然有人將上面的話譯成：「你的祭獻」，而非：「你的司祭職務」，但同樣指稱「信友」。為此聖保祿宗徒寫說：「因為餅是一個，我們雖多，只是一個身體。」（格前．十：17）

「使我有飯吃」說出同樣的祭獻。耶穌自己曾說：「我所賜給的食糧就是我的肉，是為世界的生命而賜的。」這個祭獻不照亞巴郎，是依默基瑟德的，讀的人該理解清楚。這句謙虛自認的話說：「求你容我參與司祭的職務，使我有飯吃。」就是耶穌所說的寡婦的小錢。前面說過將《舊約》的祭品歸屬亞巴郎的子孫：「我也把以色列子民的火祭全賜給你的父家。」這是猶太人的祭獻，此地所說：「有飯吃」，是指稱《新約》信友的祭獻。

第六章　天主應許猶太人的司祭及國家，雖然是永遠的，而實際上已不存在，所以當另外去了解它。

天主既然鄭重地應許了這些事情，甚為顯明，所以能有人說：若天主啟示的事，沒有實現，我們如何能希望《聖經》上的話都應驗呢？因為《聖經》上曾說：「你的家和你的父家要在我面前永遠往來。」我們看見司祭已經換了，天主以前所應許這家的，不合實際了，代替被棄被換的司祭是永遠的。

誰說這話，是他或不知道，或不記得，亞巴郎後裔的司祭職務，是將來永遠司祭職務的影子，所以天主應許永遠時，不是許給它，因為它只是影子。預象，是指稱將來的司祭。但為使人不要相信影子成為實體，所以亦當預言它的代替物。

這樣，撒烏耳的國家，雖然被捨棄了，它只是將來國家的預象，它將是永遠存在的。

所敷的油，當以真意去理解，它已成了聖事。達味自己極力尊敬受敷油的人，心中憂愁，因為他避在一個山洞中，撒烏耳因為要出恭亦進去了。達味割了他的衣角，為證明雖然有殺害他的機會，但他只願從撒烏耳心中除去猜疑，不要常將達味視為自己的敵人。

但達味仍舊恐怕，剪了撒烏耳的衣服，做得不對，因為《聖經》上說：「事後達味的心卻責斥自己，因為他竟敢割了撒烏耳外氅上的衣邊。」（撒上・二十四：4）達味手下的人勸他殺了撒烏耳，但達味卻說：「為了上主，我決不能這樣。我對我主，對上主的受敷者決不能伸手加害他，因為他是上主的受敷者。」（撒上・二十四：7）所以達味對將來的預象，心中頗為尊敬，不是為他自己，而是為所預象的。

所以撒慕爾亦向撒烏耳說道：「你真是行為魯莽！假使你遵守上主你的天主所吩咐你的誡命，如今天主必在以色列鞏固你的王位直到永遠。現在你的王位不能存在了。上主另找了一位按照自己心意的人，上主要立他為自己百姓的首領，因為你沒有遵守主主給你所吩咐的。」（撒上・十三：13—14）此處不可理解為天主本來有意叫撒烏耳永遠為王，但因為他犯了罪，天主就不願為他保留王位了。天主知道他要犯罪，但為他準備了一個王位，這是永遠天國的預象，為此《聖經》上繼續說：「為此你的國不會長久。」

撒烏耳的國以所預言的國而延長，但不是為他自己，因為他自己及後裔，都不當永遠為王，但在他以後，完成了《聖經》中所寫的：「上主另找了一位按照自己心意的人」，就是達味或《新約》的中保，他名基督，意義為「敷油者」，達味及其子孫都曾敷油為王。

天主尋找人，並非不知所在，但因人而發言，所以亦如人而言，因為他這樣說，是在尋找我們。不但天主聖父認識我們，即尋找及拯救迷失了的人耶穌基督，天主的唯一聖子亦認識我們，在宇宙被造之前，就揀選了我們。

第七章　以色列國被分，是精神的以色列，與肉身的以色列，常常分開的預象。

撒烏耳又不聽主命，撒慕爾乃以上主的名義向他說：「因為你拒絕了上主的命令，上主也拒絕了你作王。」（撒上・十五：23）

撒烏耳在犯了罪後，坦白承認，求天主寬免，請撒慕爾代祈，平息天主的義怒。「撒慕爾卻答說：『我不同你回去！既然你拒絕了上主的話，上主也拒絕你，不要你做以色列王。』撒慕爾轉身要走，撒烏耳卻用力抓著了他外氅的衣邊，甚至撕破了。撒慕爾就對他說：『上主今日從你的身上撕去了你的王位，交給了你的近人，因為他比你好。天主永遠是公義的！祂不虛言，也不懊悔，因為祂不像人，可以懊悔。』」（撒上‧十五：26—29）

此地所說的：「上主也拒絕了你，不要你做以色列王」，「上主今日從你的身上撕去了你的王位。」但撒烏耳，做了以色列王四十年，與達味一樣長久。在初年時，他就聽到這話，他的子孫不能為王，是要使我們注意達味，因為天主與人的中保耶穌基督，將由他而生。

在許多拉丁文《聖經》本上，沒有下面幾句，雖然希臘本中有：「上主今日從你的手中撕去了以色列國」，而是：「自以色列上主由你的手中撕去了國」，使我們了解由他手中撕去的，是自以色列人。撒烏耳是以色列人民的預象，耶穌基督在《新約》中不以現世，而以精神為王時，他們就將失去國土。「交給了你的親人」是對本性的親屬而論，因為基督如撒烏耳一樣，在肉身方面，由以色列人民族而生。

所說：「因為他比你好。」就可這樣理解，如許多人了解的，但更好理解為：因為他好，所以當在你之上。這是依先知的預言說：「等我將你的仇人，屈作你的腳凳。」（詠‧一〇九：1）在仇人中就有以色列人，他們因為為難耶穌基督，失去了國土；但亦有善良的以色列人，如穗子中的稻穀一樣。從他們中出了宗徒，殉教者，如聖斯德望，及聖保祿宗徒所提及的許多教會，因他們的皈依，光榮了天主。

下面所說的：「以色列將分為二。」當理解為基督的仇人以色列，及與基督結合的以色列；屬婢女的以色列及屬自由的以色列。二者起初在一起，如亞巴郎尚與婢女同居，直至不孕的撒辣說：「你將這婢女和她的兒子趕走。」（創‧二十一：10）

我們知道以色列國因著撒羅滿的罪惡，在他的兒子勒哈貝罕時，分裂為二，各國繼續有自己的國王，直至迦爾代人加以蹂躪後，將他們擄至巴比倫為奴。

但這事與撒烏耳有何關係？若要指責的話，似乎當指責達味，網為撒羅滿是他的兒子。希伯來人不但互相分裂，且散居全世界，因為都犯了同樣的錯誤。

在撒烏耳時，天主恐嚇以色列人民族及國家將分裂，它是永遠的，不可變更的，由下面的話可以知道：「天主永遠是公義的！祂不虛言，也不懊悔，因為祂不同人一樣能反悔。」即人往往恐嚇，但不長久，天主卻不會如人一樣反悔。若《聖經》上有時說天主後悔，是說事情的變更，而天主的預知是不會變更的。《聖經》上所說的天主不反悔，是說不變更。

由這幾句話我們知道，天主決定以色列人民的分裂是永久的，不會變更的。因為猶太人中已皈依，或現在皈依，或將來皈依基督的，是照天主的預知及人的同一本性。

皈依基督的以色列人，一定不與基督的敵人以色列人為伍，永遠與他們分離，如已預言過的。因為西奈山的《舊約》只能產生奴隸，若不為《新約》作證，就毫無用處。今日讀梅瑟五書時，他們的眼前，如有一層帳幕，皈依基督後，才能除掉。

由《舊約》進至《新約》的人，他們的目的亦有變換，已不相信將獲得現世的福樂，而是獲得精神的福樂。為此大先知撒慕爾在祝聖撒烏耳以前，為以色列祈禱，天主聽了他的祈禱，他做祭獻時，敵人正在攻擊天主的人民，天主使雷聲大作，他們恐懼，就在以色列人前崩潰了，撒慕爾乃取了一塊石頭，放在新舊米責帕之間，稱它為厄本赫則爾（Ebenezer），意義是「協助之石」。他說：「到如今上主協助了我們。」（撒上·七：12）

米責帕（Massephat）的意義是「欲望」。這塊石頭是救世之耶穌的中保，由此我們得以由舊米責帕過度至新米責帕，即由暫時的國家中貪求現世的福樂，而至《新約》的上天真福樂中，因為沒有比它更好的。天主協助我們，直至於此！

第八章　天主應許達味的，不在他兒子撒羅滿，而在基督身上完全應驗了。

現在到了時候，將天主應許撒烏耳的繼位人達味指出，這種更換是預象最後的更換，天主所說或命人寫的，是關乎我們要討論的問題。

達味在許多事上都很順利，他想為天主造一座聖殿，即他的兒子撒羅滿以後要造的（編按）。他正在思想時，天主告訴先知納堂，請他轉告國王。天主先說這座聖殿，然後祂又繼續說：

「現在，你要對我的僕人達味說：萬軍的上主這樣說：是我揀選你離開牧場，離開放羊的事，作我民以色列的領袖。你不論到那裏去，我總是偕同你，由你面前消滅你的一切仇敵；我要使你成名，像世上出名的大人物；我要把我民以色列安置在一個地方，栽培他們，在那裏久住，再也不受驚恐，再也不像先前受惡人的欺壓，有如自從我為我民以色列立了民長以來一樣；我要賜他們安寧，不受仇敵的騷擾。

上主也告訴你：他要為你建立家室。當你的日子滿期與你祖先長眠時，我必在你以後興起一個後裔，即你所生的兒子；我必鞏固他的王權。是他要為我的名建立殿宇；我要鞏固他的王位直到永遠。我要作他的父親，他要作我的兒子；若是他犯了罪，我必用人用的鞭，世人用的棍，來懲戒他；但我決不由他收回我的恩情，就如在你以前由撒烏耳收回我的恩情一樣。你的家室和王權，在我面前永遠存在，你的王位也永遠堅定不移。」（撒下・七：8—16）

誰相信這個應許在撒羅滿已完成了，是大錯特錯，因為他只顧下面的話：「他要給我的名建立一所聖殿。」撒羅滿果然造了一座美輪美奐的聖殿，但沒有顧到別的話：「你的家庭和國家在我面前永遠存在，你的寶座也永久堅定不移。」他當看看撒羅滿的家中充斥外方婦女，她們敬拜邪神，亦當看看這位國王以前明智，現在為她們所勾引，竟亦去敬拜邪神。我們不可認為天主作這應許時，是說謊話，或他預先不知道撒羅滿及他的家庭竟會弄到這個地步。

我們若不看見這些事情已在基督身上應驗了，他以肉身而言也是達味的後裔，而糊裏糊塗地去找另一個，就如猶太人一樣。他們亦知道此處所許的兒子不是撒羅滿，雖然現在天主所應許的，已明顯地指出來了，他們卻瞎著眼，去等候另一個。

撒羅滿造了聖殿，終身享受太平，他名字的意義便是太平。他在登基初年，應受人讚頌，他亦預象吾主耶穌。《聖經》上記載他的事，好像是基督的預言，《聖經》上述說以往事蹟時，似在描寫將來的他。因為除了《聖經》上記載他為王，〈聖詠〉第七十一章亦寫著他的名字。其中有許多事，絕對不能歸於他，卻與耶穌基督完全吻合，所以在撒羅滿身上亦有預象，這是千真萬確的。

我們知道撒羅滿國土的邊界，固然不提其他事情，但〈聖詠〉上卻說：「自這海直到那海，從大河直到地極，他必要為王。」（詠・七十一：8）在基督身上我們看見實現了。基督在河中，由若翰付洗，由此他開始控制一切，為門徒所認識，他們不但稱他為老師，並稱他為天主。

父親達味尚活著時，撒羅滿就開始為王，這是別的國王所無的，不為別的，只是指出先知所說，不是指稱他，因為天主向他的父親說：「當你的壽命期滿與你祖先長眠時，我要在你以後，興起一位你所生的後裔，並要鞏固他的國家。」為何下面的話：「他要為我建一所聖殿。」說是撒羅滿，卻不注意上面的話：「當你的壽命滿期與你祖先長眠時，我要在你以後，興起一位你所生的後裔。」是預言另一位和平人，他將如預言中所說的，不在以前，而在達味逝世後，將被高舉起來。

若耶穌基督很久以後才降生，一定是在達味去世後才出現的，因為天主應許達味，將要來的，不為天主建造一所木頭或石頭的房屋，而是由人所造的。聖保祿宗徒對這座聖殿，即對基督的門徒說：「因為天主的聖殿是聖的，這宮殿就是你們。」（格前·三：17）

（編按）撒羅滿（Solomon）或譯為「所羅門」王，其名字的意思是「建立和平者」。撒羅滿是以色列王達味（David）之子，在納堂先知（Nathan）和母親巴特舍巴（Bathsheba）的計謀協助下擊敗兄長，於西元前九七〇年，二十歲時就登基為王。在歷史上，他以過人的智慧和多才多藝著稱。在他在位的三十九年之間，藉由內政和高明的外交手腕，讓以色列的國力達到巔峰。在他為王後的第四年，便在耶路撒冷的摩黎雅山上費時七年，興建了第一座聖殿，恭迎約櫃入殿。權勢令撒羅滿自大，他開始大興土木，為自己建築了許多宮殿，且因娶了埃及法老王的女兒，又受到龐大後宮（七百名各國佳麗）的影響，開始修壇祭拜異教多神，以色列亦開始出現內憂外患（厄東）。撒羅滿八十歲死後，以色列便分裂成南方的猶大國和北方的以色列國兩個小國，國力衰弱，西元前七三二年，以色列便被亞述人征服，繼後猶大也於西元前五八七年被巴比倫消滅，聖殿被摧毀。國破家亡，以色列民族遂開始流亡的生活。

第九章 〈聖詠〉第八十九篇對基督的預言，與〈列王傳〉中納堂先知的預言相似。

〈聖詠〉第八十九篇，題為：「以色列人伊森的訓誨歌」，亦提及天主給達味王的應許，其中有些與〈列王紀〉中的相似，如：「我與我所揀選的人立了約；對我僕人達味起了誓，我要鞏固你的後裔，直到永遠，世世代代我要建立你的寶座：我要鞏固你的後裔，直到永遠。」（詠・八十九：4—5）

「當時你曾在異象中曉諭你的虔誠人說：『我已將我的救助，加在有能者的身上；就是加在由民間所選者的身上。我覓得了我的僕人達味，用我的聖油敷了他。我的手必要堅固他，我的手臂，要加強他的力量。不使他受敵人的欺騙，不使他受兇惡人的淩抑。我要在他面前打擊他的敵人，使忌恨他的人都遭失敗。我的信義和我的仁慈，與他相偕；因我的名，他的角將被舉揚。

我使他的手伸到海上，他的右手伸到河上。他將稱呼我說：『你是我的父，我的天主，和拯救我的磐石』。我立他為長子，要他超過世上所有的君王。我要永久為他保留我的仁慈，我與他立的約，永存不渝。我要他的後裔，永世無替，要使他的寶座，久與天齊。」（詠・八十九：20—30）

我們該當將這一切，在達味之名下，理解為吾主耶穌的事情，祂因童貞聖母由達味後裔而生，取了奴隸的形式。以後提及他子孫的罪惡，與《列王傳》中相似，當歸於撒羅滿。因為〈列王紀〉上說：「若是他犯了罪，我將借著人的鞭策和人的打擊來懲戒他，但是我的恩愛卻不遠離他。」（撒下・七：14）打擊指的是傷痕，為此說：「你們決不可觸犯我的受傅者」（詠・一〇五：15），這幾句話有何意義，豈非不要侮辱他嗎？

在〈聖詠〉中，好似論達味說：「倘若他的子孫離棄我的法令，不照我的誡命行動；違背我的律例，不遵守我的訓令；我就用棍杖責罰他們的惡行，用鞭笞處理他們的過犯。只是不使我仁

慈離棄他，不教我的正義，歸於烏有。」（詠・八十九：31—34）

論達味的子孫時，這首〈聖詠〉不說：「他們」，而說：「他的」，當解說得有大價值：因為在教會的領袖基督身上，不能找到任何罪過，可受天主的責罰；但是在他的信友身上，即他的身體及肢體中，可能有過犯。為此在《列王傳》中說：「他的罪犯」，在〈聖詠〉中則說：「他子孫的過犯」，是為使我們懂得，對他肢體所說的，亦可理解成對他說的。

同樣，掃祿難為教會時，基督從天上向他說：「掃祿，掃祿，你為什麼迫害我？」（宗・九：4）同一〈聖詠〉下面幾節說：「我必不廢棄我的誓約，也不改變我口所出的斷言。我二次指著我的聖潔起誓，我決不向達味廢止聖誓。」（詠・八十九：35—36）這是《聖經》慣常的說法。

下節說出天主不廢棄何物：「他的後裔要永遠常存，他的寶座，在我面前，有如太陽，有如月亮永遠常存，作天上忠實的見證。」（詠・八十九：37—38）

第十章 現世耶路撒冷的事蹟，與天主所應許的不同，指出天主所許的，是屬另一國王及另一國家的。

為使我們不要想天主的應許已在撒羅滿身上應驗了，而實際上我們所期望的，尚沒有實現，為此〈聖詠〉上又說：「但是你已經拒絕和擯棄，對你的受傅者憤怒大起。」（詠・八十九：38）

這事在撒羅滿及其子孫時實現了，猶太國的京城耶路撒冷被毀滅，撒羅滿所建的聖殿亦被焚燒。但為使人不要相信天主背棄了自己的應許，〈聖詠〉即添上說：「對你的受傅者憤怒大起。」天主發怒的受傅油者，不是撒羅滿，也不是達味。所有傅過油的，都被稱為受傅者，不但達味及其子孫如此，連猶太人的第一位國王撒烏耳亦如此。他們因著受傅，象徵獨一的真基督。當時人以為是達味或撒羅滿，實際上尚當長期等候，直至天主預定的時間，祂才會來臨。

在他來臨之前，在他的京城耶路撒冷發生了何事？這篇〈聖詠〉，就要告訴我們說：

「你曾折毀與僕人所立的誓約，將他的冠冕擲在地下。你蕩滅了他的城垣，使他的堡壘，變為荒墟。所有的過路人，都搶掠他，他成了鄰邦的恥辱，你高舉了敵人的右手，你叫他的仇人快樂。你使他的刀劍卷刃，在戰場上，你沒有扶持他。你滅損了他的光輝，將他的寶座推翻在地。你縮短他青年的時日，用羞恥掩蓋了他。」（詠・八十九：39—45）

這一切事情都在耶路撒冷實現了，也有過幾位聖王，但他們期望天上的耶路撒冷，並依賴真基督。歷史上的事實要告訴我們，這一切在猶太國是如何實現的。

第十一章　天主人民的精粹，是在降生的基督身上，只有他能將自己的靈魂，由陰間救出。

先知說了這些事後，乃向天主祈求，他的禱詞，也是一種預言：「上主啊！這要到幾時呢？你永久將你自己隱藏起來嗎？」是說隱藏臉面，如他處所說的：「你掩面不看我要到何時呢？」

（詠・十二：2）

有些聖經抄本不說：「你隱藏起來了。」而說：「將你隱藏起來。」可理解為：「你將應許達味的隱藏起來。」「永久」二字，指的是直至最後時期，猶太人亦要信仰耶穌基督，雖然以前預言的悲傷事蹟要先實現。為此同一〈聖詠〉繼續說：「上主，你的怒火如焚，何時才熄？求你懷念我的性命何其短暫。」（詠・八十九：47，48）。這幾句話，對耶穌最為適當，他是由猶太民族的血肉而生的。為此下面又說：「你所造的人的生命，又是何等的空虛！」（48）

若人子耶穌，許多人將因他得救，不由以色列人的血肉所生，那麼人類都白白地受造了。因為所有的人，因著原祖的罪過，都由真理墮入空虛之中，為此另一篇〈聖詠〉上說：「人好像一口氣，他的時日，宛如消逝的陰影。」（詠・一四三：4）

天主沒有白白地造了人類，因為他因著中保耶穌，救了許多人，他預見不被求援的，也造了他們，是為被救人的益處，並為將互相矛盾的兩城作個比較。因此在整個人類燦爛、適當的佈置中，並非沒有理由的。

為此同一篇〈聖詠〉又添上說：「誰能長生不死？誰能使自己的靈魂，逃脫陰府的威權？」（詠・八十九：49）祂是誰？豈不是由以色列人民族的血肉所生及達味的後裔，耶穌基督嗎？聖保祿宗徒論祂說：「基督既從死者中復活，就不再死，死亡不再統治他了。」（羅・六：9）

基督生活著，不會再死亡了，雖然祂曾死去過，但祂將自己的靈魂由陰間救出。他曾降下，解放罪人的羈索；他以自己的權力，將他們救出，如《福音》上說的：「我有權捨掉它，我也有權取回它。」（若・十：18）

第十二章 〈聖詠〉上：「吾主啊！你囊昔依憑你的信義，向達味所誓許的仁慈在哪裡？」這些話，是對誰說的？

我們可以問這首〈聖詠〉中下面的話：「吾主啊！你囊昔依憑你的信義，向達味所誓許的仁慈在哪裡？吾主啊！求你記憶你僕人所受的恥辱，紀念我胸中所備嘗許多民族的淩辱。吾主啊！你的仇敵這樣汚辱了我，羞辱了你受傅者的踪跡。」（詠・八十九・49—51）是為希望實現天主應許給達味的以色列人，或是為信友們，他們不照血肉，而依精神是以色列人民。

上面的事情是在伊森（Ethan）的時代所說所寫的，因此這篇〈聖詠〉所稱為他的。當時達味若還活著，先知就不當說「吾主啊！你囊昔依憑你的信義，向達味所誓許的仁慈在哪裡？」是為後代的人，他們離達味時代已遠。亦可當做許多民族，他們在教難時期，譏笑耶穌受苦受難，《聖經》上稱它為「變換」（註一），因為基督死後就成為不朽的了。他們指責以色列人的受膏者（註二），亦可如此懂：即猶太人期望民族的救主，而他卻是為世界萬民的。

許多信仰基督的人，指責猶太人還在《舊約》之中，所以說：「吾主啊！求你記憶你僕人所受的恥辱。」這並非是天主忘記了他們，而是天主的仁慈，使他們受辱後，亦能相信基督。

但照我的意見，前面的意義更為適宜。因為譏笑基督的仇人，與所說的：「吾主啊！求你記憶你僕人所受的恥辱：」不適合。這種猶太人，不當稱為天主之子。

這些話更適合，因為基督的緣故，而受了磨難，他們可記憶起天主曾應許達味王國，所以不失望，而請求說：「吾主啊！你囊昔依憑你的信義，向達味所誓許的仁慈在哪里？吾主啊！求你記憶你僕人所受的恥辱，紀念我懷中所備嘗許多民族的淩辱。上主啊！你的仇敵這樣污辱了我，羞辱了你受膏者的踪跡。」這不是變換，而是毀滅。

「上主啊！求你記憶：有何意義，豈非求你大發慈悲，因著甘心所受的恥辱，惠賜你應許達味的光榮嗎？」若願意將這幾句話，歸於猶太人，只能是在基督降生以前，耶路撒冷攻破後，被擄為奴的人。他們理解清楚了救主的變換，即不當期待撒羅滿時代的現世福樂，而是上天及精神的福樂。

外教人不知道，侮辱天主的子民，說他們被擄，這就是基督的變換，即無知的人，侮辱有知的人。為此這〈聖詠〉的末句：「讚美上主！直到永遠！阿門，阿門！」是屬於上天耶路撒冷的子民，無論是在《新約》之前，《舊約》的人，或在《新約》時期公開承認基督的人。

天主對達味的祝福，不是如在撒羅滿時代，曇花一現的，而是永遠的，為此說：「阿門，阿門！」這句話的重複，是表示期望。

這是關於〈列王紀〉第二卷達味的，我暫時離題，提起這首〈聖詠〉說：「你又預言了關於你僕人的家族未來的事。」（撒下．七：19）稍後又說：「請你如今就祝福你僕人的家室，使他在你面前永遠存在。」（29）因為當時達味即將生子，由此後裔，直傳至基督。因著他，達味的家室，就是天主的家室，是永遠的，因由達味所生育的，是達味的家室，因著天主的聖殿，是天主的家室；非由石頭，而由人造成。

人民與天主永遠住在其中，天主在自己的人民中，與自己的人民同居，天主充滿人民，人民充滿天主。那時天主將完全在眾人中；他是平安時的酬報，戰爭時的力量。為此納堂說：「上主告訴你：祂要為你建立家室。」（撒下．七：11）達味呼說：「萬軍的上主！以色列的天主！你曾啟

示你的僕人說『我要建立你的家室。』」（同上，27）

我們若聖善生活，求主助佑，亦能建立家室，因為：「若非上主建造房屋，匠人必是徒然經營」。（詠・一二七：1）這房屋落成時，就應驗了天主用納堂口中所說的話：「我要為我民以色列指定一個地方，叫她在那裡繁殖久住，再也不驚慌，再也不像先前受惡人的欺壓，有如自從我為我民以色列立了民長以來一樣，我要使她安息，不為她的仇敵所侵擾。」（撒下・七：10—11）

（註一）係由拉丁本（Commutatio）一字而來，它的意義為「變換」，依希伯來原文意義，當譯為「踪跡」。

（註二）猶太人的君王，大司祭及先知，都用敷油禮祝聖，所以猶太人的君王往往被稱為敷油者或受傅者，耶穌被稱為基督，即由希臘文「Khristos」（敷油）一字而來。

第十三章　天主所應許的太平，是否可視為撒羅滿時代的？

誰希望在世間得到和平的大恩，是糊塗至極。可否相信在撒羅滿時代實現了呢？《聖經》固然以鄭重的言語，稱讚和平，但所以稱讚它，因為它是將來的預象。但這種意見，立即為下面的話推翻：「再也不像先前受惡人的欺壓，有如自從我為我民以色列立了民長以來一樣。」猶太人佔了福地後，有君王以前，先有了民長。

惡人欺壓過以色列人，因為在《聖經》上記載，一時平安，一時戰爭，有時平安時期，比撒羅滿為王四十年更長。因為在民長厄胡得時代，曾有過太平八十年。（民・三：30）所以我們不可以為這個應許，是預言撒羅滿時代，或任何君王時代，因為沒有一個君王比撒羅滿時代更太平的。希伯來人從沒有過一個時代，不怕為敵人所欺壓，因為在滄海桑田的人世間，沒有一個民族，可以不怕敵人的攻擊。

天主所應許的太平世界，是在上天的耶路撒冷，以色列人將在那裡，因為以色列的意義，就是看見天主的人。為得這個酬報，當以信仰之心，善度現世的生活。

第十四章　達味對〈聖詠〉的貢獻。

達味在耶路撒冷為王時，天主城亦在進行中。達味擅長歌曲，嗜好音樂，不為娛樂，而以侍奉真天主，以預象將來偉大的事蹟。由多音組成的合奏，由它的複雜的聲音，可以指出秩序井然的城市。為此達味的一切預言，都在〈聖詠〉中，共一百五十篇，成為〈聖詠〉集。有人說他只作了有他名字的。也有人說他只作了有：「達味自撰」（of David）字句的。也有「歸達味的」（for David），是由別人所撰寫，而歸屬於他的（註一）。

這種意見，在福音中都為基督所擯棄，因為達味欲呼基督為自己的主子；〈聖詠〉一百一十首開始說：「上主對吾主說：你坐在我右邊，等我把你的仇人，屈作你的腳凳。」而這首〈聖詠〉也沒有標示「達味自撰」，而是「屬達味的」，如許多〈聖詠〉一樣。

照我的意見，將全部〈聖詠〉歸於達味的，比較可信，他將幾首〈聖詠〉放在別人名下，其餘不載任何人的姓名（註二）。

不可因為在〈聖詠〉集中，有些先知的名字，是在達味以後的，所記載的事，應該歸於他們，就不相信這個意見。因為聖神能默示達味後代先知的名字，使能吟出適合他的身份的事蹟，就如一位先知曾預言了三百年以後為王的約嘉雅王，及他的事蹟一樣。（列上・十三：15—17）

（註一）希伯來文沒有分別，思高聖經學會的〈聖詠〉集都譯為達味的歌，或達味的金詩，達味的訓言。

（註二）現在的《聖經》學者大都否認達味為全部〈聖詠〉集的作者，他們以為有些是達味的，共七十三篇，有的是柯拉子孫的十一篇，有的是亞撒弗子孫的十二篇及別人的，見思高〈聖詠集〉第三三—三六頁。

第十五章 是否一切對基督及教會的預言，都當列入本書中。

我發覺有人希望我，在本書中解釋〈聖詠〉中有關基督及教會的諸篇，但阻止我這樣做的，我雖已經寫過一本書，是材料太多，而不是沒有材料。要一一加以解釋，就太長了；若加以揀選，則精通〈聖詠〉的人，又要說我忘了最重要的。

此外，所引證據，當由整部〈聖詠〉，若不完全有利，至少沒有相反的，不可如雜集者（註），為達到自己的目標，將幾句由一首歌中抽出，其實與他所論的事，根本不同。為指出每篇〈聖詠〉的意義，當解釋全部〈聖詠〉，這是困難的工作，由別人及我自己對此所寫的書篇，可以證明。

願意讀的，能夠讀的人，去讀好了，他可以找到達味聖王及先知對基督及教會，即君王及他所建城子的預言。

（註）原文（Centonum），本指許多塊布的衣服，象徵意義指各種曲調集。

第十六章　〈聖詠〉四十四篇，是明指基督及他的教會，或只是象徵意義？

雖然先知的說法在一切事上是適當的，清楚的，但亦有象徵意義；要為愚笨的人解說，是一件吃力不討好的事。然而也有的話，立刻指稱基督與教會，只當解釋不易理解清楚處，如〈聖詠〉中下面的字句：

「我的心湧溢雅言，我向王傾吐我的讚頌；我的舌像敏捷書記的筆。你比世人尤覺嘉美，你的唇流露嬌豔，為此天主永遠向你祝福。大能者啊！腰間要佩上你的刀，就是你的榮譽和尊威。願你為著忠實，慈愛和公正，乘車前往，行程順遂。

你的右手教導你許多奇事。你的利箭，射中王敵的心，萬民傾覆在你以下。天主啊！你的御座，永久無窮；你秉國的權杖，是公正的權杖。你愛慕正義，憎恨罪惡，為此天主，你的天主用歡愉之油敷你，勝過你的弦樂之心，使你快心。君主的女兒們都來迎接你。」（詠・四十四：1—9）

任何愚魯的人，都會看出，這些話是指我們所宣講所信仰的基督，因為天主的寶座是永遠的，他自己祝聖了他，不用物質可見的油，而用精神方面的油。

誰會對天主教一無所知，對名聞天下的基督充耳不聞，不知基督名字就是由希臘文「敷油」而來的呢？認識了基督君王後，可逐漸研究象徵意義所說的，如為何他是人中最俊秀的，他的俊秀不是形體的，所以更令人愛慕、驚奇。基督的真理，以良善及公義為王，已服從他的，可細心研究何為弓箭等，所說不是本意，而是象徵意義。

再去看看教會與基督以精神的愛情締結的婚姻，這是同一〈聖詠〉下節所說的：

「王后佩戴阿裴的金飾，立在你的右邊。女兒！你聽，你看，你傾耳諦聽！你要遺忘你的民族，和你的父家！君王羨慕你的嫻雅，因為他是你的主，你當崇拜他。佐耳的女子前來獻禮；民中的富者瞻望你的威儀。宮中的王女，絕然華麗，他的上服是金絲織成，身上穿著錦繡的長衣，被帶到王前；作陪的處女和他的女友，也被引至你面前，於歡樂鼓舞中，他們被引導，進入王宮。你的女兒們，將繼續你的先祖，你要立他們在地上為王。我要使你的名，垂留萬世，萬民也要永遠讚美你。」（詠．四十四：9－17）

我想沒有人會糊塗至此，以為只在讚揚一個普通女子，即下面聖詠者的夫人：「天主啊！你的御座，永久無窮；你秉國的權杖，是公正的權杖。你愛慕正義，憎惡罪惡，為此天主，你的天主用歡愉的油敷你，勝過你的弦樂之心，使你快心。」即基督在所有信友之上。他們是基督的友伴，由各民族的結合和睦，乃產生了王后！她在另一〈聖詠〉中，又名為大王之城；（詠．四十八：2）它是精神方面的熙雍城（Sion）（編按）。在拉丁文，它的意義為：「守望」，它的來世為至善，全心瞻望它。它也是精神方面的耶路撒冷，我們已談過它的許多事情。它的仇敵是魔鬼之城，巴比倫城，它的意義為：「混亂」，這位萬民的王后，由自己仇人的重生而獲救，由至暴虐的國王而至聖君，即由魔鬼而至基督，為此說：「你要遺忘你的民族，和你的父家」。

肉身方面的以色列人民，而不是精神方面的，亦屬這座惡城，他們亦是這位大王及王后的敵人。為此我們的君王自己，在另外一首〈聖詠〉說：「你由民眾的叛亂中救了我，立我為列國的元首，我素不認識的人民，也必服屬我，他們都謹慎地聽從我，異民向我降服。」（詠・十七：44—45）這個外方的民族，自己本不認識基督，但聽到宣傳，立刻信他，為此對它可說：「信仰是由於報導，報導是依據基督的話。」（羅・十：17）

這個民族，因著信仰及血肉，加入以色列人民中，成為天主城，在以色列人民中，依照肉軀，生了基督。貞女瑪利亞亦屬這城，在她的胎中，基督取了人性。另一篇〈聖詠〉論這城說：「論到熙雍，人要稱它為母親，因為這人，那人，都生在它中間，至高者親自堅固了它。」（詠・八十六：5）至高者是誰，豈非天主？為此基督天主，因著瑪利亞在此城中，而成為人之前，就以聖祖及先知造了這城。

很久以前，借著預言，對這位王后，天主之城所說的，現在我們已看見實現了：「你的兒子們，將繼續你的先祖，你要立他們在地上為王。」（詠・四十四：17）他的子孫在天下做君王，萬民趨向他，永遠讚頌他。無疑的，由象徵意義暗中所說的，當明顯地與這些事符合。

（編按）熙雍是耶路撒冷東南方的一座山丘，因達味進攻耶路撒冷時，攻佔了這座山丘上的城堡，而將其命名為達味山，也是約櫃原先存放的地方。因此後來在《聖經》中常被指稱象徵為以色列子民或聖殿、聖教會。

第十七章　在〈聖詠〉一〇九篇，論基督的司祭品位；在二十二篇，論他的苦難。

在一篇〈聖詠〉中，說基督為司祭，在這篇〈聖詠〉中說基督為王：「上主對吾主說：你坐在我右邊，等我把你的仇人屈作你的腳凳。」基督坐在聖父之右，可信而不可見。他的仇人屈伏在他的足下，尚不清楚，現在我們相信，將來可以見到。

然而下面的話：「上主將自熙雍推行你的權杖，你要在你仇敵中執政為王。」要否認它，不但是不忠誠，並且是一種羞恥。因為他的仇人亦承認基督的律法由熙雍傳出，就是我們所稱的《福音》，我們看它是他能力的權杖。至論他控制他的敵人，則被他控制的敵人亦加以承認，雖然咬牙切齒，但亦不能有所作為。

以後所說：「上主一宣誓，決不反悔。」是說下面的事不會改變：「按照默基瑟德的品位，你將永為司祭。」（詠・一〇九：4）現在亞巴郎的司祭品位及祭獻已不存在，而在各處，由司祭基督奉獻祝福亞巴郎的默基瑟德的祭獻。誰能疑惑是在說明這人。同一篇〈聖詠〉中不十分清楚的事，若正確地加以解釋，是關於此的，我對人民宣講時，已經講過。

在另一〈聖詠〉中，基督借先知的口，提及自己受苦受難時的羞辱說：「他們刺透了我的手和我的腳，我的骨骸都能數清，他們卻睜眼怒視我。」（詠・二十二：17、18）他一定用這些言語，解說自己的身體懸在十字架上，手足為鐵釘所穿，看見了這種情形的，都輕視他。然後又繼續說：「他們瓜分了我的衣服，為我的長衣，他們拈鬮。」《福音》上記載這預言如何應驗了。（詠・二十二：19）那時我們可理解〈聖詠〉中隱晦的事，因為與明如光天的相吻合，因此讀到久已所預言的，我們可發覺他在世上的仇人。稍後我們可讀到：「願地極的眾民，記憶並歸順上主之願，列國的萬族都要在他面前朝拜，國權是屬於上主的，他是萬民之王。」（詠・二十二：28）

第十八章 在第三篇、四十一篇、十五篇、六十八篇等〈聖詠〉中，預言了基督的死亡及復活。

〈聖詠〉亦提及基督的復活，在〈聖詠〉第三篇中就說：「我臥下熟睡，我又甦醒，因為上主扶持了我。」（詠・三：5）誰為糊塗蟲，竟相信先知以睡覺與醒來是件大事。這睡覺是某督的死亡，醒來是他的復活。

在〈聖詠〉第四十一篇中，在中保身上，如習慣地，將來的事，說已過去；將要發生的事，如已過去，因為在天主的預定預知中，已算過去了：「我的仇敵反而惡言辱罵我說：『他何時死，他的名字幾時泯滅？』前來探訪我的人，只以虛言相待，其實是心懷惡意，出去便說出來。恨我的人，個個竊竊私議，咒我遭殃生疾：「願他身患惡疾！願他一病不起！」（詠・四十一：5—8）

這些話是告訴我們他要說的是：「死去的人，難道就不會復活嗎？」前面的話指出，他的死亡是他的仇人所預定的，他們得到進而監視，出而負責人的幫助。誰不想他就是負責耶穌的宗徒如達斯呢？他們為何要做所計畫的事，要殺害他？是因為明明殺他，他要重新復活起來。因此添上下面幾句話，似乎是說：「糊塗人，你們做什麼？你們的罪惡，是我的睡覺；難道睡覺的人，就不能起來嗎？」

下面的話指出，不能犯此滔天大罪而不受罰：「就是我知心的好友，我素來信賴，吃過我飯的人，也舉腳踢我。上主啊！求你體恤我，使我起來，報復他們。」（詠・四十一：9，10）

看見猶太人，在耶穌受苦受難及復活後，為勝利者羅馬人擄去，離開本國，誰能否認這點？猶太人所殺害的，他復活了，以現世的罰罰他們；不願皈依的，則以永罰罰他們。

耶穌自己將負賣者指給宗徒時，給他一塊麵包，說了〈聖詠〉上的話：「吃過我飯的，也舉腳踢我。」（詠・十三：18）已在他身上應驗了。所謂：「我所希望的」，是對領袖，而非對身軀所說的。基督早已知道要負賣他的，他曾經說過：「你們中卻有一個是魔鬼。」（若・六：70）但他往往將屬於肢體的歸於自己，因為由首及肢體組成一個基督。為此在《福音》中說：「因為我餓了，你們給了我吃的。」（瑪・二十五：35）又解擇這些話說：「凡你們對我這些最小兄弟中的一個所做的，就是對我做了。」（瑪・二十五：40）他說自己對猶達斯所希望的，當他被選入宗徒中時，宗徒們亦同樣希望。

然而猶太人以為他們所希望的救世主，不當死亡，因此他們不承認耶穌，是梅瑟及先知所預言的救世主，而設想另外一個沒有苦難，不會死亡的。為此就輕浮地主張上面所引的話，不指苦難與復活，而指睡眠與醒來。但〈聖詠〉第十六篇反對他們：「因為我的心歡欣，我的靈愉樂，我的肉身也要安然睡眠。因你絕不將我的靈魂留在陰間，也不容你的聖人歸於腐朽。」（詠・十六：9—10）

誰能說他的身軀在希望中安息，不會將自己的靈魂留在死者的國中，卻立刻回至自己的肉身中；不會朽爛，如其他屍首一樣，而要復活起來，除非是第三日復活起來的基督，對達味聖王及先知就不能這樣說。

〈聖詠〉第六十七篇亦說：「天主是為我們施行救恩的天主；擺脫種種死亡的關口，是吾主上主的事。」為我們施行救恩的上主天主是耶穌，就是救世主。這是耶穌名字的意義，是自童貞女瑪利亞出生前取的：「她要生一個兒子，你要給他起名叫耶穌，因為他要把自己的民族，由他們的罪惡中拯救出來。」（瑪・一：21）

為得罪赦，當傾流他的聖血，除非因著死亡，他就不能脫離現世。為此說了：「天主是為我們施恩的天主。」立刻就繼續說：「擺脫種種死亡的關口，是吾主上主的事。」為指他為救我們，該當死亡。尚當理會說：「是吾主上主的事。」如同是說，人的生命如此，連吾主不因死亡，亦不能離開世界。

第十九章 在〈聖詠〉六十九篇，說出猶太人的固執。

猶太人不相信這明顯的證據及明顯實現的事實，下面〈聖詠〉所說的，在他的身上應驗了。因為曾預言有關基督苦難的事，由《福音》所載，就更清楚：「他們拿苦膽給我當食物，我渴了，他們拿醋給我喝。」（詠・六十九：21、瑪・二十七：34，48）

在這種飲食後，就繼續說：「願他們的筵席，在他們面前，變成羅網；願他們平安的食物，變成樊籠。願他們的眼睛昏迷，不得看見；願他們的腰，時常顫動。」（詠・六十九：22—23）還有別的事情，似乎是一種期望，實際上是預言。他們何以看不見這明顯的事？除非他們的眼睛包起來，使他們看不見。若他們常屈著腰，因而看不見天上的事物，這有何奇異呢？因為照這些話的寓意去懂，是指心靈的缺點。

〈聖詠〉中所說的，即達味聖王的預言，只要幾個例子就夠了。已經讀過，已經知道的人，請他們原諒我，不要抱怨沒有提及他們以為更重要的。

第二十章 達味及其子撒羅滿的朝代與功績，在他們的書中，或與他們有關的書中所記載的，有關基督的預言。

上天之子達味，在世上耶路撒冷城為王。他在《聖經》中屢次受讚美，因為他的罪過，因著謙卑的補贖，得到寬恕，能與他自己所說的為例：「罪惡蒙饒恕，懲尤被掩飾的，這人是有福的」。在達味之後，他的兒子撒羅滿繼位為王，如前面說過的，當時他的父親還活著。他善始而不善終，福樂壞了賢者的心，其害處超過他的明智，他的智慧在現在及當時都受人稱讚的。

撒羅滿曾預言過，由他的書籍中可以知道，其中三種列入正典中：〈箴言〉、〈訓道篇〉、〈雅歌〉。其他兩種：〈智慧篇〉、〈德訓篇〉，因著字句的相似，一般亦認為是撒羅滿的，但博學之士以為不是他的。（註一）然而特別西方教會，自古就以為它們有很大的價值。在其中之一，即撒羅滿的〈智慧篇〉，很明顯地預言基督的苦難說：

「我們要圍攻義人，因為他使我們討厭，反對我們的工作，指責我們違法的行為，散佈我們品行的不檢。他自詡是認識天主的，自稱為上主的僕人。他貶責我們的思想。我們一見他就覺得討厭，因的生活與眾不同，他的道路與別人兩樣。他將我們看做私生子，他遠避我們的道路，像遠避不潔之物；他聲言義人的結局，是有幸福的，並自誇有天主為父。我們試看他的話，是否屬實；試看他的終結如何？如果義人是天主的兒子，天主定要幫助他，拯救他脫離敵人的子。我們唯有拿恥辱和酷刑試驗他，要知道他的溫良，要證驗他的忍耐。我們要用極羞辱的死刑處置他！果真如他所說，天主必眷顧他。」（智・二：12—21）

他們如此思想，但他們錯了，他們的罪惡使他們盲目不見。

〈德訓篇〉預言將來外教人的信仰說：「萬有的主宰天主！請憐憫我們，轉面回顧，使我們得見你仁慈的光輝！求你使那不尋找你的萬民都敬畏你，使他們知道除你以外別無天主，並傳揚你偉大的行為。求你舉起你的手來，攻擊外邦的人民，使他們見到你的威能。如同你在他們面前，對我們顯示你是聖者，這樣在我們面前，願你對他們顯示偉大，上主啊！好叫他們認識你如同我們一樣，因為除你以外沒有天主。」（德・三十六：1—5）

這個期望與祈禱式的預言，我們看見在耶穌基督身上已實現了，但是為攻擊敵人，我們不能引用這證據，因為此書不在猶太人的正經目錄中。

若我願意在這三本，即在猶太人正經書中的，並認為是撒羅滿的，對基督及教會所說的，需要經過辛苦的辯論，若現在就做，實在不需要。但在〈箴言書〉中惡人所說的：「如果他們說：『你跟我們來吧！我們要去暗算某人，無端地陷害無辜的人；我們要同陰府一樣活活地將他們吞下，使他們如同跌入深坑的人；我們必要獲得各種珍物，將掠奪的物品，充盈我們的住室。』」（箴・一：11—13）

這相當清楚，不必詳細述說有關基督及教會的事，這是他的珍物。

吾主耶穌自己，在《福音》的比喻中，對惡園丁說了相似的話：「這是繼承人；來！我們殺掉他，我們就能得到他的產業。」（瑪・二十一：38）這樣，在同一書中寫著的，我們論不妊婦女生七子時曾經提及，知道基督為天主的智慧的人，都以為是對基督及他的教會而說的。

「智慧建造了自己的住室，是用了七根鑿成的磔柱。宰殺牲畜，調和美酒，擺設筵席，派遣使女到城中的最高處呼喊說：『誰是純樸的人，他可來我這裡。』又對愚昧無知的人說：『你們來，吃我的餅，喝我調和的酒。』」（箴・九：1—5）

此處我們可以看出天主的智慧，即聖言，與聖父永遠存在。建造了住室，即在童貞女瑪利亞的胎中造了肉身，使與教會結合，如身體與頭結合一般；作了殉教者的犧牲，以酒與麵包準備了酒席，顯露出默基瑟德的鐸品；邀請了兒童及殘廢者，如聖保祿宗徒說的：「天主遍召了世上懦弱的，為羞辱那堅強的。」（格前・一：27）但祂告訴懦弱者說：「你們應當捨棄愚昧，方可獲得生存，又當走在明智的路上。」（箴・九：6）

分享他的飲食，就是開始享受生命。《訓道篇》作者所說：「人的福樂就在飲食中」，有何意義？豈非分享他的身體與血，是照默基瑟德的品位，《新約》的中保司祭所奉獻的？在《聖詠》三十九篇中，我們亦認出這中保借先知的口說：「祭物與素祭你不喜悅，你已通透我的耳。」（詠・三十九：7）

代替一切祭獻的，是奉獻基督的身體，然後分與參與祭獻的人。訓道篇的作者多次勸人飲食的，不是物質的飲食及找肉慾的快樂，如下面的話，可以證明：「往居喪的家裏去，較往有宴會的家裏去更好。」（訓・七：2）稍後又繼續說：「智慧人的心，在哀悼人的家裏，愚昧人的心，在快樂的家裏。」（訓・七：4）

我以為格外當注意這書中提及兩城處：一座是魔鬼的城，另一座是基督的城，及它的國王，即魔鬼與基督：「邦國啊！若你的君王是個幼童，若你的長官清晨宴飲，你就是有禍的！邦國啊！若你的君王是出身貴顯的，你的長官又宴飲有時，不為快樂，只求養身，那你是有福的。」（訓．十：16—17）

因著糊塗，傲慢，冒失，強橫等過失，這是青年人習慣犯的過失，祂稱呼魔鬼為年輕人。但基督則是自由之子，或聖祖之子，他們屬於自由城，基督由他們出世。

地城的君主早晨進食，即在正當時間之前，因為他們不等候來世的福樂，要享受現世的名聲。但基督城中的君王，安心等候永福的時期。是為充饑，不為口腹之快樂，他們不會奢望所欺，如聖保祿宗徒所說：「望德不叫人蒙羞。」（羅．五：5）〈聖詠〉也說：「沒有一個期待你的人，能蒙受羞辱。」（詠．二十四：3）

〈雅歌〉已是善人心靈上的愉快，是因著此城，君王及王后，即基督與教會結合。但這個愉樂隱藏在寓意中，使期望更切，發現時更為愉樂，這樣雅歌對新郎說：「因此處女們都愛慕你」（雅．一：4）（註二），新娘則答說：「君王為這束髮所繫。」（雅．七：6）（註三）

為結束本書起見，我撇下許多事情。

（註一）據義文本註解，說五種書都是天主啟示的，但是否為撒羅滿所著，學者意見不一：

〈箴言〉分九段，其中二段為撒羅滿的。

〈訓道篇〉是公元前二三世紀的產物，作者姓名不詳，撒羅滿是公元前十世紀的人。

〈德訓篇〉的作者，為息辣之子耶穌，公元前三世紀末，二世紀初。

〈智慧篇〉的作者不詳，有人以為可能是大司祭敖尼阿斯，公元前二世紀初。

〈雅歌〉題名雖為撒羅滿所作，但題名是偽托的，不可依據，作者不可考，應是希伯來人晚期或充軍後的著作。更詳細的，請閱思高學會所編的〈智慧書〉。

（註二）聖奧古斯丁的拉丁文為「Aequitas」（公正），現行拉丁《聖經》通俗本為「Recti」（正直人）；處女係照希伯來原文譯出。

（註三）原文與拉丁文的意義頗有出入。

第二十一章 撒羅滿以後，在猶大及以色列國的君王。

在撒羅滿王的繼位人中，無論在猶大或以色列國，很少預言過有關基督及教會的事，猶大及以色列國，是因撒羅滿的罪，當他兒子勒哈貝罕在位時分成的。

十族選了撒羅滿的臣子雅洛貝罕，為撒瑪黎雅王，國名以色列，它本來是整個民族的名字。猶大及本雅明兩族，因為達味的緣故，為使他的後裔不要失去王位，仍舊屬耶路撒冷管轄，名猶大國，因為達味係由這族而出。本雅明族，如我已說過的，亦屬這國，達味以前的君王撒烏耳，便是這族人。

猶大及本雅明兩族一起組成猶大國，如我已說過的，而別的以色列國，即其他十族，他們有自己的君王。肋未族是司祭族，不侍奉君王，而侍奉天主，是第十二族。因為雅各伯的兒子若瑟不成為一族，卻成為兩族：厄弗辣因及默納協。然而更好說：肋未族亦屬耶路撒冷國，因為他們在耶路撒冷的聖殿中服務。

兩國分成後，撒羅滿的兒子勒哈貝罕為猶大王，在耶路撒冷為王；在撒瑪黎雅，撒羅滿的臣子雅洛貝罕做以色列國王。勒哈貝罕願意與反叛的人民作戰，但天主禁止他們去攻打自己的兄弟，因為天主借先知的口說明是他自己分成兩國。

由此可見，這並非由君王或人民的罪惡，而由天主的旨意而成的。兩方知道後，乃和平相居，只是國家分庭抗禮，而宗教並沒有分開。（列上・十二）

第二十二章　雅洛貝罕引人叩拜邪神，但天主不斷啟示先知，使許多人不犯此重罪。

但以色列王雅洛貝罕，雖然天主給他王國，卻心懷詭計，怕依天主的律法，人民至耶路撒冷朝拜天主作祭獻，就要叛離自己，去歸向達味的後裔。因此他在自己的國中，設了神像，強逼人民與自己一起叩拜。然而天主不斷因先知指責這位君王及仿效他罪惡的繼位人與人民。厄里亞及厄里奧二位大先知便生在以色列國，他們作了許多靈蹟。

厄里亞說：「我的天主，以色列子民，廢除了你的約，毀壞了你的祭壇，用刀殺了你的先知，僅僅剩我一人，他們仍舊尋索我的性命。」（列上・十九：10）天主答應他說：尚有七千人，他們的膝，決不屈服於巴哈爾之前。

第二十三章　希伯來人兩國的情形，直至兩國人民在不同的時期中，被擄至巴比倫；猶太人回國後，又屈服在羅馬人的權下。

在猶大國及耶路撒冷，在各時代，亦曾有先知。天主依自己的旨意，遣使他們，以報告必要的事，指責過犯，及支持公正。因為在猶大國，亦如在以色列國，有些君王——雖然他們的數目比較少——因他們的罪惡，得罪了天主，因此與人民一起受了天主的罰。但亦有忠心耿耿的君王，他們的功績受人讚揚。在以色列國，所有的君王都為非作歹。

兩國依照天主的旨意，因平安時傲慢自大，乃遭受災殃。不但有內戰，並與別的民族交戰，使天主的仁慈及忿怒表示出來。直至天主大怒時，整個人民為迦爾太人所敗，不但國土被蹂躪，連大部份人民都被擄至亞述人處；先是以色列國人，耶路撒冷城及它的美輪美奐的聖殿被毀後，連猶大國人也被擄。

以後猶大國人得了自由，重建聖殿，雖然許多希伯來人仍居外地，但他們已沒有兩國，兩個君王，只在耶路撒冷有一個君王；照規定時期，他們在可能範圍內，由各地走進新蓋的聖殿去。

但當時，仍有敵人攻打他們，基督時代，他們正屈服在羅馬人的權下。

第二十四章 猶太人最後的先知，約生活在基督誕生時。

由巴比倫城回國後，瑪拉基亞（Malachi），哈蓋（Haggai），匝加利亞（Zechariah）先知及赫則辣（Ezra）以後，直至基督降生，猶太人就沒有先知。若翰洗者的父母匝加利亞及依撒伯爾，生活在基督即將降臨的時代。

基督誕生後，有年高德邵的西默盎及亞納。若翰洗者不但預言已誕生的救世主即將出現，並使

人認識他。為此耶穌亦說：「因為眾先知和法律講說預言，直到若翰為止。」（瑪・十六：13）

由《福音》中，我們知道這五位的預言。在若翰之前，耶穌的母親曾作預言，但猶太人不接受他們的預言，但也有許多人接受《福音》，而信仰了他。

那時以色列分為兩國，是撒幕爾給撒烏耳預言過，不能更改的。瑪拉基亞，哈蓋，匝加利亞及赫則辣，是猶太人亦承認的最後先知。他們的著作編入正典中。

在本書中，我想提及他們對基督及教會的預言，但不在本卷內，因為篇幅已相當長了，但因上主的助佑，將放在下卷書中。

第十八卷

聖奧古斯丁論由亞巴郎時直至世界窮盡，地城與天城並列：說出由羅馬建國，西比來預言及先知有關基督的預言。

第一章 前十七卷中，至基督時代，所討論的事。

我曾應許描寫兩城，即天主城及世城，天主的教會，因為是整個人類的，亦流浪於世間，特別將討論它們的起源，發展及終結。我也曾應許過，因著天主的助佑，我先辯駁天主城的仇人，他們將邪神放在教會的創立人耶穌基督之上，且仇恨信友，這是我在前十卷所寫的。

第十一卷至第十四卷，討論第一件事，即兩城的起源。在本書的第十五卷中論兩城的發展，由原祖至洪水，然後直至亞巴郎時代的歷史。第十六卷記述亞巴郎至以色列君王時代；第十七卷記載直至救世主的事蹟。似乎我的書中，天主城單獨進行，其實兩城自開始時，就在一起進行，與人類歷史並駕齊驅。

我這樣寫的理由，是因為從天主的應許更為清晰後，直至救主生自童貞女，這些應許完全應驗了，不摻入地城，為使直至《新約》時代，在暗中的天主城，能在光天之下。現在似乎當將我所撇下的，補述一下，即地城由亞巴郎時代如何進展，這樣，讀者觀察兩城後，更能作一比較。

第二章 由亞巴郎誕生，地城的君王及時代，與聖人的時代符合。

人類雖傳遍世界天涯地角，然而人性皆同，但又四分五裂，因為每人求謀自己的利益。所謀求的，自己不能滿足，更不能使大家滿意，因為大家所求的不是同一事物，於是彼此分裂，弱肉強食。失敗者乃服從勝利者，情願服從，犧牲自由，以得平安，保存性命。因而寧為玉碎不為瓦全的人，反而引人驚奇。是人性在發言，使失敗者臣服勝利者，而不為戰爭所毀滅。

這是由上主的亭毒而來，戰爭時有的得勝，有的敗北，勝者創立帝國，敗者俯首稱臣。世間帝國中，因世間的利益及私欲偏情，而彼此分裂。其中最大的有兩個，第一是亞述，第二是羅馬，它們的時代與地區皆不同。一個在先，一個在後；一個在東方，一個在西方；二個的結束，便是另一個的開始。其他國家與君王，只是它們的附屬品而已。

亞述的第一位國王為培羅（Belus），第二位國王是他的兒子尼奴，他在位時，亞巴郎在迦爾太。當時西治尼（Sicini）亦正興盛，范羅由他們開始寫羅馬歷史；他由西治尼王，寫雅典人，由雅典人寫拉丁人，由拉丁人寫羅馬人。

我已說過，在羅馬建立前的國家，與亞述一比，只是小國而已。沙路底承認雅典人在希臘可稱著名，但名過其實。因為他說：「我相信雅典人的行為是偉大的，然而名過其實。因著大著作家，雅典的功績，聞名天下。因為文人筆下生花，因此人就相信雅典人，真建了豐功偉業。」雅典城有過文學家、哲學家，文化很高；然而以國土而論，古時沒有比亞述更大的帝國了。

據說培羅的兒子尼奴佔了整個亞洲，依世界地理而言，佔三分之一，其廣佔二分之一，直至利比亞。只有印度不服從他。在尼奴死後，他的妻子施米拉米（Semiramis）向該地的人民君王作戰，於是大家都進貢稱臣。當尼奴在位時，亞巴郎生在迦太爾國。我們對羅馬人的歷史比亞述的歷史認識得更清楚，若找羅馬民族的來源，當自希臘而至拉丁，由拉丁而至羅馬，羅馬人亦是拉丁人的一部份。但我們當提及亞述，以指出巴比倫似為第一羅馬，與天主城，在同一世界中進行。

在本書中，對地上及天上兩城，要記述的事，特別由希臘及拉丁人而來，羅馬亦在其中，好像是第二個巴比倫。

亞巴郎誕生時，尼奴為亞述王，歐羅（Europs）為西治尼王，都是第二代君王，第一代王，在亞述為培羅，愛治來（Aegialeus）為西治尼人之王。亞巴郎走出巴比倫，天主應許他的後裔眾多，因著他的後裔天下萬民將受祝福。在亞述已是第四位君主，在西治尼人處則為第五位。

在西述尼奴的兒子在位，他繼母親施米拉米的位，據說她因犯姦淫，為兒子所害。有些人說他造了巴比倫城，可能是他修理了它；這城何時及如何建立的，我在第十六卷中已說過。有些人說尼奴及施米拉米的兒子，繼母親位，亦名尼奴，別人則以為係由父親而來，故名之曰小尼奴。

載雷西（Telxion）在西述（Sicyons）為王。他在位時，國泰民安，他去世後，人奉之如神，向他獻祭及演戲，據說第一次演戲，是為光榮他。

第三章　亞巴郎年近百歲生依撒格時，誰為亞述王？誰為施西尼王？依撒格七十歲左右，由黎貝加生了一對孿生子，厄東及雅各伯。

這時亞巴郎壽高百歲，妻子撒辣是石女，年齡又高，已無望生子，卻生了天主所應許的依撒格，當時亞述王為第五代亞拉利（Aralius）。

依撒格六十歲時生了孿生子：厄撒烏及雅各伯，是他的妻子黎貝加生的；祖父亞巴郎尚活著，已一百六十歲，一百六十五歲時他逝世；當時亞述王為克施賜（Xerxes）又名白雷（Baleus），施西尼王為第七代杜利各（Thuriaco）又名杜馬各。

亞治維（Argivi）國建立於亞巴郎孫子時代，第一位君王為依那哥（Inachus）。范羅記載施西尼人慣常在第七位王杜馬各王墳前做祭獻。

亞述第八位君主亞馬米（Armamitre），施西尼第八代王劉治波（Leucippus）及西治維第一君王依那哥時，天主又向依撒格重複應許給他父親的，即他的後裔將佔據迦南罕地方，因他的後裔，萬民將受祝福。他的兒子，亞巴郎的孫子先名雅各伯，後名以色列，又得了天主的同樣應許；當時亞述王為第九代培羅各（Belocus），亞治維第二代王依那哥的兒子弗羅納（Phoroneus）；施西尼王仍為劉治波。

當時希臘在弗羅納，亞哥利王治下，因著幾條法律及案件，亦漸著名於世。弗羅納的胞弟費古（Phegous）逝世後，在他墳墓附近造了一座廟，以神敬拜他，並獻牛為祭。我以為人這樣敬拜他，是因為他的父親分給兩位兄弟各有其土，他在自己的國中，建立了廟宇，以恭敬神，並教人民將時間分成年月及如何稱斤，計算。

當時人尚未開化，對這類事大為驚奇，於是就想他已成為神，乃以神敬他。據說姚氏，是依那哥的女兒，以伊西女神之名，在埃及受人膜拜，但亦有人說她由埃底比來至埃及為后。她公正當政多年，謀人民的福利，鼓勵人求學，為此她死後，受人膜拜，若有人說她是普通人，能受死刑。

第四章　雅各伯及他兒子若瑟的時代。

亞述及梅索波王第十代巴雷（Baleus），有人稱他為且非索，是他有兩個名字，或者更可能的，是作者張三李四分不清楚，乃以別名呼之。施西尼人王第九代，雅治維王第三位名亞比，依撒格一百八十歲時逝世時，他們兩個孿生子亦已一百二十歲。

弟弟雅各伯，是天主城的人，我們要記述他，哥哥則受到棄絕。雅各伯有子十二名，其中若瑟，為哥哥賣給埃及的商人，當時祖父依撒格尚活著。

若瑟為法老王效犬馬之勞，三十歲時，由卑賤的職業而登高位，因為他解釋了君王的夢，預言將有七年豐年，五穀豐登，但繼續而來的是七年荒年。為此君王將他由監獄中提出，是因貞潔而被關入獄中的，委任他為埃及總督。作為守貞潔，不願犯姦淫之罪，主母戀愛他，他將外衣留在她手中，脫身而遁，她卻在丈夫前控告他，竟得到他的信服。

七年荒年中第二年，雅各伯與全家來至埃及，年齡一百三十歲，如他稟告問他的法老王，若瑟當時三十九歲。為相時三十歲，再加七年豐年及兩年荒年。

第五章　亞治維的君王亞比，以施拉比的名字，為埃及人所敬拜。

當時亞治維王亞比（Apis）坐船至埃及，在埃及逝世，改名施拉比（Serapis），為埃及人最大的神。為何死後，不保存亞比原名，而改名施拉比，范羅解說得很清楚。是因為埃及人開始敬拜他時，他的遺骸是在石棺中，石棺的希臘文為σορο（Soros），乃呼他為蘇拉比，後來成為一語，名「施拉比」。

為他亦訂立了一條法律，人若說他是普通人，能受死刑。在敬拜伊西代及施拉比的廟宇中，有一尊像，指頭放在口中，似乎指示當靜默，范羅相信不當說他們是人。

埃及人為敬亞比神，善養公牛，因為他們為活人，沒有石棺，名亞比而不曰施拉比。公牛死後，他們就去找一頭同樣顏色雜以白毛的小牛；找到後，他們就以為是神賜給自己的，非常驚奇。

邪魔為欺騙埃及人，使受孕的母牛，見到公牛，因著母牛的慾情，在小牛身上亦顯出來。雅各伯亦如此做過，他用不同顏色的棍子，使生各色的羊。人以顏色及實物能做到的，邪魔亦能以想像物，使受孕的母牛亦同樣去做。

第六章　亞治維及亞述誰為王時，雅各伯在埃及逝世？

亞比不是埃及人的國王，而是亞治維的君主，卻在埃及逝世，他的兒子亞哥繼位，他的人民乃稱為亞治（Argi），亦稱為亞治維（Argivi）。在以前君主時，人民與地都沒有這個名字。

亞哥為亞治維王，受拉多為西治尼王，而亞述王為巴來阿時，雅各伯在埃及逝世，享年一百四十七歲。他預知將去世，乃祝福自己的兒子及由若瑟所生的孫子。他祝福猶大時，明明預言基督說：「權杖不離開猶大，柄杖不離他兩腿之間，直等那堪得權杖者來到，萬民都要歸順他。」（創・四十九：10）

亞哥在位時，希臘人開始收穫，田中種五穀，種子是由他處而來的。亞哥死後，亦封為神，並為之建廟祭獻。當他在位時，一個私人亦享受了這種榮耀，他名何模治（Homogyrus），他第一個用牛耕田，後為雷擊斃。

第七章　誰在王位時，若瑟在埃及逝世？

亞述第十二代馬尼多，西治尼王第十一位白雷姆斯，亞治維人的國王仍為亞哥，若瑟享年一百一十歲，在埃及去世。

若瑟死後，天主的人民繁殖迅速，先是一百四十五年間，直至認識若瑟的人六續去世，他們尚能安居樂業。以後因增加過速，遭人妒忌，受埃及人的猜疑，直至解放出來，受盡種種艱苦，但因天主的祝福，在艱難中，他們仍加增迅速，乃受了奴隸的待遇。當時在亞述及希臘，仍是同樣的君主治國。

第八章　梅瑟生在何代？當時有何神的宗教？

亞述王第十四代蘇法祿（Saphrus），西治尼王第十二代何多博（Orthopolis），亞治維王第五代克利索（Criasus）時，梅瑟生在埃及，他將天主的人民由埃及救出，但人民先當受苦，使能覺出需要造物主的助佑。

有人以為此時溥美戴（Prometheus）出世。據說他曾以泥土造了人，因為他是一位賢人，但未提及當時的其他賢者為誰。又說他的兄弟亞特郎（Atlas）是一位大天文家，由此有了神話，說他肩天而立，實際上，他的名字是一座山，高人雲霄，因此生出肩天之說。

此時，在希臘有許多類似的神話，但直至雅典王且格貝（Cecropes）在位時，雅典城才取了這名。梅瑟由埃及救了天主的人民。有些古人，因著希臘人的習慣及迷信，乃被列入神位中。其中有克利索王的王后美蘭冬（Melantonice）及他們的兒子福白（Phorbas），繼他為王後，為亞治維的第六位國王。特柯巴第七位王的兒子雅索（Iasus）及第九位國王司登拉（Stenelas）或司登羅或司德來，他的寫法因作者不同而異。

此外，普通書中傳說梅居利亦生在此時，他是亞特郎的孫子，由他的女兒瑪亞（Maia）所生。他精通手藝，以之訓人，因此死後，亦列入神中。

據說最後為愛各來，他已屬亞治維時代，雖然有人說他生活在美居利以前，但我以為他們弄錯了。無論他們生在何時，但由古代可信的歷史書籍中，他們都是人，但他們對人類都有貢獻，使能安居樂業，因而得了神的榮譽。

米內瓦比他們更早，據說在何治且時，她以及笄之年，出現於脫利東（Triton）湖，因而亦名脫多尼亞。她發明了許多手藝，且因為她的來歷不明，更易被人信為女神。

傳說米內瓦由游維神的頭部而生，這事在歷史上不能證明，是詩人的幻想或傳說而已。歷史家亦不能同意何治且的時代，在他時發生了洪水。一定不是最大的洪水，因為在方舟的人才能得救，為希臘及羅馬歷史家所不提，但比以後杜加林（Deucalion）時的洪水更大。

范羅由此時開始自己的歷史，我前已提及，而至羅馬史時代，沒有比何治維時代更古的了，就是在他時代發生了洪水。我們的歷史家，如歐色比及熱落尼莫，都隨從古代歷史家的意見，說何治時代的洪水發生在三百年後，亞治維第二位君主時代。

無論是哪一時代發生，米內瓦在雅典，且克貝為王時，已被人尊為神明，他在位時，雅典城已經建築起來或修建好了。

第九章 依照范羅，雅典在何時所建？其名字的來源。

依照范羅，這城名雅典，是由米內瓦而來，希臘人稱她為雅典娜。由地下忽然生出一棵橄欖樹，在另一處找到一口泉水，使國王萬分驚異，他乃遣人去問代爾福的阿波羅神這奇蹟的意義，並當做何事。阿波羅答說「橄欖樹指的是米內瓦，水指的是內東，你們可任意用二神的名字來稱呼這城。」奇蹟就是指這件事。

得到神的答覆後，且克貝王召集了全城的男女，當時此地，女人亦參加會議，來做選舉。會議時，男人贊成內東，女人主張米內瓦，她們多一票，所以米內瓦就得勝了。於是內東大怒，海中風浪大作，並蹂躪雅典人的土地。為邪魔而言，興風作浪是容易的事。

同一作者又說：為平息內東的忿怒，雅典人給女人三種懲罰：此後她們失去投票權，子女不取母親的名字，不能取雅典名字。這樣，這座文藝之母的城，許多大哲學家的故鄉，是希臘中最出色的，因著邪魔的欺騙，男女二神的競爭，因為女人勝利，乃取名雅典。然而受了敗者的磨難，當罰勝利者的勝利，恐懼內東的水，勝過米內瓦的武器。

女人受罰後，米內瓦女神亦失敗了。她雖然勝利，但不幫助投自己票的女人，因此她們喪失了投票權，子女不能取她們的名字，至少可稱為雅典人，得到雅典神的名字，因為她們曾用自己的票，打敗了男神。由此可見，若不立刻當討論別事，有多少可說的事！

第十章 范羅對希臘法院的名字及杜加林時的洪水，有何記述？

但范羅不願信從反對神的謠言，以免開罪神的尊嚴。他亦不信雅典法庭，聖保祿宗徒曾在其間與希臘人辯道，雅典城中的法官因此而得名。所以取名的理由，是因為馬爾斯，希臘文為 Αρης（Ares），犯了殺人罪後，在此處受十二位法官的審判，因六人主張寬赦，他乃得赦。當票數相同時，就赦而不罰。

但范羅反對普通的說法，他設法用別的方法來解說這個名稱；他不信神話的傳說，不可信希臘人以馬爾斯及村名，好像是馬爾斯的村，而得罪諸神，因為祂們不與人訴訟。他說對馬爾斯所傳說的事，完全錯誤，如所稱三位女人之游奴、米內瓦及維納斯，競爭金蘋果，在巴理代法官前，爭取豔麗特獎。可用戲劇來平息神的忿怒，他們喜好自己的真假罪名，在戲臺上歌唱、跳舞。

范羅不信這類事，因為不合神性，然而他給我們雅典的來源，不是神話，而是有歷史性的，他在自己的著作中，亦提及內東及米內瓦的爭執，以何名稱此城。爭執如此嚴重，除以奇蹟明爭外，還問阿波羅，但他亦不敢表示意見。為結束這兩位女神的問題，游比特委託巴理代，判決三位女神的豔麗。同樣，阿波羅使人判決，若米內瓦因女人而得勝，卻使投票的女人受罰，自己失敗，由敵人雅典男人於中，取得雅典名字，但不能為自己的朋友，爭取雅典的名字。

范羅寫道：在當時，雅典王為且克貝的繼位人克納阿（Cranaus），或依我們的歷史家，歐色比，熱落尼莫，且格羅尚在位，發生杜加林的洪水，到處枉行。這次洪水並沒有危及埃及和附近一帶。

第十一章　何時梅瑟由埃及救出天主的人民？若蘇厄何時去世，誰繼續他們的位？

梅瑟由埃及救出了天主的子民，時當雅典王且克貝（Cecrops）末年，亞加德（Ascatades）為亞述王，馬拉多為西述王，李烏巴（Triopas）為希臘王。

梅瑟救出人民後，給了他們十誡，這是他在西奈山所受的，稱為《舊約》，因為只應許世間的福樂；耶穌基督創了《新約》，應許人天國。

這是每個人在天主的道路上當遵循的道路，如聖保祿宗徒所說：「但屬神的不是在先，而是屬生靈的，然後才是屬神的。」（格前・十五：46）因為他說過，這是真的：「第一個人出於地，屬於土，第二個人出於天。」（格前・十五：47）

梅瑟在曠野中引領天主的人民凡四十年，逝世時享年一百二十歲。他亦用帳幕中的禮儀、司祭、祭獻及其他許多命令，預言了基督。

若蘇厄引人民至福地，先因天主的權力，將該地居民打得落花流水。他在梅瑟死後，管理人民凡二十七年，然後去世。亞述王第十七代亞民大（Amynta）在位，亞治尼王為十六代哥拉且，亞維王乃第十代大納烏（Danaus），雅典王為第四代愛利東（Erichthonius）。

第十二章　由以色列人民出埃及至若蘇厄逝世間，希臘的君王所立邪神的禮儀。

此時，即由以色列人民出埃及至若蘇厄去世，他曾領人民獲得福地，希臘王立了禮儀，以敬邪神，以紀念洪水時，人類得救，上山或逃至平原的艱苦。

路伯司祭（Luperci）（編按）在聖道中上上下下，是表示人因著洪水遁上山中，洪水退後，又回至平原。據說當時戴歐尼瑟斯（Dionysius）亦名李伯（Liber），死後被封為神，在西底加地方給客人看了一棵葡萄。

於是規定了音樂遊藝大會，敬拜代爾福（Delphus）的阿波羅神，以平息祂的忿怒，因為大納烏（Danaus）王入侵時，燒了祂的廟，希臘人沒有加以衛護，因而希臘土地成為不毛之地。受了這神的警告後，乃立了這個音樂遊藝大會。

在亞底加（Attica），愛利多王最先立了運動會，不但敬拜阿波羅並為尊敬米內瓦。勝利者可得橄欖樹葉花冠，因為據說米內瓦發明了橄欖樹，如李培羅發明了葡萄一樣。

又傳說在這年間，歐羅巴（Europa）為克利德島王山多（Xanthus）所擄，生了拉特曼，沙班音及米腦司，普通說他們是歐羅巴與游維的兒子。

叩拜邪神的人，以為我前面所說有關克利德島王的事，是歷史性的事實，而詩人在戲臺所唱游維的詩，只是幻想而已。詩人以神的想像惡行，來平息神的忿怒。

此時出現了赫克力斯（Hercules），不是我前面所說的，而是另外一個，在底利亞（註）甚為著名。一本秘密書中說有好幾位李培羅，也有好幾位赫克力斯。他們說這位赫克力斯做過十二件出奇事，但不提非洲安德（Antaeus）的死亡，說是另一位赫克力斯的事，然後他毅然將自己投入阿大（Oeta）山所燃的烈火中，如他控制了怪物一般，因為他不能忍受所有的痛苦。

當時虐王步西利（Busiris），據說是內多納及愛巴多的李比的兒子，曾拿賓客去祭獻神。但不可信內多納真犯了姦淫之罪，這是妄證神，是詩人的幻想，以平息他們的忿怒。

雅典王愛利都，據說是武剛及米內瓦的兒子，在他末年，若蘇厄去世。為何說米內瓦是貞女呢？

據說在他們爭執中，武剛發怒，將精遺於地上，由此而生的人，乃取了這個名字，因為希臘文 ερις（Eris）指「爭執」，χθων（Chton）指「地」，由這兩句話形成愛利都這個名字。

但當承認博學士否認他們的神做了這事，說這種荒唐意見，是由於在雅典武剛及米內瓦的，在同一廟中，找到一個嬰孩，為龍所纏，這是他偉大前途的先兆。但因為不知道他父母的名字，乃說他是武剛與米內瓦的兒子，因為他們同有一座廟。然而他的名字，由神話比歷史中更易解說。但這事對我們有何關係呢？

歷史訓導信仰宗教的人，以詩詞取悅邪魔，有宗教信仰的人，反而叩拜他們為神。一面他們否認將這類事歸於神，一方面他們完全否認這類罪惡，因為舉行神所要求的遊戲，在有些地方做出非禮之事，以悅樂神，卻為他們所否認。若神話唱出神的這類罪行，已經是真過失了。

（編按）羅馬 Lupercus 神據信源自希臘，為牧羊人之神。每年二月十五日舉行慶典（Lupercalia），以驅邪，淨化全城。慶典的司祭稱為 Luperci，通常是由執政官或者富於聲望的貴族來擔任。

（註）有些本上寫西利亞。

第十三章　猶太人民長時代，詩人的幻想。

若蘇厄去世後，天主的人民有了民長，他們當時有時因犯罪而受罰，或因天主的仁慈，享受天平日子。

這個時代創造出了代多來（Triptolemus）神話，他因且來神的命，為鳥爪抓至空中，飛時撒下大地所需的種子。米諾多（Minotaur），關在迷宮中的人獸神話，說人可進入，但不能出來；人馬神話，有人身馬面。且培羅（Cerberus）神話，它是地獄之犬，有三個頭。弗利瑟（Phryxus）及他的姐妹赫拉（Hellas），被一只山羊攜至空中。哥尼亞（Gorgon）神話，它的頭髮是蛇，誰看他就變成石頭。白隆德（Bellerophо）為神馬貝加索（Pegasus）攜至天上。有安非（Amphion）神話，他以豎琴聲能使石頭軟化，將之吸引過來。鐵匠代大羅（Daedalus）及他的兒子依加羅（Icarus），造了翅膀可飛；愛比都神話，他強迫人面野獸斯芬克斯（Sphynx）投入險石中，先解決了他的謎言。安德（Antaeus）的神話，他為赫克力斯所殺，是大地之子，每次跌在地上，起來時就更為勇毅；尚有其他我忘了的神話。這類神話，是由人的幻想所捏造的，但不當侮辱神明，直至特洛伊戰爭，由此范羅開始他的羅馬歷史。

為此有人聯想，游維神擄了美貌青年人加尼美，以犯姦淫，實際上是唐大羅（Tantalus）王所做，歸於游維而已。或說游維神和黛娜（Danäe）女神交媾，乃下了金雨，是說這個婦人的貞潔，為金錢所敗；是事實，或是幻想，或為他人所做，而歸於游維，但已指出人心變壞，竟能容忍這類謊言。

但人們卻喜好這類神話，他們如熱心敬拜游維，就當重罰說這話的人。而他們不但不怨恨造這類神話的人，反而他們若不在戲臺演這類戲，就能引起神的忿怒。

此時拉多納（Latona）生了阿波羅，不是神話的阿波羅。上面所提說這話的人，他們不但不怨恨造這類神話的人，反而許多人，幾乎全體人們都以為他就是真的阿波羅。

當時李培羅父在印度作戰，在他的軍隊中，有許多豔麗的女子，名巴甘底（Bacchæ），以性情急烈，而不以勇敢著名。有人以為這位李培羅，為人所勝所縛。有人且說他在戰爭中為貝色（Perseus）所害，並指出他埋葬的地方；然而在他的名下，由邪魔訂立了聚餐。

過了多年後，羅馬元老院，羞愧他們的放肆大膽，禁止在羅馬演出。此時人們相信貝色及他的妻子安多美（Andromeda）死後，升天，並以他們的名字，為星辰取名。

第十四章 神學家詩人。

當時亦有詩人，可稱為神學家，因為他們寫了讚頌神的詩，雖然他們是偉大人物，然而他們仍是天主所造的人，亦因造物主的旨意，並非因自己的功德，他們才有權力。在虛偽之中，他們亦讚頌獨一真主，但他們同時亦叩拜不是天主的神，就不算恭敬天主了，因為不能不述說神的醜行，他們中有奧菲斯（Orpheus），穆塞（Musaeus）及李納（Linus）（編按）。

這些神學家敬拜神，但並不以真神敬拜他們。我不知道惡人之城，當將奧菲斯放在陰間神之首位，或放入褻聖者之中。

亞大曼（Atamas）王的妻子名伊奴（Ino）及他的兒子Melicertes投身海中自殺，卻被列入神品，如當時真的人一般，如亞斯都（Castor）、波拉克（Pollux）。希臘人稱呼Melicertes的母親為劉穀德（Leucothea），拉丁人稱她為瑪都達（Matuta），大家都敬她為神。

（編按）以上三者是希臘宗教中傳說的音樂家、詩人和司祭。

第十五章　亞哥王朝的沒落，此時，沙都納的兒子比谷，第一個由他父親手中，接下了勞冷底王國。

此時，亞哥王國（Kingdom of Argos）（編按一）式微，由米且尼人（Mycene）繼之，阿加曼農（Agamemnon）王即由此而來。

勞冷底人（編按二）開始稱王，第一位國王為沙都納的兒子比谷（Picus），當時領導希伯來的是一位婦女，名德波辣（Debora）。然而天主的德能在她身上工作著：她是先知，但為證明她對基督的預言，當長篇大論，因為不很明顯。

在義大利，勞冷底人稱王，羅馬人在希臘人後，係由他們而來。但當時亞述帝國尚存在，第二十三代郎巴雷（Lampares）為王；比谷開始為勞冷底人的第一位國王。叩拜邪神的人，居然說比谷的父親沙都納不是人，有人卻寫他在兒子比谷以前，第一個在義大利稱王，維吉爾明說：

「聚集山谷粗野人，頒發法律命遵守；
取名拉治偏僻處，卻稱為黃金之時。」

但這是詩人的幻想而已，所謂比谷的父親實際是斯德旦（Stercen），是一個老農。他發明了以動物的尿糞肥田，為此就以他的名字稱之為糞（Stercutium），為此亦有人稱他為施糞人。無論如何，他們稱他為沙都納。無疑的，施德旦之所以成神，是因為他在農業方面的功績。

他的兒子比谷生了弗納（Faunus），亦被列入神中。在特洛伊戰事前，已將這種榮譽給人了。

（編按一）亞哥為希臘古城，位於伯羅奔尼撒島東北方，曾是古希臘重鎮。西元前一九八六年前，亞哥王朝第一任國王 Inachus 稱王。西元前一千兩百年時，在阿加曼農王之子 Orestes 治下成為首都，西元前一千一百年，又落入多利安人（Dorians）手中。

（編按二）勞冷底（Laurentum）為古羅馬城鎮，位於義大利半島西南方，拉丁人的首都。羅馬神話中據傳其第一任國王為比谷，女巫 Circe 將他變成啄木鳥，以詛咒他的愛情，詩人維治利敘述比谷之父為沙都那（Saturnus），為古羅馬最早的神明，星期六及土星（Saturn）之名都由他而來。

第十六章　地烏梅代在特洛伊城毀滅後，被列為神，據說他的同伴變成了鳥。

特洛伊城毀滅後，到處歌詠它的滅亡，連兒童都知道，這是因著它自身的偉大及大文學家為之宣傳的緣故。特洛伊滅亡時，弗納的兒子拉丁（Latinus）為王，從這時起已稱為拉丁人，而不稱勞冷底人了。

希臘人勝利後，離開了毀滅的特洛伊城，乘船返回祖國，途中經歷無數災禍，而其中數人竟被列入神之中。地烏梅代（Diomedes）即被列為神，他沒有回到自己的家中，是因為受了神的罰，並說這是歷史性的事，而不是詩人的神話，他的同伴變成了鳥。地烏梅代雖成為神，但不能使他們重新成人，亦不能由游維神處求得這恩賜。

並說他的廟建於地烏梅代島，離亞布裏（Apulia）伽加農山不遠，群鳥在旁飛翔，以嘴銜水去洗灌它。且說若希臘人去，或他們的子孫前去，群鳥不但安靜，且歡迎他們，若為外人，則在他們的頭上飛翔，竭力啄他們，或竟殺他們，因為它們的爪尖利，可以作戰。

第十七章 范羅相信人的變化否？

范羅為證明此事，並提及其他令人難以置信的事，即女巫西爾絲（Circe）將尤里西斯的同伴變成動物；或亞伽地人（Arcadians）被牽入湖中，竟變為狼，生活在曠野中。但若他們不吃人肉，九年後重渡湖上，可復成為人。

最後他提及代梅多（Demaenetus），他參加了一場祭獻兒童的祭典並吃了男童，亞伽地人習慣奉獻與他們的李且神（Lycæus），竟變成為狼，十年後又變為人。他練習拳擊，在奧林匹克競賽時，竟奪得勝利。

這位歷史家以為在亞伽地，取名巴納利且，游維利且，不因別的原因，只因人變為狼，因神的能力這才是可能的。狼的希臘話為「λυκός」（Luxos），拉丁文「Lupus」；學校「Lycæus」，即由此而來。他也說羅馬人中的狼加利族人，亦由此而來。

第十八章 對人因魔術的變化，當作何思想？

讀到這些事的人，可能願意知道我對邪魔的欺騙要說什麼。我說當遠離巴比倫城。當以精神形式去理解先知的命令，即以信仰之心遠離現世、人群及邪魔，而以愛德親近真天主。

我們看見邪魔的能力愈大，我們愈當緊隨中保基督，因著祂我們能由下而上。我若說不當信這類事，就會有人說曾經聽過，或在自己身上經驗過，確實如此。

我在義大利時，亦聽過人談論這類事：說在某處，旅社的女主人，精於魔術，給客人吃奶餅，他們立刻變為動物，可使他們背任何物件，工作完後，又變為人。他們的頭腦，並沒有變成動物的，還是人的。

這樣，亞布雷（Apuleius）在他的《金驢記》中說假設自己飲了毒物，變成為驢，然而仍保存人的思想。（編按）這類事情或是假的，或是太奇怪，不易令人置信，但當堅信全能天主能做一切祂所願的，無論是罰，無論是賞。而邪魔本來與天使有同樣的本性，但因犯罪變成魔鬼，因著祂本性的能力，非由天主的准許，不能做任何事情。天主的判決有時不易看出，但常是公正的。

邪魔不能造物，若做幾件我所提及的事，只變更天主所造事物的外形，似乎不像原來事物。所以我相信邪魔用他們的能力，不能變換人的靈魂及肉身，成為動物的肢體及形象。

我相信人思想或做夢時的想像，能設想無數事情，雖然不是身體，但能迅速地取物體的形式，人的五官疲倦時，能看到別人的形象。人的肉身睡在某處，五官比在睡時更為安靜，但他的想像可想自己在某動物中，如在夢中，信自己是某動物，且可背動物，而另一方面看見動物的虛假身體。

白賜當曾述說他的父親，在家中吃奶餅時中毒，睡在床上，用任何方法，都不能使他醒來。過了數日他醒了，說自己所忍受的，如在夢中，就是他變成一匹馬，與其他動物，給開往雷治亞的軍隊載運食物。後來居然發現的確如他所說，雖然是如在夢中一樣。

另外一人，一天晚上，睡覺之前，看見一位哲學士走進來，向他講解柏拉圖的學說，以前曾請求他，卻不願解說。於是他問哲學士，為何在他家中，講解以前在自己家中所不願講的，哲學士答說：我並沒有做，只在夢中做了。這樣，一個醒的人，因著想像看見另一人在夢中所見的。

這類事不是沒有信用的人所說的，而是可信的人說的。為此所說所寫有關亞伽地人因著神，或更好說因著邪魔變成狼；或施且用歌曲將尤里西斯的同伴變成動物，可能如我所說而成，若的確如此成了的話。

狄梅特的鳥既然還存在，我不信是由人變成的，而是代替人的，如鹿代替了阿加曼農的女兒依斐且尼（Iphigenia）（註）。若天主准許的話，這類奇蹟為邪魔並非難事，依斐且尼後來仍活著，可見是鹿代替了她。狄梅特的同伴沒有出現，在任何地方也沒有人看見他們；是為報復起見，他們為邪魔所害，使人相信變成的鳥，來自別的地區，而代替了他們。

亦不必驚奇鳥嘴銜水，澆灌狄梅特的廟，歡迎希臘人，難為外人。這是由邪魔驅使而做，他們願人相信狄梅特已成為神，以欺騙人。這是為使人叩拜許多邪神，淩辱真天主；又去敬拜許多人；他們在世時，也沒有廟宇，祭壇，祭獻，司祭；這類事物，只當歸於獨一真主。

（編按）古羅馬作家亞布雷《金驢記》（Metamorphoses）或稱為《變形記》，描述一位年輕人因誤食魔藥，變化為驢，歷經苦難才恢復人形，作者藉此揭露社會的黑暗面，書中穿插大量離奇的魔法軼聞，

（註）依斐且尼是希臘名將阿加曼農的女兒，他為求神賞賜順風，願將女兒做祭獻，神乃將一隻鹿代替了她，將少女引至他處，成為女司祭。

第十九章　愛乃亞來至義大利，當時希伯來人由哈貝冬民長管轄。

特洛伊城毀滅後，愛乃亞用二十艘船載著剩下的特洛伊人駛至義大利，當時拉丁納在義大利稱王，雅典人國王為馬乃勞（Menelaus），西治尼人王為波利非（Polyphidos），亞述王為多當

（Tautanos），希伯來人的民長（即法官）為拉貝冬（Labdon）。

拉丁納去世後，愛乃亞做了三年國王，前面國家的君主如前，只是西治尼的君王是貝拉谷，希伯來人的民長為三松（Samson），他的力量舉世無匹，為赫克力斯第二。

愛乃亞逝世後，拉丁人奉他為神。沙皮人亦將他們的第一君主生谷封為神，也有人稱為生多（Santus）。當時雅典王且杜（Codrus）至雅典人的敵人貝羅波人（Peloponenses）那裡去，結果為他們所害。這樣，他救了祖國，因為貝羅波人得了神諭，若他們不殺害雅典國王，可以勝利。於是且杜王喬裝平民，與他們爭鬥，引他們殺了他，因此維吉爾說是且杜的鬥爭，雅典人奉他為神，向他奉獻祭品。

愛乃亞的遺腹子西維（Silvius）為拉丁人的第四代君主，他由拉丁納的女兒拉維尼亞所生，而不是由第三代國王亞加尼的母親克沙所出；當時亞述的君王為第二十九代何乃烏，梅蘭東為雅典人的第十六代國王；希伯來人的民長為赫里（Heli）司祭；西治尼國滅亡，共九百五十九年。

第二十章　以色列人民長時代後的君王。

上面的人尚做各民族的君主，以色列人的民長時代完結了，由撒烏耳開始君主時代。此後拉丁人稱為西維，由愛乃亞的兒子西維而來，他的繼位人，在自己的名下添上這個名字，如以後賈多奧古斯多的繼位人名為賈多一樣。

撒烏耳被黜，沒有子孫繼他的位，在撒烏耳做王四十年後，達味登基。雅典人在且杜王去世後，已沒有國王，將國家託付給長官治理。達味為王四十年，繼位者為他的兒子撒羅滿，他建造了美輪美奐的聖殿。當時拉丁人建立了亞巴城（Alba），從此稱為亞巴國王，而不稱拉丁人王了。

勒哈貝罕繼撒羅滿為王，他在位時，以色列人分成兩國，各人有自己的國王。

第二十一章　拉治的第一位國王為愛乃亞，第十二位為亞凡丁，皆被封為神。

自愛乃亞被封為神後，拉治曾有過十一位國王，沒有一位被封為神。愛乃亞後第十二代國王亞凡丁（Aventinus）在戰事中陣亡，葬在山上，至今仍以他的名字稱之，亦被列入神中。但亦有人不願說他在戰事中陣亡，只說他不見了；山稱為亞凡丁。不是因他的名字，而是群鳥飛至的原因。

在他以後，除建立羅馬的羅瑪祿以外，拉治就沒有封過神。在羅瑪祿和拉治之間，曾有過兩位君王，其中的第一位是白羅加（Procas），照維吉爾所說：「是特洛伊族的榮耀。」他在位時，羅馬建成，而最大的亞述帝國，卻正日沒西山。由尼奴的父親白羅小國時代算起，經過一千三百零五年，才為梅地人（Medi）所滅（註）。

白羅加在愛木利（Amulius）之後稱王；愛木利曾強迫他弟弟奴米都（Numitor）的女兒賴亞（Rhea），亦名伊麗，即羅瑪祿的母親，作為女司祭。但據說她與馬爾斯神生了一對雙生子，這樣，她對自己不守貞操，找到一個托詞，並說一隻母狼養了這兩個嬰兒。因為據說狼是馬爾斯神的聖獸，以乳喂嬰兒，似乎在承認他們是主人馬爾斯的兒子。

但亦有人說兩個嬰兒臥地啼哭，先由一個妓女收養，因為妓女往往被人稱為母狼（lupae），妓女院的拉丁語便稱為狼寮（Lupanaria）。又說以後這對孿生子為牧者法斯都收養，由他的妻子亞加餵奶。若要指責國王，因他命將兩個嬰兒淹死，而著名的羅馬城將由他們建造，那麼天主命人將他們從水中救出，由狼所養，有何可驚奇處呢？

奴米都繼哥哥愛木利的位，他是羅瑪祿的外祖父，當他在位初年時，羅馬建成了，於是此後，他與外孫羅瑪祿一起稱王。

（註）梅地人即波斯人，現名伊朗人。

第二十二章　羅馬建成時，正值亞述帝國滅亡，希則克雅為猶太國王。

閒話少說，這個另一巴比倫城，似乎是它的女兒，羅馬城建立起來了，它將依天主的旨意，管轄全世界，以統一與法律形成一個國家。當時人勇毅善戰，不肯輕易投降，於是當長期作戰，雙方皆俱敗互傷。

亞述帝國征服整個亞洲時，雖然亦作戰，但戰爭並不十分激烈，人民亦不眾多，所以不能抵抗。因為由洪水中，只有八人由諾厄方舟中獲生。在尼奴征服整個亞洲時，印度除外，只有一千年左右。

羅馬不能以同樣速度，征服東西二方的民族，因為戰術已很進步了。羅馬建成時，以色列人民居於福地已七百一十八年，其中二十七年是若蘇厄時代，三百二十九年是民長時代，開始有君王時亦已三百二十六年。

猶太國的君主為阿哈茲（Achaz），或如別人所說，是他的繼位人希則克雅（Ezechia）時，我們知道這位善良君主在位，直至羅瑪祿時代。在以色列國，胡齊雅（Osee）登基為王。

第二十三章　哀利代的女巫，在其他女巫中，特別預言基督。

有些人記載，在此時哀利代（Erythrean）的女巫作了預言；范羅說有好幾位女巫，不止一個。這位哀利代的女巫寫過很明顯有關基督的事，我曾在拉丁譯文中讀到過。

名人范治奴（Flaccianus）學富雄辯，曾任總督，聽到談及基督時，出示一本希臘文書，說是哀利代女巫的預言，他引了一段，每首頭一句排列如下：耶穌基督，天主子，救世主。拉丁譯文如下：

「I大地汗顏開審判，
H自天降下永生君，
Σ降來審判普世界，
O善人惡人共睹主；
Y世界窮盡時諸聖，
Σ靈魂肉身同受審，
X世界臥在荊棘中，

P金銀偶像皆棄盡；
E大火焚燒海天化，
I打開黑暗地獄門，
Σ聖人身體發大光，
T永火焚燒罪人身；
O各人暴露其秘密，
Σ天主光照每人心，
Θ哀號痛哭切齒聲，
E日月星辰將喪盡；
O山嶺下降丘畫升，
Y世間人事無耀榮，
Y山嶺下降成田地，
I蔚蔚海洋喪失盡；
O天空高處號筒吹，
Σ大地開裂顯地獄，
Σ天主台前聚君臣；

Ω痛哭罪惡與艱辛，

T炎炎大火與硫黃，

HP從天下降物燒盡。」

由希臘文譯成的拉丁詩中，不能由希臘文詩中以Y字開始的句子找出意義，因為拉丁語沒有以Y字開始，而能達出其意義的。這樣的詩共有三句，即第五句，第十八句及第十九句。為此將每句第一字母併攏時，在這三句中，我姑且以為確有Y字，於是形成：耶穌基督，天主子，救世主。這是只在希臘文可以如此解釋，而不在拉丁文中。

本詩一共二十七句，由三首四句而成，三乘三等於九，九乘三等於二十七。若將五句希臘文第一字母拼起來，即耶穌基督，天主子，救世主（Ιησοῦς Χριστος Θεοῦ υἱός σωτήρ，Jesus Christ the Son of God, the Saviour），乃成為「ἰχθύς」（Ixtus）就是「魚」。（編按）它象徵基督，祂在世間，如在海洋深處，沒有罪惡而生活著。

這個哀利代女巫的預言，或更多人所信的，古曼女巫（Cumea）的全部預言，上面所引的只是一小部份，與邪神的敬禮毫無關係，反而它反對邪神及叩拜邪神的，似當將它放入天主之城中。

拉克當（Lactantius）（註）在他的書中亦曾引女巫對基督的預言，雖然不說是誰的。我以為當將他分在各處的，集在一處，形成一個預言，他說：

「他將被交於外教人手中，他們將以手掌打他，向他吐唾；背受鞭打；被打時他不出聲，使人不知他由何而來，如何能對陰間發言；他又頭載茨冠。他們給他吃苦膽，飲醋，這是他的飲食。糊塗的人民，你沒有認識你的天主，反而加以譏笑，加以茨冠，又使他飲苦膽。聖殿內的帳幕裂開，中午時天昏地黑，歷三點鐘。死後第三日，由陰間第一個復活起來，以指示復活的開始。」

拉當治與人辯論時，依照當證明的事，各處引女巫的話，我不添加，只將它集在一處，加以符號而已。也有人說：哀利代的女巫預言，不在羅瑪祿時代，而在特洛伊戰爭時。

（編按）「魚」是古代基督徒最愛用的象徵，因其拼音 IXTUS 正象徵 Iesous Christos, Theou Uion, Soter（耶穌基督，上主之子，救主）。

（註）拉克當是天主教的拉丁辯護學家，文字雋永，人稱他為天主教的西塞羅，他於西元三二五年去世。

第二十四章　羅瑪祿在位時，有七位賢人，此時以色列國的十族人民，為迦爾太人擄去為奴；羅瑪祿死後，人敬以神禮。

據說當羅瑪祿在位時，有米雷人泰利斯（Thales），他是七賢人中之一，他們在神學家詩人之後，特別是奧菲斯（Orpheus）之後，被稱為智者。此時以色列國的十族都為迦爾太人打敗，被擄為奴；在猶太國只剩下兩族，以耶路撒冷為京城。

羅瑪祿死後，羅馬人找不到他的踪跡，乃將他列入神中，這是早已取消了的風俗。在賈多時不因錯誤，而因諂媚，西塞羅讚頌羅瑪祿，以為他當享受神的榮譽，已不在愚魯易欺騙時代，而在文明時代，雖然尚未被哲學家的高論所污穢。

後來雖已不將人封為神，但仍繼續敬拜自古以來的神。拜偶像外，又加上迷信，這是古時人所沒有的，乃由魔鬼裝神，他且以假預言騙人，使將神的罪惡醜行，在戲臺上表演出來，以恭敬邪神，這是在文明時代所夢想不到的。

奴馬（Numa）繼羅瑪祿位，他雖然相信城中當有邪神，在他死後，未能列入神中，好像天上已有這麼多的神，為他已沒有位子了。當他在羅馬為王時，在希伯來人民中，默納協（Manasse）為王，傳說依撒意亞先知為他所殺，當時尚有沙米亞女巫的預言。

第二十五章　當大居義在羅馬為王，希伯來王漆德克雅在位時，耶路撒冷城被攻破，聖殿被毀，當時的哲學家為誰？

當漆德克雅（Sedechias）為猶太國王，在羅馬大居義（Tarquin Priscus）繼馬治（Ancus Martius）為王時，猶太人被擄至巴比倫為奴，耶路撒冷及撒羅滿所造的聖殿亦被毀。先知們，特別耶肋米亞先知，指責希伯來人的罪惡時，曾預言過他們將要遇到這類事，特別耶肋米亞且指出年數來。

據說此時米底來人比大谷（Pittacus）出現，他是七賢人中之一。照歐色皮所說，其他五位（除了泰利斯及比大谷外）生活在猶太人被擄至巴比倫時。他們是：雅典人蘇龍（Solon），拉且大人紀羅（Chilo），哥林多人柏良德（Periander），林地格步人格來步（Cleobu）時，白裏人皮雅士（Bias）。他們被稱為七賢人，在神學家詩人以後，著名於世，因為他們的德行超眾，且以簡單的文句，說出倫理的誡命。

但除了蘇龍以外，他們沒有留給後人任何文字，據說蘇龍曾給雅典人法律。泰利斯是一位物理學家，留下大地原理的書籍。在猶太人被擄為奴時，尚有安納西曼德（Anaximander）、安納西米尼（Anaximenes）、施奴方（Xenophon）。畢達哥拉斯（Pythagoras）亦生活在此時，由他開始乃稱呼這些賢士為「哲學士」（philosophers）。

第二十六章　七十年時期滿時，猶太人完結了奴隸生活，羅馬人亦脫離了國王的控制。

此時波斯王居魯士（Cyrus）打敗了迦爾代人及亞述人，停止了猶太人為奴的時代，他使五萬猶太人回國重建聖殿。他們只打好了基礎，因著敵人的攻擊，不能繼續工作，直至達理阿王（Darius）時，常停止工作。那時發生了〈友弟德傳〉（The Book of Judith）中所述的事（編按），猶太人不願將它列入正典中。

在波斯王達理阿時，先知耶肋米亞所預言的七十年時代已滿了，他乃取消了奴隸制，猶太人得了自由。當時羅馬人的第七代君王大居義在位。但羅馬人將他逐出後，亦自君王手中奪得了自由。

以色列人中至今常有先知，雖然他們的數字很多，但只有少數，留下著作，在完結上卷書時，我曾經答應不討論它，我想現在當提及它了。

（編按）據〈友弟德傳〉記載，友弟德是一位富商的以色列寡婦，集智慧、勇毅與美貌於一身，並敬畏天主。當拿步高為亞述王時，派遣大軍橫掃各國，當大軍逼近猶太時，以色列人民糧盡援絕，即將投降。此時友第德孤身帶著使女，直探敵營，假稱將供出侵略此城的捷徑，並與敵將敖羅斐乃宴飲。到了半夜，友第德便割了敖羅斐乃的首級，回到城中，掛在門上。因此大挫敵軍士氣，得以退敵。

第二十七章 羅馬帝國開始，亞述國墮落，此時預言開始。

為研究先知時代，我們當退一步，在〈歐瑟亞書〉（Hosea）第一章中寫說：「在胡齊雅，約堂（阿哈茲和希則克雅）為猶太王，並在約阿市的兒子雅洛貝罕為以色列王時，有上主的話傳於貝厄黎的兒子歐瑟亞。」（歐・一：1）

亞毛斯亦寫自己在歐瑟雅王時作預言，並說雅洛貝罕為以色列王，所以也生活在此時。依撒意亞，是亞毛斯先知的兒子，或更好說，不是先知，而有同樣名字人的兒子。在書的第一章，寫著與歐瑟亞同樣的四個君主，說自己在他們時代作了預言。

米該亞也說自己的時代是在胡齊雅王（Uzziah）以後，因為他也命名了三王，如歐瑟亞一般：約堂，阿哈茲和希則克雅。（米・一：1）由他們的書中，我們知道他們同時盡了先知的職務。約納生活在胡齊雅時代。岳厄爾生活在胡齊雅的繼王人約堂時代。這兩位先知的時代，我們是由〈編年紀〉中獲知，而不由他們書中知道，因為他們都不提。

當時拉丁人的國王為普羅加（Proca），或他的前任亞凡底王，直至羅馬王羅瑪祿，或直至他的繼位人邦比利時代。所以當時亞述帝國已日落西山，而羅馬帝國正如太陽東升時，他們盡了先知的職務。

如在亞述帝國初期，天主應許亞巴郎，因著他的後裔，所有民族將受祝福，同樣，在西方巴比倫羅馬的開始時，它將是基督教會的地方，先知的預言，亦將在那裡應驗，亦有先知，不只以宣講，並以筆墨，證明這件將來重要的大事。

由國王時代開始，在以色列人民中，幾乎常有先知，這是為他們的利益，而不為外方人的利益。但為外教人亦有益處的預言開始時，自當由將統治外邦的羅馬城建立時開始。

第二十八章 對基督的《福音》，歐瑟亞及亞毛斯預言了什麼？

歐瑟亞先知的著作深奧，不易理解清楚，但我們當取些材料，放在此地，如我所許的：「你們不是我的人民，而我也不是你們的上主。」（歐・一：10）

先知預言外教人亦將得救，他們以前不屬天主，聖保祿宗徒們也理解清楚了這點。因為外教人，以精神而論，亦可稱為亞巴郎的子孫，所以可稱為以色列人，他乃繼續說：「猶大及以色列人民將聚在一起，選一位領袖，由地上起來。」（歐・一：11）（註）

我們若要加以解說，就要失去先知預言的滋味。但當記得基石及兩牆，一面是猶太人，而另一面是外教人。猶太人及以色列人當同心協力，創造一個王國，由地上興起。

同一先知亦證明以色列人起初不願相信基督，以後卻相信了，即他們的子孫將要相信，而他們自己，歸入陰間說：「因為以色列子民將要孤居多日，沒有君王，沒有領袖，沒有祭獻，沒有柱像，沒有祭司，沒有徵兆。」（歐・三：4）

誰不看出今日的猶太人正如此呢？但我們先聽他所說的：「此後以色列子民將要轉來，尋求天主，他們的天主，和他們的君王達味；到末日，他們必要戰戰兢兢奔向上主和他的慈善。」（歐・三：5）沒有比這預言更明顯的了，在達味名下，當理解為基督，如聖保祿宗徒所寫的：「他按肉身是生於達味的後裔。」（羅・一：3）這位先知也預言過基督死後第三天要復活起來，以先知鄭重的口吻說：「兩天後他必使我們復生，第三天他必使我們興起。」（歐・六：2）

為此聖保祿宗徒說：「你們既然與基督一同復活了，就該追求天上的事。」（哥・三：1）亞毛斯也預言了同樣事件說：「以色列！準備迎接你的天主，因為看！祂形成山嶽，創造風暴，向人宣示祂的旨意。」（亞・四：12）

他在另一處又說：「在那一天，我必建立達味已坍塌的房屋，修補它的裂口，興建它的廢址，使它重現有如往日一樣；必使他們獲有厄東的遺民和屬於我名下的萬民，做這事的上主的斷語。」（政・十一：12）

（註）思高聖經學會的《聖經》沒有這一節。

第二十九章　對基督及教會，依撒意亞預言了什麼？

依撒意亞不在十二位小先知之內，因為他們所寫的，與大先知比較起見，較為短促，大先知卻寫成大本書籍。依撒意亞與十二位小先知並論，是因為他在同時盡了先知的職務。

依撒意亞曾指責惡事，勸人行善，預言罪人將受罰，對基督及教會，即君王及他所建的城，預言了許多事情，竟有人說他是聖史，而不是先知。但為不使本書太長起見，在許多事情中，我只引一則。他以天主聖父的名義說：

「看啊！我的僕人要成功，要受尊榮，要被舉揚，且極受崇奉。就如許多人曾驚愕他，因為他受了傷殘，他的容貌已不像人，他的容貌已不似人子；同樣眾民族也要驚駭，諸君王在他面前要啞口無言，因為他們要看見先前沒有給他們講過的事，他們要徹悟先前沒有聽說的事。」（依・五十二：13—15）

「誰曾相信我們的報導呢？上主的手臂給誰露了呢？他的僕人如嫩芽生在他面前，又像根蒂自乾地中生長；他沒有俊美，也沒有華麗，可使人們瞻仰他；沒有儀容，好使我們戀慕他。他受了侮辱，又為眾人所遺棄；他真是苦人兒，而熟識病苦，他好像人們掩面不顧的一個人；他受侮辱，我們因而也不尊敬他。

然而他所背負的，是我們的痛苦，他所擔荷的，是我們的疼痛，而我們卻以為他是受天主痛打，擊傷和窘難的人。他為了我們的悖逆而受刺透，為了我們的罪惡而被痛打受傷，他身受懲罰，為叫我們安全，他身受創傷，為使我們痊癒。

我們都像羊一樣迷了道，各走各的路，但是上主卻把我們眾人的罪過歸在他身上了。他受虐待，而仍是柔順的，總不開口，如同被牽去宰殺的羔羊，又像母羊在剪毛者前，緘默而不開口。

他受了不義的審判，而被奪去了，有誰懷念他的命運呢？因為他從生活的地上被削去了，為了我人民的罪，他受難至死。雖然他沒有行過不義之事，他口中也從未出過謊言，人們埋他的墳墓卻在歹徒中，葬他的塋地在作惡的人中。畢竟上主喜歡用苦難折磨他，他雖犧牲了性命，作了補繼祭，但仍將看見他的後輩延年益壽，上主的旨意也要借他的手得以成功。

因他心靈的苦難，他要看見光明，借自己認識的必得滿意，我正義的僕人要使多人成義，他將擔承他們的罪過。為此，我把群眾給他作為部屬，他要獲得無數的人，作為勝利品。因他傾流了自己的性命，一直到死，又被列於叛逆之中，他承擔了多人的罪過，又為叛逆者轉求。」（依．五十三：1—12）

現在我們看看對教會方面的，他說：

「不生育的石女！歡樂吧！不生產的女子！喜慶高呼吧！因為被棄離的子女多於結婚者所生的，這是上主說的。擴大你帳幕的地方！伸開你住所的帷幔吧！不必顧惜，拉長你的繩索！堅固你的木樁！因為你要向左右擴張，你的後裔將佔領外邦，還要使廢棄的城可得居住。

不要害怕！因為你再不會受羞辱；不要羞慚！因為你再不會受淩辱。你要忘了你童貞時所受的恥辱，再不懷念居寡時所受的侮慢。因為造成你的是你的新郎，『萬軍的上主』是祂的名字，祂是你的救贖者，以色列的聖者，祂被稱為全世界的天主。」（依．五十四：1—5）

我想已經夠了，其中有些本當加以解釋，但我以為既然如此明顯，就已夠了，連敵人也不得不懂它。

第三十章　米該亞、約納、嶽厄爾對《新約》的預言。

米該亞先知預象基督如一高山說：「到末日，上主的聖殿必要豎立，為諸山之冠，超出一切丘陵，諸民必彙集在它那裡。必有眾多民族來說：『來啊！我們登上上主的山，往雅各伯天主的殿裏去！他要把自己的道路指給我們，我們要循行他的路徑。因為法律要須自熙雍，上主的話出自耶路撒冷（他將在萬民中執行審判，為遠處的強盛列邦，斷定是非。」（米・四：1—3）

此外，這位先知也預言了基督誕生的地方說：

「厄弗辣塔白冷啊！你在猶大郡內雖是最小的，但是將由你中間為我出現一位統治以色列的人，他的來歷是由於亙古，源於永遠的時代。為此，直到孕婦生產的時候，直到他兄弟們中最尊貴者，再回到以色列子民那裡的時候，上主必委棄他們。他必要卓然自立，借上主的勇力和上主他天主名號的威嚴，牧放羊群；人民必獲安居，因為這時他必為尊大，達於地極。」（米・五：1—4）

約納先知不以言語，而以痛苦預言了基督，比用言語更明顯地，說出他的死亡及復活。因為他被大魚所吞，第三日又被吐出來，豈非表示基督第三日由陰間復活起來嗎？

岳厄爾的預言，需要更詳細的解說，為指出表示基督及教會。但我不遺忘依照基督所許，聖神降到信友身上時，宗徒所提及的：「我要將我的神傾注在所有血肉的人身上：你們的兒子們和你們的女兒們要說預言，你們的老人要看夢境，你們的青年要見異象。甚至那些日子裏，我要將我的神傾注在僕人和婢女身上。」（岳・三：1—3）

第三十一章　亞北底亞、納鴻、哈巴谷預言了世界將因基督而得救。

這三位小先知：亞北底亞（Obadiah），納鴻（Nahum），哈巴谷（Habakkuk），沒有告訴我們他們預言的時代，在歐色皮及熱落尼莫的年代史中，亦找不到它。人們將亞北底亞與米該亞放在一起，但不在米該亞作預言的時間，由他的書中可以知道，我想這是由抄寫人的錯誤而來。其他兩位先知，在我所有的年代史中，找不到他們，但他們既在正典書中，我們就不能對他們遺棄不顧。

亞北底亞的著作，在所有先知中是最短的，他作了預言，反對厄東人，他們是亞巴郎的孫子，依撒各的孿生的長子烏撒烏的後裔。

若將厄東理解為外教人，以個別代替全體，那麼我們可將下面的話歸於基督：「但是熙雍山必有拯救，它將是神聖的。」（亞北底亞・17）稍後他在預言的最後一段說：「勝利者必上熙雍山去審判厄撒烏的山嶺，那時王權必歸上主。」（亞北底亞・11）

熙雍山即猶太的被救人，即信仰基督的人，特別是宗徒們，去保護厄撒烏的山。如何保護，豈非宣講《福音》，使信的人得救，遷至王國中去？對這點他明顯地加上說：「那時王權必歸上主。」熙雍山是指猶太國，《福音》曾在那裡宣講了，它將得救援，而聖者即為耶穌基督。

厄撒烏的山是厄東，是指外教人的教會，他們保護熙雍山得救的人，使成為天主的國，在未到前不很清楚，但來了後，那位信友不承認它呢？先知納鴻，更好說天主借他的口說：

「上主已對你下了命令：你的名字不再傳播於後世，由你的神廟內我要掃除雕像和鑄像，我要為你安置一座墳墓，因為你是應受鄙棄的。看啊！那傳遞《福音》，宣佈和平者的腳已在山上！

猶大啊，舉行你的慶節，償還你的誓願吧！因為毀滅者再不會由你中間經過，他已全然泯滅。」（鴻．一：14，二：1—2）

誰由陰間起來，又吹向猶太人的臉，即猶達斯門徒的臉呢？誰記住福音，便知道是聖神。他們已屬於《新約》，慶日的精神反復，故能長生不老。我們看見因著福音，繪畫或雕刻邪神的像都被毀滅了，被人遺忘了，如在墳墓中一樣。由此可知，先知的預言，在這事上亦已應驗了。

哈巴谷下面的話，豈非指基督的降臨：

「上主答覆我說，你寫下這神諭！清清楚楚寫在版上，好使人能流利誦讀。因為這種神諭有一定的時期，最後必要實現，決不欺騙，如果它遲緩了，你應等待，因為它必定來，決不逾期。」（哈．二：2—3）

第三十二章 在哈巴谷的禱詞及歌中的預言。

哈巴谷在禱詞中對基督說：「上主，我聽到了你的報導，上主，我見了你的作為。」（哈．三：2）這是指何物，豈非人類新的，忽然的得救嗎？

「你被認識在兩動物之中」（註一），有何意義，豈非基督是在新舊約之中，或在兩盜之中，或在梅瑟與厄里亞之中，與他們交談？

「求你在歲月的過程中，彰顯你的作為，求你在歲月的過程中，宣佈出來！」（哈．三：2）

這些話不需要解釋。「但願你發怒時，也懷念仁慈。」是指基督屬猶太人民族，他們卻為忿怒所蔽，竟將他釘死，他卻記起仁慈，呼說：「父啊！寬赦他們吧！因為他們不知道他們做的是什麼。」

「天主自忒曼而來，聖者由帕蘭山而至」（哈・三：3），有人解釋：「由忒曼而來」，為由南方而來，南方表示愛德熾熱，真理光耀。帕蘭山能有許多解釋，我以為更指出《聖經》的高超，預言基督。因為在《聖經》中，有晦暗不明處，使學者大傷腦筋，然而理解清楚後，就找到基督了。

「他的威嚴遮蓋諸天，他的榮耀充滿大地！」有何意義？豈非如〈聖詠〉中所說：「天主啊！願你的崇高在諸天之上，願你的光榮，超乎大地。」（詠・五十七：5，11）

「他的光輝有如日光」是指何物，豈非他光照信友？「由他手中射出光芒」，有何意義，豈非是指十字架？「瘟疫在他的前面開路」不需要解釋，「熱疫隨在他的足後」是指什麼，豈非基督來前，先有預言，升天後又報告了信友嗎？

「他一停止，大地就動搖」，是指明何物？是說他停下來救濟人；「大地就動搖」，是使人信他。「他一注視，萬民就震撼」，即他憐愛，使人民作補贖。

「永恆的山崩裂」，即驕傲人因著靈蹟大受感動。「常存的丘陵沉沒」，是被壓服於一時，永遠受舉揚。

「那裡自永遠是他的行徑」，即由愛德的工作，會得永遠的酬報。「我看見雇商的帳幕在困苦之中，米德揚的帷幔也在顫動」，是外教人聽見奇蹟而驚異，不屬羅馬帝國的，亦進了天主教。

「是否是向河流示怒，或者是向海洋洩憤？」是說基督不是來審判世界，而是來救贖世界。「當你騎著你的馬，當你乘著你的凱旋車時」，即聖史們將抬舉你，由你指導他們，你的福音，能救相信你的。

「你顯露你的弓弩，以箭矢裝滿了你的箭囊，你劈開地面，以成河川」，即你的宣道員宣講，人心乃讚頌你，「你們當撕裂你們的心，而不是你們的衣服」。

「眾山見到你，都戰兢害怕」，是痛哭後，成為幸福人。「密雲降下驟雨」，是傳道員去各處宣講你的真理。「深淵發出巨響」，是表示由人心深處所發出的。深淵是對高山而言，是指所思想的。巨響是他不隱藏，而表達出來。

「太陽忘記了升起，月亮停留在自己的居所」，是基督升天，而教會在他之下。「你的箭矢射出是為照耀」，即基督的話不在暗中，而明顯地宣傳出去。「你的槍矛是為閃爍」，是暗示槍，基督雖對門徒們說：「我在暗中給你們所說的，你們要在明處說出來。」（瑪．十：27）

「在忿怒中你踏遍大地」，是壓制人。「在震怒中你蹂躪方邦」，是報復，壓服驕傲人。

「你出現是為拯救你的百姓，是為救護你的受傳者，你擊毀了惡人的房頂」，這一切不需要解說。

「你將他的頭頸以繩縛住」，可理解為智慧的繩，將首足縛起來。「你驚奇地解開了」，就是解開縛束，「大力者的頭為之搖動」，就是驚奇不已。

「張開他們的口，暗中食物，如貧窮人一樣」，即有勢力的猶太人，為他的言行所吸引，但因怕猶太人，只在暗中來請教他，如福音中所載。（若．十九：28）（註二）

「你將他的馬匹投於深海，投於多水的污泥中」，就是民眾，其中許多因著畏懼，不敢皈依，其餘若不昏亂，也不至於成為仇人。

「我一聽見，我的臟腑戰慄，因你的聲音，我的口唇也顫動，麻痹侵入我的骨骸，我的步伐下面業已淩亂」（16），這裡所說，是先知畏懼自己的禱詞，因為是預言將來。許多人看見教會將遭遇的困難，自己又是它的肢體，於是說：「論望德，要喜樂；在困苦中而忍耐。」（羅・十二：12）「它必要出現在進攻我們的民族身上」，即遠離惡人，他們留戀現世，不找天國。

「縱然無花果樹不發芽，葡萄樹不結實，阿裏瓦樹一無所產，麥田不出產食糧，羊校內絕了羊，牛欄內沒有牛」（17），他見到要殺害基督的民族，失了心靈方面的財富，依先知的說法，它往往以地上的豐富表示出來。是因為猶太人不知天主的公義，卻依仗自己的義德，於是受罰，（羅・十：3）乃繼續說：「但我仍喜樂於上主，歡欣於救助我的天主。吾主上主是我的力量，他使我的腳有如鹿腳，引我穩行於高處。」（19）；這與《聖詠》的話相似：「他由禍坑和污泥中拖出我來。使我的腳立在磐石上，穩固了我的腳步。他教我的口，謳唱新歌，就是讚揚我們天主的歌曲。」（詠・十一：2—3）

他讚頌上主而得勝了，因為他讚頌上主，不讚美自己，「因為要誇耀的，應因主而誇耀」。（格前・一：31）我以為當採取有「我在我天主耶穌中喜悅」句子的《聖經》本，而譯拉丁文的，卻捨了這個名字，它為我們是最寶貴的，最悅樂稱呼的。（註三）

（註一）往往用於耶誕節，指馬槽中的耶穌。

（註二）此段係由聖奧古斯丁所引拉丁文譯出，與思高聖經學會所譯大有出入。

（註三）希伯來文本，沒有耶穌名字，係為後人所添。

第三十三章 耶肋米亞及索福尼亞，對基督及外教人受召的預言。

耶肋米亞是大先知中之一，如依撒意亞一樣，並不是小先知，我已提及過他們。他作預言時，耶路撒冷的君王為約熹雅（Josiah），羅馬國王為安谷馬治（Ancus Martius），猶太人即將被擄。他的預言直至猶太人被擄後五個月，由他的著作中可以知道。

小先知之一，索福尼亞與耶肋米亞同時，他自己說是在約嘉雅王時作了預言，但不說直至何時為止，而耶肋米亞不但在安谷馬治時，並在羅馬第五代王大居義，白斯哥（T. Priscus）時作了預言；白斯哥，在猶太人被擄為奴前，已登王位。

耶肋米亞對基督預言說：「上主的受傅者本是我們的氣息，竟被捕在他們的陷阱中。」（哀・四：20）（編按）這簡單指出基督是我等主，將為我們受苦受難。

在別處這位先知又說：「這位就是我們的天主，沒有別的神可與他比擬。他尋獲了智慧的一切道路，賜給了他僕人雅各伯和他可愛的以色列。此後，她便出現在地上，與人們往來。」（巴・三：35—37）有人不將這句歸於耶肋米亞，而歸於他的秘書名巴路克，但普通以為是耶肋米亞的。

同一先知又預言基督說：「看哪！時日將到上主的斷言——我必為達味興起一個正義的嫩枝，它將執政為王，處事賢明，在地上秉公行義。到他那一天，猶大必獲救恩，以色列必能安居，人將稱他為『上主，我們的正義。』」（耶・二十三：5—6）

他對外教人的極依，我們今日已看見實行了說：「上主啊！我的力量，我的保障，我憂患之日的避難所！異族必由地極來歸向你，且說：我們的祖先所承受的，只是虛妄，空元和無益之物。

人豈能為自己製造神祇，其實它們就不是神。」（耶・十六：19—20）

猶太人不但不承認，反而要殺害基督，同一先知對他們說：「心地奸猾超出萬物，不可醫治，誰能認識它？」（耶・十七：9）

我在本書第十七卷，第三章，所引有關《新約》的，基督為其中保，亦是耶肋米亞先知的：「看！時日將到——上主的斷言——我要與以色列家和猶大家訂立《新約》。」（耶・三十一：31）及其他可讀到的地方。

與耶肋米亞同時預言的〈索福尼亞書〉（Zephaniah）中，我提出下面有關基督的：「為此你們等待我吧——上主的斷言——等我起來作證的一天，因為我已決定聚集萬民，召集列國。」（索・三：8）他又說：「上主要顯示給他們，因為他要消滅地上的一切神祇，使人人由自己的地方，即由異民的各島嶼來朝拜他。」（索・二：11）

稍後又說：「那時我要使萬民的口唇變為純潔的，為使他們都能稱呼上主的名號，使他們一心服侍他。雇市河那邊欽崇我的人（我所分散的集團）必給我貢獻祭品。在那一天，你決不再因你反抗我所行的一切行為而羞慚，因為那時我心由你中間驅逐你的傲矜自誇的人，從此你再不得在我的聖山上自誇，但我心在你中間留下謙和貧苦的百姓，他們必依上主的名號。」（索・三：9—12）

這是以色列中剩下的幾個人，聖保祿宗徒亦提及他們說：「假使以色列子民的數目多如海沙，唯那殘存的要蒙受救恩。」（羅・九：27）猶太人的殘存者信了基督。

（編按）出自《舊約》〈耶肋米亞哀歌〉（Lamentations），以下出處簡稱「哀」。

第三十四章 達尼爾及厄則克耳對基督及教會的預言。

其他兩位大先知：達尼爾及厄則克耳（Ezekiel），在被擄至巴比倫時，亦作了預言。其中達尼爾且預言了基督的將來及受苦受難的年代，要計算起來，未免太長，在我之前已有人做了。他對基督及教會的權力說：「我仍在觀看夜間的奇象，看哪！有似人子的一位，乘著天空的雲彩陣來，到萬古常存者那裡，被引至他面前。他給了他治權、尊榮和國度，使諸民族、諸國家和諸異語人民都奉待他，他的治權永存不替，他的國度永不淪亡。」（達・七：13—14）

厄則克耳，依照先知所習慣用的，以達味表示基督，因為由他的後裔中，取了人性，以奴隸之形，而成為人，天主之子被稱為天主之僕。他以天主聖父的預言說：「我要為他們立定一個牧者，去牧放他們，那就是我的僕人達味，他要牧放他們，他要做他們的牧者。我，上主將為他們的天主，我的僕人達味將在他們中為領袖，這是我上主所說的。」（厄・三十四：23）

他在另一處又說：「他們只有一位國王，他們不再是兩個民族，不再分為兩個國家。他們也不再為他們的偶像、怪物，和各種邪惡所玷污；我要拯救他們脫離他們因背約所犯的罪過，並且我還要淨化他們：如此，使他們便成為我的百姓，我做他們的天主。我的僕人達味將做他們的國王，他們全體將只有一個牧童。」（厄・三十七：22—24）

第三十五章　哈蓋、匝加利亞及瑪拉基亞的預言。

剩下三位小先知，哈蓋、匝加利亞、瑪拉基亞（Haggai, Zechariah, and Malachi），他們都在被擄末期，作了預言。其中哈蓋很明顯地以下面的話，預言基督及其教會：「並且我還要震動萬民，使萬民的珍寶運來，我必要使這殿宇充滿光榮萬軍的上主說。」（哈・二：6）這預言一部份已實現了，而另一部份則將在後來應驗。基督誕生時，天主震動上天，有天使及星辰作證；童貞女生子，大地亦被搖動了；基督的福音，傳遍普世，大地、海洋都被震動；普世萬民都逐漸信仰基督。

下面的話，「萬民所仰望的必要來到」（註一）是是指基督最後降來，為使他成為大眾所仰望的，信友先當愛他。匝加利亞對基督及教會預言說：「熙雍女子，你應該極其喜樂！耶路撒冷女子，你應該歡呼！看！你的君王來到你這裡，他是正義的、勝利的、謙遜的，騎在驢上，騎在驢駒上。他的權柄由海至海，由河直到地極。」（匝・九：9—10）

這件事何時應驗了，即基督騎驢，福音曾記載此事，並提及這個預言。（瑪・二十一）另一處預言因基督的血，能得罪赦說：「因了你盟約的血，我要由無水的旱井中釋放你的俘虜。」（匝・九：11）旱井的意義，在真的信仰人中，亦能有不同的意見；但依我看來，最近似指人深沉的悲哀，乾涸一物不生，沒有義德的水，只是一潭罪惡的髒水。〈聖詠〉亦提及這旱井說：「他由禍坑和污泥中拖出我來。」（詠・三十九：3）

瑪拉基亞預言教會，我們看見它由基督傳於各處，以上主的名義向猶太人說：「我不喜歡你們，也不悅納你們經手的祭品，因為自日出到日落，我的名在異民中大受顯揚，在各處給我的名焚香

獻祭，且獻純潔的祭品，因為我的名在異民中大受顯揚，萬軍的上主說。」（拉・一：10—11）

我們看見給基督的奉獻，從日出之東到日落之西，已由上主的司祭依默基瑟德（Melchisedec）作祭祀，我們不能否認猶太人的祭獻已停止了：「我不喜歡你們，也不悅納你們經手的祭品。」他們讀到這預言已經應驗了，還在等候基督以外的司祭，但沒有基督就不會應驗了。

稍後，天主自己說：「我同他訂立的盟約是生活與平安的盟約，我將它們賜給了他，而他應依敬畏的盟約敬畏我，並對我的名恐懼。在他口裏只有真理的訓誨，在他唇內沒有找到偏邪，他的虔誠及正直與我往來，且使罪人遠離罪惡。因為司祭的唇應保持智識，人們由他口中應獲得訓誨，因為他是萬軍上主的使者。」（拉・二：5—7）

為此不必驚奇基督被稱為全能天主的天使。祂被稱為奴僕，因為祂以奴僕的形式出現於人，因著向人宣傳福音，又被稱為天使，因為在希臘文的意義中，「福音」是「好消息」，而「天使」則為「報信的人」。

先知又說：「看哪！我要派遣我的使者在我前面修平道路。你們尋求的主子，即你們所渴慕的那盟約的使者，必要忽然來到自己的殿宇中，的確！他必要來臨，萬軍的上主說。對他來臨的日子，誰能支援得住？在他發顯時，誰能站得住？」（拉・三：1—2）

此處他預言基督第一次及第二次的降臨，對第一次他說：「他要忽然來到自己的殿宇中。」就是要降生成人，福音上亦說：「你們拆毀這座聖殿，三天之內我要把它興建起來。」（若・二：19）對第二次降臨則說：「他必要來臨，萬軍的上主說。對他來臨的日子，誰能支援得住？在他發顯時，誰能站得住？」後面所說：「你們尋找的上主，你們所求的盟約的天使」，一定是指猶太人，他們照所讀的《聖經》尋找基督。但其中許多人，為以前的罪惡所隱蔽，沒有認識他們所希望的基督。所謂盟約，或盟約的天使，或如上面所說：「我與他的盟約。當理解為《新約》，它應許永遠的福樂，而不是《舊約》，它只應許現世的宿樂。」

不正常的人以為是大幸福，他們侍奉天主以得世福，看見惡人享受世福，就心煩意亂。為此先知將分清《新約》賞賜永遠的福樂，只給善人，與《舊約》的世間福樂，往往惡人亦能享受，而說：「上主說，你們膽敢彼此議論我，而你們反問我，『我們議論你什麼呢？』你們說，『侍奉天主的人是傻子，我們遵守祂的規誡，在萬軍的上主前穿苦衣而行，有什麼益處呢？現今我們應稱驕傲人有福氣，連作惡的居然順利，連試探天主的竟安然無事！』這是敬畏上主的人彼此議論的，但是上主都加以注意了，也全聽見了，為敬畏上主和投靠祂名字的人，已在祂前所有的記錄冊上記下了。」（拉・三：13—16）

在此書中，《新約》已指出了，我們姑且聽下面的話：「他們屬於我萬軍的上主說，在我執行之日，他們算是我的產業，我要憐愛他們，像一個人憐愛那孝順自己的兒子。你們重新要看出義人與惡人的區別，侍奉天主的與不侍奉他的人的區別。」（拉・三：17）。

「看哪！因為那日子來到，像烈爐熾燃，驕傲的人和作惡的人都成了草稭。到那一日，要燃燒他們——萬軍的上主說——給他們不再留下根子和枝子。為你們這些敬畏我名字的人，要升出正義的太陽，在它的翼下有安寧。你們要踐踏惡人，因為他們在你們腳底下好像塵埃，萬軍的上主說。」（拉・三：19—21）（註二）。這是審判的日子，若天主願意的話，在自己地方，我要詳細討論它。

（註一）希伯來原文，沒有此句，在拉丁本上有它。
（註二）在拉丁通俗本為第四章一、二節。

第三十六章 厄斯德拉及瑪加伯書。

在三位先知哈蓋、匝加利亞、瑪拉基亞以後，猶太人由巴比倫解放回來時，厄斯德拉（Esdras）亦寫了書籍，但他是歷史學家，而不是先知。《艾斯德爾傳》（編按一）也是歷史性的書籍，是為讚頌天主，也離這時代不遠。

除非說厄斯德拉預言了基督，是當時幾個青年討論誰的權力最大，一個說有最大權力的人是君主，另一個說是酒，第三個說是女人，因為她們屢次命令君王，但厄斯德拉主張真理勝過一切（厄下・三：9）；我們由福音中知道真理是基督。

從此以後，自聖殿修理完畢後，猶太人已沒有君王了，只有酋長，直至亞里斯托步羅（Aristobulus）。這時代的計算，不能在《聖經》正典中找到，其中有〈瑪加伯書〉（編按二），猶太人不以它為正典，但教會奉它為正典，因為有幾位殉道者，在基督降世之前，備受苦刑，為天主的律法，奮鬥至死，忍受了酷苦的刑罰。

（編按一）《艾斯德爾傳》（Esther），又譯以斯帖傳，是舊約中的一本書卷，並未收錄於死海手卷中。記錄波斯王朝薛西斯一世在位時的史實，以斯帖是薛西斯王的王后，美麗善良的猶太女英雄。

（編按二）〈瑪加伯書〉（Maccabees）則是記錄猶大瑪加伯在羅馬帝國後對抗塞琉古帝國，並極力收復耶路撒冷聖殿、保留基督信仰的過程。在瑪加伯兄弟的率領下，猶太最終獲得獨立。

第三十七章　先知的權威，他們比外教的哲學家更早。

我們先知的書籍，現在已為眾人所知，當時尚沒有哲學士。第一個稱為哲學士的，是沙厤人畢達哥拉斯，他出名時，是在猶太人被擄的末期，其他哲學士，更在先知之後。歷史告訴我們雅典人蘇格拉底是所有哲學士的老師，倫理學的領袖，生在厄斯德拉之後。

稍後柏拉圖出世，他在蘇格拉底的門人中，可謂鶴立雞群。若我們加上以前尚不稱為哲學士的，即七位賢士及繼泰利斯的物理學家，他們仿效他探求事物的性質，即安納門、安納米、安納沙及其他在畢達哥拉斯之前的，他第一個被稱為哲學士，都不在我們的先知之前。

且傳說泰利斯，其他的哲學士都在他以後，聞名於羅瑪祿時代（註），當時在以色列，先知已如江河決口，到處預言，傳於普世。只有詩人神學家，如奧菲斯（Orpheus）、李奴斯（Linus）、穆塞（Musoeus）及希臘的幾位詩人，比我們的先知更早，他們的書籍是可靠的，但他們亦不先於我們的真神學家梅瑟，他宣傳獨一真主，他的書籍在正經書中，權威最大。

為此，希臘文學雖然在普世膾炙人口，他們亦不能自誇，說自己的智慧若不在我們的宗教之上，至少更吉，因為其智慧是在我們的宗教內。但該承認不但在希臘，即在其他民族中，如在埃及，在梅瑟以前，已經有他們的學說，形成他們的智慧，不然，《聖經》上不會說梅瑟生後，為法老王的公主所養，受了埃及的教育。

但埃及人的智慧，在時間方面，亦不在我們的先知之先，因為亞巴郎也是先知。埃及人在伊西斯（Isis）教他們文學之前，有何智慧可言？而他死後，竟受人敬拜如神。據說，伊西斯，是伊納哥的女兒，她第一在亞治維人處為王，而當時亞巴郎已有孫子了。

（註）泰利斯生活於公元前六二四至前五五〇年，羅瑪祿生活於公元前七五三至前七一五年，所以泰利斯不能生活於羅瑪祿時代，聖奧古斯丁及古人對年代不很注意，亦可能是當時歷史書很少。

第三十八章　有些聖人的著作，因年代古遠，未被列入教會的正典內，這是為使假的書籍，不混在正典中。（編按）

若我們推至古代，在洪水之前，有諾厄聖祖，他可稱為先知，因為他造了方舟，全家因而得救，是預言我們的時代嗎？我們在猶大書信中，讀到亞當後裔第七代的厄諾士也曾作了預言（猶・十四），他的著作在希伯來人及我們中都無任何價值，是因為太古，故當加以懷疑，以免將假的書籍當做真的。

因為我們知道有些人將自己的著作，歸與前人，自己就隨便胡說。然而正典中不接受它，並不是否認天主朋友的權威，而是因為不是他們的著作。

我們不可驚奇當懷疑古書的正確性，因為在猶大及以色列國王的傳中，我們相信它是《聖經》

的一部份，但它不加解說，是在先知的書中可以找到；有些地方，居然提出他的名字。（註）

然而這些書籍並不在猶太人的經典中，我承認不知其原因，但我相信聖神默示的人，在宗教方面有其權威，因為以先知身份，由天主默示而寫，但他們以人而論，亦能寫歷史性的書籍，後者屬他們自己，而前者則歸天主，他利用他們的口舌而發言。前者是博學人的著作，後者是宗教書籍，故由經典管轄。

若有些書籍，說由古先知所著，而不在經典之中，並不能增加我們的學識，因為我們不知道當歸於誰，為此不當盲目信從，特別若有相反正經書籍的真理，這就可以證明不屬先知了。

（註）出自編年紀上，二十九：29；編年紀下・九：29。

（編按）本章標題特別是指基督教神學家革利免（Clement of Alexandria, C. 150-215）的《教會正典》(Ecclesiastical Canon)，又名《駁猶太教者》，革利免深受希臘哲學影響，出書反對猶太教者，也就是猶太化的基督徒。書中批評猶太化基督徒對《舊約》的重視更勝《新約》，並以為新舊約不合。

第三十九章　有人說：希伯來文書，總沒有譯成他國文字。（註）

不當如有人所想的，希伯來話，只由希伯（Heber）所保存。希伯來名字即由他而來，直至亞巴郎。梅瑟頒誡命時，希伯來文字才開始，由他世世相傳，於是希伯來話得以保存。

在頒佈誡命之前，梅瑟已指定了教導《聖經》的人，《聖經》稱他們為引領人（inductores），即將《聖經》引至弟子心中，或更好說引弟子至《聖經》中。

所以任何民族不可自誇在學識方面，比我們的聖祖及先知更早，因為他們有天主的智慧，連埃及雖亦以文化古老自誇，但在智慧方面，亦不比我們的古聖祖更早。因為沒有人敢說埃及人在知道文字之前，即伊西斯教他們前，就精通文學了。

他們的學識，被稱為智慧，是天文及類似的智慧，只能訓練頭腦，而不能教人真的智慧。因為哲學能教人幸福，在梅古利，亦稱代美治多（Trismegistus）時代，在埃及甚為盛行，固然在希臘賢人或哲學家之前，但在亞巴郎，依撒格，雅各伯，若瑟及梅瑟之後。

因此可肯定地說：梅瑟出世時，著名天文學家亞德朗（Atlas）尚在世，他是波美德的兄弟，大梅古利的外祖父，他的孫子就是梅古利代美治多。

（註）本章拉丁文題目有錯誤處。

第四十章　論埃及人貪虛榮，竟說他們的文化有十萬年之久。

有人竟夜郎自大，說埃及人十萬年前，已知道天文學了。埃及人由伊西斯處，學習文字只兩千年左右，他們從何書籍中，能找到上面的話呢？范羅亦記載這事，他不是一個無足輕重的歷史學家，何況所說與《聖經》正吻合呢！

若由天主造原祖亞當以來只六千餘年（註），我們就不必辯駁，更好譏笑那些願意使我們相信，在此時代，不但與它不同，而且相矛盾的人。我們更容易相信那位歷史學家，豈不該相信他預言的將來，已在現在實現了？在歷史學家中的矛盾，也指示我們該相信，不與天主告訴我們的真實歷史相矛盾的。

為此，惡城的居民，於世界各地，讀到博學之士的著作，對離我們時代久遠的歷史，彼此記憶不同，雖然都相當重要，但不可盲從。但我們因著在宗教史中天主的權威，以為凡是與它相反的，都是假的，無論在世俗史中是真是假，對幸福生活，都無大關係。

（註）由〈創世紀〉及其他《聖經》中，若我們將聖祖的年齡加起來，至聖奧古斯丁時，有六千餘年，但古代人如何計算年代，是否如我們一樣，不得而知，且《聖經》的目的，不是教人歷史，所以並不阻礙我們相信人類已有數十萬年或百餘萬年的歷史，如現在人類考古家所主張的。

第四十一章　哲學家意見紛紛，而教會的正典經書卻互相吻合。

現在我且放下歷史不談，來看看哲學家。他們都在找求人生活幸福的方式，然而門人與老師意見不同，學生中更是意見紛紛，這是因為他們只以人的理智及情感去做研究。其中原因，也可歸於貪圖虛榮，要顯出自己出人頭地，不隨別人的意見，自己發明瞭學說。

我們姑且承認其中有幾個或多數，與自己的老師或同學背道而馳，是為著真理，是真與否，暫時不論，就是我們承認這一點，若沒有天主的助佑，只能引人不幸，不會得到幸福。

而我們的作者，正史經典決定後，就不會意見不同。他們若有著作，大家都信天主因他們而發言，不為學校中紛紛辯論，而為城市鄉間的白丁與博學鴻儒之士所信從。他們應當是少數，不要在宗教方面，寶貴的事因多而賤，但亦不可太少，不然，就不能吻合了。而在哲學家中，雖然遺下辭藻華麗的著作，但不易找到相同的學說：若要在本書中證明這事，就太長了。

在叩拜邪神的城中，能有一個作者，為大眾所推崇，而指責不同的人嗎？在雅典城，伊比鳩魯派說神不管人事，而斯多噶派正相反，說人事由神所管轄，所助佑。

我奇怪人指責亞納沙，因為他說太陽不是神，只是炎熱的一塊石頭。而在同一城中，伊比鳩魯，卻安然生活著，且受人尊重；他不但不信太陽為神，且否認游維及任何神的存在，或人可以祈禱呼求祂。亞里斯提普斯（Aristippus），以為人的最大幸福是肉身的快樂，而安底德（Antisthenes）則謂因著德行人才能有福。這兩位蘇格拉底的門人，對人生目標竟如此不同，且相矛盾，一個說賢人當遠避國家，而另一個卻主張國家當由賢人管轄，雖然如此，兩人皆有弟子。在著名的走廊中、學校內、花園中、公私場所，各人為自己的意見辯護。

有人說只有一個宇宙，別人說有無數宇宙；有人說這獨一宇宙有其原始，別人說沒有原始；有人說它將有終窮，別人說它永遠存在；有人說它由神所管轄，別人說是由偶然而來；有人說靈魂是不死不滅的，別人則說它是有死亡的。

說靈魂不死不滅的，有人說它在動物中輪廻，別人否認輪廻。主張靈魂要死亡的，有人以為靈魂在肉身後，立即死亡，別人則以為它尚活一時，但不永遠存在。

有人以為善的目標在肉身，別人說在靈魂；也有人說在兩者中；還有人說在肉身靈魂之外，尚當有財物；有人以為當相信五官，別人則謂不可常相信，也有人主張總不當信它。

哪一個民族，上議院或惡城中的任何權位，能審議哲學家的無數學說呢？當接受幾種，而排斥其他，但他們自已也是意見紛紛，不是對田地房屋或某經濟問題，而是對人生幸福與否的問題。

雖然他們亦說出幾種真理，但亦自由宣傳邪說，因此這城可稱為巴比倫城：因為巴比倫的意義是渥亂，如我在本書第十六卷第四章及他處已說過的。為魔王因邪說而爭辯，沒有關係，因為由許多罪惡，他們已在他的手掌中。

然而有天主之言的以色列人民族、國家，卻不這樣自由混亂，《聖經》的作者，彼此意見相同，並無歧見。他們是哲人，即愛智慧的人；是賢人，是神學家，是先知，是德行的導師。誰照他們而感覺而生活，不依人而生活，是照天主而生活，因為天主是借他們的口而發言。

若禁止祭獻，是天主禁止。若說當孝敬父母，是天主的命令。若說毋行邪淫、毋殺人、毋偷盜等，不是人言，而是天主的命令。

哲學家在許多錯誤中，發現幾種真理，並大費口舌，使人相信天主造了宇宙，亭毒萬物，勸人修德，愛國家，與朋友信，竭力行善，雖然不知道世間一切的目標。先知雖然亦是人，是由天主方面，將神意傳與人民，但不以辯證；誰輕視它，不是輕視人，是輕視天主。

第四十二章　由天主上智的照顧，《舊約》由希伯來文譯成希臘文，使天下萬民都能認識它。

埃及王托勒密（Ptolemaeus）願意知道《聖經》。馬其頓國的強盛曾因亞歷山大曇花一現，他幾乎以武力及恐嚇，征服了整個亞洲及世界，在東方他亦佔領了猶太國。但他死後，他的將軍，不能和平地管轄這廣大的疆域，乃瓜分了它，更好說消滅了它，因為戰爭毀壞一切，托勒密便在埃及稱王。

第一位托勒密王，是拉谷之子，由猶太國擄了許多奴隸至埃及。另一位托勒密，號稱友愛兄弟者，准許被擄為奴隸的，能自由回猶太國，並遣送禮物至天主的殿中，請司祭厄耳哈匝爾送他一部《聖經》，因為他聽說是天主所默示的，因此他願意在自己的豐富圖書館中亦有它。司祭給他送去一部希伯來文的《聖經》，翻譯者七十二位，每族六人，都精通希伯來及希臘文，但一般稱為七十賢士（the Septuagint）。據說他們分開工作，因為托勒密王想要試探他們的信仰，但他們的譯文，一字一句，毫無差別，卻彼此完全吻合，連字句的次序亦然（註）；好像只有一個翻譯人，譯文完全相同，因為有同一聖神在眾翻譯人之中。

他們由天主處得了奇妙的恩賜，使能抬高《聖經》的價值，因為不是人的工作，而是天主的工作，對相信它的能有裨益，這是我們已看到的。

（註）只是傳說而已，現代聖經學家，已沒有人主張此說。

第四十三章 七十賢士本，除了希伯來原文外，在一切譯文中佔第一位。

雖然也有別人將《聖經》由希伯來文譯成希臘文，如亞吉拉（Aquila）、西馬谷（Symmachus）、德陀治（Theodotion）及一位無名氏的譯品，稱為第五種譯文，而教會卻以七十賢士本為獨一的善本，天主教的希臘文信友常利用它，其中許多人根本不知道尚有其他譯文。由七十賢士本，亦譯成拉丁文，為拉丁教會所保存。（編按）

我們的時代，熱落尼莫（Jerome）司鐸，學富五車，精通多種文字，他不由希臘文，而由希伯來原文譯成拉丁文。雖然猶太人承認這偉大工作，並謂七十賢士在許多事上犯了錯誤，但基督所立的教會，卻以為厄耳哈匝爾所遣的七十賢士，以完成這巨大工作，其權威實在一切譯品之上。

雖然聖神不在他們之中，但依人間的習慣，他們彼此交換意見，大家所贊成的，保存下來，一人不能反對多數人，可以顯出天主的能力，使任何《聖經》的譯者，由希伯來文譯成別的文字，無論與七十賢士本吻合與否，可看出先知的崇高地位來。

因為聖神默示先知預言這類事，在七十賢士翻譯時，亦為同一聖神，他能在先知以外說別的事，因為都是聖神所說的，但少有不同。為理解它的人，不是解釋言語，是為解釋事物，可以減少或加上幾句，以證明在這工作中，不是翻譯人在發言，而是天主引導譯者的思想。

但有人以為可以希伯來文本，來改正七十賢士本，然而他們不敢將希伯來文所無，而七十賢士本所有的取消，只加上希伯來文本所有，而七十賢士本所無的，以符號在文句前做一標記。在希伯來文所無，而七十賢士本所有，則以一撇，在句子前做一標記，如在大字本所有的。

有這類符號的拉丁文本，已傳遍各地。不是減去或添入，只是說法不同，雖然有另一意思，但不矛盾，或詞異意同，只有將各抄本比較後，才能知道。

我們在《聖經》中，只找天主聖神借作者所願說的，在希伯來文本所有，而七十賢士本所無的，是聖神願以先知，而不以譯者說這事；在七十賢士本所有，而為希伯來文本所無，是天主願以譯者，而不以先知來說出這事，以證明兩者皆為先知。

同樣，天主願意有些事由依撒意亞先知預言，有的由耶肋米亞或其他先知預言，或由別人預言同一事件。在某人處所有，是同一聖神願他們這樣說，前者作預言，後者以先知立場，為之預言。

所言為真實時，是因同一和平的聖神，在彼此不同時，亦是同一聖神，解說一切，如只有一張嘴一樣。

（編按）七十賢士本（The Septuagint，通常縮寫為 LXX，羅馬數字的 70），是特指由埃及王托勒密二世（Ptolemy II Philadelphus）贊助翻譯的希臘文《舊約》版本，和其他希臘文舊約有所區隔，為天主教會所獨鍾。而如文中開頭提到由著名的三位譯者亞吉拉、西馬谷和德陀治翻譯的希臘文版本，和其他的希臘文譯本，如今大多已經亡佚，只剩斷簡殘篇。

第四十四章　尼尼微城的毀滅，在希伯來文本是四十日，在七十賢士本則為三日，當如何理解？

有人向我說：如何能知道約納先知對尼尼微人說：「尚有三天，尼尼微即將毀滅」或「尚有四十天」？（註）誰不看出天主派先知以即將毀滅來恐嚇這城，豈只能用一種方式？若將在三日後毀滅，一定不能在四十日後；若將在四十日毀滅，也必定不能在第三日。

若問我約納究竟如何說了，我以為他如在希伯來文中說了：「尚有四十天，尼尼微即將毀滅。」七十賢士很久以後才做翻譯工作，能對同樣事件作別種說法，但意義相同，這樣，讀者不可輕視兩者中的任何權威，當在歷史中尋找所寫的意義。這事固然在尼尼微城實現，然其意義卻超乎此城重要之上。如先知在魚腹中三日，是預示另一先知，眾先知的主子，在陰間三日。

若尼尼微城係預象外教人的教會，作了補贖，革新換面，這是因著基督的工作而成的，則三日或四十日，都是預言基督。若為四十日，是他復活後，與門徒共度四十日，然後升天；若為三日，是他第三日復活。

因此七十賢士及先知自己，如將專顧歷史上事實的人，從夢中催醒，以研究先知預言的奧義，似乎是說：你在四十日中尋找三日，你可找出四十日是升天，三日是復活。因而兩個數字，都有其意義，一個由約納先知而成，另一個則由七十賢士所成，但常由同一聖神而來。

我不願長篇大論，來證明在許多事情上，七十賢士，似乎違反希伯來文的意義，若理解清楚的話，它們是吻合的。我亦步武宗徒們的芳蹤，他們利用希伯來文及七十賢士的預言，我亦引用兩者，因為兩者都是天主的。現在我們繼續討論別事吧！

（註）實際上，當作四十日，如此尼尼微人才有工夫作補贖及其他一切事情。三日應是七十賢士譯錯了，或後人抄錯了，參閱思高聖經學會所編《達尼爾十二小先知》，四二三頁。

第四十五章　自聖殿修理完畢後，猶太人已沒有先知，直至基督誕生，常遭艱難，為使人理解先知在預言修理另一聖殿。

希伯來人自沒有先知後，就每況愈下，即在巴比倫被擄後，修理了聖殿，可希望比以前更美。這個只知物質的民族，這樣解說了哈蓋先知的話：「這座後起殿宇的光榮，比之前者尤其偉大。」（哈．二：9）同一先知，稍前曾證明這預言是關於《新約》的，預許基督時，他曾明說：「並且我要震動萬民，使萬民的珍寶運來。」（哈．二：7）

七十賢士，以先知的權力，給此處的意義，更適合身軀，而不適合頭腦，即適合教會，而不適合基督說：「使萬民的珍寶運來。」（哈・二：7）即將來基督自己在《福音》中亦曾說過：「因為被召的人多，被選的人少。」（瑪・二十二：14）

在《新約》內，由外教人中，如由生活的石頭，建立起天主的聖殿，比在被擄後修理好的撒羅滿聖殿，更為燦爛奪目。猶太民族，從此時開始，由外教君王及羅馬人處，受了許多災殃，使人相信哈蓋的預言，已在修理聖殿完畢後應驗了。

稍後，來了亞歷山大（Alexander）王，他征服了猶太國，雖然沒有任何毀壞，因為猶太人不敢抵抗，就俯首稱臣；然而這殿宇的光榮，並不比在自己君王治理下，更為燦爛。固然亞歷山大在天主的聖殿中犧牲牛羊，並非他已歸向天主，而是因虛假的迷信，相信當與其他的神一起叩拜而已。

亞歷山大去世後，拉谷的兒子托勒密，我以前已說過，擄了許多奴隸至埃及，但他的繼位者，友愛兄弟的托勒密讓他們回來，他亦命七十賢士翻譯《聖經》。

以後猶太人疲於戰事，如〈瑪加伯書〉中所載，又為亞歷山大城的君王托勒密，號稱厄庇法納（Epiphanes）的，擄為奴隸；又受敘利亞王安提約古（Antiochus）許多磨難，他強迫他們叩拜邪神，聖殿中也充斥了外教人的迷信事物。但他們的勇將猶大（Judas），號稱「瑪加伯」（Maccabaeus），打敗了安底哥的將軍，遂將一切邪神由聖殿中逐出。

稍後，亞治莫（Alcimus）因著貪心，雖非司祭族人，卻成為司祭。五十年間，沒有和平，然而竟大功告成，亞里斯托步羅第一個稱王及司祭。猶太人自被擄至巴比倫回來後，修理了聖殿，就沒有過君王，只有領袖（principes），雖然君王因著他的權位亦可稱為領袖，亦可稱為將軍，因為他統領軍隊。但並非所有領袖，都可稱為君王，如亞里斯托步羅一樣。

亞歷山大繼位為王及司祭，據說他虐待了人民。以後是他的王后亞歷山德拉（Alexandra）為王。從此以後，災禍連天。亞歷山德拉的兩個兒子亞里斯托步羅及依爾剛（Hyrcanus）爭奪王位，引起羅馬人來攻打猶太人，因為依爾剛請他們來幫助自己，攻擊他的兄弟。

當時羅馬已佔了非洲及希臘與世界的其他部份，還不知足，幾乎為自己的廣大疆域所連累。先是內戰，後為社會戰爭，弄得筋疲力盡，乃將民國變成帝國。

羅馬著名將軍邦貝（Pompeius）率領軍隊進了猶太國，佔了京城，竄入聖殿，不為祈禱，是為勝利權力；他竟入了聖所，只有大司祭可以進去，並非為叩拜天主，是為褻瀆聖所。他承認依爾剛為司祭，但安底伯為總督，將亞里斯托步羅擄去。從此以後，猶太人亦向羅馬人進貢稱臣。之後，加西烏（Cassius）竟掠奪了聖殿。

數年後，他們想要一個外方人黑落德（Herod）為王，在他時基督降生。聖祖雅各伯所預言的已到了時候：「權杖不離開猶大，柄杖不離他兩腿之間，直等那堪得權杖者來到，萬民都要歸順他。」（創．四十九：10）

猶太人希望有自己的君王，黑落德是第一個外方君王。已經到了《新約》時代，萬民所要歸順的救主時代了。他謙卑受人審判時，誰若不信他，就不能希望看見他在光耀之中，審判萬民。

第四十六章　天主聖子降生為人，猶太人散居各地，如所預言的。

黑落德在猶太國為王，在羅馬民國已亡，凱撒．奥古斯都（Caesar Augustu）平靜了天下，登上皇位，依照先知的預言，基督生在猶太國白冷城（Bethlehem），以人性而論，係由貞女而生，以天主性則由聖父所生。因為先知曾預言說：「看哪！將有一位貞女懷孕生子，給他起名叫厄瑪奴耳（Immanuel）。」（依•七：14）

為證明自己的天主性，基督曾做了許多奇蹟，福音中記載的很多，能使人認識他。第一個聖蹟，是出生奇妙，最後奇蹟為死後宣活，與肉身一起升天。

猶太人不相信他，且殺害了他，因為他需要死亡復活，因而猶太人為羅馬人所蹂躪，遠離自己的祖國，由外人佔據，散於世界天王海角，到處皆有。用他們的《舊約》，為我們作證，我們沒有捏造了對基督的預言，先知曾對他們預言說：「以色列啊！你的百姓雖多如海沙，唯其中殘存者終將歸化。」（依•十：22）他們是先看見他受苦受難，而後又復活起來，乃相信了他。

對其他的人卻預言說：「願他們的筵席，在他們面前，變成羅網；願他們和平的食物，變成樊籠。願他們的眼睛昏迷，不能看見，願他們的腰，時常顫動。」（詠•六十九：22—23）

因此，他們不信我們的《聖經》，是他們盲目不見，除非說對基督的預言，由預言家或他人所傳，若真有的話，不是猶太人的，而是天主教人所捏造的。

為我們而言，仇人書籍的證據，雖由於勉強，但已足夠了。他們散於世界上天涯海角，基督教會發展的地區，都是這類書本。在他們亦誦讀的〈聖詠〉中，對這點曾預言說：「天主必要以慈愛趨迎我，願天主使我目睹仇人的惡報。天主啊！殺戮他們吧！免得他們陷害我的百姓；吾主！我們的保護者，求你用你的能力，懲罰他們，制伏他們。」（詠•六十九：10—11）

因此天主對自己的教會，在敵人猶太人方面，顯出自己的慈善，如聖保祿宗徒所說：「而是因

著他們的過犯，救恩臨到外邦人。」（羅・十一：11）

祂不殺害他們，讓猶太人繼續生活下去，雖然他們被羅馬人戰敗、虐待，使他們忘記了天主的律法，但不能反對我們討論的證據。若只說：「殺戮他們吧！免得他們陷害我的百姓」，而不加上「懲罰他們」，就不夠，因為若照《聖經》的證據，他們仍在本國，不在各處流浪；各處的教會，就不能有他們，在各民族中，證明對基督的預言了。

第四十七章　在天主教時代前，除了以色列人民族外，曾有天主城的人否？

若在以色列外，別的民族的書籍，不在正典《聖經》中，亦對基督作了預言，若我現在或將來知道了，可以添上去。並非一定沒有，且有理由相信在別的民族中，也有人得了天主的寵佑，或沒有天主的寵佑，知道了這奧蹟。他們由邪魔的鼓勵，乃作預言，他們宣佈了基督的天主性，而猶太人尚不知道。

我想連猶太人亦不敢說，除了以色列人外，自厄撒烏被擯棄後，開始了以色列人民族，但不能否認其他民族中也有人，不因地上團體，而因天上團體，屬於真實以色列人，是上天的子民。

若否認這點，則聖約伯就可作證，他生來不是猶太人，或歸化的以色列人，他是一個依杜美人，生於斯，死於斯，但頗受天主的讚美，沒有一個同時人，在公正及孝愛方面，可同他比擬的。

雖然我們在歷史中，找不到他的時代，但我們知道他的書籍，猶太人因他的功績，居然將它放入正典經中，我們知道他是在以色列後的第三代。因著天主的安排，由此案例我們知道，在別的民族中，也有精神方面是耶路撒冷的居民，他們依照天主生活，且為天主所愛。

但只有知道耶穌基督為天主及人中間的中保的，古代聖賢曾預言他的降世，以便因著他，同樣信仰，引領所有被選的人，至天主的城及天主的家中，天主的聖殿內去。但所有民族的預言，關於因耶穌基督所得到的天主的恩寵，都能以為由信友所捏造。

為使一個外教人願意辯論這問題，且使他皈依，若他相信希伯來文經書中對基督的預言，他們雖被擄他鄉，散居世界各地，如此基督的教會卻傳遍普世。

第四十八章　哈蓋的預言，不在重建聖殿，而在基督的教會中應驗了。

天主的屋，即教會，比以前用木頭、石頭、金屬及更尊貴的物件造的，更為光榮。所以哈蓋先知的預言，不在聖殿重建時應驗了。

基督復活後，所得的榮耀，在撒羅滿時代，總沒有過，且可指出它的榮譽式微。先由預言的停止及各種的磨難，最後由羅馬人的毀滅，都可作證。這座新屋屬《新約》，由活的石頭所創造，它的榮耀比以前更大。由於重建聖殿，亦可指出，因為它的重建，在先知的口吻中，指的是《新約》。

天主用哈蓋先知所說的話：「且在此地我必須賜和平」（哈．二：9），不指一定的地方，而指所預象的地方，是重建的地方，是指教會，它由基督而重建。同樣，「且在此地，我必須賜和平」，是是指這所預示的和平。因為一切指示別事的，似乎都由它代替了，如聖保祿宗徒所說：「磐石是基督。」（格前．十：4）這磐石的確是指基督。

《新約》的光榮比《舊約》的更大，落成後尤大，那時，「使萬民的珍寶運來」（哈・二：7），如在希伯來文所載的。他第一次來時，未為萬民所期望，因為他們不知道當期望誰，相信誰。照七十賢士本，預言的意義相同，「上主所選萬民的事物將來到」，只有所選的事物來到，如聖保祿宗徒所說：「就如他於創世以前，在基督內揀選了我們。」（厄・一：4）耶穌自己亦說：「因為被召的人多，被選的人少。」（瑪・二十二：14）證明這座房屋不會頹倒，不由被請的，但當由被逐的人所建，而由被選的人所造。

現在在教會中，亦有當逐出堂外者，如簸之篩莠，這房屋的光榮，在內的人，將永遠在內時，才顯露出來。

第四十九章　教會在現世人數眾多，許多惡人與善人流離各處。

在現今惡世中，及惡時代間，教會因著目前的侮辱，獲得了將來的榮耀，它要忍受恐懼、痛苦、疲倦、誘惑，而只有希望；且惡人與善人相混雜，如福音中所說的網一樣。

現世如汪洋大海，所有的魚都在網內，被拉至岸上，不好的魚與好的魚才分開。天主在善人中，就如在自己的聖殿中一樣，他將是萬物中的萬有。（格前・十五：28）所以現在我們知道〈聖詠〉上的話應驗了：「縱使我要曉諭申述，亦不能勝數。」（詠・四九・六）

這事先由前驅聖若翰，然後由他自己的話應驗了：「你們悔改吧！因為天國臨近了。」（瑪・三：2）；（四：17）基督由出身卑微，殊無功績，文盲者的門徒中，選了宗徒（apostles），（三見路・六：13）使他們以後無論做了任何偉大事業，知道是他用他們而做的。其中之一且為惡徒，以完成基督受難的預言，為使教會容忍惡人。

基督自己宣講了福音後，受難而死，然後復活；他用自己的苦難指出我們為真理所當忍受的，他的復活告訴我們當期望永遠；他為我們傾流寶血而死，立了告解聖事，以赦我們的罪。他與門徒在世盤桓了四十日，在他們前升了天，十日後遣使了預許的聖神。

聖神降臨信友身上的奇蹟，是他們每人可言萬方言語；這樣，指出教會是萬民的統一，因為先已說了他們的言語。

第五十章 《福音》的宣傳，因著傳道者的殉難，而更著名、更有效。

符應了預言：「因為法律將自熙雍頒佈，天主的話將自耶路撒冷發表。」（依・二：3）

基督自己在復活後，在驚訝的門徒前，開啟了他們的理智，使能瞭解《聖經》，並向他們說：「經中這樣記載：默西亞必須受苦，第三天從死者中復活，又必須因他的名字宣講悔改及罪之赦，從耶路撒冷開始，直到萬邦。」（路・二十四：45—47）

基督答覆問他將來降臨的人說：「父以自己的權柄所定的時候和日期，不是你們應當知道的，但是你們要領受降臨於你們的聖神的德能，要在耶路撒冷及全猶太和撒瑪黎雅，並直到地極給我做見證人。」（宗・一：7—8）教會由耶路撒冷傳開，在猶太省及撒瑪黎雅有許多人信從後，乃向外方宣傳，是基督自己所訓誨的門徒，又用聖神激勵了他們，到處宣傳《福音》。

他曾向他們說過：「你們不要害怕那殺害肉身而不能殺害靈魂的。」（瑪・十：28）他們不畏懼，反而熱愛。不但在耶穌受難前復活後，曾看見過他，聽見過他的，連他們的繼任人，在教難、苦刑及殺害殉教人中，將福音傳於普世。天主亦以奇蹟及聖神的德能與七恩為他們作證，使萬民信仰為救他們被釘死的基督，並尊敬因魔鬼的忿怒，所傾流的殉道者的鮮血。

連君王們先曾磨難教會，亦奉他們以前願意取消的基督的名字，他們乃開始與邪神為難，因為他們，首先磨難敬拜真天主的信友。

第五十一章　公教的信仰，因著異端邪說而加強。

邪魔看見神廟之前，門可羅雀，人類皈依中保及救主基督，乃鼓吹異端人以信友的名字，來攻擊教會的教義；似乎在天主的城內，能邪正並列，如在混亂的世城中，學說不同，而且互相矛盾的哲學家，可以並肩接踵一樣。

在基督的教會中，主持虛偽教義的，應受責斥，因為他們擯棄真理，固執己見，不願改正錯誤害人的意見，反而竭力衛護，乃成為異端人，乃被棄於信友之外，被視為教會的敵人。

但他們因自己的罪惡，亦能幫助基督的肢體，公教人，因為天主亦利用惡人：「天主使一切事，為愛天主的人，就是按照他的旨意蒙召的人，助其為善。」（羅・八：28）教會的敵人，無論如何錯誤，如何兇惡，能磨難它，使它修忍耐，若以邪說攻擊它，乃激起它的智慧。教會仍愛他們，無論是勸告他們，或以嚴格的規戒懲罰他們，都表示他的大方恩惠。

為此惡城的領袖、那魔，用自己的工具，在世間攻擊天主城，但絲毫不能加害。天主上智亦以順利事情，安慰教會，使它在困難中不致失望，以艱難試探它，使它不要在順境中變壞，這樣，順逆互相交換，使我們知道《聖詠》上的話乃由主而來：「當我心中多憂多慮的時候，你的安慰卻悅樂了我的靈魂。」（詠．九十三：19）聖保祿宗徒也說：「論望德，要喜樂，在困苦中要忍耐。」（羅．十二：12）

不可相信同一宗徒的話：「凡是願意在基督耶穌內熱心生活的人，都要遭受迫害。」（弟後．三：12）有時會無效的：因為雖然沒有外面的教難，所以看似太平，實際上也真有太平，使軟弱的人心花怒放；然而在教會內卻有許多人品行不端，使熱心信友心痛如絞，因為他們使天主教信友的名字蒙羞。

願在基督內熱心度日的人，越愛這名字，越覺難受，因為因著教會的惡人，人就少愛這個名字，如善人所希望的。一想起異端人亦有信友的名字、聖事、《聖經》，並認自己為信友，就使善人心痛如割：因為有許多願意奉教的，因看到他們的惡行，就猶豫不前，而惡人又找到了詛罵信友名字的原因：因為他們亦是信友。

這樣，願熱心侍奉基督的，因著人們的惡行及錯誤，雖然他們肉體不受磨難，亦受教難之苦。為此善人不在肉軀，而在心中受苦，所以《聖詠》上所說的：「當我心中多憂多慮的時候。」（詠．九十三：19）而不說我的身軀受苦。

但他們亦想起天主的允許是不會變更的，這就是聖保祿宗徒所說的：「主認識那些屬於他的人」（弟後．二：19），「因為他預知的人，也預定他們和自己的兒子的肖像相同」（羅．八：29）。他們中任何人不會喪亡，為此《聖詠》又繼續說：「你的安慰卻悅樂了我的靈魂。」（詠．

九十三：19）

然而因惡信友或假信友的惡行，善人心中所受的痛苦，為他們有益，因為由愛德而發，為此他不願惡人喪亡，或阻礙別人得救。最後，因惡人的皈依，善人心中嘗到無限的安慰，正如他們喪亡時，所感覺的痛苦一樣。

這樣，在這世界中，在這憂愁的日子裏，不但自基督及宗徒在世時候，連從為惡人所殺的第一個義人亞伯爾時算起，直至世界窮盡，教會皆在世俗的為難及天主的安慰中度日。

第五十二章　可否相信，如有人所說的，十次教難後，不會有別的教難，只有假基督時代的第十一次教難？

依我看來，不能說，並不能合理相信有些人所主張的，就是教會直至假基督時，不會再受教難了，除了十次已受過的，只剩下最後第十一次的。

他們說第一次教難是在尼祿（Nero）時代，第二次教難是陶米仙時代（Domitianus），第三次是托拉楊時代（Trajanus），第四次是安東尼時代（Antoninus），第五次是塞弗祿時代（Severus），第六次是馬西米時代（Maximianus），第七次是代治烏時代（Decius），第八次是范雷利時代（Valerianus），第九次是何雷連時代（Aurelianu），第十次是狄克先時代（Diocletianus）及馬西米時代（Maximinus）。

他們以為埃及人准許天主的人民離埃及前，曾先有過十次災禍，我們就該根據這點，承認假基督時代的第十一次教難，就如埃及人追趕希伯來人，淹死在紅海中，而希伯來人卻足未沾水地走過去了。

我不相信在埃及發生的事，預言教難，雖然相信這事的，很巧妙地將教難與埃及人的災禍互相比較，不由先知的精神，而是由人的猜想，有時能得真理，但有時亦能錯誤。

這樣思想的人，對吾主耶穌被釘死，有何說法呢？將它列入哪次教難中？若他們說這事不當列入，因為只算身軀所受的教難，那麼，對耶穌升天後，在耶路撒冷的教難，聖斯德望被亂石擊斃，若望的哥哥雅各伯為劍所殺；伯多祿被監禁，準備受死刑，後為天使所救；信友兄弟們被逐出耶路撒冷城之外。在此城中掃祿，以後成為聖保祿宗徒，磨難教會，他自已宣傳以前磨難的信仰，對他在猶太省及在他處熱心宣傳基督時，所受的磨難，又將何言。

為何他們要將教難由尼祿時代算起，而教會直至奈羅時代，常生長在極劇烈的教難中？是因為一一加以敘述，就會太長了嗎？若他們以為只當計算國王發起的教難，則耶穌升天後，黑落德王興起了極殘忍的教難。亦當承認朱里安（Julianus）王時代的教難，為何不列入十次教難中？他禁止信友教書，或學習藝術，就不算難為教會嗎？當他在位時，范雷丁（Valentinianus）在他後第三位榮登皇位，不能在軍隊服務，因為信仰天主教。

我且不提他在安底基城所做的，他驚訝於一位青年信友的興高采烈，他與許多人一起被捕受刑，整日為鐵爪所苦，反而引吭高歌，不願在眾人中顯出殘廢來。在我們今日，上面范雷丁的亞利安派弟弟范冷，豈不在東方難為公教嗎？為何不贊成教會在世界各處廣傳，並發生利益，在有些地方能受君王的磨難，在別處則不受苦。哥底王虐待哥治亞（Gothia）的信友，豈非教難為何？許多信友殉教而亡，如我聽見當時尚為兒童的人述說，但他們仍舊記得，因為親眼見過這事。

在波斯又發生何事？豈非興起一場嚴厲的教難，反對信友，若現在已完的話，但有些人後然逃至羅馬村莊中。

考慮了這些及其他事件後，我以為不能計算教會所當受的教難。但說除了最後一次的教難，這是任何信友所不猶豫的，還要有君主難為教會，也未免太冒失了。我們暫且將這問題放下不管，任何方面不加承認或否認，而不冒失地肯定任何一種說法。

第五十三章 我們不知最後一次教難的時期。

一定的，耶穌自己將來臨，結束假基督的最後教難。因為聖保祿寫說：「主耶穌卻以自己口中的氣息要殺死他，且以自己來臨的顯示把他消滅。」（得後・二：8）

此地人們慣常要問：這事幾時實現了？這是不適當的詢問，若這事有益的話，師傅耶穌，豈不答覆他的宗徒們？他們對他並不緘默，反而直接問他說：「主！是此時要給以色列復興國家嗎？」（宗・一：6）耶穌卻對他們說：「天父以自己的權柄所定的時期和日期，不是你們應當知道的。」（宗・一：7）

宗徒們得到這答覆時，並沒有問及鐘點、日子、年月，而只問時代。為此我們計算世界窮盡前尚有幾年，是徒勞無益的，因為我們已聽見耶穌的真理之口說過：這事不能由我們知道。

有人主張自吾主耶穌升天後，直至重來審判萬民，尚有四百年，別人說五百年，還有人說一千年。為證明每人如何建立自己的主張，非長篇大論不可，並且不必要。只由人的推測，不當引《聖經》

上的證明。耶穌說過：「天父以自己的權柄所定的時期和日期，不是你們應當知道的。」已推翻一切的計算了。

因為這是福音的意見，就不必驚訝，為何不能阻止即拜邪神的人，以為由他們所叩拜的神，其實是邪神，可算出天主教能傳至何時。他們看到天主教不為嚴重的教難所毀滅，反而日益增長，他們就幻想出某人詢問神，祂以希臘文詩來作答覆說：基督並無褻聖的罪，而伯多祿卻以巫術，使基督的聖名，為人所叩拜凡三百六十五年，過後，一切就完了。

這麼博學鴻儒的人！文人墨客們，你們會相信基督的這類事，但你們不願相信祂，因為門徒伯多祿，沒有從耶穌處學到符術。耶穌是無罪的，而他的門人卻成為筮術人；以自己的巫術，置身重大的辛苦及危險中，最後，還傾流了鮮血，願耶穌的名字，受人恭敬，超過自己的名字。若伯多祿行筮術，使世人愛基督，那麼無罪的基督是做了何事，使伯多祿愛他呢？請他們答覆自己，若可能的話，他們當懂得，是因著天主的恩佑，世界愛基督，以獲常生，因同樣的恩寵，伯多祿愛慕耶穌，直至為他忍受暫時的死亡，為能同他獲得永遠的生命。

何種神能預言這些事，而不互相矛盾，終因巫術而墮落（巫者據說曾殺害一個一歲的兒童，以邪說分裂他、埋葬他）；並能阻止反對派日益加強，並對長期殘酷的教難，不作抵抗，而只忍受，讓他竟毀滅了自己的偶像、廟宇及神答詞的禮儀。

最後，不是我們的神，而是他們的神，究竟為誰，為這麼重大的罪所逼，要賜這恩惠呢？不當將上面的詩文歸於邪神，而該歸於天主，因為它說：伯多祿的巫術得了這些事。不敬基督為神的人，才會有這樣的神。

第五十四章　外教人以為天主教不會超過三百六十五年，是糊塗的謊話。

若卜術所許，為人所信的年代沒有過去，我可以搜集這類的許多事情。但由他自己及宗徒所立基督名字的敬禮，自數年來，已經滿了三百六十五年，還要尋找什麼，以摒棄這種虛偽呢？

我且不由基督誕生時算起，因為在嬰孩及兒童時，他沒有門徒，但由聖若翰手中，在約旦河（river Jordan）受洗後，開始召集門徒，天主教的教義，就開始為人所知了。為此〈聖詠〉上說：「自這海直到那海，從大河直到地極，他必要為王。」（詠．七十一：8）

在基督受難及復活前，大家還沒有聽到宣傳信仰，是在他復活後，信仰固定了，為此聖保祿宗徒向雅典人說：「天主對那愚昧無知的時代原不深究，如今卻傳諭各處的人都要悔改，因為他已定了一個日期，要由他所立定的人，按正義審判天下，給眾人可信的憑據，叫他從死亡中復活了。」（宗．十七：30—31）為解決這問題，最好由此開始，特別他已遣了聖神，是在基督復活後，這是適當的第二律法，即《新約》是在耶路撒冷城開始的。第二律法，是在西奈山，由梅瑟所傳，故名曰《舊約》。第二律法當由基督頒佈，如所預言的：「因為法律當自熙雍頒佈，天主的話將自耶路撒冷發表。」（依．二：3）所以基督說：當向萬民宣講補贖，而由耶路撒冷開始。在此處開始恭敬基督的名字，信仰被釘又復活的耶穌基督。

在此城中，信仰奇妙地開始了，數千人信仰基督的名字，變賣了自己的家產，分施窮人，甘心守神貧，在嗜血的猶太人中，準備為真理作戰，直至死時；不是以武器，而以更有力的忍耐。若這事沒有任何巫術而成功了，那麼為何不信，因著天主的同樣德能，在全世界也可以實行呢？

若說伯多祿在耶路撒冷是以巫術，使人信仰耶穌的名字，他們曾逮捕過他，釘他在十字架上，加以譏笑。我們應當研究，由此年開始，三百六十五年何時完畢。基督在二位執政官時逝世，是三月二十五日，第三日復活起來，有宗徒們作證。四十日後他升天，十日後，即他復活後第五十日，他遣派了聖神。於是三千人因著宗徒們的宣講，相信了他，因著聖神的德能，開始敬拜這個名字，如我們真正相信的，而不是以伯多祿的巫術，如有人幻想的。

稍後，由伯多祿自己所行的奇蹟，因他的命令，一個天生的跛行人，由人抬至聖殿門前，以求哀矜，因耶穌的名字被治好了，又有了五千人信仰基督，與其他皈依的人併合起來，教會就進步了。由此也可知道這年開始的第一日，即在五月中旬，聖神降臨了。

計算了執政官後，三百六十五年，正在這月，是歐努利（Honorius）及歐底基（Eutychianus）為執政官時。而今，不必研究之後，即德陀羅（Mallius Theodorus）任執政官時，在各地根據邪魔的言語或人的幻想，天主教應該已不再存在了，在世界別處發生何事，就不必追究了。

我們知道在非洲名城迦太基，歐努利王的將軍高登治及游維，於四月朔日（即初一）前十四日，曾毀了許多神的祭壇，打碎了他們的偶像。自此以後，直至現在，誰看不出基督的名字是如何地傳揚開去，特別許多以前以為卜術是真的，乃遠離信仰，過了些時間後，他們看出其中的虛假，乃皈依了天主教。

我們為信友者，不是信伯多祿，而是信伯多祿自己所信的，因著伯多祿的宣講乃相信耶穌基督，並沒有被他的歌詞、巫術所欺騙，卻由他的恩惠所助佑。這位基督，在引人人永生的生活上，也是我們的老師。我至此處已將完結這卷了，已充分地討論了，由開始至經常在一起的天地二城的將來前途。地城由物及人中創造了假神，恭敬祂，向祂獻祭；地上的天城，則不拜邪神，自己是真天主的受造物，成為真實的祭獻。

兩城用同樣的世物，受同樣的苦，然而信仰不同，期望與愛情亦異；在最後審判時才彼此分開，各達其無窮的目標；現在我們要討論兩城的目標。

第十九卷

在本卷內，聖奧古斯丁討論地城與天城的目標，研究哲學家善惡目標的學說，且證明他們為得現世福樂所作的努力一敗塗地。他辯駁他們時，也竭力指出，何為天城或信友在現世能有，及後也所希望的幸福及和平。

第一章 范羅記載論善惡目標的問題，竟有二百八十八種學說之多。

我既然當討論天城與地城的目標，在本書可能的範圍內，先論人在現世困苦中，想獲得幸福的理由，為看出它的虛偽，與天主許給我們的真幸福，有何分別。我不用天主的權威，而用理智的光明，這是與外教人辯論時當採取的途徑。

哲學家深湛研究，又用許多方式討論善惡的目標，設法找到使人幸福的方法。善的目標，是因它而期望其他一切的事物，而善自身，為自身所當期望的；惡的目標，是因它當避免一切，而惡乃自身當避免者。

我們說善的目標，不是就要失去的，而是要完成的；而惡的目標，不是就要消失的，而是它要引人去的。所以其目標，是至善與至惡。為達到這個目標，為在現世能達到至善，避免至惡，如我已說過的，研究智慧的人，曾下過一番苦功。雖然有不同的錯誤，但問題的性質，不許他們遠離正道，不將善惡的目標，放在靈魂上，別人放在肉身上，也有人放在二者之中。

由這種學說的總分析，范羅在他的《哲學書》（*De Philosophia*）中，經過一番努力細心研究後，竟發現了二百八十八派，並非真有這麼多派，是依照微小區別，就能有這麼多派。為簡單證明這點，且引他自己所感覺及所寫的。

他說有四樣事物，是人不需要老師、學習及生活情形，自然而然一定學到的：五官感覺的快樂，避免麻煩，尋找安逸，或二者一起，伊比鳩魯總稱它為快樂，或是自然的原則，包括這些及其他事物，或在肉身上，如肢體的完整，健康無恙，或在靈魂上，如人理智的大小。

這四樣事物，即快樂，安逸，或二者一起及自然原則，是在我們人中，即後來學識教我們的德行，是自身當追求的，其他則為德行，而二者則為自己而追求。這樣，就有十二派，每種又分成三類，證明一種後，別種亦不難證明。

肉身的快樂，服從德行，或在它上或與官結合，就能有三派。快樂服從德行，就幫助它去修。為國家而生活，而生育子女，就是德行，但該有肉身的快樂，因為沒有快樂，就不去飲食，不去性交，以生育子女。若將快樂放在德行之上，就為自身而期望，德行當為它而修，即德行只為達到人保存肉身的快樂而已。但這種生活是可恥的：因為德行，若完全服從快樂，就不是德行了，然而竟有哲學家主張此說。最後，快樂與德行相合，即為二者之一，不為它，而為自己而願望。

為此，如快樂或服從德行，或在德行之上，或與德行相合，已成為主派；同樣，安逸，或與德行，及自然原則一起，每樣又形成三派。因著意見不同，有時服從德行，或在德行之上，或與德行相合，就有十二派。若加上社會生活上的區別，則派別就當加增一倍：因為隨從十二派學說的，無疑地，或為自己，或為同胞：自己所願意的，亦為同胞而願意。因此十二派為隨從自己，另外十二派則以為不當為自己，而為別人，希望他們得利益，如同自己一樣。

這二十四派，由新學院派所供給的區別，成為四十八派。因為在二十四派中，可如斯多噶派，衛護在任何一派為真的，他們以為使人幸福的善是德行。別人如新學院派，以為不一定，雖不一定，但似乎如此。二十四派以為是一定的，二十四概以為雖不一定，但至少似乎如此，所以可隨從。

再者，可如其他哲學家，或犬儒之流，隨從四十八派之一：因著這個區別，又加增了一倍，成為九十六派。又因為人可隨從一派，而愛安靜生活，如喜歡讀書的人，頗有心得，或愛活動，雖然研究哲學，但又從政，管理人事，或喜好二者，如有人一面安心讀書，一面工作。這種區別，可加三倍，乃成為二百八十八派。

依我所能，已清楚地說出范羅書中的意見，用我的言語解釋了它。若要如他一樣，排斥所有派別，只隨舊學園一派，他們是柏拉圖的弟子，直至他們第四位繼任人波來業（Polemonis）。他們承認事物的確定性，所以與新學院派有別，它的創立人是亞蓋西大（Archesila），波來樂的繼任人，他們以為一切都不一定，若要詳細討論，那就太長了。

同樣，雖然不可放棄一切，若要如范羅一樣，相信老學院派，沒有任何疑惑及錯誤，也就太長了。他先撇開增加派別的區別，他撇開的理由，是因為它不是善的目標。他以為哲學只有一派，因善惡目標的不同，與別派皆有區別。

人除非是為尋找幸福，便沒有研究哲學的理由，但使人幸福的，是善的目標，所以除了善的目標外，便無研究哲學的理由，因此不達到任何善的目標的，便不能稱為哲學家。

在社會生活方面，可問賢者當求朋友的利益，使他幸福，如願意求自己的幸福一樣，或只要求他個人的幸福，問題不在利益方面，而在當與朋友共用幸福否，不為自己的利益，而為朋友的益處，即喜歡他得幸福，如自己得幸福一樣。

這樣，若問新學院派，他們以為一切都不一定，他們哲學所研究的是不一定的，或如別的哲學家所主張，是一定的，並不問當隨從善的何種目標，而是否應追求似乎善的真實性，或更清楚地說：當說所尋求的是真的，似乎真的，或是假的，但無論如何，總是追求獨一相同的善。犬儒學者在態度與習慣分別中，亦不討論何為善之目標，只討論追求其善者，無論他以為何為善，應當追求，當依何種態度或習慣而生活。

最後，也有隨從善的不同目標，如德行或快樂，但保存同樣的態度或習慣，所以被稱為犬儒學者。這是所以分辨犬儒學者，與其他學者的原因，他們不願選擇任何善，以得幸福。因為若有一事對此有關，自然一種態度強迫人達到同樣的目標，而別種態度就不會成功。

第二章　范羅如何取消了一切區別後——不是派別，而僅是第二個問題；能達到善的三種定義，我們當從中揀選其一。

討論當採取動的生活，或靜觀生活，或二者兼有的生活，有人說只討論生活的方式，並不討論至善，以易於達到它：因為達到善的目標後就會幸福，但採取三種之一的生活方式，並不常得幸福，因為許多追求它的人，反而會錯過使人幸福，善的目標。

所以至善與至惡的問題，使哲學家形成各派，這與社會生活問題不同，由學院派的不一定，犬儒派的生活及服裝及三種生活：活動、靜觀及二者兼有，其中任何一派，都不討論善惡的目標。

范羅由社會生活、新學院派、犬儒派及三種生活所取出的四種區別，得了二百八十八派。撇下所達到的，及不關追求至善，因此不是學派，而退至十二派，研究何為人的善，得到它後人就幸福，並指出其中這是真的，其餘全是假的。

除了三種生活方式外，已取消了三分之二，只剩下九十六派。除去犬儒派的區別，又減去一半，只有四十八派。再取消了新學院派所加的，只剩下一半，即二十四派。同樣，取消了社會生活所加的，只有十二派，但因區別，使它加增一倍，乃成為二十四派。對這十二派，沒有什麼可說的，因為不是學派，學派只追求善惡的目標。

尋到善的目標後，就有惡的目標。為使形成十二派，當將范羅所稱為原始的四種：快樂，安逸，二者合一，以及自然的最初原理（primigenia）。有時這四種事物，屬於德行之下，似乎不因自身，而因德行所追求，別的被採取，並非因它自身，而是因為德行因它而修而保存。別的與它聯合，因為它與德行當由自身而期望。因而四種乘三，成為十二派。但范羅自四種中取消了三種，快樂，安逸和二者兼有——並非他認為這三者不重要，而是因本性的原則就包含了快樂與安逸。若本性原則已包含這些及其他，何必將二變成三：一、若快樂與安逸當分開期望，三、若為合一的。

所以范羅願意細心研究這三派，而從其中採取一派。因為理智不能准許真理有二，無論是在三者中，或在他處，如我們以後要看到的。

現在我們簡單明晰地，看看范羅如何選了其中之一：因為三派之所以形成，是討論自然的原則，是因愛德行而願望，或德行當由它而期望，或二者一同，即德行與自然界的原則，當由自身而當受人期望。

第三章　范羅隨從舊學院派安底谷（編按）的意見，在這種尋求至善的派別中，當揀選何種？

三種之中，何為真當隨從，范羅以這方式來證明：先是哲學所研究的至善，不是植物的，動物的，亦非天主的，而是人的，所以他們先當研究何為人。先在人的本質中，分成兩種體質，即肉身與靈魂。

他不疑惑兩者之中，靈魂更為尊貴，但他問：靈魂就是人否？肉身對它就如馬與騎士一樣。騎士不是人與馬，而只是人，但所以稱為騎士，是因與馬有一種關係。

或者肉身就是人，對於靈魂，就如飲料之與杯子：因為杯子與其中飲料一起，不稱為飲料，而只是專為盛飲料的杯子。或者人不但是靈魂，亦不算是肉身，而是二者一起，靈魂與肉身只是一部份，二者合一，乃成為人，如稱二馬一起為一對，左右二馬皆為一對的一部份，但其中之一並不是一對，無論彼此關係如何，二者一起，才稱為一對。

在這種假設中，范羅選了第三種，以為人不是靈魂或肉身，是靈魂與肉身一起。所以他結論說：使人幸福的至善，是由兩種質料，即由靈魂與肉身而來。為此他以為自然的原理，當因自身而追求，德行及學問，是生活的藝術，是靈魂的善，是為所求的至善而去尋求。

因此德行，即生活的藝術，接受了自然界的最先事物後，原來沒有它，但在哲學存在之前已經有了，為自己期望一切及自己，利用一切及自己，依照大小不同而取樂，為享受一切，若需要的話，則輕視其小的，而保存其大的。但德行不將任何靈魂或肉身的善，放在自己之上，因為它利用自己及一切，使人幸福。

若沒有德行，雖有種種幸福，但非人的幸福，為此若不善於利用，就不能稱為善，不能得到任何利益。所以幸福生活的人，是有德行及靈魂與肉身的才能，不然，就沒有德行；若有德行及一切的善，就更幸福；若有靈魂及肉身一切的善，一無所缺，則其生命是最幸福的。

生命不是德行，因為不是所有生命，而只是智慧的生活才是德行，能有生活而無德行，然而沒有生活，就無德行了。這是對人身所有的記憶，理智及一切類似的事物而言。沒有學問，它們亦能存在，然而沒有它們，任何學問都不能存在，連德行亦當以研究與操練而得它。

至於善跑、身體俊美、力可拔山等，沒有它們，德行可以存在，它們亦能沒有德行而存在，然而都是善，依照它們，德行該為自身而愛，利益及其他一切，則依照與德行相合與否而定。

他們也說：幸福社會的生活是愛朋友的利益，如同自己的利益一般，希望他們所得，如自己所得一樣，無論是在朋友的家中，如他的太太，子女及家人，或他家所在的地方如城市，或與他同居的國民，或世界上的人類，或是宇宙間的神祇，賢人的朋友，我們普通稱他為天使。

然而他們否認可以疑惑善惡的目標，說這是他們與新學院派的區別，無論取何名字，穿何服裝，名曰犬儒學者或其他名字，該討論他們以為真的目標。

他們說在三種生活內，即靜觀、活動及二者兼有的生活中，他們喜歡第三種。范羅說這是舊學院派所主張的，他們隨從西塞羅及其老師安底谷的芳蹤，然而照西塞羅，在許多事上，他更似斯多噶派，而非學院派。但我們願意判斷事件自身，每個人對名人有何意見，與我們有何關係呢？

（編按）安底谷（Antiochus of Ascalon, c. 125-c. 68 BC）為舊學院派（或說中期柏拉圖思想）哲學家，西塞羅的老師。學院派即柏拉圖學派，相信有抽象形式，如至善形式（the form of the Good），是其他形式的根源，可以被理性所認知，拒絕新學院派的懷疑論。

第四章　信友反對哲學家，因為他們說至善是在自己身上，對至善與至惡，當有何意見？

若問我們的天主城對這些事情，特別善惡的目標有何意見，它要回答說：永生是至善，永死為至惡。為得永生，為免永死，當正經生活。為此《聖經》上寫說：「善人必因自己的信實而生存」

（哈・二：4）。因為我們現在看不見我們的善，當以信仰去尋找，我們不能由我們自己正經生活，除非我們相信能以祈禱，使給我們信仰的天主助佑我們。

相信在世間，就可找到善惡的目標，將至善放在肉身或靈魂上，或放在二者中，或更明顯地說：在快樂、德行，或二者中；或在快樂與安逸，或在德行，或在二者中；或在自然原理，或在德行，或在二者中，他們竟想由自己而得到幸福。

天主要以先知的話譏笑他們說：「上主知道人的思念。」（詠・九十三：11）或如聖保祿宗徒所引：「上主知道智慧人的思念，都不過是虛幻。」（格前・三：20）誰能大放厥詞，解說現世的困難呢？

在《安慰書》（Consolation）中，西塞羅依他所能，為他千金的去世而哀號，然而他能做何事？因為自然界的原理，在現世的生命中，何時何地能如此堅定而不搖動呢？何種相反快樂的痛苦，相反安靜的擾亂，不為賢者所有呢？割下肢體，或身體軟弱，就能使人失去健康，醜惡能失其俊美，疾病能奪去健康，疲倦使人失其力量，懶惰與病痛奪去人的迅速。哪種缺欠不能在賢者的身體上有呢？

身體的態度、運動，各得其所，亦為本性界中的主要事宜，然而若疾病使全身震顫時該當如何？若有人背脊彎曲，使人雙手觸地，變成如動物一樣又當如何？這樣，豈不將一切態度及運動的美妙，掃除淨盡嗎？心靈的才能，能有五官與理智，為求真理，尤為重要，若人成為聾子或盲人，尚有何種知覺？若因疾病而瘋癲，則理智豈不停止？癲狂者做出瘋癲事，與他的志願及品行不同或相反，使人想起或見到，不禁眼淚涔涔。

對負魔的人又將何言？理智埋沒，邪魔隨便利用他的靈魂肉身。誰能相信智者在現世不會有這種災禍呢？若如我們在〈智慧書〉中讀到的：「這必腐朽的肉身，重壓著靈魂，這屬於土的寓所，扼制了多慮的精神。」(智・九:15)則在現世能得到何種真理呢?所謂勇於作為,也是本性的才能之一,豈不與失去理智人的盲目衝動相似嗎?

德行不是本性所有,乃由教育而來,為人最寶貴的事物,豈非與人內部的毛病不斷地鬥爭嗎?特別是對節德而言,以控制肉慾,使理智不去隨從罪惡。因為常有一樣毛病與德行相對,如聖保祿宗徒說的:「因為肉身想反對神魂,而神魂想反對肉身,二者互相敵對,致使你們不能行你們所願意的事。」(迦・五:17)

我們願意獲得至善時,當做何事,豈非肉身不反對靈魂,沒有所願的毛病嗎?若我們在現世雖然願意,但不能做到這點,至少因著天主的助佑,不要讓肉身有相反靈魂的思想。互相敵對,而使我們墮入罪惡之中。我們一直有內戰時,總不可相信以為已達到勝利後,才能得的幸福,哪位智者,不感覺肉慾的衝動呢?

所謂明智為何?豈非小心辨別善意,行善避惡,不致錯誤嗎?它也證明我們是在惡中,惡亦在我們中。它教訓我們順從罪惡是惡,不順從肉慾是善。然而明智教我們不要隨從,節德教我們抵抗,在此世時,不為明智與節德所取消。

公義是將應得的歸於人,因而在人本身發生自然的秩序,靈魂富於天主,肉身服從靈魂,靈魂與肉身皆服從天主。這可證明我們尚當努力,不可休息;因為靈魂越不想念天主,就越不服從祂,肉身越想反抗靈魂,就越不服從它。我們有這類疾病,瘟疫,柔弱,為何能說我們已經得救,若未得救,如何已享最後的幸福呢?所為勇毅之德,無論任何明智都該與它為伍,它是人痛苦的最大證據,當以忍耐受之。

我奇怪斯多噶哲學家竟以為這不是痛苦,若痛苦太多的話,智者不能或不該忍受時,可以自盡,離開現世。他們是如此驕傲，糊塗，以為在現世就可找到善的目標，由自己成為幸福的人。他們大言不慚地說，一位斯多噶的哲學家，即使成聾變啞，又是盲者，肢體柔弱，震顫不已，全身痛苦，遭遇任何可說可想的苦楚，甚至不得已自尋短見，仍稱這類充滿痛苦的生命為幸福的。

幸福的生命，為結束它，當仗著死亡的幫助，若是幸福的，就當生活著，若因痛苦太多而離開它，如何能是幸福的？勝過勇毅之德的痛苦，使它自己證明失敗，如何不是痛苦？竟使他們胡說生命是幸福的，但當躲避它。若承認因痛苦而當躲避，為何不克勝驕傲，承認其不幸呢？

請問：賈多（Cato）是因忍耐或不忍耐而自殺，若他接受賈多的勝利，就不會出此下策，他的勇毅何在？他竟一敗塗地，拋棄了幸福的生命。可能他不幸福，所以是不幸的人。這豈不是當躲避使生命不幸的痛苦嗎？亦有承認這是痛苦的，如逍遙派，舊學院派，范羅曾擁護他們。他們的推論比較可接受，然而他們亦犯了大錯誤，因為他們說，有這麼多巨大的痛苦，為避免它當自盡，然而生命仍舊是幸福的。

他們說：「肉身的痛苦是惡，越急劇越壞，為避免它，就當離開現世生命。」我問，何種生命？他們答說：「為這麼多痛苦所壓迫的生命。」那麼，在你所說當避免痛苦中的生命內，你仍是幸福的？或你說是幸福的，因為可以死亡避免這些痛苦。

若因天主的命令，你當在痛苦中，不能死亡，不能避免，你將如何呢？至少立時你要稱現世的生命為不幸的了。所以生命是幸福的，因為能迅速地離開它；若為永遠的，就不幸福了。生命豈不是幸福的，因為是短促的；更不合理的是不幸因為是短促的，就可稱為幸福的。

痛苦的力量巨大，竟強迫智者自盡，但本性要求人避免死亡，期望肉身與靈魂結合而生活。

然而痛苦也有巨大力量，它使人勝過本性求生的欲望，甚至期望死亡，若不能由別的方面死亡，乃去自盡。痛苦的力量這樣大，竟使自盡者有勇氣——若可稱為勇氣的話——使人完全為痛苦所戰敗，不能安心忍受，乃被迫去自尋短見。智者亦當安心忍受死亡，但當由其他原因而來，若要自盡，痛苦該當是不可忍受的，不得已乃去自盡。

所以無論如何，不能稱現世生命為幸福的，既然痛苦這麼重大，使人被痛苦所摧迫而自盡，以為本來在世尋求幸福，然而不能找到至善。德行本來該幫助我們戰勝危險，勞苦，痛苦，現在它卻使我們不幸。

只有真的善人，才能有真德行，它使人不妄想在世毫無痛苦，但在現世各種痛苦之中，使人期望來世的幸福。因為人若未得救，如何能幸福呢？因此聖保祿宗徒，不對糊塗、暴躁、兇惡的人，而對功德俱全的人寫道：「原來我們得救是在於希望，但所希望的若已看見，就不是希望了。因為人何必再希望所看見的呢？但我們若希望那未看見的，就必須堅忍等待。」（羅．八：24—25）

我們由希望而得救，亦因希望而幸福。現在我們既然尚未得救，所以也沒有幸福，而在等候將來，這是因著忍耐，因為我們在患難中當加忍耐，直至一切都是喜樂，不再需要忍受任何痛苦。

來世的得救，是最後的幸福，哲學家不承認這種幸福，因為不能看見，而想以虛假驕慢的德行，造成現世虛假的幸福。

第五章　社會的生活，本是可貪求的，但為許多逆事所擾亂。

他們說：社會的生活，是賢人的生活，我們十分同意。我們在本書第十九卷中論天主之城，若聖人不生活在社會中，它如何能發展，能達到它的目標呢？誰能重視它呢？我們姑且聽聽一位戲劇家所說，大家都贊成他的意見：「我娶了妻子，是如何的不幸！生了兒子，更照顧不過來。」（註）

對戴冷治所說愛情的毛病，如淩辱、猜疑、爭吵、和平，又當何言呢？這類毛病，在人世間，豈不到處都是？在朋友的愛情中，豈不如此？在人世中，我們豈不到處遇到猜疑、仇恨、戰爭，這是一定的災殃？而和平卻是不一定的，因我們不知人心，即使今天我們知道，明天如何，我們就不知道了。

在一個家庭中居住的人，本當和睦共處，然而因著暗中的惡意，屢次發生糾紛，本來希望享受和平，卻遇到了糾紛。這是大家都遇到的，使人含淚重複西塞羅的話：「沒有比在責任、友誼之下的詭計更為隱秘的，明顯的敵人容易躲避，然而家庭內的陰謀，不但存在，在你發覺前，卻已逼迫你了。」

所以當聽耶穌的話：「所以，人的仇敵，就是自己的家人。」（瑪．十：36）因為人若勇敢忍受或預防假朋友的詭計，若他是好人，必因惡人的兇惡而心痛如割，無論是惡人裝成善人，或是好人變成惡人。若在家庭中，尚不能避免這類事情，何況在大城市中，在法庭內，日日民事、刑事訴訟不已，不然，就是內亂、戰爭，即使暫時平息，明天可能又有戰爭爆發的危險。

（註）戴冷治（Terentius），拉丁戲劇家，此話出自他的劇本《Adelphoe》（The Brothers，兄弟們），第五劇第四幕。

第六章　真理不明時，是人判斷的錯誤。

在城市中和平時期，人亦判斷別人，這種判斷往往不可靠：因為法官不能看見人的良心，因此往往要刑求無罪的人，以尋找案件的真相。

人為自己的案件而受刑，是為知道他有罪否，因而他本無罪，為不一定的罪，卻受一定的苦刑，不是為證明他的罪，是不知道他犯罪了否。因而法官不知道，往往是無辜的不幸。更不可忍的，若可能的話，且當流淚痛哭的，是法官以苦刑逼迫被告者，以不殺害無罪者，然而因著人的愚蠢，有時弄死無罪受刑的人，而其原意是為不殺害無辜者。

照哲學家的意見，他情願離開此世，不願受苦，乃說自己犯了罪，其實他並沒有犯罪。將因此被判為死刑，殺了他後，法官尚不知道是殺了一個犯人或無辜者。令他受刑，原來是不殺害無辜者，然而因著無知卻殺了他。

在社會的這種黑暗中，明智的法官要開庭審判否？他一定要開庭。世間的社會強逼他盡法官的職責，他以為不能摒棄。法官以為對別人的案件，刑求無辜的證人，並無不合法處，因而被告者，往往忍受不住痛苦，乃承認虛假的罪名。於是無辜受刑，無辜被判罪，若不判死刑，往往就死於苦刑，或困苦刑而死。控告者不願罪不受罰，以謀社會的利益，證人乃繼續說謊，被告者勇毅地忍受苦刑，不招實情，但因為不能證明被告的罪名，乃為法官判刑。

明智的法官，不相信這些重而且多的不幸是罪惡，因為他並無意害人，但因缺少知識，為社會所逼，當下判決。這是人類的不幸，而不是賢人的惡意。

法官以苦刑強迫無辜者，因為他不知道實情，至於被告者究竟無辜又不幸，他卻不太關心。在這種困難中，承認自己的不幸，從心中惱恨，若有信仰，乃向天主呼求說：「求你領我脫出我的憂患。」（詠・二十四：17）；他做的就更為慎重適當了。

第七章　言語不同，使社會分裂，所謂義戰的不幸。

在城市後，乃是世界，這是社會的第三階級，由家庭而城市而世界，如水越多，危險亦越大。特別是言語不同，能使人成為外人。兩人言語不通而相遇，並在一起居住，雖然都是人，就如種類不同的動物，彼此間不能瞭解一樣，人性雖同，但因言語各異，不能互通意見，因此人更願與犬為伍，而不願與外人為伴。

為此羅馬帝國，為謀求屬下人民的和平，不但要他們接受羅馬的法律，並且要他們學拉丁語，並命令準備許多通譯人。這是實在的，然而為達到這個目標，要經過多少的戰爭，當殺多少的人，當流多少的血！並且，這不幸的事過去後，人類災禍還沒有完畢，因為當與交戰的敵人常常存在，並因帝國疆域廣大，亦生出更大的災殃，如內戰及社會之戰爭，為害人類，比戰爭以求和平，或戰爭因怕敵人重來，更為重大。

若我要適當地述說種種重大的不幸及不得已的事，如問題所要求的，則本書就不會完了。但有人說：君子只有義戰。似乎他既然是人，便不痛心正義之戰，因為若是不義的，他就不會去作戰，因為君子總不作戰。然而因敵人的惡行，而逼迫賢人作戰，這種惡行當使人心痛，因為是人所有的，雖然他沒有作戰的必要。為此誰若思想這樣重大嚴重的災禍，就當承認其不幸。誰若忍受，思想而不覺病苦，則更為不幸，因為他已失去人情了。

第八章 人的友誼，在現世危險中，是不可靠的。

若在世間，沒有類似瘋狂的愚蠢，這是在生活時常有的，以朋友為敵人，以敵人為朋友，在充滿錯誤與痛苦的現世中，什麼比真朋友的友誼，更能安慰人心呢？然而朋友越多，又散居各地，我們越怕他們遭遇人世間的災禍。

不但我們掛慮他們受饑餓，戰爭，疾病，坐監之苦，我們且幫助他們，不要變成不忠不誠的人。這種恐懼心是痛苦的。若發生這類事時，散居各地的朋友越多，事情也就越多，我們知道後，誰能知道我們心中的憂慮，除非自己嚐過其中的滋味。

我們情願聽說他們已經去世，雖然我們亦不會聽見，而沒有痛苦，因為摯友的死亡，如何使我們不憂心忡忡呢？誰願阻止我們痛苦，若可能的話，就要阻止我們與朋友交談，破壞朋友的團結，破壞友誼，或是說我們當交朋友，而心中毫無所覺。

若這事絕對不會發生，則朋友生活為我們是欣悅，他們溘然去世，我們如何不痛苦呢？這種痛苦，就如人心的傷痕，當以安慰的言語來醫治它。不可說某人心好，不必去醫治它，因為心越好，就越容易醫治。

雖然我們聽到摯友死亡的消息，但我們情願聽說他們死亡，也不願知道他們失了信仰、德行，因為它能使我們的靈魂死亡。世界充滿著這類的不幸，為此《聖經》上說：「人生在世，豈非兵役？」（約・七：1）吾主耶穌自己亦說：「世界因了惡表是有禍的。」（瑪・十八：7）他又說：「由於罪惡的增加，許多人的愛情必要冷淡。」（瑪・二十四：12）

因此我們有時喜歡摯友的去世，雖然使我們哀傷，但亦安慰我們，因為他已不為現世痛苦所襲擊，這是善人所受，所引壞的，或至少有這種危險。

第九章 因著邪魔的詭計，許多敬拜邪神的人受了欺騙，我們在現世，不能有天使的友誼。

哲學家相信天使是神，是我們的朋友，將祂放在第四處，好像由宇宙來至世間，因為宇宙亦包括天在內，我們不會畏懼這些朋友死亡或變成惡魔。

但天使與我們沒有人間的親密來往，這是人世間的不幸之一。我們在《聖經》上亦讀到，有時撒殫變成光明的天使，以試探要受他教訓或哄騙的人。我們需要天主的大仁慈，使我們能以天使為友，不要以邪魔為友，因為祂們詭計多端，為害無窮。

誰需要天主的仁慈，豈非吾人？因為我們無知，容易為邪魔的詭計所欺騙。在惡城的哲學家，相信與神為友，一定墜入邪魔的陷阱之中，因為全城都屬祂，將與祂同受永苦。

這由敬拜祂們的典禮，或更好說祂們的褻瀆，由祂們的戲劇，顯出其中暴露祂們的邪惡，以為能平息祂們的忿怒，因為是祂們自己發明了它，並要求它。

第十章　聖人克勝誘惑的效果。

敬拜獨一至高真神的人，亦受許多欺騙誘惑。因為在現世及惡劣的時代中，這樣顧慮也是有益的，以更熱切尋找完滿統一的和平。

我們可以找到造物主賞賜人性的恩惠，我們可以找到永久的利益，不但由智慧醫治心靈的利益，並且是復活後肉身的利益。那裡，德行不需要與毛病交戰，就可得到勝利的酬報，任何人不能危害這永遠的和平。這是最後的幸福，齊全的目標，沒有窮盡的目標。

在現世我們平安，如由善生所得的，就算幸福了，然而這暫時的幸福與永遠的福樂一比，就不是福樂，更好說是不幸了。我們享有這和平時，這是人若善修德度生，在現世人事中所能有的德行，就能善為利用，若我們沒有平安，則德行亦能利用人所忍受的痛苦。

善用一切恩惠，一切痛苦，以達到最好、最大的幸福，這才是真的德行。

第十一章　聖人的齊全，就是永遠和平的幸福。

我們可以說：我們一切善的目標是和平，如我已說過的，就是永生。〈聖詠〉對我們所討論的天主城說：「耶路撒冷啊！你要讚頌上主。熙雍啊！你也要讚揚你的天主。因為他堅固了你的門閂，降福了在你中間的子女。他使你們境內平靖。」（詠．一四七：12—14）

門閂關緊後，任何人不能進出，所以我們當結論到它的目標，就是我們所指示的最後和平。這城的妙名為耶路撒冷，如我已經說過，它有和平的意義。

但因和平之名，在世物中，雖沒有永久和平，亦屢次用它，所以我用永生，而不用和平，來是指現世的目標，至善即在其中。聖保祿宗徒對這目標寫說：「可是現在你們脫離了罪惡獲得自由，做了天主的奴隸，你們所得的效果是為成聖，而它的結局就是永生。」（羅・六：22）

但因「永生」這句話，能被不精通《聖經》的人，用於惡人，或對靈魂的不朽，如幾位哲學家所承認的，或如我們的信仰告訴我們的，惡人永遠受罰。若他們不永遠生活，就不會永遠受苦了。為使大家都能理解，就當說這城的結局，至善即在其中，是和平在永生中，或永生在和平內。

和平在世物中，亦是至寶貴的，沒有更悅耳，更切望，更好的。若我願意更詳細討論和平，無論是我們所說這城的目標，或因和平是大家所悅樂的，我想大家是不會討厭的。

第十二章 一切民族的戰爭及人民的不安，都是為達到和平，沒有人不貪求它的。

任何人與我一同觀察人事及人性，都會承認，大家都願享受，所以大家都願意和平。願意戰爭的人，是願意勝利，是願意以戰爭達到光榮的和平。何為勝利，豈非反抗者的臣服？臣服後就有和平。所以作戰是為和平，就是從事尚武，出令，作戰亦是為此，所以很明顯的，和平是戰爭的目標。

任何人，即在戰爭中，是為求和平，沒有人因和平而去找戰爭的。就是願意擾亂所有和平的人，並非恨和平而為此，是願意照自己的意願變換它。他們並非不要和平，是願意他們所期望的和平。雖然因革命而與人分離，倘在革命人中，沒有和平，就不能達到這目標。連強盜們，為更容易擾亂別人的和平，在他們中，亦願有和平。

若強盜中之一，有拔山之力，能避開同伴，一人就能搶人財物、殺人越貨，但與不能殺害的人，及不知自己陰謀的人，亦保持和平。在自己家中，願與妻子，子女及願服從自己意願的人和平同居。若他們不服從，他就發怒，處罰，需要的話，以嚴厲手段恢復自己家中的和平，因為他感覺，若在家中一切不服從一人，即他自己，就不會上軌道。

若有許多人，一城或一個民族，願意服從他，如在他家中一樣，他就不再如一強盜，度綠林生活，就將登上王位，因為貪心與惡仍在他內。所以所有人，都願與自己的人有和平，使能依己所欲，控制他們。發動戰爭的人，是為使人臣服自己，使他接受自己和平的律法。

若有一人，如寓言詩中的人，因他的憤怒，不稱為人，而名為半人。他的國土是荒涼的墳墓，他如此暴虐，竟被稱為惡人 Κακός，希臘文「惡」的意思。他沒有嬌妻，孝子，也沒有一個朋友，連他的父親武剛（Vulcan）亦以為若沒有生下這個怪物才好呢。他不給人任何物件，但奪取一切所好的。在這山洞中，仍血流成渠。他只求安靜，不願任何人去擾亂他的安息，如維吉爾詩人所說（出自 *Æneid*, viii. 195）。

最後，他願與自己的身體和平，得到後，他非常滿意。他命令自己的肢體，都服從順命。為平息內裡的戰爭（這是由饑餓而起的），為阻止靈魂與肉身分離，他乃搶掠，殺戮，吃食，他所以這樣野蠻，是為保存靈魂與肉身的和平，若他願意與別人保存和平，如在山洞中他與自己和平一樣，他就不會被稱為惡人、精怪、半人了。

若他身體的古怪形狀，口吐火焰，阻止他與人交往，他如此暴虐，可能是為生活的需要，而非出於損害人的欲望。我說這樣的人，可能不曾存在過，或至少不如詩人所描寫的那麼強大，否則赫克力斯就不會受人讚頌了。

一切兇惡的動物，據說雖有它們暴虐的一面，但與同類者仍保持和平，互相交配，生育子女。雖然生性孤獨，即不如羊、鹿、鴿子、掠鳥、蜜蜂，而如獅子，狐狸，老鷹，貓頭鷹。一隻老虎，在小老虎前，也不顯示其兇暴，而與小老虎遊戲呢！一隻老鷹，雖生性孤獨，高翔天空，以掠食物，但仍交配，做巢，抱卵，養小鷹，似乎竭力保存家庭團結的生活。

何況人由於本性律法，傾向與人團結，並在可能範圍內，與所有人和睦。連惡人亦奮鬥以得和平，若可能的話，使所有人服從自己，侍奉自己一人。這樣，或因愛情，或因武力，大家都接受他的和平。因著驕傲，居然願意仿效天主。

他厭惡在天主之下，與人平等，而願代替天主，控制他人。他討厭天主公道和平，而愛自己不公平的和平。但他不能不愛和平，因為沒有一個毛病，如此違反本性，以致能消滅其踪跡。

知道將公正的放在不公正之上，將有秩序的放在沒有秩序之前的人，就可看出惡人的和平與善人的一比，不能稱為和平了。連沒有秩序的，亦當在和平中，至少在事物的一部份，或由一部份或與一部份如此。不然，就無所有了。

若一人頭朝下，他身體的秩序及肢體的次序一定要亂了，因為本來在上的要在下面了，這種顛倒的次序，使身體難受。雖因靈魂在肉身中，注意它的健康，為此有痛苦。若因痛苦，靈魂離開肉身，若肢體秩序尚在，則肢體暫時會平安。

肉身願回至地下，但為靈魂所阻，仍傾向和平，它的重心力，要求休息的地方。這樣，沒有了五官的感覺，仍不離開本性的秩序，無論是保持時，或傾向它時。

若以藥品及手術，以避免死屍朽爛，尚有一種和平，即肢體互相聯絡，使整個身體，埋入適當的土中。若不加藥料，任其自然，則臭氣薰天，令人掩鼻，直至一塊一塊地與泥土合而為一。無論如何，不能逃避造物主的律法，萬物的和平，皆由他所管轄。

由大動物的死屍中，生出小動物來，因著同樣的自然律法，一切小身體為小魂服役；雖然人的死屍為蟲蟻所食，仍守生物的規則；生物以適合自己的食料而生活，無論由何而來，與任何物結合，或變化而來。

第十三章　論普遍的和平，在一切混亂中，不能沒有本性的秩序。

肉身的和平，是各部份有系統的聯合。非理性靈魂的和平，是貪欲有秩序的休息。而理性靈魂的和平，則是思想與行動中有秩序的和平。肉身與靈魂的和平，是動物有秩序的生命及健康。人與天主的和平，是服從，信仰，守永遠的律法。人間的和平，是眾人戮力同心。家庭的和平，是一家人中，知道出命，亦知道服從命令；城市的和平，是在一城人中，出命與服從都依秩序而行。

天城的和平，是享受天主及在天主內享受一切的最適宜的社會。一切事物的和平，是為秩序的安寧。

秩序是同與不同事物的安插，而各得其所。不幸的人，不在和平之中，沒有秩序的安寧，不然就沒有任何混亂了。然而不幸，是由他們的過失所造成的；在不幸中，亦不能越過程式之規定，不與有福的人聯合，但因秩序的法律，與他們分離。

沒有外來的擾亂時，就與他物適應，為此亦有秩序的和平，亦有和平。然而他們不幸，因為雖然不抱怨沒有穩定，但並不在不必痛苦難受的地方；若不守自然界的律法，則更為不幸了。

他們抱怨時，在所抱怨的事上，固然失去和平，但在沒有痛苦的地方，團結亦未瓦解，則仍有和平。能有生命而無痛苦，但不能有痛苦而無生命；同樣，能有和平而無戰爭，但不能有戰爭而無和平；並非以戰爭而言，是以本性事物而論，若不為和平，就沒有存在的理由了。

一個沒有缺點的自然本性可以存在、且惡也無法存在其中，然而不能有一物，而毫無用處。連邪魔以本性而論，也並非惡的，是罪惡使他變成惡魔。祂不在真理中，但不能脫離真理的判斷；祂不在秩序的和平中，但不能避免亭毒萬物者的權威。天主的善，自然在祂身上，使祂不能脫離天主的公義；天主以罰，使祂回返秩序中，天主不罰祂身上的善，是罰祂作的惡。

天主並沒有完全取消了本性的善，只取去一部份，仍留下另一部份，為使人能哀痛所取消的部份。痛苦亦是失去的善及保留善的證據，因為若沒有存留的善，就不會哀惜失去的善了。犯罪作惡者，若喜歡罪惡，就成為更壞的。若痛哭，未得任何的利益，則為失了得救而哀傷。

公正與健康都是有益的，失去後，自然該痛哭，而不當喜悅，除非有更好的來代替它，如心靈公正，就比肉身健康更為可貴；因此惡人受苦難時，甚於喜悅犯罪。

在犯罪時，失去善而喜，是意志惡劣的證據；同樣，在刑罰中，痛哭失去的善，是性善的證據。誰痛哭失了本性的和平，是為和平而哀痛，因為它使自然界成為我們的朋友。

這是在最後審判時，惡人在苦刑中哀號本性優點的損失，承認天主取消了它，是頗合理的，因為賞賜他們許多恩寵時，曾加以輕視。

天主是最明智的造物主，一切自然界的最公平的亭毒者，他將人放在地上，如最美麗的裝飾，賞賜人幾種適當生命的恩惠，即照現世的可能性，現世和平，及一切為保護這和平所需要的，如因利便適當，接近我們的五官，如呼吸的空氣，可飲的水，及一切養畜，遮蓋，照顧，裝飾它的一切。但這一切，天主定下了適宜的條件，凡善用與人性吻合得最好的恩惠，則將得到更大更好的，即不死不滅的和平，及永遠生命的光榮；那裡可享見天主及他人；不善用者，不享天福，且將失去永福。

第十四章　論上天，下地的秩序及律法，乃照顧人類團體的，照顧時將可以利用。

現世事物，是為地城，以得地上的和平；在天城中，以獲永久的和平。若我們是沒有理智的動物，只求肢體與身體聯合，肉慾休息；在肉身的安息及各種快樂外，不求其他，為使肉身平安，以求靈魂的平安。若肉身沒有平安，靈魂也就沒有平安，因為不能得到肉慾的平息。

但二者皆有助於肉身及靈魂的和平，即有助於規則生活及健康。動物躲避痛苦，喜慶身體及覺魂的安息，隨從本能，順從肉慾，避免死亡，指出它們如何喜好平安，為此肉身與覺魂結合在一起。

但是因為人有一個靈魂，將與動物相同的一切，屈伏在理智的靈魂之下，以便考慮後，能合理進行，使思想與行為，如膠如攘，這是我們所稱的有理智靈魂的平安。為此他期望不為痛苦所擾，不為願望所亂，不為死亡所分離，以知道有益的事，並依照這種知識，來安排生活及習慣。

為不墮入錯誤之中，因著人理智的柔弱，在研究時，需要天主的引導，以便穩固地聽從；要天主助佑，以能自由地順命。靈魂在肉身中時，是由信仰而不由目睹而行，將一切肉身或靈魂或二者的和平，歸屬有朽的人與不朽的天主和平，為使它的服從，在永久的律法之下，按照信仰而行。

基督教訓我們兩種主要的命令，即愛天主及愛人；愛的對象有三種：即天主，自己及他人。愛天主的人，愛自己不會錯誤，因此亦當使別人愛慕天主，因為他當愛人如己。對妻子，子女、僕人及其他所有人皆如此。需要時亦詢問別人的意見，因而在可能時，他與所有人都和睦親愛。

和睦要求不損害任何人，因而竭力幫助人，特別該照拂自己家中的人，因為更容易，更適宜；在本性團體及人間社會中，卻能貢獻主意；為此聖保祿宗徒說：「如有人不照顧自己的戚族，尤其不照顧自己的家人，即是背棄了信德，比不信的人更壞。」（弟前・五：8）由此生出家庭的和平，即在同居的人中出命與受命者中彼此間的和平。出命的人當先考慮，如丈夫之對妻子，父母之對子女，主人之對僕人。受人指導的人當服從，如妻子之對丈夫，子女之對父母，僕人之對主人。

然在義人的家中，他依信仰而生活，離天城尚遠，出命人亦為受命的人效力。因為他們不因願意控制他人而出命令，而因引導的責任；非因傲心，願在他人之上，是喜愛預算將來。

第十五章　論自然的自由及僕役，其第一原因為罪惡，因而惡意的人，雖不在別人的權下，卻是自己肉慾的奴隸。

這是自然秩序所要求的；這樣，天主造了人後說：「使他們管理海中的魚，天空的飛鳥，牲畜，大地和地上所有的蠕行昆蟲。」（創・一：26）天主願意照自己肖像所造而有理智的人，管理沒有理智的萬物，不願人管理人，而管理動物。最初的人是牧童，而不是人的君王；這樣，天主也教訓我們自然秩序及罪惡之所要求的。

奴隸的境界，似乎是罪人應得的境界。在《聖經》中，諾厄罰他兒子之前（創・九：25），我們找不到「奴隸」二字；所以不是因本性，而是因罪惡獲得了這個名字。

拉丁語奴隸（Servus）一詞，似乎是戰敗的人，本可被殺，然而勝利者「保留」（Servant）他們，而成為奴隸，這也是因為罪惡的緣故：因為義戰時，是罪惡與德行交戰，若天主允許罪人勝利，乃壓伏戰敗者，是為改正或罰其罪惡。

天主的人達尼爾，被擄為奴，在天主台前，承認自己及同胞的罪惡，以為是做奴隸的原因（達・九：5）。所以罪惡是人成為奴隸的第一原因，這也由天主的判斷而來，他照公義，依罪人之所當得。分施刑罰。為此全能的天主說：「凡是犯罪的，就是罪惡的效果」（若・八：34），為此有時善人服侍惡的主人：「因為人被誰制勝，就是誰的奴隸。」（伯後・二：19）

然而容易侍人，不易服侍肉慾；姑不提別的，管理人的貪欲，因其貪心，就能敗壞人心。但為和平起見，人服從人，謙卑為奴隸有益，驕傲則對主人有害。天主所造的人，沒有一個依其本性，是人的或罪惡的奴隸。

但奴隸制，是由命令保存自然秩序而禁止違反它而來的，因為若不相反這條誡命，就不當受奴隸的罰了。為此聖保祿宗徒勸奴僕服從主人，殷勤服侍他們，若不為主人解放，由自己解放，即不以畏懼之心，而以愛情服侍主人，使罪惡及人間一切的權位消失，天主在一切之上。

第十六章　論正當管理的權利。

為此，我們聖善的先人亦有奴僕；他們治理家庭時，固然以世物而論，將子女與奴僕分開，但在永生方面，他們同樣用心照顧所有的人，使家中每人敬拜天主，並依賴祂。

這是自然秩序所要求的，家主之名也由此而來；連好的主人亦有這個名字。但好主人勸自己家中所有的人，如子女一樣，敬拜天主以獲得天主，因為他們希望能達到天鄉，那裡不必命令人，因為不必為已享受永福的人求謀了。

但至天鄉之前，主人比僕人更當努力。若有人不願服從，擾亂家庭和平，可加以指責或用輕罰或重罰，為他的益處，使恢復擾亂了的和平。幫助人，使他失了重大的善事，已不是恩惠了；同樣，加以寬赦，使人犯更大的罪，也不能無過失。

善人不但不該害任何人，且當阻止或罰罪惡，使受罰者因罰而改正，或使別人不敢仿效。

家庭是國家的原始及其一部份，一切原始有其特別目標，而部分是為整體；所以家庭和平，有關國家的和平；一家之中，主人與僕人能和平同居，有關一國之內人民的和平。為此，家主當依國家的法律，管理自己的家庭，使與國家的和平互相吻合。

第十七章 為何天城與地城有和平及紛爭？

不依信仰生活的家庭，在現世的事物及享受中，尋找和平。依信仰生活的家庭，則仰望所許的將來財物，如旅客利用現世的財物一般；即不因世物，離開天主，卻用世物，忍受世苦，使肉身不壓逼靈魂。為此信友與教外人，都用現世的財物，然而其目標不同。

不依信仰生活的國家，希望現世的和平，將出命令與服從命令，都放在現世財物上。但天城，或它在現世，依信仰生活的部份，亦當利用這和平，直至離開現世，這和平是必要的。

因此他在現世雖如旅客，但他已獲得將來得救的允許及神恩；他亦當守國家的法律，以保養其生命。天城與地城的人都將死亡，為此他願保存地城的和平。

但地城中有幾位智者，為天主所指責，因為他們自己或受了邪魔的欺騙，以為能以世物與神交往，使他們管理每一事物。這樣，肉身歸一神，靈魂歸一神；在肉身中，頭歸一神，頭頸歸一神，其他肢體又歸另一神。在心靈方面，一神管理智，一神管學說；一位管忿怒，另一神管慾情。在維持生活的事物中，動物歸一神，五穀歸一神；酒油歸另一神；森林、錢財、航行、戰爭、勝利、婚姻、受孕、產生等都有神管理。而天主之城則承認只當敬拜獨一的天主，侍奉祂，敬拜祂，這是祂應當獨有的。這樣，它的律法不能與地城的律法相吻合，當與它有別。若天主之城不因信友眾多，及上主的助佑，就不易忍受意見不同人的忿怒，仇恨及窘難。

天城既是世間的朝聖者，它聚集自己的子民，由各種言語中收留自己的人；不管風俗，法律，制度的不同，以獲得及維持和平；不毀壞任何物，反而加以順從，保存。因為在各國雖有不同，若不阻止教訓人恭敬獨一至高的真天主，則是為達到同一目標，即世間的和平。

所以天城在世上，只要為人有益，勸人戮力同心；只要為宗教及虔誠所允許，將世間和平就合上天的和平，這是真和平，是有理智人的獨一和平，即一組織完善的社會，以享受天主。

達到這點時，已沒有有朽的生命了，是活潑的生命，已不是連累心靈的動物身體，而是精神的身體，完全服從意志，毫無所缺。

這是天城在現世的和平，一切為愛天主及愛人而工作，以獲得這和平，因為天城之和平，也是社會的生命。

第十八章 新學院派的猶豫及天主教信仰的堅定。

天主之城以范羅所描述的，新學院派（New Academy）的學說為狂言，因為他們主張一切都不確定，它卻以為我們有一定的知識，雖然因著有朽的肉身連累靈魂，知識微小，如聖保祿宗徒所說：「我們現在所知道的，只是局部的」（格前．十三：9）在明顯的事物前，我們相信五官的見證，靈魂因著肉身利用它們，誰若以為不當相信五官，就大錯特錯了。

天主之城也相信福音的古經與新經，我們稱它們為典籍（canonical），由之而發生信仰，「義人必因自己的信仰而生存。」（哈．二：4）它使我們在現世安穩而行。

信仰堅定後，不受任何指責，我們只疑惑幾件事，不由五官及理智所知，亦非由《聖經》所啟示，也不由可靠證人傳至我們的。

第十九章 信友的習慣。

天主城對信友的服裝及生活的形式，以為無關緊要，只要不違反天主的規誡。因此它不勉強皈依天主教的哲學家，改變他的服裝及生活的習慣；對進天主教，這並非阻礙，它只排斥錯誤的學說。

因此不管范羅所說犬儒學派的差異，只要他們不做醜惡的行為。

每人只要保持信仰，可在靜觀，行動及二者兼有的三種生活中，隨便揀選其中之一，以達幸福；然而在因愛真理當主持，及因愛德責任所當行者，其中自有區別。任何人不當只顧靜觀，而不管別人的利益，亦不可一味活動，而不靜思天主的真理。

在靜觀中，不可空閒無事，而當尋求發現真理，使每人更認識它；尋獲後，當加以保存，而不嫉妒別人。在行動時，不可貪戀光榮，權力，因為在光天白日之下，一切皆為虛假；是為工作本身，若合理行之，自然能得光榮與權位，即為別人的利益，如我已說過的，這是照天主聖意的。

為此聖保祿宗徒說：「誰若想望主教的職分，是渴望一件善事。」（弟前．三：1）他願意顯示，主教的職分，其實是工作的職分，而非榮耀的職分。因為主教一詞「□πισκοπε□ν」照希臘文的原意，有「監督」（to oversee）的意義，因此主教不可只顧高高在上，而不顧人的利益。

不禁止任何人努力認識真理，這是可贊許的安靜，但不可期望，而當竭力執行領導人民的職務。為此，愛慕真理，該尋找安靜，而愛德的需要則要求工作。若沒有人加給我們責任，則可尋找真理；若我們有了責任，就當為愛德的原因，加以接受，然而不當完全拋棄尋找真理的娛樂，而為工作所驅使。

第二十章　聖人的同伴，在現世因著期望，已經是幸福的。

天主城的最高幸福，是永久完全的和平，不是人出生死亡的和平，無任何不順心的事。誰能否認，這是最幸福的生活，現世生活，與它一比，實不幸之至，雖然充斥靈魂，肉身及外面的事物。

任何人在現世，利用一切，為求另一目標，熱愛它，期望它，現在就可稱為幸福的，但並非由現世，是因期望另一生命。只看現世的生命，而不期望來世，是一種虛假的幸福，是極大的不幸，因為不善用靈魂的真福樂。若不是真正目標，加以明智判斷，以節制加以拒絕，依公義而分施，以達安穩永遠及完全的和平，使天主成為萬有中的萬有，就不是真明智了。

第二十一章　照施比安的定義，由西塞羅的對話中，可知，曾有過羅馬共和國否？

現在已到簡單清晰地，討論我在本書第二卷，第二十一章允許將來要證明的：即照施比安的定義，在西塞羅的共和國一書中，可讀到的，羅馬共和國從來沒有民主化過。他簡單下了民主國家的定義：民主國為人民大家的事物。

若這定義是對的，羅馬共和國從未成為真民主國家，因為總未成為人民的共和國，如定義所要求的。他對團體的定義為：「團體是大眾的結合，由於權力所承認，利益所共同」。

何謂「由權力所承認」，他以後沒有公義，不能管理一個共和國時，才指出來；沒有真公義的地方，也就沒有權利。因為依權利而行的，必定照公義而行；不照公義而行的，不能成為權利。

不可相信或說：人的不合理的法律為權利，因為他們自己也說：權利是由公義而出的；所以有些人所說，他們的思想不正常，以為權利是為少數有大權利益人的。沒有公義的地方，不能有人民依法律而組成的團體，因此也不是照施比安及西塞羅的定義。若沒有人民，也就沒有人民的東西，只是烏合之眾，實不稱人民的名字。

為此，若共和國為人民的事物，若非依法組成的就不是人民；沒有公義，就沒有權利，就可結論到：沒有公義，就沒有民國；而公義是每人所當得的。

公義豈是人使別人，不屬天主管轄，而去奉事邪神，豈是每人得所應得？誰若取消買者的權利，而給沒有權利的人，豈非違反公義？若否認當服從造人的天主，而去服從邪神，豈合公義嗎？在他們《致共和國書》（*De Republica*）中，熱烈討論反對不公義，以衛護公義，但開始卻相反公義，衛護不義，說民國若不以不公義，便不能存在及發展。雖說主張人控制人是相反公義，但說帝國的京城若不行公義，便不能管轄各省。

為公義辯護的人說：使這類人服從，為他們有利，因為他們受了壓迫，生活就會更正經；讓他們自由，就為非作歹。並說這理由是一定的，由自然界中取得：為何天主命令人，靈魂指揮肉身，理智控制慾情及一切毛病？由此可見，服從為有些人是有益的，而奉事天主，則為所有的人有利。

奉事天主的靈魂，可命令肉身，在靈魂中，理智服從天主，可指揮慾情及毛病。人若不奉事天主，有何公義可言？靈魂就絕對不能指揮肉身，理智不能命令毛病嗎？若這樣的人沒有公義，由這類人所組成的社會，亦不會有公義的。

因此法律不能使群眾形成一個民族，而成為民國。對為群眾利益，依照定義而成一民族，我又將何言？為不奉事天主的惡人，沒有任何利益，只為邪魔有利，他們願意人給他們做祭獻；我想所說的權利已足夠了，以指示照這個定義，若一民族沒有公義，就不能稱為民國。

若說羅馬人在民國時代，沒有奉事邪魔，而敬拜善神，難道要重複已多次說過的嗎？除非是糊塗人或好辯者，至本書這卷時，尚會疑惑羅馬人奉事邪魔嗎？

為不提及羅馬人所祭獻的是何種神，我只引天主誡命中所說：「凡在上主以外又祭祀他神的，必要將他剷除。」（出・二十二：19）出這命令的，以重刑禁止向善惡諸神做祭祀。

第二十二章 天主教信友所恭敬的天主，是否是當祭獻的獨一真神？

但有人可答說：這位天主是誰？如何能證明當受羅馬人恭敬，並禁止敬拜任何神呢？尚要找天主是誰，真是眼瞎了。他是先知所預言，而我們所見到的。

是祂向亞巴郎說：「因著你的後裔，天下的萬民，將獲得祝福。」（創・二十二：18）這預言在基督身上實現了。他由亞巴郎的後裔而生，無論情願與否，連反對他的人，亦當承認這點。他是借先知的口發言的天主，我在前卷中已提及過這些預言，已在教會中實現了，我們已見它傳遍普世。他是羅馬人中最博學的范羅所信的游維神，雖然他不知所云。但我們以為當提及他，因為一個學富五車的人，不能否認這位天主，或不重視祂：因為他以為游維是他相信的最高的神。

波菲利（Porphyry）是博學的哲學家，雖然是天主教的敵人，他所承認的天主，也是因著他所信為神的預言使然。

第二十三章 何為波菲利所說，神對基督所說的預言？

在《神言哲學》（ἐκ λογίων φιλοσοφίας）書中，論神的言語為哲學的一部份，波菲利說：我引他由希臘文譯成拉丁文的話一日，他問如何能皈正他奉天主教的妻子時，阿波羅用詩答說：

「水中寫字更容易，輕羽如鳥空中飛，
使爾夫人皈依難，在錯誤中堅不移，
受騙被判受刑後，十字架上救世主。」

在阿波羅神上面的話譯成拉丁文後，波菲利繼續說：「阿波羅用上面的話，指責天主教的信友，以為猶太人比他們更親近神。」此處他詆謗基督，將猶太人放在天主教信友之上，以為他們恭敬真天主；他引阿波羅的詩：「受騙被判受刑後，十字架上救世主」；以為猶太人公正地判他死刑；他若見阿波羅的巫人對基督所說的話，便以為真，以後我們要看到他為何設法使神的話不互相矛盾；這裡他卻說猶太人敬拜真主，判基督受極刑，是做得對的。

這位他所尊敬的猶太人的上主，曾說：「凡在上主以外又祭祀他神的，必要將他剷除」（出・二十二：20），自當聽從。

現在我們再看看他如何明顯地說出猶太的神為誰，他曾問阿波羅：言語、理智、律法，三者之中何為最好，他以詩答說：

「世間宇宙造物主，天地海神皆稱臣，
律法由他發生出，猶太人民所尊敬。」

由阿波羅神的話中，波菲利說希伯來人的神實在偉大無比，為眾神所畏懼。他曾說若祭祀別的神，必被剷除，我倒驚奇波菲利祭祀別的神，卻不怕為祂所害。

但這位哲學家，對基督亦說過不少讚美的話，好像忘了對他上面所說的侮辱；他的神好像在夢中侮辱基督，醒後，認識了祂的慈善，乃加以讚頌。

然後他說了似乎不可信的話：「我要說的，有些人一定感覺奇異。神聲明基督是不朽的善人，對他加以讚揚，而信友卻走入迷途，他乃侮辱他們。」以後他寫出其他的神攻擊天主教信友的話：有人問愛加德（Hecate）基督是否是天主，他答說：「你知道不朽的靈魂，死後與肉身，智慧分開，徘徊於錯誤之中；這個靈魂是偉人的靈魂，天主教信友叩拜他，不合真理。」

在這神的話後，他發表自己的意見說：「愛加德說基督是好人，他的靈魂，如其他的神一般，永久不朽，為無智的信友所叩拜。」

對問基督為何被判死刑，女神答說：「肉身常反對使它軟弱的刑罰，善人的靈魂將在天上。這個靈魂，使別的沒有游維神的恩賜、智識的神，都墮入錯誤中。天主教的信友為神所恨，因為沒有神恩賜的人，基督讓他們墮入錯誤之中，但他是善人，如其他善人一般，獲得了天堂。因此你不當出言侮辱，當對恐懼重大危險來臨的人抱同情之心。」

誰這麼糊塗，看不出這類神的話，是天主教信友的狡猾敵人所揑造，或由邪神而來，使人相信他們讚頌基督，而指責信友；這樣，能關閉得救的道路。他們感覺這並不相反他們害人的詭計，若他們稱讚基督時，得人信從，指責信友時，自然亦受人相信；使相信二者的，可讚頌天主，而不願為信友。基督雖受他們的讚頌，信他的人，如他們所講的，不成為一個真信友，是隨從弗底納，他以為基督只是人，而不是天主。這樣，不能因他而得救，亦不能解脫邪魔的拘束。

但我們不贊同侮辱基督的阿波羅，及讚頌他的愛加德。阿波羅希望我們看基督是一個罪有應得的犯人，愛加德願意承認他為善人，但只是人。二人的目標是一樣的：使人不做信友，因為若非信友，就不能由他們的魔掌中救拔出來。

這位哲學家，或相信反對天主教的神的話，設法使愛加德與阿波羅意見相同，二人一齊。若獲得成功，也當躲避邪魔的詭計。但男女的神，對基督方面意見不同，有的咒罵，有的稱讚；若思想正確的話，不能相信信友以外的神。

波菲利及愛加德，讚美基督時，說他使信友走入歧途之中，且指出錯誤的原因。在引證他們之前，我且問基督，是否使信友或准許信友，心甘情願走入歧途。若是願意的，他們如何是義人？若不是故意的，他們如何能有幸福？現在我們研究錯誤的原因。

他們說：「在世間有小神，隸屬於邪魔的權炳之下。希伯來人有賢人，耶穌為其中之一。」聽見了阿波羅前面的神話，禁止人親近惡魔小神，敬拜他們，而去敬拜天神，特別天主聖父。他並說：「這也是神所命我們的，在上面書籍中，已指出該舉心向主，朝拜祂。」

愚者，惡者，不能得到神的恩寵，也不知游維為誰，不聽神的言語，不叩拜真神，卻敬拜邪神。若他們敬拜天主，就不會做出上面的事。他是萬物的大父，毫無缺欠，我們當以公義、貞潔等德行去敬拜他。我們的生命，就是向他祈禱，效法他，尋找他，尋找能清潔一切的神，仿效他而成聖，將意志歸於他。

他對天主聖父所說的對，也說出當如何敬拜他。〈希伯來人先知書〉中，無論讚美或指責聖人的生活時，都充斥這類誡命。論天主教信友時，就大錯特錯了，且加以妄證，如他們以邪魔為神，好像個人或群眾，不易記起在廟中或戲臺上，為光榮神所做的醜事，再讀讀聽聽天主教所說，及所奉獻的禮物，就可瞭解氣氛善良與否。

除邪魔外，誰會大言不慚地說信友不但不恨邪魔，反而敬拜他們呢？然而這位希伯來賢人所敬拜的天主，禁止向天使獻祭，我們在世尊敬祂們，為我們的同事，但敬他神的必要將他剷除，使人不要想、不可向大小邪神舉行祭祀，他們在《聖經》中，亦被教外人稱為神，如照七十賢士本的〈聖詠〉上所說的：「因為外邦的神，盡為虛無。」（詠・九十五：5）

不要使人以為不可祭祀邪魔，而可向上天的諸神或某神祭祀，就立刻繼續說：「唯獨上主創造了諸天。」除非有人是指日神，可向祂做祭獻，但依希臘文《聖經》，不當如此解釋。

希伯來人的天主，這位著名的哲學士對其亦表示尊敬，以希伯來文給自己的人民律法，為萬民所知，上面寫說：「凡在上主以外又祭祀他神的，必要將他剷除。」（出・二十二：19）

為何要研究天主及先知的律法呢？它並不多，亦不困難，只要將顯明的，屢次申說的，在我書中搜集攏來，使明顯地看出只可向他舉行祭獻。當聽從、敬畏、慎守這法律，是天主以簡單的字句，然而鄭重，並以恐嚇口吻說出的，博學多能的也這樣說，以免不聽從者，能被罰死亡。

「凡在上主以外又祭祀他神的，必要將他剷除」，並非天主需要什麼，是我們當完全歸於祂，為此在希伯來文的《聖經》上說：「吾主！你是我的幸福，除你以外，沒有什麼福利。」（詠・十五：2）能獻給天主最好的祭獻，是我們自己，就是天主之城。我們以祭祀紀念它的奧義，這是所有信友所知道的，如我在前卷中已寫過的。

天主叫先知預言希伯來人的祭獻有一日將停止，自東方，西方各種民族要舉行祭獻，如我們今日所見到的。在本書中，我曾引了幾句這種預言。

為此，若沒有公義，天主不在城中出命令，命人只向祂舉行祭獻。因此此城的所有人民服從天主，指揮肉身，理智指揮毛病。這樣，如一個善人，同樣，整個城中的人，以信仰而生活，以愛德而行動，人愛天主，如所當愛，並愛人如己。若沒有這種公義，也就沒有以權力及利益相同的團結了。若沒有它，也就沒有人民，若人民的定義是正確的話，也就沒有民國了，因為若沒有人民，自然就沒有民國了。

第二十四章　不但羅馬人，其他民族亦稱自己為人民及民國。

若人民的定義為：「是有理智人，嗜好同一事物的團結」，為知道是何種人民，就先當知道他所嗜好為何。但無論嗜好何物，若不是一群動物，而是有理性的人，在所愛的事物中團結，就可稱為人民，人民嗜好的事物越好，他們亦就越好；所嗜好的事物越壞，人民也就越壞。

依照這個定義，羅馬人是一個民族，他們的國家是民國，這是沒有疑惑的。但羅馬民族當初及以後愛了何物，如何以叛亂毀壞了人民所需要的團結，而引起內戰及社會之事，為歷史所記載，我在前卷書中（註）已引過不少。

但我不說羅馬人已不為一個民族或一個國家，只要有許多理智的人，因同一嗜好而團結在一起，就是國家人民。我對羅馬人及羅馬民國所說，我對雅典人，希臘人，埃及人，巴比倫的亞述人及其他民族，亦這樣說，無論他們的國家是大是小。

然以普通而論，在惡人之城中，天主不出命令，除他之外，不可祭獻他神，因而若心靈不正當指揮肉身，德行不指揮毛病，就沒有公義及真理了。

（註）第一卷，第三十章，第二及第三卷。

第二十五章　沒有真宗教，就沒有真德行。

雖然似乎靈魂指揮肉身，理智指揮毛病。但實際上，若靈魂及理智不服從天主，如他所命人服從的，靈魂就不能正當命令肉身與毛病了。

一個人若不認識真天主，亦不服從祂的命令，而服從邪魔的權柄，如何能控制他的肉身呢？所以若他似乎有德行，因而指揮肉身及毛病，已是毛病而不是德行了。因為若是人想他修德行，只為自己，而不為其他目的，反而驕傲自大，就不是德行，而是毛病了。

如同使肉身生活的，不由肉身而生，是在肉身之上，同樣，使人幸福的，不由人而生，不但在人之上，並在一切權力及德能之上。

第二十六章　天主的人民，在此世間時，利用世間的和平，以培養自己的熱心。

如靈魂為肉身的生命，同樣，天主是人的幸福生命，希伯來人的《聖經》上說：「以上主為他們天主的百姓，真是有福。」（詠•一四四：15），所以離開天主的民族是不幸的！他也尋求和平，這是不可輕視的，但最後找不到它，因為他以前沒有去尋找它。

但在現世能有和平，對於我們沒有關係，因為二城互相混雜時，巴比倫城的和平，為我們也有利益，因為天主的人民在它旁邊生活，在此世間，因著信德而救出了。為此聖保祿宗徒告訴教會亦為君王及有權信者祈禱，然後他又說：「為使我們能以全心的虔敬和端莊，度寧靜平安的生活。」（弟前・二：2）

耶肋米亞先知，對《舊約》選民預言將來被擄，並以上主之名，勸他們去巴比倫為奴時，亦侍奉天主，且勸他們為和平祈禱說：「因為該地的安寧也是你們的安寧。」（耶・二十九：7）現世的和平，是善人與惡人所共有的。

第二十七章　侍奉天主的人，在現世不能得到完全的和平。

我們的真和平，是在天主內，在現世因著信德，在永世因享見天主。然而在現世，無論是公共的，無論是信友所持有的和平，更好說是我們苦難中的慰藉，而不是真喜樂。

連我們的義德，因著它的目標是真實的，但在現世，更好說是赦罪，而不是安全的德行。現世天主城的祈禱，可以證明這點，因為它們以所有信友的名義向天主呼號說：「寬免我們的罪債，猶如我們也寬免得罪我們的人。」（瑪・六：12）

然而我們的祈禱，「信德若沒有行為，自身便是死的」，（雅・二：17）沒有效力，只為，「唯有以愛德行事的信德的人」（迦・五：6）才為有效。它為義人也是需要的，因為理智雖然服從天主，然而在現世，並在連累靈魂的肉身中，不能完全指揮毛病。即使服從，也當經過一番奮鬥。

勇敢作戰，竟能克服打敗服從的敵人時，在現世若不以行為，一定因輕妄的言語及荒唐的思想而犯罪。所以直至完全控制毛病，不能有完全的和平，因為抵抗的人，必經過一番戰爭，打敗的人，心靈不會平靜，所以該當不斷醒悟留意。

只有驕傲人，才會生活而不覺需要呼求說：「爾免我債」，因為是生活在誘惑之中，在《聖經》中對此簡單地說：「人生在世豈非兵役？」（約‧七：1）

天主因著公義，抵抗傲慢的人，賜恩寵給謙遜人，為此《聖經》上寫說：「天主拒絕驕傲人，卻賞賜恩寵於謙遜人。」（雅‧四：6）依照公義，天主命令人，靈魂命令肉身，理智命令毛病，它若反抗，當克服它，或抵抗它。當求天主賞賜恩寵，或寬免罪過，或感謝所得的恩惠。

但最後的和平，當修義德以得到它，因為人性，為不死不朽的特恩醫好後，已沒有了毛病，沒有自己或別人方面的反抗，理智亦不需要控制毛病，因為它已不抵抗了，而是天主命令人，人命令肉身，聽命容易，如生活及做君王一樣。那時在所有人中及每人中都是永遠的，為此這幸福中的和平，及這和平中的幸福，都是至高的。

第二十八章　惡人的結局。

然而不歸屬天主城的人，則要永遠受苦，可稱為第二次的死亡，因為靈魂離開天主，就不算有生活，當受永苦的肉身，亦不能說生活著。為此這第二次死亡更為痛苦，因為已經不能以死亡結束它。

如痛苦為幸福的反面，生命為死亡的反面，戰爭為和平的反面，我們可以問：和平既為善人的目標，反過來說：戰爭就當在惡人的目標內了嗎？誰問這事，就當想及在戰爭中所能有的害處，只是互相攻擊而已。這種戰爭，比意志反抗痛苦，痛苦反抗意志，更為激烈。這種仇恨不能因一方勝利而結束。痛苦攻擊肉身，彼此總不和平服從。

在現世有這奮鬥時，或者痛苦得勝，或者死亡取消一切誘惑，或本性得勝，或健康取消痛苦。有痛苦磨難，本性受苦，就不會缺少任何一方面，以取消痛苦了。

善人及惡人的結局，一種是可期望的，一種是當避免的，因為公審判後，善人享福，惡人受苦。在下卷書中，若天主准許的話，要論永罰。

第二十卷

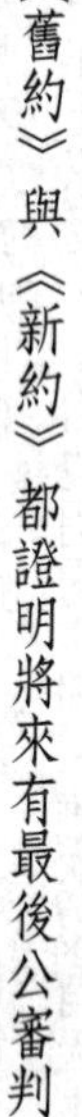

《舊約》與《新約》都證明將來有最後公審判。

第一章 雖然天主在任何時間都做審判，但在本書中，當討論最後審判。

為討論天主最後審判惡人，當先以《聖經》作為基礎。不願信仰的人，設法用假的理由反對我們，或用《聖經》上的證據，證明並非如此，或根本否認《聖經》的權威。我以為任何人解說《聖經》上的話，相信是天主用聖人所說的，就會相信，或口中承認，或者怕承認它，卻瘋狂似的，固執己見，以假為真。

在世界末日，耶穌基督將第二次來審判生者死者，這是天主教所公認的，稱為最後審判。這審判歷時幾何，尚不一定，然而無論誰，即使走馬觀花地一讀《聖經》，就知道日子是指時間而言。我們說最後審判，因為天主自人類開始時直至現在，常審判人，將犯了重罪的原祖逐出樂園。他亦審判了背叛的天使，他們的領袖反抗天主，並且誘惑人亦背叛天主。

邪魔在空中（註），人類在世間，艱難多端，這也由上主定奪而來。即使無人犯罪，天主讓人享受永福以前，也必須經過審判。他不但審判魔鬼及人類，加以取罰，且審判每人的自由行為。魔鬼曾求基督不要難為他們，（瑪・八：29）他們犯罪受罰，乃理所當然。人在世間或死後，明顯地或暗中亦要忍受天主給他們的罪罰，雖然沒有天主的助佑，就不能行善。

人及邪魔，沒有天主的允許，亦不能作惡。因為如聖保祿宗徒所說：「難道天主有不義嗎？絕對不是！」（羅・九：14）他在別處又說：「他的判斷是多麼不可測量！他的道路是多麼不可探察。」（羅・十一：33）

在本書中，不討論其他審判，若天主許可的話，只論最後審判。這真是審判的日子，因為已不爭論惡人享福，善人受苦了，在眾人前，善人當受賞，惡人當受罰。

（註）聖奧古斯丁及古時人相信魔鬼住在空中。

第二章　在人事中，亦有天主的審判，雖然不易知道。

我們當學習忍受苦難，這是善人亦有的，亦不要羨慕福樂，是惡人亦能有的。為此，在天主公義的真奧續中，亦存有益的教訓。

因為我們不知道，天主為何允許善人窮苦，惡人富貴。我們亦不知道，照我們看來，一人作惡多端，本當受苦，卻享世福；而另一人修德立功，本當享福，卻受盡世苦。我們更不理解為何無辜的人，由法庭出來，不但未被昭雪，反因法官不公正，或為假證人所控告，被判罪名；他的仇人不但未受罰，反而侮辱他。

我們亦不知道為何惡人健康，善人生病。我們更不知道，身體健康的青年人去做樑上君子，而在言語上也不得罪人的，反而滿身疾病。有益社會的嬰孩夭折，最好不要出世的卻長命百歲。為何一身負債的人，榮華富貴，而眾口皆碑的人，卻默默無聞，及其他許多類似的事，誰能理解清楚呢？

若這類矛盾的事繼續存在，在現世間，如〈聖詠〉所說：「人好像一口氣，他的時日，如消逝的影」（詠•一四三：4），只有惡人享盡世福，善人受盡世苦，或可歸於天主的允許，使不能享受永福的人，享受世福，為世福所欺騙；或因天主的仁慈，而得安慰，而不當受永罰的人，皆受世苦，以免除小過失，或為修德立功。不但善人受苦，惡人享福，這似乎是不公正的；但多次惡人亦受苦，善人也享福，則天主的審判更不易知，祂的道路更不易測量了。

我們雖然不知道，天主本是最明智，最公正，無絲毫偏心的，為何准許這事，卻使我們學習不要重視，善人惡人所能共有的世福與世苦，以追求善人獨有的善，避免惡人獨有的惡。

到了公審判的日子，亦稱為天主的日子，一切事情都要顯出是最公正的；一切由最初至當時的事情，都要顯露出來，那時也要顯露出來人所不知的天主的審判，但是善人早已相信現在所隱藏的，必定是公正的。

第三章　撒羅滿王在〈訓道篇〉書中，如何討論了現世善人惡人所有的事情。

以色列最明智的君王撒羅滿，在耶路撒冷為王，在〈訓道篇〉第一章（註）猶太人亦將它放在正典《聖經》中就寫說：「虛幻的虛幻——訓道者說——虛幻的虛幻，一切都是虛幻。人在太陽下所受的一切勞苦，究有何益？」（訓・一：2—3）

之後他將別的事情與上面的話聯繫在一起，他又提及人生在世，如白駒過隙，且充滿痛苦與錯誤，毫無固定的事。他又痛心雖然明智勝於昏愚，如光明勝於黑暗，智者行於光天白日之下，而愚者則在黑暗中行走，然而眾人的最後結局，卻完全相同。

他又說：善人受苦，好像是惡人，惡人享福，好像是善人：「在世上還有這麼一件虛幻的事，就是義人所遭遇的，反照惡人所行的；惡人所遭遇的，反照義人所行的。我說：這也是虛幻。」

（訓．八：14）

這位明智人寫了這部書，以指責虛幻，其目的是希望在光天白日下沒有虛幻，而有真實，不然的話，人豈不成為虛幻，如虛幻的事物一樣嗎？但是人在虛幻的日子，接受或拒絕真理，有無真虔誠，就有區別了。不當為得現世的財物，或為躲避暫時的災禍，而為避免將來的審判，因為善人永遠受賞，惡人永遠受罰。

對最後這點，智者結論說：「你當敬畏天主而遵守他的誡命，因為這是各人應盡的義務。」（訓．十二：13）他能說更簡單、更真實、更有益的話嗎？「你當敬畏天主而遵守他的誡命，因為這是各人應盡的義務。」人就是如此，遵守天主的規誡，不然，就是虛幻。誰不追求真理，便是虛幻。「你該知道，為這一切事，天主要領你聽受審判。」（訓．十一：9）即人在世所做的，以為是可忽略的，天主亦將審判。

（註）聖奧古斯丁及古時人，大都以為撒羅滿王是〈訓道篇〉(Ecclesiastes)的作者，現在的《聖經》學者，大都加以否認，見思高聖經學會之《智慧書》〈訓道篇〉引言，第二八六至第二九三頁。

第四章 論天主公審判時，為何先引《新約》，後引《舊約》的證據？

在《聖經》中，對公審判的證據，先當由《新約》，後由《舊約》中選出。以時代而論，固然《舊約》更古，但以地位而論，則《新約》更為尊貴，因為《舊約》只預言《新約》而已。因此我先引《新約》的證據，為更確定地證明它，亦引用《舊約》的證據。

在《舊約》中有律法與先知，在《新約》中則有福音與宗徒的書信。聖保祿宗徒曾說：「因為由於法律的行為，沒有一個有血肉的人能在他前成義：原來借著法律，人才認識罪過。但如今天主的正義在法律之外已顯示出來，法律和先知給它作了證，但是天主的正義卻是憑著對耶穌基督的信德，加給凡信仰的人，本來沒有區別。」（羅．三：20—22）

天主的正義是屬《新約》的，由《舊約》即由律法及先知加以確定。先當規定問題，然後乃引字句。耶穌自己亦說當照這種程式：「為此，凡對天國受了教育的經師，就好像一個家主，從他的寶庫裏，提出新的和舊的東西。」（瑪．十三：52）耶穌沒有說：舊的事物及新的事物，若照時間程式而不照地位程式，他就該當這樣說。

第五章 耶穌用什麼言語，說出世界窮盡時將來的審判？

基督自己曾指責在其中曾行靈績，而相信他的城，乃將教外人的城，放在它以上說：「但是我給你們說：在審判的日子，提洛和漆冬所受的，也要比你們容易忍受。」（瑪．十一：22）稍後他又對另一城說：「但我給你們說：在審判的日子，索多瑪城所受的，也要比你們容易忍受。」（瑪．十一：24）

在別處耶穌又說：「尼尼微人在審判時，將同這一代人起來，定他們的罪，因為尼尼微人，因為約納的宣講而悔改了。看，這裡有一位大於約納的！南方的女王，在審判時要同這一代人起來，而定他們的罪，因為他從地極來，聽撒羅滿的智慧。看，這裡有一位大於撒羅滿的。」（瑪．

十二：41—42）

此處指出二事：即將有審判，是在死人復活之後。耶穌提及尼尼微人及南方的女王時，一定暗示在公審判的日子，死了的人要復活。「他說將要受罰」，並非他們將受審判，而是與他們作一比較後，他們就當受罰。

在另一處，耶穌論現在善人與惡人共居同處，在審判日卻將分開，乃說了好種子與莠子的比喻，他結論說：「那撒好種子的，就是人子，田就是世界。好種子，即天國的子民，莠子即邪惡的子民。那撒莠子的仇人，即是魔鬼。收穫時期，即今世的結局，收穫者即是天使。就如將莠子收集起來，用火焚燒，在今世終結也將是如此。人子要差遣他的天使，由他的國內，將一切使人跌倒的事，及作惡的人收集起來，扔到火窯裏，在那裡要有哀號和切齒。那時義人要在他們父的國裏，發光如同太陽。有耳的聽吧！」（瑪．十三：37—43）

同樣，耶穌向門徒們說：「我實在告訴你們：你們這些跟隨我的人，在重生的世代，人子坐在自己光榮的寶座上時，你們也要坐在十二寶座上，審判以色列十二支派。」（瑪．十九：28）由此可知耶穌將與門徒一起審判。

在別處耶穌又向猶太人說：「如果我仗賴貝耳則步驅魔，你們的子弟是仗賴誰驅魔，如此他們將是你們的裁判者。」（瑪．十二：27）但我們不可相信與他一同審判的只有十二人，因為他說他們將坐在寶座上。十二數字是是指所有要來審判的人，因為三乘四等於十二，是是指全體。不然的話，瑪弟亞被選，以代替出賣耶穌的如達斯。

聖保祿宗徒，工作超於他人，卻沒有權利坐下審判人了。但他卻說自己與十二位宗徒同為法官：「你們不知道我們連天使都要審判嗎？」（格前．六：3）至於被審的亦如此。因為耶穌說：你們將審判以色列十二支派，勒末族（Levi）是第十三族，及其他民族，就不受審判嗎？「重生」二字，被當做死人復活。這樣，我們的肉身由於不朽而重生，如我們的靈魂由信仰而重生一樣。

我撇下許多與復活有關的事，因為仔細研究起來，意義不清，或指他物，如救世主的降臨，在他的肢體教會中已逐漸實現了，因為教會是他的妙體。或者對耶路撒冷的滅亡：因為耶穌論它時，似乎是對世界窮盡時而言，非將瑪竇、瑪爾谷、路加三聖史對照，就不易懂其意義。

有些事情在一處隱晦難懂，而在另一處對同一問題則更清楚。我在一封致沙羅納主教愛斯基信中（註）論世界窮盡時，會設法解說此事。

現在我引〈聖瑪竇福音〉，論公審判時，在基督前，將善人與惡人分開說：

「當人子在自己的光榮中，與眾天使一同降來時，那時他要坐在他光榮的寶座上；一切的民族，都要聚在他面前；他要把他們彼此分開，如同牧童分開綿羊和山羊一樣；要把綿羊放在自己的右邊，山羊在左邊。那時君王要對那些在他右邊的說：我父所祝福的，你們來吧！承受自創世以來，給你們預備了的國度吧！因為我餓了，你們給了我吃的，我渴了，你們給了我喝的；我做客，你們收留了我；我赤身露體，你們給了我穿的；我患病，你們看顧了我；我在監裏，你們來探望了我。

那時義人回答他說：主啊！我們什麼時候見了你饑餓而供養了你，或口渴而給了你喝的？我們什麼時候見了你做客，而收留了你，或赤身露體而給了你穿的？我們什麼時候見你患病，或在監裏而來探望過你？君王便回答他們說：「我實在告訴你們：凡你們對我這些最小兄弟中的一個所做的，就是對我做了。然後他又對那些在左邊的說：可咒罵的，離開我，到給魔鬼和他的使者預備了的永火裏去吧！」（瑪．二十五：31—41）

對他們，基督亦說出他們沒有做的事，而在右邊的人卻做了。同樣，他們問幾時他需要這些事物時，他要答說：對最小兄弟所做的，就如對他做的一樣。然後他結論說：「這些人要進入永罰，而那些義人卻要進入永生。」（瑪．二十五：46）

聖史若望明明記載耶穌，在死人復活時預言公審判；因為他說了：「父原來不審判任何人，但他把審判的全權交給了子，為教眾人尊敬子如同尊敬父；不尊敬子的，就是不尊敬派遣他來的父」（若．五：22—23）；就立刻繼續說：「我實實在在告訴你們：聽我的話，相信派遣我來者的便有永生，且不受審判，而已出死入生。」（若．五：24）

這裡基督說他的信徒不受審判，但他們當因審判，而與惡人分開，站於法官的右邊；則「審判」二字當理解為降罰。聽他的話而相信遣使他的人，一定不會受罰。

（註）在《聖奧古斯丁書信集》中，為第二卷第一九九號信函。

第六章　何為第一次及第二次復活？

聖若望又繼續說：「我實實在在告訴你們：時候要到，且現在就是，死者要聽見天主子的聲音，凡聽從的就必生活。就如父在自己內有生命，照樣他亦賜給子在自己內有生命。」（若．五：

25—26）

聖若望聖史尚不論第二次復活，即將來肉身的復活，而是靈魂由罪惡中的復活；為分別它，他乃說：「時候要到，且現在就是」。耶穌說：「任憑死人去埋葬他們的死人」（瑪・八：22），就是是指這樣死亡的人；是因罪惡而靈魂死亡的人。

耶穌說：「時候要到，且現在就是，死者要聽見天主子的聲音，凡聽從者就必生活」；祂所說聽從者，就是相信及恆心至終的人。此地不分善人與惡人：因為聽祂的話，由罪惡的死亡中而至虔敬的生活，為所有人都是好的。

聖保祿宗徒對這死亡也說：「既然一個人替眾人死了，那麼眾人就都死了；代替眾人死，是為使活著的人不再為自己生活，而是為那替他們死而復活的生活。」（格後・五：14—15）所以所有人都因原罪或本罪而死，沒有一人出規，一個活者卻為死者而亡，即基督，他沒有犯過罪，為使得了罪赦的人，不為自己生活，而為眾人因罪惡而死的人；他復活了，是為我們的義德；這樣，相信他使罪人得罪惡之赦，由死亡中復活，能參與現在的第一次復活。

只有永遠將享福的人，能有第一次的復活，對第二次復活，則善人惡人皆有份，如稍後我就要講的。第一次是仁慈，第二次則為公義。為此〈聖詠〉上說：「我要歌頌仁慈與正義」（詠・一百：1）。聖若望所說：「並且賜給他行審判的權柄，因為他是人子」（若・五：27），也指這次審判而言。

此次證明基督以同一肉軀來審判，如他從前受人審判一樣，為此他說：「因為是人子，然後基督又說：「你們不要驚奇這事，因為時候要來，那時凡在墳墓裏的都要聽見他的聲音而出來：行

過善的，復活人生命；作過惡的復活受審判。」（若・五：28—29）

以前所說的審判，是指降罰：「聽我的話，相信派遣我來者的便有永生，且不受審判，而已出死人生」（若・五：24）。誰參加第一次復活的，由死亡而至生命，不會受罰，即是審判所指的，如下面所說：「作過惡的，復活受審判」（若・五：29），即受罰。

不願在第二次復活時受罰的，當在第一次亦復活起來：「時候要到，且現在就是，死者要聽見天主子的聲音，凡聽從的就必生活」（若・五：25），就是不會受罰。即所謂第二次死亡。沒有參與第一次復活的，肉身復活後，將參加第二次的復活。

「因為時候要來，那時凡在墳墓裏的，都要聽見他的聲音而出來」（若・五：28），不說現在；因為是世界窮盡，天主最後來審判時。亦不如前說：「誰聽從的就必生活」，因為不是所有人都能得這幸福的生命，也是獨一可稱的生命；因為肉身不能由墳墓中復活起來，聽見，行走，而沒有任何生命。不是大家都隨從生活的原因，由下面的話可以指出：「行過善的，復活入生命；作過惡的，復活受審判」（若・五：29）。

第一批人將長生，第二批人不得長生，因為在第二次死亡中當死去。他們作惡，因為在罪惡中生活，生活不善，或因他們的靈魂沒有在第一次復活，或沒有恆心至終，以達復活。

所以如我上面所說，有二種重生：第一種依信德由洗禮而得；第二種在最後審判時，由靈魂不死不朽而得。亦有二種復活，第一種是現在的，使人不要跌入第二次死亡中；第二種是在世界窮盡公審判時，肉身的復活；這時有些人將第二次死亡，而另一些人則永遠無窮的生命。

第七章　論兩種復活及一千年，在若望〈默示錄〉中寫了什麼，當如何講解？

聖史若望，在〈默示錄〉（Revelation）中，這樣描寫這二種復活，我們中有些人不了解第一種復活，竟將它當成可笑的幻想。

聖若望宗徒說：「我又看見一位天使從天降下，手持深淵的鑰匙和一條大鐵鏈，他捉住了那龍，那古蛇，就是魔鬼撒殫，把牠綑起來，一千年之久；並把牠拋到深淵裏，關起來，在上面加了封條，免得牠再迷惑萬民，直到那一千年滿了，此從應該釋放牠一個短時辰。

我又看見一些寶座，有人在上面坐著，賜給了他們審判的權柄，他們就是那些為給耶穌作證，並為了天主的話被斬首者的靈魂；還有那些沒有朝拜那獸，也沒有朝拜獸像，並在自己的額上或手上也沒有接受他印號的人，他們都活了過來，同基督一起為王一千年。其餘的死者沒有活過來，直到那千年滿了；這是第一次復活。與第一次復活有份的人是有福的，是聖潔的。第二死亡對那些人毫無權柄；反之，他們將作天主和基督的司祭，並向他一起為王一千年。」（默．二十：1—6）

有人因〈默示錄〉上這些話，以為第一次復活是肉身方面的，格外注意到一千年數字，似乎聖人工作了六千年後，即自人類受造，後因原罪被逐出樂園後，可享受千年長期的休息：因為照《聖經》所說，在天主前一日如千年，千年如一日（伯後．三：8）；所以六千年就等於六天，然後第七日就是休息日，死人要復活起來，以示慶祝。

若承認為慶祝安息日，聖人們因著主的來臨，心靈喜悅，這意見是可容忍的。有一個時期，我也贊成過這意見。但是他們說，那時復活起來的人，大吃大喝，放縱慾情；肉慾的人才能接受這說。人家稱他們為千年國說者（Millenarians），希臘文為「Chiliasta」（註）。要仔細辯駁他們，就需要長篇大論，我們更當指出如何去理解《聖經》。

吾主耶穌說：「絕沒有人能進入壯士的家，搶劫他的家具的，除非先把那壯士綑起來，然後搶劫他的家。」（谷・三：27）。壯士指魔鬼，因為他能使人類為奴隸；能搶劫的傢俱，指將來的信友，因著各種罪惡，已在魔鬼手中了。

為綑起這壯士，聖若望宗徒在《默示錄》中說他看見：「一位天使從天降下，手持深淵的鑰匙和一條大鐵鏈，他捉住了那龍，那大蛇，就是魔鬼——撒殫，把牠綑起來，一千年之久。」（默・二十：1—2）即阻止他誘惑人的能力，獲得當得救的人。

依我看來，一千年能有二種看法：或是這些事當在最後千年完成；或是第六千年，如第六日一樣；我們現在已在最後的千年中，以後就是永久的安息，聖人的不停安息。我們稱它為千年，是依照以部份指全體的說法。或者他用六千年以指稱一切年代，以完整的數字，來比喻時代的完滿。

一千是十的平方數，十乘十等於一百，是平方形。為固定它，當以十乘百而得一千。有時用一百以指稱全體，如吾主耶穌應許給棄絕一切跟隨他的人，在現世將得百倍的賞報（瑪・十九：29）。聖保祿宗徒解說這句話時說：「像是一無所有的，卻無所不有」（格後・六：10）。之前《聖經》上也曾說過：「為忠誠的人，整個宇宙之內充滿財富。」

我說用一千數字，是十的平方數字，以指稱全體；《聖詠》上說的話：「他記憶他的約言，直到永遠，他所囑咐的約言，直到萬世」（詠・一〇四：8），亦當如此理解，就是指稱全體，永遠。

「把牠拋到深淵裏」，即將魔鬼投入地獄中，以比喻許多惡人，心中仇恨天主的教會。並非魔鬼以前不在地獄中。說拋到深淵，是指逐於信友之外，更把握著惡人。不但遠離天主，還要無理地怨恨奉侍他的，便在魔鬼手中。

「關起來，在上面加了封條，免得他再迷惑萬民，直到一千年滿了。」（默‧二十：3）說「關起來」即禁止出來，違反命令。「封條」二字，依我看來，是是指誰屬魔鬼與否，不明明揭出。

在現世的確不知道，因為站著的，不能一定不會跌倒，跌倒的人，不一定不能起來。因著這鐵鏈及封條，魔鬼不能引誘屬於基督的人，雖然以前曾欺騙了他們，管轄過他們。因為天主在創造世界之前，就選了這些人民。將他們由黑暗的權力中救出，遷於自己心愛的聖子園中，如聖保祿宗徒所說的。（厄‧一：4）那位信友不知道，魔鬼繼續哄騙人，引他們向自己一齊受永苦呢？也不當驚奇，魔鬼也引誘在基督已重生，並走天主道路的人。主知道自己的人，魔鬼不能欺騙他們。耶穌的天主性知道他們，因為無一事物，即使是將來的，亦不能隱瞞天主；而不以人性，因為人只看到現狀，只見外表，而不見人心。

為此魔鬼被綑，關在地獄中，不使他誘惑教會的信友，如它成立前，曾哄騙過他們。並不說他不引誘任何人，只說不引誘屬於教會的人。

「直到那一千年滿了」（默‧二十：3），即直至千年組成的第六日的一部份完成，或直至現世尚存的年月。

「免得他再迷惑萬民，直到一千年滿了」（默‧二十：3），不可理解為以後他只能引誘教會的信友，卻為鐵鏈及封條所阻。可能是以《聖經》中這類的話來解說，如在〈聖詠〉中說：「我們的眼睛，也照樣仰望上主我們的天主，期待他矜憐我們」（詠・一二三：2）；因為天主矜憐我們後，吾主如人的眼仍舊瞻仰他。

詞句的次序一定如下：「關起來，在上面加了封條，直至那一千年滿了」；「免得它再迷惑萬民」，與上面無關；有分別的，是後來添上去的，於是詞句如下：「關起來，在上面加了封條，直到那一千年滿了，免得它再迷惑萬民」；將祂關起來，即直至一千年滿了，不要再迷惑萬民。

（註）關於千年之說的問題，可參考思高聖經學會所譯的《默示錄》。

第八章　魔鬼被綑與被放。

「此後應該釋放它一個短時辰」（默・二十：3）。若魔鬼被綑被關，是是指不能迷惑教會；解放後，就能迷惑它嗎？不；教會是在宇宙創造前就被選了；《聖經》上寫說：「主認識那些屬於他的人」（弟後・二：19），他們不能為魔鬼所迷惑。

但是教會，當魔鬼被解放時，仍舊存在，如以前被創立時一般，它將常常在不斷生死的人中。稍後又說魔鬼迷惑了世界所有國家，引它們與教會作戰，敵人的數字，如海邊的沙一樣多。

「他一出來便去迷惑地上四極的萬民……圍困了眾聖徒的營幕和蒙愛的城邑；但有火自天上，從天主那裡降下，吞滅了他們。迷惑他們的魔鬼也被投入那烈火與琉黃的坑中，就是那獸和那位假先知所在的地方，他們日夜受苦，至於無窮之世。」（默・二十：8—10）這是關於最後審判的，我現在就提出，不要使人相信在短促時期中，魔鬼解散，教會已不在世間存在，或為魔鬼引起的教難所毀滅。在基督二次來臨之中，一千年間，魔鬼一定被綑束，不能迷惑教會，在解放時，也不能迷惑它。

若被綑是指不能迷惑人，或沒有准許；則釋放有何意義，豈非能迷惑人嗎？但這是不會成功的。綑住的魔鬼，不準他用各種方法，以武力，以欺騙來迷惑人；以武力威脅，以奇巧哄騙人臣服祂。因為這樣長久，並因許多人的軟弱，使天主不願他們受這試探，竟使信友失足，或阻止他們信天主。但在被綑時，是不會成功的。

然後解放一個短促時期，因為《聖經》記載，三年半時，魔鬼要用全力及用信他的人，攻擊信友，但他們不受他的誘惑。若總不解放，祂的能力似乎更小，聖城內人民的耐心亦要更小；全能天主能從惡中取善，範圍亦更小了。天主雖然將魔鬼由信仰者的心中逐出，但不禁止魔鬼引誘他，以得抵抗的益處。但在將信祂的人中卻綑住了，使惡神不能使許多柔弱的人背棄信仰，他們是已信或將信教會的。最後惡魔要被解放，使天主城看出勝了何等大能的仇人，為光榮救世主及救援者。

將我們與當時的聖人及信友作一比較；為試探他們，天主竟解放了這麼大能的敵人，而我們卻在危險中，與被綑的敵人作戰，我們將如何呢？沒有疑惑的，在此期間，也有基督戰士，明智勇敢，即生活在魔鬼被解放時期，亦會謹慎，避免一切詭計及誘惑，以忍耐受之。

教會自猶太國傳至外邦，不但此時魔鬼被綑，並且直至世界窮盡，那時才被解放。當時無信仰的人，最後亦將頓依。於是這個勇士邪魔，在每個信友身上被綑，已不是他的工具了，然而他被綑的深淵，並不因人死而了結；他們死後，別人繼續下去，直至世界窮盡；仇恨信友，在他們盲目的心田中，如埋住深淵中一樣。

在三年半間，魔鬼被解放時，忿怒萬分，教會不一定能有新的教徒，因為若如所說：「除非先把壯士綑住，然後才能搶他的家」，解放時，如何能搶他的家呢？為此，似乎依這意見，在此短促時期，沒有人能入教會，魔鬼竭力攻擊信友，將戰勝一部份人，他們將自天主子中除掉。為此寫了默示錄的聖若望宗徒，在一封書信中說：「他們是出於我們之中的，但不曾屬於我們，因為如果曾屬於我們，必存留在我們中。」（若一·二：19）然而嬰兒將如何？因為此時似乎嬰兒照常出世，領受洗禮；若是如此，魔鬼被解放時，他們如何能被搶去，因為除非將他綑起來，就不能奪他的物件。

更該承認在這時，有人離開教會，也有人進入教會；若要領洗的嬰兒及他們的父母，信仰堅固，要戰勝解放的魔鬼，即當立刻認出千方百計引誘他們的，竭力反攻，於是不臣服解放了的敵人。《聖經》上所說：「除非先把壯士綑住，然後才能搶他的家」，並不因此成為虛假的，因為照這句話，先是壯士被綑，然後搶他的物件；教會既傳遍普世，在自己懷抱中，接收強者弱者，堅信天主所許所行的事，就能搶奪解放了敵人的財物。

該當承認當時邪惡橫行，許多人的愛火要冷淡下去，許多人的名字還未寫在長生的冊中，因著殘酷的教難，及解放了魔鬼的勾引，就投降稱臣；所以不但熱心的信友，還有些教外人，因著天主的恩寵，讀了《聖經》後，知道世界已將窮盡，乃開始相信以前所不信的，勇敢地戰勝了解放了的魔鬼。若是如此，則當說魔鬼先被綑，後被解放，物件被搶走，因為《聖經》上說：「除非把壯士綑住，然後才搶他的家」。

第九章　何為聖人與基督共王五千年的天國，如何與永遠的天國區別？

千年間，魔鬼被綑，聖人與基督一齊為王，就是他第一次的來臨。因為除了這個國家，《聖經》上所說的：「我父所祝福的，你們來吧！承受自創世以來給你們預備了的國度吧！」（瑪・二十五：34）；又對聖人說：「看！我同你們天天在一起，直到今世的終結」（瑪・二十八：20）；若聖人不與他同王，雖然不完全一樣，教會就不能稱為天主的國及天國了。

沒有疑惑的，亦在此時，「凡對天國受了教育的教師，就好像一個家主，從他的寶庫裏，提出新的和舊的東西」（瑪・十三：52），我以前已經說過。

在教會中，收割人讓收割與好種子一齊生長，直至收割時的莠子：「收穫時期，即是今世的終結；收穫者即是天使。就如將莠子收集起來，用火焚燒；在今世終結時也將是如此：人子要差遣他的天使，由他的田內，將一切使人跌倒之事，及作惡的人收集起來。」（瑪・十三：39—41）在這國中，就沒有惡表嗎？是將由這國中，即現在的教會內，將壞表樣的人集攏來。《聖經》上亦說：「所以誰若廢除了這些誡命中最小的一條，也這樣教訓人，在天國裏，他將為最小的；但誰若實行，也這樣教訓人，這人在天國裏將稱為大的」（瑪・五：19）上面二人皆可進入天國，誰不實行所訓人的誡命，不守它，就是犯它，在天國是最小的；實行而又訓人的，在天國是最大的。

下面又說：「我告訴你們：除非你們的義德超過經師和法利塞義人的義德，你們決進不了天國」（瑪・五：20）；超過：就是超過訓人而不實行的人；在別處耶穌說經師及法利塞人，不實行他們訓人的事；你們的義德不超越他們，即不違犯，而實行你們教訓人的，你們不能進天國。

所以在天國中，有人實行教訓人的，也有不實行教訓人的，雖然大小不同，是同一天國；只有實行教訓人才能進入的天國，是另一個天國。有二種人的，就是現世的教會；只有一種人，而沒有任何外人的，是將來的天國。現在的天國是基督的教會，將來的是真真的天國。現在的聖人與基督共王，但與將來為王不同；莠子雖與好種子一齊生長，但不能入倉庫。

實行聖保祿所說的，將與基督共王：「所以你們既然與基督一同復活了，就該追求天上的事，在那裡有基督坐在天主的右邊；你們該思念天上的事，不該思念地上的事。」（哥・三：1—2）他們的思念，是天上的事。最後與他共王的，在地上的國中，亦成了他的國家。然而若找自己的利益，而不謀求基督的利益，如何能成為基督的國家呢？本書討論戰爭的教會，與敵人交戰，有時抵抗毛病，加以控制，直至和平之國來臨，沒有仇敵而生，此時有第一次復活。

《聖經》上說了魔鬼將被綑千年，然後暫時被解放，說出教會將做千年中所受的：「我又看見一些寶座，有人在上面坐著，賜給了他們審判的權柄」（默・二十：4）。這些話是對最後審判而言，寶座是為與基督共王的人；審判是：「凡你們在地上所束縛的，在天上也要被束縛，凡你們在地上所釋放的，在天上也要被釋放。」（瑪・十八：18）聖保祿宗徒也說：「原來審判教外的人，與我何干？教內的人，豈不是該當審斷嗎？」（格前・五：12）。聖若望也說：「他們就是那些為給耶穌作證，並為了天主的話被斬首者的靈魂」（默・二十：4）。

這裡已包含：「他們將與基督共王千年」，即尚未與肉身結合殉教者的靈魂，未與基督的教會分離。不然，在祭壇行祭獻時，不會記念他們；在危險時，也不必為他們付洗，以免未領洗而去世。

若良心不安而去世，亦不必與教會和好了。

為何做這類事？豈非去世的信友，仍是教會的肢體。雖然他們的靈魂，尚未與肉身結合，但與基督共王千年。為此在同一書中及別處都說：「凡在主內死去的，是有福的死者！的確，聖神說：讓他們停止自己的勞苦而安息吧！因為他們的功行常隨著他們。」（默・十四：13）

所以現在教會在死者及活者中，與基督共王，正如聖保祿宗徒所說：「因為基督死而復生了，正是為作生者和死者的主。」（羅・十四：9）聖若望只提及殉教者，是因為他們有特別的光榮；但我們由部份觀察全體，我們可以肯定所有死去的人，都屬教會，即基督的國。

下面的話：「還有那些沒有朝拜那獸，也沒有朝拜獸像，並在自己的額上或子上也沒有接受他印號的人」（默・二十：4），該當理解為生者死者而言。雖然該細心研究那獸為何，但以它為惡人之城，教外人，信友及天主城的敵人，並不相反信德。我看這獸的像，是有信友之名，而如外教人生活的人；因為他們假裝，自稱信友，並非心中真信，而只是外貌而已。

不但基督及光榮他的明顯敵人，歸屬那獸，連在世界窮盡時，將由教會中除去的莠子，也屬於那獸。誰不朝拜那獸及他的像，豈不是聖保祿宗徒所說的：「你們不要與不信的人共負一軛。」（格後・六：14）他們不朝拜，不同意，不臣服，在額上不因職業而接受罪惡的印號，在手中亦不因工作而接受。他們沒有罪惡，無論尚活在肉身中，或已去世，從現在起，就與基督共王千年，依照適合此時的情形。

「其餘的死亡沒有活過來」（二十五：5）。現在是亡者聽天主子聲音的時期，聽見的就生活，其餘的不能生活。下面：「直到千年滿了」，該當理解為他們不生活在應生活的時代，乃由死亡而至生命。

肉身復活的日子，不由墳墓而至生命，乃至審判，即被罰，這是第二次死亡。誰不生活至千年過去，即第一次復活以前，不會聽見天主子的聲音，不由死亡而至生命。在第二次復活時，即肉身的復活，一定與肉身同至第二死亡。又繼續說：「這是第一次復活。與第一次復活有份的人是有福的」（默・二十：6）。不但由罪惡死亡中復活起來，恆心至終而復活起來的，亦有份子。

「第二次死亡對這些人毫無權柄」；但對稍前所說過的則有權柄：「其餘的死者沒有活過來，直到那千年滿了」；因為在此千年短促時期間，雖然其中有些人在肉身生活，但沒有從亡者中復活起來，因為被罪惡所留，以與第一次復活有份，並阻止第二次死亡，對他們有權利。

第十章　如何答覆以為復活只屬肉身，而不屬靈瑰的人？

有人以為只能討論肉身的復活，並以為第一次復活也是肉身的。他們說：起來是對倒下而言；只有肉身死時才能倒下，所以「死屍」（Cadaver）在拉丁文係由「倒下」（Adere）而來；為此他們說：靈魂不能復活，只有肉身才能復活。

然而他們不能反對聖保祿宗徒，他亦稱靈魂的復活，是因內裡的人，而不因人的外表復活起來；他對他們說：「所以你們既然與基督一同復活了，就該追求天上的事。」（哥・三：1）他在別處，又用別的言語說出這思想說：「為的是基督怎樣借著父的光榮從死者中復活了，我們也怎樣在新生活中行走」（羅・六：4）；為此他又說：「你這睡眠的，醒起來吧！從死者中起來吧！基督必要光照你。」（厄・五：14）。

主張只有跌倒才能起來的人，因此以為只有肉身才能復活，靈魂不會復活，為何不聽《聖經》上的話：「你們不要離開他，以免跌倒」；「他或站立或跌倒，都由他的本主人管」（羅・十四：4）；「所以凡是以為站得穩的，務要小心，免得跌倒。」（格前・十：12）我相信當躲避靈魂跌倒，而不是肉身跌倒；若起來是屬跌倒人的，靈魂亦能跌倒，就當承認靈魂亦能復活了。

聖若望宗徒說：「第二次死亡對這些人毫無權柄；反之，他們將作天主和基督的司祭，並同他一起為王一千年。」（默・二十：6）

司祭不但是主教，司鐸，他們在教會中是狹義的司祭，亦是所有信友；我們稱他們為信友，是因聖油；稱他們為司祭，因為是獨一司祭的肢體。聖保祿宗徒稱他們為：「王家的司祭，聖潔的國民」（伯前・二：9），亦簡單稱基督為天主說：天主及基督的司祭，即聖父及聖子的；他以為基督因奴僕之形而成為人，同樣，依照默基瑟德的品位成為司祭。對這點，在本書中已提及過多次了。

第十一章　世界窮盡時，魔鬼被解放後，催逼哥格及瑪哥格為難天主的教會

「及至一千年滿了，撒殫就要從他的監牢裏釋放出來。他一出來便去迷惑地上四極的萬民，就是哥格和瑪哥格，聚集他們上陣交戰，他們的數目有如海濱的沙粒」（默・二十：7）。那時魔鬼引誘人去作戰，如以前哄騙人類原祖，使他犯罪一樣。

上面的《聖經》說：「釋放出來」，是說明顯的教難，由仇恨之心而發生。這是最後的教難，世界將窮盡時，整個教會都當受苦，即整個天主城，被魔鬼城所磨難，無論世上如何。

聖若望宗徒所稱哥格及瑪哥格，不可相信他們是天醒地角的民族；第一字母似乎是指且大（Getas）及梅且大（Massagetas），或羅馬帝國以外的民族。他們傳遍整個世界，因為《聖經》上說：「地上四極的萬民」（默．二十：8），而名為「哥格」（Gog）及「瑪哥格」（Magog）。

我們也可以找到這些名字的解釋，哥格意即「房屋」，瑪哥格，「從房屋中」，即由房屋中走出。他們是指這些民族，即上面所說的魔鬼關在深淵中，後來走出來；所以是房屋，及由房屋而出的。

若我們將這二名歸於民族，他們是房屋，昔日的仇人，似乎是關在房屋中；他們亦能由房屋而出，為此《聖經》上說：「於是他們上了那廣大的地區，圍困了眾聖徒的營幕和蒙愛的城邑。」（默．二十：9）並非說他們是由某某地區而來，好像天主城及聖人的住所一定當在某處，因為這是傳遍普世基督的教會，為此它無論在何處，是在各民族中，這是由：「廣大的地區」指出，那裡有聖人的住所，那裡有天主所喜的天主城，為敵人圍困，他們在各民族中都有，為各種磨難所操練，但不放棄服務，所以稱為營堡。

第十二章　由天降火，燒死惡人，亦是罪人的罰否？

以後所說：「但有火自天上，從天主那裡降下，吞滅了他們。」（默．二十：9）不當理解為基督所說的：「可咒罵的，離開我，到給魔鬼和他的使者預備了的永火裏去吧！」（瑪．

二十五：41）；因為不是由天而降的火，是他們被投入火中。

天火是聖人們的勇毅，他們不順從萬分兇惡的敵人，要他們隨自己的意願。空中為天，是聖人的勇毅，使邪魔怒髮衝冠，因為不能將基督的信友，引至假基督方面去。這是由天主而來的火，將焚燒他們，因為因著天主的助佑，天主的聖人不能被戰敗，為此敵人焦心如焚。

熱忱有時是好的，如：「因為我對你殿宇的熱憂，耗盡了我，並且那侮辱你者的辱罵，都落在我身上」（詠・六十九：9）；有時是惡的，如：「讓他們見到你對百姓的熱忱，自感慚愧；此外還讓對待你，敵的烈火，吞滅他們！」（依・二十六：11）

這並不是最後審判的火，也不是由天而降，以罰基督找到尚活在世間教會的敵人，基督將以他口中的氣殺死的假基督；更不是惡人的最後審判；而是在肉身復活後，惡人要受的最後審判。

第十三章 一千年當算入假基督的教難否？

最後的教難，即假基督時的教難，如我在本書前面已說過，達尼爾先知亦預言過，為期三年及六個月。我們有理由懷疑這短促的時期，是魔鬼被束。聖人與基督同王一千年，或是另外加增的。

因為我們若說歸屬聖人與基督共王的千年，則比魔鬼被束的時間更長了。魔鬼被解放後，竭力攻擊，而聖人戰勝困苦後，正與基督共王；那麼為何《聖經》記載魔鬼被束與聖人為王，皆為一千年，如何在魔鬼被束三年六月前就結束呢？

若我們說，這教難的短促時期，不當列入千年之中，是當另外增加的，以便更容易理解清楚下面的話：「天主及基督的司祭與他共王千年」，又加上說：「一千年後，撒殫被解放，由監獄出來」；這幾句話指出基督的王朝及魔鬼被囚時間同時停止，使我們相信這教難的時期，不歸聖人們為王及撒殫被拘時，因為二者皆已包含在千年之內，是另外加上的，當特別計算；那麼我們就當承認，在這教難中，聖人已不與基督共王了。

然而誰敢說與基督日益親密的聖人，特別在戰爭激烈時，不敗的榮譽更大，殉教的冠冕更為燦爛無比。若不承認聖人為王，因為他們當受許多苦，亦不能說聖人在千年間遭受教難，不與基督共王；連〈默示錄〉的作者，說自己見了為基督及天主聖言作證而被害的靈魂；因此為基督完全所有的，而不與基督共王，這是荒唐之論，當盡力推翻它。

光榮的殉教者，戰勝了一切痛苦與勞苦，離開肉身後，即與基督共王，過了千年後，又與肉身結合，繼續為王。在三年六月中，為基督殉教人的靈魂，無論已與肉身分離，或在最後教難中才離開，與基督為王，直至現世了結，進入沒有死亡的國中。

因此與基督共王的聖人的年代，比魔鬼被拘束時期更長，因為他們與天主子，他們的君王，一齊為王；在三年六月中，魔鬼已不被拘束。我們聽見說：「天主及基督的司祭，與基督為王千年，一千年完結後，撒殫被解放出來」，就當解說為：或者聖人的千年尚未終結，而魔鬼監禁的時期已完結；千年當理解為每人當經過的時期，聖人為王時，比魔鬼被拘束的時期更長。

或者更可能，三年六月的短促光陰，不當計入，因為魔鬼被禁的時期更為短促，而聖人為王的時期更長，如在本書中第十六卷所說的四百年，雖然多幾年，亦只算四百年；若仔細加以研究，在《聖經》中，時常有這類事實。

第十四章 魔鬼及同伴受罰，亡者復活，最後審判。

聖若望說了最後教難後，簡單述說在最後審判時，魔鬼及其同伴，敵城與其君王所當受的苦難。他說：「迷惑他們的魔鬼也被投入了那烈火與硫黃的坑中，就是那獸和那位假先知所在的地方，他們日夜受苦，至於無窮之世。」（默．二十：10）

我已說過，野獸當理解為「惡人的城」，他的假先知或為假基督，或者我已說過的像。然後聖若望聖史將所得的啟示，重複述說死者的肉身，第二次復活後的最後審判說：「我又看見了一個潔白的大御座和坐於其上的那位，在他面前，下地和上天都逃避了，再也找不到它們的地方了。」（默．二十：11）他不說：「我又看見了一個潔白的大御座和坐於其上的那位，在他面前，下地和上天都逃避了」，因為不在審判生死人之前，而說：「看見坐在寶座上，下地和上天都逃避了」，是在以後。在審判後，天地都終結了。開始一個新天地。

這個世界將終窮，非因毀滅，而因事物的變遷。為此聖保祿宗徒說：「因為這世界的局面正在逝去。我願你們無所掛慮」（格前．七：31—32）；不是世界，而是局面當逝去。聖若望說了自己看見坐在寶座上的，在他之前，下地和上天都逃避了，又繼續說：「我又看見死過的人，無論大的小的，都站在御座前；案卷就打開了；還有另一本書也打開了，就是生命冊；死過的人都按那案卷上所記錄的，照他們的行為受了審判。」（默．二十：20）

他說：案卷打開了，也說出是何種案卷，是每人的生命冊，而書籍則為舊約與新約，其中有天主的規誡；每人的生命冊，則指出善守天主的規誡與否。

依人而論，這本書，誰能想像它的長度及厚度呢？所寫每人的一生的行為，幾時能念完呢？是每人有一位天使，每人可聽到天使對他所說的；那就不是一本書為眾人，而是各人有其書了；然而只有一本，因為說：案卷打開了。案卷當理解為天主的德能，它使每人迅速地記起自己善惡的行為，每人指責或推辭自己的良心，使整個人類及每人同時受審判；這種天主的德能乃稱為案卷，因為在其中，可以讀到所記載的一切。

為指何種大人小人當受審判，聖若望又回到留下的說：「海洋遂把自己內的死者交了出來，死者和陰府也把自己內的死者交了出來。」（默．二十：13）毫無疑惑，這是在死人受審前當做的，以前已說過了；這是聖若望所留下的，又重複述說的。現在他照次序，為明瞭起見，又仔細重述已說過的死人受審判，因為說了：「海洋遂把自己內的死者交了出來。」他即繼續說：「各人都按照各人的行為受了審判」（默．二十：13）；這是上面所說的：「死過的人都按那案卷上所記錄的，照他們的行為受了審判。」（默．二十：12）

第十五章　海洋，死亡及陰間，如何交出它的亡者，以受審判？

海洋交出的亡者為誰？因為並沒有說死在海中的，不在陰間，或他們的身體保存在海中；或更不合理的，是海洋保存好的亡者，而陰間保留惡者。誰相信這事？有人以為海是現世：說基督同時審判將復活起來及尚活著的人，亦稱他們為亡者，稱下面的人為善人：「因為你們已經死了，你們的生命已與基督一同藏在天主內了。」（哥．三：3）下面的為惡人：「任憑死人去埋葬他們的死人！」亦可稱為亡者，因為他們的肉身是有朽的，為此聖保祿宗徒說：「身體固然因罪惡而死亡，但神魂卻因正義而生活」（瑪・八：22）。

由此可見在活人中，除了身體，尚有一物，身體死去，神魂卻生活著。不說有朽的身體，而是已死去的身體，雖說稍後稱身體為有朽的，如普通所稱的。所以海洋交出其中的亡者，即現世交出尚未死去的人：死亡與陰間交出他們的亡者。海洋交出亡者，如其所有；死亡及陰間交出亡者，因為叫他們重新生活。但稱死亡或陰間尚為不足，為此說出二者：死亡為善人，他們只能死亡，而不會入地獄；地獄為惡人，他們將在地獄中受苦。

我們有理由相信古教的聖人，期望將來的救世主，他們所在的地方，以受苦而論，離地獄甚遠，但以地點而論，可能相近；直至救贖大工完成後，為耶穌基督所救援。為基督聖血所贖的信友，不到地獄中去，直至有了身體後，接受應得的賞報。

說了：「眾人照他們的行為受了審判」後，亦簡單寫出他們如何受審判：「然後死亡和陰府也被投入了火坑」；以這名字指出死亡及地獄中受苦的魔鬼及其同伴。這是前面更清楚說過的：「迷惑他們的魔鬼也被投入了那烈火與硫黃的坑中。」下面暗中所指的：「就是那獸和那位假先知所在的地方」（默・二十：10）；此地則明明說出：「凡沒有見載於生命冊上的，就被投在火坑中。」（默・二十：15）並非此處忘了提及天主，是論預定得常生的人。天主一定認識他們，且不必由此書中認識他們，而他對他們不能外錯的預見，就是這本生命之書，就是已認識了他們。

第十六章　新天新地。

審判以後，聖史預言惡人將被罰，亦當提及善人，為此他解說主耶穌簡單所說的：「這些人要進入永罰」（瑪．二十五：46）。亦當解說下面有連帶關係的：「而那些義人卻要進入永生」。「隨後我看見了一個新天新地，因為先前的天與先前的地已過去了，海也不再有了」（默．二十一：1）。以上所說的，將依這程式進行，即看見坐在寶座上的，在他之前，天地都要回避。審判以後，天主將生命書上無名的惡人，罰入永火之中；除非聖神默示，沒有人知道這紋的性質，在世界何處，及其中所有的東西：世界因一切事物消滅將消逝，如洪水時一切滅亡一樣。

因著一切事物的消滅，如我已經說過的，適合我們身體的有朽之物，完全消失，而同樣事物，因著奇異的變換，適合我們不朽的身體，為使宇宙由維新，以適合維新的人身。

至於所說：「海已不再有了」，不易決定是因大火而幹，或變為更好的。我們固然讀過將有新天新地，然而我不記得曾讀過有新的海洋，除非默示錄中所說的：「御座前面有如玻璃海，仿佛水晶。」（默．四：6；十五：2）然而此處非論世界窮盡，亦不論真的海洋，而是像似海洋的事物。雖然所說：「海已不再有了」，能是指上面所說的：「海洋交出其中的亡者。」（默．二十：13）那時被稱為海洋的世界，為世人已不是狂風大浪的險海了。

第十七章　教會永遠受光榮。

聖若望繼續寫說：「隨後我看見了一個新天新地，因為先前的天與先前的地已過去了，海也不再有了。我也看見那新耶路撒冷聖城，從天上由天主那裡降下，就如一位為自己的丈夫裝飾好了的新娘。我聽見由御座那裡有一個大聲音說：『看，天主與人同在的帳幕！他要與他們同住』；他們要作他的百姓，而他要作『與他們同在的天主』；他要由他們的眼上拭去一切眼癧，再也沒有死亡，再也沒有悲傷，沒有哀號，沒有苦楚了；因為先前的都已過去了。坐在御座上的那位說：，我更新了一切。」（默・二一：2—5）

說這城由天而降：因為天主以上天的恩寵造了它，因此天主以依撒意先知的口說：「只有我，上主創造了這事」（依・四十五：8）。由天開始，由天上天主的恩寵，在聖神內以聖洗而得，天主的子民乃加增了。

在公審判時，身體由有朽而進至不朽，天主的恩寵是如此的光榮，不留下任何缺欠的踪跡。我以為主張聖者將與基督為王千年時，獨有下面所說的，是不可靠的：「上主要由他們的眼上拭去一切淚痕，再也沒有死亡，再也沒有悲傷，沒有哀號，沒有苦楚了。」（默・二一：4）誰能糊塗地說：在現世的痛苦中，上帝的子民，或甚至即使是一個聖人，生在世上或曾經生活過的、將要生活的，一生沒有流淚，沒有痛苦？而實際上，一個人愈聖善，就愈容易痛苦。

豈非一位天上耶路撒冷的城民呼說：「我的眼淚竟變成了我晝夜的飲食。」（詠・四十二：4）；「我已哭泣疲憊，每天夜裏，常以眼淚浸濕我的床鋪，常以涕泗流透我的被褥。」（詠・六：7）；「我默不作聲，以免口出惡語，但我的痛楚更因此而加劇。」（詠・三十九：3）豈非天主的子女，受苦痛哭，還期待脫免痛苦；但得聖寵，使死亡為生命所吸收？

有了聖神的特恩，內中期望得天主子女的名分。聖保祿自己為他的同胞以色列人民痛哭悲傷，豈不是上天耶路撒冷的居民嗎？最後，在這城中沒有死亡：「死亡！你的勝利在那裡？死亡！你的刺在那裡？死亡的刺就是罪過」（格前・十五：55）；說在「那裡」時，死亡一定不存在了；然而現在，不是一個上天耶路撒冷的居民，是聖若望宗徒自己在書信中說的：「如果我們說：我們沒有罪過，就是欺騙自己，真理也不在我們內。」（若一・一：8）

在〈默示錄〉中，有許多隱晦的事，以激發讀者的思想；因為不易理解清楚，他乃反覆而論，設法作另一說法時，似乎是在說別的事。然而所說：「上主要由他們的眼上拭去一切淚痕，再也沒有死亡，再也沒有悲傷，沒有哀號，沒有苦楚了。」明顯地是指聖人永遠的不朽，若加以懷疑，在聖經中，就找不到更明顯的事了。

第十八章　聖伯多祿宗徒對公審判的話

現在我們看看聖伯多祿對公審判所寫的話：

「首先你們該知道，在末日要出現一些愛嘲笑戲弄的人，按照自己的私欲往來，且說：『那裡有他所應許的來臨？因為自從我們的父老長眠以來，一切仍舊存在，全如創造之初一樣。』他們故意忘記了；在太古之時，因天主的話，就有了天，也有了由水中出現，並借水而成的地；又因天主的話和水，當時的世界為水所掩沒而消滅了。甚至連現有的天地，還有因天主的話得以珍存，直留到那審判及惡人喪亡的日子，為火焚燒。

親愛的諸位，唯有這一件事你們不可忘記，就是在天主前一日如千年，千年如一日。主決不遲延祂的應許，有如某些人所想像的，其實是祂對你們含忍，不願任何人喪亡，只願眾人回心轉意。可是主的日子必要如盜賊一樣來臨；在那一日，天要轟然過去，所有的原質都要因烈火而熔化；大地及其中所有的工程也都要被焚毀。這一切既然都要這樣消失，那麼你們應該怎樣以聖潔和虔敬的態度生活，以等候並催促天主的日子來臨！在這日子上，天要為火所焚化，所有的原質也要因烈火而熔化；可是，我們卻按照祂的應許，等候義德常住在其中的新天地。」（伯後・三・3—13）

他不提死人的復活，但說足了現世的毀滅。他亦提及洪水時的經過，似乎是勸我們相信這世界，到了時期，亦要終窮；因為他說，世界將消失；不但下地，連上天，即其周圍的氣體亦將消滅。整個流動的氣體，他稱它為「上天」，是下面的，不是上面形成日月星辰的，都將成為液體，與地球一齊毀滅，如以前為洪水毀滅一樣。「甚至連現有的天地，還是因天主的話得以珍存，直留到審判及惡人喪亡的日子，為火焚燒」（伯後・三：7）。所以天地，即世界，曾為洪水所滅，在公審判時及惡人受罰的日子，將為火所焚燒。

不可豫疑說，惡人將喪亡，然而本性仍然故我，雖然在痛苦之中。可能有人要問說：「若在公審判後，建立新天地之前，現在的世界將被焚毀，那麼火燒時，聖人將站在何處？因為凡有身體的，就當在一物質的場所。」

我可答說：他們站在高處，能不為大火的煙所薰，如以前未被水所淹一樣。聖人的身體，能在所願的任何處。他們已是不朽的，不怕這大火了，就如達尼爾及其同事三人，能不被炎火所侵害一樣。

第十九章 聖保祿宗徒給撒羅尼人所寫，假基督出現，基督即隨之而來。

為不使本書太長起見，當撇下許多聖史及宗徒們對公審判所寫的，然而不能不提及聖保祿宗徒寫給得撒洛尼人的書信：

「兄弟們！關於我們的主耶穌基督的來臨，和我們聚集到祂前的事，我們請求你們，不要因著神恩，也不要因著言語，也不要因著書信，似乎全出於我們，好像說主的日子迫近了，就很快受到搖亂，失去理智或驚慌失措。不要讓人用任何法子欺騙你們，因為除非那背叛之事先來，以及那罪惡之人，即喪亡之子被啟示出來。他是敵對者，且高舉自己在各稱為神或受崇拜者以上，以致要坐在天主的殿中，宣佈自己為神主的日子還不會來到。

你們不記得我還在你們那裡時，給你們說過的這些事嗎？你們也知道現今那阻止的，叫他在自己的時辰才出現。因為罪惡的秘密已經在活動，只等如今這阻止者一由中間被除去，那時那無法無天的人就要出現。主耶穌卻以自己口中的氣息要殺死他，且以自己來臨的顯示把他消滅。那人一來臨，借著撒殫的力量，具有各種德能，行欺詐的奇蹟異事，為那些喪亡的人具有各種違法的誘惑，因為他們沒有接受愛慕真理之心，以能拯救自己。為此天主給他們放出一種具有誘惑的力量，叫他們相信謊言，為使一切不信真理而喜悅違法的人受裁判。」（得後・二：1—11）

沒有人疑惑聖保祿宗徒，說這些事時，是說假基督及公審判日子，他稱它為主的日子，在背叛天主的人來之前，它是不會到的。這類事可對所有惡人而言的，何況對這個背叛天主的人呢！

他在天主的什麼聖殿中，建立自己的寶座，則不一定；是在傾頹的撒羅滿王所造的聖殿中，或在教會內？他一定不稱邪神的廟宇為天主的聖殿。為此有人以為在此處，假基督不但是真領袖，也是全體，即所有屬於他的人。

他們以為用拉丁話，更好照希臘文的口吻，更能表達出意義，他不坐在聖殿中，而如「聖殿」（Intemplum），即他自己就如天主的聖殿，即「教會」。他之後所說的：「你們也知道現今那阻止的」，就是他遲來的原因，「叫他在自己的時辰才出現」；他不願明白說出，因為他們已經知道。但是我們不知道他們所知道的，願意努力知道聖保祿宗徒願意說的，然而不能達到目的，因著下面的話，意義更不清楚：「因為罪惡的秘密已經在活動，只等如今這阻止者一由中間被除去，那時那無法無天的人就要出現。」

我坦白承認不知聖保祿宗徒所願說的，但我可說出我所讀過或聽過人們的推測。

有人以為是羅馬帝國：聖保祿宗徒不願明白說出，使人不要誣告他侮辱帝國，因為當時人以為羅馬帝國是永遠的。他們以為所說：「罪惡的秘密已在活動」，是暗示尼祿（Nero）皇帝；信友因他的行事，推測他為假基督。為此有人以為他當復活，成為假基督；有人不信他被害，是被搶走，使人相信他已被害；有人則以為他正當年富力強時隱藏起來，在適當時期重新出現，登上皇位。

我以為這類推測，荒誕不經。但聖保祿宗徒所說：「只等如今這阻止者一由中間被除去」，可信為羅馬帝國，似乎是說：「現在出命令者，繼續出命令，直至由中間被除去，那時無法無天的人就要出現」；沒有人疑惑他就是假基督。

別的人相信所謂：「你們也知道現今那阻止的叫他在自己的時辰才出現，因為罪惡的秘密已經在活動」，是是指教會中的惡人，直至人數相當多，形成假基督的人民；是罪惡的秘密，因為是暗中。他們說聖保祿宗徒勸信友在信仰上要有恆心說：「只等如今這阻止者一由中間被除去」，即直至秘密的罪惡由教會中除去。

他們以為聖史若望在書信中所說的，也是指這秘密：「孩子們，現在是最末的時期了！就如你們聽說過反基督要來，如今已出了許多反基督，由此我們就知道現在是最末的時期了。他們是出於我們之中的，但不曾屬於我們，因為如果曾屬於我們，必存留在我們中，但這是為顯示他們都不是屬於我們。」（若一・二：18—19）

聖若望所稱的最末時期，由教會中出了許多異教人，他稱他們為假基督，他們就說：那時凡不屬基督，而屬假基督的，都要出來。

所以有人這樣解說，別人那樣解說聖保祿宗徒的晦隱字句，但他一定說過，若假使基督不先來誘惑罪人，在天主的預見中，他們將被他所誘惑，基督就不會來審判生者死者。如所說的：「那人一來臨，借著撒殫的力量，具有各稱德能，行欺詐的奇蹟異事，為那些喪亡的人具有各種違法的誘惑。」（得後・二：9—10）那時撒殫將被釋放，因著祂，假基督做許多奇異的事，但是假的。我們不知道這些奇蹟異事被稱為假的，是假基督以幻想欺騙人的五官，似乎在做未曾做的，或者是真奇蹟，哄騙不知魔鬼能力的人，他們以為非由天主的贊助，魔鬼不能行此奇蹟。

由天降火，一轉瞬間，毀滅了約伯聖人的全家人及羊群，或狂風怒吼，吹倒了房屋，壓死其子女，一定不是幻想，而是撒殫的工作，天主給了他們這種能力。

那時明顯地露出為何這些異能異蹟是假的。無論因已說過的任何理由，「那些沒有接受愛慕真理的心，為能拯救自己」，終被誘惑。為此聖保祿宗徒又添上說：「為此天主給他們放出一種具有誘惑的力量，叫他們相信謊言。」（得後・二：11）

天主准許魔鬼做出這類事，雖然他心不懷好意，去做這事：「為使一切不信真理而喜悅違法的人受裁判」，受裁判的將被誘惑，被誘惑的將被裁判。受裁判的，是被天主暗中公正的審判所吸引，他自第一罪惡後，就不斷審判人，被誘惑的，將受耶穌基督公正法官的最後審判，他自己反被人不合公正地判決了。

第二十章　聖保祿宗徒在得撒洛尼前書中，對死人復活的意見。

聖保祿宗徒在〈得撒洛尼前書〉中寫說：

「兄弟們！關於亡者，我們不願意你們不知道，以免你們憂傷，就像其他沒有望德的人。因為我們若是信耶穌死了也復活了，這樣天主也要領那些死於耶穌內的人同他一起去。我們用主的話給你們講這事：我們這些活著還存留的人，到主來臨時絕不比死過的人先到。因為在發命時，在總領天神的吶喊和天主的號角吹響時，主要親自由天降來，那些死於基督內的人先要復活，然後我們這些活著還存留的人，同時與他們一起要被提到雲彩上，到空中迎接主。這樣，我們就時常同主在一起。為此，你們當用這些話彼此安慰。」（得前・四：13—18）

聖保祿宗徒的這些話，明顯地預言，主基督來審判生死者時，死者將復活。但普通常問基督來時，尚生活的人，聖保祿及同時人亦可能在其中，總不會死，或者與復活起來的人，被提至雲彩之上，去歡迎基督，由死亡中迅速地而至不朽。所謂：「這樣，我們常同主在一起」，不可理解為與主常在空中，因為可能在空中死去活來。

主亦不常在空中，他來後就去。所以我們去歡迎來臨的主，而不是常在的主，「我們常同主在一起」，就是我們將有永久的身體，與他到處在一起。

聖保祿宗徒自己亦給我們解說這幾句話，基督來時尚活著的人，亦將死亡，然後在瞬息間，可得不朽說：「在基督內眾人都要復活。」（格前・十五：22）在論肉身復活時又說：「你所播的種子若不落在地裡先死了，絕不得生出來。」基督來時，尚活著的人，若不死亡，由於不朽，將與他一起復活，而另一處卻說：「你所播的種子若落在地裡不先死了，絕不得生出來。」或者不能說：死了的人，回至地下，照原祖犯罪後，受了罰說：「直到歸於土中，因為你是由土中來的。」（創・三：19）他們播下了種子。

該當承認基督來時，尚未與身體分離的人，不包含在聖保祿宗徒及〈創世紀〉的言語之中，因為被提至空中，並非播種，亦不回至土中，他們或者根本不死，或者在空氣中暫時死亡。同一聖保祿宗徒，對格林多人論亡者復活時，能幫助我們：「眾人都要復活起來」，或如其他抄本所說：「眾人都將死亡。」

若沒有死亡，就不會有復活，此處所謂睡覺是指死亡而言。若基督來時，尚活著的人，不死亡，亦不復活起來；若我們相信，基督來時，尚活著的人，將提至空中歡迎基督；在出神後，又立刻與他結合，因為已成為不朽的人了；在聖保祿的言語中，就不成問題：「你所種的，若不死去，就不會有生命」，或別處所說，「眾人都復活起來，或眾人都死亡」，因為若不先死去，就得不到不朽之恩。

雖然暫時死去，但是實在的，亦會享有不朽之恩。似乎不可相信眾人的身體種在空中，以便復活後就成為不爛不朽的，若我們相信同一宗徒明明說的，即復活是瞬息間的事，古代的死屍，亦很容易、迅速地復活起來，永久生活著。

我亦不信這些聖人，不受人當受的罰，「你原來是土，將來還要歸於土」，若在他們死時，他們的肉身沒有埋葬，但被提到空中死去，同樣，他們提至空中時，亦能復活起來。

「歸於土中」是指：失去生命後，你要去以前的地方，你以前有生命，現在卻沒有了。天主向宇宙吹生命之氣，於是人成為活人，似乎是說：大地有生命，這是你以前所沒有的，你將無生命，以前你曾有過。在死屍臭爛前已有了，無論死在何處，沒有了生命，但很快地就要有它。

這樣，回至土中，因為由有生命的人成為灰土，變為灰土的，便是灰土，老人就是老了，陶器就是由陶土而成等。現在我們只能猜想，那時卻知道得更清楚。我們若願意是信友，就當相信基督來審判生死者時，死人就要在肉身中復活起來。即使我們不能完全懂透如何復活，我們的信仰也不是虛偽的。現在依照需要，如我所許的，要說先知書中，對天主的審判說了什麼。

第二十一章　依撒意亞先知對亡者復活及公審判的意見。

依撒意亞先知說：「你的亡者將再生，他們的屍體要起立：你們甦醒歌詠，睡在塵埃的人啊！因為晶瑩的朝露，是你的朝露，大地也會將幽靈拋露。」（依・二六：19）上面的話，是關於聖人的復活。最後一句，「大地也會將幽靈拋露：「是是指惡人的身體將受罰。

若我們願意仔細研究善人的復活，當為第一次復活，「你的亡者將再生」，下面的話，「他們的屍體要起立」，是是指第二次復活。若我們再研究主來時，尚生活的人，可將下面的話歸於他們，

「因為晶瑩的朝露，是你的朝露，大地也會將幽靈拋露」。

此地「朝露」正指長生不老，不需要飲食，如每日的藥品。為此同一先知，在審判之日，使善人有希望，惡人恐懼說：

「因為上主這樣說：看哪！我要在她身上廣賜和平，有如河流一般。我要賜給她異民的光榮，好似泛濫的河流。她要將她的乳兒抱在懷中，放在膝上搖擺。就如人怎樣受母親的撫慰，我也要怎樣撫慰你們，你們必要在耶路撒冷受安慰。你們見到這種情形，你們的心必要歡樂，你們的骸骨必要如青草一般的茂盛，那時上主的手必要顯示給他的僕人，他的憤恨必要向他的敵人發洩。

因為，看哪！上主乘火降來，他的車好似暴風一般，他要在狂飆中發洩他的怒氣，在火焰中施展他的威嚇。因為上主要用火及刀劍審判所有的血肉，許多人將被上主所擊滅。」（依・六十六：12—16）。

「和平猶如河流」，是指最大的和平。在上卷我已長篇大論，談過這猶如河流的和平，我們一定可受它的灌溉。上主說祂將使這河流傾向祂應許幸福的人，即在天上，一切事物，將為此河所灌溉。但因不朽的和平亦將普及地上的身體，先知說天主使這河由上而下，使人像天使。這樣，我們不可認為耶路撒冷為婢女與其子女，而應是我們自由的母親，照聖保祿宗徒，她永遠在天上。在那裡，經過勞苦憂慮後，我們將受安慰，將如嬰兒一樣，被背在肩上及放在膝上。我們雖然粗野，又無經驗，然而和平仍要助佑我們。

在那裡我們將看見，心中喜悅，並沒有說我們將見何物，一定是天主，以便使福音所應許的，在我們身上應驗：「心裡潔淨的人是有福的，因為他們要看見天主。」（瑪・五：8）還有許多我們現在不見而信的，照人性的可能，我們設想它比實際上更小：「你們看見後，心中要喜悅。」此地你們相信，那裡你們將要看見。

所說：「你們的心中要喜悅」，是使我們相信天上耶路撒冷的福樂，不但是精神方面的，乃添上說：「你們的骸骨必要如青草一般的茂盛」，這是簡單地提及肉身的復活，述說尚未說過的。肉身的復活，不是我們看見時才有，是復活後，我們才會看見。

我們已說過新天新地，並屢次用各種形式，提及應許聖人們的事情說：「因為，看哪！我要造一個新天和一個新地，先前的沒有人記憶，沒有人關心。人們將因著我所造成的喜悅，歡樂直到永世，因為，看哪！我要造一座喜悅的耶路撒冷，使她的人民為歡欣的人民。我要因耶路撒冷而喜悅，因我的百姓而歡欣，其中再聽不到哭泣和哀號的聲音。」（依・六十五：17—19）

還有其他的事，有人將它歸於千年肉身的娛樂。先知往往將寓意與正文混在一起，使人辛苦研究後，達到正當求知的願望。懶惰愚蒙的人，只懂《聖經》的皮毛，以為不必加以更深的研究。我上面對先知預言所說的，已足夠了。

此地說了，「你們的骸骨必要如青草一般的茂盛」，是為指出天主記得善人的復活，所以加上說，「那時上主的手必要顯示給他的僕人」，這是什麼？是天主將朝拜他的與輕視他的人分開，為此說，「他的忿怒必向他的敵人發洩」，或如《聖經》的注解者所主張，以為是不信天主的人。

「因為，看哪！上主乘火降來，祂的車好似暴風一般，祂要在狂飄中發洩他的怒氣，在火焰中施展祂的威嚇。因為上主要用火及刀劍審判所有的血肉，許多人將被上主所擊滅。」

說在火中，暴風內，用刀劍，是說審判的刑罰，上主將如火一般的來臨，為他們施刑罰。「車」

用多數，是是指天使。下面的話：「上主要用火及刀劍審判所有的血肉」，不但是指天使及聖人，也是指世人及肉慾的人，「他們只思念地上的事」（斐・三：19）；「原來肉身的思念招致死亡」（羅・八：6），天主又稱他們為血肉說：「人既屬於血肉，我的神不能恒久住在人內」（創・六：3）；「許多人將被上主所擊滅」，是說他們將有第二次的死亡。

火、刀劍、打擊，亦可以善意解說。吾主耶穌曾說將火帶至世上（路・十四：49）；「有些散開好像火的舌頭，停留在他們每個人的頭上」（宗・二：3），是說聖神降臨。

吾主耶穌也說：「我來不是為帶和平，而是帶刀劍。」（瑪・十：34）《聖經》稱天主之言為：「比各種雙刃的劍還銳利。」（希・四：12）在雅歌書中，說聖教會為愛情所傷。我們讀到或聽見吾主耶穌將來審判，其意義是很清楚的。然後簡單提及在審判時要受罰的，就是惡人，以古教的禁止食品指出，由基督降生開始新約的恩寵，直至我們現在討論的公審判。因為吾主耶穌曾說要來召集所有的人，看見他的榮耀，如聖保祿宗徒說的：「因為所有人都犯了罪，都失掉了天主的光榮。」（羅・三：23）並說將給他們留下標記，看見它後就會相信天主，將派被救的人至各國及遠島中，那裡總沒有聽過天主的名字，也沒有見過他的榮耀。當將自己的榮耀報告萬民，將兄弟以色列人民帶至天主聖父前。

由萬方各國，都將車馬，當做禮物，送給上主。所謂車馬，是天主因天使或人的助佑，在聖城耶路撒冷城中，它因著聖善的信友，已傳至普世。人得了天主的助佑，當相信的地方就來相信。

天主將他們比作真正的以色列人民，他們在聖殿中，給他奉獻祭品，彈琴唱歌，如現在主教到處所做的，並在其中揀選司祭及輔祭的，這是我們看到所實行的。

現在我們看見司祭及輔祭的選擇，不照肉身的關係，如以前照亞巴郎的支派。而在《新約》中，是照默基色德的程式，最高的司祭為基督，各人依其功德而當選。他們當重視的不是名稱，因為不肖者亦可獲得，而是聖德，這在善人與惡人中是不同的。

說了我們大家所知的天主的仁慈後，他應許人因著公審判，而達到目的，將善人與惡人分開，天主以先知的口對上主說：「因為，就如我所創造的新天地，怎樣在我面前存在，你們的後裔與你們的名字也要怎樣存在，這是上主的話。將來每逢月朔，每逢安息日，凡屬血肉的都要來到我面前跪拜。這是上主所說的。他們必要來觀看背叛我們人的屍體，因為他們的蟲總不會死，他們的火總不會滅，他們為一切屬血肉的人將是一種可憎之物。」（依・六十六：22－24）

依撒意亞先知結束自己的書，亦結束了現世。有人不稱做：「人的肢體，而是男人的死屍」，以死屍來代替肉身的罰，雖然普通稱沒有生命的身體為死屍。他們將是有生命的，不然就不能受苦，除非我們不能稱第二次死亡人的身體為死屍。

由此，同一先知說，我已提及過，惡人的土地將消失。誰不知道拉丁文「cadavera virorum」（carcases）是由墜下（cadere）而來？任何人不能說，在這刑罰中，沒有女子，但特別是為男人的，因為更健壯，也是因為女人由男女肋骨造成，所以可包括二者。但更重要的，是對善人亦說：「所有的人都要來」，因為這個民族由各民族而來，不是全體，因為有許多人已在受苦，如我開始時說的，以肉身稱善人，以肢體或死屍，來是指惡人，並謂將來的審判，在肉身復活後，當有信仰，為事物名字所證實，善人與惡人總當分開。

第二十二章　聖人如何去看惡人受罰。

善人如何出去看惡人受苦？豈該離開享福的地方，動身至受苦處，去看惡人的刑罰嗎？不，以知識去，為此《聖經》上說受苦者是在外面。（瑪・二五：30）為此吾主耶穌稱這地方為外面的黑暗，這與善人的正相反：「進入你主人的福樂吧！」（瑪・二五：21）不要想惡人入內，為使人認識他，是善人因著知識，認識外面的。受苦的人，不知內裡做什麼，而享受福樂的，卻知道外面黑暗中所行的一切。說出去，因為去認識外面的人。

若先知能知道尚未實現的事情，因為他們心中有天主，則聖人豈不知道已做了的事？天主是在一切事物中。聖人的後裔及名字是在福樂中，對後裔聖若望說：「因為天主的種子存留在他內。」（若一・三：9）對名字則依撒意亞說：「我要賜給他們一個永久不能泯滅的名字。」（依・五六：5）；「將來每逢月朔，每逢安息日，凡屬血肉的，都要來我面前跪拜。」（依・六十六：23）他們由這古舊暫時的黑暗中，進入永久新的光明時，將有以上的一切。

對於不熄的火及蟲則解說不一。有人將二者皆歸於肉身，別人歸於靈魂，也有人以為火以本意歸肉身，蟲則以象徵意義歸於靈魂，這似乎更為可信。現在沒有時間討論其中的分別。在本書中論最後審判，善人與惡人分開，下次再更詳細地討論賞罰問題。

第二十三章　達尼爾預言假基督的教難，天主的審判及聖人的王國。

達尼爾說了假基督將來臨後，乃述說聖人的永遠王國。他預見四隻野獸，是指四個國家，其中第四個為一位君王所勝，他就是基督，最後是人子的永遠王國，他繼續說：「我達尼爾因此事心中憂戚，我腦中的奇象煩擾著我。我遂走近侍立者中的一位，詢問他這一切事的究竟，他給我講述了。」（達・七：15）然後他將由所問的人那裡聽到的寫道：

「這四個巨獸是由世界上將興起的四位君王。至高者的眾聖者將承受那國家，要永遠佔有那國家，直至萬世無窮。那時我願知道關於那第四個獸的究竟，因為它與眾不同，非常可怕，鐵牙銅爪，吞噬撕裂，又用蹄子踐踏所剩餘的，又願知它頭上的那十隻角，和所生出的一隻，以及這角前面所脫落的三隻，還有那有眼睛和有誇大的口的角，這角似乎大於它同類的角。我正觀看時，這角正與眾聖者交戰，竟戰勝了他們，直到那萬古長存者降來，為至高者的聖民申冤。於是期限到來，眾聖者就取得了王權。」

達尼爾說，這是他所問的事，他又寫下他所得的答覆：

「第四個獸是指由世界上將興起的第四個國，它與所有的國不同，它要併吞天下，加以蹂躪和粉碎。十隻角，是指由這國中所要興起的十個君王。他們之後，另興起一位，與前者不同，他要制伏三個君王。他要說褻瀆至高的話，要滅絕至高者的聖民，企圖改易慶節和法律，聖民要被交與他手裏直到一個時期，另外兩段時期和半段時期。然後審判者要開庭，必奪去他的治權，將他毀滅消除，直到永遠。必將王位，治權和天下萬邦尊威賜給至高者的聖民。他的國是永遠的國，所有的權能都要侍奉他，服從他。敖述至此為止，我達尼爾心中十分煩亂，我的面色大變，但我仍把這事存於心中。」（達・七：17—28）

有人願意這四個國家是亞述、波斯、馬其頓及羅馬帝國。誰願知道什麼人如此解說，可讀熱落尼莫司鐸謹慎廣博地書寫的《達尼爾》一書。誰讀到了這類事，就是走馬觀花，也不能疑惑是論假基督的國王，它雖只是一時，但要難為天主的教會。

一時期、多時期、半時期，等於一年、兩年、半年，即三年半，由後面的日子也顯明如此。有時在《聖經》中，連月亮也指出。此處時期在拉丁話中未加規定，但為多數，這是拉丁文中所無的，而希臘文及希伯來文皆有之，所以時期是指二期。

我承認，對十個君王，為假基督遇到的不同的十個人，我們能有錯誤，我以為即使羅馬帝國還沒有十個君王，他亦會來的。十的數目，是指所有的君王，以後假基督便來到，如千、百、七等是指整數一樣。

在另一處，達尼爾又寫說：「那將是一個患難的時候，是自有民以來直到那時所未有過的。到那時你的百姓，即凡登錄在那書上的都要得救。許多睡在塵土中的人要醒起，有些要入於永生，有些要受永遠的羞辱和侮慢，賢明者要發光如蒼天的輝煌，引導多人得正義的人，要永遠有若星辰。」（達・十二：1—3）此處與《福音》很相似，至少對於肉身復活方面。

因為《福音》所說：「在墳墓裏的」（若・五：28），達尼爾先知稱：「睡在塵土中的」，或如別人解說在灰土中的。「行過善的，復活入常生；作過惡的，復活受審判」（若・五：28），這裡則說：「有些要入於永生，有些要受永遠的恥辱和侮慢。」

若《聖經》上說：「凡在墳墓裏的」，而先知卻說，「許多睡在塵土中的」，因為《聖經》上有時用：「許多」，以是指全體。

天主對亞巴郎曾說，「因為我已將你立為萬民之父」（創・十七：4），而在另一處卻說，「因著你的後裔，天下的萬民，將獲得祝福」。（創・二二：18）

寫復活後，達尼爾先知亦繼續說：「你應去等候結局，好好安息！到末日，你要起來享受你的福分。」（達・十二：13）

第二十四章　達味聖詠中預言世界窮盡及最後審判。

在《聖詠》上對公審判說了許多事情，但大都簡單，偶然提及而已。但它明顯說的，不能放過：「你自古建立了大地的根基，諸天也是你雙手的化工。天地有毀，你卻長存。一切如衣服，都有腐舊，你如更換衣服將它們更換，它們就都改變。至於你，你常依照你的歲月，無有終期。」（詠・一〇二：25—27）

為何波菲利讚美希伯來人的宗教，因為朝拜偉大的真天主，威嚴對待諸神，但對信友，卻以新的讖語，指責信友糊塗，因為他們說這世界將窮盡。在希伯來人的《聖經》中，照這位大哲學家的意見，大家都敬畏這位神，他說：「諸天也是你雙手的化工。」諸天會消逝，宇宙豈不同歸於盡？諸天是最高，在最穩固的地方。若這論調，不中游維神的意思，為更有價值起見，乃以他的讖言，控訴信友殘忍，為何不控告希伯來人的糊塗，在他們的書中，可以找著它。

若波菲利讚頌它的智慧，竟用諸神的讖語讚頌說，「諸天將逝去」，因為這是糊塗，在信友的信仰方面，在別事之中，相信世界將毀滅，因為若世界將消逝，諸天就不會消毀嗎？在我們的《聖經》中，無論是福音及宗徒的書信中，都說：「這世界的局面正在逝去。」（格前・七：11）；「世界逝去」（若一・二：17）；「天地都要逝去」（瑪・二四：35）。我以為逝過，將逝去，語氣比其他的都要婉轉。

在聖伯多祿的書信中，說當時的宇宙為水所淹而滅亡，相當明顯，世界的那一部份將消滅。如何消滅，何種人在審判的日子，及惡人在審判時將被火燒死，稍後乃寫說：「可是主的日子必要如盜賊一樣來臨。在那一日，天要轟然過去，所有的原質都要因烈火而溶化，大地及其中所有的工程也都要被焚毀。」稍後又說：「既然一切消逝，你們當如何？」（伯後・三：10—11）

由此可得結論到，為火焚燒的諸天將消逝。在世界下面，混亂的世界部份將逝去；而在最高處的天中，滿布星辰，則當無恙。

《聖經》中對天上星辰墮落，可別樣理解，證明諸天尚存在。若星辰墮落，為象徵意義，這是比較可信的，或真要在這低處墮落，則又何等奇妙。維吉爾的星大發光亮，去躲在西爾凡樹林中。但上面〈聖詠〉的話，似乎說諸天都要消逝，因為〈聖詠〉上說：「諸天是你手中的工程，將要消逝」，一切的星辰，屬天主的全能，亦要消逝。

波菲利及其弟子不引用所恨聖伯多祿的話，以證明神的讖語，所承認的希伯來人的意見，整個世界不致毀滅。所謂：「他們要毀滅」，是以部份代替全體，只是天的下層當毀滅。在聖多祿宗徒的信中，說世界將由洪水毀滅，雖然只有天的下層將毀滅，亦是以部份代替全體。

但主張整個人類不能因任何水火所滅的，不用上面的著作，如我已說過的，他們不贊成聖伯多祿宗徒的意見，只得申明他們的神亦贊成希伯來人的意見，因為他們沒有讀過〈聖詠〉上的話。

〈聖詠〉第四十九篇亦提及最後審判說：「我們的天主來臨，絕不會默默無聲；吞噬的烈火在祂前面開道，旋轉的風暴在祂四周怒號。祂呼喚了上乾下坤，要審判自己的人民：『你們應當給我聚集起虔敬我的人，就是那以犧牲與我訂立盟約的人。』」（詠・五十：3—5）

我們將這一切歸於吾主耶穌，他要從天降臨審判生者死者。因為他先悄然降世，受惡人的審判，他要公開地降來，以審判善者惡者。我說他要公開地降來，且不緘默，即以法官的身份而來。他先悄然而來，在法官前一言不發，如羔羊一般，被牽去作犧牲，如依撒意亞先知所預言的，（依・五三：7）我們在《福音》中看見它已應驗了。（瑪・二六：63）

我論依撒意亞先知時，已經說過當如何解釋火及暴風。所謂：「他招呼上天」是聖人及義人可稱為的上天，等於聖保祿宗徒所說的：「然後我們這些活著還存留的人，同時與他們一起，要被提到雲彩上，到空中迎接主。」（得前・四：17）

為何照字句的意義，稱為上天呢？豈有另外的天？「下地審判自己的人民」是包括：「呼」一語，即呼地，不包含下面，當解釋為：天是與他一同審判的人，地是受審判的人。「招呼上天」不當解為提至空中，當解為至審判座位，或招呼天使至高處，同他們降世審判。

「招呼下地」可理解為：招呼世人受審判。以後說：「下地」當理解為二者，即招呼至上面，其意義即為：「招呼上天下地」，我以為最好理解為人將被提至天空歡迎基督，上天指靈魂，下地是指肉身。

「審判自己的人民」有何意義？豈非將善人與惡人分開，如將綿羊與山羊分開一樣嗎？因此向天使說，「將聖者聚集攏來」，這樣重要的事，當由天使執行。

若問天使當聚集何種善人，是：「以祭品與他立約的人」，這是聖人一生所做的：以祭祀與天主立約。因為慈善事業，是在祭祀之上，或在祭祀之前，照天主的意見說：「因為我喜歡仁愛勝過祭獻。」（歐・六：6）或者：「在祭獻之上」有在地上之意，那麼仁愛的事，就是悅樂天主的祭獻，如我在本書第十卷中所說的。義人用這種行為與天主結約，因為他們是依《新約》中所應許而行的。

義人在右，基督最後審判時要對他們說：「我父所祝福的，你們來吧！承受自創世以來，給你們預備了的國度吧！因為我餓了，你們給了我吃的。」（瑪・二五：34）及其他一切在最後審判時，法官所說，有關善人所行的慈善事業及其酬報等。

第二十五章　瑪拉基亞先知對最後審判的預言，及因痛苦而得潔淨。

瑪拉基亞（Malachias）先知，亦稱為天使，熱落尼莫司鐸說照希伯來人的意見，可能是厄斯德拉（Ezra）司祭，他的其他著作，亦列入《聖經》之內。

他對最後審判寫說：「看哪！我要派遣我的使者在我面前修平道路。你們所尋求的主子，即你們所渴慕的那監約的使者，必要忽然來到自己的殿宇中。的確！他必要來臨！萬軍的上主說，對他來臨的日子，誰能支援住？在他發顯時，誰能站得住？因為他像煉金的火，又像漂布者的鹵汁。他坐著好像熔化和精煉銀子的人，他淨化肋未的子孫，精煉他們像金銀一樣，好使他們能懷著虔誠向上主奉獻祭品。這樣，猶太和耶路撒冷的祭品悅樂了上主，就像昔日和古代。那時，我要為了裁判接近你們，我要當一個敏捷的證人反對術士，姦淫者，發虛誓者，並反對那壓榨傭工，

寡婦和孤兒的人，也要反對欺淩外方人，而不畏懼我的人——萬軍的上主說。因為我，上主決不改變。」（拉・三：1—6）

由上面所說的，顯然在審判時，為有些人當有贖罪的罰，因為所說的：「對他來臨的日子，誰能支援住？在他顯現時，誰能站得住？因為他像煉金的火，又像漂布者的鹵汁。他坐著好像熔化和精煉銀子的人，他淨化肋未的子孫，精煉他們像金銀一樣。」如何能用另一種方式理解？依撒意亞先知亦說過相似的話：「就是吾主將借公正的神，毀滅的神，洗淨熙雍女兒的污穢，滌除耶路撒冷的血漬的時候。」（依・四：4）

除非該說將由他們的污穢煉淨，融化，因著審判，將惡人分出，他們受罰，就是他們的煉淨。但所說：「他淨化肋未的子孫，精煉他們像煉金銀一樣，好使他們能懷著虔誠向上主奉獻祭品。這樣，猶大和耶路撒冷的祭品悅樂上主。」（拉・三：3）無疑的，指出虔誠的祭獻，悅樂天主，他們將由不公義中煉淨，因為它使他們不悅樂天主。

他們潔淨後，將成為完全的祭品，他們能獻比自己更中悅天主的事物嗎？但為更詳盡地討論煉獄的痛苦問題，我以後再說。

猶大及耶路撒冷的子女，是指天主的教會，不但由希伯來人，且由所有的人形成，但不如現在一樣：「如果我們說，我們沒有罪過，就是欺騙自己，真理也不在我們內。」（若一・一：8）而如那時一般，由最後審判洗淨，如空氣為風所淨，凡需要潔淨的，都由火所燒淨，就沒有人再為自己的罪過而行祭獻了。凡奉獻祭祀的人，都是罪人，是為得罪赦，使舉行祭獻後，中悅天主而得罪赦。

第二十六章　聖人所獻的祭祀悅樂天主，如古代的祭獻悅樂祂一樣。

天主願意指出，那時在耶路撒冷城中已沒有這種習慣了，乃說肋未的子孫奉獻正義的祭祀，不在罪惡中，所以亦不為罪惡。由下面的話：「猶大和耶路撒冷的祭品悅樂上主，就像昔日和古代。」（拉・三：4）可指出猶太人，白白地等候古教時代的祭獻再回來。

當時不奉獻正義的祭品，而奉獻罪惡的祭品，特別是為罪惡而祭獻。司祭自己，本當比別人更好，但依天主的命令，他先該為自己的罪惡獻祭，然後為人民的罪惡做祭獻。

為此我當解釋說：「就像昔日和古代」，可能是指人類尚在樂園的時代，當時他們天真爛漫，無絲毫罪惡，將自己作為潔淨的祭品獻與天主。但因原罪，原祖被逐出樂園，人類也有原罪，獨一救世主除外，及兒童在領洗之後，如《聖經》上說的：「誰能使潔淨出於不潔之中？沒有一個人。」（約・十四：4）

若有人答說：在信仰中奉獻的人，就可說在公正中做祭獻，因為：「義人因信德而生活」（羅・一：17），雖然若說自己沒有犯罪，是哄騙自己，所以不當說生活於信德，誰能說這信仰的時代，能與最後審判的火，煉淨奉獻公正祭獻的人比較。

該當相信在潔淨後，義人已沒有任何罪過了。一定的，這個沒有罪惡的時代，不能與原祖在犯罪之前，在樂園中幸福地生活著比較。所以所說的：「就像昔日和古代」，正指這時。天主應許了新天新地後，亦因著依撒意亞，以象徵預言了聖人的福樂說：「因為我的百姓的壽數有如樹木的年數。」（依・六五：22）為避免冗長起見，我不加以解說。

誰讀過《聖經》，就會知道天主在何處植了生命之樹，因著原罪，天主將原祖逐出樂園，離開生命的果子，並以火劍衛護生命之樹。（創・三）若有人以為依撒意亞所說的樹木的年數，不是基督教會的日子。基督自身亦被稱為生命之樹，因為他是天主的智慧，撒羅滿說：「又是持守她的生命樹。」（箴・三：18）

原祖在樂園時期不長久，沒有生過子女，就被逐出，為此不是所謂：「昔日和古代」，我且將這問題撇下，不要辯論每一問題。我還看出另一意義，使我們不要相信先知所允許的祭獻犧牲的古時代，是最大的恩賜。古教的祭品，無論如何，當是純潔無瑕的，是象徵末日的祭品。聖人不朽的身體及心靈的潔淨，已為犧牲所預象了。

對那些不堪煉淨而當罰的，瑪拉基亞先知說：「那時，我要為了裁判接近你們，我要當一個敏捷的證人，反對術士，姦淫者。」（拉・三：5）。說了當罰的罪惡後，他又加上說：「因為我，上主決不改變。」（拉・三：6）好像說：你們雖因罪惡變得更壞，但由我的恩寵所救，我不會改變。然後天主說自己的證人，因為他審判時，不需要證人。證人已準備好了，或因他忽然來臨；或因不等候他的時候，他忽然降來，緊急審判，雖然似乎尚當等候很久；或因不用辯論，良心就暴露出來：「惡人的企圖將受審問。」（智・一：9）

聖保祿宗徒亦說：「因為他們的思考或彼此互相控告自己有罪，或者也辯護自己無罪，這事也必要彰顯在天主審判人的隱秘行為的那天，依照我的福音，這審判是要借耶穌基督行的。」（羅・二・15—16）這樣，亦可說主耶穌是準備好的證人，因為他立刻使人記起他聽要控告的，乃要加以責罰。

第二十七章　善人與惡人分開，最後審判的決案。

我在本書第十八卷中，所引用瑪拉基亞先知的話，也與最後審判有關，他說：

「他們屬於我——萬軍的上主說——在我執行之日，他們算是我的產業，我要憐愛他們，像一個憐愛那孝順自己的兒子。你們重新要看出義人與惡人的區別，侍奉天主與不侍奉的人的區別。」（拉．三：17—18）。

「看哪！因為那日子來到，像烈爐熾燃，驕傲人和作惡的人都成了草稭。到那一日，要燃燒他們——萬軍的上主說給他們不再留下根子和枝子。為你們這些敬畏名字的人，要升出正義的太陽，在它的翼下有安寧。你們要跳躍著出來就像出棧的牛犢。在我執行之日，你們要踐踏惡人，因為他們在你們腳底下好像塵埃——萬軍的上主說。」（拉．三：19—21）

賞罰不同，將善人與惡人分開，在現世看不出來，但公義的太陽，照耀世界，將顯示每人的生活，那時要進行從未有過的審判。

第二十八章　梅瑟的律法，當以精神去懂，以免用肉慾的觀念去批評。

它同一先知瑪拉基亞所說：「你們要紀念我僕人梅瑟的法律，即我在曷勒布山上向他對全以色列所命令的誡命和章程。」（拉．三：22）

此處適當地提及命令與章程，說守法律與不守者有大區別，並使人以精神意義去瞭解律法，以能找到基督，他要將善人與惡人分開。

吾主耶穌自己曾向猶太人說：「若是你們相信梅瑟，必會相信我，因為他指著我曾寫過。」（若．五：46）但是因為他們以物質觀念去懂律法，不知道天主的應許，是上天事物的象徵，乃抱怨說：「侍奉天主是徒然的，我們遵守他的規誡，在萬軍的上主前穿苦衣而行有什麼益處？現今我們應稱驕傲人有福氣，連作惡者居然順利。」（拉．三：14—15）

因著這些話，先知不得已乃預言最後審判，惡人不但顯出並非真正有福，反而不幸至極；善人不但不受世苦，反而享受永遠的福樂。上面亦引他們的話說：「凡作惡的在天主眼裡成了好人，他也喜歡他們。」（拉．二：17）

他們抱怨天主，因為他以物質意義去解說梅瑟的律法。為此他在〈聖詠〉第七十二篇，說自己的腳幾乎躊躇不定，險些滑倒，嫉妒惡人享受太平說：「天主怎樣知道？至高之主豈有知識？」（詠．七十二：11）又說：「實在，我白白地潔淨了我的心，洗手表自我住無辜，也是徒然。」（詠．七十二：12）為解決看見善人受苦，惡人享福的困難問題時說：「我要領悟這事，可是在我看來，實在難解。等我進了天主的聖所，思想他們在結局。」（詠．七二：16—17）在公審判時，一定不是這樣，惡人的不幸及善人的幸福，都要顯示出來，其中有大區別，與現在的情形大不相同。

第二十九章　審判前厄利亞要來講解《聖經》的秘密，猶太人當皈依基督。

瑪拉基亞先知勸猶太人記得梅瑟的律法，因為他預料他們不以精神方面的意義去解釋，乃繼續說：「看哪！在上主的偉大和可怕在日子來臨前，我要派遣厄利亞先知到你這裡來，他要使父親的心轉向自己的兒子，使兒子的心轉向自己的父親，免得我來到時，以毀滅法打擊這地。」（拉・三：23）

幾乎所有人都相信，猶太人在公審判前，因著偉大先知厄利亞的宣講，要相信真救世主，即我們的基督。猶太人期望在救世主第二次來臨世界前，他要先來，因為他們相信他現在還活著，他由現世中掠去，如《聖經》明明說的。

如果以精神意義，去懂猶太人以物質意義懂律法時，將：「使父親的心歸向自己的兒子」，七十賢士以單數代替多數子女們，即猶太人懂律法，如同他們的祖先一樣，連先知梅瑟亦在他們中生活過。

這樣，父親的解說，成為兒子的解說時，父親的心就要歸向兒子；兒子如父親感覺時，兒子亦要歸向他們的父親。七十賢士本則說，「人的心歸向他的近人」。誰比父子更為親近呢！

七十賢士以先知口吻解說《聖經》，可以找到更好的解說，即厄利亞將天主的心歸向聖子，並不是因為聖父愛聖子，使猶太人亦愛我們的基督，他們以前是恨他的。猶太人的心遠離我們的基督，因為他們不相信他是天主或天主之子。

那時，依照他們似乎聖父的心歸與聖子，我們的心歸正後，才會理解清楚聖父對聖子的愛情。所謂：「人的心對待近人」，即厄利亞將人的心歸向親近人，如何去懂？除非人的心歸向為人的基督。他本有天主的本性，但取了奴僕的形態，以便做我們的親人。

厄利亞來是：「免得我來到時以毀滅法打擊這地」。如猶太人以肉慾的看法對待世間的事物，所有同樣觀看世間事物的人，就如土地一樣。因著這種過失，他們乃抱怨天主說，「因為惡人悅樂天主，而侍奉祂毫無益處。

第三十章 《舊約》書中提及天主將審判世界，不一定是指基督，但由天主說話的口氣，無疑的是指基督。

《聖經》上有關最後審判的證據尚有很多，要聚集起來，未免太長。只要證明這審判，已有《舊約》與《新約》所預言的就夠了。在《舊約》中，沒有如在《新約》中一樣，明說這審判將由基督主持，他要從天降下，來做法宮。

《聖經》上所說：上主將來，並不明說是基督，因為上主能是聖父、聖子、聖神。但我們不當撇下此事，不加以證明。先當證明耶穌基督在先知書中，以上主發言，顯明地就是耶穌基督，雖然不如此說，但現在最後審判時，上主將來，就可理解為耶穌基督。

在〈依撒意亞先知書〉中有一處，很顯明地證明我所說的，因為天主借先知的口說：

「雅各伯即我所稱呼的以色列啊！你聽我說吧！只有我自己是原始，我也是終末。我的手奠定了大地，我的右手展開了上天，我一叫了它們，它們就一同立起來了。你們都集合來聽吧！它們中誰預言了這一切呢？上主愛他，使他實行自己的旨意，攻擊巴比倫，和加色丁的苗裔。只有我，只有我預言了這事，我叫了他，也引導了他，使他所行的道路順利。走近我，靜聽這事吧！我從起初在暗處總沒有說過話，從實現之時起我也在那裡，我上主是主宰，我如今決定要施救。」（依．四十八：12—16）

是他以上主之名發言，若沒有加上下面的話，就可不解說為耶穌基督，「上主及他的神遣派了我」。他自已取了僕人的形態，用過去式是以指示將來的事，如在同一先知書中可以讀到的：「如同被牽去宰殺的羔羊」（依．五十三：7），不說，「將被牽去」，卻以過去時代替將來，預言常是如此。

在匝加利亞的一處，說全能者遣派全能者，豈非天主聖父遣派天主聖子？他寫說：「因為萬軍的上主這樣說：為了獲得光榮，他派遣我到劫掠你們的異民間去，因為誰觸動你們，就是觸動他的眼珠。因為，看！我要在他們身上揮動我的手，為使他們成為自己侍從的掠物了，如此，你們便知道是萬軍的上主派遣了我。」（匝．十二—十三）（註一）

此處說全能的主為全能的主所遣，誰能說不指基督，他曾說過以色列中的羊遺失了。他在福音中說：「我奉遣只是為了以色列家失迷的羊。」（瑪．十五：24）此處卻比作天主的眼珠，是因著特別的愛情，因為宗徒們亦由此民族而來。

聖若望聖史曾說，「因為耶穌還沒有受到光榮」（若．七：39），等他復活後，也派宗徒至外方人處。這樣，〈聖詠〉上的話應驗了，「你由民眾的叛亂救了我，立我為列國的元首」（詠．十七：44），使曾臣服以色列人的民族，及以色列為他民族所擄作奴隸時，不肯臣服，反使他們成為以色列人民的勝利品。這是耶穌應許宗徒們所說的：「我要使你們成為漁人的漁夫」（瑪．四：19），並對其中之一說：「從今以後，你要做捕人的漁夫。」（路．五：10）他們將為善事的勝利品，如同由勇士手中奪來的器具，讓與更勇的人。

同樣，天主因匝加利亞說：「那日，我要打倒攻擊耶路撒冷城的所有民族，將慈惠的神傾注在達味的家中及耶路撒冷的居民中，侮辱它的人要瞻望我，痛哭它如自己的親人，如長子死去一樣的傷心。」（匝．十九：9）（註二）誰能除去聖城耶路撒冷的仇敵，豈非天主？他們攻擊它，或如別人解說，圍困它，克服它，或為傾流慈惠的神於達味之家，及耶路撒冷居民之上。這一定歸於上主，先知是說天主。

這位做如此偉大事業的天主，就是基督：「侮辱它的人要瞻望我，痛哭它如自己的親人，如長子死去一樣的痛心」。猶太人及所有接受了慈惠之神的人，那天都要後悔，在基督受難日淩辱了他，看見他在光榮中來臨時，要認出就是他們祖先所侮辱的，他們復活後，不為得光榮，而是為受罰。

因此他們不能以為下面的話，是為自己的，「將慈惠的神，傾注在達味的家中，及耶路撒冷的居民中，侮辱它的人要瞻望我」，他們是後裔，將因厄利亞而相信基督。

我們向猶太人說：「你們殺害了基督」，雖然不是他們，而是他們的祖先殺害了基督，他們亦後悔對這罪惡有份，因為是他們的後裔。他們不因犯罪而後悔，是因同情之心。

為此七十賢士說，「侮辱它的人要瞻望我」，希伯來文是，「穿透他的人瞻望我」。由這句話，顯出基督被釘而死。但他受苦難時，尚有七十賢士所說的侮辱。

捕捉他，縛他，審判他，給他穿羞辱的衣服，加以茨冠，以蘆葦擊其首，在嘲笑中跪下朝拜他，背十字時，釘在十字架上，都是淩辱他。若不隨從一種說法，將兩種說法合攏來，讀作：「侮辱了他，釘死了他」，我們就更深刻地懂得吾主耶穌的苦難了。

我們在先知書中，讀到天主要來審判萬民，若不加分別，就當理解為基督，因為即使聖父審判，他亦以人子來臨而審判。因為天上聖父不親自審判任何人，將一切審判交於聖子，他在人世時受人的審判，亦將以人性審判萬民。

天主用依撒意亞，在約伯及以色列名義所說的是誰？他這樣寫說：「請看我的僕人！我必扶持他！我所揀選的，是我心靈所喜愛的，我在他身上傾注了我的神，叫他給萬民傳佈真道。他不叫喊，不喧嚷，在街上也聽不到他的聲音。要破的蘆葦，他不折斷；將熄的燈芯，他不吹滅。他要忠實傳佈真道。他不沮喪，也不失望，直到在世上奠定了真道：那時諸海島都期望他教誨。」（依・四二：1—4）

在希伯來原文中，沒有雅各伯及以色列名字，但七十賢士願意告訴我們當如何理解：「我的僕人」一句，即至尊上主纖尊降卑，取了僕人形狀的理由，乃加上人名，以指出他由何民族取了僕人的形態。天主聖神曾以白鴿的形狀降至他的頭上，如《福音》上所載的。

他預言了將來的審判，這是人所不知的。他溫良，不喧嘩，然而不停止宣傳真理。但是當時人不聽他，在跟隨他的人之外，也沒有人聽從他，但他並沒有消滅自己的敵人——猶太人——他們如折斷的蘆葦，又如燒火冒煙的木塊，因為他寬赦了他們。他不來審判他們，卻受了他們的審判。但他預言了，若他們固執作惡，必將受罰，這是合乎真理的審判。

他在山上，面容發光，聲名達於普世。他及他的教會總沒有被踐踏毀滅。在敵人前，總沒有退卻，消滅。因此敵人所說的：「他何時死？他的名字何時才滅絕呢？」（詠・四十：6）；「直至在世上執行審判」，是不會實現的。我們沒法隱藏的，已暴露出來了，這是他由天降世要執行的審判。由此我們可以看出最後所說的：「眾民都仰望他的名字」，已應驗了。

因此不能否認，並且他們所堅決否認的，當加以承認：因為誰能期望我們所見的，就是還不信基督的，亦不能否認，為此咬牙切齒。當基督被捕，被縛，被鞭打，受人譏笑，被釘時，誰能相信他，連他的門徒亦失去了對他的信心。

在十字架上，只有右盜對他尚存希望，現在全世界的人都仰望他。為避免永遠的死亡，都以基督的十字，畫十字聖號。沒有人否認或疑惑最後審判將由基督主持，如《聖經》所預言的，除非固執盲目，不願相信在全世界已證明的真理。

我說過，在公審判時，或以前，厄利亞先知要來，猶太人要信基督，假基督亦要出現，基督要審判萬民，死人復活，善人與惡人分開，世界窮盡，煥然一新。我們當相信這一切都要實行，但依何種程式進行，事實的經驗比我們人的幻想更能告訴我們，但我相信大約是如上面所寫的程式完成。

本書只剩下兩卷，依上主的助佑，我將完成所許的。一卷論惡人受罰，另一卷論善人的福樂。並依上主所賜，辯駁反對上面一切的理由，他們竟反對天主的應許，並以信仰為虛假可笑的。但有天主智慧的人，《聖經》中的一切，雖然照人看來，似乎不易相信，但其真理已由各種方式證明，以天主的全能為最大的證據，他不會欺人，能做外教人所不能的事。

（註一）聖奧古斯丁所引舊拉丁譯本為全能的天主，希伯來原文及現行拉丁通俗本為萬軍的上主，意義相同。

（註二）此次所引，係依希伯來原文本之分章，現行通俗拉丁文本，匝加利書只有十四章。

第二十一卷

論撒殫城的結束，即惡人的永罰，及惡人反對它的理由。

第一章 討論的次序，先論受罰者與魔鬼的永苦及聖人永遠的福樂。

因著天主的助佑，在本書中，我將竭力設法討論，天主城及撒殫城，因為生者死者的判官吾主耶穌的工作，達到目標時，魔鬼及其追隨者將受永罰。

我願意隨這次序，因為聖人及受永罰的人都將有身體，肉身似乎不能在痛苦及永福中。證明了永苦的可能性後，就更容易討論聖人肉身將來的不朽。

這種次序並不相反《聖經》，它有時將善人的福樂放在前面，如：「行過善的，復活入生命；作過惡的，復活受審判。」（若・五：29）有時則放在後面，「人子要差遣他的天使，由他的國內，將一切使人跌倒之事，及作惡的人收集起來，扔到火窯裏，在那裡有哀號和切齒。那時義人要在他們父的國裏，發光如同太陽」（瑪・十三：41—43）；「這些人要進入永罰，而那些義人卻要進入永生」（瑪・二五：46）。

誰細心地去讀先知書，要一一引證，就太長了，就會發覺它們所隨的次序，也不常一樣。我選了這次序的理由，我已經說過了。

第二章 肉身能否永遠為火所燒？

我將說什麼，使惡人相信人的身體具有靈魂而生活，不但能不死亡，並能永遠忍受永火的刑罰。他們不願我將它歸與天主的全能，但願意我用幾件事實來作證明。

若我答覆他們，有些微小動物一定有死亡，但生活在火中。在有些泉水中有小蟲能生活無恙，而泉水這麼熱，人的手竟不能去觸它，而這些小蟲竟不能在熱水外生活。

若他們說：我若不證明這點，他們就不信，即便以可靠的證人來證明它，他們還是心存惡意，說這些證據是不確實的，不能證明所要討論的問題：因為這些蟲會死，但在高熱中，卻逍遙自在，因為這些元素適合它們的胃口，不但不損害它們，反而養它們，不為火所苦，反而為火所養，這是不可信的。

在火中受苦但活著是奇妙的，然而在火中生活而不受苦，則更奇妙。若相信這事，為何不信那事呢？

第三章 肉身受苦，是否就會死去。

但有人說：沒有一個身體能受苦而不死亡的。這點我們如何知道？誰能知道魔鬼說自己受重大痛苦，是在身上受苦？若回答說：沒有任何世間的身體能受苦而不死亡的，這只是由五官及經驗而知的。

他們所知的，只是有朽的肉身，他們的理論是：他們沒有經驗過的，就以為不可能。乃以痛苦為死亡的原因，而實際上卻是生命的證據。我們無論如何研究，受苦的人能永久生活，一定的，一切受苦的必定存在，因為只在生活物體上，才能有痛苦。

為受苦當有生物，然而痛苦並不一定殺害人，因為並非一切痛苦都殺害人，但是他們一定要死亡。有時痛苦能殺害人，因為靈魂與肉身嚴密結合。在重大痛苦時，靈魂就讓步，但因彼此聯繫微妙，所以不能忍受這類重大痛苦。

但在永遠時期中，靈魂將與肉身如此結合，任何時間都不能解除這類聯繫，亦沒有任何痛苦能解開它。那時不能有別種死亡，只有永久的死亡。靈魂不能生活，因為它沒有天主，亦不能以死亡，解除肉身的痛苦。

第一次死亡，將不甘心情願的靈魂，由肉身中逐出；第二次死亡，靈魂將強制肉身，雖然它不願意。這兩種死亡所共同的，是靈魂雖不願意，卻該當忍受肉身的痛苦。

反對我們的人，只注意到現世，沒有一種身體能受苦而不死亡的，但不思想，有比肉軀更重要的，就是靈魂，因著它，身體生活，能受苦而不死亡。在受罰人的身上，將有所有人靈魂上所有的。

若我們詳細研究肉身的痛苦，就要發覺，更好說靈魂的痛苦，因為受苦，可謂是靈魂的特性，而不是肉身的，雖然痛苦的原因，是由肉身而來。我們說肉身受到感覺，因靈魂而生活。同樣，我們說肉身受罪，雖然痛苦，只能由肉體而來。

所以靈魂在肉身上某處受苦，但它自己亦能單獨受苦，有時因著不能看見的原因而憂愁，雖然肉身絲毫無恙。靈魂與肉身分開後，亦能受苦。那位福音中的富翁在地獄中受苦說：「因為我在火焰中極其痛苦。」（路．十六：24）然而沒有生命的身體，不會受苦，有生命的身體亦不單獨受苦，是與靈魂一起受苦。若是痛苦為死亡的原因，這理由對的話，就是說能死亡，因為能受苦，則死亡更好說是靈魂的，受苦是它的特性。

所以若受重大痛苦的，不能死亡，那麼為何要結論到受罰人的肉身因為受苦，就當死亡呢？柏拉圖派人相信是肉身在靈魂上發生恐懼、願望、感覺痛苦及喜悅，為此詩人維吉爾說：「因著它，即現世肉身，乃恐懼、期望、受苦、歡樂。」（*Æneid*, vi. 733.）

但在本書第十四卷中，我已證明，照他們的意見，即靈魂煉淨一切肉身的缺點，仍切望回至肉身中去。但有希望，亦即有痛苦。因為若不滿意，或為達到所期望的，或失去所得的，就要變成痛苦了。為此，如靈魂離開肉身，亦能痛苦至極，但不死亡，同樣，肉身雖受苦，也不能死去。最後，為何肉身能使靈魂受苦，但不使它死亡，豈非因為使人受苦的，不一定使人死亡。

那麼為何不信，這火能使肉身痛苦，但不使它死亡，如同肉身靈魂受苦，不強迫它死亡一樣。為此痛苦並非將來死亡的證據。

第四章　自然界的榜樣，可以證明生物在痛苦中，可以繼續生活。

細心研究過動物的人寫說：沙拉曼德魚（Salamander）生活在火中（註）（編按）。在西西利島，自古有火山，火焰萬丈，而沙拉曼達魚仍活著，我們有許多證人，可以證明火並不消滅一切。靈魂亦證明並非一切能受苦的，都會死亡，那麼為何還要尋找證據，以證明永遠受罰人的身體，受地獄火的焚燒，但不消滅，他們受苦，但不死亡。

那時肉身有天主所賜的特性，在自然界中，特奇的事物這麼多，我們已不覺得可奇了。它使孔雀死後，肉體不朽爛。我在迦太基城，正遇到這似乎不可信的事。有人拿來燒熟的孔雀肉，我們取去需要的肉臠，加以保存。過了許多日子後，別種肉都已腐爛不堪，但孔雀肉卻毫無臭味，過了三十日後，仍舊如初，一年後，肉只乾癟而已。天主亦給稻草特性，可以保存雪，卻可使未成熟的果子成熟。

誰能解說火的奇妙，它焚燒物件，使它變成黑色，而火自身，卻極光明。它使周圍的事物都燒成黑色，使火光炎熱了的炭，成為黑炭。

但並非常常如此：因為石灰石在火中燃燒後，變成白色，雖然火越燒越紅，石灰石卻越來越白，白色立於日光之下，如黑色立於黑暗中一樣。火燒木料與燒石頭，在同樣的物質中，能發生不同的效果。石頭與木料雖然不同，但並不相反，如黑白一樣，然而火卻使石頭變白，木料成黑。一種由石頭形成，另一種由木頭形成。石頭光明，木料黑暗。火燒木料，燒後就熄，燒石炭石卻越燒越透明。炭如此特性，豈不奇妙至極！它脆碎，輕加壓力，就立刻分解，然而另一方面卻非常堅固，不為潮濕所侵，長久不變。定界限者，往往放一塊石頭，經過許多年後，一塊石頭，就可使人不能否認界限。

何物在潮濕的地下而不朽腐，豈非燒毀一切的火。石灰石在烈火中成為白色，其他事物在火中卻成為黑的。石灰石好像將火吸入內部，雖然以後變成冷的，裏面尚保存著火，因此我們稱它為生石灰，似乎火尚藏在它內，用水潑它，就生火焰，這是多麼奇妙呢！為使它失去內中的火，乃潑以水，使其浸入全部，開始是冷的，忽而成為熱的了。其他一切事物浸水後，都變成冷的。失去了熱氣後，石灰變冷，水亦不能再使它變熱。開始是生石灰，現在卻變成熟石灰了。

對這奇妙事情，還能添加什麼？還可添加：若不用水，而用助火燃燒的油，無論如何添加，石灰石總不變熱。若我們讀到，或聽見別人談論石灰石，我們一定相信這是謊話，大為驚異。這類奇妙事，每日在我們眼前總有幾千種，因為日常所見，所以就不奇怪了。連由遠方印度而來的石灰石，我們也不驚奇了。

我們中有許多人，特別是金銀匠，琢寶石者。有一種金剛石，據說不能用鐵器或火或其他物件去分開它，只能用羊血。但有它的人或認識它的人，豈會如第一次看到它的人那麼奇怪嗎？總沒有看過它的人，可能不相信，或者相信，對不知的物件表示驚奇。若給他看，就會驚奇，如一件特奇事物，若是他時常看見它，就不再驚奇了。

我們知道磁石吸引鐵，我第一次看到時，非常驚奇。我看見一個鐵環，為磁石所吸，懸在空中，又好像磁石將特性傳與鐵，鐵圈上掛著另一鐵環，亦懸著，如第一隻鐵環，附在磁石上面一樣。這樣第二隻鐵環就掛在第一隻鐵環上。第三、第四只鐵環亦如此，這樣一個一個掛著，成為一串。誰不驚奇磁石的能力，不但在磁石自身，並傳至各個懸著的鐵環上，似乎是由不可見的聯繫力所聯繫了。但我由同道米來維的斯物魯主教處，所知有關磁石的事，更使我驚奇不已。他說自己在非洲昔日的侯爵巴旦南（Batana）處用膳時遇到的事：他拿起磁石，放在銀器之下，上面放磁石，然後用於移動磁石，上面的鐵，即與磁石一起移動，而在中間的銀子，卻毫無影響。磁石為人所執，上面的鐵則為磁石所吸。

我聽講的，是我自己親眼見到，及聽見別人向我報告的，就如我自己親眼看見一樣。現在我說我對磁石所聽到的：在它旁邊放一塊金剛石，就不吸引鐵了；若已吸取，金剛石一近時，立刻放開。

我們一認清了磁石後，就不再奇怪了，何況由他們而來的，他們很容易地能獲得它。他們看它，如我們看石灰一般。水本可滅火，一潑入生石灰中，卻生出火來，若用平日燃燈的油，就不會燃燒，因為這是平常的事。

（註）聖奧古斯丁聽人傳說如此，並不一定正確。本章對磁石一節，是古代對磁力最詳細的記載，頗有科學價值。

（編按）Salamander 是一種兩棲類，又名火蜥蜴、火蠑螈，可能因其棲息於腐木下，當腐木被帶回當柴燒時即自火中竄出，而被誤信具有耐火燒的特性。在中世紀煉金術傳說中代表火元素。

第五章　許多事物，不能以道理去解說，但是真實的，這是沒有疑惑的。

我們向外教人講天主，古時及將來所發的聖蹟，但我們不能以榜樣加以證明。他們問我們理由，我們不能給他們證明，因為超越人的能力之上，他們就認為我們說謊話，那麼我們自己就當追求所見奇妙事蹟的理由。若我們看出不能由人而成，我們就不能說一件事情沒有發生或不能發生，只是不能說出理由而已。我不去尋找許多書上所寫的事，或曾發生過，現在已不存在的事，只是人可去研究的事情，並且數目是少數。

據說義大利西西里島亞且都（Agrigentinum）城的鹽，放在火中，如在水中一樣融化，若放入水中，就爆裂起來，如在火中一樣。（註一）在加拉孟（Garamantas）地方有一口泉水，日間甚冷不能飲，夜間則熱得不能觸它。在埃必（Epirum）地方有一口泉水，如其他泉水一般，燃著的蠟燭熄滅，但不同的，是熄滅了的蠟燭會燃燒起來。

在希臘亞加地（Arcadia）地方有一種石頭，燃燒起來，總不會熄滅。埃及有一種無花果樹，不如其他木料，浮在水上，卻沉入水下，奇怪的是沉在水底後，既然濕了更重，卻浮在水上面。

在巴力斯坦索多瑪（Sodoma）地方生有一種蘋果，似乎已熟，若咬它一口，或用手指捺它，就雲消霧散（註二）。波斯的火石，手拿它時，會燃燒手指，所以名為火石。在波斯有一種石頭，它的光彩與月亮同增同減。

在小亞細亞加巴多（Appadocia）地方，牝馬由風而孕，但所生之駒不能生活兩年。印度底龍（Tilon）島，為風景勝地，因為所生草木，不會失去它的葉子。

歷史上所記載的這些及其他奇妙的事蹟，不是古代的，而是現在還存在的，我若要一一加以研究，就太長了。外教人不願相信《聖經》，以為神不會做出這類不易相信的事，對我們現在所說的，去追求其理由吧！他們說：不能承認肉身被燒而不消滅，人受苦而不死亡，如理論家所承認的，他們曾說出奇妙事蹟的理由。請他們說出我所舉少數例子的理由；若他們不知道，我若說將來要實現的事，他們自然更不相信了。

我若說將來人的肉身被燒受苦，但總不會死亡。若說有一種鹽，火能將它融化，如水一般，水能使它爆裂，如在火上一般；有一口泉水夜間熱得不能觸它，日間冷至不能飲它；有一種石頭，能焚燒拿它人的手；另有一種石頭，燃燒後就不能熄滅，及其他我們當提出的事，卻捨棄了其他無數的事，則他們中，誰肯相信呢？若我說將來要發生這類事，外教人可答說：若你們願意我們相信，請給我們證據。我以為不可能，因為這一切，及天主的其他奧妙工程，遠超過人的軟弱理智之上，但我堅信全能的天主行事，一定有其理由，雖然人的理智不能說出原因。在許多事上，天主所願意的不很確定，但他所願意的，必定都會成功，這是一定的。我們相信他所說的，因為我們不能相信天主無能或會說謊言。

批評我們的信仰，追求理由的人，我們問你們人類理智不能理解，且違反本性事情的理由，請你們答覆。若我說是將來的事，則外教人要問我們所說將來事件的理由。

為此，天主的這類工程存在，雖然我們不知道其理由，為此別的事情亦能存在，因為一件事情，若我們不知其理由就不存在，這是不合理的。

（註一）聖奧古斯丁此處所引的奇妙事物，大都根據羅馬生物家貝利義（Plinius）書中所載。

（註二）見若瑟《論猶太戰爭》書中，及羅馬歷史家大治督（Tacitus）的書中所記載的。

第六章 並非一切奇蹟都是自然產物，有的係由人的技術所作，許多乃由魔鬼而成。

此處他們能答應說：「這類事不是真的，我們不信，所說所寫都是假的。」他們又加上說：若當信這類事，你們亦該當相信書中所載的。在維納斯女神廟中有一燭臺，上面的火，在空氣中燃燒；任何暴風大雨，都不能使它熄滅，它如上面的石頭一般，總不熄滅。

這使我們難以應付，因為我們若說，不當相信這類書籍，亦能使人不相信我們所提的；若我們說該當相信，我們就承認外教人的邪神存在。

但我在本書十八卷中所說：我們不要相信外教人歷史的一切，因為如范羅所說，歷史家彼此意見不同。若我們願意，可以相信書中聽載不互相矛盾的，我們不疑惑當相信它。至於這類聖蹟的地方，只要我們可以看見的，或容易找到證人，使不信的人，亦相信這事。

至於維納斯女神的廟及其不滅的火，不但我們沒有困難，並且前途無限，在不熄的燈以外，我們還可添上許多由人以魔術所做的，即人用魔術而行，或竟由魔術所行的。若我們要否認這些事，我們就相反所信的《聖經》了。

人以技術，以不滅之火造了大廟，火由魔術所燃，使人在廟中驚奇，或魔鬼以維納斯的名義，顯露出來，使人看見奇蹟，為時甚久。

魔鬼由天主所造，而非由祂們自己造的事物所出。祂們居在世間，乃依其所好，以不同的石頭、草木、動物、歌詠及禮儀而行。為使人呼求祂，祂們以惡神引誘人，將毒藥注入他們的心中，或以假友誼勾引人，其中有些成為弟子，許多別的成為博士。

若魔鬼沒有告訴他們，人們一定不能知道，神願意什麼，恨什麼，當用何等名稱呼祂，求祂，能因何而行，巫術的來源為何。邪魔特別侵佔人心，沾沾自喜，竟將自己變成光明的天使。所以祂們的許多行為，越奇妙，越當避免。為此現在我們就當注意：若邪魔能做這類事，天使的能力自然更大。上主能使天使行奇蹟，祂的能力，自然更是偉大無比了。

若受造之物，以人的能力，能做出這麼奇妙的事，無智者居然信以為是神的工作，因此，在一廟中，在地面及屋頂間，放著一塊大磁石，一尊神的鐵像，好像因著神的能力，站在半空，大家都不知道上下有何物。我已說過，匠人能在維納斯神的燈中放上不滅之石，也是如此。

若魔鬼能抬高《聖經》上所稱巫人術士的工作，欺騙人的五官，竟使著名詩人維吉爾對一個精通巫術的女人說：「許以法則變人心，江河停流星倒行；夜魔擾亂睡人夢，足下大地呼呼鳴，棒樹由山向下行。」何況天主能做出外教人以為不可能的事，但為天主的大能卻是輕而易舉的事。

天主造了石頭等的特性及人的理智，使能奇妙地運用；天主亦造了天使，他們的能力，超乎世間的一切以上，他的智慧，由所作、所命、所許，在秩序及行事中顯出，在造宇宙中，更是善於利用。

第七章 在一切奇妙事中，信仰的最後原因，是造物主的全能。

天主為何不能使亡者復活，惡人的身體永遠受火燒呢？祂在所造的宇宙中，天上，地下，空中，水內，奇妙至極，宇宙自身更是奇妙無比。

與我們辯論的人，也相信天主為宇宙的造物主，祂造了諸神，以管轄宇宙。他們亦承認在宇宙中能自然地，或因某種禮儀或巫術，能有奇蹟，但我們一提靈蹟，不是人或神所做的，如我上面簡單提及的，他們就往往回答說：這是自然界的能力，是自然如此，這是他們的本性如此。

所以亞且都的鹽在火中融化，在水中爆炸，因為這是它的本性。似乎這是相反它的本性，因為依照本性，不是火而是水能融化鹽，是火而不是水能焚燒，而他們卻說：是鹽的本性，有相反的作用。對加拉曼的泉水，日間冷，夜裏熱，無論何時去觸它，都感覺不好過，他們亦說出同樣的理由。另一泉水，雖然冷，如其他泉水一樣，能使燃者的火熄滅，但與其他不同的，是它能使熄滅的複燃。同樣，明石自身雖沒有火，但與火一接近就燃燒起來，不能熄滅。

這是反復不停，令人生厭的理由，有違反本性的行為時，不說出其他理由，只說這是它的本性如此。我承認這理由簡單，答覆已夠了。

天主既然是宇宙的造物主，他們為何不承認我們的理由更充足？他們不相信一件事，以為是不可能的，我們說這是全能天主的旨意。他被稱為全能的，就是因為他能為所欲為。天主造了這麼多的事物，若不顯示出來，或不由可信者的傳說，大家都要以為是不可能的，不但不為人所知的如此，我所提及大家所知的，亦莫不如此。

大家都可不相信，而不受人指責，只在書中讀到，沒有其他證人的事，因為他們沒有受天主的啟示，所以可能有錯誤。我亦不願人盲目相信我在前面所提及的事，因為我自己並不以為沒有任何可疑惑處，除了我自己觀察過的，及每人容易看到的。如石灰在水中沸騰，在油內卻冷冷靜靜；磁石不知因何能力，不動草屑而吸鐵；孔雀肉不朽爛，而柏拉圖的死屍卻早已爛了；稻草可保存雪，卻能使蘋果成熟；火焰可燒石頭，使它發亮，焚燒他物時，卻使它黑暗。同樣，一滴油，使衣有污點，以白銀可印黑線。同樣，炭一近火就變紅，木頭變黑，堅物軟化。這些事情及其他，在本書中要一一提及，未免太長，不但我知道，別人也都知道。

至於我上面所說，不是我自己親眼看過，只在書中讀到的，除了泉水能使燃著的蠟燭熄滅，滅了的蠟燭燃著，及索多瑪的蘋果，外面似乎成熟，裏面卻是一股烏煙，我沒有找到可信的證人，可以推定是否真實。我也沒有找到見過愛比羅泉水的人，但我遇到過說自己在法國格且納城（註一）看見過相似這種泉水的人。至於索多瑪的蘋果樹，不但有可信的書信提及，也有許多親眼看見的人作證，似乎不能疑惑（註二）。

其他事蹟，我以為不能承認或否認，我所以提及，只因為歷史家曾加以記載，但未說出任何理由，卻有人相信。然而我說全能的天主，能做超乎他們的經驗及官能的事，即使說出理由，他們亦加以拒絕。

還有比天主實現了他所預言的事，更好的理由，以證明全能的天主，將實行他所應許的事嗎？他將實行他所許的似乎不可能的事，使不相信的外教人，相信他們不信的事情。

（註一）即現在的格納白（Grenoble）城。

（註二）我於一九六二年朝拜聖地時，曾至索多瑪附近一帶，都是不毛之地，並沒有任何果樹，在附近的葉裏各城，果子卻很多，橘子尤為著名。

第八章 我們知道某物的性質，但忽然變成與所知道的不同，這並不違反本性。

若我們的敵人說他們不相信人身將永遠被焚，如我們信仰所訓示的，我們不能用別人對奇妙事蹟所表示的意見，說這是自然能力，或說這是此事的本性，因為我們知道，這不是人身的本性，由《聖經》上的話，可以知道。

我說人性受造時，與現在大相徑庭，在犯原罪前，人身不會受苦，但在犯罪後，已變壞了，成為我們現在所見的；在死人復活後，它又將與現代不同。

但他們不信《聖經》上所載的，它告訴我們人在樂園中何如，不會死亡。因為他們若相信，就不必長篇大論，與他們討論惡人將來的罰了。我們當自他們歷史家的記載中，說有些事，能表示與其本性不同，是可能的。范羅在《羅馬人民書》中所載的，我現在引他的話：

「賈斯都寫道：天上出現一個奇蹟，在金星中——柏拉都（Plautus）稱它為威斯貝路（Vesperugo），荷馬稱它為美麗的愛斯貝（Hesperon）——有一奇蹟，變換星的顏色、大小、形狀及行蹟，這是空前絕後的奇蹟；拿坡利城著名的數學家齊且納（Cigycenus）及狄翁（Dion）說這事是在何治且（Ogyge）王在位時出現的。」

若不是違反本性，著名的作家范羅，一定不會稱它為奇蹟。我們說奇蹟違反本性，但這是不對的。因為由天主的本性而成的，如何能違反本性呢？一切受造物的本性，就是造物主的旨意。所以奇蹟不是違反本性，而是相反我們所知道的。

誰能數清各民族中所有的奇蹟呢？現在只引一件與我們有關的事。造物主安排何事，如星辰的行運，有其確定不移的定律嗎？他以大能管轄他所造的，然而他願意時，就變更它的顏色，大小，形狀；更奇妙的，是變換大家所知道的最大，最發光恒星運行的秩序及定律。

這事一定發生擾亂，因為天文學家已訂定幾條定律，以計算星宿已往及將來的行運，照這定律，他們能說在金星所有的，是空前絕後的。

在《聖經》中，我們讀到若蘇厄求天主命太陽停止，直至希伯來人打完勝仗（蘇・十：13）（註）。我們亦可讀到太陽已下降的度數倒退，以表示天主應許希則克雅王多活十五年（依・三八：8）。他們雖然相信由聖人的轉求所得的奇蹟，但他們歸之於巫術，因此維吉爾詩人寫了上面所引的話：

「江河止流星倒行。」

上流停止，下流續行，在《聖經》中我們讀到若蘇厄領天主的民族進福地時，曾經發生過（蘇・四：18）；厄利亞先知及其門徒經過若爾當河亦然（列下・二：8）。

我上面已說過，希則克雅王在位時，太陽下降的度數倒退。但范羅所載的金星事蹟，沒有說是因人的請求而得的。所以外教人不可將他們對於自然界的認識，閉起雙目，以為在自然界中，不能因造物主的意願，發生任何人類經驗所知的事情。雖然自然界的事物，大家所知道的，若加以觀察，就會引人驚奇不已，只是普通人遇到出奇事實，才會驚奇。

誰若仔細觀察一下，在無數的人中，本性相似，但聖人的面貌不同。若本性不相似，就不能與其他動物有別；若面貌相似，就不能彼此有別。所以在相似中，有不同處。不同處更為奇妙，因為共同的人性似乎要求相似。然而因為稀罕的事就會引人驚奇，我們看見兩個相似的事物，其中區別，只在毫釐之中，就更為驚奇。

但他們不相信范羅所說的，雖然他是他們的博學多才的歷史家，並且他們不相信這事，因為這出奇的事蹟出現不久，就恢復原狀了。但我以為現在他們尚有足夠的證據，若我們仔細觀察自然界時，不能否認天主能變換自然界，使與我們所認識的不同。

索多瑪地方，一定不如現在一樣，而如其他土地，且更為肥沃，因為《聖經》上將它比作天主的樂園。但受了上天之罰後，如歷史證明，現在去那裡的人，亦可看到滿野荒煙，使人畏懼，其果子外面似已成熟，內中卻是一堆敗絮。以前並不如此，現在卻是如此。造物主將那裡的自然界變得更壞了，當時所發生的，直至現在數千年後尚且如此。

正如天主能造他所願意的事物，亦能變更他所造的，因此妖怪、精異、特奇，若要一一加以記載，這書何時能完？所謂「怪物」（Monstra）是由拉丁文「指示」（Monstrare）而來，是指示一物；「怪事」（Ostenta）由「表示」（Ostendere）而來，「異兆」（Portenta）由「預示」（Preostendere）而來，「妖異」（Prodigia）是由「預兆」（Praedicere）而來。

然而解說的人，當留心不為邪魔所欺，他設法使好奇的人墜入其陷阱中，雖然他們所說的，有時是實在的。所說所為違反本性的事，聖保祿宗徒，照人間的說法，說過野阿裏瓦樹枝，接在阿裏瓦樹上，同沾樹根的肥脂（羅‧十二：17）。所謂怪物、怪事、異兆、妖異，當指示、表示、預示、預兆天主對人身的預言，沒有任何困難，或自然法律能阻止它。

至於天主曾預言過，我想在前卷中，由《舊約》與《新約》中已相當清楚地說明瞭，不是有關這問題的全部，但依我看來，為本書已足夠了。

（註）這事如何解說，可參考〈若蘇厄書〉的注解，第五一—五二頁。

第九章　論地獄及永罰的性質。

天主借著先知的口，預言惡人的刑罰，一定要來到：「他們的蟲總不會死，他們的火總不熄滅。」（依．六十六：24）為指出這點，吾主耶穌以肢體代表立壞表樣的人，命人砍了他說：「你殘廢進入生命，比有兩隻手而往地獄裏，到那不滅的火裏更好，在那裡蟲子不死，火也不滅。」他對腳亦說：「倘若你的腳使你跌倒，砍去它！你瘸腳進入生命，比有雙腳而被投入地獄裏更好，在那裡他們的蟲子不死，火也不滅。」對眼睛亦然：「倘若你的眼使你跌倒，剜出它來！你一隻眼進入天主的國，比有兩隻眼被投入地獄裏更好，在那裡他們的蟲子不死，火也不滅。」（谷．九：43—48）（註）

此地重複三次同樣的話，誰對由人而天主的口中所說出的恐嚇，不驚心動魄呢？不承認上面兩種刑罰，是肉身的苦楚，以為是靈魂的苦楚的人說，受罰的惡人，心靈痛苦，雖然後悔已太遲了，毫無用處。

為此他們以為可用火，以形容激烈的痛苦，因此，聖保祿宗徒說：「誰跌倒，我不心焦呢？」（格後．十一：29）

他們也相信蟲是是指痛苦，因為《聖經》上說：「如衣服為蠹蟲所吃掉；如羊毛為衣魚所吃掉；肉身將被火所焚，而靈魂則為蟲所咬。」（依・五十一：8）這是更為可信，因為說在地獄中，肉身與靈魂都沒有痛苦，這是不合理的。我以為主張火與蟲皆屬於肉身。

在《聖經》上沒有提及靈魂的受苦，是因為若肉身受苦，靈魂自然亦為後悔所苦。《舊約》上說：「因為褻聖人的罪罰，就是烈火與蟲子。」（德・七：17）可更簡單地說：「要罰惡人」，為何提出惡人的肉身，豈非兩者，即火與蟲將為肉身的罰？若《聖經》上說肉身將受罰，因為人照肉身生活而受罰，為此將受第二次死亡，如聖保祿宗徒所說的：「因為如果你們隨從肉身生活，必要死亡。」（羅・八：13）每人可任意揀選，或者將火歸於肉身，蟲屬靈魂，一照本意，一照寓意，或者將兩者照本意，都屬於肉身。

我在前數章內，已討論過，若因全能造物主的聖蹟，動物能在火中焚燒而不毀滅，在痛苦中生活而不死亡。誰否認天主能做這一切，就不知道奇妙的自然界，由誰所造了。是天主發了我們所載的大小聖蹟，以及其他我們撇下的更多的聖蹟，都在宇宙中實現了，它就是最大的靈蹟。

每人可揀選他所喜悅的：蟲依本意，屬於肉身，或照寓意，屬於靈魂。究竟哪種是真的，將由事實證明，直至聖人的知識完備，不必親身嘗到苦楚，就能完全知曉，而我們現在只知其部份的，直至完全的來到。（格前・十三：9，10）現在只要知道惡人的肉身，將為火所燒就夠了。

（註）「在那裡他們的蟲不死，火也不滅。」在《聖經》原文，只對眼而言，聖奧古斯丁將兩句亦加入手足處。

第十章　若地獄的火是有形的，無形的魔鬼能否被焚燒？

此地可問，若火不是非物質的，如靈魂上的痛苦，而是物質的，觸之生痛，能燒身體，邪魔如何亦能受其害呢？因為焚燒惡人及邪魔的，是同樣的火，如基督所說的：「可咒罵的，離開我，到給魔鬼和他的使者預備了的永火裏去吧！」（瑪．二五：41）除非如許多博學之士所信的，邪魔亦有身體，由潮濕的空氣組成，如風吹時所感覺的。這種物質，若不受火的害，在水中燒後，亦不會燒人，因為先當燒滾，然後才能燒人。

若有人以為邪魔沒有肉身，我們不必費心研究，赤面而爭。因為眾人的靈魂，本是無形的，能居於肉身內，常與肉身為伍，為何不能說，沒有肉身的精神體，能受火的痛苦呢？所以邪魔，即使沒有肉身，是純粹的精神體，亦能為火所困而受其苦，但火並不因與精神體接觸，而生出動物。而如我所說的，以特奇的形式，由火得到罰，但不生出生命。因為尚有另一方式，精神體與肉身結合後，成為有理智的人，但不能說出原因。

我說精神體被燒，沒有肉身，就如在地獄的富人，呼道：「我在火焰中極其慘苦」（路．十六：24）；除非能答說：這火如此厲害，他抬起眼來，看到拉臣祿，由拉臣祿的指中，口舌願得一滴水，那邊的靈魂都已沒有肉身了。

焚燒的火及願得的一滴水，雖有物質的狀態，但如睡者所夢見的，或如出神人所見一樣。此時看見非物質的事物，但有物體的形狀。

地獄亦稱為火力及硫黃火海，是有形的火，焚燒惡人及邪魔。人的肉身，由固體組成，邪魔由空氣組成，或是人身與靈瑰，邪魔都沒有肉身而受苦則同，並不使有形的火，生出生命來。如真理之主耶穌說的：惡人與邪魔的火是相似的。

第十一章 公義是否要求刑罰的時期，不超過犯罪的時候。

我衛護天主之城，反對有些人，他們以為以永遠的罰，來罰瞬息間所犯的罪，是相反公義，好像公義，要求人犯罪用了多少時間，亦受罰多少時間。

西塞羅寫道：「在法律中有八種刑罰：罰款、坐監、鞭打、報復刑、羞恥、充軍、死刑、為奴。」除了報復刑外，哪種刑罰，能照犯罪所用的時間，來服刑呢？只有報復刑能使人得與其行為相稱的罰。為此法律說的：以眼報眼，以牙還牙，是以嚴厲的法律，劇人眼的，同時亦荊出他的眼來。若因口吻他人的妻子而受鞭笞，在瞬息間所做的，卻被打數小時，豈不以長期的痛苦，來賠償一時的快樂嗎？坐監如何？豈當照他犯罪所用的時間，來判他當坐監幾時嗎？一個僕人出言侮辱主人，或打他一頓，要坐監多年，豈不合乎公義？罰款、羞恥、充軍、為奴，普遍都不赦，豈不像似永罰嗎？

然而不能是永罰，因為受罰人的性命不是永遠的；但長期受刑的，犯罪時所用的時間都極短促。沒有人以為殺人、姦淫、褻聖，或其他任何重罪所用的時間，就當受罰多久，不照犯罪的時刻，而照罪名的輕重，加以刑罰。

因犯大罪而受死刑，豈不當以犯人瞬眼間而被殺，而以他永遠逐出人類之外嗎？如以第一次死亡，將人逐出現世之外；同樣，第二次死亡的人，將人逐出永城之外。如在國家的法律中，一個受死刑的人，不能再做這國的人民；同樣，依天主城的律法，亦不許第二次死亡的人，重獲生命。

我們的敵人要說：基督所說的：「因為你們用什麼升斗量，也用什麼升斗量給你們。」（路・六：38）如何能是真的？一個瞬息間所犯的罪，報以永罰，如何能合理呢？但他們不想想，「用同樣升斗」，不當理解為時期的長短，而當理解為罪的報應。誰犯了罪，就當受罰。雖然上面的話，可以適合吾主當時所說的審判及受罰。為此不依公義審判、判刑的，自身當受依照公義被判罰，那麼就同樣接受了，雖然未接受他所作的惡。

他宣告定刑，亦將受罰，他罰的，不按公義，但他所受的罰，卻按公義。

第十二章 原罪的兇惡，因此所有在基督寵恩以外生活的人，都當受罰。

永遠的罰，照人性看來，似乎太嚴厲，且不合乎公義，這是因為人性軟弱，缺乏必要的智慧，所以弄不清原罪的兇惡。因為人愈享見天主，擯棄祂乃窮兇極惡，因此當受永罰，失去永遠的福樂。

為此整個人類都受了罰，因為原祖犯了罪，他自己及他的後代都受了罰，除非由天主的仁慈恩寵，誰也不能逃避這當得的刑罰。人類乃分為兩種，在有些人身上，顯出天主仁慈的恩寵，在別人身上，則顯出公正的罰。若所有人都受應得的罰，這就顯露不出來了，因為在任何人身上，都看不出救世主的仁慈恩寵。若所有人由黑暗而遷光明，這點亦顯不出來，因為在任何人身上，顯不出嚴罰來。

承受恩寵的人多於受罰的人，以顯出各人所應得。若所有人都受賞，就沒有人能指責天主的公義，但因為許多人得救，就當感謝救主的恩惠。

第十三章 反對主張死後，刑罰是為煉淨罪惡，而非為罰罪惡的意見。

柏拉圖派的哲學家，雖然不承認任何罪不受罰，但他們相信任何人間或天主法律所定的罰，生前死後，都以遷善為目的，無論已得寬赦，或雖受罰，但未改善的人。

因此維吉爾．馬羅（Maron）（註）討論肉身之後，又論靈魂說：

「關入黑暗地獄中，恐懼期望苦與樂，

離開人世光明後，未脫人間之災禍；

久積惡念一時露，依照罪惡定刑罰，

或懸空中或沉淵，烈火煉淨諸罪惡。」

隨從這意見的人，只承認死後的罰能煉淨靈魂，因為宇宙間主要的元素是水、火、空氣，世間所犯的罪，當由它們煉淨。「或懸空中」是指空氣，「深淵」指水，火則明明說出了「烈火煉淨」。我們也承認在現世有的苦難能煉人，不是每況愈下的罪人，而是因苦難而改正的人。其他一切刑罰，無論是暫時的或永遠的，由天主的上智安措，或因人、天使及邪魔而來，為罰已往或現在的罪惡。

若有人因別人的惡意或錯誤而受苦，因元智或不公義使人受苦的，一定有罪，但天主因著公正，雖然隱藏的判斷，讓人去作，並無不對之處。

有人在現世或死後受暫罰，也有人在現世及死後都受暫罰，但總在公審判之前。但並非所有死後受暫罰的人，公審判後，都受永罰，因為有些人，在現世未得寬恕，在來世將得寬赦，以不受永罰（瑪．十二：31—32），如我已在前面說過的。

（註）原文只說馬羅（Maron）為維吉爾之姓名，因為此詩是在他的《愛乃亞》（Æneid）卷一，第六章，七三三節。

第十四章 論人間現世的罰。

在現世不受苦，只在後世受苦的人是極少數。但我自己認識或聽說有人直至重毫年齡，總未發過寒熱，平安度日，雖然人生本身就是苦，因為不斷受誘惑，如《聖經》上說的：「人生在世豈非兵役?」（約．七：1）

愚魯無知，也是一種痛苦，當加以避免，所以往往用刑罰強逼兒童去求學，但以刑罰逼他們求學，仍然是痛苦的事，有時他們情願受罰而不求學。若能任意選擇，或者死亡，或者回至孩童年齡，誰不擇選死亡（註一）?人生不以笑而以哭開始，無意之中，是預示將來的痛苦。

據說左路亞（Zoroastre）生下時就笑（註二）。然而這種特奇的笑，並非是吉利的預示。他雖發明瞭巫術，然而不能打敗敵人，反為亞述王尼奴所敗。

總而言之，正如《聖經》上所說：「自從人出離母胎那一天起，直到他被埋葬，歸赴到眾生之母懷的那一日為止。」（德．四十：1）有時嬰兒雖因著洗禮，赦了原罪，但仍舊受許多苦楚，有時竟受邪魔的攻擊。希望這些痛苦，不能危害他們，若他們在這年齡，靈魂離開肉身，就要離開現世的話。

（註一）聖奧古斯丁回憶少時求學，常受老師鞭打，直至老年時，對昔日受教育的經過，仍然耿耿於懷，竟情願死，不願重度這種生活，可啟發教育家的反省。

（註二）根據貝利尼的記載。

第十五章　天主的恩寵，將我們從舊惡的深淵中救出，是為來世的新生命。

「自從人出離母胎那一天起，至到他被埋葬，歸赴到眾生之母懷的那一日為止。」使我們重視痛苦，節制有度，弄清現世因著在樂園中所犯的原罪，已成為痛苦，並知道在《新約》中為我們所做的一切，是為新世紀建立產業，使我們在現世獲得保證，在後世獲得所保證的事。

現在是在希望中行動，日日邁進中，以精神壓制肉身，「因為主認識那些屬於他的人」（弟後・二：19）；「因為凡受天主的聖神尋導的，都是天主的子女」（羅・八：14）；非因本性，而因恩寵。天主的獨一聖子，因著仁慈，為我們成為人子，使我們以本性而言是人，因著他，而成為天主之子。他雖自身不變，但取了我們的人性，雖然保存真天主性，但取了我們的軟弱，使我們與聖而不朽的他結合後，失掉罪人的一切，充滿至善，保存他在世間時所行的善。

因著一人的罪惡，我們都陷入重大的不幸中，同樣，因著一人的義德，他同時是天主，我們獲得這至高的幸福。但任何人不可想由此及彼，除非已沒有誘惑，獲得在戰爭中的平安，因為肉身想攻擊精神，精神攻擊肉身。（迦・五：17）

若人因著自由，保存受造時的正直，就不會有這種戰爭了。但因為不願與天主享受和平，在現世不幸，自己攻打自己，雖然這是可泣哭的事，但已比現世最初時更為可觀了，因為攻打毛病，比不交戰就為它所控制更好。我是說：帶著永遠和平的希望作戰，比為人奴，而不想獲救的更好。但我們亦希望避免這場戰爭。為獲得和平，下物當服從上物，當燃起天主的聖愛。即使我們沒有這種幸福的希望，我們亦當住在戰爭的困難中，而不退讓，讓毛病來控制我們的肉身。

第十六章　在何種寵愛的法律下，重生者的年齡問題。

天主的仁慈，預定人將來享受天堂的光榮，人生第一期嬰孩時，完全順從肉身，第二期兒童時，理智尚未發達，所以隨從肉慾的快樂，雖然他已開始言語，超過嬰孩時期，然而他的理智尚不能理解清楚命令。若他們領了聖事，在兒童時期夭折，將由黑暗中而至基督的天鄉，不但可免地獄的永苦，且可不受煉獄的苦。靈魂重生後，就不會受肉身的害了。

但到了成年後，能守規誡，就當與毛病勇敢交戰，以不犯罪，免受永罰。若不因節節勝利，餘勇可佳，就容易失敗投降，若習慣戰勝，就不易敗退。不以真理與誠懇，由信仰基督而愛公義，這是不易做到的。因為若有法律在出命令，但沒有精神的幫助，只能增加犯罪的意願，而終於跌倒。往往明顯的毛病，為暗中的毛病所勝，因為人竟以它為德行，其中有驕傲，詡詡自喜。

該當記住，愛天主才可戰勝毛病，這只由天主自己經過耶穌基督才可做到，他取了人性，使我們分享他的天主性。在青年時，幸而不犯罪的，是極小數，因著肉情之樂，使人犯罪，犯了錯誤，壓伏精神。許多人接受了法律的命令，但因毛病的強逼，竟犯了誡命，因著天主聖寵的助佑，勇毅作戰，以精神克制肉身，皈依天主，而得勝利。

誰願避免永罰，不但當受洗，且當在基督內修德，掙脫魔鬼的權下，而屬基督。在公審判之前，沒有刑罰可煉淨罪惡。然而不能否認地獄的永火，依照罪的輕重，為有些人更輕或更重，或因火自身的強度不同，照各人所應得；或火的強度相等，但各人所受痛苦的強度不一。

第十七章 有人以為任何人的罰都不是永遠的。

現在似乎已到時候，與我們之中的人進行討論；他們因著仁慈，不願相信公義的法官會判人受地獄的永火；或者有一部份人將受永苦。他們以為依照罪的輕重，早晚會被救出的。

對這點最仁慈的是奧利振（註），他相信魔王及邪魔依照他們罪的輕重，經過長期受苦後，終將得救，與天使為伍。但他們在這點上，及在他事上，特別是禍福在定期中互相交調不息，為教會所罰，因為他們竟將不幸歸於聖人，說他們能以不幸，清除罪罰，因此他們就不能享受安穩固定而無恐懼的幸福了。

但他們的仁慈限於人間感情之內，因為他們想被罰人的痛苦不是永遠的，每人早晚將被救出，及於共用永福。這個意見因為是仁慈的，可能是好的真的，越仁慈，就越真。將這仁慈推而廣之，及於被罰的天使，他們經過許多世紀後，將被救出。

為何這種仁慈只限於人性，而不及乎天使？為何他們的仁慈不及乎魔鬼？若有人敢這樣主持，那麼他愈仁慈，就越犯重大的錯誤了。

（註）奧利振（Origen Adamantius, 185-251 年），古羅馬帝國時期重要的基督神學家，非常活躍，於神學的許多分支都有著述，他提出許多如靈魂不朽、最後審判、惡魔、聖父聖子等觀念，影響深遠。

第十八章　有人主張在公審判時，因著聖人們的轉求，沒有人會受罰。

也有人，如我自己在談話中聽到過的，似乎尊重《聖經》，然而品行不端，只顧自己的私利，主張天主的仁慈，比上面所說的人還重大。他們說：天主雖然預言惡人及沒有宗教信仰的人將受罰，但公審判時，卻要大發仁慈。

他們說：仁慈的天主，因著聖人們的祈禱，要寬赦他們。若聖人們為難為他們的仇人們尚且祈禱，何況看見他們謙卑請求，豈不為他們祈禱嗎？聖人們在世時，不免犯罪，尚為仇人祈禱，達到聖德最高峰時，已不能再犯罪，反而不為恭敬他們的人祈禱，這是不可能的。天主豈不俯聽自己子女的祈禱，他們已達到聖德高峰，已沒有祈禱的阻礙了。

他們以為沒有宗教信仰及惡人將長期受苦，然後得救，乃引〈聖詠〉上的話，為自己辯護說：「難道天主忘記了憐憫？或是因發怒而忘記了慈悲嗎？」（詠．七十七：9）

他們說：天主的忿怒固然要求不堪享受永福的人，受永苦。若沒有終止的話，祂就要因忿怒而取消了仁慈了，依〈聖詠〉上的話，這是不會實現的，因為〈聖詠〉上說：「或是因發怒而忘記了慈悲嗎？」可以證明祂不會忘記的。

照他們的意見，天主雖然不罰人，祂的恐嚇，仍然有效，正如我們不能說天主對尼尼微城的恐嚇是無用的，雖然所恐嚇的並沒有實現。天主沒有說：「若尼尼微城不改過，作補贖，將要毀滅。」祂沒有加上條件，而說尼尼微城將被毀壞。

他們以為天主的恐嚇是真的，因為天主預言了尼尼微人所應得的罰，雖然並無意真罰他們。因為祂知道尼尼微城人將作補贖，但祂卻無條件地預言了它將毀滅。這是應當的嚴厲，因為是理所當然，然而忿怒並沒有取消了仁慈，祂卻寬免了他們的罰，因為他們祈求了。

他們又說：若天主寬免時，曾使先知約納傷心，何況聖人們求祂寬赦罪人，祂豈不寬赦嗎？《聖經》上雖沒有明說他們心中所想的，是為使許多人能因畏懼暫時或永遠的罰，改過自新，也有人為不願皈依的人祈禱。

他們說：為此〈聖詠〉上寫道：「你為敬畏你、投靠你的人，所積存的，在人們面前，所施行的恩澤，是何等富厚呢？」（詠·三十一：19）是為使我們懂得，為使人恐懼，乃隱藏了天主的慈善。他們且說聖保祿宗徒曾說：「因為天主把眾人都圈入背逆之中，為憐憫眾人。」（羅十一：32）是指示天主不罰任何人。但這樣思想的人，也不主張魔鬼亦將得救。他們只由世人的仁慈憐憫世人，特別為使自己的惡行不受罰，在宣揚天主的慈善方面，將為主張魔鬼也將得救的人所勝。

第十九章 有人主張所有罪人，連異端邪說的人在內，亦將得寬赦，因他們是基督的肢體。

有些人主張，並非所有人皆能免永罰，只有領過洗的人可免，因為他們已成為基督的肢體了。無論他們生活如何，或陷入異端邪說中，因為基督曾說：「這是從天上降下來的食糧，誰吃了，就不死。我是從那天上降下的生活的食糧，誰吃了這食糧，必要生活直到永遠。」（若・六：50—51）為此他們就說：這些人當由永死中得救，而得到永生。

第二十章 主張不是所有人，只有領過洗的天主教人，無論後來犯罪錯誤，都將得到天主的仁慈。

其他人不主張所有領過洗的人，及領過聖體的人將來得救，只有天主教的人，縱使他們品行不端；但因為他們不但在聖事中，在自己中他們亦領基督的身體，因此亦屬基督的身體。為此聖保祿宗徒說：「因為餅是一個，我們雖多，只是一個身體，因為我們眾人都共用這一個餅。」（格前・十：17）因此他們雖陷入異端，或如外教人敬拜偶像，只因他們領了洗，在他身中，即教會內，領過聖體，不但不永遠死亡，反而能得常生。無論罪惡如何重大，不會受永罰，只是受苦時期較長，受苦更重而已。

第二十一章 主張不是所有人，只有天主教的信友，雖然日後犯罪多端，應當受罰，但因信仰的基礎而得救贖。

也有人因著下面的話：「唯獨堅持到底的，才可得救。」（瑪・二十四：13）以為進天主教的，雖然品行不端，亦能救靈。因著信仰的基礎，他們將如經過火一樣得救，如聖保祿宗徒所說：

「因為除了奠立了的根基，即耶穌基督外，任何人不能再奠定別的根基。但是如果有人用金、銀、寶石、木、草、禾稭，在這基礎上建築，各人的工程將來總必顯露出來。因為主的日子要把它揭露出來。原來主的日子要在火中出現，這火要試驗各人的工程怎樣。誰在那根基上所建築的工程若存得住，他必要獲得償報，但誰的工程若被毀了，他就要受到損失，他自己固然可得救，可是仍像從火中經過的一樣。」（格前・三・11—15）

所以他們說：天主教的信友就算是犯罪，仍有基督為他的基礎；異教人就不然，因為已與他分離了。所以他們相信，因著這個基礎，天主教人就是犯罪，也將因火而得救，如同建築在木、草、禾稭的一樣，就是由公審判後罪惡人的火中救出。

第二十二章　主張行哀矜的人所犯的罪，不會受罰。

我也發覺有人以為只有疏忽行哀矜的人，才會受永罰，依照聖雅各伯宗徒的話：「因為對不行憐憫的人，審判時也沒有憐憫。」（雅・二：13）他們說：慈惠的人，就是品行不端，亦將蒙惠待，不會受罰，或一時受苦，總將得救。所以他們想死亡者的判官，將賞右邊的善人享永福，左邊的惡人受永苦，亦注意到曾作哀矜與否。

他們並說每日念天主經時所求的，亦是指這事：「寬免我們的罪責，猶如我們亦寬免得罪我們的人。」（瑪・六：12）因為寬免得罪的人，也是行哀矜。

吾主耶穌自己亦勸人說：「因為你們若寬免人的過犯，你們的天父也必寬免你們的。但你們若不寬免人的，你們的父也必不寬免你們的過犯。」（瑪・六：15）聖若望宗徒所說，誰沒有仁慈，審判時也不會得仁慈，也是是指這事。

他們並說，吾主耶穌沒有分大小罪，只說：「你們若寬免人的過犯，你們的天父也必寬免你們的。」因此他們以為因著每天所念的經，天主就寬免人每天所犯的罪，不論多少輕重，就是犯罪至終的也不例外，只要他寬赦得罪了他，而求他寬恕的人。因著天主的助佑，我答覆了這些意見後，我就結束了這卷書。

第二十三章　反對主張魔鬼與惡人的罰，都不是永遠的。

我們先當研究為何聖教會不准辯論有些人的意見，他們主張魔鬼受了長期的重大罰後，也將得寬赦。許多精通《舊約》與《新約》的聖人，不願否認魔鬼受了重大苦楚後，能得天堂的福樂，但亦不願否認吾主耶穌在公審判時所說的話：「可咒罵的，離開我，到給魔鬼和他的使者預備了的永火裏去吧！」（瑪・二十五：41）耶穌用這些話，指出魔鬼及其使者要受永遠的火燒。

《默示錄》亦說出這端真理：「迷惑他們的魔鬼也被投入了那烈火與硫黃的坑中，就是那位假先知所在的地方，他們日夜受苦，至於無窮之世。」（默・二十：10）上面說永遠，這裡說無窮之世，在《聖經》中，都是指無終。為此，沒有任何明顯的理由，能相反真實不變的信仰。魔鬼及其使者，絕對不會回到聖人的美德及行為中，因為《聖經》不會欺騙任何人，卻說天主不寬赦他們，卻將他們打入黑暗的地獄中，等候最後的審判，永遠受火的焚燒。

既然如此，如何所有人或有些人一時受苦後，不受永罰，而不損及教義，它主張魔鬼受永罰。若對所有人或有些人說：「可咒罵的，離開我，到給魔鬼和他的使者預備了的永火裏去吧！」（瑪．二十五：41）若惡人不永遠在那裡，那麼有何理由相信魔鬼及其使者要永遠在那裡呢？天主對魔鬼及惡人的判決，豈能只對魔鬼是真的，而對惡人是不對的？這樣，人所幻想的，比天主所說的還要有力了，這是不會的。所以願意避免永罰的，不當辯論，最好在尚有光陰時，聽天主的命令。

耶穌在同一處，說了包含兩者的事說：「這些人要進入永罰，而那些義人卻要進入永生。」（瑪．二十五：46）如何能否認永火，卻承認有無窮的常生呢？若兩者都是永遠的，當理解為兩者為有終的，或兩者都是永遠的，因為永罰及常生是同時的。同時說：永生是無窮的，而永罰將終止，是不合理的。為此，因為聖人們的常生是無終的，永罰也是無終的。

第二十四章　反對主張天主審判時，因著聖人的轉求，要寬赦所有人的意見。

這點也能反對為自已辯護，相反天主的言語，主張當有更大仁慈的人。他們說天主的言語是真的，因為人該當忍受天主所恐嚇的罰，並非真的要受罰。

他們說：因著聖人們的祈禱，天主要寬免罪人，聖人們的聖德越高，越能為仇人祈禱，那時他們已無絲毫的罪惡，所以他們的祈禱更為有力，更容易蒙天主的垂允。

為何聖人們不用他們的聖德及祈禱，為地獄的魔鬼，轉求天主減輕他們的痛苦，或從火中救出他們來呢？能有人以為該當如此，說天使與人一起為魔鬼及將受罰的人祈禱，使因天主的仁慈，不受照公義所當受的苦楚，這是任何有信仰的沒有說過，也不會說的。因為若是這樣，耶穌曾命教會為自己的仇人祈禱，亦能為魔鬼及其使者祈求了。

聖教會不為魔鬼祈禱的理由，不為公審判時，當受地獄永火焚燒的人祈禱，亦同樣有效；雖然那時他已達到至高聖德的地步。現在他為現世的仇人祈禱，因為他們還能作有益的補贖。他為他們求什麼？豈非：「或許天主會賜他們悔改而認識真理，使這些被魔鬼活捉去，順從他旨意的人，能覺悟過來，擺脫魔鬼的羅網。」（弟後・二：26）

若他一定知道，尚活著的，將與魔鬼一起罰入地獄的永火中，就不為他們祈禱了，如不為魔鬼祈禱一樣。但因不一定知道，所以他只為現世的仇人祈禱，但並非為所有的人祈禱，都蒙天主的垂聽。只為他們祈禱，他們雖攻擊它，但因他的祈求，他們預定將為他的子女。

誰若執迷，固執不悟，不由仇人變成他的子女，聖教會豈能為他的靈魂祈禱嗎？這是何故？豈非他是魔鬼的同伴，在世時皈依基督。這是他為現世罪人祈禱的原因，但不為去世的外教人及已亡的惡人祈禱。

天主聽我們為已亡者的祈禱，只為重生於基督，德行不太惡劣，至於不堪得天主的仁慈，亦不太聖善，以致不需要我們的祈禱。這樣，在死人復活後，有些人作了補贖後，就得了天主的仁慈，不受永火的罰。

因為若在現世未得寬赦，至少在後世將得寬赦，就不能說有些人：「在今世及來世，決不得赦免」。（瑪・十二：32）但活者亡者的判官既然說了：「那時君王要對那些在他右邊的說：我父所祝福的，你們來吧！承受自創世以來，給你們預備了的國度吧！」然後又對那些在左邊的說：「可咒罵的，離開我，到給魔鬼和他的使者預備了的永火裏去吧！……這些人要進入永罰，而那些義人卻要進入永生。」（瑪・二十五：34）

若說天主所說將受永罰的，不受永罰，一定是膽大妄言，因著這種膽大妄言，甚至對現在失望，對來世發生疑惑。誰都不當將〈聖詠〉上的話：「難道天主忘記了憐憫？或是因發怒而忘記了慈悲嗎？」（詠・七十六：10）解說為天主的判決為善人是真的，為惡人是假的；或者為魔鬼是真的，為惡人是假的。因為這首〈聖詠〉是對天主所許的子女而言，〈聖詠〉作者自己也在其內，他說了：「難道天主忘記了憐憫，或是因發怒而忘記了慈悲嗎？」立刻繼續說：「我便說：這是我最難受的，至高者的右手改變了。」（詠・七十六：11）

他一定解說前面所說的：「或是因發怒而忘記了慈悲嗎？」因為天主的忿怒亦在現世：「人好像一口氣，他的時日，宛如消逝的陰影。」（詠・一四四：4）但在現世天主不忘記自己的慈善，「他使太陽上升，光照惡人也光照善人，降雨給義人，也給不義的人。」（瑪・五：45）這樣，天主在發怒時，亦不阻止祂的慈善，特別是在這篇〈聖詠〉中所說的：「我便說：這是我最難受的，至高者的右手改變了。」仁慈之器變成更好的，現世充滿痛苦，就是天主的義怒，雖然在現世尚有天主的義怒，但在忿怒中仍有慈善。〈聖詠〉上所說的應驗後，並非說不屬天主城的人就要受永苦。若願理解為惡人受罰，當理解為天主忿怒，罰他們受苦，但仍保留他的慈善，不要他們受應受的痛苦。並非不受苦，或將有終止時，而是比應得的苦更輕。這樣，天主的忿怒，不取消仁慈。我不贊成這意見，但也不拒絕它。

別的人相信《聖經》上下面的話，只是恐嚇，而非事實：「可咒罵的，離開我，到給魔鬼和他的使者預備了的永火裏去吧！……這些人要進入永罰。」（瑪・二十五：41）；「他們日夜受苦，至於無窮之世。」（默・二十：10）；「他們的蟲總不會死，他們的火總不會滅。」（依・六十六：34）不由我的理由，而為《聖經》自身駁倒了。

尼尼微人的補贖得了效果，因為是在現世作的，天主願意我們在世時，在痛苦中播種，以便在喜樂中收穫。然而誰能否認在他們身上，天主所預言的已實現了，除非不想天主不但在忿怒中，亦在仁慈中罰人。

天主罰罪人有兩種方式，或如索多瑪城人，因罪而受罰，或如尼尼微人因作補贖而清除罪罰。所以如天主所預言的應驗了，惡的尼尼微城被毀了，出現了以前沒有的好尼尼微城，其城牆與房屋固然仍在，然而城中的壞風敗俗則取消了。先知約納雖然因他所預言的沒有實現而傷心，但天主所預知的則實現了，因為他知道將以更完美的形式而實現了。

為使他們對罪人慈善，懂得下面《聖經》的話，是對何而言：「你為敬畏你、投靠你的人，所積存的，在人的面前，所施行的恩澤，是何等富厚呢？」（詠・三十：20）亦讀下面的話：「投靠你的人，所積存的」，「敬畏你的，投靠你的人」有何意義？豈非天主的慈善，對願以畏懼建立法律上的義德，並不算大，因為他們根本不知道，沒有嘗到過天主的仁慈。

他們不依靠天主，卻依靠自己，因而不知天主慈善的甜味。他們怕天主，如同奴僕一樣，而不如子女。齊全的愛德排斥畏懼。

為此，天主賞賜甘飴與依賴他的人，使他們有愛德，以聖潔畏懼之情，不以愛德所排斥的，而以永久長存的，若要尋求光榮，當在天主內去尋求。

天主的智慧是基督，如聖保祿宗徒所說：「基督為我們成了智慧、正義、聖潔和補贖，如此正如《聖經》上所記載的：『凡要誇耀的，應因主而誇耀。』」（格前．一：30—31）誰願建立自己的義德，不屬天主的正義，就是基督，不認識天主寵惠所賜的義德，它充滿天主的甘貽。〈聖詠〉上說：「你們要嘗試，要瞻望，上主是何等的和藹。」（詠．三十三：9）在現世我們只可嘗到天主的甘怡，而不會滿足，但仍感覺饑餓，我們享見天主時，才會滿足，那時〈聖詠〉上所寫的：「使我在義德中得見你的尊容，在我醒了的時候，使我得瞻你的形象，這樣我就心滿意足。」（詠．十七：15）這樣，基督賞賜依賴他的人豐滿的甘貽。

若天主對敬畏他的人，隱藏其甘貽，不罰惡人，使他們不知道這點，怕被罰而聖善生活，且為惡人祈禱，如何對待期望他的人，如他們所幻想的，因著這甘貽，天主就不會罰依賴他的人。所以當尋求他賞賜依賴他人的甘貽，而不賞賜給輕視他，咒罵他的人。人在後世，白白地尋找現在有時而忽略的生命。

聖保祿宗徒所說：「因為天主把眾人都圈入背逆之中，為憐憫眾人。」（羅．十一：32）並非天主不罰任何人，是照上面所說的意義。聖保祿宗徒給皈依的羅馬人寫信論猶太人說：「其實，就如你們以前背逆天主，如今卻因了他們的背逆雨蒙受了憐憫。同樣，因了你們所受的憐憫，他們如今背逆，這是為叫他們今後蒙受憐憫。」（羅．十一：30—31）他們似乎滿意自己的錯誤，為此聖保祿又添上說：「因為天主把眾人都圈入背逆之中，為憐憫眾人。」（羅．十一：32）所說眾人是誰？豈非他所稱的你們及他們？天主將外教人與猶太人都圈入背逆之中，他早已預料及預定像似他的聖子，為他們的不忠實所慚愧，乃後悔求天主仁慈，用〈聖詠〉上的話呼說：「你為敬畏你、投靠你的人，所積存的，在人們面前，所施行的恩澤，是何等富厚呢？」（詠・三十：20）天主對眾人都將施仁慈。眾人是誰？是在外教人及猶太人中他所預定、召請、成義、光榮的，在他們中，而不是所有人，誰也不會受罰。

第二十五章　在異教人中領洗的，以後荒唐生活，或在天主教中受洗，沒有離開它，但生活品行不端，能因聖事，希望避免永罰否？

現在我答覆主張並非魔鬼與其使者，或所有的人都可脫免地獄的永火，只有領過洗、領過基督體血的，雖然在異端邪說或罪惡中生活，亦可免地獄的永火。

但聖保祿宗徒反對他們說：「肉身的作為是顯然可見的，即淫亂、不潔、放蕩、崇拜偶像、施行邪法、仇恨、競爭、嫉妒、忿怒、爭吵、不睦、分黨、妒恨、兇殺、醉酒、宴樂及與這些相類似的事；關於這些事我以前怎樣預先告訴過你們，如今照樣再預先告訴你們：做這樣事的人，不能承受天主的國。」（迦・五：19—21）

若這樣的人，就是長期受苦後，能得天國，聖保祿上面的話就錯了。然而他的話沒有錯，所以這種人絕對不能入天國。若不能入天國，就當永遠受苦，因為沒有中立的地方是不入天國的人，亦不受苦。

所以應當研究一下，該如何去理解吾主耶穌下面的話：「這是從天上降下來的食糧，誰吃了，就不死。我是那從天上降下的生活的食糧，誰若吃了這食糧，必會生活直到永遠。」（若・六：50—51）我現在要答覆的，將為要答覆的駁倒，他們不主張所有領過洗，領過聖體的都能得救，只有天主教的人，雖然犯了罪，仍可得救，因為他們說：這樣的人，他們領基督的體，不但領聖事，且實際上，成了基督妙體的一部份，如聖保祿宗徒說的：「因為餅是一個，我們雖多，只是一個身體，因為我們眾人都共用這一個餅。」（格前・十：17）

所以只有與基督合一的，即基督妙身的一部份，實際上才飲基督的血。為此異教人或裂教人，即與基督妙身分離的人，雖能領同一聖事，但沒有益處，以後不會得救，反而受的審判更為嚴厲，因為他們不生活在這聖事所表示的和平內。

別的人說：不為基督妙身的一部份，不能說食基督的體，這是對的，然而他們主張與基督妙身有份的，墜入邪說或外教人的迷信中，也可避免永苦，就大錯特錯了。

因為先當考慮，許多人，或全體離開天主教會，而成為異端邪說的創立人，卻比墜入他們的陷阱以前，總未進天主教的人，情形更為優良。這是相反真理，不能接受的。在天主教中受洗，領過基督的體血，這些異端邪說的創立人竟可避免永罰，這是相反真理，不可能的事，因為一個背叛信仰成為信仰的仇人，一定比一個總沒有接受過，也總沒有擯棄過信仰的人更壞。

聖保祿宗徒也反對他們，他提及了肉身的工作後說：「做這樣事的人，不能承受天主的國。」（迦・五：21）所以不可以為恆心至終，就能得救以自慰。就是終身在天主內，但品行不端，擯棄生命的正義，即耶穌基督，或犯邪淫，或以其他聖保祿宗徒不願提及的淫惡，髒污自己的身體，或沉溺在淫樂中的人，或做聖保祿所說的，就是：「做這樣事的人，不能承受天主的國」。

所以做這類事的人，不能入天國，就要受永苦。因為不能說，一生至終，生活在惡行中的人，能說恆心生活在基督內，因為恆心生活在基督內，是對他忠心至終。依照聖保祿宗徒的定義，「信德當以愛德行事」（迦・五：6）；他又說：「愛近人就作不了惡。」（羅・十三：10）亦不能說他們食耶穌基督的體，因為他們不是他妙身的肢體。我不引其他證據，他們不能同時是救主的肢體及妓女的肢體。

耶穌基督自己也說：「誰吃我的肉並喝我的血，便住在我內，我也住在他內。」（若・六：56）指出何為食他的體，喝他的血，不但在聖體聖事內，並且在實際上；是住在基督內，以便基督住在我們內，如同說：不在我內的人，我亦不在他內的人，不能說食我的體，喝我的血。不是基督的肢體，就不住在基督內。成為妓女的肢體，若不作補贖，避免行善，就不是基督的肢體。

第二十六章　何為在基督有基礎，誰能經過火燒而得救？

但是他們說：天主教信友的基礎是基督，雖然在上面他們用不良的品行，即用木、草、禾稭建築，但未與它分離。這個以基督為基礎的真信仰，最後能將他們由永火中救出，雖然當受損失，因為在上面所建築的，都要被燒去。

聖雅各伯宗徒簡單答應說：「若有人說自己有信德，卻沒有行為，有什麼益處？」（雅・二：14）他們問聖保祿宗徒所說：「他自己固然可得救，可是仍像從火中經過的一樣。」（格前・三：15）這是指誰？我們當一起研究一下是誰，一定不是聖雅各伯所說的，不然，我們就當攻擊兩位宗徒的意見了，因為一位說：雖然他做了惡事，但信德仍可將他從火中救出；而另一位卻說：信德沒有善行，如何能救他呢？

若我們先找到何為有基督作基礎，就可找到誰為由火中救出的人。為易於找到起見，我們先想房屋的比喻：在打基礎前，就根本不能建築，因此誰在心中有基督，不將世間暫時可有的心事，放在他的上面，就有基督為基礎。若將世物放在基督之上，雖然似乎有信德，就沒有基督為基礎。

若輕視天主的規誡，犯罪行惡，甘心投入淫樂之中，就可證明他不將基督放在前面，而是放在後面。若一信友戀愛一個妓女，與她交媾，成為一體，就沒有基督為基礎了。誰照基督愛自己的妻子，就有基督為其基礎，否則就是依肉情而愛她，以求解決慾情，如不認識天主的外教人一般，依聖保祿宗徒及基督自己，仍能有基督為基礎。

若他不將世俗的愛情與快樂放在基督之上，在這基礎上，用木、草及禾稭建築，基督仍是基礎，因此雖可得救，但如經過火一樣。痛苦的火焚燒這世間的快樂，它在婚姻中並非罪惡，但一切的不幸與災禍，減少這類快樂，也屬這火之中。

為此，這座房屋為建築它的人是一損失，因為沒有所建造的，悶著失去某物而痛傷，得之則喜。然而因著基礎及火將得救，因為若是一個難為教會的人，讓他在這些事及基督中隨意選擇，他不會將它放在基督之上的。

照聖保祿宗徒，在這基礎上以金銀寶石建築的，是：「沒有妻子的，所掛慮的是主的事，想怎樣悅樂主」；（格前．七：32）以木、草、禾稭建築的，是：「娶了妻子的，所掛慮的是世俗的事，想怎樣悅樂妻子」（格前．七：33）；「各人的工程將來總必顯露出來，因為主的日子要把它揭露出來。」（格前．三：13）是痛苦的日子，因為將以火揭露出來。

聖保祿稱磨難為火，如《聖經》別處所說：「爐火試煉陶人的器皿，人的試驗，卻在於他的言談中」（德・二十七：6）；「這火要試驗各人的工程怎樣。誰在那根基上所建築的工程，若存得住——天主的思想及願意悅樂他的心仍舊存在——他必要獲得賞報，即獲得他思想的效果，但誰的工程若被焚毀了，他就要受到損失」（格前・三：13—15），因為沒有他所愛的。

他自己可能得救，因為任何磨難，沒有使他離開這基礎，但好像經過火一樣。沒有不正當的愛情所有的，也不會沒有痛苦就失去。我們似乎已找到了這火了，它不罰任何人，使一人富，一人受罰，而試探兩者。

若我們在此處願將這火理解成吾主耶穌將要對左面的人所說：「可咒罵的，離開我，到永火裏去吧！」（瑪・二十五：41）將在這基礎上。以木、草、禾稭建築的人放入這批人中，因著他們的罪過，經過一時後，因著這基礎而將得救。對那在右邊的人將如何想法？判官將對他們說：「我父所祝福的，你們來吧！承受自創世以來，給你們預備了的國度吧！」（瑪・二十五：34）豈非他們在這基礎上，以金銀寶石建造了嗎？

若當這樣去理解火的話：如由火中經過，左右的人都當去，因為《聖經》上對這火說：「因為主的日子要把它揭露出來，原來主的日子要在火中出現，這火要試驗各人的工程怎樣。」（格前・三：13）要試驗每人。若火要試驗每人，工程存在的，即沒有被火燒了的，將受酬報；工程被火燒了的將受罰，但一定不是永火。

只有在左面的將被投入永火中，這火卻要試驗在右面的。有的人受試探後，他們在基督基礎上所建築的，不會被燒去。別的人受試探後，在上面所蓋的為火所焚，受其損失，然而將得救，因為他將基督放在穩定的基礎之上，愛基督在一切之上。

得救的在右邊，一定可與別人一起聽到：「我父所祝福的，你們來吧！承受自創世以來，給你們預備了的國度吧！」（瑪．二十五：34）而不在左邊，這邊被罰的人將要聽見：「可咒罵的人，你們到永火中去吧！」（瑪．二十五：41）他們中沒有一人能由火中被救出的，因為所有人都要受永罰，在那裡蟲不會死，火不會滅，他們要永遠日夜受苦。

至於每人死後至公審判的中間，復活後，他們說：亡者的靈魂當受火刑，在現世沒有這類愛情及習俗的人，是不會受其害的，不會燒他們的木、草、禾稭的；即自己的住所，在後世或在現世，雖然亦受輕微的罰，使蒙暫時的罰，燒去俗務。我並不反對這意見，因為可能是真的，肉身死亡是原罪的罰，亦能屬於這種試煉，使每人發覺他所建築的。

教難曾使許多殉教者得到榮冠。全體信友當安心忍受，它如火一般，要試驗建築物。有些建築物與建築的人，都為火所焚，因為他們沒有基督作基礎。有的建築物被燒，但建築者未受其害，因為他們雖然經過許多艱難，終於得救了。別的建築物屹然不動，因將永遠存在。

在世界窮盡，假基督時，將有空前的災禍。這些以金、草建築在基督基礎上的，亦將受火的考驗，有些人喜樂，別人憂苦，但因基礎穩固，無人要受損失。

但誰將妻子放在基督之上的，或以人性愛親人的，沒有基督為基礎，他們不但不為火所救，並且不能得救，因為不能與基督在一起。

他對這點明說：「誰愛父親或母親超過我，他就不配是我的。」（瑪．十：37）

誰以肉情愛自己的親人，但不將他們放在基督之上，受試探時，亦情願失去他們，不願離開基督，將經過火而得救；因為失了親人後，因著愛親人之情，將產生巨大的痛苦。

但誰照基督愛他的父母子女，勸他們尋找天國，與基督結合，或愛他們，因為是基督的肢體；這種愛情，一定不是當受火燒的草、木及禾稭，而是以金銀，寶石所建的宮室。因基督而愛人，如何能比基督更愛他呢？

第二十七章　反對主張只要行哀矜，就是犯罪亦無礙的意見。

現在只剩下答覆主張只有不作哀矜的，才會受地獄的永苦，因為聖雅各伯宗徒說：「對不行憐憫的人，審判時也沒有憐憫。」（雅・二：13）所以他們說：行哀矜的人，雖然沒有改正不良的品行，審判時仍將受憐憫，或者根本不會受罰，或者稍後，即獲得赦免。他們相信耶穌基督分左右兩邊，右邊的人得天國，左邊的人受永罰，是完全根據行哀矜與否而定。

為證明每日所犯的罪，無論如何重大繁多，能因哀矜而得赦，他們就用天主經為證據。他們說：信友每日都念這篇經，每日雖犯罪，就可因而得赦，因為我們說：「爾免我債，如我亦免，負我債者。」

他們又說，吾主耶穌沒有說：你們若寬免別人的罪，你們在天大父亦寬免你們日常所犯的小罪，而說：「你們的天父也必寬免你們的。」（瑪・六：14）因此他們就以為即使每日犯大罪，就是在大罪中死去，因著哀矜，也可得寬恕。

當勸他們為所犯的罪作哀矜，若他們說：行哀矜，就可為每日所犯種種重大罪惡，得到天主的寬赦，這就不合理，並且可笑。因為這樣，他們就當承認一位腰纏萬貫的富翁，每日施捨十元，就可獲得殺人、姦淫罪惡的寬赦。這自然是不合理的，然而若有人問：何種哀矜能寬赦罪過，如耶穌的先驅聖若翰所說：「就結與悔改相稱的果實吧！」（瑪．三：8）可答覆他們說：一定不是犯罪至死人的哀矜。

先是他們搶別人的財物，遠比施捨窮人的更多，他們卻以為自己如此養育基督，以便每日任意作惡。即使他們為一罪過，將全部家產施捨窮人，但有意繼續犯罪，就沒有真愛德，因為它不會叫人作惡，他們的哀矜就為他們毫無裨益。

誰願為自己的罪過作適當的哀矜，先當對自己做起，對人所作的對自己卻不作，這是不對的，因為吾主耶穌說：「你當愛你們的近人，如你自己。」（瑪．二十二：39）《聖經》上又說：「對你的靈魂，要有愛情。」（德．三十一：24）

誰不憐惜自己的靈魂，以悅樂天主，如何能說為自己的罪惡，作相稱的補贖呢？為此《聖經》上說：「不知自愛的，怎能善待他人？」（德．十四：5）祈禱一定幫助哀矜，因此當注意下面的話：「吾兒，你若犯了罪，不可再犯，並應為你過去的罪戀祈禱，好得寬赦。」（德．二十一：1）為此，為得已往罪過的寬恕，我們當行哀矜，但不可因為行哀矜，就以為可固執於惡，任意妄為。

吾主耶穌說在右邊的人作了哀矜，在左邊的人未行哀矜，是指出哀矜能寬赦所犯的罪，並非因著哀矜，就可隨便犯罪。不願改正自己行為的，就不能說行哀矜，因為由下面的話：「凡你們不給這些最小中的一個做的，便是沒有給我做」（瑪．二十五：45），可以看出，他們想做的，實際上卻沒有做。

因為若他們在饑餓的信友中，看到基督，給他麵包，就不會對自己疏忽正義的麵包，就是基督，因為天主不看人施捨的，而看施捨人的心。因此誰在信友身上愛基督，就當以接近基督的精神去行哀矜，而不為遠離他，以不受罰。因為人越愛基督所指責的，就越遠離他。

若不成義人，領洗亦何用之有？耶穌說：「人除非由水和聖神而生，不能進入天國。」（若・三：5）同時他亦說：「除非你們的義德超過經師和法利塞人的義德，你們決進不了天國。」（瑪・五：20）為何畏懼第一種恐嚇，許多人領洗，而不畏懼第二種，是因為很少人追求義德。

正如一個人呼兄弟為糊塗人，若他對兄弟不發忿怒，而是對所犯的罪發怒，就不侮辱他，不然，就當受地獄的苦了。同樣，給一位信友哀矜，而不在他身上愛耶穌基督，不是給信友施捨，因為他不願在基督中成為義人。

若有人因稱兄弟為糊塗人而犯罪，不是為改正他，而為淩辱他，若不願照下面的誡命，與他和好：「所以，若你在祭台前要獻你的禮物時，在那裡想起你的兄弟有什麼怨你的事，就把你的禮物留在那裡，留在祭台前，先去與你的兄弟和好，然後再來獻你的禮物。」（瑪・五：23—24）若仍舊故意犯罪，哀矜就沒有益處。

吾主耶穌親自教我們念的經，稱為天主經，我們每日念它說：「爾免我債」，以赦免每日所犯的罪，不但念，並每日去做：「如我亦免負我債者」；因為犯了罪，所以這樣說，並非要我們去犯罪，而是吾主耶穌願意用這篇祈禱文告訴我們，在現世黑暗軟弱之中，每日犯罪，當求天主寬赦我們。若願意天主寬赦我們，我們亦當寬赦得罪我們的人。

吾主耶穌說：「但你們若不寬免人的，你們的父也必不寬免你們的過犯。」（瑪．六：15）他不願我們妄依這篇祈禱文，每日犯罪，不守人間的法律，或欺騙別人，是願叫我們知道，雖然沒有陷入大罪中，並非無罪。天主曾命《舊約》的司祭，先為自己的罪過，後為人民的罪過獻祭。

我們當細心體會吾主耶穌的話。他不說：「若你們寬赦人的過錯，你們的在天大父亦赦免你們一切的罪過」，而說：「你們的罪過」，因為他教訓我們每日的經文，是向聖潔的門徒發言。」你們的罪」，有何意義？豈非連你們已聖潔的人，還會犯的罪嗎？我們的敵人，尋找每日犯大罪的話柄，乃引吾主耶穌沒有說：「赦你的小罪」，而說：「赦你們的罪」，但我們若注意耶穌向誰說話，就當結論到小罪，因為他的門徒所犯的罪，一定不是大罪。

皈依後，當不再犯大罪，它亦不能因祈禱而得赦，除非實行同一處所說的：「如我亦免負我債者。」聖人們在世時亦難免犯小罪。犯大罪的人，自然更不易得赦，雖然現在已不再犯。但對待人刻薄，不肯赦別人的罪，耶穌對他們曾說：「但你們若不寬免人的，你們的父也必不寬免你們的過犯。」（瑪．六：15）

聖雅各伯宗徒說的話，對這種人亦有用：「因為對不行憐憫的人，審判時也沒有憐憫。」（雅．二：13）我們亦當記住主人寬免了欠他一萬元的僕人，但因為他對欠自己一百元的同事沒有慈愛之心，主人就逼他還清。

同聖雅各伯宗徒下面的話：「憐憫必得勝審判」（雅．二：13），對說謊之子及天主的慈善亦有效。因為聖人們，在世修德立功，且願接受每日犯大罪的人為朋友，以便為基督所救，使成為義人，不依他的功勞，而依自己的恩寵給他酬報。其中也有聖保祿宗徒，他說：「只就我蒙主的仁慈，作為一個忠信的人。」（格前・七：25）該當承認，被收入天國中的，沒有聖人的代禱，是不能得救的。

為此，在他們方面，天主的仁慈勝過審判。但不可相信惡人不改正行為，只以不義而得的錢財，恭敬聖人，就可得赦而入天國。即使以公正方法而得的錢，亦非寶物，只是惡人以為是寶物，因為不知道真的寶物何在。聖人們能引別人入天國，他們才有寶物呢！

因此有些生活，並不惡劣。為得天國，施行哀矜，以救濟窮人，結交朋友，以入天國，並非無用，然而亦非十分聖善，因朋友的功勞，尚不能得到天國的福樂。

我驚異在維吉爾詩中，亦找到吾主耶穌的話：「要用不義的錢財交結朋友，為使你們匱乏的時候，叫他們收留你們到永遠的帳幕裏。」（路・十六：9）下面的話與上面相似：「誰接納一位先知，因他是先知，將要受先知的賞報，誰接納一位義人，因他是義人，將領受義人的賞報。」（瑪・十：41）

詩人維吉爾以為愛麗色（Elysios）場，是享福靈魂的住所，描寫樂國時，不但有因自己的功德而至此的，也有：「因別人的紀念而來的」（註），即對別人有功，因而為人所紀念的。他們口中時常說信友請求聖人轉求時所說的：「請你紀念我。」然而是何種方式，何種罪過阻礙進入天國，因聖人的轉求，能得寬恕，則不易知道，要強加規定，更為危險。我雖至今研究這個問題，然而還不知道。可能我們不知道，使能更謹慎地躲避它。

因為若知道何種罪過，可繼續去犯，不願修德，仍可希望聖人的轉求，則人性軟弱，不願斷絕罪惡的牽連，努力修德，只行哀矜，使因聖人的功勞而得救。現在不知道小罪的輕重，雖然尚未斷絕，但努力祈禱，修德，亦不忽略施捨哀矜，以交結朋友。

然而因著聖人的轉求，只能阻止我們受地獄的永火，而不是已進了地獄，過些時候再出來。因為以為《聖經》上對沃地能結百倍，六十倍，或三十倍的果實（瑪・十三：3），亦可理解為聖人，因他們的功勞不同，有的能救一百人，有的可救六十人，也有的只能救三十人。也當承認只在審判之日，而不在審判之後。

據說，有人看見有些人以為如此可不受罰，而能得救，乃巧妙地勸人修德行善，成為可為人轉求的聖人，因為若只有少數轉求者，只能救三十，六十或一百人；可能有許多人，不能因他人的轉求而得救；其中有專門希望別人的功勞讓與自己的人。

這個答覆，為接受《聖經》，如我們一樣的人，已經夠了，但因他們誤解《聖經》，相信將來情形，不如《聖經》所載，而如他們所希望的。我答覆了他們後，就結束本卷，如我所許的。

（註）Aeneid，卷一，第六章。

第二十二卷

天主之城的結束，即聖人享永福。相信肉身的復活，將如何實現。說了聖人們在不朽的肉身中所做後，聖奧古斯丁結束了本書。

第一章　天使及人的情形。

如我在上卷所許，在最後一卷中，將論天主城永遠的福樂。稱為永遠的，並非因為長久，但最後將完結，而如同在《福音》中所寫的：「他的王權沒有終結。」（路．一：33）永遠不在乎人死生不息，繼往開來，如一棵樹，終年青葉生綠蔭，因為有些老葉子落下，新的葉子又油然而生，所以常有樹蔭，而是因為天國的人民是不朽的，人得了天使所沒有失去的。

全能的天主，是這奇妙事情的創造者，祂應許了，不會不實現的。為證明這點，祂已實行了許多應許的及沒有應許的事情。

祂在開始時，造了充滿可見可懂的事物。祂所造中最奇妙的，是具有理智的天使，能瞻仰他，能享有祂，以形成我們所稱的上天聖城。天主自己，支持祂們，使享永福，為其生命及飲食。

祂給天使們自由，若願擯棄天主，即自己的幸福，就墜入不幸之中。祂預見有些天使，自喜自傲，以為自己可得幸福，於是遠離至善的天主，雖然天主仍舊不取消祂們的自由權，祂以為善於利用罪惡，比不准許它，更能顯出自己的全能。

若至善的天主，沒有造能自由犯罪的受造物，罪惡就不會存在。因為若受造物，雖然是在造物主之下，若不擯棄天主及他的光明，就不會是惡的。如同盲目是眼目的疾病，證據是它本為視物而造，雖然有病，仍舊是最尊貴的官能，因為沒有其他理由，使盲目為一缺欠。因此能享見天主的受造物，由其罪惡亦證明它受造時是善的，它的不幸，就是不再享見天主。祂以永遠的地獄苦刑，罰自由墮落的天使，卻允許忠信的天使，為報答祂們的忠信，永遠不會失掉祂。

天主造了人也是正直的，有自由權。固然造了他為生活在世界上，若與造物主相結合，能得天堂，若擯棄造物主，將受適合其本性的罰。

天主雖然預見人將犯天主的誡命，擯棄祂，亦沒有取消人的自由權，因為祂亦預先看見能由惡中取善，由公正被罰的人類中，能選出相當多的人，以補充背命天使的數目，使上天之國，不但不缺少居民，並且數目更多。

第二章　論天主永遠不變的旨意。

固然惡人做許多相反天主聖意的事，但他是明智全能的，仍然使似乎相反他旨意的事物，仍舊嚮往他所預定的善良的目標。

為此幾時說天主改變了他的旨意，對以前喜歡的人，表示忿怒，該當理解為人，而不是天主變了。正如太陽為眼目有病的人，以前是燦爛悅目的，現在變成討厭的，而太陽自身卻仍然沒有變更。

天主在聽他命令的人心中所做的，亦稱為天主的聖意，如聖保祿宗徒所說：「因為不拘是起意或成功，原是天主出於善意，在你們內完成的。」（斐・二：13）正如所謂天主的公義，不但因之他是公義的，並且亦因他在義人身上所做的。就如我們稱天主的律法，本來是人的法律，然而是由天主而來的。

耶穌曾對人說：「連在你們的法律上也記載著。」（若・八：17）而在另一處卻寫道：「天主的法律在他心中。」（詠・三十七：31）照天主在人心中的旨意，亦稱他願意，不但是他自己所願意的，並且是人們所願意的，就如說他知道，是他使不知道的人知道一樣。

聖保祿宗徒說：「如今你們認識了天主，或者說為天主所認識。」（迦・四：9）不可相信他那時才認識他在創造世界之前已認識的，但說那時他知道，是說他為人所知道；我記得在前卷書中，已討論過這種說法。

依照這個意思，說天主願意叫人所願意的，因為他們對許多將來的事都不知道，祂願意許多事，但是不做。聖人們願意許多天主所啟示的事，然而不常得到，如他們為某人祈禱，而未蒙允准，雖然是天主因著聖神叫他們祈禱。為此聖人由天主所啟示，願意並祈求所有人都得救靈魂，可以說天主願意而不做，因為是祂叫他們願意的。

然而照天主永遠的旨意，如同他的預知一樣，他在上天下地已做了他所願意的，不但已往與現在，並且一切將來的事，但在他願意預見的事實行以前，我們說：「天主願意時，就會成功」；並非天主有了以前沒有的旨意，而是他在永遠所安排的，現在實行了。

第三章　論天主應許聖人永遠享福，惡人永遠受罰。

為此撇下許多的事，我們現在看見天主應許亞巴郎的，已在基督身上應驗了。天主說：「因著你的後裔，天下的萬民，將獲得祝福。」（創・二十二：18）同樣，他因先知許給這後裔的，亦要應驗：「你的亡者將再生，他們的屍體要起立。」（依・二十六：19）下面的話亦要應驗：「因為，看哪！我要造一個新天，一個新地，先前的沒有人記憶，沒有人關心。

人們將因著我所造成的而喜悅，歡樂到永世，因為，看哪！我要造一座喜悅的耶路撒冷，使她的人民為歡欣的人民。我要因耶路撒冷而喜悅，因我的百姓而歡欣，其中再聽不到哭泣和哀號的聲音。」（依・六十五：17—19）

天主因另一先知預言說：「那時你的百姓，即凡登錄在那書上的都要得救。許多睡在塵土中的人要醒起，有些人要入於永生，有些要受永遠的羞辱和侮慢。」（達・十二：2）同一先知在別處又說：「至高者的眾聖者將承受那國家，要永遠佔有那國家，直至萬世無窮。」（達・七：18）稍後又說：「他的國是永遠的國。」（達・七：27）

其他相似的話，我在第二十卷已提及過，此處不必重複，因為都寫在《聖經》中。這一切的事，都要實現，如其他沒有信仰的人相信不會實現的，都已經實現了。因為是同一天主應許預言將來實現的事，在他之前，外教人的邪神，都驚慌不知所措，如著名的哲學士中之一，波非理所證明的。

第四章　反對世上的智者，他們以為人的肉身不能升至天上。

但有些人，反對引歷代人所相信及希望的權威，以為找到一個反對肉身復活的證據，乃引西塞羅之《民國書》中所說的。他說了愛古來羅瑪祿兩人成為神後，繼續說：「他們的肉身，沒有升天，因為本性不許地上的事物，帶至地球之外。」

這是賢人們的理由，天主知道他們的思想是如何的空虛！若我們只有靈魂而沒有肉身，住在天上，不認識世間任何動物，若一日我們當與世間之物聯合，我們不會相信，似乎要說本性不讓精神界事物與物質聯合。然而世界上充斥生物，魂與肉身緊緊相連。為何造了動物的天主，不能將它變成天體，既然靈魂比一切物質，且比天體更為尊貴，卻能與世物聯繫呢？是世界的一小部份，能收容奇妙的天體，而有生命及感覺，而上天卻不能收容，或收容了而不能承受，有生命及感覺的事物，因為它是為比天體更尊貴的事物而生活的。

然而現在不如此，因為還沒有到造物主所規定的時刻，其實比他們所信的，更要奇妙百倍。為何我們不更驚奇無形的靈魂，本比天體更尊貴，卻與世物結合，而世物不能至天上，豈非前者我們時常看見，我們自己便如此，而後者尚未看到，也未如此嗎？理智告訴我們，天主將有形與無形、天上的與地上的事物結合，比物體與物體結合，更為奇妙。

第五章　論肉身復活，雖大家相信，仍有人不肯相信。

有時真是古怪事！大家已經相信基督的肉身已升天，賢者與患者，少數除外，都相信他的肉身已復活，升至天上。若大家相信可信的事，可見不信的人，是如何的糊塗。若不可信的事，已有人相信，似乎相信不可能的事，已不奇怪了。

天主預言了兩件不易相信的事：我們的肉身將復活起來，永遠生活；世人要相信這不可信的事，在其中一樣實現前，天主已預言了兩者。我們已看見不易相信的一樣已經實現了，即世人相信不易相信的事。那麼為何對另一件失望，世人以為是不可信的。在兩件不易信的事中，我們已看見一種實行，而不相信另一種，既然《聖經》上都已預言過，因而世人都相信。

若我們看看世人如何相信的理由，更發覺似乎是不可信的事。耶穌給世界遣使幾位漁夫，沒有受過教育，對文法與辯護學一竅不通，而所獲得的魚，即人的靈魂，比博學多才的哲學家所得的還多。若贊成的話——自然當加贊成——在兩件不易使人置信的事上，我想添上第三種，因此發生了三件不易令人相信的事。不易相信耶穌的肉身已復活了，且升了天堂。真不易相信世人相信了這件令人難以相信的事。不易令人相信，少數名不見經傳、不學無術的人，能使世間博學多能的人，相信不易相信的事。

在這種不易相信的事中，我們的敵人不願相信第一種，但被逼迫不已，當信第二種，若不信第三種，就說不出理由來。耶穌復活，與復活了的肉身升至天上，已傳遍全世，為世人所信。然而為何全世界都相信這事呢？若許多博學多才的名人，說自己曾親眼看見過，所以宣傳這件事，世人乃紛紛信從，似乎不必大驚小怪；若世人相信少數不認識，且不識之無的人，那麼為何少數固執的人，不相信大家都信的事呢？世人相信這種重大的證據，因為耶穌在光榮中顯露了自己的天主性。天主不用言語，而用聖蹟，使世人相信。所以沒有見過基督的肉身復活升天的人，也沒有困難相信，因為有親眼看見的人，並以許多靈蹟，證明他們所說的。

他們聽見只知一、二種言語的人，忽然能用全世界各種言語。他們看見從母胎中就癱瘓的人，因著一句用耶穌名字的話，病了四十年後忽然痊癒起來。他們亦看見宗徒身上的衣服，能醫疾病，許多病人躺在他們當經過的道路上，由宗徒的影子，就霍然痊癒，及其他許多因基督名字而做的奇事，有時死人亦重新復活起來。

若我們的敵人承認這種事，的確如我們所讀到的，那麼在這種事物後，當加上許多不易置信的事。我收集了許多不易令人置信事件的證據，以使人相信一件不易相信的事，即耶穌的復活及升天。

然而我尚不能強迫不信的人去相信，這是因著他們的固執，他們若不信宗徒們曾做了這些奇蹟，為使他們相信耶穌復活升天，一個大聖蹟已經夠了：世人沒有奇蹟而相信了。

第六章 羅馬將建築它的羅瑪祿視為神明，聖教會則相信、愛慕基督，相信他是天主。

此地我先說西塞羅驚奇人信羅瑪祿為神，我且引他所寫的話：「對羅瑪祿發生驚奇的，是人變成神的，都生活在太古時代，當時容易欺騙愚民，而在羅瑪祿時代，至今只六百餘年，人類文化已進步，已沒有古代愚民的錯誤了。」

稍後，他又論羅瑪祿說：「由此，可以懂得荷馬是在羅瑪祿之前，人類的文化已邁進一步，時代亦更前進了，不易捏造出神來。古代人相信許多神話，此時已進步，排斥一切不真實的事。」

學富五車，口若懸河的西塞羅，以為相信羅瑪祿為神，是不可能的事。但誰相信羅瑪祿是神，豈非草創時代的羅馬城？當先人所接受的傳於後裔，使羅馬城相信這類迷信，如與乳一起吸入，形成一個龐大的帝國，由上面如最高處，能將這信仰傳給所鎮伏的民族，他們雖然不信，但亦稱羅瑪祿為神，以便不開罪臣服羅馬人的創立人，但不如羅馬人相信，不因愛慕錯誤，而是愛情的事弄錯了。

基督雖然是天主永城的創立者，並非因他創了教會，乃信為天主，而是因為相信了，乃建築了它。羅馬城建立後，在廟中敬拜自己的創立人如神。而現在所談的耶路撒冷城，基督為我們信仰基督的人，是信仰的基礎，然後才能落成。

羅馬城相信羅瑪祿為神，因為愛它，而我們相信基督為天主，已經愛了他。羅馬城先愛慕，然後信假的。我們先信後愛，以正當的信心，不以假的，而以真的。

除了許多眾目昭著的靈蹟外，基督的天主性，也由先知的預言予以證明，在他身上已應驗了，雖與前人所期望的不同。對羅瑪祿就不能如此說。我們只知道他的工程，但沒有關於他的預言。由書籍中，我們知道他被列入神位中，但並非真是如此。

母狼養他，似乎是奇蹟，但能證明羅瑪祿是神嗎？若牠是動物，而不是妓女，為何雷姆斯，如他的哥哥羅瑪祿一樣，亦為牠所養，而不成為神？誰願死亡而不願承認羅瑪祿，愛古來或別人為神呢？哪一個民族，若不畏懼羅馬人，為他們所逼，會承認羅瑪祿為神呢？然而誰能否認多少人甘心受死刑，而不願否認基督的天主性呢？

所以是因為畏懼羅馬人，強逼某城叩拜羅瑪祿為神。不是畏懼得罪人，而是畏懼苦刑及死亡，都不能阻止世界多處的殉教者叩拜基督，並承認他的天主性。

基督在世的城，雖然信友眾多，但不與仇教者作戰，以保全暫時的性命，但竭力抵抗，以得永久的生命。信友被縛，坐監，被打，受刑，火燒，粉碎，被殺害，然而他們的數字日日加增。他們若不愛基督，輕視現世生命，就不能得到永生。

若我沒有記錯，西塞羅在《民國書》第三卷中主張一個國家，不當與人作戰，除非為守諾言，或為保存國家不亡。在別處他解說不亡的意義如下：「連糊塗人亦忍受這些痛苦，如貧窮，充軍，坐監，被鞭打，以避免死亡。為國家，滅亡也是一種痛苦，雖然似乎能救國民於死亡。因為國家當是永久的。」

國家滅亡，不是自然的，人類死亡，則為自然的。人不但需要死亡，有時且當期望死亡。攻擊，毀滅一個國家，以小比大，就如世界趨於滅亡。西塞羅這樣說，因為他與柏拉圖派的人一樣，相信世界是永久的。

他自然以為一個國家與別國交戰，使能常存在世界上，是合理的，雖然個人生死，如一棵樹常帶綠蔭，老葉紛紛落地，而由別的葉子所代替。他以為死亡，並非為一國民都是痛苦，有時他毫無所覺，但為一個國家，常是痛苦。

可以問西共（Segon）城人，情願他們的整個國家滅亡，而不願違背對羅馬人的忠信而食言，世人都讚其美德（註）。但我不懂如何能隨從西塞羅的意見，以為只可為不食言，為保存自己，才可與人交戰，因為他未說明其中兩者不能兼顧。西共城人若願保存國家，一定當對羅馬人食言，或為保存忠信，就要遭滅亡，如實際上所發生的。然而天主之城，只能以信仰來保存，沒有信心，就不能保存。這種勇毅人的思想，曾形成了千萬的殉教者。信為神的羅瑪祿，卻不能有一個。

（註）西共城在西班牙，因忠於羅馬，為漢尼拔所毀，為羅馬與迦太基宣戰的原因。

第七章 世界上的人都信奉基督，不是因人的報告，是靠天主的能力。

論基督時，提起羅瑪祿假神來，是可笑的。然而在羅瑪祿時代，即在西塞羅前六百年，人類已相當進化，擯棄一切似乎不真實的事，何況六百年後，在西塞羅時代，特別在奧古斯多及帝白利皇帝時，是文明的時代，若不是基督的天主性，奇蹟，已證明其可能性，並且證明實際上已如此了，大家都要否認他復活升天的。

為何在殘酷的教難期中，對基督的復活升天及以後信友的復活升天，大家都堅信，並到處宣傳呢？是因著殉教者的鮮血，出芽而日益堅固的。讀先知的預言，發奇蹟，宣揚真理，以習慣而言是新的，但不相反真理，直至願為信友的世界，亦皈依了信仰。

第八章 發靈蹟，是為使世人相信基督，世人相信後，靈蹟亦未停止。

我們的敵人說：你們說以前發過靈蹟，為何現在沒有呢？我可回答說：在世人相信之前，靈蹟是需要的，為使人相信。現在誰尋找靈蹟才肯相信，已是怪事了，因為他不信大家所信的。他們這樣說，是因為他們不相信以前曾發過靈蹟，那麼為何到處傳揚，說基督與肉身升天呢？

在文明時代，擯棄一切以為不可能的，而世人沒有靈蹟，就會盲信，豈非怪事？恐怕他們要說：世人相信它，因為是可信的，那麼他們為何不相信呢？我們的推理是簡單的：或者所做所見是不可信的，卻使人相信了這不可信，不可見的事；或者事實本來可信，不需要靈蹟就可相信它，那麼就要指責我們的敵人不肯相信。我說這話，是為辯駁虛偽的人。

我們不能否認曾經顯了許多靈蹟，以支持獨一的重大奇蹟，即基督帶著復活了的肉身一同升天了。這事記在《福音》中。它的原因，是更明顯地加以證明，使人知道。因為《福音》讀給人聽，原來為使他們相信。若他們不信，就不再讀給他們聽了。

即在今日，也因基督的名字顯靈蹟，是因著聖事，祈禱，紀念聖人，然而不甚著名，所以也不如最初的靈蹟為人所知。《聖經》使人知道最初的靈蹟，所有的民族都在心中記住。而最近的靈蹟，只在靈蹟發生的城市或地方，才有人知道。

往往知道靈蹟的人很少，特別若為大城，別人毫無所聞。若在別處講給人聽，很少人相信，雖然述說的是信友，聽的人也是信友。

我住在米蘭時，有過一個靈蹟：是一個瞎子忽然看見了。許多人都知道這靈蹟，因為這城廣大，皇帝亦駐驛此地。顯靈蹟時，正是許多人去尊敬且凡日（Gervasius）及普大熱（Protasius）兩位殉教者，他們的聖屍，是因著盎博羅削主教在夢中得了啟示而找到的；瞎子就在殉教者前看見了。

但除了少數人外，誰聽見過迦太基長官公署的律師依納生的病痊癒呢？我當時在場，親眼看見過。這位律師，與全家人都熱心事主，將我及兄弟亞利比收在他家中，當時我們尚未入神職界內，但已由海外歸來，專務事主。

他的下體生瘡，延醫治療，他們行手術，配藥品；他在手術時，受過重大痛苦。但一粒當醫治的瘡，隱藏起來，不能摸到。別處的瘡都好了，只剩下這粒瘡，用盡醫藥，都不見效，卻受了重大的痛苦。他怕當重行手術，如他的一位摯友醫生報告他的。這位醫師因故未能參加最初的手術；他聽後勃然大怒，將他逐出門外。後來怒平氣息時，他問醫師們說：「你們還願意割我嗎？」「我還要忍受你們不願他在面前的痛苦嗎？」

於是大家譏笑這位醫師的無知，用善言安慰病人。這樣，過了許多日子，一切無效，醫生仍舊說不動手術，就可醫好這惡瘡。他們並且問過一位著名醫師亞姆尼的意見。他看了瘡處後，與別人的意見相同。

病人得了保證後，以為自己已好了，喜悅滿面，譏笑預言重新要用刀割的醫生。那麼尚有何言？過了許多日子後，醫生疲倦慚愧，只好承認只有動手術，才能痊癒。

這些話使病人驚慌失措，臉色變白；能開始言語時，命將他們逐出，絕不許再入屋中。他流淚痛哭，逼不得已，乃請著名外科醫師亞立山大，使他來做別人所未完成的。

他來到後，由傷痕認出以前的醫師是如何盡心地照顧他，乃為榮譽起見，勸他仍請以前為他操心的醫師，他並添上說：不行手術，不能救他的性命；並謂自己的習慣，是不奪自己尊敬的人工作的效果。病人乃與自己的醫師重歸於好，決定日子，在亞立山大前動手術，因為不然，大家都以為不能救他了，乃決定次日當行手術。醫生退出後，病人憂苦難言，全家亦與他一起痛哭，如已死亡一般，我們亦不能節制他們。

聖善的人，如沙都尼，當時為烏茶拉的主教，且羅所司鋒及迦太基教會的幾位六品，不時訪問病人。在他們中，獨一健在的，是歐拉連主教，他當受我們的尊敬，我與他提及這事時，他還記得很清楚。

他們照常晚間依例來拜望他時，病人流淚，請他們明日參加自己的喪禮，而不是痛苦而已。他因以前所受的痛苦，怕死在醫生手中。大家安慰他，勸他依靠天主，承行他的旨意。

於是我們跪地，開始祈禱，他也如為人驅使一般地，由床上下來，與大家一起祈禱。誰能描寫他如何的懇切，涕淚滂沱，全身震動，幾乎不能呼吸呢？我沒有看見別人祈禱與否，或理會這事否，我自己不能祈求，只在心中說：「主，你若不允准這樣的祈禱，要允准你僕人何種的祈禱呢？」我以為不能加上別的話了，只能死在祈禱中。

大家起來後，接受了主教的祝福，各自回家。病人請我們次日早晨再回來。所畏懼的日子來到了，天主的僕人們，依照許下的，亦都來齊。醫生進來，準備當時需要的一切物件，抽出行手術的刀，鏘鏘做聲，大家都屏息以待。長輩勸他，準備開刀的部份，將繃帶解開，露出肉體，醫生觀察、研究，將動手開刀。

他們先用眼看，後以手摸，並用各種方法考察，最後發覺傷口已完全長好了。在場的人，都喜悅流淚，感謝仁慈的上主，不能以言語形容，最好讓人去設想。

在同二城中，有一位熱心貴婦，名依奴且（Innocentia），在乳上長一瘤，醫生都束手無策。或者將長瘤的部份割去，或者照著名醫依波克德（Hippocrates）的意見，不吃任何藥品，靜靜等候死亡的來臨，倒可延長病人生命一個時期。

這位貴婦，由一位家中醫生口中聽到這個消息，乃開始祈求天主。當時復活節已近，她在夢中得到啟示，當注意第一個由領洗池中出來的人，請他在病體上畫一十字。病人聽命做了，她立刻霍然痊癒。那位告訴她若要延長性命，不要用任何藥品的醫生，來檢查她時，發覺完全好了，就問她用什麼藥及醫治的方法，他希望能知道依波克德所不知道的藥品。

聽到事實的真相後，他顯出輕視的神氣。貴婦怕他咒罵基督，他卻有禮貌地說：「我想你要告訴我一件大事呀！」貴婦更怕，他卻又繼續說：「基督曾復活了死後四日的人，醫好一個瘤，有何難之有呢？」我聽見這事後，怒氣填膺，因為在大城中，貴婦身上所顯的靈蹟，竟無人知道，我以為當警告她，指責她。她說自己並沒有對這事緘默。於是我問她的朋友曾聽見這事否，她們都說毫無所聞。

我說：「你說沒有緘默，連你的朋友居然都不知道。」她曾將這事的經過，粗枝大葉地告訴我，我卻請她在朋友前，將這事的經過仔細述說一遍，大家聽見後，都驚訝不已，同聲讚頌天主。

在同一城中，一個醫生患腳腫病，成為望教者，領洗前一日，他夢見黑色小兒。他知道是魔鬼禁止他在那年領洗。因他不願聽從，邪魔竟踏他的腳，使他疼痛非常，前所未有。但他仍去領洗，竟如願以償：由聖洗池中出來時，不但非常的疼痛立刻停止，並且以後腳再沒有痛過。誰聽到這奇蹟？我知道，只有少數兄弟知道這事。

一個古魯平人領洗時，不但癱瘓病，連生殖器的病亦霍然痊癒了。他走出聖洗池中時，似乎總沒有生過病。除了古魯平人及由他處聽到的人外，誰知道這個奇蹟呢？我一知道這事後，因歐來連主教的命令，叫這人至迦太基城，雖然我已從可信的人處，聽到講起過。

哀斯貝（Hesperius），住在我附近，在富山，助貝地有一片田地。他聽說自己的房屋為邪魔所擾，騷擾他的僕人及牲口，當我不在時，他請了幾位司鐸去念經驅魔。一位司鐸去奉獻了一台彌撒聖祭，懇求天主命邪魔停止難為人，因著天主的仁慈，居然立刻停止了。

哀斯貝由朋友處得了一點基督墳墓的土，乃將它放在房間中，以避免魔鬼的難為。脫離了魔鬼的魔難後，他就想起當如何處置這土，因著尊敬心，他不願將它保留在房間內。

西尼登的主教馬西米及我正好還在附近。哀斯貝請我們去，我們就去了。他向我們述說了上面的事後，請我們將這土埋在一處，上面蓋一座聖堂，以便信友能去祈禱，侍奉天主。我們自然贊成這種意見。

離此地不遠，有一個癱瘓的青年農人，聽見上面的事後，就請父母立刻將他帶至該地。他來到後，祈禱頃刻，立刻就痊癒了，自己走回家中。

另有一棟別墅名維多利納，離依波約三十里；此處有一座小堂，以敬米蘭的殉教聖人且凡日及波大日。有一個青年人，夏天中午時，在河中洗馬，忽然附了魔，乃將他抬至小堂內。他半死半活地躺在地上，小堂的女主人與婢女及幾位熱心婦女，進堂唱晚課經及祈禱。開始唱歌，魔鬼被經聲所感動，他全身震動，抱住祭台，但不能移動它，如釘在祭台中，哀求人憐憫他，說出邪魔如何及何時何地入了自己身中。最後，魔鬼答應出去，並說出離開時，將損害青年人的五官。一眼凸出，如繫在一根繩上，黑暗變成白色。大家看見這情形後，乃跪地為他祈禱，雖然看見他心神清醒，但因失了一眼而悲傷，說當請醫生來。

於是引他來的姐夫說：「天主因著聖人的轉求，將魔鬼逐出，亦能醫好他的眼。」乃將眼珠納入眼中，包好，七天沒有解開它；解開時，看見眼完全好了。還有許多人在此處治好，若要一一加以細述，未免太長了。

我認識依波城的一個女孩，一位司鐸為她祈禱，眼淚跌入油中，用它擦她，立刻魔鬼就出去了。我知道一個青年人亦有了同樣情形，主教為他祈禱，雖然沒有見到他，魔鬼立即逃去。（註）

依波城有一位貧窮熱心的老人，名弗羅冷，以裁縫為業。一日失了長衣，無錢去買，乃至著名的二十殉教者的墳墓前，大聲求救，以得衣穿。幾個少年，隨他至墳墓前，來譏笑他。聽見他的祈禱聲，他們就問他是否求五十元以購衣服。他緘默行走時，看見一條大魚在岸上活蹦亂躍，由青年人們的幫助，他捕了它，賣給一個教友廚師名賈多索，價三百元。又將事情的經過告訴了他，乃買了羊毛，叫妻子為自己做一件新衣。廚師剖開魚腹一看，竟有一枚金戒指閃閃發光，他心中畏懼，且憐愛老人，乃將戒指還給他說：「你看，二十位殉教者給你新衣了。」

普耶多主教在底皮利河邊，捧著聖斯德望殉教者的聖骨時，群眾熙熙攘攘，摩肩接踵。一個附近的女瞎子請人將她引至捧聖骨的主教前，獻上花以觸聖體，還她後，她立刻可以看見了。大家都驚奇不止，她歡喜連天，不再由人領導，自己走回去了。

依波附近西尼堡的主教魯西，捧著同一聖人的聖髗，群眾隨後。主教患瘤，正請一位朋友醫生為他行手術，捧聖髗時，忽然霍然而癒，毫無踪跡了。

一位班國的司鋒名歐嘉理（Eucharius）住在加拉孟地方，已患尿石症多年，波西地（Possidius）主教給他聖斯德望的聖髗，立刻就痊癒了。同一司鐸，後患重病，人都以為他已死去，將他的手指縛住，將他的外衣觸過聖人的聖髗，然後放在他的身上，他立刻起死復生了。

該地亦有一位年高德前的老人名馬且理（Martialis），為地方上的紳士，但厭惡天主教。而他的女兒信天主教，女婿在那年剛領洗。他病重時，他們流淚求他進天主教，他怒髮衝冠，將他們逐出。女婿至聖斯德望殉教者的墳墓前，為他祈禱，賜他改變思想，而信仰基督。他流淚哀號，祈求聖人，然後由他的祭壇上取了幾朵花，因天已黑，乃將它放在病人的枕頭下。天尚未亮，老人就叫人去請主教，他當時同我在依波。老人知道主教不在時，就請了神父來。

他們來了，他說自己要信天主教，大家都驚奇歡樂，給他付了洗。直至死時，他不斷重複地說：「吾主耶穌，請收納我的心神。」他不知道，猶太人以石頭打死聖斯德望時，他也說著這幾句話。這也是他最後的言語，不久以後，他就去世了。

兩位患足疾者，一個本城人，另一個為外方人，為同一聖人醫好了。本城人忽然而痊，外方人由默示中，知道痛時當做何事，他照樣做了，就不痛了。

在亞杜田中，有一座聖斯德望的聖堂及祭台。一個兒童在空場遊戲，拉車的牛，離開正路，車輪壓倒兒童，他就死了。母親將他抱至祭台前，不但復活了，並且絲毫無損。

一位侍奉天主的貞女，住在加已林地方，患了重病，醫藥無效，大家都絕望了，將她的衣服帶至聖斯德望的墓前，但外衣帶回前，她已去世了。父母將外衣覆在她的身上，她就復活起來了。

一位西利亞人名巴素，至聖斯德望墓前，為他患重病的女兒祈禱。家中的小兒忽然跑來，報告女兒已經去世了，但朋友們阻止她，使守緘默，以免他公開泣哭。他回至家中時，聽見家人為已亡的女兒大聲哀號痛哭，乃將與聖人身體觸過的衣服覆在死屍上面，她立刻又活起來了。

我的地方稅務局長依雷納的兒子生重病而死，他的死屍躺在床上，一無所知，家人哀號痛哭，準備出喪。一位朋友安慰他時，向他說當以聖斯德望的油擦他；父親用油擦了他，果然又活起來了。

同樣的，歐西奴（Eleusinus）將軍，將死去的兒子，放在聖斯德望的祭臺上，流淚痛哭祈禱後，兒子又活起來了。

我將如何？當寫完這本書，如我應許的，因此不能將我所知道的都寫出來。無疑的，許多人讀到這些事時，心中不悅，因為我撇下許多大家都知道的事。但我請他們原諒我，因為要一一提及，未免太長了，本書的篇幅，不容許我這樣去做。

若我只願在加拉馬及依波，由聖斯德望所醫好的病人，不寫別的，就要寫出汗牛充棟的書籍，而只限於給人民誦讀的小冊。我願意做這件事，因為看見昔日天主所做的靈蹟，今日亦屢次做了，不可使後人忘了。如聖斯德望的聖髑至依波城尚不滿兩年，雖然沒有將一切奇蹟都寫出來，我寫本書時已有七十餘件了。但在加拉孟（Calama），因有他的祭台，年代已久，奇蹟更多。

在烏底加（Utica）附近烏薩利地方，聖斯德望亦行了許多靈蹟，他的聖髑先由愛弗地（Evodius）主教，在依波城之先，就帶至該地。但他沒有寫書的習慣，或者說從前至少不如此，因為現在可能已開始了。不久以前，我在該地時，一位貴婦名伯脫尼（Petronia），長期患重病，醫藥無效，卻忽然痊癒了。當地主教請我對這事寫一小冊，念給人民聽，我只好迅速地服從了。在此書中，我不能緘默，雖然當迅速寫成。

她說一個猶太人勸她將髮罩束在身上，其中放一只戒指。戒指上不是鑲寶石而是置一石頭，據說是由牛的胃中提出的。她束上這條腰帶，為自己疾病的藥。這位婦人由迦太基城動身，來到聖斯德望的堂中。

在巴格達（Bagrada）河西邊她停止了。起身登陸時，看見這粒戒指跌在自己腳上，她摸摸以前放金錢的髮罩，發覺縛得很緊，如以前一樣，她相信戒指已跌出，怕已跌壞了，但見它是完整的，她解說這是將得靈蹟的先兆，乃將髮束與戒指都投入河中。不相信吾主耶穌由母親所生時，不損害她的貞潔，及房間門窗閉關時，祂顯現給宗徒，就不會相信目前的奇蹟。他們尋找這個靈蹟的確實消息，若發覺是真的話，亦會相信其他奇蹟。

一位出身顯貴的婦女，嫁入名門，住在迦太基大城內，大家都認識她。研究這靈蹟的人，自然會知道真理的。因著殉教者的祈求，她獲得了痊癒。殉教者一定相信卒世童貞之子，門戶關閉而進入門徒們聚集的房中，並以復活後的肉身升天。因著他的轉求，顯了許多靈蹟，因為他情願捨棄生命，不願失掉信仰。

所以今日也因天主之名，顯了許多靈蹟。他以所願的人及所願的方法，行我們所讀到的靈蹟，但不為大家所知，因為人不常去讀。在我們的地方，時常讀靈蹟的記錄，在場的人都知道，但人數不多，並且過了幾日，所聽過的也忘了，更沒有將所聽到的，告訴不在場的人。

在我們中顯了一個靈蹟，並不比上面所說的更大，但這樣顯明，我想任何依波城人看見後，或聽了後，不能忘記的。

有十個兄弟姐妹，七男三女，生於卡帕多細亞省的凱撒立亞城（Cappadocian Caesarea），受了其母親的咒詛，因為在父親死後，母親新寡，受了他們的侮辱，乃詛咒他們當受來自天上的嚴厲懲罰。從此，他們的四肢開始不自主地晃動，他們不能忍受當地人的眼光，乃分散於整個羅馬帝國的全境之內，追尋聖斯德望的遺跡。

其中兩人，哥哥名保祿，妹妹名巴拉蒂亞，來至我們處，先前自別處已知道他們的不幸。復活節前十五日左右，他們來到，每日至聖斯德望聖髑的聖堂中，求天主平息義怒，恢復以前的健康。他們所到之處，都引人的注意。在別處已認識他們，並知道他們戰慄原因的人，告訴了別人。

到了復活節日早晨，許多信友已進聖堂，青年人在聖斯德望殉教者的鐵柵前祈禱，忽然倒在地上，如睡去一般，但已不再戰慄，如已往睡覺時一樣了。在場的人都驚訝不止，有人畏懼，有人難過，有人願將他扶起，別人卻阻止他，說最好等候事情的結束。

青年人自己起來了，已不再戰慄，完全痊癒了，毫無病痛，注視著圍觀的人。誰能阻止他感謝天主呢？聖堂充滿喜悅聲，信友都跑至我坐處，每人告訴我別人已告訴我的消息，我也非常高興。感謝天主時，痊癒了的青年人也同別人一起至我處，接受我的吻禮。我們一起走向群眾，聖堂中熙熙攘攘，聽到喜悅的聲音說：「感謝天主，讚頌天主。」我問候民眾，眾人重新更高聲歡呼。

眾人緘默後，乃讀慶日的《福音》，到了講道時，我依照當時的情形及喜悅的狀況，講了幾句簡單的道理，我以為他們最好聽天主的話，而不聽我的言語。

青年人與我一起用膳，將自己、兄妹及母親的不幸，詳細地告訴了我。次日講道後，我應許後日將這事的經過，讀給大眾聽。復活節後第三日，我站在高處講道，讀這事的經過時，我叫兩個兄妹站著。男女信友都看見一個無恙，而另一個戰慄不已。由妹妹身上，可以看出哥哥以前的病，也看出當恭賀一個，而為另一個祈求。

讀了記錄後，我命他們下去，乃更詳細地加以解釋。忽然聽見由殉道者墳墓方向傳來的歡聲，聽我演講的人都朝這方向跑去。

妹妹下臺後，也至殉道者的墓前去祈禱，她觸到鐵柵後，亦倒地，如睡去一般，起來時，亦已完全痊癒了。

我正在問發生了何事及歡呼的原因時，大家與她一起進了聖堂，到我所在處，將她由殉道者墳墓前醫好後引至此處，於是男女高聲狂呼不已，乃將她引至以前戰慄的地方。信友以前見她不如哥哥一樣，現在見她痊癒了，自然喜悅不已，因為他們還沒有為她祈求，天主已聽了他們的志願了。

到處聽到歡呼的聲音，震耳欲聾。在歡呼人的心中有何物，豈非基督的信仰？斯德望為它傾流了自己的鮮血。

（註）此地所說主教，大約就是聖奧古斯丁自己。

第九章　殉教者以基督名字所顯的靈蹟，都是為信仰作證，證明他們相信基督。

這些靈蹟為何作證，豈非為證明相信基督復活升天？殉教者，為證明他們的信仰，受了殘酷的死刑。這樣，不以戰爭，而以安心受死，克勝了兇惡的敵人、世俗。

殉教者為天主的名字而被害，為信仰復活而亡，現在可求天主賞賜這恩典了。他們安心忍受一切，因而獲得顯靈蹟的能力。因為復活若不在基督身上實現，或不如先知所預言的而實現，他們曾預言了基督，那麼殉教者宣揚復活，能做這麼重大的事嗎？或者天主自己用世間事物，或用自己的使者行靈蹟。有時用殉教者或活在世間的人顯靈蹟，有時用天使，以無形不變的方式，命令他們。

所謂殉教者所行的靈蹟，是由他們的祈禱而得的；有的靈蹟如此如彼，我們人不易理解，但常當結論到，靈蹟都是為肉身復活的信仰作證。

第十章　殉教者行許多靈蹟，使人恭敬真天主，更當受人尊敬，而魔鬼有時行靈蹟，是為使人相信祂們為神。

他們可能要說，他們的神亦會做這樣奇異的事。他們將他們的神，與我們的亡者相比，已經是好。恐怕他們要說：他們亦是人捏造的，如愛古雷、羅瑪祿等，相信他們已列入神中了。但我們不承認殉教者是神，因為殉教者及我們的天主只有一個。因殉教者的祈禱而行的靈蹟，與在廟宇中的神不同。有時所顯的靈蹟，彼此相似，如梅瑟戰勝了法郎王的術士，猶如我們的殉教者，超乎假神之上一樣。

魔鬼行奇蹟時，是願意成神。我們的殉教者行這些靈蹟，或者說天主因他們的祈禱、合作而行靈蹟，以堅固信仰之心，他們如我們一樣，相信有一個獨一的天主。最後，他們為神造了廟宇，設了祭壇，派定了司祭，做了祭獻。我們不為我們的殉教者如為神一般，而為亡者建築墳墓，他們的靈魂活在天主前。我們不建立祭壇，為做祭獻，因為只向天主做祭獻。祂是他們及我們的天主。

在祭獻中，他們依照他們的地方及秩序，如已克勝世俗，承認基督的天主性，但不為做祭的司祭所呼求。他向天主，而不向殉教者做祭，雖然為紀念他們而做祭，因為他是天主的，而不是殉教者的司祭。祭品是基督的身體，所以不向肢體獻祭。顯靈蹟時，當信是誰？有的獻聖祭，是為使人信他為神，有的顯靈蹟，使人相信基督為天主。

有些人願以同樣的禮儀，去尊敬他們的邪神。也有人不願接受對他的榮譽，將一切都以讚美基督。他們的靈魂在基督內將受讚揚。

所以我們當相信宣揚真道的人，行這麼多的靈蹟，因為他們是為宣揚信仰而死，為此能如我們所見的靈魂一般。在主要的真理中，是基督已由死亡中復活起來，以自己的肉身，證明復活後不朽，也許給了我們，在新世紀之初或在其末。

第十一章　反對柏拉圖派，他們由自然界元素的重量，來證明世間的事物不能在天上。

這派哲學士，反對天主的大恩——天主知道他們思想的虛偽以元素的重量作為證據。他們由老師柏拉圖處學到，世間最大最後的兩體，由兩個中間的物體，即空氣與水，結合而成。

因此他們說地上的土是第一元素；水在地上，乃第二元素；空氣在水之上，為第三元素；天在空氣之上，為第四元素；在天上不能有世物。每一元素為保存自己的次序，是由重量加以限定。

這是虛偽、自大的人，用以反對天主全能的理由。若空氣為地上的第三元素，如何在空氣中有這麼多的物體？豈不當承認給飛鳥，因著羽毛輕，能在空中飛翔的造物主，亦能使人的肉身居在天上嗎？地上不能飛的動物，人亦在其中，當在地上生活，如魚及水族之物，竟生活在水中。動物既然是地上之物，為何不由第二元素，即水，而由第三元素，取得生命呢？既然是地上之物，為何不能生活在第二元素中，不然就要不能呼吸而死亡，而當生活在第三元素呢？是元素的次序弄錯了，或者說，不是自然界的性質，而是他們推理錯誤了。

我且不重複在第十三卷中已說過的，就是世界上有許多重物，如鉛、鐵等，匠人能以造物，使它浮在水上。造物主就不能使人的身體升至天上嗎？即使以他們所主張的元素次序而論，如我上面所說的，他們亦找不出任何相反的理由。物質的次序，第一為土，第二為水，空氣第三，第四為天，在一切之上為靈魂。亞里斯多德曾說靈魂為第五元素，但柏拉圖不承認這點。

若靈魂為第五元素，一定比別的更尊貴，它不是物質，所以更為尊貴。靈魂在世物中有何作用？最輕巧、微妙的靈魂，在龐大粗重的物質中，有何工作？這樣高尚的東西，豈不能將肉身帶至天上去？現在保留靈魂在地上的肉身，豈不能有一日將靈魂提至天上去嗎？若我們研究他們以神的靈蹟，反對我們殉教者的靈蹟，豈不為我們有利，大有幫助嗎？他們神最大的靈蹟，一定是范羅所記載的，即一位元女司祭，為人誣告犯姦淫之罪，以篩盛泰伯河水至法官前，而不漏一滴。

誰支持篩中水的重量？誰阻止篩有這麼多的孔隙，而不漏一點水呢？他們當答說：或是神，或是魔鬼。若為神，他豈大於造物主？若為魔鬼，豈比侍奉造物主天主的天使更有能力？若一位低級的神，或天使，或魔鬼，能停止水的重量，這似乎改變了它的本性；造了天地萬物，全能的天主，不能取消物體的重量，使在同一物體中，依生活天主的旨意，依著一個生活的肉身嗎？

此外，若他們將空氣放在水火之中，為何我們往往在水中，或在水與土間，找不到它呢？雲中豈沒有水分，豈不在大氣與海洋之間？奔騰的洪流，以它的重量及元素的秩序，降落地下之前，竟懸在空中。再說，為何空氣，在上天下地之間，充斥宇宙之中，若它的地方本在天水之間，如水在大氣與地之間一樣呢？最後，若依柏拉圖的意見，元素的次序，是最後的兩個元素，即火與土，是以中間元素，即空氣與水作媒介而彼此聯合的；大氣在至高的天上，水在地下最低處，如為宇宙的基礎，為何土不能在天土，而火卻在地下呢？因為依這學說，土與火這兩元素，當各在其上下之位，他們不願下者在上，同樣，他們亦說，在上者不能在下。

他們相信任何地上的一部份，不能在天上，同樣，我們亦不願一份火在地上。然而火不但在地上，且在地下，如火山爆發，或是人用木取火，以為己用，木一定是地上之物。

他們說：上面的火是平靜、清潔、永遠的，而地上的火卻污穢不堪、煙氣沖天、焚燒一切，然而並不毀滅山與洞，因為不斷冒煙。

我們固然承認地上的火，與上面的火有別，為人類之用。那麼為何他們不願我們相信，地上的事物，一日成為不朽後，能適合上天，如現在的火，適合地上呢？因此他們不能由元素的重量或秩序中，取出任何理由。以否認全能的天主，能使肉身居在天上。

第十二章　反對外教人，他們譏笑信友相信肉身的復活。

外教人慣常仔細詢問，並譏笑我們相信肉身的復活說：墮胎的嬰兒亦要復活嗎？而吾主耶穌說：「但是連你們的一根頭髮，也不會失落。」（路．十一：18）他們又要問：每人的身材及氣力是否相等，或高矮不一？因為若各人的身材相等，墮胎的嬰兒，若亦復活起來，將要有總沒有過的身材了。若說他們不復活，因為他們總未出生，他們對夭亡的兒童，亦要發同樣的問題。我們不願他們不復活，他們不但能出生，且能重生。

他們又要問身體如何平等，因為若大家都高而胖，兒童及許多人總沒有這麼高、這麼胖，將從何處取得呢？若如聖保祿宗徒所說：「我們眾人達到基督圓滿年齡的程度。」（厄．四：13）若照同一宗徒所說：「也預定他們和自己的兒子的肖像相同。」（羅．八：29）

他們說：若基督的身體，將為天堂聖人的標準，就當將許多人的身材縮短。若身體的一部份將消失，如何能說：「連你們的一根頭髮也不會失落呢？」對頭髮方面，尚可問剪去的頭髮將如何？若要重新長起來，誰不厭惡散髮蓬頭呢？對剪去的指甲亦當這樣說。若要重長，那麼秀麗何在？在不朽的後世，這自然比現世更為重要。若不重長，就要喪失了，他們就說：如何一根頭髮也不會失落呢？對瘦肥亦有同樣的困難，因為若大家一樣，沒有瘦肥的區別，有些人就當添上一點，有些人當減少一點。

對死屍他們亦感覺同樣的困難，有的變成灰土，有的散失在空氣中，有的被野獸吃了，有的被火燒了，有的死於海中，他們的肉體，化為液體，如何能重新聚集起來，成為一個身體呢？對由生來或因事故而成的畸體，他們亦有同樣的困難，他們特別引用怪形肢體，問將來亦要復活起來嗎？我們若說復活的肉身將沒有缺欠，他們就要以耶穌復活後，仍帶著傷痕，來駁我們。

另一困難的問題，是一個人，因著饑荒，為另一人所食，這肉將歸何人呢？它已變成食人者的體質，由他的肥胖，就可看出。

於是他們就問，將歸於第一人，或歸吃人的人？要使人不相信肉身的復活，而強迫我們，如柏拉圖一樣，承認靈魂永遠在幸福與不幸中打擦；叫我們如波非祿一樣，承認經過許多輪廻後，不幸將會停止，並非有一個不朽的肉身，是避免所有的肉身。

第十三章　流產嬰兒，算入死人之數，亦要復活否？

我依上主的助佑，將答覆敵人的難題。我不敢承認或否認流產的嬰兒，亦要復活起來，我看不出若他們不在死人數字中，就不復活了。

或非所有死去的人都要復活起來，雖然他們只在母胎中有過肉身，或者所有人，無論死在何處，人靈就要重新獲得它們的身體；我就不理解為何死在母胎中的，不要復活起來。

無論承認何點，就當理解為若他們要復活起來，對出生了的嬰兒，就當如墮胎的一樣。

第十四章　復活起來的嬰孩，將獲得長大後所有的肉身。

嬰孩復活時，不是死時的侏儒，而因著天主的全能，立刻就有成人的身材。

吾主耶穌所說：「一根頭髮也不會失落。」是說以前所有的，不會缺少，但缺少的，亦可加上。一個夭折的嬰兒，沒有齊全的身材，達到齊全身材後，就不會增長了。

這種齊全，是眾人所共有的，大家都生下如此，但只在潛能中，而不在現實，如肢體已包含在精液中，就是生出後，還缺少的東西，如齒等亦如此。所以在精液中，已包含尚不可見的，以後才要出現的。在精液中，嬰兒就已是巨大的或侏儒，如後日將要變成的。

因此我們不必畏懼復活時肉身會受損害，因此若眾人復活時，都將成為彪形大漢，以不損失他們的身材，照基督的言語，連一根頭髮都不會失落。萬物的造物主，如何不知添上當加增的呢？

第十五章　所有復活人的身軀，是否將照吾主耶穌身軀的形狀？

基督復活時，他的身軀一定如死亡時一樣，不能說在眾人復活的時候，他的身軀，比顯現給宗徒時，或他們日常所見的，更為高大。若說彪形大漢的身軀，要照基督的身材，大加縮短，許多人就要失去一部份，而基督自己卻應許，連一根頭髮，也不會失落的。

所以肉身在殘年風燭中逝世的人，或沒有死，就會得到的，將是壯年人的身材。聖保祿宗徒所說，基督滿足年齡的情形，或當理解為另一事而言，即在所有信友的首領前，因著眾人的齊全，他年齡的齊全，得以達到。或理解為肉身的復活，該當說，亡者的肉軀復活時，就如壯年時代一樣，即我們知道的，耶穌基督的年齡。

因為世間最博學的人，都以為壯年是三十歲，過了壯年時代後，便是老年時代了。為此聖保祿宗徒不說：照基督身軀的高矮，而照基督年齡的數字。

第十六章　當如何理解聖人將照天主子的肖像？

聖保祿宗徒的話：「因為他所預知的人，也預定他們和自己的兒子的肖像相同。」（羅・八：29）可理解為內修的人。為此在另一處，聖保祿宗徒又說：「你們不可與此世同化，反而應以更新的心思變化自己。」（羅・十二：2）我們若變化自己，不與世俗同化，而像似天主之子，亦可理解為在基督的死亡中與我們同化，我們亦當在不朽中與他同化，這是肉身復活後的事。若我們願將這句話歸於肉身復活的情形，則這種同化，不屬分量，而屬年齡。

各人復活後，無論身軀的形式是少年或老年，都將是壯年時的身材，因為無論心靈與肉身，都沒有疾病了。為此若有人支持所有人復活時，將為死亡時身軀的形式，也不必與他強辯了。

第十七章　女人的身軀復活時將有女人的性別否？

有些人因著聖保祿下面的話：「作為成年人，達到基督圓滿年齡的程度。」（厄・四：13）；「也預定他們和自己的兒子肖像相同。」（羅・八：29）就結論到女人不當以女性復活，而以男性復活，因為天主只由土中造了男人，而由男人中造了女人。

我以為主張男女復活的，更為合理。因為那時已沒有了肉慾，這是混亂的原因。在犯罪前，元祖父母赤身裸體，不覺羞愧，所以當取消肉身的毛病，而保留其性別。

女性不是缺點，而是本性，那時已不必交媾生產，將有一種另外的美麗，不會燃起肉慾，因為已不存在了，卻使人讚頌天主的智慧及慈善，他造了所不存在的，將他所造的，由朽壞中救出來。

若在人類開始時，女人是由睡著的男人肋骨中造成，是為預象基督及其教會。亞當睡覺，是預象基督的死亡，他釘在十字架上時，一支長槍傷了他的肋旁，血水流出，這是聖事的標記，教會因而建成。

為此《聖經》在此處不說捏成塑成，而說造了女人，所以聖保祿亦說造基督的身體，就是教會。天主造了女人，如男人一樣，由男人身上取出，是為指出其統一性，以預象基督及其教會，如上面已說過的。造了男女的天主，亦將恢復男女兩性。

撒杜塞人否認復活，問耶穌一個女人曾依法律，先後為七個兄弟所娶，以保存亡兄之後裔，復活時將是誰的妻子？耶穌答說：「你們錯了，不明瞭經書，也不明瞭天主的能力。」（瑪・二二：29）在這機會中，耶穌不說：你們所問的那個婦人，將變成男人，而不為女人。他卻添上說：「因為在復活的時候，也不娶也不嫁，好像在天上的天使一樣。」（瑪・二二：3）

他們復活時不因肉身，而因不朽，幸福，與天使相似，他們不需要復活，因為不會死亡。吾主耶穌否認在復活後，仍有婚姻，但不否認仍有女人。在這機會上，若他預見將沒有男女的分別，就當明明說出，為更容易解決這個問題，他反而說：「不嫁」，這是對女人而言；「不娶」，是對男人而言的，在世時或娶或嫁，那時就不需要了。

第十八章　論齊全人，就是基督；論他的身體，就是教會，這是他的齊全。

為理解聖保祿所說的作為成年人，該當詳細研究這段《聖經》的環境：

「那下降的，正是上升超乎諸天之上，為充滿萬有的那一位，就是他分派這些人做宗徒，那些人做先知，有的做傳福音者，有的做司牧和教師，為成全聖徒，使之各盡其職，為建立基督的身體，直到我們眾人都達到對於天主有一致的信仰和認識，作為成年人，達到基督圓滿年齡的程度，使我們不再做小孩子，為各種教訓之風所飄蕩、所卷去，而中人的陰謀，陷於引人荒謬的詭計。反而應在愛德中持守真理，在各方面長進而歸於那為元首的基督，本著他，全身都結構緊湊，借著各關節的互相補助，且按照各肢體的功用，各盡其職，使身體不斷增長，在愛德中將自己建立起來。」（厄・四：10—17）

這是完全的人，有首、有身軀及其肢體，在適宜時完成。教會建立時，肢體與身軀當連接，「你們便是基督的身體，各自都是肢體」（格前・十二：27）；別處又說：「為基督的身體教會。」（哥・一：24）又說：「因為餅是一個，我們雖多，只是一個身體。」（格前・十：17）

為造成這身體，此處也說：「為成全聖徒，使之各盡其職，為建立基督的身體」，聖保祿宗徒又添上我們此處所討論的，「直到我們眾人都達到對於天主有一致的信仰和認識，作為成年人，達到基督圓滿年齡的程度」，直至證明在這身體中當有何程度說：「在各方面長進，而歸於那元首的基督，本著他，全身都結構緊湊，借著各關節的互相補助，且按照各肢體的功用，各盡其職。」

為各肢體有其程度，為整個身體也有其程度，這是所謂的程度：「達到基督圓滿年齡的程度。」在下面亦提及基督的圓滿說：「使他在教會中做至上的元首。這教會就是基督的身體，就是在一切內充滿一切者的圓滿。」（厄・一：22—23）

若此處所說，是復活後每人的狀態，那麼為何不可特對男人所說的，亦加於女人？以男人作人字講；如〈聖詠〉上說的：「敬畏上主，是有福的人」（詠・一一二：19）一定也是為女人而說的。

第十九章 在現世身軀的缺點，有礙美觀，在復活時就不存在，那時自然的一切都存在，一切物體的質與量，都為同一物的美觀。

對頭髮與指甲將如何？先當知道身體的任何部份，都不會消失，就可結論到，凡能減少身體美麗，都不能有；能使身體醜陋的，更不會有。一切肢體，都將依次分配，以使秩序井然。就如一個陶器，若要重新做它，不必以前是環，仍舊是環，以前是底，現在又是底。只要以前的陶土，全部在新器中就可以了。所以頭髮、指甲，屢次剪修，若都要回到原處，就要使人變成怪形了。為此不必回至原處，可變成肉，就不損害物體了。

吾主耶穌所說的：「一根頭髮都不會損失」，是指頭髮的數目，而不指其長度。為此在別處耶穌又說：「就是你們的頭髮，也一一被數過了。」（路・十二：7）我這樣說，並非說將喪失身體的任何部份，只願意證明，我們身體上的缺點，不會再出現，然而仍舊不損害身軀的完整。

若一位藝術家，能改造一尊醜陋的態像，去其缺點，使它變成美妙絕倫的，而不損其本質，何況造物主就不能做到嗎？他豈不能除去身體上普通及特殊的缺點，這是現世所有的，然而不合乎聖人來日的幸福。

因此胖子與瘦者，不要怕在復活時，仍如在世間時一樣胖或一般瘦。因為物體的美麗，在乎部份的平均及顏色的鮮美，若部份不平均，人就看不慣這種怪形，或太大，或太小，都如此。因此將來沒有因部份不均的怪相，造物主將去其多餘的，補充其缺少的，而不損及物體的完整。

聖人們在天國將發光如日。基督復活後，在門徒前，隱藏了這種光耀，因為他們不能承受，雖然為認識他，他們當看見他。為此他給他們看自己的傷痕，雖然不覺需要，但曾在他們前飲食。

不見一個存在的物體，雖然同時看見其他物體，如門徒不見吾主耶穌的光耀，雖然他當時在場，並看見其他一切。希臘人稱它為「αορασία」（Aorasia），拉丁人無法將它譯出，在〈創世紀〉中只好稱它為「盲目」，或者稱為「色盲」。當時索多瑪城人找義人羅特的門找不到，就是患這種色盲症。因為若是真的盲目，就不會找門進去，而要人領進去了。

我不知道我們為何願意看見殉教者為基督所受的傷痕，我們大約可以看見，因為並非他們身上的缺點，而是他們身上的光榮、美麗，雖然並非本性所有。

若殉教者的肢體被砍去，復活時將不會缺少這肢體，因為吾主耶穌說過：「連你們的頭髮都不會失落。」

在復活後的新生命中，宜乎看見傷痕，在以前損失的肢體，現在又恢復了。當時肉身的一切缺點都沒有了，然而傷痕，並非缺點，而是德行的標記。

第二十章　亡者復活時，任何喪失的肢體，都要恢復。

沒有人會相信全能的造物主，為復活肉身使有生命，不能恢復為野獸所食，為火所焚，或已變成灰土，或融於水，或散於空中的一切肢體。也沒有人會想在自然界中，能有一個隱秘之處，為人類五官所不及，能隱瞞過天主的全知全能的。

大作家西塞羅照他所能，為天主下了定義說：「祂是自由動作的智慧，與人有別，祂知道並推動一切事物，祂自己有一永久的動。」這是他在大哲學家著作中找到的，照他們的意見，全知的造物主，如何能不知一件事物，若他推動一切，如何能逃避他呢？

現在我們來討論一個最困難的問題，即一人的肉，為人所食，復活時，當歸於誰。有人因著饑餓，食死人的死屍，這是歷史上屢次記載的，我們的時代，也發生過這類悲痛的事，誰能說一切都排泄出來，絲毫沒有變成食人者的血肉。他以前如一只瘦猴，現在已不瘦了，顯然證明是由食人肉而然。

我已提出幾個原則，能解決這種困難。一定的，天主的全能，能使一切毀壞的，恢復原狀。被吃了的肉，將歸於原先有的人，吃人肉的人，好像是借用一般；當還人所借的錢，同樣亦當還人所借的肉；因饑餓而食的，當由全能的天主，還他自己的一切。

基督曾說：「連一根頭髮都不會損失」；若一根頭髮不致損失，因饑餓而吃的大塊肉，卻要喪失，豈非太不合理嗎？由依我的微力討論過的，可以結論到，在復活時，肉身將有壯年時已有的，或當有的一切，並且一切肢體美觀平衡。

為保持美觀起見，太高的人，可能減低一部份，而加於另一部份，使各肢體平均，而不消失任何事物，並且我相信，亦能加增身材，使全體能有適當的平均。

若有人反對，說人當以亡時的身材復活起來，亦可加以承認，只要沒有一切醜惡、疾病、缺點、損壞及一切不稱天國的事物，因為在天國中，復活了的人，當如天使，若不在肉身及年齡方面，一定在幸福方面。

第二十一章 論聖人的肉身，當變成新的精神肉軀。

生活的肉身，或死了的身軀，喪失的一切，當由存在墳墓中的恢復過來。由昔日的舊人，帶著不朽的身軀，復活起來。就是因災禍或敵人的殘忍，整個身體變成灰土，或喪失在空氣或水中，毫無所存，仍不能阻止天主的全能，連一根頭髮都不會損失。

精神化的肉身，當服從精神，然而仍是肉身，而不是精神，就如精神曾順從肉身，仍是精神，而非肉身一樣。我們有一個榜樣，聖保祿宗徒所說的：「還不能把你們當做屬神的人，而只能當做屬血肉的人。」（格前・三：1）不是依照血肉為血肉人，是照精神而言。

在現世人亦稱為屬神的人，雖然以肉身而論，仍是肉身的，在肢體中，感覺與精神相反的律法。但復活後，以肉身而言，亦是屬於神的，使《聖經》上的話：「播種的是可朽壞的，復活起來的是不可朽壞的」（格前・十五：42）得以應驗。

現在就想知道精神肉軀的美妙，未免冒失，因為我們還沒有經歷過，但因為不當隱藏為天主的光榮，我們期望的欣悅，並因心中充滿聖潔熱切的愛情，如《聖經》所說的：「上主啊！我喜愛你所住的殿和你顯尊榮的住所。」（詠・二五：8）依他的助佑，我努力由他在今世賜予善人惡人的恩惠，猜想我們不能適當談論的欣悅，因為還沒有嘗到過。

第二十二章 論因原罪人類所得的災禍，只因基督的恩寵，才能脫離。

若以原始而論，現世生命，雖充滿禍患，仍可稱為生命的話，可以證明整個人類都已受罰了。深沉的無知有何意義？由它生出種種的錯誤，引領亞當的子孫到黑暗的深淵中，沒有勞苦、痛苦、畏懼，就不能救出。

為何人愛這些虛偽有害的事物呢？因而它生出焦慮、不安、憂愁、恐懼、虛偽的喜榮、不和、訴訟、戰爭、陰謀、忿怒、仇恨、欺騙、諂媚、偷竊、搶掠、不忠、驕傲、貪高位、嫉妒、殺人、弒父、殘忍、無人道、兇惡、無恥、邪淫、好色、奸奸、通姦、親奸、強姦、雞奸、獸奸及其他不可稱呼的罪惡、褻瀆、異端、咒罵天主、發虛誓、欺侮無罪者、妄證、詭計、失信、作偽見證、不公正的判決、暴力及一切想不起，但人時常犯的罪。

固然，這是罪人的行為，然而其根源，卻是亞當的子孫，與生俱來的無知與不正當的愛情。誰不知道，人生在世，不知兒童已知的真理，青年人所有的貪欲，若照自己的私意生活，能犯上面我所說的及沒有提及的罪。若不是一切罪惡，至少大多數罪惡。

然而上智的天主，不擯棄受罰的人，他雖然發怒，仍舊不忘慈善、法律與教育，攻打這類生來就有，不易改正的黑暗與慾情。

我們為何恐嚇兒童，以改正他們的輕浮？為何老師，用戒尺、棍子，打手心？《聖經》上說當屢次利用它，使所愛的子女不成為不可改正的，因為他們若固執於惡，就無法可想了。

為何有這種苦刑，豈非為克勝與生俱來的無知及壓伏慾情？為何我們難於記憶，易於忘卻；學習困難，忘記容易；難於成勇，易於安逸呢？這豈不證明敗壞的本性牽引我們，我們需要何種幫助，才能脫離懶惰、疏忽，躲避勞苦；而有益的勞苦，都是辛苦的。

除了兒童辛辛苦苦，才能學習父母願他們學習，為生活有益的事以外，我不說誰能說出，我說誰能瞭解人類有何種的痛苦，並非由惡人的兇惡而來，是由普遍的情形及不幸而來。

想人死亡，生出何種的恐懼及傷痛，喪失財物、判刑、人類的欺騙及不義，暴力、搶掠及他人所加的一切損失，為奴、坐監、充軍、受刑、割去肢體、損害五官、被強迫供人發洩肉慾及其他由它而來的兇惡事故。

尚當加上外來的災禍，如冷熱、風暴、淫雨、大水、閃雷、雹子、地震、毒蟲、畏懼野獸、水、空氣，為猛獸所噬，瘋狗，比獅子及蚊龍更為可怕，因為使被咬的人，對親人比任何野獸更為可怕。

航海者有多少的風險？旅行者有多少的危險？到遠處去的人，時遭不測之禍。一個健康的人，回到家中，跌倒折足，受傷而亡。坐著的人，豈不穩如泰山？然而司祭赫里，從他的座位上往後倒下去就死了。（撒上・四：18）農夫及普通的人，對於農作物，受天地及野獸方面的災害。農作物收入倉庫後才能放心，然而我們知道，有些人收割存入倉庫後，因著暴風、大水，喪失一切，人當逃跑避難。

誰能仗持自己天真爛漫無邪，以戰勝邪魔的誘惑呢？為使人不仗持自己，天主允許魔鬼磨難剛才領洗的嬰孩。與他們相比，誰都不潔淨。由他們身上，指出現世的不幸，使人期望來世的幸福。

至於疾病繁多，連醫生也數不清。對許多疾病，且可說對所有疾病，醫藥、治療也是一種痛苦，人只能用痛苦，才能由另一痛苦中救拔出來。口渴逼人飲自己或他人的尿。腹中饑餓使人吃人的肉，不但吃死人的肉，並專門殺人而食。有時饑荒竟逼母親吃自己的子女。睡覺本來是休息，但往往為噩夢所擾，使人驚心動魄，夢中所見，有如實境。生病時或中毒時，更為噩夢所擾；且不論邪魔的幻想哄騙人，雖然不能使他跌倒，但欺騙其五官，使他相信虛偽的事情。

只有吾主耶穌基督天主的恩寵，才能由現世的不幸中救出我們，這是耶穌名字的意義，就是救世主；他不允許我們在現世後，進入更不幸的生活中，它不是生活，而是死亡。因為我們在現世雖然可以對我們的痛苦，找到聖人的轉求，但不常常得到所求，使人不因此而進教，而為羨慕另一生命，那裡將無任何災禍。為此，天主的恩寵幫助善人以他的信心，要人忍受災禍。

世間的賢人說，神所賜的哲學，依西塞羅，只賜予極少數人，對此亦能有助，因為他寫道：「神不給，亦不能給人更美好的恩賜了。」為此我現在辯駁的人，亦當承認求真哲學，也需要天主的助佑。若真哲學，是現世不幸獨一的幫助，而所得者又這樣少，是指出現世的痛苦，是人所受的罰。若如他們所承認的，沒有比此更大的恩賜，就當承認，只能由他們所認為最大的天主所賜，雖然他們敬拜許多神。

第二十三章　論除了善人惡人共有的痛苦以外，善人所特有的痛苦。

除了善人惡人所共有的痛苦外，善人有特別的痛苦，當不斷與毛病及誘惑作戰。肉身相反心靈，強弱不一，但總不停止。肉身常有相反心靈的思想，心靈也有相反肉身的思想。我們不做所願意的，而順從一切肉慾，但因天主的助佑，我們設法勝過它的誘惑，不斷注意我們自己，使虛偽的外貌不要欺騙我們，口是心非的言語不要引誘我們，邪說不要使我們的理智昏迷，不要以惡為善，以善為惡，恐懼不安，使我們放棄職務，而慾情不妥，使我們做我們所不願意的。

使我的忿怒不要超過一日，仇恨不要使我們以惡還惡，不讓過度及不合理的憂愁壓逼我們，忘恩、不使我們施恩時慳吝；譭謗不要擾亂我們，冒失的判斷，不要使我們錯誤；他人的判斷及虛偽，不要使我們失望；罪惡不要控制我們的肉身，以滿足其肉慾；不要用我們的五官去犯罪作惡；我們的眼目，不要成為貪欲的原因；報仇之心，不要刺激我們；我們不要想，不要看惡事，不要聽惡言，不要做不當做的，雖然我們喜歡做。不可仗持我們自己的力量，去戰勝這些危險；勝利後，不要將它歸於我們，而歸給天主的聖寵；聖保祿宗徒曾說：「感謝天主，他賜給我們因我們的主耶穌基督所獲得的勝利。」（格前．十五：57）

在另一處他又說：「在一切中，因愛我們天主的聖寵，我們得了勝利。」然而我們當知道，無論我們如何抵抗克勝誘惑，我們活在這肉身中時，總不能不說：「爾免我債。」但在天國內，我們將有不朽的肉身，我們不會有戰爭與債負，若我們的本性純潔無罪，這是總不會有的。

為此，我們戰爭，常言危險，我們希望最後勝利後，得以除免；這是現世生命的一部份，也是罪罰，如許多重大的災殃，可以證明這點。

第二十四章　天主在現世賞賜我們的恩寵。

現在我們該當想在這不幸的生命中，天主的公義得以伸張，祂的慈善管轄一切，祂賜給人類許多恩惠。在原祖犯罪後，天主亦不願收回祂的祝福：「你們要生育繁殖，遍滿大地。」（創．一：28）

人類犯罪受罰後，生育能力，仍舊存在。罪惡給我們帶來了死亡，但沒有取消了種子的奇妙能力，或者說，使它生育更奇妙的能力，深深地刻在我們的身體內，但是兩者，在各代的人類歷史中，卻不斷發生：即由原祖而來的痛苦及由天主慈善而來的恩惠。

在原罪中有兩元素：罪及罪罰；在初期的純潔中亦有兩事：生育及保存。我們已詳細地討論過兇惡，其中之一，即罪惡，來自我們的冒失；而另一種，即罪罰，來自天主。

現在我決定討論，天主不斷賞賜我們已敗壞人性的恩惠。因為天主降罰時，也沒有將所賜的恩惠收回，不然，它就不存在了。即罰人屬魔鬼時，也沒有取消天主的能力，因為對於魔鬼，天主亦保留其主權，若沒有至高的天主為一切的原因，連魔鬼也不存在了。

由天主慈善所賜的恩惠，如由源泉滾滾而來，在犯罪後的本性當受罰，天主卻恩賜了繁殖。天主造了世界最初的萬物時，第七日即安息了。所謂保存，是天主的創造能力，保持所造的事物繼續存在。因為若天主收回他的大能，受造之物，就不能保存所得的恩惠了。

天主造了人，給他生育的能力，同時亦給他繁殖的能力，而非責任，雖然在少數人身上，他取消了他們的生殖力，但沒有取消人類的生殖力。然而犯罪後仍舊存在的能力，與犯罪前不同。因為自人類因為背命而墮落，由於受造時光榮的地步，變成了與動物相似，亦如它們一樣生育，然而仍舊保存受造時，依天主肖像所造的一樣理智。

但保存若不與生育合而為一，生育就不能依其形式而工作。天主可不用男女，在世界中造了人類。他能造所有的人，如造一人一樣。若沒有天主的幫助，男女就不能生育。如聖保祿宗徒勸人修孝敬與公義所說的：「可見種栽的算不得什麼，澆灌的也算不得什麼，都只在那使生長的天主。」（格前．三：7）亦可以說射精或受精的，不算什麼，只在那給形狀的天主，才算什麼。

懷抱子女並養育他們的母親，不算什麼，是天主使他們長大。祂以造物的能力，使種子生長，由隱藏的秘密中，形成我們所見的燦爛世界。祂奇妙地使心靈與肉身結合，心靈出命，肉身服從，乃形成有靈的人。祂的工程這樣偉大奇妙，不但在萬物之靈的人身上，即在世間動物身上，連最小的昆蟲身上，若仔細加以研究，亦使人驚異不止，而讚頌造物主。

天主給的悟司，其理智在兒童時，似乎在睡眠態度中，但與年俱增，使我們能認識真理，愛慕美善，能得智慧及其他德行，以明智、勇毅、節制、公義，攻擊、克勝錯誤與毛病，以悅樂至善不變的天主。雖然這種能力，在有理智的人方面，不常得其效果；但誰能說或思想，全能天主的工程，是如何的偉大與奇妙呢？

善生的技術及達到永遠長生的方法，稱為德行，是給天國預許之子的，只由天主在基督中的恩寵。人的理智發明無數的事物，有的是因著需要，有的則因志願，使人高尚的理智，不要追求這類多餘有害及危險的事物，而證明在受造萬物中，有多少的美善，使能學習並利用一切。

人類縫衣造屋的技術，已大有進步，在農業及航海術中亦大有進步；雕刻與圖畫，更是一日千里，在戲劇中，使觀者驚奇，聽者悅耳；人也發明瞭巧妙的方法，以捕獲、訓練、殺戮野獸。

人又發現了多種的毒藥、軍器、機械，以攻擊人、獸；發明無數的藥，以維護人的健康。人又找到許多的味精及調味素，以刺激食欲。人造了許多方式，使別人知道，贊成他的思想，其中最重要的是文字及言語。

言辭華麗，使人心悅；詩賦悅耳，更不必提及許多種類不同的樂器及歌曲了。由數字及斤兩，使人有正確的知識，並能預算星辰的運行。最後，誰能說出人在世界所知道的事物，特別若我們不顧全體，而要研究其特性呢？最後，誰能證明哲學士的理智及邪說家的理論，以辯護錯誤及虛偽呢？

現在我們在談人理智的性質，而不論能得長生的信仰及真理。

一定的，至善天主所造，這樣尊高的人性，祂以全能及公義管理一切；若原祖沒有犯原罪——其他罪惡都由它而來——我們就不會跌倒，陷入這種災禍中，而受永罰。

雖然人會死，如動物一般，並且比動物更軟弱。在我們的身上，亦顯出天主的至善及亭毒來。五官、百肢、它的形式、體裁，使人看出，是為人理智的靈魂而造。人不如動物一樣，臉面朝地，卻挺身直立，是使人將思想抬高，直至天上。

舌便於言談，手能寫，能創造藝術品，豈不顯出靈魂的高尚，肉身原為服侍靈魂的嗎？若除去工作的需要，百肢均衡，不易說出其身材是為利益或豔麗而造的：因為身體的任何部份，原為利益而造，但皆美妙無比。

若我們知道各部的聯繫，則更為明顯了，我們固然可由外面看到的，知道一點，然而我們所不見的，如筋脈之相交，心臟及其他重要部份，我們幾乎一無所知。雖然醫生解剖死屍，有時且解剖剛死在他們手中的人，研究人身最秘密的部份，以便醫治人；然而他們中誰曾發現過所說的均衡，希臘人所稱的和諧呢？我將何言？可能沒有人找到它，因為沒有人有勇氣去尋它。

若我們能知道內臟，雖然外表沒有什麼美妙可言，我們或可找到的美妙，超乎一切外面的美麗之上。在人身上，有些部份，不為利益，而為裝飾之用，如男人之乳，如鬍鬚，一定不為衛護之用，不然，婦女更弱，更該有了。

沒有人疑惑有益的肢體，同時也為裝飾之用，有的專為裝飾之用。我想可以結論到，在身體組織上，注意美觀超乎利益之上。因為需要的時期是暫時的，將有一個時期，我們要互相瞻仰肉身的美妙，而不引起慾情。因而我們當讚頌造物主，〈聖詠〉作者曾說：「並以尊崇及榮譽當冠冕。」

（詠・一〇四：1）對充斥宇宙間的其他美麗有利的事物，我將何言？天主給了可憐的人類，使能瞻望利用。

我對日月、星辰的光明豔麗，一片綠蔭的森林，花卉的馨香及色彩，鳥的羽毛及歌聲，無數的動物，越小越奇妙，又當何言？我們更驚奇螞蟻及蜜蜂，超過鯨魚。對汪洋大海，顏色不一，有時綠水一部，有時紫色，有時與上蒼一色，有時巨浪排天，更為何言？

對饑餓時的各種食品、各種調味精，不是廚師，是造物主給了食品，使我們不厭煩飲食，我當說什麼？誰能說出無數的醫藥，以保存健康，日夜交替，涼風習習，減少夏季的炎熱。由動植物方面而來的服裝，誰能記住一切呢？

若我要解說少數所提及過的事物，一一加以研究，在每樣事物中，就要停留多時，因為每種又包含許多種。這一切只是被罰人的安慰，而不是幸福人的酬報。若慰藉已這麼多、這麼大，賞報更當如何呢？天主給有死亡的人這些事物，對將永遠生活的人，又將如何賞報？他願意自己的獨一聖子受盡世苦，致死在十字架上，更當如何酬報永遠享福的人呢？

為此聖保祿宗徒對天國預選的人說：「他既然沒有憐惜自己的兒子，反而為我們眾人把他交出了，怎樣不也將一切與他一同賜給我們呢？」（羅・八：32）

這應許實現時，我們將為何物？何人？我們由天主耶穌的死亡，得了保證，在天國將得何種賞報呢？將來不必攻打偏情，壓伏私欲，人的精神將如何？是完全和平嗎？那時他要知道一切，而無困難錯誤，由同一源泉中，能看出天主的上智。肉身完全服從靈魂，它由靈魂得了生命，它不需要飲食，那時的肉身又將如何？已不是動物了，而是精神體，因為雖有肉身的原料，然而已不朽爛了。

第二十五章　有些人固執，不肯相信大家都相信的肉身之復活。

著名的哲學家，贊同我們，在幸福生命時所享受的福樂，但不同意肉身復活，並且絕對否認。然而許多博學士與愚民，世間的智者與糊塗人，卻提棄了沒有信仰的人，而相信了，誠心皈依基督。他在復活時，證明了人們以為絕對不能的，為全能的天主是可能的。因為世界相信天主所預言的，天主曾預言了世人將信人要復活。

這個預言，不能歸於伯多祿的筮術，因為早已預言了。因為預言這事的，是真天主，其他的神，在祂之前，都戰慄不已。我在別處已經說過，現在重複一次。這是波菲利所承認的，並以神的預言來證明這點，讚頌祂，稱他為天主父及君王。

祂所預言的不可如此理解，如不與世俗一個相信的人所願意的，因為祂曾預言過世界將相信。為何不信以前所預言的？不如少數人所信的，他們不願與世界一齊相信所預言的，而世界卻要相信。

他們說：這些事當別樣去理解，以不侮辱天主。若說所寫的不對，就是侮辱天主：若說當別樣去理解，則對天主的侮辱就更大了。不如世俗所信的，祂曾說世界將相信，祂既預言了，祂就會實踐的。為何天主要使肉身復活，長生不死呢？它是一件惡事，對天主不相稱嗎？我們已經說過天主的全能，他做了無數不易令人相信的事。他們願意知道全能天主所不能的事？請看，我不說謊言。我們不相信他所不能做的，而相信他所能做的。若他們不信天主能說謊話，就當相信他將做所許的，就如世界已信的，並證明已經相信了。

他們如何能證明復活？復活後將沒有朽壞，這是肉身的災患。元素的次序，及他們對這事辯駁的理由，我已詳細討論過，並在第十三卷中證明了。肉身將如何迅速，健康的人能有經驗，雖然今日的健康，不能與將來的不朽同日而語。沒有讀過的人，或已不記得的人，請去讀本書的前卷。

第二十六章　波菲利的意見，以為聖人不當有任何肉身，為柏拉圖所摧毀，他說上主曾允許神常有肉身。

他們說：波菲利曾言靈魂為得幸福，當避免所有肉身。若說靈魂一有肉身，就無幸福可言，這話毫無用處。對這難題，在上卷所說事中，已提及過。

此處我只說一件事：他們的老師柏拉圖改正其著作，說他們的神避免肉身，即將死亡，以謀幸福。他以為這些神關在天體中，造物主的天主，曾應許過，將與肉身同在，以保證他們的幸福無恙。這並非他們的本性做這種事，而是因天主的主意及能力。

這樣，柏氏亦毀滅了他們的另一種說法，不當相信這事，因為它是不可能的。因為照這位哲學家的意見，天主應許他所造的神不朽，曾告訴他們自己將做一件令人不易相信的事。

我對他們這樣說道：「你們既然是被造的，你們就不能永遠不朽，不會分散，然而你們不會分散，不會死亡，因為死亡與分散不能勝過我的志願，這個聯繫，比你的結合聯繫更為堅固。」若聽這類事的人，不是糊塗人、聾啞人，就不能懷疑造物主天主。

照柏拉圖，他曾應許受造的神，一件不可能的事，因為天主說：「你們將是不朽的，是因為我願意」，豈非是說：「你們因著我，成為根本所不能的。」所以照柏拉圖，應許做所不可能的事，將使不朽精神化的肉身復活。那麼他們為何還要說這是不可能的，是相反天主的應許，既然全世界，如所預言的，都已經信了。

我不說另一神將做此事，我是說照柏拉圖，天主將做不可能的事。所以靈魂不需要離開肉身，以求幸福，是要有一個不朽的靈魂，在這不朽的肉身中當悅樂，因為在可朽的肉身中曾痛哭過。那麼就不會如維吉爾，在柏拉圖之後，切望回到肉身中了（註）。

我說：他們一有了願意回到肉身中時，就不會回至自己的肉身去，他們有肉身，總不會失去，亦不因死亡失去，只是暫時分離。

（註）Virg. Æn. Vol. 1, vi. 751.

第二十七章　論柏拉圖及波菲利的矛盾意見，若能彼此相讓，任何人都不會離開真理了。

柏拉圖與波菲利都說了一些事，若能互相交談，可能成為信友。柏拉圖說：靈魂不能永無肉身而存在。因此他說智者的靈魂，經過長時期後，亦將回到肉身中。波菲利卻說：靈魂潔淨後，回到父處，總不再回到塵世中。

為此，若柏拉圖能將這個他所發現的真理告訴波菲利，即義人智者潔淨後的靈魂，亦將回到人身中，而波氏亦告訴柏氏他所知道的另一真理，即潔淨的靈魂，總不回到有朽的肉身中。不要每人只說一個真理，而兩人皆相信兩個真理，他們就會承認靈魂當回至肉身，但這肉身，當使它永遠幸福地生活著。

照柏氏，聖潔的靈魂，將回到人身中，依波氏，靈魂總不回到現世的痛苦中。波氏當同柏氏說：「靈魂將回至肉身中」，而柏氏當同波氏說：「靈魂不回到現世的痛苦中」，那麼兩人就都承認靈魂當回到肉身中，但在它內已不受任何痛苦。這正是天主所應許的：幸福的靈魂，永遠在不朽的肉身內享福。

他們若承認，聖人的靈魂，回到不朽的肉身中，他們就沒有困難承認靈魂回至肉身，在它內曾忍受過現世的痛苦，忠心侍奉天主，以脫離這些痛苦。

第二十八章　若柏拉圖及拉白歐或范羅能互相交談，亦會同意贊成復活的真理。

我們中有些人愛柏拉圖，因為他的辭藻雋永，在他的著作中，亦可找到真理，說他對復活一事，如我們一樣思想。西塞羅在《民國書》中所說的，只是說笑話而已，並非真相信如此。他提及一個復活的人，述說了與柏拉圖意見相同的事。（編按）

拉白歐記載兩人同日而死，在十字路中相遇，當回至肉身內，乃宣誓彼此為友，直到再死時。這種復活，與我們所知道的有些人重回到肉身內，但仍將死亡，可謂大同小異。

范羅（Marcus Varro）在他《論羅馬人民的起源》（On the Origin of the Roman People）書中，記載著出奇的事，我想最好引他自己的話：「有些天文學家寫說，在復活的人中，有希臘人所說的palingenesy，再生或輪迴現象，在一定時期發現，他們算為四百四十年，此後，靈魂再取得以前的肉身。」

范羅或天文家所說的，他未說出他的名字。這不是真的，因為靈魂回到肉身後，就不再擯棄它了；但推翻我們仇人的許多證據，以支持復活的不可能性。因為這樣想，或將這樣想的人，以為死屍在大氣中或塵土中分解，在灰塵中、水中，在液體內，在吃他的野獸身內，或在別的身上，能回到原始的狀態中。

若柏拉圖或波菲利或擁護他們的人，尚活在世間，要與我們一起主張，聖潔的靈魂，亦回到他們的肉身內，如柏拉圖所說的，可以抽出天主教的信仰所主張的，靈魂將接受這樣的肉身，在它中能永遠幸福地生活著，毫無痛苦，亦接受范羅的意見，即靈魂將回到以前的肉身內，因此他們亦解決了肉身復活的問題。

（編按）見柏拉圖《共和國》（The Republic）第十章。

第二十九章　在來世聖人享見天主真福的性質。

現在依照天主的助佑，我們研究聖人在精神化不朽的肉身內，將做何事。為誠實起見，我當承認不知他們的工作為何，或他們的休息及安靜為何，因為我總沒有親眼看見過。

若我說：我的理智、悟司看見，我就當說出有何用處。我們的悟司，與這高妙到極點的奧蹟作一比較，又算什麼。因為在那裡有天主的和平，如聖保祿宗徒說的：「超乎各種思想。」（斐・四：

7）超越天使的思想，當理解為我們與天使都不知道，只有天主自己知道，天主所享受的平安，超越一切受造的理智之上。

我們亦照我們的形式，享有這種和平，在我們中，在我們間與天主間，享有這最大的和平。天使亦照祂們的能力知道，人無論如何證明，所知道的只是下級的知識而已。

當細思大宗徒聖保祿所說的：「因為我們現在所知道的，只是局部的，我們做先知所講的，也只是局部的，及至那完全的一來到，局部的就必要消逝了……因為我們現在是借著鏡子觀看就像猜謎，到那時就要面對面地觀看了。」（格前・十三：9—12）

天使們已看見了。祂們亦稱為我們的天使，因為我們由黑暗權力下救出，遷入耶穌基督的國中，領受了聖神，作為和好的證據，我們乃開始與天使為伍，我們將與祂們同享天主的甘飴聖城，為它我寫了這麼多的書。

天主的天使，亦是我們的天使，同樣，天主的基督，也是我們的基督。天使是天主的，因為總沒有離開他，也是我們的，因為他們開始以我們為同胞。為此吾主耶穌說：「你們小心別輕視這些小子中的一個，因為我告訴你們，他們的天使在天上常見我在天之父的面。」（瑪・十八：10）

他們所見的，我們也將看見，為此聖保祿宗徒說：「我們現在是借著鏡子觀看，就像猜謎，到那時就要面對面地觀看了。」看見天主，是我們信德的酬報，聖若望宗徒說：「可是我們一知道顯明瞭，我們必要相似他，因為我們要看見他實在怎樣。」（若一・三：2）

天主的臉，當理解為顯示，並非我們普通所稱身體的部份。若有人問：聖人在精神化的肉身中將做何事，我不說我所見的，而說我所信的，如在〈聖詠〉中所寫的：「我仍然信，雖然這樣說。」

（詠・一一五：10）

我說他們在肉身中看見天主，但不易說明是以自己方面看見天主，如我們看見日月星辰海洋，大地及其中的一切一樣。不宜說那時聖人們將有肉身，但不能開閉眼目，如他們所願的，更不宜說在這幸福的天國中，他們將閉著眼睛，不見天主。

西利亞人納哈曼，由先知厄里叟治好他的嗽病後，先知雖然不在場，卻看見他將禮物贈送給自己的僕人革哈齊，他還以為沒有人看見（列下・五）。復活後，聖人雖然閉著眼，也看見遠處的一切事物，那時一切都將要齊全，如聖保祿宗徒所說的：「因為我們現在所知道的，只是局部的，我們做先知所講的，也只是局部的，及到那完全的一來到，局部的就必要消逝了。」（格前・十三：9—12）

用比方指出現世與來世的不同，不但為大部份的人，為大聖人亦如此，聖保祿又說：「當我是孩子的時候，說話像孩子，看事像孩子，思想像孩子。幾時我一成了人，就把孩子的事丟棄了。因為我們現在是借著鏡子觀看，就像猜謎，到那時就要面對面地觀看了。我現在所認識的，只是局部的，那時我就要全認清了，如同我全被認清一樣。」（格前・十三：11—12）

在現世，依聖人的見證，厄里叟由遠處看見僕人接受禮物。我們說：到了完全的時候，就如孩子與壯年，有朽的肉身，已不連累靈魂，不朽的肉身已不是阻礙。聖人還需要眼目，以觀看事物，而厄里叟卻不需要。照七十賢士本，先知向革哈齊說：「那人從車上下來，歡迎你的時候，我的心靈豈沒有跟你去嗎？」（列下・五：26）熱落尼莫司鐸由希伯來文譯為：「那人從車上下來，歡迎你的時候，我的心靈豈不在場嗎？」所以先知說，由天主的特別助佑，以神眼看見了。

「天主成為萬物中的萬有」時（格前・五：28），聖人們豈沒有這種恩寵？然而肉身的眼目尚有它的作用，心靈能以精神化的肉身而用它。

厄里叟先知不需用眼目，以觀看不在眼前的僕人，並非說他就不用眼目，看眼前的事物，雖然他可閉目，以心靈觀看，如見遠處的事物一樣。所以我們不當說：在來世聖人們不是閉著眼看見天主，因為他們常以心靈看見祂。

我們可問：他們的肉身的眼開著時，亦可看見否？若他們在精神化的肉身中，以神眼能看見現在我們的肉眼所見的，一定不能用它看見天主。他們當有更大的能力，因而可以看到非物質的事物，不限於一地，而到處皆有。

若我們說，天主在天地間，他亦由先知說：「我豈非充乎天地嗎？」（耶・二三：24）我們不可相信天主的一部份在天上，另一部份在地上，他整個在天地中，不是在不同時間，而在同一時間，這是任何物質的事物所不能做的。

聖人的眼目，將有比現在更大的能力，並非更為尖銳，如蛇及老鷹一般。它們的眼光無論如何尖銳，只能看見有形之物，而聖人尚當看見無形的事物。

這種觀看的能力，在現世可能有時亦給了約伯的眼目，他向天主說：「先前我耳聞有你，現在我親眼看見你，因此我讓步，在灰塵中自悔。」（約・四二：5—6）但亦可理解為心靈的眼目，如聖保祿宗徒所說：「並光照你們心中的眼目。」（厄・一：18）任何信友若相信吾主耶穌的話：「心裡潔淨的人是有福的，因為他們要看見天主。」（瑪・五：8）

沒有疑惑，能看見天主，然而現在的問題，是能以肉眼看見天主否？《福音》中所說的：「凡有血肉的都要看見天主的救恩。」（路‧三：6）沒有任何困難，可理解為各人將看見天主的基督，在世人在肉身中看見他，將來審判生者死者時，亦將在肉身中看見他。

他是救世主，可由《聖經》上許多地方證明，特別由老西默盎的話證明，他抱了嬰孩耶穌時說：「主啊！現在可以照你的話，放你的僕人平安去了，因為我親眼看見了你的救援。」（路‧二：29—30）上面所引希伯來文約伯的話：「由我的肉身內得見天主。」（約‧十九：26）無疑的，亦預言肉身復活。

不說：「因我們肉身得見天主」；就是這樣說，亦可貼在天主耶穌基督身上，祂在肉身中，由肉眼可以看見。但也可理解為：「我在肉身中看見天主」；這樣，聖保祿宗徒所說的「面對面」，並不強迫我們以肉身的眼目看見天主，我們可以心靈不斷看見天主。

若人沒有內裡的臉面，聖保祿宗徒就不會說：「我們眾人以揭開的臉面反映主的光榮的，漸漸地榮上加榮，都變成了與主同樣的肖像。」（格後‧三：18）〈聖詠〉上的話，亦不能別樣去理解：「凡瞻仰他的，必獲光照，他們的臉必不蒙受羞耀。」（詠‧三十四：5）我們是以信德瞻仰天主，這是屬於心靈的，而非屬於肉身的。

但我們不知道聖人的精神化肉身，當到何種齊全地步，因為我們所討論的，並沒有經驗過，《聖經》上也沒有明白指出，就當如智慧書中所說的：「因為有死亡人的思想，是遊移不定的，我們的計謀是易於錯誤的。」（智‧九：14）

若哲學家的證據是真的，他們以為理智界的事物，當以神眼去接觸，有形的事物，以五官去接觸，肉身不能接觸理智界的事物，心神也不能接觸有形之物，就當承認絕對不能以精神化的眼目看見天主。

理智及先知的權威都指責這種理論，但誰若說天主不知道有形之物，也就遠離真理了。難道天主有肉身，以肉眼看見嗎？我們對厄里叟先知所說的，可以證明物體，亦可以沒有肉身，而以心靈知道。一定是以身體受禮，然而先知看見僕人不以肉眼，而以心靈。所以證明可以心靈看見物體。若精神化的肉身，能看見心靈，當是如何的奇妙！

天主是神，各人的內宮，而不以肉身的眼目，認識自己的生命，因而人生活於肉身中，並使肢體生活，別人的生命，因為是不可知的，乃以肉眼見之。若我們不同時看見肉身及生命，為何能分別生物與非生物呢？因為除非經過肉身，就不能看見這些事物。但以肉眼，也不能看見沒有肉身的生命。

為此可能，並且很可相信，那時我們要以復活了的肉身，看見新天新地及亭毒一切，處處都在的天主。我們轉眼各處所見的，會清晰地看見，而不如現在因著鏡子，借著受造物，只糊塗地看見，而只看見一部份。我們更因信仰而信，不因肉眼看見的有形之物而信。

現在不用信德，而用肉眼，看見與我們一樣生活的人，那時到處我們帶著精神化的肉身，要看見無形而亭毒萬物的天主。以這樣的眼目我們將見天主，因其能力之高，且可看見無形之物，非由《聖經》的證據，這是不易證明，並不可能證明的。

更容易理解的，是天主由我們每人，並在我們每人中，所認識的，是以心靈的眼看見，由別人在別人中及由他自己，在新天新地及任何存在的物體中看見，我們的神眼張開時，可以看見一切事物。此外，亦可明顯地看見每人的思想，那時聖保祿宗徒所說的：「所以時候未到，你們什麼也不要判斷，只等主來，祂要揭發暗中的隱情，且要顯露人心的計謀；那時可由天主那裡獲得稱譽。」

（格前・四：5）就應驗了。

第三十章 論天主城永遠的幸福及永久的休息日。

將來的幸福是如何的大，沒有任何災禍，不缺少任何美善，將讚頌天主，他將完全在所有人中，不因懶惰而休息，不因需要而工作，我真不知道要做何事。〈聖詠〉上也這樣說：「凡住在你殿中，永遠頌揚你的，才是有福的。」（詠・八十四：4）

身體的百肢，現在為生活的需要，分配在全身；那時只能用以讚頌天主，因為已沒有任何需要，而是完全確定，穩固及永遠的幸福。我已談論過身體的和諧，現在是隱秘的，那時都要顯露出來，我們要看見整個身體內外的結構，又要看見其他偉大奇妙的事物，我們的理智要愛合理的美妙，以讚頌如此偉大的造物主。

我不冒失地說將來身體的動作如何，因為我不能設想它。但我可說：運動與休息以及其形式，無論如何，總與當地相稱，不會有任何不相稱的事。一定的，靈魂一願意去，肉身立刻就去，而靈魂不會願意與自己及肉身不相稱的事。那裡的光榮是真的，因為沒有人因錯誤而受讚揚，亦不因諂媚而受讚美。

那裡的榮耀是真實的，堪受榮耀的人，不會沒有，不相稱的人亦不會有，也沒有一個不相稱的人會去請求，因為只有相稱的人，才能進去。那裡亦有真正的和平，不會由自己或別人方面，受任何艱難。

德行的酬報，將是賞賜德行的天主，他允許了自己，自然沒有比他更好更大的。《聖經》上所說：「我要做你們的天主，你們要做我的百姓」（肋・二六：12）有何意義？豈非我將滿足他們的一切期望，或是人能合理期望的一切：生命、健康、飲食、財物、光榮、榮耀、和平及一切福樂。這樣，亦可正確解釋聖保祿宗徒所說的：「好叫天主成為萬物之中的萬有。」（格前・十五：28）祂將是我們期望的終點，我們將無窮盡地看見祂，不會厭煩地愛祂，不知疲倦地讚頌祂。這種恩賜，這種感情，這種行動，將是大家所共有的，就如永遠的生命，是眾人所有的一樣。

此外，誰能想，誰又能說，依照酬報所應得，榮耀及光榮的等級呢？然而將有等級，這是沒有疑惑的。這也是這幸福之城的另一長處。沒有人會嫉妒上級的人，就如現在天使不嫉妒大天使一樣。沒有人願意有他所沒有的，反而與有的人有和平的聯繫。如在人身體中，手指不願為眼目，因為兩者都是同一身體的一部份。每人所得的恩賜，能比人更小，然而他已有恩賜，並不期望更大的。

不可相信聖人不能犯罪，就沒有自由。正因為他們不願犯罪，甚至永遠不犯罪，反更自由。因為人受造時最初的自由，就是能不犯罪，因而亦能犯罪。越不能犯罪，自由就越大。一定的，這不是因人的本性，而是因天主的聖寵。因為天主，與分有天主之性的人不同，因為天主是因其本性，不能犯罪，而分有天主性的人，是由天主方面，得了不犯罪的聖寵。

所以在天主的恩惠中當有等級，即先當有自由，能不犯罪；最後有自由，不能犯罪。第一種自由，是以立功；最後自由，是為得賞報；然而人性能犯罪時，就犯了罪，乃由更大的聖寵拯救出來，以達到不能再犯罪的自由。如亞當犯罪時，失落的不朽，就是能不死亡，最後的不朽是不能死亡；同樣，以前的自由是能不犯罪，最後的自由乃不能犯罪。孝愛及公正的志願是不能失掉的；同樣，幸福的志願，也是不能失掉的。

犯罪時，我們固然失了孝愛與公正，但沒有失掉幸福的志願。難道我們能說天主沒有自由，因為他不能犯罪嗎？在這城中，大家只有一個志願，不分散在每人身上。沒有任何災禍，充滿一切福樂，不斷享受幸福，不記得自己的罪惡及痛苦，然而並不忘記自己得救，以免對救主不知恩。

以理論學識，心靈記得以前的罪惡，但以五官的經驗而論，它已不記得了；如一位精通醫道的醫師，能以研究及經驗，知道一切病症，然而不以經驗知道一切疾病，因為他總沒有生過所有的疾病。

認識罪惡能有兩種，一種是理論方面的，另一種是實行方面的；因為以研究知道罪惡，與以品行不端去賞識它，根本不同。同樣，忘卻亦有兩種，依不同的知識而異。由書中學到的，疏忽讀書，就會忘掉；由經驗學到的，壓伏慾情，才能忘掉。

聖人們以第二形式，忘了自己的罪，因為以前的罪惡，完全由他們的官能中除去了。然而因著他們高級的知識，他們不但知道以前的痛苦，並且亦知道受罰者永遠的不幸。因為若他們不記得以前的痛苦，他們如何能依〈聖詠〉上的話：「永遠謳歌上主的仁慈」呢？（詠・八十八：2）此城最大的喜樂，是歌頌救主的光榮，他以自己的聖血救贖了我們。〈聖詠〉上所說的話：「你們甘休吧！你們要認識主是天主」（詠・四十六：10）要應驗了，這是大休息日，沒有晚上，是天主創造萬物後的休息，如《聖經》上說的：「在第七日，就停止了自己一切的工作，開始休息。天主祝福第七日，定為聖日，因為在這一天內，天主停止了他一切創造的工作。」（創・二：2—3）

我們有了天主的祝福及祝聖，我們亦要有第七天的休息日。我們在那裡休息時，我們要看見祂是天主。我們離開天主時，願聽魔鬼的話：「如同天主一樣。」（創・三：5）我們願意將這名稱，歸於我們自己，卻離開了真天主。因祂的工作，我們因分有聖寵，而不因逃亡，故將是神。

我們離開天主，所得如何，豈非由祂的盛怒而耗盡？然而因天主的慈善而恢復，因祂更大的恩寵而成聖。我們將永遠休息，我們要看出祂是天主，祂在一切中為一切時，我們亦將充滿祂。

我們的善工，我們相信更是天主的工程，而不是我們的，我們才有功勞，以得休息。若將它歸功於我們自己，就將成為奴僕的工作，因為《聖經》上對奴僕的工作曾寫道：「無論什麼工都不許做。」（申・五：14）厄則克耳的話，乃由此而來：「我還給他們規定了我的安息日，做我與他們中間的表記，使人知道我就是祝聖他們的上主。」（厄・二十：12）

我們完全休息，完全看見祂是天主，就會完全知道祂的上主天主。

這個安息日，由時間以日子計算，照《聖經》上的分別，更為明顯，因為是在第七日。第一期，如第一日，由亞當到洪水；第二期由洪水至亞巴郎，不以時間的長短，而以世代數，因為都有十代。由亞巴郎到耶穌基督，照聖史瑪竇分為三期，每期十四個世代；第一期亞巴郎至達味；第二期由達味到充軍巴比倫；第三期由充軍到基督降生，所以是五期。

第六期是現在，不為代數所限制，因為《聖經》上說：「父以自己的權柄所定的時候和日期，不是你們應當知道的。」（宗・一：7）此期以後為第七日，天主要我們在他內休息。第七期是我們的時代。

詳細討論每一期，未免太長，然而第七期是我們的安息日，沒有晚上，將與主的日子一起完結，它將為第八日，由基督的復活成為聖日，表示永遠的休息，不但是精神的，也是肉身的休息。這是沒有完畢的終止。我們的結局為何？豈非達到沒有終止的天國？

似乎因著天主的助佑，我完成了所應許的巨大工作。若有人以為我所說的不夠長，有人以為太長，請他們都原諒我；若有人以為我所說適當而止，不要感謝我，而與我一齊感謝天主，阿門。

後記：奧古斯丁「論天主之城」

奧古斯丁雖然是有名的哲學家與神學家，但他所受的教育，是修詞學與口才的訓練，故他除了思想方面的成就之外，他的著作具有相當重要的文學價值，廣為各學界重視。

他並沒有受過正規的教育，是一位自學的思想家。他的哲學思想，是從閱讀及與朋友交談而形成。在神學方面，先是從他內心與神的對話，後來則從他與其他偏離基督宗教思想的旁門左道的理論，與他們的辯論而產生。所以他的許多著作，可以說是針對情勢的需要而產生。他的哲學與神學思想的基本原理，是與當時與柏拉圖與新柏拉圖思想的接觸而開始，他與同仁朋友之間的交談，及與他自己與神的對話，是其思想形成的過程。爭辯與交談，是筆鋒的交戰，也是思想的互動，這段一來一往，起伏不定的接觸，是他追求真理的歷史，也是他思想形成的過程，與著作的動機。

他一生追求真理，不斷地對神提出問題，詢問真理是什麼。既然真理是他與思想的泉源，從自己的經驗，他發現人不必向外追求，只要回到內心，可以發現「在你內心深處，就有真理」。這樣深入地體驗真理，及對自我的理解，使他發現「當我認出自我，就是認出神」。所以，奧古斯丁是哲學史上，首先對自我的精神性與人類的歷史，做神哲學反思的思想家。而他的光照說，是他說明自我與人類歷史的重要概念。

奧古斯丁神哲學的精要

法國中世紀學者祁爾松（Etienne Gilson）認為，奧古斯丁的哲學，基本上就是「心靈哲學」，換言之，就是他對自己心靈的哲學反思，而他的神學思想，是探討「心靈與神的關係」。奧古斯丁的《懺悔錄》、《天主之城》與《論三位一體》是他三部重要的著作。在這三本著作中，奧古斯丁表達他主要的思想，即基督宗教的真理，具有歷史性的幅度，而歷史的實現，是一個戲劇性的過程。這是神與人相遇的歷史。神啟示自己，而人相信與接受；從聖經中我們可以發現，神與人相遇是戲劇性的過程，因神要求人徹底的改變。

《懺悔錄》是表達個別的人如何追尋真理，及神進入個人歷史的戲劇性過程；自我進入心靈深處，在那裡發現自己及神的臨在，認識神、同時也認識自我，而認識自我是自我的重建，但人對自我的本性卻是無知。《天主之城》是不接受信仰的悲劇，而《論三位一體》是神的戲劇性的歷史。神本身不變，但當神在人的歷史中啟示自己，人是神的肖像，當人探索自己的心靈以理解神的奧秘，使這奧秘具有戲劇性的性質。他在《懺悔錄》中描述，他如何因讀了西塞羅（Cicero）的 *Hortensia* 之後，就全心投入真理的追求，這是他個人戲劇的開始。

對他而言，真理是智慧，而獲得真正的智慧，就是獲得幸福。他一生追尋真理，而真理是他與他的靈魂交談時所發現，而此真理是他在內心對神的體驗。從他自己個人心靈的體驗推演至全人類，甚至上達於神，因人是神的肖像。

但奧古斯丁是在整個宇宙的背景下，討論心靈的性質。有關宇宙的重要問題之一是時間，而時間的二面是起源與持續（continuity or duration）。他在摩尼教中十一年，與摩尼教徒相處的這段期間，他認為神是一位物質性的神，物質佔有空間；從空間的觀念而言，時間是從變動的前後相接而理解，而且當時的斯多葛學派主張宇宙永恆，即指其因循環不已而是無限或常在。既然宇宙循環不已，在一個循環不已的宇宙，已沒有幸福可言，因幸福是擁有恆常不變的美善，循環不已指獲得後要失去，失去後找到，這是不可能的，因找到是為了再失去。奧古斯丁不斷地提出問題，然後一一回答，最後他結論是，宇宙不可能從永恆存在，若然，時間是短暫及能消滅的永恆。

從奧古斯丁對心靈深入地探索與體驗，他認為人的性質，視他與真理的關係而定。在深入內心探索自我時，發現人的必須靠記憶，才能將生命的片段串聯起來，而記憶是心靈的表現。所謂的心靈，與我們當代思想家所說的意識相似。奧古斯丁發現意識有結構。心靈在認知方面必然追求「真理」，在意志方面必然追求「善」。由此可見，時間是心靈的性質。

心靈意識其本身之知覺直觀，「留意」（attention）當下的經驗，若當下已消失，則留住（detention）當下已消失的經驗中物，而出現之當下，因心靈之「期待」（anticipation）而成為過去。心靈的留意，容許過去與未來，同時包含在當下中，構成心靈的「持續」（duration），從持續可以測量時間；此謂，測量時間是衡量持續與短暫的關係。如此，測量時間的應是記憶，因為記憶使存在已消失的事物超越本身，與記憶未來展現的方向連接。

當下是「Now」，記憶的回顧與前瞻凝聚於此。因此，留意是心靈的持續。心靈中有許多複雜的知覺，因心靈之留意而同時存在。「Now」是心靈之光，也是人心靈戲劇發生的「時機」（kairos），雖然只是片段，但可以延伸，從存在的當下，擴展至記起的過去，與期望的未來，這構成個人戲劇性的歷史。

心靈與真理的關係，是奧古斯丁光照說的根據，而光照說是人與神之互動關係，而歷史、個人的或人類的、因此互動關係而展開。從光照說方面而言，真理不是人擁有的、刻板的、一成不變的性質，或理性的條件，而是生命的來源，是活生生的力量，是人與神相遇的結果，故是事件而不是觀念。真理是神不斷的光照，但人因受傷，並沒有常常做適當的回應。

在亞里斯多德的形上學中，最高原理內在於宇宙，使各級存有按其本性運作，以達到最後目的，因此各級存有構成宇宙的秩序。對柏拉圖而言，最高原理是善的觀念，而善超越存有。但善光照一切，使一切可理解；可理解為真，故善是存有之真的基礎。善光照一切，是一切的典範，故凡存有皆嚮往善。奧古斯丁受柏拉圖思想的影響，他認為人之所以為人，是因神之呼喚，與人之回應而形成，光照是神與人的對話，在這對話中，神之超越與人之歷史性同時實現。

奧古斯丁的貢獻

奧古斯丁的貢獻，是為古希臘哲學加上超越與歷史的向度，如此，奧古斯丁以交談與事件，說明超越與歷史的關係，及神內存於萬物的思想，不但深入且十分徹底，其高峰是天主第二位降生成人，這特殊的見解，甚至多瑪斯也莫之能及。

古希臘的時代，歷史的過程，有時是按照物理學的模式運作。自然與宇宙一切循環不已，生生不息。奧古斯丁認為，人與人的歷史，是由人面對絕對，由超越歷史之神所引發的事件而構成。人的歷史從「光照」而開始，終點是神完全啟示自己。歷史的意義是神的啟示，及人與神之合一。因此，人類的歷史，是人接受或拒絕在基督身上之神。如果接受了，就是得救的歷史，如果拒絕則是受永罰。歷史中最有意義的事件，是神進入歷史，參與人世間的事件。

惡勢力所形成的罪行，如狄奧尼修所言，是沒有原因，故其意義無法可以理解，在世界終結時，其意義方能揭開。大部份的人，是屬於「地下之城」、或「魔鬼之城」，「天主之城」屬於那些得救的、或天主的選民，但世上沒有一個具體的團體或制度，是純粹屬於地下或天主之城。教會與政治組織，皆是「混合之城」。教會僅是「天主之城」的象徵或預像，其意義在世界終結時才圓滿的呈現。

《天主之城》這本書，雖然不是政治哲學的著作，但因其中涉及一些概念，如對戰爭、暴力等的看法，使當代的學者認為，這本著作代表奧古斯丁的政治思想。其實奧古斯丁並沒有一個系統性的政治思想，但在「天主之城」中，奧古斯丁認為「愛」是「城」（civitas）的形成，與在時間中演變的力量。

愛之所指，並非人世間的感情與欲望的交流來往，這種愛如曇花一現，轉眼即逝，而是人最基本的動向，促使人完成自己的力量，人們因有共同愛的對象而集合，構成的團體奧古斯丁稱為「城」。天上之城是由那些因愛神而形成的團體，他們因有共同愛的對象，而一心一意，追求永恆不變的善。

構成地上之城的人們，因過於自愛，甚至輕視神，他們追尋的是控制權，如不達到掌控天下不肯罷休。這兩個「城」因包含所有的人，而分散於時空之間。但在理解「天主之城」時，有二點必須注意的：

1. 是奧古斯丁是從末世（eschatology）的觀點，而論天上或地上之城，所以天上之城包含天使及諸位聖人，只有少數的人尚在人世間，但他們是「朝聖者」，尚在回歸之路途中。在人世間的團體，是二種人皆有，端賴他們如何發揮愛的力量；

2. 在論及愛時，奧古斯丁是從愛的功能，將愛分為「使用」的愛與「享用」的愛二個方向。使用的愛，其對象具有指向的價值，故僅是記號，指向最後的目的，就是幸福本身，對象因而不是目的；而享用的愛，其目的在對象本身，因對象帶來幸福。

根據奧古斯丁的思想，幸福應是與永恆不變，完全滿足人心。就如他在《懺悔錄》開卷就表示，如果沒有找到神，心中永不安寧。地上的一切是事物是為人使用，這些受造物指向的是神，天上的一切，才是人所享用的對象。按照人的自然本性，人應渴望善，真正的幸福，但人性軟弱，常追求地上之物，他們追求的幸福，是擁有財富、感性的享樂、名與利、及權勢。換言之，他們顛倒是非，應使用的卻享用，應享用的卻使用。因此他們的行為缺乏「正義」。所謂的正義，是一種恆常的心態，給予對象、包括神在內，應得且合宜之愛。由於人心基本上是向善，故有時人的行為偏離本性，故心不安寧。

奧古斯丁在「天主之城」中，並沒有說明天上之城就是教會，且他認為人世間的團體，不論是教會或其他政治機構，皆是善惡皆存，他只認為教會是天上之城的預像。到了中世紀，尤其是查爾曼大帝，為了建立普世王國他稱為「神聖的羅馬帝國」（The Holy Roman Empire），將教會與天上之城等同，而政治團體則是地上之城，從此政教合一，直到十九世紀才分開。奧古斯丁在他的《修正錄》（Retractions）中表示，在這本書中，除了批判羅馬與異教的哲學思想之外，在第二部他建立自己的理論，即說明這二個城市的來源、在時間中的發展、與末世的命運，此謂二者之間的關係。

本書審校緣由

當台灣商務的李俊男先生問我，是否能為吳宗文神父譯的《天主之城》審稿時，我的第一個反應是，我不能勝任。不僅因為這是一部世界名著，而且譯者的拉丁文造詣，在台灣教會中是有口皆碑。但既然吳神父費了心血，將這本名著譯成中文，而今他人不在世，目前要找一位可以直接從拉丁文翻譯《天主之城》的人，是困難重重，所以我只好大膽承擔起這份工作。

工作進度相當緩慢，一方面因我課業繁重，另一方面，在台灣可以查證的資料很少。當時輔仁大學士林哲學研究中心的一部拉丁原典，是五本非常厚重的書，要翻閱查看不易。在我審稿的那段時間，士林哲學中心組織人事異動，那幾本書又不知搬運到那個圖書館。

審核的困難，可以歸納為三：

一、本人是在法國與中學生一起學拉丁文，在美國讀書時，曾經學過二年，以後的拉丁文，都是在教會中使用，那是中世紀的拉丁文，而奧古斯丁的《天主之城》，是後期古典的文學傑作。我來台灣工作時，拉丁文早已束諸高閣，遺忘了一大半，使用時很不靈光。其實，要將譯文與拉丁原文一一對照檢查，是無法做到的，只好找其他語言的譯本參考，有問題時再找拉丁文原典對照查證。但我發現吳宗文的譯文，可信度很高。

二、奧古斯丁因引用聖經之處甚多，他用的是聖經舊本，而非拉丁通俗本。譯者為了忠於原文，使用舊的思高譯本，許多名字與今日的人們熟悉的譯名不同，有時會造成混亂，本人費了一段時間才整理出頭緒。原本要將這些名字修改，但因譯者已不在人世，無法取得他的同意，況且奧古斯丁引用聖經的數量非常龐大，只好保留原來的譯文。

三、譯者的中文屬於典雅時期的白話文，但有時表達的方式，某些哲學名詞，與今日的略異，其意義有時也必須費時斟酌。翻譯是二個文化的交接與轉移，本來就不是容易的工作，這是一本很有價值的翻譯本，對華語學者必有很大的貢獻。

高凌霞　二〇一三年年一月二十五日於台北

後記二

天主之城，一個能真正找到平安與永久福樂的地方

西元四一〇年，是西方歷史的一個關鍵時期。汪達爾人在國王亞力克（Alaric）的命令下，攻陷了羅馬城。眾所周知羅馬是永恆之城，羅馬人認為它將一如其名，將永不殞落。但西元四一〇年從根撼動了這個信念，終究引領至羅馬帝國的衰亡。這個世界本身似乎以經被摧毀了，每個人都在尋求要怎麼做，能相信什麼的答案。

那些繼承了異教信仰的人，很快地指責基督徒，聲稱諸神已經遺棄了羅馬，因為羅馬人忘記了祂們，並接納了新的信仰。這些羅馬人宣稱基督徒並不愛國，因為他們要求人民服侍上帝而非服侍城邦，並且他們主張原諒仇敵。更重要的是，羅馬人說既然基督徒聲稱上主是唯一的真神，基督的上帝卻並未如預期的保護羅馬。

三年之後，西元四一三年，為了回應這些異教徒所謂基督徒對羅馬諸神不虔敬以至於諸神降罪之指控，聖奧古斯丁，希波的主教，提筆捍衛基督徒。這些寫作是他偉大文學著作的開端，也已經成為教會史中最受推崇與最多引述的書。奧古斯丁用十四年的苦勞完成此書，稱之為「天主之城」，而這座城，他寫道，是「超越性地榮耀，無論我們看待它好似其仍舊因信存在，且不隨時光流逝，而逗留在不信者中有如陌生人一般，或者它仍屹立不搖於其永恆席位上……」另有一城池，有如他所寫的：地上之城。

對地上之城，他說，「雖然它是國家之情婦，它本身是由秩序之欲念所治理。」經由《天主之

城》，他追尋這兩城的旅程，從它們建立的時候到它們如何互相連結，它們生命的行為，以及，此二城最終極的結局。

誰是希波的聖奧古斯丁？

吳宗文神父曾寫過一篇「奧古斯丁的生平及思想」，收羅於他的《述之文存》，第一七五－二〇四頁。偉大的奧古斯丁的生平，在紙卷上展示給我們的是無與倫比的豐富，而他的《懺悔錄》（Confessions）中的偉大人格，在古代文學中也無可比擬；這本書和他靈魂的感人故事有關，在《修正篇》（Retractions）中描述了他心智的歷史，根據《奧古斯丁的一生》（Life of St. Augustine, 1919）一書（由奧古斯丁的朋友波西迪烏斯（Possidius）所著，由聖者的使徒談述），奧古斯丁是於三五四年十一月十三日生於達加大（Tagaste），現今之阿爾及利亞蘇客阿拉（Souk-Ahras），約離波納（古希波首都）六十英哩距離。在當時，那是一個努米底亞（古羅馬柏柏爾國）的自由小城。

奧古斯丁接受基督徒的教育。他的母親莫妮佳，教他畫聖號，帶他望教。有一次當他病重，他要求受洗，但當危險過去後，他又推延了聖事，回復到可嘆的惡習中。不幸的是，他的信仰和他的道德，都經歷了糟糕的危機。西元三七三年，奧古斯丁和他的朋友霍納瑞特斯（Honoratus）陷入了摩尼教（Manicheans）的陷阱。有時看來似乎很奇怪，這樣一個偉大的心靈竟能曾經是信仰的受害者——波斯人曼尼（Mani, 215-276）將其和粗糙、物質化的二元論合一，並於五十年前引進非洲。奧古斯丁自己告訴我們，他是被摩尼教所謂的不受信仰所限的自由哲學誘惑了，他們聲稱發現了箴言篇中的矛盾，甚至，希望藉由其教義，找到對自然和其最神秘的現象的一種科學性的解釋。

但幸而這偉大心靈的宗教危機在義大利的聖安博（Ambrose）主教的影響下，得到解決。三八三年，奧古斯丁在二十九歲之年離開了義大利米蘭，拜訪聖安博。這位主教的親切魅力導引他經常前往聆聽其佈道。然而，在擁抱信仰之前，奧古斯丁也經歷了三年的掙扎。他的心靈經歷了許多不同的階段。一開始他轉向學院哲學，悲觀的懷疑論，然後是新柏拉圖哲學以其原創的熱忱啟發了他。在米蘭，在頓悟真理之前，他幾乎沒有讀過柏拉圖的著作，尤其是柏拉圖學派。他又開始夢想他和朋友們可能會過一種投身於尋求世俗的生活，一種受粗俗的慾念、財富或享樂推動的人生，並獨身（見《懺悔錄》第六章）。但這只是一個夢，他的情慾仍然束縛著他。

最後，經由閱讀聖經，光明照亮了他的心靈。很快地，他確認了耶穌基督是通往真理和救贖的唯一道路。抗拒只來自心靈。在他和聖安博的繼位者西姆普利修努斯（Simplicianus）的一次會談中，西姆普利修努斯告訴他一個知名的新柏拉圖派雄辯家維多利納（Victorinus）（見《懺悔錄》VIII.1, VIII.2）皈依的故事，在三十三歲時，在米蘭的花園中遇到了這個機緣。幾天後，奧古斯丁正在病中，藉由秋節辭掉了教職，和莫尼佳、阿迪歐戴特斯（Adeodatus）（奧古斯丁的私生子）和朋友前往迦仙谷（Cassisiacum），他們在鄉間的別墅。在那裡，他將自己奉獻給哲學的追索，那時，對他而言，哲學與基督宗教已是分不開的了。

新柏拉圖學派的影響

奧古斯丁漸漸熟悉基督宗教學說，在他心中開始進行了聖言與柏拉圖派哲學的融合。掌管這思想改變的法則在日後經常被誤解，需要被充分正確地定義。在三八六年，他在迦仙谷寫的著作中已然可嗅出他的研究動機。他的哲學主題是要對給權威予以理性的支持，「那偉大的掌權者，掌管萬有，不曾偏離者，就是基督的權能。」若他愛柏拉圖學派，那是因為他信任在其中尋求的詮釋永遠是與其信仰相合的（參見 St Augustine: Against the Academics, III, c. x）。

任何人讀了聖奧古斯丁的著作而要否認其影響力的存在是不可能的。無論如何，若要說其中柏拉圖思想強過了聖經，則又過分誇大了。這學術上的批評正可以明智地總結他的研究：「因此，長久以來，當他的哲學與他的宗教學說相合，聖奧古斯丁明顯是新柏拉圖派，一旦產生矛盾時，他從不遲疑將他的哲學歸屬於宗教，將理性歸屬於信仰。他首先是基督徒，盤踞在他腦中的哲學問題，經常會發現是越來越回溯到其信仰基礎的。」

希波的主教（三九六－四三〇）

奧古斯丁四十二歲時，羅馬任命他為主教，並在希波的席位任職三十四年。他是真理的捍衛者，靈魂之牧。他的學說活動是很多樣性的，其影響與教會的發展也同樣持久至今：他經常佈道，有時連續五天，他的佈道富含慈悲精神，深植人心，他也勤寫書信，解答各種問題，這些書信也廣為人知。他的精神在他輔助的非洲教會中傳遞，例如在迦太基（Carthage），米利闕（Mileve），並經常孜孜不倦地反駁各種錯誤。

這位神師經常在公開的演講和不同的書寫中為信仰辯護。他深為非洲的毀壞哀傷，他致力促成波尼費思公爵和女皇之間的調解。和平確實建立了，但不是來自汪達爾領袖蓋薩里克（Genseric）。被擊敗的波尼費思前往希波尋求庇護，許多主教已經逃往該處尋求保護，而這座強固的城已承受了十八個月的圍攻。奧古斯丁努力控制著他的苦悶，繼續和艾克拉南主教朱里安（Julian of Eclanum，當時義大利艾克拉南城的主教）筆戰。而在圍攻中，他被一種致命的重症擊倒，歷經三個月，作一個好病人和熱誠的祈禱者，之後仍於七十六歲之齡，於四三〇年八月二十八日於當地辭世。

關於天主之城

《天主之城》是一本護教書，其主要的目的是要以系統性的方式為基督宗教辯護。聖奧古斯丁用歷史的、哲學的、神學的、道德的、和政治的多種方向的訓誡來解釋基督教精神的需求。在天主之城，奧古斯丁回答了異教徒，他們想將羅馬的殞落（四一〇年）歸咎於異教崇拜。將此天意關聯到羅馬帝國，奧古斯丁以其天賦才能，創造了其特有的歷史哲學，一窺基督宗教世界的命運，說明人類的起源以至其終結。《天主之城》被視為是這位偉大主教最重要的著作，其他的著作主要是神學家較有興趣閱讀，但是這本書，誠如《懺悔錄》，屬於一般性的文學，可以吸引每一個靈魂。《懺悔錄》是靈魂的神學，是神對個人之作為的歷史，天主之城則是人類歷史框架中的神學，採取哲學途徑解釋神對世界的作為。

吳宗文神父，在他的著作《述之文存》中曾記載，《天主之城》這本書可以分為七大領域：一、宗教，二、道德，三、政治，四、法律，五、哲學，六、科學，七、歷史。

《天主之城》的前十卷，是第一部分，反駁異教徒對基督徒帶來羅馬的毀滅的指控。前面的五卷，處理異教徒相信人必須膜拜諸神來得到物質上的好處，包括羅馬帝國的延續和羅馬城的優越性。

在第一卷，奧古斯丁攻擊異教徒，他們聲稱羅馬殞落是因為基督宗教讓它衰弱，奧古斯丁強調，不幸發生於每個人。第二卷，他證明羅馬的衰亡不是人類歷史的單一事件。羅馬曾經遭逢過幾次大災難，即使在諸神都還備受崇拜的時候，這些神祇對防患災難之發生也全都束手無策。他認為羅馬是因為這些神祇才變得積弱不振，因為他們放任自己道德與精神上的腐敗。在第三卷，奧古斯丁繼續討論發生於多神時期的大災難，由此證明基督宗教並不會導致羅馬的衰亡。為了證明他的觀點，他反問，為何過去諸神都並未能抵禦羅馬。

在第四卷，奧古斯丁提出另一種觀點。羅馬延續了數世紀，因為它曾是真神上主的應許，因此它的生存和異教喜好邪淫祭典的諸神，如游維，並無相干。

在第五卷奧古斯丁關注異教徒之命運觀，許多人視為拜神是讓羅馬存續的一種力量。但是，奧古斯丁認為，古羅馬人是充滿美德的，上主獎賞那美德，即使他們並未敬崇祂。到了第六卷，奧古斯丁轉移焦點，用以下五卷反駁人們認為要崇拜諸神才能得永生的說法。奧古斯丁用異教徒作者來摧毀其論點說，因為諸神從未被特別崇敬，因此所有古老的習慣、神話、律法，在保證永恆福樂上概無用處。這些對異教神學逐個的解構，縱貫這五卷。

第十一卷開始《天主之城》的第二部分，在此奧古斯丁描述雙城學說，一為地上一為天上。在之後的三卷書，他詳述這兩城的緣起是基於聖經。之後的四卷書解釋了天上之城的前史，從創世紀到所羅門的時代，其故事被類比為基督和教會。在第十八卷，奧古斯丁用類似的過程描繪地上之城，從亞伯拉罕到舊約先知。奧古斯丁著眼在如何讓這兩城在第十九卷結束，在過程中他條列至善的性質。他強調，和平與快樂建立於天上之城的觀點也可以在地上之城經驗到。第二十卷，處理聖經中提到有最後審判的證據。奧古斯丁繼續這個主題，在第二十一卷，述說對該受詛咒者的永罰，論說這並非神話。最後一卷書，第二十二卷，講述天主之城的結束，在之後被拯救者將獲得永恆的福樂，以及永生。

分析

天主之城是以人類歷史為框架的神學，它解釋了上主在世上的作為。奧古斯丁揭露了一個對歷史的廣泛解釋，起於創造，經歷騷亂和人為國家的劇變（世界之城），繼續到天主之王國（天主之城）的實現。《天主之城》也可視為他起於《懺悔錄》的計畫的完成，他在懺悔錄中追尋自我的軌跡而歸向上主。同樣的，人類社會也在上主的疆域內得到完整。奧古斯丁將歷史神學和基督教的社會哲學放在一起。換句話說，他對多種哲學的大問，如倫理學和政治，揭示了一種神聖宇宙的整體觀。歷史在神聖律法中完成。過去的哲人，如柏拉圖曾說人對於任何世上的社會都不負有絕對忠誠，奧古斯丁則以基督宗教的學說嚴正地批判了這樣的觀點。他陳述，由聖經就可以指導人類的至善和至惡，若無此法則，人類的努力將屬惘然。

奧古斯丁在《天主之城》中提出其哲學的四個基本要素：教會、國家、天主之城以及世間之城。教會的建立是神聖的，引領人類到永恆至福，也就是上主。國家和政治以及心智的本質有關，形成一個政治的社群。社會是可見的，都追求福樂。和此相照映的是兩種無形的社會：天主之城，給注定要救贖者，世間之城則是給那些將受永恆咒詛者。這偉大的設計讓奧古斯丁得以闡述他的正義理論，如他提到要分享生活必需品，因為上主是無償地分送空氣、水、和陽光給所有人。人類因此必須追隨天主之城，維持一個正確的秩序，好能引領到真福。

《天主之城》是對人類社會的挑戰，選擇他們想要參與加入哪一個城，而奧古斯丁認為他的任務就是清楚界定每種選擇的參考指標。奧古斯丁結論，歷史的目的就是要揭露上帝的計畫，包含建立天上之城，並讓此城填滿合格的城民。為此目的，上主自已發起了所有的創造。在這偉大的計畫中，羅馬的衰亡相對而言是渺小的。

這兩個城池，奧古斯丁寫道，都有同一的想望：和平。然而，它們卻有不同的尋求方式。世間之城尋求的是世間和平和有序的社會，但它致力的和平正如人類智性與管理能力的產物。天上之城也尋求人城的和平，但它需先滿足其在上主之下終極和平的目標。就如奧古斯丁所寫，他們「讓此世間之和平仰賴天上之和平，為此才配當被稱為合理的造物，在上主的完美有序、和諧福樂中存續，並存在於上主之中。」（XIX.17）因為這兩種和平的觀點，有時在兩城之間不相和諧。

天主之城，簡言之，攸關所有政治制度，一樣宣稱是為人類尋求永恆福樂。天主之城是由所有在他們生活中，不論何時何地都選擇上主作為其目的，一如上主揭示之計畫者。人城則是由那些在他們的生活和思想中，拒絕此一禮物者所組成。宇宙和吾人之居所的目的，在每一個個別的案例中，都是盡可能交付自由意志的。現代的政治、科學和文化，幾乎從未提到這真理，這正是為何基督徒必須一次又一次回歸到《天主之城》上千頁的書卷之中。

推薦

我們要感謝吳宗文神父將這本影響基督宗教和西方文化的古典著作翻譯為中文。這個譯本是四十餘年前完成，可能需要些許修正，好讓文本為今日的讀者更「易讀」。我們要感謝臺灣商務的工作，讓這本書更適合今日讀者。確實，這是本很「厚重」的書：內容厚重，多達近千頁。假設我們一日能讀十頁，那麼我們就可以在一年之內讀完全書。在那時，我們可能就能了解這本書在今日帶給我們的意義。（編按）

臺北，六月六日，二〇一四

Fr. Kusno Bintoro CM, Superior of Congregation of the Mission Chinese Province

谷聲野神父 遣使會中華省會長

（編按）本推薦序原文為英文寫成，由本書編者迻譯。

參考書目

1. Portalié, E. (1907). Life of St. Augustine of Hippo. In The Catholic Encyclopedia. New York: Robert Appleton Company. (http://www.newadvent.org/cathen/02084a.htm)
2. Portalié, E. (1907). Works of St. Augustine of Hippo. In The Catholic Encyclopedia. New York: Robert Appleton Company. (http://www.newadvent.org/cathen/02089a.htm)
3. James Schall, S.J (2009), "The Catholic Thing." New York.
4. 吳宗文，奧古斯丁的生平及思想，《述之文存》，pg. 178-204，一九八七，輔仁大學出版社 。
5. 吳宗文，奧古斯丁的「天主之城」，《述之文存》，pg. 205-234，一九八七，輔仁大學出版社 。

附錄一 中西人名對照表

	卷	章
Abraham 亞巴郎	拾捌	三
	拾陸	十五
Aesculapius 愛斯古老伯	參	十二
Aenea 愛乃亞	壹	二
	拾肆	五
	拾伍	十九
Amulius 亞木禮	參	十四
Anaximander 安納西曼德	拾捌	二五
Anaximenes 安納西米尼	拾捌	二五
Antonius 安東尼	參	三十
Apollo 亞波羅	參	二
	參	十一
	柒	十六
	玖	七
	玖	八
	拾捌	九
	拾玖	二三
Atlas 亞特拉斯	拾捌	八
Augustus 奧古斯都	參	三十
Belum 培羅	拾壹	十
	拾陸	十七
	拾捌	二
Bias 波雅士	拾捌	二五
Brutus 布魯特斯	參	十六
Caesar 凱撒	壹	五
	伍	十二
Camillus 賈彌路	貳	十七
Carbo 賈步	貳	二二
Cardea 賈代亞	陸	七
Castor 賈斯都	拾捌	十四
Cato 賈多	壹	五、二三

附錄二　引用經書簡字表

一、舊約

書名	簡字
創世紀 Genesis	創
出谷紀 Exodus	出
肋未紀 Levitcus	肋
戶籍紀 Number	戶
申命紀 Deuteronomy	申
若蘇厄書 Joshua	蘇
民長紀 Judges	民
盧德紀 Ruth	盧
撒慕爾紀上 1 Samuel	撒上
撒慕爾記下 2 Samuel	撒下
列王紀上 1 Kings	列上
列王紀下 2 Kings	列下
編年紀上 1 Chronicles	編上
編年記下 2 Chronicles	編下
厄斯德拉上 Ezra	厄上
厄斯德拉下（乃赫米雅）Nehemiah	厄下
多俾亞傳 Tobit	多
友弟德傳 Judith	友
艾斯德爾傳 Esther	艾
瑪加伯上 1 Maccabees	加上
瑪加伯下 2 Maccabees	加下
約伯傳 Job	約
聖詠集 Psalms	詠
箴言 Proverbs	箴
訓道篇 Ecclesiastes	訓
雅歌 Song of Songs	歌
智慧篇 Wisdom	智
德訓篇 Ecclesiasticus	德
依撒意亞 Issiah	依
耶肋米亞 Jeremiah	耶

耶肋米亞哀歌 Lamentations 哀
巴路克 Baruth 巴
厄則克爾 Ezekiel 則
達尼爾 Daniel 達
歐瑟亞 Hosea 歐
岳厄爾 Joel 岳
亞毛斯 Amos 亞
亞北底亞 Obadiah 北
約納 Jonah 納
米該亞 Micah 米
納鴻 Nahum 鴻
哈巴谷 Habakkuk 哈
索福尼亞 Zephaniah 索
哈蓋 Haggai 蓋
匝加利亞 Zechariah 匝
瑪拉基亞 Malachi 拉

二、新約

瑪竇福音 Matthew 瑪
馬爾谷福音 Mark 谷
路加福音 Luke 路
若望福音 John 若
宗徒大事錄 Acts 宗
羅馬書 Roman 羅
格林多前書 1 Corinthians 格前
格林多後書 2 Corinthians 格後
迦拉達書 Galatians 迦
厄弗所書 Ephesians 厄
斐理伯書 Philippians 斐
哥羅森書 Colossians 哥
得撒洛尼前書 1 Thessalonians 得前
得撒洛尼後書 2 Thessalonians 得後
弟茂德前書 1Timothy 弟前
弟茂德後書 2 Timothy 弟後
弟鐸書 Titus 鐸

書名	English	簡稱
費肋孟書	Philemon	費
希伯來書	Hebrews	希
雅各伯書	James	雅
伯多祿前書	1 peter	伯前
伯多祿後書	2 peter	伯後
若望一書	1 John	若一
若望二書	2 John	若二
若望三書	3 John	若三
猶達書	Jude	猶
若望默示錄	Revelation	默

天主之城 / 聖奧古斯丁(St. Aurelius Augustinus)
原著 ; 吳宗文譯. -- 二版. -- 臺北市 : 臺灣商
務, 2014.06
　面 ; 　公分　譯自 : De civitate Dei
ISBN 978-957-05-2814-5(平裝)
1.聖奧斯丁(Augustine, Saint, Bishop of Hippo)
2.天主教 3.護教
243.4　　　　　　　102001922

廣 告 回 信
台 北 郵 局 登 記 證
台北廣字第 6450 號
平 信

106台北市大安區新生南路三段19巷3號

臺灣商務印書館　收

請對摺寄回，謝謝！

OPEN

當新的世紀開啟時，我們許以開闊

OPEN系列／讀者回函卡

感謝您對本館的支持，為加強對您的服務，請填妥此卡，免付郵資寄回，可隨時收到本館最新出版訊息，及享受各種優惠。

■ 姓名：＿＿＿＿＿＿＿＿＿＿＿＿＿＿＿＿＿ 性別：□男 □女

■ 出生日期：＿＿＿＿＿年＿＿＿月＿＿＿日

■ 職業：□學生 □公（含軍警）□家管 □服務 □金融 □製造
□資訊 □大眾傳播 □自由業 □農漁牧 □退休 □其他

■ 學歷：□高中以下（含高中） □大專 □研究所（含以上）

■ 地址：＿＿＿＿＿＿＿＿＿＿＿＿＿＿＿＿＿＿＿＿＿＿＿＿＿＿

■ 電話：(H) ＿＿＿＿＿＿＿＿＿＿ (O) ＿＿＿＿＿＿＿＿＿＿＿＿

■ E-mail：＿＿＿＿＿＿＿＿＿＿＿＿＿＿＿＿＿＿＿＿＿＿＿＿＿＿

■ 購買書名： 天主之城 拉丁文中文全譯本

■ 您從何處得知本書？

□網路 □DM廣告 □報紙廣告 □報紙專欄 □傳單
□書店 □親友介紹 □電視廣播 □雜誌廣告 □其他

■ 您喜歡閱讀哪一類別的書籍？

□哲學·宗教 □藝術·心靈 □人文·科普 □商業·投資 □社會·文化
□親子·學習 □生活·休閒 □醫學·養生 □文學·小說 □歷史·傳記

■ 您對本書的意見？（A/滿意 B/尚可 C/須改進）

內容＿＿＿＿＿編輯＿＿＿＿＿校對＿＿＿＿＿翻譯＿＿＿＿＿＿＿
封面設計＿＿＿＿＿價格＿＿＿＿＿其他＿＿＿＿＿＿＿＿＿＿＿＿

■ 您的建議：＿＿＿＿＿＿＿＿＿＿＿＿＿＿＿＿＿＿＿＿＿＿＿＿＿

※ 歡迎您隨時至本館網路書店發表書評及留下任何意見

臺灣商務印書館 The Commercial Press, Ltd.

門市1：臺北市100重慶南路一段37號 讀者服務專線：0800056196 傳真：(02)23683626
門市2：臺北市106新生南路三段19巷3號 電話：(02)23683616
郵撥：0000165-1號 E-mail：ecptw@cptw.com.tw
臉書：http://facebook.com/ecptw 部落格：http://blog.yam.com/ecptw
網路書店網址：www.cptw.com.tw 網路書店臉書：http://facebook.com/ecptwdoing